WANDER GARCIA, ANA PAULA GARCIA E
FREDERICO AFONSO IZIDORO
COORDENADORES

2021

CONCURSOS DA POLÍCIA MILITAR

840

QUESTÕES COMENTADAS

COMO PASSAR

2021 © Editora Foco
Coordenadores: Wander Garcia, Ana Paula Garcia e Frederico Afonso Izidoro
Autores: Alana Grimaldi, André Moreira Nascimento, Caio Grimaldi Desbrousses Monteiro, Carlos Eduardo Monteiro Peluso, Cassia Diniz, Cícero Robson Coimbra Neves, Eduardo Dompieri, Elson Garcia, Enildo Garcia, Fernando Hugo Miranda Teles, Flávia Barros , Frederico Afonso Izidoro, Helder Satin, Henrique Subi, Leni Mouzinho Soares, Nilson Rodrigues, Renan Flumian, Robinson Barreirinhas, Thiago Siqueira, Víctor Paulo de Matos e Vivian Calderoni
Diretor Acadêmico: Leonardo Pereira
Editor: Roberta Densa
Revisora Sênior: Georgia Renata Dias
Capa Criação: Leonardo Hermano
Diagramação: Ladislau Lima e Aparecida Lima
Impressão miolo e capa: PlenaPrint

Dados Internacionais de Catalogação na Publicação (CIP) de acordo com ISBD
Odilio Hilario Moreira Junior – CRB-8/9949

C735

Como passar em concursos de Polícia Militar / Alana Grimaldi ... [etal. ; coordenado por Ana Paula Garcia, Wander Garcia, Frederico Afonso Izidoro. - Indaiatuba, SP : Editora Foco, 2021.

292 p. ; 17cm x 24cm.

Vários autores.

ISBN: 978-65-5515-120-6

1. Metodologia de estudo. 2. Concursos Públicos. 3. Polícia Militar. I. Grimaldi, Alana. II. Nascimento, André. III. Peluso, Carlos Eduardo Monteiro. IV. Diniz, Cassia. V. Neves, Cícero Robson Coimbra. VI. Dompieri, Eduardo. VII. Monteiro, Caio Grimaldi Desbrousses. VIII. Garcia, Elson. IX. Garcia, Enildo. X. Teles, Fernando Hugo Miranda. XI. Barros, Flávia. XII. Izidoro, Frederico Afonso. XIII. Satin, Helder. XIV. Subi, Henrique. XV. Soares, Leni Mouzinho. XVI. Rodrigues, Nilson. XVII. Flumian, Renan. XVIII. Barreirinhas, Robinson. XIX. Siqueira, Thiago. XX. Matos, Víctor Paulo de. XXI. Calderoni, Vivian. XXII. Garcia, Ana Paula. XXIII. Garcia, Wander. XXXIV. Título.

2020-1525 CDD 001.4 CDU 001.8

Elaborado por Vagner Rodolfo da Silva – CRB-8/9410

Índices para Catálogo Sistemático:

1. Metodologia de estudo 001.4 2. Metodologia de estudo 001.8

NOTAS DA EDITORA:

Atualizações e erratas: A presente obra é vendida como está, atualizada até a data do seu fechamento, informação que consta na página II do livro. Havendo a publicação de legislação de suma relevância, durante o ano da edição do livro, a editora, de forma discricionária, se empenhará em disponibilizar atualização futura.

Bônus ou Capítulo *On-line*: Excepcionalmente, algumas obras da editora trazem conteúdo no *on-line*, que é parte integrante do livro, cujo acesso será disponibilizado durante a vigência da edição da obra.

Erratas: A Editora se compromete a disponibilizar no site www.editorafoco.com.br, na seção Atualizações, eventuais erratas por razões de erros técnicos ou de conteúdo. Solicitamos, outrossim, que o leitor faça a gentileza de colaborar com a perfeição da obra, comunicando eventual erro encontrado por meio de mensagem para contato@editorafoco.com.br. O acesso será disponibilizado durante a vigência da edição da obra.

Impresso no Brasil (09.2020) – Data de Fechamento (09.2020)

2021

Editora Foco Jurídico Ltda.
Rua Nove de Julho, 1779 – Vila Areal
CEP 13333-070 – Indaiatuba – SP
E-mail: contato@editorafoco.com.br
www.editorafoco.com.br

Acesse JÁ os conteúdos *ON-LINE*

SHORT VIDEOS
Vídeos de curta duração com dicas de DISCIPLINAS SELECIONADAS

Acesse o link:

www.editorafoco.com.br/short-videos

ATUALIZAÇÃO em PDF e VÍDEO para complementar seus estudos*

Acesse o link:

www.editorafoco.com.br/atualizacao

* As atualizações em PDF e Vídeo serão disponibilizadas sempre que houver necessidade, em caso de nova lei ou decisão jurisprudencial relevante, durante o ano da edição do livro.
* Acesso disponível durante a vigência desta edição.

AUTORES

SOBRE OS COORDENADORES

Wander Garcia - @wander_garcia

É Doutor, Mestre e Graduado em Direito pela PUC/SP. É professor universitário e de cursos preparatórios para Concursos e Exame de Ordem, tendo atuado nos cursos LFG e DAMASIO. Neste, foi Diretor Geral de todos os cursos preparatórios e da Faculdade de Direito. Foi diretor da Escola Superior de Direito Público Municipal de São Paulo. É um dos fundadores da Editora Foco, especializada em livros jurídicos e para concursos e exames. É autor best seller com mais de 50 livros publicados na qualidade de autor, coautor ou organizador, nas áreas jurídica e de preparação para concursos e exame de ordem. Já vendeu mais de 1,5 milhão de livros, dentre os quais se destacam "Como Passar na OAB", "Como Passar em Concursos Jurídicos", "Exame de Ordem Mapamentalizado" e "Concursos: O Guia Definitivo". É também advogado desde o ano de 2000 e foi procurador do município de São Paulo por mais de 15 anos. É *Coach* Certificado, com sólida formação em *Coaching* pelo IBC e pela *International Association of Coaching*.

Ana Paula Garcia

Procuradora do Estado de São Paulo, Pós-graduada em Direito, Professora do IEDI, Escrevente do Tribunal de Justiça por mais de 10 anos e Assistente Jurídico do Tribunal de Justiça. Autora de diversos livros para OAB e concursos.

Frederico Afonso Izidoro

Mestre em Ciências Policiais de Segurança e Ordem Pública. Mestre em Direitos Difusos. Pós-graduado em Direitos Humanos. Pós-graduado em Gestão de Políticas Preventivas da Violência, Direitos Humanos e Segurança Pública. Pós-graduado em Direito Processual. Bacharel em Direito. Bacharel em Ciências Policiais de Segurança e Ordem Pública. Professor de Direitos Humanos, Direito Constitucional e Direito Administrativo. Major da Polícia Militar do Estado de São Paulo (PMESP) - Chefe da Divisão de Direitos Humanos. Autor e articulista.

SOBRE OS AUTORES

Alana Grimaldi

Graduada em Letras Português/Espanhol pela Universidade Presbiteriana Mackenzie. Professora de Língua Portuguesa e Redação há mais de 20 anos, tendo trabalhado por 6 anos em dois cursos pré-vestibulares. Professora de Língua Portuguesa e Redação no Colégio Rio Branco, em São Paulo, Unidade Higienópolis.

André Moreira Nascimento

Advogado e Especialista em Regulação na Agência Nacional do Petróleo, Gás Natural e Biocombustíveis. Coautor de diversas obras voltadas à preparação para Exames Oficiais e Concursos Públicos. Coautor de livros e artigos acadêmicos. Instrutor de cursos, tendo recebido menção elogiosa pela destacada participação e dedicação na ANP. Graduado em Direito pela Universidade Presbiteriana Mackenzie/SP. Graduando em Geografia pela Universidade de São Paulo. Frequentou diversos cursos de extensão nas áreas de Direito, Regulação, Petróleo e Gás Natural e Administração Pública.

Caio Grimaldi Desbrousses Monteiro

Graduado em Direito pela Universidade Cruzeiro do Sul (2013) e em Ciências Policiais de Ordem e Segurança pela Academia de Polícia Militar do Barro Branco (1994). Professor de Direito Penal na Academia de Polícia Militar do Barro Branco e de Direito Processual Penal na Escola Superior de Sargentos. Aprovado no processo seletivo do Mestrado em Direito do Centro Universitário das Faculdades Metropolitanas Unidas. Tenente Coronel da reserva - Polícia Militar do Estado de São Paulo. Tem experiência na área de Direito, com ênfase em Direito Público. Foi Presidente do Conselho de Disciplina I do Comando de Policiamento da Capital, órgão responsável pela análise e julgamento administrativo de Oficias e Praças que servem na Polícia Militar. Órgão colegiado, composto por três oficiais.

Carlos Eduardo Monteiro Peluso

Professor de Língua Inglesa e Mediador. Graduado em Administração de Empresas pela FGV-SP e em Direito pela UNIP-SP. Atuou em diversas empresas de todos os portes nas áreas de Comércio Internacional por cerca de 20 anos. Foi professor de inglês em escolas de idiomas e em escolas particulares regulares para alunos do Ensino Fundamental e Médio durante 15 anos. Professor particular de inglês e mediador.

Cassia Diniz

Graduada em Letras (Português e Inglês) pela Universidade de São Paulo - USP. Professora da Central de Concursos.

Cícero Robson Coimbra Neves

Mestre em Direito pela Pontifícia Universidade Católica de São Paulo. Mestre em Ciências Policiais de Segurança e Ordem Pública pelo Cento de Altos Estudos de Segurança da Polícia Militar do Estado de São Paulo. Membro do Ministério Público da União no cargo de Promotor de Justiça Militar. Capitão da Reserva Não Remunerada da Polícia Militar do Estado de São Paulo.

Eduardo Dompieri

Pós-graduado em Direito. Professor do IEDI. Autor de diversas obras de preparação para Concursos Públicos e Exame de Ordem.

Elson Garcia

Professor e Engenheiro graduado pela Universidade Federal do Rio de Janeiro - UFRJ.

Enildo Garcia

Especialista em Matemática pura e aplicada (UFSJ). Professor tutor de Pós-graduação em Matemática (UFJS - UAB). Analista de sistemas (PUCRJ).

Fernando Hugo Miranda Teles

Promotor de Justiça Militar. Especialista em Direito Militar. Graduado em Engenharia Mecânica pelo Instituto Militar de Engenharia (IME) e em Direito pela Universidade do Estado do Rio de Janeiro (UERJ). Membro colaborador da Secretaria de Direitos Humanos do Ministério Público Militar. Palestrante e professor de pós-graduações e cursos preparatórios. Autor de obras coletivas e artigos.

Flávia Barros

Procuradora do Município de São Paulo. Doutora em Direito do Estado pela Universidade de São Paulo. Mestre em Direito Administrativo pela PUC-SP. Especialista em Direito Administrativo pela PUC-SP/COGEAE. Especialista em Direitos Difusos e Coletivos pela ESMPSP. Coach de Alta Performance pela FEBRACIS. Practioneer e Master em Programação Neurolinguística - PNL. Analista de Perfil Comportamental - DISC Assessment. Professora de Direito Administrativo

Helder Satin

Graduado em Ciências da Computação, com MBA em Gestão de TI. Professor do IEDI. Professor de Cursos de Pós-graduação. Desenvolvedor de sistemas Web e gerente de projetos.

Henrique Subi

Agente da Fiscalização Financeira do Tribunal de Contas do Estado de São Paulo. Mestrando em Direito Político e Econômico pela Universidade Presbiteriana Mackenzie. Especialista em Direito Empresarial pela Fundação Getúlio Vargas e em Direito Tributário pela UNISUL. Professor de cursos preparatórios para concursos desde 2006. Coautor de mais de 20 obras voltadas para concursos, todas pela Editora Foco.

Leni Mouzinho Soares

Assistente Jurídico do Tribunal de Justiça do Estado de São Paulo.

Nilson Rodrigues

Mestre em Língua Portuguesa pela PUC-SP. Graduado e licenciado em Letras pela USP. Desenvolve estudos linguísticos, com base nos pressupostos da Semiótica e da Análise do Discurso. Tem larga experiência no Ensino de Língua Portuguesa e Análise Linguística no nível superior, com ênfase na multidisciplinaridade, na leitura/escrita em mídias digitais, comunicação multimídia e marketing.

Renan Flumian

Mestre em Filosofia do Direito pela Universidad de Alicante. Cursou a Session Annuelle D'enseignement do Institut International des Droits de L'Homme, a Escola de Governo da USP e a Escola de Formação da Sociedade Brasileira de Direito Público. Professor e Coordenador Acadêmico do IEDI. Autor e coordenador de diversas obras de preparação para Concursos Públicos e o Exame de Ordem. Advogado.

Robinson Barreirinhas

Secretário Municipal dos Negócios Jurídicos da Prefeitura de São Paulo. Professor do IEDI. Procurador do Município de São Paulo. Autor e coautor de mais de 20 obras de preparação para concursos e OAB. Ex-Assessor de Ministro do STJ.

Thiago Siqueira

Mestre em Educação Currículo pela Pontifícia Universidade Católica de São Paulo (2016). Graduado em Direito pela Universidade Bandeirante de São Paulo (2007) e graduado em Ciências Policiais de Segurança e Ordem Pública pela Academia Militar do Barro Branco (2006). Professor na área jurídica e em educação. Estatutário do Governo do Estado de São Paulo.

Víctor Paulo de Matos

Mestre em Ciências Policiais de Segurança e Ordem Pública - CAES/PMESP; Pós-Graduado em Direitos Humanos e Segurança Pública - Fundação Escola de Soc. e Política de S. Paulo - FESPSP; Pós-Graduado em Direito Penal - Escola Sup. do Min. Público de S. Paulo - ESMP/SP; Pós-Graduado em Atualidades Jurídicas Complexo Jur. Damásio de Jesus - Curso Damásio; Bel em Ciências Policiais de Segurança e Ordem Pública pela Academia de Polícia Militar do Barro Branco - APMBB/PMESP; Bel em Direito pela Universidade São Francisco; Prof. Direito Penal, Direito Proc. Civil da APMBB; Professor Leg. Especial, Dir. Penal, Penal Militar, Proc. Penal, Proc. Penal Militar, Administrativo e Adm. Disciplinar da Escola Superior de Sargentos SSgt; Prof. Direito Curso Tobias de Aguiar; Prof. Direito Coopmil; Prof. Direito Constitucional e Administrativo do Curso General Telles Pires. Dir. Penal e Leg. Especial da Central de Concursos; Prof. Dir. Penal, Proc. Penal e Leg. Especial dos Cursos do Goe - Faculdades Claretiano; Prof. Dir. Admin. e Constitucional Curso Focus. Membro Bca Examinadora de Dissertação de Mestrado e de TCC do CHQAOPM. Avaliador do Prêmio PM da Qualidade. Juiz nos Conselhos Especiais de Justiça da JME/SP; Presidente dos Conselhos Permanentes de Disciplina do CPC; Tenente Coronel da Reserva da Polícia Militar do Estado de São Paulo e Advogado militante na área administrativa-disciplinar, penal militar e fazendária (HYPERLINK "mailto:profvictormatos@gmail.com"profvictormatos@g

Vivian Calderoni

Mestre em Direito Penal e Criminologia pela USP. Autora de artigos e livros. Palestrante e professora de cursos preparatórios para concursos jurídicos. Atualmente, trabalha como advogada na ONG "Conectas Direitos Humanos", onde atua em temas relacionados ao sistema prisional e ao sistema de justiça.

SUMÁRIO

Como usar o livro?

Para que você consiga um ótimo aproveitamento deste livro, atente para as seguintes orientações:

1º Tenha em mãos um ***vademecum*** ou **um computador** no qual você possa acessar os textos de lei citados.

Neste ponto, recomendamos o **Vade Mecum de Legislação FOCO** – confira em www.editorafoco.com.br.

2º Se você estiver estudando a teoria (fazendo um curso preparatório ou lendo resumos, livros ou apostilas), faça as questões correspondentes deste livro na medida em que for avançando no estudo da parte teórica.

3º Se você já avançou bem no estudo da teoria, leia cada capítulo deste livro até o final, e só passe para o novo capítulo quando acabar o anterior; vai mais uma dica: alterne capítulos de acordo com suas preferências; leia um capítulo de uma disciplina que você gosta e, depois, de uma que você não gosta ou não sabe muito, e assim sucessivamente.

4º Iniciada a resolução das questões, tome o cuidado de ler cada uma delas **sem olhar para o gabarito e para os comentários**; se a curiosidade for muito grande e você não conseguir controlar os olhos, tampe os comentários e os gabaritos com uma régua ou um papel; na primeira tentativa, é fundamental que resolva a questão sozinho; só assim você vai identificar suas deficiências e "pegar o jeito" de resolver as questões; marque com um lápis a resposta que entender correta, e só depois olhe o gabarito e os comentários.

5º **Leia com muita atenção o enunciado das questões**. Ele deve ser lido, no mínimo, duas vezes. Da segunda leitura em diante, começam a aparecer os detalhes, os pontos que não percebemos na primeira leitura.

6º **Grife as palavras-chave, as afirmações e a pergunta formulada.** Ao grifar as palavras importantes e as afirmações você fixará mais os pontos-chave e não se perderá no enunciado como um todo. Tenha atenção especial com as palavras "correto", "incorreto", "certo", "errado", "prescindível" e "imprescindível".

7º Leia os comentários e **leia também cada dispositivo legal** neles mencionados; não tenha preguiça; abra o *vademecum* e leia os textos de leis citados, tanto os que explicam as alternativas corretas, como os que explicam o porquê de ser incorreta dada alternativa; você tem que conhecer bem a letra da lei, já que mais de 90% das respostas estão nela; mesmo que você já tenha entendido determinada questão, reforce sua memória e leia o texto legal indicado nos comentários.

8º Leia também os **textos legais que estão em volta** do dispositivo; por exemplo, se aparecer, em Direito Penal, uma questão cujo comentário remete ao dispositivo que trata de falsidade ideológica, aproveite para ler também os dispositivos que tratam dos outros crimes de falsidade; outro exemplo: se aparecer uma questão, em Direito Constitucional, que trate da composição do Conselho Nacional de Justiça, leia também as outras regras que regulamentam esse conselho.

9º Depois de resolver sozinho a questão e de ler cada comentário, você deve fazer uma **anotação ao lado da questão**, deixando claro o motivo de eventual erro que você tenha cometido; conheça os motivos mais comuns de erros na resolução das questões:

DL – "desconhecimento da lei"; quando a questão puder ser resolvida apenas com o conhecimento do texto de lei;

DD – "desconhecimento da doutrina"; quando a questão só puder ser resolvida com o conhecimento da doutrina;

DJ – "desconhecimento da jurisprudência"; quando a questão só puder ser resolvida com o conhecimento da jurisprudência;

FA – "falta de atenção"; quando você tiver errado a questão por não ter lido com cuidado o enunciado e as alternativas;

NUT – "não uso das técnicas"; quando você tiver se esquecido de usar as técnicas de resolução de questões objetivas, tais como as da **repetição de elementos** ("quanto mais elementos repetidos existirem, maior a chance de a alternativa ser correta"), das **afirmações generalizantes** ("afirmações generalizantes tendem a ser incorretas" - reconhece-se afirmações generalizantes pelas palavras *sempre, nunca, qualquer, absolutamente, apenas, só, somente exclusivamente* etc.), dos **conceitos compridos** ("os conceitos de maior extensão tendem a ser corretos"), entre outras.

obs: se você tiver interesse em fazer um Curso de "Técnicas de Resolução de Questões Objetivas", recomendamos o curso criado a esse respeito pelo IEDI Cursos On-line: www.iedi.com.br.

10º Confie no **bom-senso**. Normalmente, a resposta correta é a que tem mais a ver com o bom-senso e com a ética. Não ache que todas as perguntas contêm uma pegadinha. Se aparecer um instituto que você não conhece, repare bem no seu nome e tente imaginar o seu significado.

11º Faça um levantamento do **percentual de acertos de cada disciplina** e dos **principais motivos que levaram aos erros cometidos**; de posse da primeira informação, verifique quais disciplinas merecem um reforço no estudo; e de posse da segunda informação, fique atento aos erros que você mais comete, para que eles não se repitam.

12º Uma semana antes da prova, faça uma **leitura dinâmica** de todas as anotações que você fez e leia de novo os dispositivos legais (e seu entorno) das questões em que você marcar "DL", ou seja, desconhecimento da lei.

13º Para que você consiga ler o livro inteiro, faça um bom **planejamento**. Por exemplo, se você tiver 30 dias para ler a obra, divida o número de páginas do livro pelo número de dias que você tem, e cumpra, diariamente, o número de páginas necessárias para chegar até o fim. Se tiver sono ou preguiça, levante um pouco, beba água, masque chiclete ou leia em voz alta por algum tempo.

14º Desejo a você, também, muita **energia**, **disposição**, **foco**, **organização**, **disciplina**, **perseverança**, **amor** e **ética**!

Wander Garcia, Ana Paula Garcia e Frederico Afonso Izidoro
Coordenadores

1. Língua Portuguesa

Cassia Diniz e Henrique Subi

Leia a charge para responder às questões que se seguem.

(Chargista Duke. https://www.otempo.com.br)

(Soldado – PM/SP – VUNESP – 2019) As informações da charge permitem concluir corretamente que

(A) o cenário econômico opõe-se à condição de miséria da personagem.

(B) a situação de miséria da personagem passa despercebida por todos.

(C) o desinteresse da personagem por um emprego levou-a à miséria.

(D) a personagem ficou miserável em decorrência da falta de emprego.

(E) a mudança na conjuntura econômica ajudou a vida da personagem.

A tirinha expõe fatos em ordem cronológica, como em uma linha do tempo. Isso é percebido pelo crescimento da barba e do cabelo da personagem. Logo, podemos concluir que sua miséria decorreu do fato de não encontrar vagas de trabalho. HS

Gabarito "D"

(Soldado – PM/SP – VUNESP – 2019) No contexto em que está empregada, a locução verbal "Vai trabalhar" equivale a

(A) uma solicitação, no modo verbal indicativo, permeada de sentido de sarcasmo.

(B) um conselho, no modo verbal subjuntivo, permeada de sentido de orientação.

(C) uma recomendação, no modo verbal imperativo, permeada de sentido de hostilidade.

(D) uma advertência, no modo verbal subjuntivo, permeada de sentido de humor.

(E) uma ordem, no modo verbal imperativo, permeada de sentido de cortesia.

A locução está na segunda pessoa do singular do modo imperativo, que caracteriza comandos, ordens ou recomendações. O caráter de hostilidade da personagem oculta, por sua vez, pode ser interpretado pelas letras maiúsculas do texto, que indicam que está gritando, bem como o vocativo utilizado – "vagabundo". HS

Gabarito "C"

(Soldado – PM/SP – VUNESP – 2019) Em conformidade com a norma-padrão, a ideia contida nas placas está corretamente expressa em:

(A) Acabou as vagas.

(B) Não tem-se vagas.

(C) Não existem vagas.

(D) Falta vagas.

(E) Vivem-se a falta de vagas.

A: incorreta. Deveria ser "acabaram as vagas"; **B:** incorreta. O correto seria "não se tem vagas"; **C:** correta, pela aplicação de todas as normas do padrão culto da língua; **D:** incorreta. Deveria ser "faltam vagas"; **E:** incorreta. A oração tem sujeito indeterminado, então deveria constar "vive-se a falta de vagas". HS

Gabarito "C"

Leia o texto para responder às questões a seguir.

Uso de inteligência artificial pode aumentar desemprego no Brasil, diz FGV

Responsável por reduzir burocracias, automatizar processos e aumentar a eficiência, o uso de inteligência artificial (IA) pode aumentar o desemprego no País em quase 4 pontos porcentuais nos próximos 15 anos. Os dados são de um estudo desenvolvido pelo professor Felipe Serigatti, da Fundação Getúlio Vargas (FGV), em parceria com a Microsoft.

Para simular o impacto da adoção de IA na economia brasileira, a pesquisa estipulou três cenários: um conservador, no qual a taxa de crescimento da adoção de IA pelo mercado brasileiro é de 5%, durante 15 anos. Nesse panorama, a economia também cresce menos do que o estimado para os próximos anos. No cenário intermediário, o número é de 10%, com crescimento estável. Já no mais agressivo, em um mundo em que a economia tem projeção otimista de crescimento, a adoção de IA subiria 26% no período – é nesse último que o desemprego pode aumentar em 3,87 pontos porcentuais, no saldo geral da população.

No mais severo dos cenários, os mais afetados serão os trabalhadores menos qualificados, que poderão ver o desemprego aumentar em 5,14 pontos porcentuais; já o número de vagas qualificadas pode subir com a adoção massiva de inteligência artificial, em até 1,56 ponto percentual. "A inteligência artificial aumentará a desigualdade", alertou Serigatti, que é professor de Economia da FGV.

A pesquisa analisou seis segmentos diferentes da economia: agricultura, pecuária, óleo e gás, mineração e extração, transporte e comércio e setor público (educação, saúde, defesa e administração pública). Os trabalhadores mais afetados no cenário mais agressivo são os mais qualificados dos setores de óleo e gás e de agricultura, dois dos principais pilares da economia brasileira. O primeiro tem redução nos empregos de 23,57%, e o segundo, de 21,55%.

(Bruno Romani, "Uso de inteligência artificial pode aumentar desemprego no Brasil, diz FGV". https://link.estadao.com.br. Adaptado)

(Soldado – PM/SP – VUNESP – 2019) A leitura comparativa entre a charge de Duke e o texto do *Estadão* permite afirmar que

(A) o desemprego tende a se manter estável nos próximos anos, já que existe uma projeção otimista de crescimento.

(B) o cenário desolador do desemprego no Brasil será plenamente revertido em até 15 anos, graças ao crescimento econômico.

(C) a redução do desemprego é uma realidade remota que privilegiará eventualmente os trabalhadores menos qualificados.

(D) a piora na economia continuará a tirar com mais vigor postos de trabalho, já que nenhuma projeção prevê crescimento econômico.

(E) o recrudescimento do desemprego vivido no presente do país é uma realidade que tende a se estender pelos próximos anos.

A intertextualidade dos dois textos é construída a partir do relacionamento da falta de vagas para o personagem da charge e da razão dessa falta de vagas exposta pelo texto: a adoção crescente de sistemas de inteligência artificial. Segundo este último, o cenário de desemprego tende a piorar nos anos seguintes, atingindo mais fortemente os trabalhadores com menos qualificação técnica. HS

Gabarito "E".

(Soldado – PM/SP – VUNESP – 2019) As informações textuais deixam evidente que

(A) o impacto do desemprego gerado pela adoção da inteligência artificial é igual nos seis segmentos diferentes da economia, de acordo com a pesquisa da FGV.

(B) a pesquisa mostra que o desemprego será o mesmo nos próximos 15 anos, independentemente da forma como a inteligência artificial seja adotada.

(C) o melhor cenário para a economia brasileira é o mais agressivo, no qual não haverá impactos negativos com redução de postos de trabalhos.

(D) a inteligência artificial aumentará a desigualdade social, principalmente em um cenário agressivo com projeção otimista de crescimento econômico.

(E) a adoção da inteligência artificial na economia poderá trazer desemprego, mas, paradoxalmente, trará crescimento financeiro à população em geral.

A: incorreta. O impacto em cada segmento estudado é bastante diferente, como fica claro no último parágrafo do texto; **B:** incorreta. O segundo parágrafo do texto traz a informação de que foram testados três cenários diferentes da economia e da adoção de sistemas de inteligência artificial, sendo os resultados bastante diferentes entre eles; **C:** incorreta. Ao contrário, este é pior cenário, aquele que leva ao maior índice de desemprego; **D:** correta, conforme se lê no terceiro parágrafo do texto; **E:** incorreta. Não se pode depreender essa informação de qualquer passagem do texto. HS

Gabarito "D".

(Soldado – PM/SP – VUNESP – 2019) Assinale a alternativa em que a informação apresentada é coerente com o exposto no texto.

(A) No cenário intermediário, o número é de 10%, com crescimento inconstante. Já no mais ofensivo, em um mundo em que a economia tem projeção limitada de crescimento, a adoção de IA subiria 26% no período.

(B) No mais rigoroso dos cenários, os mais afetados serão aqueles trabalhadores com menos qualificação, já o número de vagas qualificadas poderá subir com a adoção intensiva de inteligência artificial.

(C) Para simular o efeito da adoção de IA na economia brasileira, a pesquisa estabeleceu três cenários: um deles é reacionário, no qual a taxa de crescimento da adoção de IA pelo mercado brasileiro é de 5%, durante 15 anos.

(D) A inteligência artificial, cuja responsabilidade é diminuir burocracias, automatizar processos e intensificar a eficiência, promete reduzir a falta de emprego no País em 4 pontos porcentuais nos próximos 15 anos.

(E) A pesquisa da FGV aponta que os trabalhadores mais privilegiados no cenário mais agressivo são os mais qualificados dos setores de óleo e gás e de agricultura, dois dos pilares menos influentes da economia brasileira.

Todas as alternativas trazem informações com o conteúdo inverso do que aquele exposto no texto, com exceção da letra "B", que deve ser assinalada por ser a única que se manteve fiel aos dados apresentados. HS

Gabarito "B".

(Soldado – PM/SP – VUNESP – 2019) Considere as passagens do texto:

- **Para** simular o impacto da adoção de IA na economia brasileira, a pesquisa estipulou três cenários... (2º parágrafo)
- No mais severo dos cenários, os mais afetados serão os trabalhadores menos qualificados, **que** poderão ver o desemprego aumentar em 5,14 pontos porcentuais... (3º parágrafo)

Os termos destacados são responsáveis por articular os enunciados do texto, estabelecendo entre eles, respectivamente, relações de sentido de

(A) finalidade e explicação.

(B) consequência e causa.

(C) causa e consequência.

(D) finalidade e adição.

(E) causa e explicação.

A preposição "para" introduz a ideia de finalidade. Note que podemos substituí-la: "a pesquisa estipulou três cenários **com a finalidade** de simular o impacto...". Já na segunda passagem, a palavra "que" exerce a função de conjunção integrante, abrindo a oração subordinada adjetiva explicativa – logo, tem sentido de explicação. HS

Gabarito "A".

(Soldado – PM/SP – VUNESP – 2019) De acordo com a norma-padrão, o título do texto está corretamente reescrito e pontuado em:

(A) FGV diz que, uso de inteligência artificial pode aumentar desemprego no Brasil.

(B) "FGV diz" – uso no Brasil de inteligência artificial pode aumentar desemprego.

(C) Diz FGV, uso de inteligência artificial no Brasil pode aumentar desemprego.

(D) "No Brasil, uso de inteligência artificial pode aumentar desemprego", diz FGV.

(E) No Brasil uso de inteligência artificial pode aumentar desemprego diz FGV.

A: incorreta. Não há vírgula depois de "que"; **B:** incorreta. O uso das aspas está incorreto e o travessão deveria ser substituído por dois-pontos; **C:** incorreta. O período tem grave problema de clareza. Para solucioná-lo, a vírgula deveria ser substituída pela conjunção "que" ou a oração "diz que" poderia ser movida para o final do período; **D:** correta. A redação atende a todas as normas do padrão culto da língua; **E:** incorreta. O período é idêntico ao da alternativa "D", porém com erros de pontuação e sem as aspas que são obrigatórias para a citação literal de texto de outra autoria. HS

Gabarito "D"

(Soldado – PM/SP – VUNESP – 2019) Assinale a alternativa em que a forma verbal destacada expressa sentido de projeção futura.

(A) ... os mais afetados **serão** os trabalhadores menos qualificados... (3º parágrafo)
(B) O primeiro **tem** redução nos empregos de 23,57%... (4º parágrafo)
(C) ... a pesquisa **estipulou** três cenários... (2º parágrafo)
(D) ... alertou Serigatti, que **é** professor de Economia da FGV. (3º parágrafo)
(E) Os dados **são** de um estudo desenvolvido pelo professor Felipe Serigatti... (1º parágrafo)

Verbos que têm "sentido de projeção futura" são aqueles que estão conjugados no futuro do presente do indicativo. O único nessa condição é "serão". Os demais estão no presente (letras "B", "D" e "E") ou no pretérito perfeito (letra "C"). HS

Gabarito "A"

(Soldado – PM/SP – VUNESP – 2019) Leia a charge para responder às questões a seguir.

(http://chargeonline.com.br)

As informações da charge permitem concluir que

(A) a imprecisão dos pedidos ao gênio faz com que ele desista de realizá-los.
(B) a capacidade de realizar os pedidos existe, mas o gênio não quer atendê-los.
(C) o gênio se declara incapaz de resolver a situação de desemprego, que também o afeta.
(D) o homem faz pedidos comuns e parecidos ao gênio, o que o deixa bem irritado.
(E) o gênio é mais um na estatística do desemprego e, por isso, quer ajudar o homem.

A carga satírica da charge decorre do gênio informar ao homem que é incapaz de atender aos seus pedidos, pois eles equivalem a acabar com o desemprego – situação, aliás, da qual ele confessa também ser vítima ao afirmar que sua condição de gênio é apenas um "bico", ou seja, um trabalho informal. HS

Gabarito "C"

(Soldado – PM/SP – VUNESP – 2019) Sem prejuízo à norma-padrão e ao sentido do texto, a frase do gênio está devidamente reescrita em:

(A) E você acha que, desde que eu posso arrumar todos esses empregos, eu estou aqui fazendo bico de gênio?
(B) E E você acha que, como eu posso arrumar todos esses empregos, eu estarei aqui fazendo bico de gênio?
(C) E E você acha que, quando eu pude arrumar todos esses empregos, eu estaria aqui fazendo bico de gênio?
(D) E E você acha que, caso eu pudesse arrumar todos esses empregos, eu estaria aqui fazendo bico de gênio?
(E) E E você acha que, ainda que eu posso arrumar todos esses empregos, eu estarei aqui fazendo bico de gênio?

O período original transmite a ideia de condição, pois usa a conjunção "se" e o verbo no futuro do pretérito do indicativo. Logo, a nova redação proposta precisa de uma conjunção com o mesmo valor (condicional) e o verbo ter sido mantido no futuro do pretérito. Encontramos essa fórmula somente na alternativa "D", com a conjunção "caso". HS

Gabarito "D"

Leia o texto para responder às questões de números a seguir.

Mais ócio, por favor

Quando o sociólogo italiano Domenico De Masi lançou o conceito de "ócio criativo", em seu livro homônimo de 2000, foi alçado à condição de pensador revolucionário e à lista dos mais vendidos.

O sucesso se deveu à explicação do espírito daquele tempo, ao apontar que tão essencial ao crescimento profissional quanto o estudo e o trabalho eram os momentos de desconexão com a labuta que abririam as portas para a criatividade e para "pensar fora da caixinha". A intenção era alcançar uma fusão entre estudo, trabalho e lazer para aprimorar o conhecimento, vivenciar diferentes experiências e instigar a criatividade.

Com o lançamento de "Uma Simples Revolução", um best-seller, o sociólogo prega uma nova guinada no pensamento empresarial.

Ao analisar as taxas de desemprego e de desocupação, para De Masi, a única saída é reduzir a carga de trabalho individual e abrir novas vagas. "Se as regras do jogo não mudarem, o desemprego – aberto ou oculto – está destinado a crescer em dimensão patológica", escreve.

O Brasil é um dos países que vivem essa realidade, com um desemprego de mais de 13 milhões de pessoas, segundo dados mais recentes do IBGE (Instituto Brasileiro de Geografia e Estatística). Mais de 5 milhões de pessoas procuram trabalho no país há um ano ou mais, o que representa quase 40% desse total.

A lógica do mercado não ajuda a melhorar esses números. As empresas tentam reduzir suas folhas de pagamento, mesmo que isso signifique mais horas extras.

Só que, de acordo com o sociólogo, quanto mais horas um indivíduo trabalha, mais ele contribui para a taxa de desocupação. "Na Alemanha, onde todos trabalham, em média, 1.400 horas, o desemprego está em 3,8% e o emprego está em 79%. Já na Itália, onde um italiano trabalha em média 1.800 horas, o desemprego está em 11% e o emprego está em 58%", detalha.

"Para eliminar o desemprego, o único remédio válido é reduzir as horas de trabalho, mantendo o salário e aumentando o número de vagas", diz, em entrevista ao UOL.

(Lúcia Valentim Rodrigues, "Mais ócio, por favor". https://noticias.uol.com.br. Adaptado)

(Soldado – PM/SP – VUNESP – 2019) As informações do texto, fundamentadas no pensamento de Domenico De Masi, evidenciam que

(A) E o pensamento revolucionário sugere que as pessoas trabalhem mais horas diárias, mesmo em um cenário social marcado pelo desemprego.

(B) E o aumento de horas extras laborais elimina as possibilidades do ócio criativo, mas, por outro lado, é a chave para a criação de postos de trabalho.

(C) E o aumento do desemprego precisa ser combatido com redução da carga horária dos trabalhadores, acompanhada da diminuição de seus salários.

(D) E a situação de emprego na Alemanha é melhor do que na Itália porque naquele país o trabalho está acima da média mundial, o que aumenta a produtividade.

(E) E a saúde do sistema produtivo com garantia de empregabilidade depende da redução da carga de trabalho individual, o que garantiria a abertura de novas vagas.

O texto traz a ideia central do novo livro de Domenico de Masi, "Uma simples revolução", no qual o sociólogo expõe sua tese de que a única solução viável para o aumento da empregabilidade é a redução da jornada normal de trabalho, abrindo novas vagas para suprir a totalidade do período de trabalho (por exemplo, em vez de um trabalhador exercendo suas funções por 8 horas diárias, seriam 2 trabalhadores na função por 4 horas cada um). HS

Gabarito "E".

(Soldado – PM/SP – VUNESP – 2019) De acordo com Domenico De Masi, uma ação que tem efeito negativo no sistema produtivo das empresas é

(A) E a oferta de mais vagas de trabalhos para os cidadãos.

(B) E a busca pela redução das folhas de pagamento.

(C) E a tentativa de fundir estudo, trabalho e lazer.

(D) E o aperfeiçoamento profissional por meio do ócio.

(E) E a alteração da lógica do mercado vigente.

O sociólogo aponta a dificuldade na luta contra o desemprego criada pela intenção das empresas de reduzir sua folha de pagamento, ou seja, diminuir as despesas com salários e encargos trabalhistas. HS

Gabarito "B".

(Soldado – PM/SP – VUNESP – 2019) Considere as passagens:

Quando o sociólogo italiano Domenico De Masi lançou o conceito de "ócio criativo" [...], foi **alçado** à condição de pensador revolucionário... (1º parágrafo)

A intenção era alcançar uma fusão entre estudo, trabalho e lazer para aprimorar o conhecimento, vivenciar diferentes experiências e **instigar** a criatividade. (2º parágrafo)

"Se as regras do jogo não mudarem, o desemprego – aberto ou oculto – está destinado a crescer em dimensão **patológica**", escreve. (4º parágrafo)

No contexto em que estão empregados, os termos significam, correta e respectivamente:

(A) E elevado; estimular; doentia.

(B) E conduzido; coibir; mórbida.

(C) E rebaixado; promover; promissora.

(D) E promovido; restringir; limitada.

(E) E assemelhado; induzir; esperançosa.

"Alçado" é sinônimo de "elevado", "lançado". "Instigar" é o mesmo que "estimular", "provocar". Já "patológica" é sinônimo de "doentia". HS

Gabarito "A".

(Soldado – PM/SP – VUNESP – 2019) Assinale a alternativa em que se transcreve uma passagem do texto na qual o termo destacado é empregado em sentido figurado.

(A) EO **sucesso** se deveu à explicação do espírito daquele tempo... (2º parágrafo)

(B) EAs **empresas** tentam reduzir suas folhas de pagamento... (6º parágrafo)

(C) E... o sociólogo prega uma nova guinada no pensamento **empresarial**. (3º parágrafo)

(D) E... mais ele contribui para a **taxa** de desocupação. (7º parágrafo)

(E) E... que abririam as **portas** para a criatividade ... (2º parágrafo)

Sentido figurado ou conotativo é o uso da palavra com significado diverso daquele usual, estabelecido no dicionário. Isso ocorre somente na letra "E", onde "portas" não significa o móvel que permite entrar num determinado lugar – afinal, a criatividade não tem portas. A palavra foi usada com sentido de "caminhos", "possibilidades". HS

Gabarito "E".

(Soldado – PM/SP – VUNESP – 2019) Coube Domenico De Masi criação do conceito de ócio criativo, referindo-se desconexão necessária com a labuta como caminho para se chegar____ experiências criativas do ser humano.

Em conformidade com a norma-padrão, as lacunas do enunciado devem ser preenchidas, correta e respectivamente, com:

(A) a ... à ... a ... a

(B) à ... a ... à ... às

(C) a ... a ... à ... às

(D) à ... a ... a ... à

(E) à ... à ... à ... as

Não ocorre crase antes de nome próprio masculino (a). O verbo "caber" não rege a preposição "a", portanto não ocorre crase antes de criação (a). O verbo pronominal "referir-se" rege a preposição "a", logo ocorre crase antes da palavra feminina "definição" (à). O verbo "chegar" rege a preposição "a", portanto ocorre crase antes da palavra feminina "experiências" (às). HS

Gabarito "C".

(Soldado – PM/SP – VUNESP – 2019) De acordo com a norma-padrão, a concordância nominal está plenamente atendida em:

(A) E Reduzindo a carga de trabalho para 1 400 horas, o Brasil estaria quites em relação aos números internacionais.

(B) E A situação do Brasil está meia complicada, com o desemprego de 13 milhões de pessoas.

(C) E No Brasil, há bastante pessoas que procuram emprego há um ano ou mais, segundo o IBGE.

(D) E Os altos índices de desemprego e a falta de novas vagas criam um clima social de desalento.

(E) E De acordo com Domenico De Masi, é necessário a diminuição da taxa de desocupação.

A: incorreta. O adjetivo "quite" deve concordar com "Brasil" e permanecer no singular; **B**: incorreta. O advérbio "meio", sinônimo de "parcialmente", não é flexionado no gênero; **C**: incorreta. "Bastante", quando é adjetivo, remetendo a quantidade, deve concordar em número com seu determinante ("bastantes pessoas"); **D**: correta. As normas de concordância foram integralmente respeitadas; **E**: incorreta. "Necessária", no trecho, é predicativo do sujeito "diminuição", portanto deve concordar com o gênero feminino. HS

Gabarito "D"

(Soldado – PM/SP – VUNESP – 2019) Sem prejuízo de sentido ao texto, o trecho – As empresas tentam reduzir suas folhas de pagamento, mesmo que isso signifique mais horas extras. (5º parágrafo) – está corretamente reescrito em:

(A) E As empresas tentam reduzir suas folhas de pagamento, apesar de isso significar mais horas extras.

(B) E As empresas tentam reduzir suas folhas de pagamento, quando isso significa mais horas extras.

(C) E As empresas tentam reduzir suas folhas de pagamento, se isso significar mais horas extras.

(D) E As empresas tentam reduzir suas folhas de pagamento, tanto que isso significa mais horas extras.

(E) E As empresas tentam reduzir suas folhas de pagamento, porque isso significa mais horas extras.

A locução conjuntiva "mesmo que", utilizada no trecho original, tem valor concessivo, de modo que deve ser substituída por outra conjunção concessiva para que não haja alteração no sentido do período. A única opção que traz uma oração subordinada adverbial concessiva é a letra "A", caracterizada pela conjunção "apesar de". HS

Gabarito "A"

Passeio noturno

Cheguei em casa carregando a pasta cheia de papéis, relatórios, estudos, pesquisas, propostas, contratos. Minha mulher, jogando paciência na cama, um copo de uísque na mesa de cabeceira, disse, sem tirar os olhos das cartas, você está com um ar cansado. Os sons da casa: minha filha no quarto dela treinando impostação de voz, a música quadrifônica do quarto do meu filho. Você não vai largar essa mala?, perguntou minha mulher, tira essa roupa, bebe um uisquinho, você precisa aprender a relaxar.

Fui para a biblioteca, o lugar da casa onde gostava de ficar isolado e como sempre não fiz nada. Abri o volume de pesquisas sobre a mesa, não via as letras e números, eu esperava apenas. Você não pára de trabalhar, aposto que os teus sócios não trabalham nem a metade e ganham a mesma coisa, entrou a minha mulher na sala com o copo na mão, já posso mandar servir o jantar?

A copeira servia à francesa, meus filhos tinham crescido, eu e a minha mulher estávamos gordos. É aquele vinho que você gosta, ela estalou a língua com prazer. Meu filho me pediu dinheiro quando estávamos no cafezinho, minha filha me pediu dinheiro na hora do licor. Minha mulher nada pediu, nós tínhamos conta bancária conjunta. Vamos dar uma volta de carro?, convidei. Eu sabia que ela não ia, era hora da novela. Não sei que graça você acha em passear de carro todas as noites, também aquele carro custou uma fortuna, tem que ser usado, eu é que cada vez me apego menos aos bens materiais, minha mulher respondeu.

Os carros dos meninos bloqueavam a porta da garagem, impedindo que eu tirasse o meu. Tirei os carros dos dois, botei na rua, tirei o meu, botei na rua, coloquei os dois carros novamente na garagem, fechei a porta, essas manobras todas me deixaram levemente irritado, mas ao ver os pára–choques salientes do meu carro, o reforço especial duplo de aço cromado, senti o coração bater apressado de euforia. Enfiei a chave na ignição, era um motor poderoso que gerava a sua força em silêncio, escondido no capô aerodinâmico. Saí, como sempre sem saber para onde ir, tinha que ser uma rua deserta, nesta cidade que tem mais gente do que moscas. Na avenida Brasil, ali não podia ser, muito movimento. Cheguei numa rua mal iluminada, cheia de árvores escuras, o lugar ideal. Homem ou mulher? Realmente não fazia grande diferença, mas não aparecia ninguém em condições, comecei a ficar tenso, isso sempre acontecia, eu até gostava, o alívio era maior. Então vi a mulher, podia ser ela, ainda que mulher fosse menos emocionante, por ser mais fácil. Ela caminhava apressadamente, carregando um embrulho de papel ordinário, coisas de padaria ou de quitanda, estava de saia e blusa, andava depressa, havia árvores na calçada, de vinte em vinte metros, um interessante problema a exigir uma grande dose de perícia. Apaguei as luzes do carro e acelerei. Ela só percebeu que eu ia para cima dela quando ouviu o som da borracha dos pneus batendo no meio–fio. Peguei a mulher acima dos joelhos, bem no meio das duas pernas, um pouco mais sobre a esquerda, um golpe perfeito, ouvi o barulho do impacto partindo os dois ossões, dei uma guinada rápida para a esquerda, passei como um foguete rente a uma das árvores e deslizei com os pneus cantando, de volta para o asfalto. Motor bom, o meu, ia de zero a cem quilômetros em nove segundos. Ainda deu para ver que o corpo todo desengonçado da mulher havia ido parar, colorido de sangue, em cima de um muro, desses baixinhos de casa de subúrbio.

Examinei o carro na garagem. Corri orgulhosamente a mão de leve pelos pára–lamas, os pára–choques sem marca. Poucas pessoas, no mundo inteiro, igualavam a minha habilidade no uso daquelas máquinas.

A família estava vendo televisão. Deu a sua voltinha, agora está mais calmo?, perguntou minha mulher, deitada no sofá, olhando fixamente o vídeo. Vou dormir, boa noite para todos, respondi, amanhã vou ter um dia terrível na companhia.

Referência: FONSECA, Rubem. *Passeio Noturno*, in: Contos Reunidos. São Paulo: Companhia das Letras. 1994.

Com base no texto "Passeio noturno" responda as questões abaixo:

(Soldado – PM/MG – PMMG – 2018) Marque a alternativa **CORRETA** que corresponda ao perfil psicológico do personagem protagonista da história:

(A) E Possui hábitos incomuns aos demais cidadãos no tocante aos seus deveres do cotidiano, mas age de forma previsível e irrepreensível para satisfazer seus desejos íntimos.

(B) E Possui hábitos anormais aos demais cidadãos no tocante aos seus deveres do cotidiano, mas age de forma esperada e magistral para satisfazer seus desejos íntimos.

(C) E Possui hábitos incomuns aos demais cidadãos no tocante aos seus deveres do cotidiano, mas age de forma irreprovável e incensurável para satisfazer seus desejos íntimos.

(D) E Possui hábitos comuns aos demais cidadãos no tocante aos seus deveres do cotidiano, mas age de forma imprevisível e repreensível para satisfazer seus desejos íntimos.

O conto descreve, em discurso indireto livre, um dia totalmente comum de um cidadão, com hábitos que se igualam aos da maioria das pessoas. Porém, a personagem tem desejos íntimos de cunho ilícito e totalmente reprováveis, sendo capaz de agir de forma imprevisível e condenável para satisfazê-los. HS

Gabarito "D".

(Soldado – PM/MG – PMMG – 2018) Leia o trecho apresentado e marque a alternativa **CORRETA.**

"(...) ao ver os pára–choques salientes do meu carro, o reforço especial duplo de aço cromado, senti o coração bater apressado de euforia. (...). Saí, como sempre sem saber para onde ir, tinha que ser uma rua deserta, nesta cidade que tem mais gente do que moscas. Na avenida Brasil, ali não podia ser, muito movimento. Cheguei numa rua mal iluminada, cheia de árvores escuras, o lugar ideal. Homem ou mulher? Realmente não fazia grande diferença (...)."

Baseado no trecho apresentado, podemos afirmar que o autor desvela uma personagem que demonstra:

(A) E Amor à máquina e a seus semelhantes.

(B) E Necessidade de guiar seu carro pelas ruas ermas da cidade.

(C) E Desprezo a seus semelhantes, um desejo de transgredir.

(D) E Medo de dirigir pela avenida Brasil por ser muito movimentada.

A personagem demonstra profundo desprezo e desinteresse pelas outras pessoas, ao lado de um incontrolável desejo de transgredir as normas, provavelmente decorrente da rotina absolutamente repetitiva que vive. HS

Gabarito "C".

(Soldado – PM/MG – PMMG – 2018) **Leia** o trecho a seguir:

"(...) Então vi a mulher, podia ser ela, ainda que mulher fosse menos emocionante, por ser mais fácil. (...) Ela só percebeu que eu ia para cima dela quando ouviu o som da borracha dos pneus batendo no meio–fio. (...) ouvi o barulho do impacto partindo os dois ossões, dei uma guinada rápida para a esquerda, passei como um foguete rente a uma das árvores e deslizei com os pneus cantando, de volta para o asfalto. Motor bom, o meu, ia de zero a cem quilômetros em nove segundos. (...)."

Marque a alternativa **CORRETA** que corresponda ao momento da narrativa que é evidenciado pelo trecho acima:

(A) E Momento ápice ou clímax da narrativa.

(A) E Momento subsequente ao ápice ou clímax da narrativa.

(A) E Momento do desfecho final da narrativa.

(A) E Momento introdutório da trama da narrativa.

Trata-se do clímax, ou ápice, da narrativa, o momento em que é revelada ao leitor a situação que mais se esperava – no caso, saber qual era a razão dos passeios noturnos da personagem principal do conto. HS

Gabarito "A".

(Soldado – PM/MG – PMMG – 2018) Leia o trecho apresentado e responda à questão abaixo:

"A família estava vendo televisão. Deu a sua voltinha, agora está mais calmo?, perguntou minha mulher, deitada no sofá, olhando fixamente o vídeo. Vou dormir, boa noite para todos, respondi, amanhã vou ter um dia terrível na companhia."

Com base no trecho acima, marque a alternativa **CORRETA** que corresponda à inferência feita pela mulher em relação ao passeio de carro feito pelo marido:

(A) E mulher inferiu que o passeio não seria uma maneira do marido liberar o estresse diário.

(B) E A mulher inferiu que o passeio seria uma maneira do marido, relaxado, conduzir o carro sem um objetivo específico.

(C) E A mulher inferiu que o passeio seria uma maneira do marido se ocupar com algo inútil que aumentasse o nível de estresse diário.

(D) E A mulher inferiu que o passeio seria uma maneira do marido liberar o estresse diário.

A pergunta "está mais calmo?" demonstra o raciocínio da mulher: ela conclui que o hábito do marido sair a dirigir de noite serve para diminuir seu nível de estresse. HS

Gabarito "D".

(Soldado – PM/MG – PMMG – 2018) De acordo com os critérios da seleção vocabular e emprego das variedades de língua padrão e não padrão, leia as orações a seguir e marque a alternativa **CORRETA**, de acordo com a norma culta.

(A) A ansiedade era grande, mais a habilidade do condutor era maior.

(B) Estava eufórico com o feito, mas relaxado o suficiente para voltar à casa.

(C) O condutor fingia se surpreender mas e mas a cada instante.

(D) Não era apenas um fugitivo, mais alguém feliz com o que acabara de fazer.

A questão cobra do candidato o conhecimento das palavras "mais" e "mas". "Mais" é advérbio de intensidade, "mas" é conjunção adversativa. O primeiro está ligado a um substantivo, um adjetivo, um verbo ou outro advérbio; o segundo introduz uma nova oração. A única construção correta, portanto, é a letra "B", que deve ser assinalada. HS

Gabarito "B".

(Soldado – PM/MG – PMMG – 2018) Marque a alternativa que apresenta a justificativa **CORRETA** para o emprego das locuções e palavras em destaque nas orações abaixo:

1). Muitas das vezes que fui à igreja, ele estava lá.

2). Muitas vezes fui à biblioteca.

3). Ele marcou um horário com o dentista, a fim de verificar a situação de seus dentes.

4). O latim é uma língua afim com o italiano.

(A) 1 – várias vezes; 2 – de um determinado número de vezes; 3 – afinidade; 4 – propósito.

(B) 1 – sem um determinado número de vezes; 2 – de um determinado número de vezes; 3 – semelhança; 4 – razão.

(C) 1 – de um determinado número de vezes; 2 – várias vezes; 3 – objetivo; 4 – semelhante.

(D) 1 – de um indeterminado número de vezes; 2 – às vezes; 3 – semelhante; 4 – intento.

A expressão "muitas das vezes" indica que, num determinado número de vezes, o sujeito encontrou o outro na igreja. A expressão "muitas vezes" é sinônima de "várias vezes", uma quantidade indeterminada de vezes. "A fim" é locução prepositiva com valor de finalidade, é sinônima de "com o objetivo de". "Afim" é adjetivo, sinônimo de "parecido", "semelhante". HS

Gabarito "C"

(Soldado – PM/MG – PMMG – 2018) Quanto ao emprego de pronomes, marque a alternativa **CORRETA**.

(A) Os pneus, troquei-os logo após o passeio noturno.

(B) Me espantei com a potência do motor e a rigidez dos parachoques.

(C) Não maltratei-a, apenas acelerei até deixar ela caída em meio a poeira.

(D) Depois, me encaminhei para casa eufórico e feliz.

A: correta. A oração respeita a norma culta de colocação pronominal ao usar a ênclise; **B:** incorreta. Não se usa próclise no começo de oração ("espantei-me"); **C:** incorreta. O advérbio de negação determina a próclise ("não a maltratei"); **D:** incorreta. A vírgula, para fins de colocação pronominal, equivale a um início de oração, determinando a ênclise ("encaminhei-me"). HS

Gabarito "A"

(Soldado – PM/MG – PMMG – 2018) Marque a alternativa que contenha a seleção de palavras para o preenchimento **CORRETO** dos espaços nas frases abaixo, na sequência em que aparecem:

1. Este teatro______vamos é mantido pela universidade.
2. O policial esteve no local__ocorrera o crime.
3. Domingo,_______fomos ao clube, fez sol.
4. A cidade de_____ele vem fica no norte do estado.
5. Já era noite,_____a lua apareceu.

(A) Onde, aonde, onde, aonde, onde.

(B) Quando, aonde, aonde, aonde, aonde.

(C) Onde, aonde, quando, onde, onde.

(D) Aonde, onde, quando, onde, quando.

1: Como o verbo "ir" rege a preposição "a", o correto é "aonde"; 2: O verbo "estar" não rege preposição, portanto utilizamos "onde"; 3: A lacuna deve ser preenchido com um advérbio de tempo, no caso, "quando"; 4: Após a preposição "de", utiliza-se sempre "onde"; 5: novamente, a lacuna pede um advérbio de tempo ("quando"). HS

Gabarito "D"

Texto I

A Rua

(Fragmento)

EU AMO A RUA. Esse sentimento de natureza toda íntima não vos seria revelado por mim se não julgasse, e razões não tivesse para julgar, que este amor assim absoluto e assim exagerado é partilhado por todos vós. Nós somos irmãos, nós nos sentimos parecidos e iguais; nas cidades, nas aldeias, nos povoados, não porque soframos, com a dor e os desprazeres[...], mas porque nos une, nivela e agremia o amor da rua.

(...) a rua é um fator da vida das cidades, a rua tem alma! (...) a rua é a agasalhadora da miséria. Os desgraçados não se sentem de todo sem o auxílio dos deuses enquanto diante dos seus olhos uma rua abre para outra rua (...).

A rua nasce, como o homem, do soluço, do espasmo. Há suor humano na argamassa do seu calçamento. Cada casa que se ergue é feita do esforço exaustivo de muitos seres, e haveis de ter visto pedreiros e canteiros, ao erguer as pedras para as frontarias, cantarem, cobertos de suor, uma melopeia tão triste que pelo ar parece um arquejante soluço. A rua sente nos nervos essa miséria da criação, e por isso é a mais igualitária, a mais socialista, a mais niveladora das obras humanas. (...) A rua é a eterna imagem da ingenuidade. Comete crimes, desvaria à noite, treme com a febre dos delírios, para ela como para as crianças a aurora é sempre formosa, para ela não há o despertar triste, e quando o sol desponta e ela abre os olhos esquecida das próprias ações, é (...) tão modesta, tão lavada, tão risonha, que parece papaguear com o céu e com os anjos...

A rua faz as celebridades e as revoltas, a rua criou um tipo universal, tipo que vive em cada aspecto urbano, em cada detalhe, em cada praça, tipo diabólico que tem, dos gnomos e dos silfos das florestas, tipo proteiforme, feito de risos e de lágrimas, de patifarias e de crimes irresponsáveis, de abandono e de inédita filosofia, tipo esquisito e ambíguo com saltos de felino e risos de navalha, o prodígio de uma criança mais sabida e cética que os velhos de setenta invernos, mas cuja ingenuidade é perpétua, voz que dá o apelido fatal aos potentados e nunca teve preocupações, criatura que pede como se fosse natural pedir, aclama sem interesse, e pode rir, francamente, depois de ter conhecido todos os males da cidade, poeira d'oiro que se faz lama e torna a ser poeira – a rua criou o garoto!

RIO, João do. *A alma encantadora das ruas*. São Paulo: Companhia das Letras, 1997, pp. 28–31.Vocabulário

Agremia: do verbo agremiar; juntar num mesmo grupo. Canteiros: pedreiros responsáveis pelas construções com pedra. Frontarias: fachada principal; frente.

Melopeia: melodia; canção melodiosa.

Silfos: seres mágicos do ar presente em mitologias europeias. Proteiforme: que muda de forma frequentemente.

Potentados: majestades; maiorais; pessoas de grande poder.

(Soldado – PM/SE – IBFC – 2018) No título do texto, o autor faz uso de um artigo definido acompanhando o substantivo "rua". Esse emprego constrói o seguinte efeito de sentido:

(A) Indica uma rua conhecida apenas pelo leitor acionando o imaginário deste.
(B) Revela a singularidade das ruas mostrando elementos que as diferem entre si.
(C) Aponta para uma rua específica, definida, e que possui características próprias.
(D) Faz referência à ideia de rua num sentido generalizante, às ruas de maneira geral.

O uso do artigo definido singular demonstra a intenção do autor de transmitir a ideia de conceito de "rua", uma noção geral do que ela significa. HS

Gabarito "D"

Considere o trecho abaixo para responder às questões seguintes:

"Esse sentimento de natureza toda íntima não vos seria revelado por mim." (1°§)

(Soldado – PM/SE – IBFC – 2018) A expressão "Esse sentimento", que inicia o trecho, faz referência:

(A) a algo que será dito só posteriormente.
(B) ao desejo da rua, representado no texto.
(C) ao amor apresentado na frase anterior.
(D) a um sentimento exclusivo do leitor.

O sentimento a que se refere o autor é o amor, que ele expressa na oração anterior. HS

Gabarito "C"

(Soldado – PM/SE – IBFC – 2018) O trecho apresenta uma oração cuja construção verbal ilustra a voz:

(A) passiva sintética.
(B) ativa.
(C) reflexiva.
(D) passiva analítica.

A forma verbal "seria revelado" está na voz passiva analítica, tendo o pronome "mim" como agente da passiva. HS

Gabarito "D"

(Soldado – PM/SE – IBFC – 2018) O pronome "vos" exemplifica um registro formal da Língua e aponta para a segunda pessoa do discurso exercendo a função sintática de:

(A) vocativo.
(B) objeto indireto.
(C) sujeito.
(D) agente da passiva.

"Vos", na oração, é objeto indireto do verbo "revelar" – quem revela, revela algo (objeto direto – "esse sentimento") a alguém (objeto indireto – "vos", o mesmo que "a vós"). HS

Gabarito "B"

(Soldado – PM/SE – IBFC – 2018) Ao tratar da rua, nota-se que o autor privilegia uma abordagem essencialmente:

(A) poética.
(B) técnica.
(C) objetiva.
(D) distanciada.

O texto tem a função poética prevalente, o que se nota pelos adjetivos rebuscados, as construções complexas dos períodos e o uso de metáforas para descrever a rua. HS

Gabarito "A"

(Soldado – PM/SE – IBFC – 2018) No terceiro parágrafo, ao comparar o nascimento da rua com o do homem, o autor, em linhas gerais, quer dar destaque:

(A) à grande quantidade de homens e ruas que surgem nos grandes centros urbanos.
(B) à superioridade dos homens em relação às ruas que são por aqueles construídas.
(C) ao modo prático pelo qual ambos são projetados antes de serem realizados.
(D) ao trabalho físico, muscular, ao esforço que se percebe na concepção de ambos.

O nascimento do ser humano é um trabalho físico intenso que se desenrola durante o trabalho de parto – há dores, suor e esforço muscular forte e contínuo para que o resultado aconteça. Segundo o autor, as mesmas características podem ser encontradas na construção, ou "nascimento", da rua. HS

Gabarito "D"

Considere o trecho abaixo para responder às questões seguintes:

"tão modesta, tão lavada, tão risonha, <u>que</u> parece papaguear com o céu e com os anjos..." (3°§)

(Soldado – PM/SE – IBFC – 2018) O vocábulo "tão" é repetido no trecho cumprindo papel enfático e deve ser classificado, morfologicamente, como:

(A) adjetivo.
(B) pronome indefinido.
(C) advérbio.
(D) preposição.

"Tão" é advérbio de intensidade, que está modificando os adjetivos "modesta", "lavada" e "risonha". HS

Gabarito "C"

(Soldado – PM/SE – IBFC – 2018) A conjunção destacada na passagem relaciona ideias e possui valor semântico de:

(A) causa.
(B) consequência.
(C) conformidade.
(D) finalidade.

A conjunção "que", nesse caso, é consecutiva, isto é, exprime a ideia de consequência. Temos o fato da rua ser "tão modesta, tão lavada, tão risonha" e a consequência dela parecer "papaguear com o céu e com os anjos". HS

Gabarito "B"

(Soldado – PM/SE – IBFC – 2018) Analisando-se a questão de forma mais ampla, ao afirmar, na última oração do texto, que a rua criou o garoto, o autor assume um posicionamento irônico e crítico uma vez que:

(A) o papel fundante de existência de garotos na rua é de ordem só familiar.

(B) a responsabilidade pelo surgimento desses garotos é da sociedade e não da rua.

(C) a palavra criar foi empregada, exclusivamente, no sentido de destinar cuidados.

(D) não é possível inferir responsabilidades pela origem dos garotos na rua.

A crítica social e a ironia do autor são evidentes no último parágrafo, construído sobre a função poética para descrever o garoto de rua, que é uma consequência de nossa sociedade e não das características da rua. HS

Gabarito "B"

Texto II

Rua da Amargura

(Vinicius de Moraes)

A minha rua é longa e silenciosa como um caminho que foge
E tem casas baixas que ficam me espiando de noite
Quando a minha angústia passa olhando o alto.
A minha rua tem avenidas escuras e feias
De onde saem papéis velhos correndo com medo do vento
E gemidos de pessoas que estão eternamente à morte.
A minha rua tem gatos que não fogem e cães que não ladram
Tem árvores grandes que tremem na noite silente
Fugindo as grandes sombras dos pés aterrados.
A minha rua é soturna...
Na capela da igreja há sempre uma voz que murmura louvemos
Sozinha e prostrada diante da imagem
Sem medo das costas que a vaga penumbra apunhala. [...]

(Soldado – PM/SE – IBFC – 2018) Há uma diferença essencial no modo como os dois textos caracterizam a "rua". Assim, os textos I e II, fazem, respectivamente, uma representação desse espaço que é:

(A) objetiva e subjetiva.

(B) descritiva e argumentativa.

(C) generalizante e específica.

(D) negativa e positiva.

Vimos que o primeiro texto traz uma proposta de descrever o conceito de rua, uma ideia geral do que ela significa. Neste segundo texto, o autor descreve a "sua rua", ou seja, uma rua específica, determinada. HS

Gabarito "C"

(Soldado – PM/SE – IBFC – 2018) A locução adjetiva "da amargura", presente no título, caracteriza a rua, mas percebe-se que se trata da caracterização do ânimo do enunciador. Essa afirmação pode ser comprovada MELHOR pelo seguinte verso do poema:

(A) "A minha rua é longa e silenciosa como um caminho que foge" (v.1).

(B) "Quando a minha angústia passa olhando o alto." (v. 3).

(C) "E gemidos de pessoas que estão eternamente à morte." (v.6).

(D) "Tem árvores grandes que tremem na noite silente" (v.8).

"Amargura" é sinônimo de "tristeza", "desgosto". O verso que melhor destaca esse sentimento no eu-lírico é: "Quando a minha **angústia** passa olhando o alto". Note que os "gemidos" do sexto verso também representam a amargura, porém esta não é do eu-lírico, mas das pessoas – logo, não atende ao que pede o enunciado. HS

Gabarito "B"

(Soldado – PM/SE – IBFC – 2018) O texto II é marcado pela presença de muitos adjetivos. Desse modo, assinale a alternativa em que a palavra destacada <u>NÃO</u> é um exemplo de adjetivo.

(A) "Quando a minha angústia passa olhando o **<u>alto</u>**." (v.3).

(B) "De onde saem papéis **<u>velhos</u>** correndo com medo do vento" (v.5).

(C) "Fugindo as **<u>grandes</u>** sombras dos pés aterrados." (v.9).

(D) "Sem medo das costas que a **<u>vaga</u>** penumbra apunhala." (v.13).

A única palavra destacada que não tem função de adjetivo é "alto", na alternativa "A", que deve ser assinalada. Nessa construção, "alto" é substantivo, o que fica claro pela presença do artigo definido masculino singular "o". Foi usada como sinônimo de "para cima". HS

Gabarito "A"

(Soldado – PM/SE – IBFC – 2018) Em "E gemidos de pessoas que estão eternamente <u>à morte</u>."(v.6), o termo em destaque possui o acento grave. Essa presença justifica-se em função do vocábulo feminino que compõe uma locução:

(A) prepositiva.

(B) adjetiva.

(C) adverbial.

(D) conjuntiva.

Ocorre crase nas locuções adverbiais formadas com palavras femininas. HS

Gabarito "C"

(Soldado – PM/SE – IBFC – 2018) O verso "De onde saem papéis velhos <u>correndo</u> com medo do vento" (v.5) apresenta uma forma verbal no gerúndio. Tal forma nominal é caracterizada por indicar uma ação:

(A) em processo.

(B) passada concluída.

(C) hipotética.

(D) pontual, no presente.

O gerúndio é a forma verbal que representa a ação em curso, que está acontecendo no momento em que se fala. HS

Gabarito "A"

(Soldado – PM/SE – IBFC – 2018) No décimo verso, o vocábulo destacado em "A minha rua é <u>soturna</u>..." deve ser entendido como sinônimo de:

(A) pobre.

(B) religiosa.

(C) desconhecida.

(D) melancólica.

"Soturna" é sinônimo de "melancólica", "triste", "fúnebre". HS

Gabarito "D"

(Soldado – PM/SE – IBFC – 2018) Ao reescrever o verso "A minha rua tem avenidas escuras e feias" (v.4), haveria incorreção gramatical apenas na seguinte alternativa:

(A) A minha rua possui avenidas escuras e feias.

(B) Na minha rua, existe avenidas escuras e feias.

(C) A minha rua contém avenidas escuras e feias.

(D) Na minha rua, há avenidas escuras e feias.

A única alternativa que não atende ao padrão culto da língua é a letra "B", que deve ser assinalada. Conforme a gramática normativa, o verbo "existir" deve concordar com "avenidas", portanto deve ser flexionado no plural – "existem". HS

Gabarito "B"

Texto III

Em três anos, violência urbana mata mais de 120 jovens em Rio Preto, SP

Assassinatos e acidentes de trânsito são as principais causas de morte. No Brasil, morte de jovem por homicídio cresceu mais de 200% em 30 anos.

Um estudo do centro latino-americano mostra que a violência envolvendo jovens cresceu mais de 200% nas últimas três décadas no país. Foram computados casos de mortes por homicídio e no trânsito. No noroeste paulista, as autoridades afirmam que os crimes estão controlados, mas para as famílias das vítimas, muita coisa ainda precisa ser feita para que a população se sinta segura.

No Brasil, a morte de jovens por homicídio e acidente cresceu quase 210% nos últimos 30 anos. As estatísticas fazem parte do Mapa da Violência, divulgado pelo Centro de Estudos Latino-americanos.

Apesar de em São José do Rio Preto (SP), o número de mortes ter diminuído, as estatísticas não deixam de ser preocupantes. O levantamento feito entre 2009 e 2011 mostra que durante esse período: 45 jovens foram assassinados e 83 morreram no trânsito.

O tenente da Polícia Militar Ederson Pinha explica porque pessoas de 18 a 30 anos estão entre as principais vítimas. "Hoje o jovem com 18 anos já tem a carteira de habilitação e tem um veículo, além da motocicleta, que cresce com os jovens. Tem também a questão da imaturidade e inexperiência ao volante. Quando o jovem percebe que não tem essa maturidade, ele já se envolveu no acidente", afirma o tenente.

Tão preocupante quanto as mortes de jovens no trânsito é o número de acidentes provocados por eles. A imprudência, o consumo de álcool e o excesso de velocidade têm transformado veículos em verdadeiras armas nas mãos de alguns motoristas. [...]

(Disponível em: http://g1.globo.com/sao-paulo/sao-jose-do-rio-preto- aracatuba/noticia/2013/07/em-tres-anos-violencia--urbana-mata- mais-de-120-jovens-em-rio-preto-sp.html. Acesso em 23/05/18)

(Soldado – PM/SE – IBFC – 2018) O texto III tem um caráter mais objetivo na apresentação de uma ideia. Assinale a alternativa que apresenta um elemento que não contribui para essa objetividade:

(A) Indicação de um lugar específico ao qual os fatos fazem referência.

(B) O uso de dados estatísticos que ilustram as informações apresentadas.

(C) A avaliação pessoal do jornalista em relação ao aumento da violência.

(D) O emprego de um argumento de autoridade, no caso, o do tenente da Polícia.

A objetividade do texto jornalístico decorre do uso de dados concretos, números e lugares específicos que permitem ao leitor identificar com precisão o fato que está sendo informado. Opiniões pessoais interferem nessa objetividade, justamente por serem internas ao sujeito – isto é, decorrem de suas experiências e posições políticas e sociais, sua vivência e postura diante da vida. HS

Gabarito "C"

Considere o trecho abaixo para responder às questões seguintes.

"muita coisa ainda precisa ser feita para que a população se sinta segura." (1°§)

(Soldado – PM/SE – IBFC – 2018) Atente para a análise da classe gramatical do vocábulo destacado em "muita coisa"(1°§). Em seguida, assinale a alternativa em que se destaca um exemplo de palavra de mesma classificação morfológica.

(A) Todos estudaram **bastante**.

(B) **Algumas** pessoas chegaram atrasadas.

(C) Queria **muito** a sua ajuda.

(D) Ficaram **bem** agitados os alunos.

No trecho original, "muita" é adjetivo, pois foi flexionado em gênero e número para concordar com o substantivo "coisa". Apenas a letra "B" traz palavra com função adjetiva, todas as demais são advérbios – tanto que são inflexíveis, não se alteram em gênero e número. HS

Gabarito "B"

(Soldado – PM/SE – IBFC – 2018) Em "A imprudência, o consumo de álcool e o excesso de velocidade têm transformado veículos em verdadeiras armas nas mãos de alguns motoristas."(5°§), nota-se que a concordância da forma verbal é feita com:

(A) 'o vocábulo "veículos" flexionado no plural.

(B) o sujeito indeterminado na 3ª pessoa.

(C) o sujeito composto que a precede.

(D) "verdadeiras armas", que é sujeito posposto.

O verbo "ter" está conjugado na terceira pessoa do plural do presente do indicativo, uma vez que foi grafado com acento circunflexo. Logo, está concordando com o sujeito composto da oração: "A imprudência, o consumo de álcool e o excesso de velocidade". HS

Gabarito "C"

(Soldado – PM/SE – IBFC – 2018) A construção "Apesar de", que introduz o terceiro parágrafo, possui valor semântico:

(A) alternativo.

(B) aditivo.

(C) explicativo.

(D) concessivo.

"Apesar de" é locução conjuntiva concessiva, equivalente a "mesmo que", "embora". HS

Gabarito "D"

(Soldado – PM/SE – IBFC – 2018) Todos os vocábulos abaixo, retirados do texto III, são acentuados pela mesma regra que justifica o acento da palavra "violência", EXCETO:

(A) diminuído.

(B) homicídio.

(C) famílias.

(D) inexperiência.

"Violência" é paroxítona terminada em ditongo crescente, por isso é acentuada, assim como "homicídio", "famílias" e "inexperiência". Já "diminuído", por sua vez, leva acento no "i" do hiato sozinho na sílaba. HS

Gabarito "A"

Leia o texto para responder às questões de abaixo.

A pirataria para o brasileiro é algo tão comum que mal pensamos que este ato, na verdade, é ilegal. Nada como comprar aquele DVD pirata no camelô ou baixar um filminho no Pirate Bay para assistir com a namorada no final de semana, não é verdade? Entretanto, você já se indagou alguma vez se poderia ser punido por isso?

Existe uma lenda urbana em nosso país que define como criminoso apenas quem lucra com a pirataria digital. Em outras palavras, a crença que circula de boca em boca é que somente vendedores ambulantes, falsificadores e sites que hospedam esse tipo de conteúdo são passíveis de punição jurídica. Entretanto, não é bem assim que funciona.

O STJ já reforçou mais de uma vez que o download de obras que possuem direitos autorais configura crime. Mas por que ninguém é preso ou recebe multas? Simples: a aceitação cultural é tão grande que não existe quase nenhum tipo de fiscalização ou punição para a reprodução e distribuição deste tipo de conteúdo.

(Vinicius Munhoz, Como a pirataria é castigada em outros países do mundo? Disponível em: www.tecmundo.com.br. 14.07.2015.)

(Oficial – PM/SP – 2016 – VUNESP) A partir da leitura do texto, conclui-se corretamente que o autor

(A) parte do pressuposto de que o leitor reproduz filmes piratas porque isso ainda não é crime no Brasil.

(B) dialoga com o leitor como se este considerasse comum assistir a filmes adquiridos por meio da pirataria.

(C) considera aceitável comercializar filmes piratas, contanto que o lucro da venda seja usado para pagar direitos autorais.

(D) defende que quem praticar a reprodução ilegal de filmes deve ser preso, como qualquer outro tipo de criminoso.

(E) julga adequada a maneira como o STJ tem punido exemplarmente aqueles que insistem em assistir a filmes piratas.

A: incorreta, pois o STJ já reforçou que configura crime, porém por ter alta aceitação cultural não existe quase nenhum tipo de fiscalização ou punição; **B**: correta, já que o leitor acredita na lenda urbana de que somente vendedores ambulantes, falsificadores e sites que hospedam esse tipo de conteúdo são passíveis de punição jurídica; **C**: incorreta, não há nada no texto que se configure essa afirmativa; **D**: incorreta, pois não há uma defesa sobre isso, há apenas a constatação de que ninguém é preso ou recebe multas; **E**: incorreta, a alegação é exatamente o contrário, não há punição. CD

Gabarito "B"

(Oficial – PM/SP – 2016 – VUNESP) O trecho do segundo parágrafo – Entretanto, não é bem assim que funciona. –, no contexto em que está inserido, apresenta uma afirmação

(A) condizente com a crença da maioria dos brasileiros.

(B) contrária ao que já foi exposto pelo STJ.

(C) a favor do comportamento de quem compra DVD pirata.

(D) divergente do que afirma o senso comum.

(E) desfavorável ao discurso que condena a pirataria.

A: incorreta, pois a conjunção Entretanto introduz uma adversidade, portanto é contrária à crença do brasileiro; **B**: incorreta, pois a afirmação está se referindo à crença do brasileiro; **C**: incorreta, pois exatamente a compra de DVD pirata é que é contrário ao que se pensa não ser ilegal; **D**: correta, pois a conjunção Entretanto tem valor de oposição (adversativa), por isso é contrário (divergente) ao que se afirma o senso comum de que apenas quem vende é o ilegal: **E**: incorreta, pois é exatamente o contrário, está se condenando a pirataria. CD

Gabarito "D"

(Oficial – PM/SP – 2016 – VUNESP) O termo "que" apresenta valor consecutivo na seguinte passagem do texto:

(A) Existe uma lenda urbana em nosso país **que** define como criminoso apenas quem lucra...

(B) ... somente vendedores ambulantes, falsificadores e sites **que** hospedam esse tipo de conteúdo são passíveis de punição...

(C) Entretanto, não é bem assim **que** funciona.

(D) O STJ já reforçou mais de uma vez **que** o download de obras...

(E) ... a aceitação cultural é tão grande **que** não existe quase nenhum tipo de fiscalização ou punição...

A: incorreta, pois, nessa frase, é pronome relativo retomando "lenda urbana" equivalendo a "a qual"; **B**: incorreta, pois é pronome relativo retomando " vendedores ambulantes, falsificadores e sites" e equivale a "os quais"; **C**: incorreta, pois é BEM ASSIM QUE é uma locução conjuntiva ; **D**: incorreta, pois é conjunção integrante, introduzindo uma oração subordinada com função de objeto direto; **E**: correta, pois temos a causa: a aceitação cultural é grande TANTO QUE (consequentemente) não existe quase nenhum tipo de fiscalização ou punição. CD

Gabarito "E"

(Oficial – PM/SP – 2016 – VUNESP) Uma frase escrita em conformidade com a norma culta e coerente com o que se afirma no trecho do texto – O STJ já reforçou mais de uma vez que o download de obras que possuem direitos autorais configura crime. – é:

(A) Está sendo feito o download das obras que tem direitos autorais, embora o STJ tenha esclarecido de que é crime.

(B) O download de obras com direitos autorais constitui crime, conforme expresso reiteradamente pelo STJ.

(C) Apesar do STJ já ter avisado de que é crime fazer download de obras desrespeitando os direitos autorais, isto vêm acontecendo.

(D) Não é novidade que são criminosos, segundo o STJ, quem se dedica a fazer download de obras que dispõe de direitos autorais.

(E) Tratam-se de crimes praticar o download de obras que mantém direitos autorais, o que já foi denunciado pelo STJ.

A: incorreta, pois na frase não se afirma que "está sendo feito o download", além disso a presença da preposição depois de "esclarecido" está incorreta, já que o termo não rege preposição; **B**: correta, a frase afirma que o download de obras com diretos autorais configura crime, conforme o STJ tem reforçado; **C**: incorreta, pois fere a norma culta, um sujeito (O STJ) não pode ser preposicionado, o verbo AVISAR não rege preposição e o verbo VIR só terá acento se estiver no plural, como o sujeito da frase em que se insere é o pronome TUDO, o verbo não tem acento, corrigindo: Apesar DE O STJ já ter avisado QUE é crime fazer download de obras que possuem direitos autorais, isto VEM acontecendo; **D**: incorreta, pois fere a norma culta já que o verbo "dispor" deve concordar com o sujeito a que se refere "obras", corrigindo: Não é novidade que são criminosos, segundo o STJ, quem se dedica a fazer download de obras que **dispõem** de direitos autorais; **E**: incorreta, além de não preservar o sentido original da frase, fere a norma culta, o verbo só concorda com o sujeito e "de crimes" é objeto indireto do verbo TRATAR, portanto não deve ir para o plural, além disso o verbo MANTER deve ir para o plural concordando com o sujeito "obras" , corrigindo: Trata-se de crimes praticar o download de obras que mantêm direitos autorais, o que já foi denunciado pelo STJ. CD

Gabarito "B"

Leia a tirinha para responder às questões a seguir.

(André Dahmer, *Malvados*. Disponível em: www.folha.uol.com.br)

(Oficial – PM/SP – 2016 – VUNESP) É correto afirmar que o efeito de humor da tirinha está associado ao fato de

(A) a personagem crer que o mundo continua tão perigoso quanto antes, ainda que mais civilizado com a tecnologia.

(B) o mundo ter se tornado um lugar perigoso para se viver apenas recentemente, após os avanços promovidos pela tecnologia.

(C) o progresso promovido pela tecnologia ter reduzido os perigos do mundo, mesmo que este continue violentíssimo.

(D) a tecnologia ser apresentada como a causa para o mundo ser visto como um lugar onde sempre houve perigo.

(E) o surgimento da tecnologia aparecer como responsável por tornar o mundo um lugar mais perigoso do que já era antes.

A: incorreta, porque a personagem acha o mundo mais perigoso do que antes; **B**: incorreta, pois a personagem diz que o mundo sempre foi um lugar perigoso; **C**: incorreta, porque a personagem acha o que o progresso promovido pela tecnologia tornou o mundo perigosíssimo; **D**: incorreta, pois, segundo a personagem, o mundo já era perigoso antes da tecnologia; **E**: correta, porque está de acordo com o pensamento da personagem, o advento da tecnologia tornou o mundo perigosíssimo. CD

Gabarito "E"

(Oficial – PM/SP – 2016 – VUNESP) Dois vocábulos formados a partir do mesmo processo de derivação pelo qual foi formado o termo perigosíssimo são:

(A) palestra e tecnologia.

(B) advento e tecnologia.

(C) perigoso e recentemente.

(D) palestra e recentemente.

(E) perigoso e lugar.

A palavra "perigosíssimo" é formada por sufixação, sendo assim, **A**: incorreto, pois "palestra" é palavra primitiva e tecnologia é formada por composição de dois radicais (do grego tekno=ofício e logía=estudo); **B**: incorreta, porque advento é palavra primitiva, vindo do latim adventus e tecnologia é composição (do grego tekno=ofício e logía=estudo); **C**: correta, pois perigoso e recentemente são formados por sufixação, respectivamente "oso" e "mente"; **D**: incorreto, "palestra" palavra primitiva, "recentemente " formada por sufixação; **E**: incorreta, pois "perigoso " é formado por sufixação, mas "lugar" é palavra primitiva. CD

Gabarito "C"

Leia o texto para responder às questões de números a seguir.

"Efeito Google" muda uso da memória humana

Pense rápido: qual o número de telefone da casa em que morou quando era criança? E o celular das pessoas com quem tem trocado mensagens recentemente? Por certo, foi mais fácil responder à primeira pergunta do que à segunda – mas você não está sozinho. Estudos científicos chamam esse fenômeno de "efeito Google" ou "amnésia digital", um sintoma de um comportamento cada vez mais comum: o de confiar o armazenamento de dados importantes aos nossos dispositivos eletrônicos e à internet em vez de guardá-**los** na cabeça.

Na internet, basta um clique para vasculhar um sem-número de informações. Segundo Adrian F. Ward, da Universidade de Austin, nos Estados Unidos, o acesso rápido e a quantidade de textos fazem com que o cérebro humano não considere útil gravar esses dados, uma vez que é fácil encontrá-los de novo rapidamente. "É como quando consultamos o telefone de uma loja: após discar e fazer a ligação, não precisamos mais dele", explica Paulo Bertolucci, da Unifesp.

É o que mostra também uma pesquisa recente conduzida pela empresa de segurança digital Kaspersky, realizada com 6 mil pessoas em países da União Europeia. Ao receberem uma questão, 57% dos entrevistados tentam sugerir uma resposta sozinhos, mas 36% usam a internet para elaborar sua resposta. Além disso, 24% de todos os entrevistados admitiram esquecer a informação logo após utilizá-la para responder à pergunta – o que gerou a expressão "amnésia digital".

Para Bertolucci, no entanto, o conceito é incorreto. "Amnésia significa esquecer-se de algo; na 'amnésia digital', a pessoa não chega nem a aprender e, portanto, não consegue esquecer algo que escolheu nem lembrar."

(Bruno Capelas. O Estado de S.Paulo, 06.06.2016. Adaptado)

(Soldado – PM/SP – 2017 – VUNESP) De acordo com o texto, "efeito Google" ou "amnésia digital" refere-se

(A) ao apagamento da memória de longo prazo devido ao armazenamento de dados em dispositivos eletrônicos.

(B) à dificuldade de quem tem lapsos de memória em aprender conteúdos novos por meio de ambientes virtuais.

(C) à tendência de deixar de memorizar informações acessadas facilmente por meio de aparatos eletrônicos.

(D) à memorização parcial de dados obtidos por meio da internet, o que acarreta um deficit de atenção.

(E) ao esquecimento provisório de dados, em virtude do excesso de informações disponíveis nos meios virtuais.

A: incorreta, pois não se apaga memória de longo prazo, hoje se registra nos dispositivos eletrônicos; **B**: incorreta, pois não há nada no texto que se afirme em lapsos de memória; **C**: correta, pois o acesso rápido e a quantidade de textos fazem com que o cérebro humano não considere útil gravar esses dados, uma vez que é fácil encontrá-los de novo rapidamente; **D**: incorreta, pois não há no texto essa afirmação nem pressuposto; **E**: incorreta, porque "a pessoa não chega nem a aprender e, portanto, não consegue esquecer algo que escolheu nem lembrar." CD

Gabarito "C"

(Soldado – PM/SP – 2017 – VUNESP) A forma pronominal -los, destacada ao final do primeiro parágrafo, retoma a expressão

(A) armazenamento de dados.

(B) nossos dispositivos eletrônicos.

(C) estudos científicos.

(D) dados importantes.

(E) dispositivos eletrônicos e internet.

A, **B C** e **E**: incorretas, pois a dificuldade é guardar os dados importantes; **D**: correta, pois a frase diz em confiar o armazenamento de dados importantes em vez de guardar esses dados importantes, por isso o pronome –los. CD

Gabarito "D"

(Soldado – PM/SP – 2017 – VUNESP) A pesquisa da Kaspersky revelou que

(A) uma parte significativa dos entrevistados consultou a internet para responder à pergunta.

(B) uma parte irrelevante dos entrevistados foi capaz de responder à questão sem recorrer à internet.

(C) os entrevistados demonstraram distúrbios de atenção e de aprendizado após serem expostos à internet.

(D) cerca de um quarto dos entrevistados que acessaram a internet desconhecia o propósito da pesquisa.

(E) a maior parte dos entrevistados foi incapaz de responder à pergunta sem o auxílio da internet.

A: correta, segundo dados do texto "..., mas 36% usam a internet para elaborar sua resposta."; **B**: incorreta, pois no texto afirma-se que 57% tentam sugerir uma resposta sozinhos, então não é irrelevante; C: incorreta, porque não há nada no texto que se possa assegurar essa afirmação; **D**: incorreta, porque não se afirma isso no texto; **E**: incorreta, pois a porcentagem que tentou responder sozinho é 57% contra 36% que se utilizou da internet. CD

Gabarito "A"

(Soldado – PM/SP – 2017 – VUNESP) Para Bertolucci, o conceito "amnésia digital" é incorreto porque

(A) o esquecimento digital é temporário.

(B) as lembranças são parcialmente retidas.

(C) a amnésia pressupõe aprendizado.

(D) a amnésia é uma enfermidade muito grave.

(E) as pessoas não esquecem o que lhes foi útil.

A: incorreta, pois o que se afirma é ser inútil gravar dados que se encontram facilmente; **B**: incorreta, pois se afirma ser inútil gravar dados que se encontram facilmente, então não são retidas; **C**: correta, porque para Bertolucci "Amnésia significa esquecer-se de algo; na 'amnésia digital', a pessoa não chega nem a aprender e, portanto, não consegue esquecer algo que escolheu nem lembrar."; **D**: incorreta, está se falando de amnésia digital, não da doença; **E**: incorreta, o cérebro humano não considera útil gravar dados, uma vez que é fácil encontrá-los de novo rapidamente. CD

Gabarito "C"

(Soldado – PM/SP – 2017 – VUNESP) A expressão **no entanto**, em "Para Bertolucci, no entanto, o conceito é incorreto." (último parágrafo), pode ser substituída, sem alteração de sentido, por

(A) com isso.

(B) porque.

(C) todavia.

(D) em vista disso.

(E) portanto.

A locução "no entanto" tem valor de oposição (adversativa). **A**: incorreta, pois "com isso" tem valor de consequência; **B**: incorreta, pois a conjunção "porque" apresenta valor de causa; **C**: correta, pois "todavia" também apresenta valor de oposição (adversativa) como na frase, podendo substituir " no entanto" sem alteração de sentido; **D**: incorreta, pois " em vista disso" apresenta valor de consequência ; **E**: incorreta, pois "portanto" apresenta valor de conclusão. CD

Gabarito "C"

(Soldado – PM/SP – 2017 – VUNESP) Observa-se uma relação de consequência e causa, nessa ordem, entre os seguintes trechos do texto, separados entre si pela barra:

(A) Por certo, foi mais fácil responder à primeira pergunta do que à segunda / – mas você não está sozinho. (1º parágrafo)

(B) ... o de confiar o armazenamento de dados importantes aos nossos dispositivos eletrônicos e à internet / em vez de guardá-los na cabeça. (1º parágrafo)

(C) Estudos científicos chamam esse fenômeno de "efeito Google" ou "amnésia digital", / um sintoma de um comportamento cada vez mais comum... (1º parágrafo)

(D) Ao receberem uma questão, 57% dos entrevistados tentam sugerir uma resposta sozinhos, / mas 36% usam a internet para elaborar sua resposta. (3º parágrafo)

(E) ... o acesso rápido e a quantidade de textos fazem com que o cérebro humano não considere útil gravar esses dados, / uma vez que é fácil encontrá-los de novo rapidamente. (2º parágrafo)

A: incorreta, a relação entre as duas orações é de oposição, já que estão ligadas pela conjunção "mas"; **B**: a relação entre as orações é de oposição, ligadas pela expressão "em vez de"; **C**: incorreta, porque a segunda oração explica os termos da oração anterior; **D**: incorreta, pois entre as orações há uma relação de oposição explicitada pela conjunção "mas"; **E**: correta, pois a locução "uma vez que" introduz uma causa, ou seja, o cérebro humano não considera útil gravar esses dados é a consequência , a causa é o fato de ser fácil encontrá-los de novo rapidamente. CD

Gabarito "E"

Leia o texto para responder às questões a seguir.

3 maneiras de melhorar
sua memória comprovadas pela ciência

Está se sentindo esquecido? Vale testar as dicas que separamos, baseadas na ciência, para recuperar o controle sobre sua memória.

Primeiro, associe suas memórias com objetos físicos. Você já deve ter passado por este problema: acabou de ser apresentado a alguém e, assim que a pessoa vira as costas, já esqueceu como ela se chama. Acontece – mas é extremamente embaraçoso precisar perguntar o nome dela novamente. A dica é associar o nome a algum objeto. Por exemplo, se você acabou de conhecer a Giovana e ela estava próxima a uma janela, pense nela como a Giovana da Janela.

Segundo, não memorize apenas por repetição. Ao ver ou participar de apresentações, você deve ter sentido isto: é muito claro quando alguém apenas decorou o que devia falar. Mas basta acontecer alguma mudança no roteiro para que a pessoa se perca. Memorizar algo de fato depende de compreensão. Então, ao pensar em falas e apresentações, tente entender o conceito todo ao redor do que você está falando. Pesquisas mostram que apenas a repetição automática pode até impedir que você entenda o que está expondo.

Terceiro, rabisque! Estudos indicam que rabiscar enquanto "ingerimos" informações não visuais (em aulas, por exemplo) aumenta a capacidade de nossa memória. Uma pesquisa de 2009 mostrou que pessoas que rabiscavam enquanto ouviam uma lista de nomes lembravam 29% a mais os nomes ditos.

(Luciana Galastri. Revista Galileu, 03.02.2015. http://revistagalileu.globo.com. Adaptado)

(Soldado – PM/SP – 2017 – VUNESP) Uma afirmação condizente com as informações do texto é:

(A) substituir os nomes das pessoas por apelidos inusitados melhora a memorização.

(B) a fim de reter uma informação, é preciso repeti-la até alcançar seu entendimento.

(C) a primeira recomendação para memorizar envolve raciocínio associativo.

(D) o aprendizado dos conteúdos abstratos prescinde de sua memorização.

(E) é obrigatório tomar nota por escrito das informações não visuais para memorizá-las.

A: incorreta, o texto diz para associar o nome a algum objeto, não substituir; **B**: incorreto, Pesquisas mostram que apenas a repetição automática pode até impedir que você entenda o que está expondo; **C**: correta, o texto fala para associar o nome a algum objeto; **D**: incorreta, pois **prescindir** significa dispensar, desconsiderar e o texto ensina exatamente o contrário, métodos de memorização; **E**: incorreta, porque o texto diz para rabiscar enquanto "ingerimos" informações não visuais aumenta a capacidade de nossa memória. CD

Gabarito "C"

(Soldado – PM/SP – 2017 – VUNESP) Um sinônimo para o vocábulo destacado em "Pesquisas mostram que apenas a repetição automática pode **até** impedir que você entenda o que está expondo." é:

(A) talvez.

(B) irremediavelmente.

(C) coincidentemente.

(D) inclusive.

(E) com certeza.

A: incorreta, "talvez" indica dúvida, possibilidade e o "até" no texto é inclusão; **B**: incorreta, "irremediavelmente" significa inevitavelmente; **C**: incorreta, coincidentemente, sugere coincidência, no texto , "até" é inclusão; **D**: correta, pois a repetição automática pode **inclusive** impedir que você entenda o que está expondo, a substituição mantém o valor da frase; **E**: incorreta, o até com valor de inclusão expressa uma soma, com certeza é só a afirmação. CD

Gabarito "D"

(Soldado – PM/SP – 2017 – VUNESP) As aspas em – Estudos indicam que rabiscar enquanto "ingerimos" informações não visuais... (4º parágrafo) – sinalizam que o vocábulo **ingerimos** está empregado com sentido

(A) figurado, equivalendo a "transmitimos verbalmente".

(B) figurado, equivalendo a "assimilamos mentalmente".

(C) próprio, equivalendo a "engolimos facilmente".

(D) figurado, equivalendo a "captamos equivocadamente".

(E) próprio, equivalendo a "devoramos avidamente".

A: incorreta a equivalência, porque não é transmitir e sim assimilar; **B**: correta, pois o sentido é figurado, significando a assimilação mental das informações; **C**: incorreta, o sentido é figurado significando assimilação; **D**: incorreta a equivalência, não é equivocadamente, e sim o processo de assimilar o conteúdo; **E**: incorreta, o sentido é figurado significando assimilação. CD

Gabarito "B"

(Soldado – PM/SP – 2017 – VUNESP) Considere as seguintes frases:

- Primeiro, **associe** suas memórias com objetos físicos.
- Segundo, não **memorize** apenas por repetição.
- Terceiro, **rabisque**!

Um verbo flexionado no mesmo modo que o dos verbos empregados nessas frases está em destaque em:

(A) ... o acesso rápido e a quantidade de textos **fazem** com que o cérebro humano não considere útil gravar esses dados...

(B) Na internet, **basta** um clique para vasculhar um sem-número de informações.

(C) ... após discar e fazer a ligação, não **precisamos** mais dele...

(D) **Pense** rápido: qual o número de telefone da casa em que morou quando era criança?

(E) É o que **mostra** também uma pesquisa recente conduzida pela empresa de segurança digital Kaspersky...

Os verbos destacados estão no imperativo. **A**, **B**, **C**, e **E**: incorretas, porque os verbos estão conjugados no presente do indicativo; **D**: correta, o verbo está conjugado no imperativo. CD

Gabarito "D"

(Soldado – PM/SP – 2017 – VUNESP) A concordância está de acordo com a norma-padrão da língua em:

(A) Apresentou-se três maneiras de melhorar a capacidade de memorização, mas devem haver uma infinidade de métodos igualmente eficazes.

(B) Quem nunca passou pelo constrangimento de esquecer o nome de pessoas que tinham acabado de conhecer, pedindo-lhe que os repetisse posteriormente?

(C) São importantes adquirir meios para ampliar nossa capacidade de memorizar, da qual depende nossas histórias pessoais e nossa própria identidade.

(D) É sempre válido aprender técnicas de memorização, especialmente quando se tratam de exercícios simples, como rabiscar enquanto se assistem a uma palestra.

(E) Mesmo indivíduos com uma excelente memória têm episódios de esquecimento, os quais se tornam frequentes em momentos de estresse.

A: incorreta, "três maneiras de melhorar a capacidade de memorização" é o sujeito, portanto o verbo deveria estar no plural "apresentaram-se", o verbo Haver no sentido de Existir é impessoal, não pode ser conjugado no plural, mesmo em locução, por isso "deve haver"; **B**: incorreta, "pedindo-**lhes**" , já que o pronome refere-se às pessoas, o pronome deve vir no plural, " que **o** repetisse" o pronome "o" retoma "nome", portanto deve ser flexionado no singular; **C**: incorreta, como temo um sujeito oracional "adquirir meios", o verbo deve vir flexionado no singular, assim como o adjetivo "É importante"; **D**: incorreta, o verbo Tratar está antecedido do pronome "SE" com a função de índice de indeterminação do sujeito, sendo assim, o verbo não pode ser flexionado no plural " se trata"; **E:** correta, o sujeito "indivíduos" faz com que o verbo Ter venha flexionado no plural "têm" e "episódios" é o sujeito do verbo tornar. CD

Gabarito "E"

Leia o texto para responder às questões a seguir.

Autobiografia e memória

Rita Lee acaba de publicar um livro delicioso, que chamou de Uma autobiografia. É uma narrativa, na primeira pessoa, de sua vida como mulher e cantora, escrita com humor e franqueza incomuns em artistas brasileiros do seu porte.

Exemplos. Foi presa grávida e salva por Elis Regina de abortar. Teve LPs lançados com faixas riscadas a tesoura pela Censura.

É um apanhado e tanto, com final feliz. Mas será uma "autobiografia"? Supõe-se que uma autobiografia seja uma biografia escrita pela própria pessoa, não? E será, mas só se ela usar as armas de um biógrafo, entre as quais ouvir um mínimo de 200 fontes de informações. Na verdade, a "auto-biografia", entre nós, é mais uma memória, em que o autor ouve apenas a si mesmo.

Não há nenhum mal nisto, e eu gostaria que mais cantores publicassem suas memórias. Mas só uma biografia de verdade oferece o quadro completo. No livro de Rita, ela fala, por exemplo, de um show na gafieira Som de Cristal, em 1968, com os tropicalistas e astros da velha guarda. Na passagem de som, à tarde, Sérgio e Arnaldo, "intencionalmente, ligaram os instrumentos no volume máximo, quase explodindo os vidros da gafieira", e o veterano cantor Vicente Celestino "lá presente, teve um piripaque". Fim.

Uma biografia contaria o resto da história – que Celestino foi para o Hotel Normandie, a fim de se preparar para o show, e lá teve o infarto que o matou.

(Ruy Castro. Folha de S.Paulo, 26.11.2016. Adaptado)

(Soldado – PM/SP – 2017 – VUNESP) A partir da leitura do texto, conclui-se que, para o autor,

(A) a linguagem de Rita Lee é excessivamente informal.

(B) o título do livro de Rita Lee é inadequado.

(C) o discurso de Rita Lee é marcadamente jornalístico.

(D) a leitura do livro de Rita Lee é enfadonha.

(E) a história de Rita Lee é pouco relevante.

A: incorreta, nada no texto fala sobre a linguagem de Rita Lee, fala que o livro foi escrito em primeira pessoa, com humor e franqueza; **B:** correta, supõe-se que uma autobiografia seja uma biografia escrita pela própria? E será, mas só se ela usar as armas de um biógrafo, entre as quais ouvir um mínimo de 200 fontes de informações; **C**: incorreta, nada no texto justifica essa afirmação; **D:** incorreta, uma vez que ele diz que Rita Lee acaba de publicar um livro delicioso, pressupõe-se que não é enfadonho; **E**: incorreta, o autor do texto diz "...artistas brasileiros do seu porte", portanto a história de Rita Lee é relevante. CD

Gabarito "B"

(Soldado – PM/SP – 2017 – VUNESP) O relato de Rita Lee é considerado pelo autor como

(A) subjetivo e parcial.

(B) comedido e cerebral.

(C) objetivo e erudito.

(D) reacionário e moralista.

(E) inculto e medíocre.

A: correta, pois para ele só uma biografia de verdade oferece o quadro completo, então é parcial; **B**: incorreta, uma vez que ele diz que o livro foi escrito com franqueza, não tem como ser considerado comedido, muito menos cerebral; **C**: incorreta quanto a erudito, ele considera o texto delicioso, escrito com humor; **D**: incorreta, já que Rita Lee conta até de aborto que quase fez, não é moralista; **E**, incorreta, nada no texto diz sobre inculto, muito menos medíocre, já que ele considera o texto gostoso e considera Rita Lee uma grande artista. CD

Gabarito "A"

(Soldado – PM/SP – 2017 – VUNESP) Segundo o autor, a redação de uma biografia

(A) exclui a possibilidade de ser feita pelo próprio biografado.

(B) pressupõe o consentimento legal do personagem biografado.

(C) implica um cuidado especial com a coleta de informações.

(D) requer um convívio factual, íntimo e amistoso com seus personagens.

(E) deve ser delegada a historiadores profissionais gabaritados.

A: incorreta, é exatamente o contrário, deve ser feita pelo próprio biografado; **B**: incorreta, porque deve ser feita pelo próprio biografado, portanto não precisa de consentimento legal; **C**: correta, pois ele afirma no texto que uma das armas de um biógrafo é ouvir um mínimo de

200 fontes de informações; **D:** incorreta, "autobiografia" é mais uma memória, em que o autor ouve apenas a si mesmo; **E:** incorreta, o autor defende que deve ser feita pelo próprio biografado, fazendo a devida coleta de informações. CD

Gabarito "C"

(Soldado – PM/SP – 2017 – VUNESP) O trecho do último parágrafo "Uma biografia contaria o resto da história..." encontra reformulação correta, no que se refere à regência, em:

Uma biografia deveria...

(A) atentar para o resto da história...

(B) reportar-se o resto da história...

(C) ater-se do resto da história...

(D) fazer alusão do resto da história...

(E) fazer menção no resto da história...

A: correta, Atentar rege a preposição **PARA**; **B:** incorreta, Reportar-se rege a preposição **A** "reportar-se ao resto da história"; **C:** incorreta, Ater-se rege a preposição **A** "ater-se ao resto da história"; **D:** incorreta, Alusão rege a preposição **A** " fazer alusão ao resto da história"; **E:** incorreta, Menção rege a preposição **A** " fazer menção ao resto da história." CD

Gabarito "A"

(Soldado – PM/SP – 2017 – VUNESP) Assinale a alternativa em que o trecho está reescrito conforme a norma-padrão da língua, com a expressão em destaque corretamente substituída pelo pronome.

(A) ... mas só se ela usar **as armas de um biógrafo**... (3º parágrafo) → ... mas só se ela usar-las...

(B) ... gostaria que mais cantores publicassem **suas memórias**. (4º parágrafo) → ... gostaria que mais cantores publicassem-as.

(C) Rita Lee acaba de publicar **um livro delicioso**... (1º parágrafo) → Rita Lee acaba de publicar-lhe ...

(D) Mas só uma biografia de verdade oferece **o quadro completo**. (4º parágrafo) → Mas só uma biografia de verdade oferece-lo.

(E) ... ligaram **os instrumentos** no volume máximo... (4º parágrafo) → ... ligaram-nos no volume máximo...

A: incorreta, pois quando verbo terminados em R, S, Z se unem aos pronomes O, A (plural), ocorre uma contração e o R deve ser retirado, ficando: usá-las; **B:** incorreta, porque, quando verbos terminados em som nasal se unem aos pronomes O, A (plural), os pronomes adquirem N, ficando: publicassem-nas; **C:** incorreta, pois o pronome LHE significa para/a ele, para/a ela, para/a você (plural) , portanto só pode substituir um termo que tenha preposição e "um livro delicioso" não tem preposição, logo deveria ser "publicá-lo"; **D:** incorreta, pois para a contração LO, LA é necessário que o verbo termine em R,S,Z, no caso a troca seria simplesmente pelo pronome O ; **E:** correta, pois, quando verbos terminados em som nasal se unem aos pronomes O, A (plural), os pronomes adquirem N. CD

Gabarito "E"

(Soldado – PM/SP – 2017 – VUNESP) Leia os quadrinhos.

(André Dahmer. Malvados. *Folha de S.Paulo*, 23.08.2016)

Uma frase condizente com a afirmação do personagem no primeiro quadrinho e redigida conforme a norma-padrão da língua é:

(A) Mesmo antes que fosse inventado a internet, eu já perderia meu tempo.

(B) Antes que se inventem a internet, meu tempo já desperdiçara.

(C) Embora se inventasse a internet, meu tempo foi sendo perdido.

(D) Antes de a internet ser inventada, eu já desperdiçava meu tempo.

(E) Com a invenção da internet, meu tempo passou-se a se perder.

A: incorreta, pois há erro de concordância do termo inventado, uma vez que se refere à internet, deveria ser flexionado no feminino "inventada a internet" e há erro na flexão do verbo perder no futuro do pretérito dando a ideia de que fosse algo possível, diferente do que se diz no quadrinho; **B:** incorreta, pois não condiz com o quadrinho " antes que se inventem" e sim antes que a internet fosse inventada e quem desperdiçava o tempo era o personagem, na forma que foi reescrita o tempo é o sujeito do verbo desperdiçar; **C:** incorreta, a personagem já desperdiçava o tempo antes de a internet ser inventada; **D:** correta, a ideia de desperdício do tempo é antes da invenção da internet; **E:** incorreta, não foi com a invenção da internet que a personagem passou a desperdiçar o tempo. CD

Gabarito "D"

(Soldado – PM/SP – 2017 – VUNESP) O acento indicativo de crase está empregado corretamente em:

(A) O personagem evita considerar à internet responsável por suas atitudes.

(B) O personagem reconheceu que já tinha uma propensão à jogar o tempo fora.

(C) O personagem tinha um comportamento indiferente à qualquer influência da internet.

(D) O personagem refere-se à uma maneira de se portar com relação ao tempo.

(E) O personagem revelou à pessoa com quem conversava que jogava o tempo fora.

A: incorreta, pois o verbo Considerar é transitivo direto, não exigindo preposição, portanto não há a ocorrência da junção de uma preposição A e o artigo A da palavra feminina internet; **B:** incorreta, não se usa crase antes de verbo; **C:** incorreta, não se usa crase antes de pronome; **D:**

incorreta, uma vez que o artigo expresso na frase é o indefinido Uma; **E**: correta, o verbo REVELAR rege a preposição A e uniu-se à palavra feminina pessoa. CD

Gabarito "E"

Dalmo de Abreu Dallari

VIVER EM SOCIEDADE

A sociedade humana é um conjunto de pessoas ligadas pela necessidade de se ajudarem umas às outras, a fim de que possam garantir a continuidade da vida e satisfazer seus interesses e desejos. Sem vida em sociedade, as pessoas não conseguiriam sobreviver, pois o ser humano, durante muito tempo, necessita de outros para conseguir alimentação e abrigo.

E no mundo moderno, com a grande maioria das pessoas morando na cidade, com hábitos que tornam necessários muitos bens produzidos pela indústria, não há quem não necessite dos outros muitas vezes por dia. Mas as necessidades dos seres humanos não são apenas de ordem material, como os alimentos, a roupa, a moradia, os meios de transportes e os cuidados de saúde.

Elas são também de ordem espiritual e psicológica. Toda pessoa humana necessita de afeto, precisa amar e sentir-se amada, quer sempre que alguém lhe dê atenção e que todos a respeitem. Além disso, todo ser humano tem suas crenças, tem sua fé em alguma coisa, que é a base de suas esperanças.

Os seres humanos não vivem juntos, não vivem em sociedade, apenas porque escolhem esse modo de vida, mas porque a vida em sociedade é uma necessidade da natureza humana. Assim, por exemplo, se dependesse apenas da vontade, seria possível uma pessoa muito rica isolar-se em algum lugar, onde tivesse armazenado grande quantidade de alimentos. Mas essa pessoa estaria, em pouco tempo, sentindo falta de companhia, sofrendo a tristeza da solidão, precisando de alguém com quem falar e trocar ideias, necessitada de dar e receber afeto. E muito provavelmente ficaria louca se continuasse sozinha por muito tempo.

Mas, justamente porque vivendo em sociedade é que a pessoa humana pode satisfazer suas necessidades, é preciso que a sociedade seja organizada de tal modo que sirva, realmente, para esse fim. E não basta que a vida social permita apenas a satisfação de algumas necessidades da pessoa humana ou de todas as necessidades de apenas algumas pessoas. A sociedade organizada com justiça é aquela em que se procura fazer com que todas as pessoas possam satisfazer todas as suas necessidades, é aquela em que todos, desde o momento em que nascem, têm as mesmas oportunidades, aquela em que os benefícios e encargos são repartidos igualmente entre todos.

Para que essa repartição se faça com justiça, é preciso que todos procurem conhecer seus direitos e exijam que eles sejam respeitados, como também devem conhecer e cumprir seus deveres e suas responsabilidades sociais.

Rosenthal, Marcelo et al. Interpretação de textos e semântica para concursos. Rio de Janeiro: Essevier, 2012.

(Soldado – PM/MG – 2017 – PMMG) A partir do texto lido, podemos afirmar que, para o autor, viver em sociedade é:

(A) uma condição imprescindível para a sobrevivência, uma vez que o homem não conseguiria viver isolado.

(B) uma forma que um grupo de pessoas unidas encontra para satisfazer seus interesses pessoais.

(C) como viver em uma comunidade preparada para o caos futuro.

(D) uma forma de regressão como ser humano.

A: correta, conforme o próprio autor argumenta no 1º parágrafo, sem vida em sociedade, as pessoas não conseguiriam sobreviver; **B**: incorreta, pois para o autor as pessoas se unem em sociedade pela necessidade de se ajudarem; **C**: incorreta, porque o autor considera imprescindível viver em sociedade; **D**: incorreta, porque, para o autor, a vida em sociedade é uma necessidade da natureza humana, portanto não é regressão. CD

Gabarito "A"

(Soldado – PM/MG – 2017 – PMMG) "Toda pessoa humana necessita de afeto, precisa amar e sentir-se amada, quer sempre que alguém lhe dê atenção e que todos a respeitem. Além disso, todo ser humano tem suas crenças, tem sua fé em alguma coisa, que é a base de suas esperanças."

(A) Os seres humanos vivem juntos por mera escolha.

(B) As emoções e sentimentos não são necessários ao homem.

(C) A vida em sociedade é uma necessidade da natureza humana.

(D) Os ricos não precisam de pessoas para sobreviverem, apenas de bens materiais.

A: incorreta, não é mera escolha uma vez que há uma necessidade; **B**: incorreta, o trecho diz exatamente o contrário, toda pessoa necessita de afeto, precisa amar e ser amada, precisa de atenção; **C**: correta, já que o trecho afirma essa necessidade de todo ser humano; **D**: incorreta, porque se a necessidade é de todo ser humano, logo os ricos também necessitam de afeto, amor e atenção, não só de bens materiais. CD

Gabarito "C"

(Soldado – PM/MG – 2017 – PMMG) Quanto à tipologia, o texto apresenta as características de um (a):

(A) Carta.

(B) Artigo de opinião.

(C) Debate.

(D) Crônica.

A: incorreta, pois a linguagem utilizada na carta pessoal é de acordo com o nível de intimidade estabelecido entre o remetente e o destinatário, podendo ser mais formal ou informal; **B**: correta, pois o texto apresenta as características próprias de um artigo de opinião: Título do texto, geralmente polêmico ou provocador; Exposição de uma ideia ou ponto de vista sobre determinado assunto; Apresenta-se em três partes: exposição, interpretação e opinião; **C**: incorreta, porque o debate é um gênero produzido oralmente, numa situação em que dois debatedores expõem suas opiniões sobre um tema polêmico e tentam convencer os interlocutores; **D:** incorreta, a crônica é um texto de caráter reflexivo e interpretativo, cotidiano, um acontecimento banal, sem significado relevante. CD

Gabarito "B"

(Soldado – PM/MG – 2017 – PMMG) Em relação ao texto, nas assertivas abaixo, marque "V" se for verdadeira ou "F" se for falsa e, em seguida, marque a alternativa que contém a sequência de respostas CORRETA, na ordem de cima para baixo:

( ) O autor apresenta uma série de argumentos ordenados logicamente não se importando em convencer o leitor.

( ) O autor fala de forma subjetiva a respeito do tema abordado.

( ) Seria impossível a sobrevivência se não existisse a sociedade.

( ) Na sociedade organizada basta que as pessoas possam satisfazer todos os seus desejos.

(A) V V F F.

(B) F F V V.

(C) V V F V.

(D) F F V F.

A primeira frase é falsa porque o autor se utiliza de argumentos exatamente para convencer o leitor sob seu ponto de vista.
A segunda frase é falsa porque a característica de um artigo de opinião é a objetividade, não subjetividade.
A terceira frase é verdadeira, pois o autor afirma no texto que, sem vida em sociedade, as pessoas não conseguiriam sobreviver.
A quarta frase é falsa, porque, segundo defende o autor, a sociedade humana é um conjunto de pessoas ligadas pela necessidade de se ajudarem umas às outras.
Por isso, a alternativa **D** é correta: F F V F. CD

Gabarito "D"

(Soldado – PM/MG – 2017 – PMMG) A função da linguagem predominante no texto é a:

(A) Apelativa.

(B) Metalinguística.

(C) Referencial.

(D) Dissertativa.

A: incorreta, pois a função Apelativa se dá quando o emissor organiza a mensagem com o objetivo de influenciar o receptor, muito usada em mensagens publicitárias; **B**: incorreta, pois a Metalinguística é a linguagem que se refere a ela mesma, por exemplo, um documentário cinematográfico que fala sobre cinema; **C:** correta, pois a função referencial privilegia o assunto da mensagem, buscando transmitir informações objetivas sobre ele. Textos jornalísticos, científicos e didáticos são exemplos típicos; **D:** incorreta, porque o texto dissertativo tem como característica a apresentação de um raciocínio, a defesa de um ponto de vista ou o questionamento de uma determinada realidade. CD

Gabarito "C"

(Soldado – PM/MG – 2017 – PMMG) "E não basta que a vida social permita apenas a satisfação de algumas necessidades da pessoa humana ou de todas as necessidades de apenas algumas pessoas."

De acordo com o excerto acima, marque a opção CORRETA:

(A) Na sociedade organizada com justiça, todas as pessoas satisfazem todas as suas necessidades.

(B) A tendência da satisfação se torna unilateral e impactante.

(C) As oportunidades e encargos na sociedade serão repartidos aos mais bem preparados.

(D) Basta na sociedade apenas a satisfação de algumas necessidades da pessoa humana.

A: correta, porque a satisfação não deve ser de algumas pessoas, mas de todas as pessoas; **B**: incorreta, porque não é unilateral já que se afirma que é para todos; **C**: incorreta, a satisfação é de todas as necessidades e de todas as pessoas; **D**: incorreta, incorreta, a satisfação é de todas as necessidades e de todas as pessoas. CD

Gabarito "A"

(Soldado – PM/MG – 2017 – PMMG) Escolha a alternativa CORRETA que apresenta coesão:

(A) Solange e Ana caminham e conversam.

(B) Maria estuda. Maria trabalha. Maria dorme.

(C) Tatisa olha. Tatisa bebe. Tatisa come.

(D) Batendo as asas cai na escravidão. Perde a liberdade.

A: correta, porque os verbos caminhar e conversar se referem à Solange e Ana; **B**: incorreta, pois as orações são períodos simples e se repete o termo Maria em todas elas; **C**: incorreta, pois as orações são períodos simples e se repete o termo Tatisa em todas elas; **D**: incorreta, pois há duas orações independentes, sem ligação nenhuma entre elas. CD

Gabarito "A"

(Soldado – PM/MG – 2017 – PMMG) "Não existem marcas que mostrem a mudança do discurso. Por isso, as falas dos personagens e do narrador – que sabe tudo o que se passa no pensamento dos personagens – podem ser confundidas."

Marque a alternativa que contém o tipo de discurso CORRETO utilizado no excerto apresentado:

(A) Discurso indireto.

(B) Discurso indireto livre.

(C) Discurso direto livre.

(D) Discurso direto.

A: incorreta, porque, no discurso indireto, o narrador da história interfere na fala da personagem preferindo suas palavras. Aqui não encontramos as próprias palavras da personagem é definido como o registro da fala da personagem; **B**: correta, no discurso indireto livre há uma fusão dos tipos de discurso (direto e indireto), ou seja, há intervenções, do narrador bem como da fala dos personagens. Não existem marcas que mostrem a mudança do discurso, por isso as falas dos personagens e do narrador podem ser confundidas; **C:** incorreta, pois não existe esse tipo de discurso; **D**: incorreta porque, no discurso direto, o narrador dá uma pausa na sua narração e passa a citar fielmente a fala do personagem. CD

Gabarito "B"

(Soldado – PM/MG – 2017 – PMMG) Observe as palavras destacadas em negrito dos exemplos abaixo:

Pegou o bonde **andando**.

André é **cobra** em matemática.

Maria superou a decepção, os **cacos** da vida foram colados.

Marque a alternativa CORRETA que denomina as palavras destacadas.

(A) Paradoxo.

(B) Denotação.

(C) Conotação e denotação.

(D) Conotação.

A: incorreta, pois paradoxo é uma figura de pensamento baseada na contradição; **B**: incorreta; porque denotação é o sentido próprio, literal, de dicionário de uma palavra; **C**: incorreta, porque não há nenhuma palavra empregada em sentido próprio; **D**: correta, porque todas as palavras estão empregadas em sentido figurado, ou seja, diferente do sentido próprio. CD

Gabarito "D"

(Soldado – PM/MG – 2017 – PMMG) Observe as orações que apresentam a palavra destacada em negrito e responda:

A reunião dos agricultores aconteceu sob a **mangueira** do quintal.

A **mangueira** furou ao ser arrastada pelo carro.

(A) Homônimo.
(B) Sinônimo.
(C) Polissemia.
(D) Antônimo.

A: incorreta, pois quando dois vocábulos diferentes, de origens e significados diversos, terminam convergindo para a mesma configuração fonológica e ortográfica, chamamos de homônimos; **B**: incorreta, sinônimo é uma palavra de significado semelhante a outra que pode, em alguns contextos, ser usada em seu lugar sem alterar o significado da sentença; **C**: correta, pois polissemia acontece quando uma palavra assume diversos significados de acordo com o contexto; **D**: incorreta, porque antônimo é a palavra de sentido oposto a outra. CD

Gabarito "C"

TEXTO 1

(1) "Ao avistar a guarnição da polícia, o elemento empreendeu fuga em desabalada carreira, pulando muros e invadindo quintais. Depois o meliante adentrou num matagal, tomando rumo ignorado". Se você acompanha programas policiais, deve ter percebido que o texto acima faz parte da linguagem simbólica das polícias Militar e Civil, um pouco mais da primeira instituição.

(2) No "mundo policial" há alguns termos e expressões que são entendidos apenas por aqueles que fazem parte da instituição. Na maioria das vezes, são comandos ou gírias que estabelecem níveis de comunicação entre os membros da corporação. O objetivo é manter o conteúdo de mensagens importantes restrito a seus membros, evitando o vazamento desnecessário de informações.

(3) O jornalista policial acaba aprendendo essa linguagem simbólica. O repórter-foca (iniciante) é capaz de não compreender uma ocorrência policial registrada numa delegacia qualquer. É comum o repórter policial encontrar termos como mocó (esconderijo); meliante (bandido); invólucro (papelote de droga); minuciosa (abordagem completa no suspeito); cão (revólver); chuço (policiais escrevem 'chuncho' – arma artesanal pontiaguda, geralmente fabricada no interior dos presídios); tereza (corda feita com lençóis, geralmente usada para fuga em presídios); cavalo doido (vários presos correndo ao mesmo tempo rumo ao muro para tentar fuga das unidades prisionais); x-9 (delator, o chamado dedo-duro); armar a casa (fazer uma emboscada); oxi (cocaína oxidada, pura); RP (Rádio Patrulha); positivo/operante (ok durante a operação). Isso sem incluir os códigos usados somente entre os militares.

(4) Pois bem. Imagine você que um repórter iniciante chega à delegacia logo pela manhã e se depara com a seguinte ocorrência: "A guarnição RP 0000, em patrulhamento de rotina pela Zona Leste, deparou-se com dois elementos em atitudes suspeitas, saindo de um mocó. Em revista minuciosa aos meliantes, foram encontrados 30 invólucros de oxi, dois chunchos e um revólver. Os acusados confessaram que fugiram recentemente do presídio Urso Branco. Na fuga, usaram um tereza, e usariam o revólver para armar a casa de um rival. Os conduzidos foram encaminhados para a delegacia, para que o delegado tome as medidas de praxe." Para o perfeito entendimento da ocorrência, o repórter precisaria perguntar alguns termos aos policiais.

(5) O problema – na visão de especialistas – é que repórteres policiais, principalmente os que trabalham na TV e na rádio, estão incorporando essa linguagem em suas reportagens, e usam os mesmos termos para se comunicar com os leitores/espectadores/ouvintes. Assim, é comum vermos alguns repórteres chamando o suspeito de 'meliante'; ou dizendo que os acusados foram presos 'num mocó'.

(6) O delegado Márcio Moraes, titular da Delegacia de Homicídios, disse que a maioria das gírias é criada por bandidos, para despistar a ação da polícia. A gíria mais recente criada no meio criminal é "cega". De acordo com o contexto da história, a gíria pode ter um significado diferente, mas na maioria das vezes o seu uso é para desmentir algo. Por exemplo: quando um crime é atribuído a um suspeito e esse suspeito é questionado sobre o crime, logo ele responde: "é cega", querendo dizer que a informação repassada para a polícia é mentirosa.

Disponível em: http://comunicacaoespecializada.blogspot.com.br/2009/11/linguagem_26.html. Acesso em 09/06/17. Adaptado.

(Soldado – PM/PI – 2017 – Nucepe) Assinale a alternativa que apresenta a ideia global do Texto 1.

(A) A linguagem simbólica que tem sido utilizada pelas polícias Militar e Civil interfere negativamente no desempenho dessas instituições.
(B) Termos e expressões próprios do universo policial cumprem a função de estabelecer uma comunicação eficiente entre os membros desse universo particular.
(C) É importante para a formação do jornalista policial que ele aprenda e empregue em suas reportagens a linguagem simbólica que circula entre policiais.
(D) A necessidade da incorporação da linguagem dos policiais pelo cidadão comum, e especialmente por repórteres, tem sido defendida por especialistas.
(E) Diversas gírias são criadas por bandidos, para despistar a ação da polícia, como a gíria "é cega", recentemente criada no meio criminal e utilizada para desmentir uma afirmação.

A: incorreta, não interfere negativamente no desempenho dessas funções, mas sim nas funções do repórter policial; **B:** correta, pois o objetivo é manter o conteúdo de mensagens importantes restrito a seus membros, evitando o vazamento desnecessário de informações; **C**: incorreta, é importante que ele aprenda para poder entender o que ele escuta em delegacias, mas sem empregar quando for divulgar a notícia; **D**: incorreta, na visão de especialistas é um problema que os repórteres estejam incorporando essa linguagem em suas reportagens; **E:** incorreta, na maioria das vezes, são comandos ou gírias que estabelecem níveis de comunicação entre os membros da corporação. O objetivo é manter o conteúdo de mensagens importantes restrito a seus membros. CD

Gabarito "B"

(Soldado – PM/PI – 2017 – Nucepe) No Texto 1, o leitor encontra informações que esclarecem e justificam:

(A) a existência de códigos que são usados somente entre os militares.

(B) por que é urgente que a linguagem policial seja ensinada a jornalistas.

(C) a necessidade de que a linguagem policial seja divulgada em programas de TV e rádio.

(D) o perigo da criação de gírias que circulam privilegiadamente no meio criminal.

(E) o emprego restrito de termos e expressões, por membros do mundo policial.

A: incorreta, não são usadas só por policiais, há códigos usados pelos criminosos; **B**: incorreta, não é urgente que seja ensinada a jornalistas, os jornalistas sentem necessidade de aprender esses códigos para poderem entender os diálogos entre os policiais ou nas delegacias; **C**: incorreta, ao contrário, o objetivo é manter o conteúdo de mensagens importantes restrito a membros da corporação; **D**: incorreta, não é só no meio criminal que circulam as gírias, os policiais também têm códigos próprios; **E**: correta, no "mundo policial" há alguns termos e expressões que são entendidos apenas por aqueles que fazem parte da instituição. CD

Gabarito "E"

(Soldado – PM/PI – 2017 – Nucepe) Sendo a língua heterogênea e variável, existe a possibilidade de os usuários empregarem termos diversos para expressar um mesmo significado. Essa característica das línguas naturais está exemplificada no seguinte trecho do Texto 1:

(A) "Se você acompanha programas policiais, deve ter percebido que o texto acima faz parte da linguagem simbólica das polícias Militar e Civil". (1º parágrafo)

(B) "O objetivo é manter o conteúdo de mensagens importantes restrito a seus membros, evitando o vazamento desnecessário de informações". (2º parágrafo)

(C) "O repórter-foca (iniciante) é capaz de não compreender uma ocorrência policial registrada numa delegacia qualquer". (3º parágrafo)

(D) "É comum o repórter policial encontrar termos como mocó (esconderijo); meliante (bandido); invólucro (papelote de droga)". (3º parágrafo)

(E) "O delegado Márcio Moraes, titular da Delegacia de Homicídios, disse que a maioria das gírias é criada por bandidos, para despistar a ação da polícia". (6º parágrafo)

A: incorreta, porque não há nenhum termo com significado diverso; **B**: incorreta, porque não há nenhum termo com significado diverso; **C**: incorreta, porque não há nenhum termo com significado diverso; **D**: correta, temos a exemplificação de palavras com significados diversos explicados: mocó (esconderijo), meliante (bandido), invólucro (papelote de droga); **E**: incorreta, porque não há nenhum termo com significado diverso. CD

Gabarito "D"

(Soldado – PM/PI – 2017 – Nucepe) Analise as características textuais apresentadas abaixo.

1) Emprego de um vocabulário técnico especializado, pouco acessível ao leitor mediano.

2) Farta exemplificação, que colabora na definição do ponto de vista do autor.

3) Frequente utilização de figuras de linguagem, estratégia responsável pela poeticidade do texto.

4) Presença de palavras ou expressões que revelam a intenção do autor de estabelecer um diálogo com o leitor, como: "Se você acompanha programas policiais..." (1º parágrafo) e "Pois bem.". (4º parágrafo).

São características do Texto 1, apenas:

(A) 1, 2 e 3.

(B) 1 e 3.

(C) 1 e 4.

(D) 2 e 4.

(E) 2, 3 e 4.

A característica 1 não é verdadeira porque o vocabulário do texto é simples e bem acessível a qualquer leitor; a característica 3 também não é verdadeira porque não há figura de linguagem , nem mesmo poeticidade no texto; **D**: correta, porque o texto apresenta muitos exemplos da linguagem dos criminosos e de policiais e termos que caracterizam a intenção do autor em dialogar com o leitor conforme descrito na característica 4. CD

Gabarito "D"

(Soldado – PM/PI – 2017 – Nucepe) O terceiro parágrafo inicia-se com a seguinte informação: "O jornalista policial acaba aprendendo essa linguagem simbólica." Em relação aos parágrafos anteriores, essa informação expressa uma

(A) causa.

(B) concessão.

(C) consequência.

(D) finalidade.

(E) oposição.

A: incorreta, a causa está no fato de o policial ouvir sempre essa linguagem simbólica; **B**: incorreta, pois a concessão expressa uma ideia contrária, oposta; **C**: correta, uma vez que o jornalista ouve constantemente esse linguajar, consequentemente acaba aprendendo; **D**: incorreta, a finalidade seria aprender para divulgar, mas o aprender é consequência do ouvir; **E**: incorreta, porque não expressa oposição aos parágrafos anteriores. CD

Gabarito "C"

(Soldado – PM/PI – 2017 – Nucepe) "O repórter-foca (iniciante) é capaz de não compreender uma ocorrência policial registrada numa delegacia qualquer." (3º parágrafo). No contexto do Texto 1, o segmento destacado expressa

(A) certeza.

(B) capacidade.

(C) possibilidade.

(D) simultaneidade.

(E) obrigatoriedade.

A: incorreta, uma vez que há a expressão "é capaz de não compreender", portanto não há certeza; **B**: incorreta, ele pode não ser capaz de aprender; **C**: correta, porque ele pode não ser capaz de aprender, portanto nota-se uma possibilidade; **D**: incorreta, não há elementos simultâneos; **E**: incorreta, não existe obrigatoriedade. CD

Gabarito "C"

(Soldado – PM/PI – 2017 – Nucepe) "O delegado Márcio Moraes, titular da Delegacia de Homicídios, disse que a maioria das gírias é criada por bandidos, para despistar a ação da polícia." (6º parágrafo). Acerca da organização sintática desse trecho, analise as afirmações abaixo.

1) O segmento "que a maioria das gírias é criada por bandidos" complementa o sentido da forma verbal "disse", desempenhando, assim, a função de objeto direto.
2) O segmento "titular da Delegacia de Homicídios" traz uma explicação adicional a respeito do sujeito, sendo, assim, um aposto.
3) O segmento "a maioria das gírias" cumpre a função de sujeito da forma verbal "é criada".
4) O segmento "por bandidos" indica quem é o agente da forma verbal "é criada", sendo, assim, o agente da passiva.

Estão corretas:

(A) 1, 2 e 3, apenas.
(B) 1, 2 e 4, apenas.
(C) 1, 3 e 4, apenas.
(D) 2, 3 e 4, apenas.
(E) 1, 2, 3 e 4.

1: A forma verbal "disse" é transitivo direto neste contexto e exige um complemento expresso em "que a maioria das gírias é criada por bandidos, para despistar a ação da polícia".
2: Aposto é o termo que explica, amplia, enumera o termo anterior, no caso do enunciado a expressão "titular da Delegacia de Homicídios" está explicando quem é Márcio Moraes, por isso aposto.
3: Sujeito é o termo com o qual o verbo concorda, por isso "a maioria" sujeito – "é criada" predicado.
4: Como a frase está em voz passiva, ou seja, há um sujeito que está recebendo a ação do verbo – a maioria das gírias é criada, sendo assim, um termo faz essa ação sofrida pelo sujeito. Quem faz a ação na voz passiva é o agente (aquele que age) da passiva – por bandidos. (CD)

Gabarito "E"

(Soldado – PM/PI – 2017 – Nucepe) No que se refere às normas de concordância (verbal e nominal), analise os enunciados a seguir.

1) É até engraçado algumas expressões utilizadas no mundo policial.
2) Não é necessário a proibição de gírias entre policiais militares e civis.
3) Antigamente, havia muitos policiais que sofriam preconceitos por usar gírias no trabalho.
4) De fato, toda gíria são formas variantes utilizadas para fins comunicativos.

Estão de acordo com a norma-padrão os enunciados:

(A) 1, 2 e 4, apenas.
(B) 1 e 3, apenas.
(C) 2 e 4, apenas.
(D) 3 e 4, apenas
(E) 1, 2, 3 e 4.

1: incorreta: o sujeito da oração é "algumas expressões utilizadas", por isso a concordância correta seria – são até engraçadas.; **2**: incorreta: sujeito: a proibição de gírias entre policiais e civis – não é necessária, o adjetivo deve concordar com o termo "a proibição"; **3**: correta, o verbo Haver , no sentido de existir, é impessoal e não pode ser pluralizado, o verbo SOFRER está concordando com o sujeito " muitos policiais"; **4:** correta: Quando o sujeito do verbo SER for pronome indefinido, a concordância se fará , de preferência, com o predicativo. **CD**

Gabarito "D"

(Soldado – PM/PI – 2017 – Nucepe) Observe o cumprimento das normas de regência verbal no seguinte trecho: "Imagine você que um repórter iniciante **chega à** delegacia logo pela manhã e **se depara com** a seguinte ocorrência:". (4º parágrafo)

Assinale a alternativa em que as alterações promovidas também cumprem as normas de regência e preservam a coerência do enunciado.

(A) Imagine você que um repórter iniciante dirige- se a delegacia logo pela manhã e se vê diante à seguinte ocorrência:
(B) Imagine você que um repórter iniciante vai à delegacia logo pela manhã e encontra a seguinte ocorrência:
(C) Imagine você que um repórter iniciante adentra para a delegacia logo pela manhã e dá de cara na seguinte ocorrência:
(D) Imagine você que um repórter iniciante, ao entrar a delegacia logo pela manhã, tem que enfrentar à seguinte ocorrência:
(E) Imagine você que um repórter iniciante aparece na delegacia logo pela manhã e é surpreendido sobre a seguinte ocorrência:

A: incorreto, o verbo Dirigir-se rege a preposição A, o termo Delegacia é uma palavra feminina, portanto, deveria ocorrer a crase "dirigir-se à delegacia", o termo Diante rege a preposição De, portanto o correto seria " diante da seguinte ocorrência"; **B**: correta, o verbo Ir rege a preposição A, por isso "à delegacia" e o verbo Encontrar é transitivo direto, por isso o objeto direto "a seguinte ocorrência"; **C**: incorreta, Adentrar é verbo transitivo direto, por isso o uso da preposição Para está incorreta, a expressão "dar de cara" rege a preposição COM; **D**: incorreta, o verbo Entrar rege a preposição EM "entrar na delegacia", o verbo Enfrentar é transitivo direto, portanto o complemento não pode ter a crase; **E:** incorreta, o termo Surpreendido rege a preposição COM. **CD**

Gabarito "B"

(Soldado – PM/PI – 2017 – Nucepe) Assinale a alternativa em que o segmento sublinhado desempenha uma função de adjetivo.

(A) "Depois o meliante adentrou num matagal, tomando rumo ignorado."
(B) "o texto acima faz parte da linguagem simbólica das polícias Militar e Civil, um pouco mais da primeira instituição."
(C) "O repórter-foca (iniciante) é capaz de não compreender uma ocorrência policial registrada numa delegacia qualquer."
(D) "No 'mundo policial' há alguns termos e expressões que são entendidos apenas por aqueles que fazem parte da instituição."
(E) "De acordo com o contexto da história, a gíria pode ter um significado diferente, mas na maioria das vezes o seu uso é para desmentir algo."

A: incorreta, "Depois" é advérbio de tempo; **B**: incorreta, "um pouco mais" é advérbio de intensidade; **C**: incorreta, "repórter-foca" é substantivo; **D**: correta, "que fazem parte da instituição" é oração adjetiva restritiva, portanto desempenha função de adjetivo; **E**: incorreta, "de acordo com o contexto da história" é advérbio. **CD**

Gabarito "D"

(Soldado – PM/PI – 2017 – Nucepe) Assinale a alternativa em que o termo destacado está corretamente grafado, segundo as normas ortográficas em vigor.

(A) Evitar o vazamento de informações. É por essa rasão que foi criada uma linguagem simbólica entre os policiais.

(B) Há quem considere que é totalmente imprópio utilizar o jargão policial fora do ambiente de trabalho.

(C) A utilização de gírias é tão comum que se estende das patentes mais baixas até as mais altas.

(D) Algumas expressões se cristalizam como marcas da indentidade de uma determinada corporação.

(E) Todos os policiais, com a intensão de preservar informações, usam termos só entendidos por seus pares.

A: incorreta, a palavra RAZÃO é grafada com Z; **B**: incorreta, a grafia correta é IMPRÓPRIO; **C**: correta, grafada de maneira correta; D: incorreta, a grafia correta é IDENTIDADE; **E:** incorreta, a grafia correta é INTENÇÃO. CD

Gabarito "C"

TEXTO 2

Disponível em: https://www.uninassau.edu.br/noticias/combate-violencia-contra-mulher-em-salvador. Acesso em 13/06/17.

(Soldado – PM/PI – 2017 – Nucepe) O argumento principal do Texto 2 é o de que a violência contra a mulher será superada se:

(A) os homens se acovardarem.

(B) as mulheres denunciarem.

(C) as pessoas se unirem mais.

(D) os homens pararem de bater.

(E) as mulheres vencerem os homens.

A: incorreta, o argumento é sobre a atitude da mulher em relação a atitudes covardes do homem; **B**: correta, a expressão "vencedoras combatem" refere-se à denúncia que as mulheres devem fazer se forem agredidas; **C**: incorreta, pois a violência contra a mulher só se será superada se a mulher agredida denunciar o agressor; **D**: incorreta, esse seria o princípio de tudo, porém como o texto argumenta sobre a violência, a superação se dá na denúncia; **E**: incorreta, o argumento principal é a denúncia do agressor. CD

Gabarito "B"

(Soldado – PM/PI – 2017 – Nucepe) São elementos não verbais que cooperam para os sentidos do Texto 2:

1) a imagem apresentada, que choca o leitor e, assim, enfatiza a importância do tema abordado.

2) cores diferentes contrastando os sujeitos (covardes/ vencedoras) com suas respectivas ações (batem/ combatem).

3) a disposição da frase de efeito no centro do texto.

4) a opção pelo fundo de cor preta, que, em nossa cultura, expressa sobriedade e luto.

Estão corretos:

(A) 1, 2 e 3, apenas.

(B) 1, 2 e 4, apenas.

(C) 1, 3 e 4, apenas.

(D) 2, 3 e 4, apenas.

(E) 1, 2, 3 e 4.

1: correta, porque, ao mostrar uma mulher com o olho roxo, já se enfatiza a questão da violência; **2**: correta, porque enfatizando por meio do destaque das cores, chama a atenção para os respectivos sujeitos; **3**: correta, pois, ao dispor a frase de efeito no centro do texto, chama a atenção para a palavras destacadas; **4**: correta, pois a cor preta revela o luto, a sobriedade da propaganda e , acima de tudo, deixa o destaque para a imagem e o jogo das palavras que é o mais importante. CD

Gabarito "E"

(Soldado – PM/PI – 2017 – Nucepe) A análise global do Texto 2 revela que ele tem, principalmente, uma função

(A) lúdica.

(B) poética.

(C) expositiva.

(D) publicitária.

(E) informativa.

A: incorreta, pois o lúdico é sinônimo de divertido, bem diferente da mensagem passada; **B**:incorreta, porque a função poética tem como principal característica a emissão de uma mensagem elaborada de maneira inovadora, encontrada predominantemente na linguagem literária, sobretudo na poesia; **C**: incorreta, porque o texto expositivo apresenta informações sobre um objeto ou fato específico, sua descrição e a enumeração de suas características; **D**: correta, a Linguagem Publicitária é aquela utilizada nas mensagens publicitárias, a qual possui forte intencionalidade de provocar sensações no leitor, ou seja, de convencê-lo. Esse tipo de discurso utiliza de outras modalidades ou pluralidade de códigos, seja a linguagem escrita, visual e auditiva, com o objetivo central de conquistar o público. **E**: incorreta, como exemplos de linguagem informativa podemos citar os materiais didáticos, textos jornalísticos e científicos. Todos eles, por meio de uma linguagem denotativa, informam a respeito de algo, sem envolver aspectos subjetivos ou emotivos à linguagem. CD

Gabarito "D"

Texto 1 para responder às questões a seguir.

1 Há estradas que não devem ser percorridas; exércitos que não devem ser atacados; cidades que não devem ser assaltadas; terras que não devem ser contestadas [...]. Portanto, o
4 comandante que compreender as vantagens da arte da mudança e não se ativer a uma maneira única de comandar, mas sim adaptar-se a circunstâncias, variando suas táticas para
7 enfrentar o exército inimigo, saberá como comandar seus soldados. Ao contrário, se seus métodos de comando forem inflexíveis e suas decisões forem tomadas de forma mecânica,
10 ele não será digno de comandar seus soldados e, por mais que esteja familiarizado com o território, não será capaz de pôr em prática seus conhecimentos e tirar o máximo de seus homens.
13 O comandante sábio deve considerar a combinação de ganho e perda, deve ter discernimento das reais vantagens em situações difíceis e deve confiar nos seus esforços. Se for
16 capaz de perceber as vantagens prováveis, as dificuldades
17 poderão ser resolvidas.

TZU, Sun. *A arte da guerra*: os treze capítulos originais. (Adaptação e tradução de Nikko Bushidô). São Paulo: Jardim dos Livros, 2010, com adaptações.

(Oficial – PM/DF – 2017 – Iades) Com relação à ideia principal do texto, infere-se que a

(A) coragem de enfrentar riscos é necessária para a tomada de decisões.

(B) capacidade de mudar e a adequação são estratégias vencedoras.

(C) frieza frente aos problemas é relevante para o alcance de objetivos.

(D) austeridade mostra-se fundamental na liderança de soldados (equipes).

(E) fraqueza do inimigo deve ser explorada para a obtenção de vantagens potenciais.

A: incorreta, para a tomada de decisões é necessário ser sábio e entender as mudanças e adaptar-se a circunstâncias; **B:** correta, o comandante deve compreender as vantagens da arte da mudança e adaptar-se a circunstâncias, variando suas táticas; **C:** incorreta, o comandante deve ter discernimento das reais vantagens em situações difíceis e deve confiar nos seus esforços; **D**: incorreta, austeridade é sinônimo de rigidez, intolerância e é exatamente o contrário que prega o texto; **E:** incorreta, porque se os seus métodos forem inflexíveis e suas decisões mecânicas, não conseguirá tirar o máximo de seus homens. CD

Gabarito "B"

(Oficial – PM/DF – 2017 – Iades) No trecho "Se for capaz de perceber as vantagens prováveis, as dificuldades poderão ser resolvidas." (linhas de 15 a 17), a oração sublinhada é subordinada adverbial

(A) temporal.

(B) concessiva.

(C) condicional.

(D) consecutiva.

(E) conformativa.

A: incorreta, porque não se tem a circunstância de tempo no trecho destacado; **B**: incorreta, pois concessiva apresenta ideia de oposição, não presente no trecho; **C:** correta, pois a conjunção SE introduz uma ideia de condição na oração; **D**: incorreta, porque não se tem a circunstância de consequência na frase; **E**: incorreta, porque a conformativa transmite ideia de "de acordo com", não presente na frase. CD

Gabarito "C"

(Oficial – PM/DF – 2017 – Iades) No que se refere às regras de acentuação gráfica vigentes, assinale a alternativa correta.

(A) A palavra "situações" (linha 15) é acentuada por ser paroxítona com terminação em s.

(B) Os vocábulos "não" (linha 1) e "poderão" (linha 17) são acentuados porque são oxítonas terminadas em o.

(C) O acento existente no verbo pôr (linha 11) é utilizado para diferenciá-lo de uma palavra homófona.

(D) O acento da palavra "território" (linha 11) justifica-se em razão de todas as paroxítonas serem acentuadas.

(E) Os vocábulos "inflexíveis" (linha 9) e "decisões" (linha 9) seguem a mesma regra de acentuação.

A: incorreta, pois a palavra não recebe acento gráfico e sim o til para marcar a nasalidade; **B:** incorreta, porque os vocábulos "não" e "poderão" recebem o til para marcar a nasalidade; **C**: correta, o acento do verbo "pôr" manteve-se para diferenciar da preposição POR; D: incorreta, pois o acento da palavra "território" justifica-se em razão de ser uma paroxítona terminada em ditongo; **E**: incorreta, porque o acento do vocábulo "inflexíveis" justifica-se em razão de ser uma paroxítona terminada em ditongo e "decisões" recebe o til para marcar a nasalidade. CD

Gabarito "C"

(Oficial – PM/DF – 2017 – Iades) A respeito da estrutura morfossintática de períodos do texto, assinale a alternativa correta.

(A) Em "adaptar-se a circunstâncias" (linha 6), caso se flexione o termo sublinhado no plural, o sinal indicativo de crase deverá ser empregado.

(B) No trecho "não se ativer a uma maneira única de comandar, mas sim adaptar-se" (linhas 5 e 6), a vírgula que antecede a conjunção "mas" é facultativa.

(C) No período "não será capaz de pôr em prática seus conhecimentos e tirar o máximo de seus homens" (linhas 11 e 12), os termos sublinhados podem ser flexionados no plural por concordarem com o vocábulo "homens".

(D) A oração "ele não será digno de comandar seus soldados" (linha 10) é coordenada sindética explicativa.

(E) Nas linhas 1 e 2, em todas as ocorrências, os ponto e vírgulas podem ser substituídos por dois-pontos.

A: correta, porque o verbo Adaptar-se rege a preposição A, estando a palavra feminina no plural, só ocorrerá a crase se pluralizar o "a" exigido pelo verbo; **B:** incorreta, toda oração coordenada adversativa deve ser separada por vírgula; **C**: incorreta, os termos destacados estão no singular porque concordam com o termo "comandante", por isso não podem ser flexionados no plural; **D**: incorreta, é oração principal da subordinada condicional antecedida; **E**: incorreta, o ponto-e-vírgula está separando orações com sujeitos diferentes, os dois pontos não são usados para separar orações. CD

Gabarito "A"

(Oficial – PM/DF – 2017 – Iades) Considerando a coerência da informação, assinale a alternativa que substitui corretamente as palavras sublinhadas no período "O comandante sábio deve considerar a combinação de ganho e perda, deve ter discernimento das reais vantagens em situações difíceis e deve confiar nos seus esforços." (linhas de 13 a 15).

(A) Insipiente, julgamento, adversas.

(B) Audacioso, sagacidade, fatigantes.

(C) Inepto, probidade, laboriosas.

(D) Temerário, raciocínio, morosas.

(E) Douto, percepção, dificultosas.

A: incorreta, **insipiente** significa ignorante, não sábio; **julgamento** não substitui discernimento e **adversas** significa contrárias, portanto não substitui difíceis; **B**: incorreta, **audacioso** significa corajoso, valente; **sagacidade** pode substituir discernimento; **fatigante** significa tedioso, monótono, portanto não substitui difíceis; **C**: incorreto, pois **inepto** significa incompetente, burro, ignorante; **probidade** significa honestidade, caráter, retidão e **laboriosas** significa esforçado, produtivo, trabalhador; **D**: incorreta, porque **temerário** significa arriscado, perigoso; **raciocínio** pode substituir discernimento; **morosa** significa lenta, vagarosa; **E**: correta, pois **douto** significa instruído, sábio; **percepção** significa entendimento, conhecimento, discernimento e **dificultosas** significa difícil. CD

Gabarito "E".

Texto 2 para responder às duas questões seguintes.

1 No exército, a regra da disciplina obriga o soldado a se levantar às cinco da manhã. Mas, no asilo, a regra do repouso faz com que se deixe o idoso dormir. Ora, disciplina é
4 princípio? É, sem disciplina a vida é ruim. E quanto ao repouso, é princípio? É, porque sem repouso a vida também é ruim. E aí percebemos que ela continua. Não basta mapear a
7 complexidade, é preciso escolher e, quanto maior for a lucidez para mapear a complexidade, mais complicada é a escolha. [...]
O que quero dizer? Que diante dessa complexidade, é
10 preciso "dar a cara a tapa". É preciso escolher. Não podemos nos contentar e dizer: "existe uma grande complexidade e, portanto, não vou sair do meu lugar". Precisamos afirmar: "isto
13 é melhor do que aquilo. Entre disciplina e repouso, ficamos com a disciplina. Entre transparência e sigilo, ficamos com a transparência. Entre confiança e desconfiança, ficamos com a
16 confiança", por razões que a filosofia ajuda a encontrar.

CORTELLA, Mario Sergio; FILHO, Clóvis de Barros. *Ética e vergonha na cara!* Campinas, SP: Papirus 7 Mares, 2014 (fragmento), com adaptações.

(Oficial – PM/DF – 2017 – Iades) No texto apresentado, a expressão "dar a cara a tapa" (linha 10) significa

(A) não temer as consequências; enfrentar (algo).

(B) negar uma evidência; ocultar (alguma coisa).

(C) aceitar que cometeu um erro; admitir.

(D) comprovar a veracidade de algo; confirmar.

(E) esforçar-se para conseguir algo e perder tudo de forma banal.

A: correta, o texto argumenta que é preciso escolher , enfrentar a vida e, com isso, arcar com as consequências ; **B**: incorreta, o texto diz que entre transparência e sigilo, devemos ficar com a transparência; **C**: incorreta, não se fala em admitir um erro no texto; **D:** incorreta, o significado da expressão é enfrentar algo, não confirmar veracidade; **E:** incorreta, o significado da expressão não está relacionado a esse sentido. CD

Gabarito "A".

(Oficial – PM/DF – 2017 – Iades) Acerca dos mecanismos de coesão textual, assinale a alternativa correta.

(A) No trecho "Mas, no asilo, a regra do repouso faz com que se deixe o idoso dormir." (linhas 2 e 3), o conector sublinhado possui o mesmo campo semântico de logo, podendo ser por este substituído.

(B) Na oração "'isto é melhor do que aquilo'" (linhas 12 e 13), os termos sublinhados podem ser substituídos, nessa ordem, por **isso** e **isto**, sem prejudicar a coerência e a coesão do texto.

(C) O vocábulo **Dentre** substitui corretamente "Entre" (linha 13), mantendo a correção gramatical.

(D) No trecho "É, porque sem repouso a vida também é ruim. E aí percebemos que ela continua." (linhas 5 e 6), observa-se que a palavra "vida" é retomada por uma anáfora.

(E) O texto constitui-se de elementos de sequenciação textual injuntiva.

A: incorreta, porque "logo" significa portanto, por isso, empregada em conclusão e a conjunção "mas" é adversativa, significando porém, contudo, entretanto; **B**: incorreta, isto é o momento presente e aquilo é distante ou momento longínquo, portanto não se pode substituir, sem prejudicar a coerência, por **isso** que representa o passado e **isto** que representa o presente; **C**: incorreta, **dentre** significa de entre, do meio de, no meio de e **entre** indica lugar ou espaço intermediário, demonstra uma preferência como está no texto; **D**: correta, pois anáfora é um recurso discursivo em que um termo é usado para retomar uma ideia, assim como "ela" está retomando a palavra "vida"; **E**: incorreta, texto injuntivo tem por finalidade a instrução do leitor. Não só fornece uma informação, como incita à ação, guiando a conduta do leitor, como em receitas, bulas, portanto diferente do que se apresenta no texto em questão. CD

Gabarito "D".

(Oficial – PM/DF – 2017 – Iades) Em correspondências oficiais, quanto à adequação da linguagem ao tipo de documento, os pronomes de tratamento apresentam certas particularidades. Em relação a esse tema, assinale a alternativa correta.

(A) Nesse caso, o pronome de tratamento leva a concordância verbal para a terceira pessoa gramatical.

(B) Os pronomes possessivos relativos a pronomes de tratamento são os da segunda pessoa.

(C) O vocativo empregado para chefes de poder é "Vossa Excelência", seguido do respectivo cargo.

(D) Os adjetivos referentes a pronomes de tratamento mantêm o gênero feminino, concordando com o substantivo que integra a locução.

(E) O pronome "Vossa Excelência" é de uso consagrado apenas para autoridades do Poder Executivo.

A: correta, pois todo pronome de tratamento faz concordância em 3ª pessoa; **B**: incorreta, pois a concordância tanto do verbo quanto dos pronomes possessivos deve ser feita em 3ª pessoa; **C**: incorreta, pois o vocativo empregado aos chefes de poder é **Excelentíssimo Senhor**, seguido do cargo respectivo; **D**: incorreta, os adjetivos referentes a pronomes de tratamento concordam com o substantivo a que se referem, se for masculino, o adjetivo ficará no masculino; **E**: incorreta, o pronome Vossa Excelência pode ser usado para autoridades do Poder Executivo, do Poder Legislativo e do Poder Judiciário. CD

Gabarito "A".

O Roubo do Relógio

Rolando Boldrin

Naquele arraial do Pau Fincado, havia um sujeitinho danado pra roubar coisas. Às vezes galinha, às vezes cavalo, às vezes coisas miúdas. A verdade é que o dito cujo era chegado em surrupiar bens alheios.

Todo mundo daquele arraial já estava até acostumado com os tais furtos. E a coisa chegou a tal ponto de constância que bastava alguém da por falta de qualquer objeto e lá vinha o comentário: "Ah, foi o Justino Larápio".

E foi numa dessas que sumiu o relógio do cumpadi João, um cidadão por demais conhecido por aquelas bandas do Pau Fincado. Foi a conta de sumir o relógio dele para o dito cujo correr pra delegacia mais próxima e dar parte do fato.

TESTEMUNHA 1 – Dotô. Vê, ansim com os óio, eu num posso dizê que vi. Mas sei que ele é ladrão mêmo. O que ele vê na frente dele, ele passa a mão na hora. Pode prendê ele dotô!

DELEGADO (para a segunda testemunha) – E o senhor? Viu o Justino roubar o relógio do sêo João?

TESTEMUNHA 2 – Óia, dotô ...num vô falá que vi ele fazê isso, mas todo mundo no arraiá sabe que ele róba mêmo, uai. Pode prender sem susto. Eu garanto que foi ele que robô esse relógio.

DELEGADO (para a última testemunha) – E o senhor? Pode me dizer se viu o Justino roubar o relógio do sêo João?

TESTEMUNHA 3 – Dotô, ponho a mão no fogo si num foi ele. Prende logo esse sem vergonha, ladrão duma figa. Foi ele mêmo!

DELEGADO – Mas o senhor não viu ele roubar? O senhor sabe que foi ele, mas não viu o fato em si?

TESTEMUNHA 3 – Num carece de vê, dotô! Todo mundo sabe que ele róba. Pode preguntá pra cidade intêra. Foi ele. Prende logo esse peste!

DELEGADO (olhando firme para o Justino) – Olha aqui, Justino. Eu também tenho certeza de que foi você que roubou o relógio do sêo João. Mas, como não temos provas cabíveis, palpáveis e congruentes.... você está, por mim, absolvido.

JUSTINO (espantado, arregalando os olhos para o delegado) – O que, dotô ? O que que o sinhô me diz? Eu tô absorvido????

DELEGADO – Está absolvido.

JUSTINO – Qué dizê intão que eu tenho que devorvê o relógio?

Disponível em: http://www.rolandoboldrin.com.br/causos. Acessado em 19 ago. de 2016.

(Oficial – PM/MG – 2016 – PMMG) Leia o excerto a seguir marque a alternativa CORRET(A) "Naquele arraial do Pau Fincado, havia um sujeitinho danado pra roubar coisas."

De acordo com o excerto apresentado, o diminutivo foi empregado pelo autor para reforçar o sentido:

(A) Pejorativo.
(B) Carinhoso.
(C) Tamanho.
(D) Provocativo.

A: correta, pejorativo é um adjetivo que descreve uma palavra ou ideia que tem um significado desagradável, depreciativo, insultuoso, ultrajante, conforme se descreve a pessoa que rouba as coisas no texto; **B**: incorreta, já que o adjetivo carinhoso é sinônimo de pessoal agradável, afável, contrário do que pensam sobre o personagem; **C**: incorreta, o diminutivo empregado não foi para se referir ao tamanho da personagem; **D**: incorreta, pois a ideia no texto não é para provocar, mas sim para se mostrar insatisfação com a postura da personagem. CD

Gabarito "A"

(Oficial – PM/MG – 2016 – PMMG) Leia o excerto a seguir e marque a alternativa CORRET(A) "Dotô.Vê, ansim com os óio, eu num posso dizê que vi

Quanto ao emprego da vírgula, a oração sublinhada tem a função de:

(A) Conjunção pospositiva.
(B) Adjunto adnominal.
(C) Adjunto adverbial.
(D) Adjetiva explicativa.

A: incorreta, pois não há conjunção na expressão sublinhada; **B**: incorreta, pois adjunto adnominal está junto do nome para dar-lhe características adjetivas; **C**: correta, pois dá-se uma circunstância de modo ao verbo VER; **D:** incorreta, adjetivo não dá circunstância, mas caracteriza, modifica o substantivo a que se refere. CD

Gabarito "C"

(Oficial – PM/MG – 2016 – PMMG) Marque a alternativa CORRET(A) Quanto à diversidade linguística no texto apresentado, podemos afirmar que o autor optou por:

(A) utilizar uma variação diastrática.
(B) utilizar uma variação diafásica.
(C) utilizar uma variação histórica.
(D) utilizar uma variação diatópica.

A: correta, pois variações diastráticas são as ocorridas em razão da convivência entre os grupos sociais. As gírias, os jargões e o linguajar caipira são exemplos desta modalidade de variações linguística, tal como ocorre no texto; **B**: incorreta, porque variações diafásicas são as variações que se dão em função do contexto comunicativo, isto é, a ocasião determina o modo como falaremos com o nosso interlocutor, podendo ser formal ou informal; **C**: incorreta, porque a língua é dinâmica e sofre transformações ao longo do tempo, um exemplo de variação histórica é a questão da ortografia: a palavra "farmácia" já foi escrita com "ph"; **D:** incorreta, variações diatópicas representam as variações que ocorrem pelas diferenças regionais. As variações regionais, denominados dialetos, são as variações referentes a diferentes regiões geográficas, de acordo com a cultura local. CD

Gabarito "A"

(Oficial – PM/MG – 2016 – PMMG) Nas alternativas abaixo, apenas uma das palavras sublinhadas poderia ser substituída pela que está entre colchetes sem sofrer alteração de sentido.

Assinale a alternativa em que a substituição está CORRET(A)

(A) Mas, como não temos provas cabíveis, palpáveis e congruentes.... você está, por mim, absolvido. [açoitado]
(B) Num carece de vê, dotô! Todo mundo sabe que ele róba. [convir]
(C) E foi numa dessas que sumiu o relógio do cumpadi João, um cidadão por demais conhecido por aquelas bandas do Pau Fincado. [conjunto]
(D) Todo mundo daquele arraial já estava até acostumado com os tais furtos. E a coisa chegou a tal ponto de constância que bastava alguém da por falta de qualquer objeto e lá vinha o comentário: "Ah, foi o Justino Larápio". [persistência]

A: incorreta, **absolvido** significa inocentado e **açoitado** significa maltratado, agredido; **B**: incorreta, **saber** é ter ciência, **convir** é servir, caber, prestar; **C**: incorreta, banda, no contexto, significa região, parte de um lugar maior e não um conjunto no qual há várias pessoas tocando uma só música; **D**: correta, constância significa persistência, insistência, obstinação. CD

Gabarito "D"

(Oficial – PM/MG – 2016 – PMMG) Leia as assertivas abaixo e, ao final, responda o que se pede.

I. A variação linguística é um interessante aspecto da língua portuguesa e pode ser compreendida por meio das influências históricas e regionais sobre os falares.

II. A língua é um sistema que não admite nenhum tipo de variação linguística, sob pena de empobrecimento do léxico.

III. O tipo de linguagem do texto compromete o seu entendimento ao leitor.

(A) Apenas a assertiva II, está correta.

(B) Apenas a assertiva I, está correta.

(C) Apenas a assertiva III, está correta.

(D) Todas as assertivas estão corretas.

Assertiva I – correta, pois variação linguística é o movimento comum e natural de uma língua, que varia principalmente por fatores históricos e culturais. Modo pelo qual ela se usa, sistemática e coerentemente, de acordo com o contexto histórico, geográfico e sociocultural no qual os falantes dessa língua se manifestam verbalmente.
Assertiva II – incorreta, a língua é mutável e está em constante evolução.
Assertiva III – incorreta, o texto se apresenta de forma bem popular e de fácil entendimento. CD

Gabarito "B"

Seria Escrever

Meu ideal seria escrever uma história tão engraçada que aquela moça que está doente naquela casa cinzenta, quando lesse minha história no jornal, risse, risse tanto que chegasse a chorar e dissesse: Ai, meu Deus, que história mais engraçada!. E então a contasse para a cozinheira e telefonasse para duas ou três amigas para contar a história; e todos a quem ela contasse rissem muito e ficassem alegremente espantados de vê-la tão alegre. Ah, que minha história fosse como um raio de sol, irresistivelmente louro, quente, vivo, em sua vida de moça reclusa, enlutada, doente. Que ela mesma ficasse admirada ouvindo o próprio riso, e depois repetisse para si própria: mas essa história é mesmo muito engraçada!

Rubem Braga. Disponível em: <http://www.releituras.com/rubembraga_meuideal.asp/fragmento>. Acesso em: 20 out. 2016.

(Soldado – CBM/GO – 2016 – Funrio) Nesse fragmento do texto de Rubem Braga, no que se refere à tipologia textual, observa-se o emprego da narrativa a serviço de uma

(A) descrição de um ideal.

(B) exposição sobre um ideal.

(C) idealização amorosa de um escritor.

(D) dissertação-argumentativa de um escritor.

(E) predição utópica acerca de um ideal.

A: correta, como se vê logo no início do texto "Meu ideal seria..."; B: incorreta, porque não expõe o ideal, ele descreve como é este ideal; **C**: incorreta, a idealização é a de escrever uma história engraçada; **D**: incorreta, porque o texto não defende uma ideia como em dissertação-argumentativa, apenas descreve qual é seu ideal; **E**: incorreta, predição é o ato ou efeito de predizer, de afirmar o que vai acontecer no futuro, profecia, previsão, elementos não encontrados no texto. CD

Gabarito "A"

(Soldado – CBM/GO – 2016 – Funrio) Em *Meu ideal seria escrever uma história tão engraçada que aquela moça que está doente naquela casa cinzenta, quando lesse minha história no jornal, risse...*, a oração que aquela moça risse apresenta o valor semântico de uma

(A) explicação.

(B) conclusão.

(C) consequência.

(D) conformidade.

(E) alternatividade.

A: incorreta, uma vez que a conjunção "que" presente introduz uma oração consecutiva; **B**: incorreta, pois a oração é subordinada e introduzida por conjunção subordinada; **C**: correta, a relação entre as orações é de causa e consequência , sendo causa a oração "meu ideal seria escrever uma história tão engraçada" e a consequência a oração " que aquela moça risse"; **D**: incorreta, estar em conformidade significa estar de acordo com e a oração não traduz este significado; **E**: incorreta, porque alternatividade sugere opções e a oração não traduz isso. CD

Gabarito "C"

(Soldado – CBM/GO – 2016 – Funrio) Observa-se, nesse texto, a presença da função metalinguística da linguagem, pelo fato de o autor

(A) utilizar a primeira pessoa do singular.

(B) empregar o discurso direto livre.

(C) realizar interlocuções com o leitor.

(D) usar o texto para falar do próprio texto.

(E) apropriar-se de figuras de linguagem.

A: incorreta, porque utilizar a primeira pessoa do singular não é característica específica da metalinguagem; **B**: incorreta, a metalinguagem não tem essa característica específica; **C**: incorreta, a interlocução não é característica específica da metalinguagem; **D**: correta, pois a metalinguagem ocorre quando o emissor explica um código usando o próprio código; **E**: incorreta, pois o uso de figuras de linguagem não é característica específica da metalinguagem. CD

Gabarito "D"

(Soldado – CBM/GO – 2016 – Funrio) Na frase *"Ai, meu Deus, que história mais engraçada!"*, a vírgula foi empregada pelo mesmo motivo que em

(A) O autor escreve, pois tem muita criatividade.

(B) Ele, o autor, escreve com muita criatividade.

(C) O autor, criativamente, escreve sua crônica.

(D) Rubem Alves, o meu autor favorito, escreve bem.

(E) Alguém disse: Rubem, você é meu escritor favorito.

A: incorreta, a vírgula foi empregada para separar orações coordenadas; **B**: incorreta, a vírgula foi empregada para isolar aposto; **C**: incorreta, a vírgula foi empregada para isolar adjunto adverbial; **D**: incorreta, a vírgula foi empregada para isolar aposto; **E**: correta, porque na frase dada, a vírgula foi utilizada para isolar um vocativo " meu Deus", assim nesta frase com "Rubem". CD

Gabarito "E"

O cinema de ficção científica

Na sociedade de massa e, posteriormente, na da era tecnológica, a ciência e a tecnologia são divulgadas através de diversos meios. No entanto, a maior parte dessa divulgação é realizada por veículos que não têm a preocupação conceitual ou pedagógica, ou seja, não mostram a ciência como processo nem explicam de forma simplificada suas metodologias. Assim, em torno da ciência e da tecnologia, gira toda uma mitologia que atrai tanto os meios de comunicação de massa, através de seus profissionais de informação, quanto um público heterogêneo que consome os produtos derivados da indústria cultural.

Um dos meios que a ciência e a tecnologia atraem, em especial, é o cinema, que as utiliza mesclando ciência e ficção. O gênero, conhecido como ficção científica, nasceu na literatura, estendeu-se às histórias em quadrinhos e ao cinema em narrativas que mostram imagens de como seriam o futuro, as invenções e as descobertas possíveis e, ainda, como seriam o próprio homem e a sua vida em sociedade frente a novas tecnologias.

A ciência e a tecnologia desenvolvem condições que possibilitam a existência em momentos e lugares distantes do espaço-tempo contemporâneo. A ficção científica apropria-se dessa possibilidade de criação de novos contextos para montar suas narrativas. Nesse sentido, ganha força a ideia de que o cinema de ficção científica "anteciparia" invenções que a tecnologia ainda não conseguiu realizar, mas que estão a caminho de se tornarem realidade. Por isso, pode-se dizer que a ficção científica é verossímil — não é verdadeira, nem tampouco falsa; mas aparenta ser verdade. Pelo mesmo motivo, é plausível pensá-la como podendo ter um projeto ou uma intenção de divulgação científica. Cabem, como exemplos dessa intenção, trabalhos com a participação de Arthur Clark, Carl Sagan ou de Isaac Azimov. No entanto, parece que a maior parte dos filmes de ficção científica não segue o projeto de divulgação de conceitos científicos.

A "ciência" que os meios de comunicação de massa mostram, em geral, não corresponde ao trabalho desenvolvido por equipes de cientistas e pesquisadores. Ao serem apropriadas, então, pelas narrativas de ficção científica, a ciência e a tecnologia são mescladas ao poder mágico do mito, contribuindo para a construção e consolidação de um imaginário mítico sobre a ciência.

SIQUEIRA, Denise. O corpo no cinema de ficção científica In: Revista LOGOS, Faculdade de Comunicação Social da UERJ, Ano 9, no 17, 2O semestre de 2002. (Adaptado)

(Cadete – CBM/GO – 2016 – Funrio) De acordo com esse texto, o gênero, conhecido como ficção científica,

(A) constitui uma narrativa mitológica e verossímil sem vínculo de sentido com a ciência e a tecnologia contemporâneas.

(B) é um meio de comunicação de massa dedicado a um público heterogêneo consumidor da indústria cultural.

(C) baseia-se em narrativas de prospecção de possibilidades de existência humana em lugares distantes do espaço-tempo contemporâneo.

(D) populariza o saber científico com compromisso ético com o trabalho desenvolvido por cientistas e pesquisadores.

(E) origina-se na mitologia arcaica cujas criações anteciparam descobertas científicas e tecnológicas futuras.

A: incorreta, porque há vínculo sim. A ficção científica, segundo o texto, antecipa cenários futuros que ainda não são verdadeiros, mas são plausíveis e têm aparência de verdade; **B**: Não é "dedicado" a um público heterogêneo, pois atrai também os meios de comunicação em massa. A palavra "dedicado" limita o escopo da ficção científica a um único público, quando o texto menciona dois grupos; **C**: correta porque baseia-se em "prospecções", ou seja, em estimativas de cenários futuros, distantes da realidade atual, como a conhecemos. Veja o trecho que confirma essa leitura: ...narrativas que mostram imagens de **como seriam o futuro, as invenções e as descobertas possíveis** e, ainda, como seriam o próprio homem e a sua vida em **sociedade** frente a novas tecnologias. A ciência e a tecnologia desenvolvem condições que possibilitam a existência em **momentos e lugares distantes do espaço-tempo contemporâneo**. A ficção científica apropria-se dessa possibilidade...; **D**: incorreta, a ficção científica não tem compromisso ético com o método científico. Isso está explícito no segundo período do texto; **E**: incorreta, não houve referência a mitologias arcaicas, tampouco foi dito que elas trariam descobertas tecnológicas.

Gabarito "C"

(Cadete – CBM/GO – 2016 – Funrio) A verossimilhança das narrativas cinematográficas de ficção científica, segundo o autor, é caracterizada pela

(A) junção de ciência e ficção com aparência de verdade.

(B) plausibilidade do imaginário mítico sobre a ciência.

(C) vulgarização científica nos meios de comunicação de massa.

(D) apropriação pedagógica de recursos narrativos literários e científicos.

(E) recriação de um imaginário mítico adequado à comunicação de massa.

A: correta, porque pode-se dizer que a ficção científica é verossímil — não é verdadeira, nem tampouco falsa; mas aparenta ser verdade; **B**: incorreta, não é plausibilidade e sim construção e consolidação de um imaginário mítico sobre a ciência; **C**: incorreta, a "ciência" que os meios de comunicação de massa mostram, em geral, não corresponde ao trabalho desenvolvido por equipes de cientistas e pesquisadores. Ao serem apropriadas, então, pelas narrativas de ficção científica, a ciência e a tecnologia são mescladas ao poder mágico do mito; **D**: incorreta, porque a maior parte dessa divulgação é realizada por veículos que não têm a preocupação conceitual ou pedagógica, ou seja, não mostram a ciência como processo nem explicam de forma simplificada suas metodologias; **E**: incorreta, porque a ciência que os meios de comunicação de massa mostram não correspondem ao trabalho desenvolvido por equipes de cientistas e pesquisadores.

Gabarito "A"

(Cadete – CBM/GO – 2016 – Funrio) No entanto, a maior parte dessa divulgação é realizada por veículos que não têm a preocupação conceitual ou pedagógica, **ou seja**, não mostram a ciência como processo e nem explicam de forma simplificada suas metodologias.

Em relação à expressão destacada nesse período, pode-se afirmar que ela assume o sentido de

(A) adição.

(B) adversidade.

(C) retificação.

(D) ratificação.

(E) apelação.

A: incorreta, porque não se expressa ideia de adição; **B**: incorreta, não há uma ideia de oposição, mas sim de confirmação; **C**: incorreta, porque **retificar** significa corrigir e a expressão "ou seja", é usada para explicar melhor uma mesma ideia com outras palavras, portanto não pode ser usada com sentido de "correção"; **D**: correta, porque **ratificar** significa confirmar, , pois está dizendo novamente a mesma coisa, está confirmando, ratificando algo já dito; **E**: incorreta, porque não se confirma apelação no trecho, mas confirmação de algo já dito. CD

Gabarito "D"

(Cadete – CBM/GO – 2016 – Funrio) A 'ciência' **que** os meios de comunicação de massa mostram, em geral, não corresponde ao trabalho desenvolvido por equipes de cientistas e pesquisadores.

O pronome em destaque, nesse período, assume, na oração que inicia, a função sintática de

(A) sujeito.
(B) objeto direto.
(C) objeto indireto.
(D) adjunto adnominal.
(E) predicativo do sujeito.

A: incorreta, pois o sujeito da oração que o pronome inicia é "os meios de comunicação de massa"; **B**: correta, o pronome está retomando "a ciência" que é o objeto direto do verbo Mostrar – Os meios de comunicação de massa mostram a ciência; **C**: incorreta, para ser objeto indireto precisaria completar um verbo transitivo indireto, o que não acontece no trecho; **D**: incorreta, por o termo retomado pelo pronome é complemento de um verbo; **E**: incorreta, pois o verbo Mostrar é transitivo direto e não de ligação. CD

Gabarito "B"

Leia o texto para responder às questões de números 01 a 05.

O mal-estar provocado por gripes e resfriados é o principal motivo que os brasileiros alegam para se ausentar do trabalho, apontou a PNS (Pesquisa Nacional de Saúde), di vulgada pelo IBGE (Instituto Brasileiro de Geografia e Estatística).

O levantamento mostrou que 17,8% dos brasileiros que faltaram ao trabalho pelo menos um dia alegaram ter tido gripe ou resfriado. A pesquisa foi feita em 2013, em 62,9 mil domicílios em todos os Estados da federação. O estudo é inédito e não tem, portanto, base de comparação.

Ainda que virais, a gripe e o resfriado têm diferenças. Segundo o médico Drauzio Varela, o resfriado é menos intenso e caracteriza-se por coriza, cabeça pesada e irritação na garganta. Mais brando, pode provocar febres isoladas, que não ultrapassam 38,5 graus. A gripe pode derrubar a pessoa por alguns dias, **requer** repouso, boa hidratação e, com a orientação profissional, uso de analgésicos e antitérmicos.

(Lucas Vettorazzo. "Resfriado é principal motivo para falta no trabalho ou estudos, aponta IBGE". www.folha.uol.com.br, 02.06.2015. Adaptado)

(Soldado – PM/SP – 2015 – VUNESP) De acordo com o texto, a Pesquisa Nacional de Saúde, divulgada pelo IBGE, foi realizada a partir

(A) do exame de um banco de dados que empregadores guardam de seus funcionários.
(B) da análise de documentos médicos que comprovam o afastamento de trabalhadores doentes.
(C) da contagem do número de trabalhadores brasileiros que permaneceram hospitalizados.
(D) do registro da declaração de cidadãos brasileiros consultados no contexto domiciliar.
(E) da entrevista de trabalhadores enquanto estes estavam afastados do serviço por doença.

A: Incorreta, A pesquisa foi feita em 2013, em 62,9 mil domicílios em todos os Estados da federação; **B**: incorreta, não se fala em documentos médicos analisados no texto; **C**: incorreta, não se afirma isso no texto; **D**: correta, A pesquisa foi feita em 2013, em 62,9 mil domicílios em todos os Estados da federação. Nesse trecho, afirma que foi no contexto domiciliar; **E**: incorreta, não se afirma no texto que a pesquisa foi feita com trabalhadores afastados. CD

Gabarito "D"

(Soldado – PM/SP – 2015 – VUNESP) Conforme o texto, é correto afirmar:

(A) os casos de gripe foram mais frequentes do que os de resfriados entre os trabalhadores que faltaram ao trabalho.
(B) por serem menos intensos, os casos de resfriados não constituem justificativa válida para se ausentar do trabalho.
(C) ao longo dos anos, os brasileiros têm faltado cada vez mais ao trabalho devido a resfriados que se tornaram tão intensos quanto a gripe.
(D) o estudo do IBGE não permite estabelecer uma comparação entre os Estados da federação quanto às causas de falta ao trabalho.
(E) a gripe e o resfriado têm em comum o fato de serem transmitidos por vírus, apesar de a gripe ser mais debilitante.

A: incorreta, O mal-estar provocado por gripes e resfriados é o principal motivo que os brasileiros alegam para se ausentar do trabalho; **B**: incorreta, não se afirma isso no texto, apenas constata que o resfriado é menos intenso; **C**: incorreta, não se afirma nada disso no texto; **D**: incorreta, A pesquisa foi feita em 2013, em 62,9 mil domicílios em todos os Estados da federação. Entre os Estados da federação pode comparar, já que a pesquisa foi feita em todos os estados, o que não dá para comparar é a pesquisa. O estudo é inédito e não tem, portanto, base de comparação; **E**: correta, ainda que virais, a gripe e o resfriado têm diferenças, segundo o médico Drauzio Varela, o resfriado é menos intenso e caracteriza-se por coriza, cabeça pesada e irritação na garganta. Mais brando, pode provocar febres isoladas, que não ultrapassam 38,5 graus. A gripe pode derrubar a pessoa por alguns dias, requer repouso, boa hidratação e, com a orientação profissional, uso de analgésicos e antitérmicos. CD

Gabarito "E"

(Soldado – PM/SP – 2015 – VUNESP) A forma verbal **requer**, destacada no terceiro parágrafo, está corretamente substituída, sem alteração da mensagem, por:

(A) delata.
(B) restitui.
(C) exige.
(D) previne.
(E) prescinde.

A: incorreta, **delatar** significa dedurar, acusar, diferente do contexto do texto; **B**: incorreta, **restituir** significa devolver, diferente do contexto do texto; **C**: correta, **exigir** é um sinônimo de requerer, podendo substituí-lo; **D**: incorreta, **prevenir** significa tomar precauções, acautelar; E: incorreta, **prescindir** significa desconsiderar, desprezar, diferente do que sugere o texto. CD

Gabarito "C"

(Soldado – PM/SP – 2015 – VUNESP) A forma verbal em destaque em cada alternativa está empregada corretamente, no que se refere à concordância padrão da língua portuguesa, em:

(A) Coriza, cabeça pesada e irritação na garganta **faz** parte do quadro de sintomas do resfriado.

(B) Geralmente, as pessoas com gripe **utiliza** medicamentos sem a devida orientação profissional.

(C) Entre as causas das ausências no trabalho, **está** o mal-estar característico de gripes e resfriados.

(D) Dados de pesquisa divulgada pelo IBGE **revela** os principais motivos de faltas ao trabalho.

(E) Em alguns casos de resfriado, **ocorre** febres isoladas, mais brandas que em estados gripais.

A: incorreta, porque o sujeito é composto "coriza, cabeça pesada e irritação", portanto o verbo deveria estar conjugado no plural FAZEM; **B**: incorreta, porque o sujeito é composto "as pessoas", portanto o sujeito deveria estar conjugado no plural UTILIZAM; **C**: correta, o sujeito é singular "o mal-estar característico de gripes e resfriados", por isso o verbo está conjugado no singular ESTÁ; **D**: incorreta, o sujeito é "dados de pesquisa", portanto o verbo deveria estar conjugado no plural REVELAM; **E**: incorreta, o sujeito é "febres isoladas", devendo o verbo ser conjugado no plural OCORREM. CD

Gabarito "C"

(Soldado – PM/SP – 2015 – VUNESP) Assinale a alternativa em que a frase – O Ministério da Saúde promove anualmente uma campanha de vacinação contra a gripe no país. – permanece correta após receber nova pontuação.

(A) O Ministério da Saúde promove, anualmente, uma campanha de vacinação contra a gripe no país.

(B) O Ministério da Saúde promove anualmente, uma campanha. De vacinação contra a gripe no país.

(C) O Ministério da Saúde, promove anualmente, uma campanha de vacinação contra a gripe no país.

(D) O Ministério da Saúde promove, anualmente uma campanha de vacinação, contra a gripe no país.

(E) O Ministério da Saúde, promove anualmente uma campanha de vacinação. Contra a gripe no país.

A: correta, pois as vírgulas estão isolando o advérbio "anualmente"; **B**: incorreta, o advérbio "anualmente" deve ser isolado por duas vírgulas, não apenas uma; **C**: incorreta, não se separa sujeito do verbo e o advérbio "anualmente deve estar entre vírgulas não apenas uma; **D**: incorreta, apenas o advérbio "anualmente" deve ser isolado pela vírgula; **E**: incorreta, não se separa sujeito do verbo e o ponto está separando o nome "campanha" de seu complemento " contra a gripe no país". CD

Gabarito "A"

Leia a charge para responder às duas questões abaixo.

(Pancho. www.gazetadopovo.com.br)

(Pancho. www.gazetadopovo.com.br)

(Soldado – PM/SP – 2015 – VUNESP) A passagem – Não pode ouvir sirene da polícia, larga tudo e sai correndo... – está corretamente reescrita, com as relações de sentido preservadas, em:

(A) Portanto, ouve sirene da polícia, larga tudo e sai correndo...

(B) Contudo, ouve sirene da polícia, larga tudo e sai correndo...

(C) Mesmo ouvindo sirene da polícia, larga tudo e sai correndo...

(D) Ao ouvir sirene da polícia, larga tudo e sai correndo...

(E) Embora ouça sirene da polícia, larga tudo e sai correndo...

A: incorreta, a conjunção "portanto" é conclusiva, ideia não presente na frase; **B**: incorreta, a conjunção "contudo" é adversativa, denota oposição, ideia não presente na frase; **C**: incorreta, a relação expressa com o "mesmo" é de concessão, ideia não presente na frase; **D**: correta, a relação expressa na frase é de **tempo** da ação de ouvir a sirene, largar tudo e sair correndo; **E**: incorreta, a conjunção "embora" é concessiva, ideia não presente na frase. CD

Gabarito "D"

(Soldado – PM/SP – 2015 – VUNESP) O termo meio, destacado em – Ele é um sujeito **meio** estranho. –,

(A) altera o sentido de "estranho", e equivale à expressão há pouco tempo.

(B) nega o sentido de "estranho", e equivale à expressão nem mesmo.

(C) intensifica o sentido de "estranho", e equivale à expressão muito mais.

(D) contradiz o sentido de "estranho", e equivale à expressão um nada.

(E) atenua o sentido de "estranho", e equivale à expressão um tanto.

A: incorreta, atenua o sentido de "estranho" e equivale a "um pouco"; **B**: incorreta, não nega o sentido, atenua o sentido de "estranho", equivale a "um pouco"; C: incorreta, atenua o sentido de "estranho" e equivale a "um pouco"; **D**: incorreta, não contradiz o sentido de "estranho" e equivale a "um pouco"; **E**: correta, percebe-se que atenua o sentido de "estranho" por equivaler a "um pouco". CD

Gabarito "E"

Leia o texto para responder às questões.

Um tiro no escuro

– Quem atirou em quem? – provoco minha mãe.

– Uai, foi você que atirou no seu irmão. – ela responde, convicta.

Isso aconteceu nos anos de 1980, bem no começo. Naquela época era tudo meio inconsequente. Meu pai havia nos presenteado com uma espingarda de pressão. Com que cargas d'água alguém teria a brilhante ideia de dar uma arma para duas crianças? Pois é, isso era normal. Como era normal também passearmos pela cidade em um Fusca, todos sem cinto de segurança e felizes como nunca. Tínhamos a impressão de que tudo era meio permitido, mas, lógico, dentro de parâmetros que levavam em conta o respeito ao próximo e o amor incondicional à família.

Brincávamos na rua e ela era tão perigosa quanto é hoje. Havia os carros descontrolados, os motoristas bêbados, as motos a todo vapor, os paralelepípedos soltos como armadilhas propositais. Tudo era afiado ou pontiagudo, menos a dedicação de dona Izolina. Perto da janta ela nos gritava e, chateados, nos recolhíamos para a sala. Havia uma mesa e todos nos sentávamos, juntos, para celebrar mais um dia em que nada nos faltara.

Hoje, os brinquedos de criança parecem mais arredondados, não há armas em casa, mas os perigos são os mesmos: um arranhão em minha filha, Helena, dói tanto quanto um hematoma sofrido em nossa infância.

Ah, mãe, fui eu que atirei em meu irmão e, logo após o grito estridente dele, saí gritando igualmente pela casa, desolado e pesaroso, porque havia assassinado um parente tão próximo. Mas nada acontecera, nem uma esfoladela. Ele usava uma bermuda jeans e eu, com minha pontaria genial, havia acertado a nádega direita, de modo que o pequeno projétil se intimidara diante da força do tecido. Foi assim, mãe. Agora a senhora já pode contar para todos a história correta.

(Whisner Fraga. www.cronicadodia.com.br, 10.05.2015. Adaptado)

(Soldado – PM/SP – 2015 – VUNESP) Na opinião do narrador, a

(A) equivalência entre a infância vivida hoje e a vivida na década de 1980 torna-se evidente nos brinquedos presenteados às crianças, que continuam os mesmos de antes.

(B) diferença entre a infância vivida hoje e a vivida na década de 1980 pode ser percebida em algumas atitudes antes consideradas normais e que hoje são recriminadas.

(C) diferença entre a infância vivida hoje e a vivida na década de 1980 está no fato de que hoje as brincadeiras são mais violentas que no passado.

(D) diferença entre a infância vivida hoje e a vivida na década de 1980 é comprovada pelo fato de que, no passado, era possível brincar na rua, que não oferecia tantos riscos quanto hoje.

(E) equivalência entre a infância vivida hoje e a vivida na década de 1980 evidencia-se na maneira de se passear de carro pela cidade.

A: incorreta, a infância vivida hoje e na década de 1980 não era equivalente, mas diferente, evidente inclusive nos brinquedos; **B:** correta, o autor deixa clara esta diferença ao citar a espingarda dada como brinquedo, passear sem cinto de segurança; **C**: incorreta, pois o texto diz "Brincávamos na rua e ela era tão perigosa quanto é hoje" e "Hoje, os brinquedos de criança parecem mais arredondados, não há armas em casa, mas os perigos são os mesmos:" ; **D**: incorreta, "Brincávamos na rua e ela era tão perigosa quanto é hoje"; **E:** incorreta, não é equivalente, é diferente, inclusive na maneira de passear de carro, antes sem cinto de segurança. CD

Gabarito "B"

(Soldado – PM/SP – 2015 – VUNESP) Na ocasião em que atira em seu irmão com uma espingarda de pressão, o narrador reage de modo a demonstrar-se

(A) destemido.

(B) arrependido.

(C) superior.

(D) isolado.

(E) orgulhoso.

A: incorreta, destemido significa corajoso, valente e , no texto, diz claramente que ele estava desolado, pesaroso; **B:** correta, como vemos no trecho "aí gritando igualmente pela casa, desolado e pesaroso, porque havia assassinado um parente tão próximo.". O fato de ele sair gritando pela casa, desolado e pesaroso demonstra claro arrependimento dele; **C**: incorreta, pois estar desolado e pesaroso não demonstra superioridade; **D**: incorreta, porque ele estava com o irmão; **E:** incorreta, porque sentiu medo de ter matado o irmão. CD

Gabarito "B"

(Soldado – PM/SP – 2015 – VUNESP) A forma verbal destacada em – Havia uma mesa e todos nos sentávamos, juntos, para celebrar mais um dia em que nada nos **faltara**. – está corretamente substituída, sem que se alterem o tempo ou o modo verbais, por:

(A) terá faltado.

(B) tenha faltado.

(C) tinha faltado.

(D) ter faltado.

(E) tiver faltado.

A: incorreto, porque o verbo "faltara" está conjugado no pretérito mais-que-perfeito do indicativo, então não pode ser substituído sem alteração de tempo ou modo verbal pelo futuro do presente do indicativo; **B**: incorreta, porque o verbo "faltara" está conjugado no pretérito mais-que-perfeito do indicativo, então não pode ser substituído sem alteração de tempo ou modo verbal pelo presente do subjuntivo; **C**: correta, porque "tinha faltado" é a forma composta de "faltara" e também mantém mesmo tempo e modo verbais; **D**: incorreta, porque o verbo "faltara" está conjugado no pretérito mais-que-perfeito do indicativo, então não pode ser substituído sem alteração de tempo ou modo verbal pelo infinitivo; **E**: incorreta, , porque o verbo "faltara" está conjugado no pretérito mais-que-perfeito do indicativo, então não pode ser substituído sem alteração de tempo ou modo verbal pelo futuro do subjuntivo. CD

Gabarito "C"

(Soldado – PM/SP – 2015 – VUNESP) Considere a seguinte passagem do texto.

Com que cargas d'água alguém teria a brilhante ideia de dar uma arma para duas crianças? Pois é, isso era normal. **Como** era normal também passearmos pela cidade em um Fusca, todos sem cinto de segurança...

No contexto, o termo **Como**, em destaque, estabelece relação de

(A) conformidade.

(B) finalidade.

(C) consequência.

(D) concessão.

(E) comparação.

A: incorreta, conformidade indica **estar de acordo com**, no trecho, o narrador faz uma comparação com o tempo da infância; **B**: incorreta, finalidade é introduzida pelas conjunções **para que, a fim de que**; **C**: incorreta, a conjunção "que" introduz a oração que expressa consequência ; **D**: incorreta, a oração não expressa ideia contrária, oposta como se teria em oração concessiva; **E**: correta, pois o narrador faz uma comparação entre a normalidade, na época, em uma criança ganhar uma espingarda de presente e andar de carro sem cinto de segurança, portanto a conjunção "como" tem valor de comparação. CD

Gabarito "E"

(Soldado – PM/SP – 2015 – VUNESP) Considerando a regência do termo **impacto**, assinale a alternativa que preenche, correta e respectivamente, as lacunas da frase seguinte, de acordo com a norma-padrão da língua portuguesa, e mantendo a correspondência da frase com o texto.

O impacto____bala____bermuda jeans foi insuficiente para machucar o garoto.

(A) com a ... sob a

(B) pela ... sob a

(C) com a ... à

(D) da ... sobre a

(E) na ... pela

A: incorreta, porque o termo "impacto" , neste contexto, rege a preposição "de " impacto da bala e sob é embaixo, o tiro foi em cima, por sobre a bermuda; **B**: incorreta, o termo "impacto", neste contexto, rege a preposição "de", "sob" significa embaixo; **C**: incorreta, a preposição "com" até poderia preencher a frase, mas "à" estaria prejudicando a correção da frase; **D**: correta, o termo "impacto", neste contexto, rege a preposição "de" e "sobre a" significa em cima da bermuda, coerente com o trecho; **E**: incorreta, com o uso dessas preposições passaria o sentido de que a bermuda foi responsável pelo impacto na bala. CD

Gabarito "D"

(Soldado – PM/SP – 2015 – VUNESP) A concordância nominal está em conformidade com a norma-padrão da língua portuguesa em:

(A) Bloqueada pela força do tecido, segundo conta o narrador, a pequena bala não chegou nem a esfolar o irmão.

(B) Há alguns anos, havia muitos motorista desatento à necessidade do uso do cinto de segurança.

(C) Hoje, os brinquedos de crianças parecem mais arredondados, mas não há como evitar os arranhões característico da infância.

(D) Na década de 1980, época da infância do narrador, as espingardas de pressão eram popular entre os garotos.

(E) Mesmo tudo parecendo meio permitido, o respeito ao próximo e o amor à família eram indispensável às relações humanas.

A: correta, o termo "bloqueada" está concordando com "a pequena bala" corretamente; **B**: incorreta, pois falta o plural em motorista e desatento – muitos motoristas desatentos; **C**: incorreta, pois o termo característico não está concordando com arranhões – arranhões característicos; **D**: incorreta, porque o termo "popular" deve concordar com "espingardas" – as espingardas eram populares; **E**: incorreta, "indispensável" deve concordar com o sujeito composto " o respeito ao próximo e o amor à família" – o respeito ao próximo e o amor à família eram indispensáveis. CD

Gabarito "A"

Leia a tira para responder às questões.

(André Dahmer. www.folha.uol.com.br, 14.05.2015. Adaptado)

(Soldado – PM/SP – 2015 – VUNESP) A partir da análise da fala da personagem, conclui-se, corretamente, que a crítica principal explicitada na tira diz respeito

(A) aos taxistas de São Paulo, que falam demais enquanto dirigem.

(B) à quantidade excessiva de carros que circulam na cidade de São Paulo.

(C) à lentidão com que taxistas dirigem visando aumentar o valor da corrida.

(D) ao regime irregular de chuvas que assola o estado de São Paulo.

(E) aos constantes alagamentos que ocorrem na periferia da cidade de São Paulo.

A: incorreta, pois a crítica principal é ao excesso de carros na cidade; **B**: correta , pois o problema está no acúmulo de carros na cidade, que faz o trânsito ficar ruim; **C**: incorreta, a lentidão se dá pelo acúmulo de carros nas ruas; **D**: incorreta, a chuva agrava o trânsito ruim por causa do acúmulo de carros; **E**: incorreta, alternativa foge da ideia transmitida, nada se relaciona com alagamentos na charge. CD

Gabarito "B"

(Soldado – PM/SP – 2015 – VUNESP) Uma frase condizente com a fala da personagem, e correta quanto à regência verbal padrão, está em:

(A) O taxista põe sob a chuva a culpa do engarrafamento.

(B) O taxista relaciona ao congestionamento a um reflexo da chuva.

(C) O taxista alega de que o engarrafamento resulta na chuva.

(D) O taxista atribui a causa do engarrafamento à chuva.

(E) O taxista lamenta à chuva sobre o engarrafamento.

A: incorreta, pois o verbo "põe" é transitivo direto e indireto e rege a preposição "em"- O taxista põe **na** chuva a culpa do engarrafamento; **B**:

incorreta, porque o verbo “relaciona” é transitivo direto e indireto e rege a preposição “a” – O taxista relaciona **o congestionamento** a um reflexo de chuva; **C**: incorreta, porque o verbo “alega” é transitivo direto e não rege a preposição “de”. O verbo “resulta” está corretamente empregado – O taxista alega que o engarrafamento resulta na chuva; **D**: correta, o verbo “atribuir” é transitivo direto e indireto e rege a preposição “a” ; **E**: incorreta, porque o verbo “lamenta” é transitivo direto e não rege a preposição “a” – O taxista lamenta a chuva sobre o engarrafamento. CD

Gabarito “D”

Leia o texto para responder às questões.

A melhor forma de se evitar a dengue é combater os focos de acúmulo de água, locais propícios para a criação do mosquito transmissor da doença. Para isso, é importante não acumular água em latas, pneus velhos, vasos de plantas, caixas d´água, entre outros. Lembre-se: a prevenção é a única arma contra a doença.

(www.dengue.org.br. Adaptado)

(Soldado – PM/SP – 2015 – VUNESP) Um termo empregado com sentido figurado, no texto, é:

(A) prevenção.

(B) doença.

(C) transmissor.

(D) acúmulo.

(E) arma.

A: incorreta, porque o termo “prevenção” está empregado em seu sentido próprio de precaução; **B**: incorreta, porque o termo “doença” está empregado em seu sentido próprio de enfermidade; **C**: incorreta, porque o termo “transmissor” está empregado em seu sentido próprio de vetor; **D**: incorreta, pois o termo “acúmulo” está empregado em seu sentido próprio; **E**: correta, pois não se combate a dengue com uma arma propriamente dita, portanto entende-se que “arma” está em sentido figurado. CD

Gabarito “E”

(Soldado – PM/SP – 2015 – VUNESP) Atendendo à norma-padrão, assinale a alternativa que completa corretamente a frase quanto à colocação do pronome destacado.

A dengue pode ser evitada...

(A) ... tendo conscientizado-**se** acerca dos riscos do acúmulo de água.

(B) ... sempre certificando-**se** de não haver acúmulo de água.

(C) ... eliminando-**se** o acúmulo de água.

(D) ... quando exclui-**se** o acúmulo de água.

(E) ... não acumulando-**se** água.

A: incorreta, porque o pronome átono não pode se posicionar após o verbo no particípio. – ... **tendo-se conscientizado** acerca dos riscos do acúmulo de água; **B**: incorreta, pois o advérbio “sempre” é palavra atrativa e pede o posicionamento do pronome átono para antes do verbo – ... **sempre se certificando** de não haver acúmulo de água; **C**: correta, pois, não há palavra atrativa e não se começa uma frase com pronome oblíquo átono; **D**: incorreta, pois a conjunção “quando” é palavra atrativa e pede o posicionamento do pronome átono para antes do verbo – ... **quando se exclui** o acúmulo de água; **E**: incorreta, pois o advérbio “não” é palavra atrativa e pede o posicionamento do pronome átono para antes do verbo – ... **não se acumulando** água. CD

Gabarito “C”

(Soldado – PM/SP – 2015 – VUNESP) Assinale a alternativa em que o acento indicativo de crase está empregado corretamente.

(A) O texto remete **à** certa urgência em se eliminarem os focos de acúmulo de água.

(B) O texto faz referência **à** importância da eliminação dos focos de acúmulo de água.

(C) O texto dá destaque **à** uma necessária eliminação dos focos de acúmulo de água.

(D) O texto conclama seus possíveis leitores **à** eliminar os focos de acúmulo de água.

(E) O texto alerta para **à** necessidade de se eliminarem os focos de acúmulo de água.

A: incorreta, pois não se usa crase antes de pronome indefinido “certa”; **B**: correta, pois o substantivo “referência” exige a preposição “a” e o “substantivo “importância” admite o artigo “a”. Assim, ocorre crase; **C**: incorreta, porque não pode haver artigo “a” diante do artigo indefinido “uma”. Assim, não cabe crase; **D**: incorreta, pois não se usa crase antes de verbo; **E**: incorreta, pois não há a preposição “a”, mas a preposição “para”. Assim, não cabe crase. CD

Gabarito “B”

(Oficial – PM/SP – 2015 – VUNESP) Leia os quadrinhos para responder às questões a seguir.

(*Folha de S.Paulo*, 18.06.2015. Adaptado)

Analisando o sentido dos quadrinhos, é correto relacioná-los ao seguinte dito popular:

(A) Nem tudo que reluz é ouro.

(B) Quem espera sempre alcança.

(C) Quem tem boca vai a Roma.

(D) Falar é prata, calar é ouro.

(E) Devagar se vai ao longe.

A: incorreta, a ideia transmitida é contrária: se está grafitando pede-se para parar e, se está trabalhando, pede-se para fazer grafite; **B**: incorreta, porque não está relacionada ao conteúdo da charge, nada se relaciona a “esperar”; **C**: incorreta, extrapola o texto, nada se relaciona ao contexto da charge; **D**: correta, pois as duas falas são negativas à pessoa que recebe a mensagem, portanto calar é extremamente mais importante do que falar; **E**: incorreta, porque não está relacionada ao conteúdo da charge. CD

Gabarito “D”

(Oficial – PM/SP – 2015 – VUNESP) No contexto em que estão empregadas, as locuções verbais “Vai carpir” e “Vai grafitar” sugerem atitudes de

(A) intolerância.
(B) resignação.
(C) dissimulação.
(D) polidez.
(E) disciplina.

A: correta, a intolerância se faz presente por ser um garoto grafitando, imagina-se sempre que é uma pessoa que não está trabalhando, por isso "vai carpir" e não estrague o muro, em contraponto um senhor carpindo é algo pesado demais, por isso "vai grafitar" é a intolerância com a idade, não é capaz de fazer isso; **B**: incorreta, resignar-se significa conformar-se, acatar, admitir, diferente da mensagem transmitida na charge; **C**: incorreta, dissimular é ocultar, acobertar, diferente da mensagem transmitida na charge; **D**: incorreta, polidez significa educação, amabilidade, bem diferente da mensagem transmitida na charge; **E**: incorreta, disciplina significa obediência, respeito, diferente da mensagem transmitida na charge. CD

Gabarito "A".

Leia o texto para responder às questões.

Número de armas

Em boa hora uma pesquisa realizada pelo Ministério Público de São Paulo e pelo instituto Sou da Paz vem solapar ao menos dois argumentos tão incorretos quanto frequentes nas discussões relativas à área da segurança pública.

Primeiro, a maior parte das armas com as quais se praticam crimes em território paulista não tem sua origem no exterior, mas na própria indústria brasileira.

De acordo com o levantamento, consideradas 10 666 armas de fogo apreendidas em 2011 e 2012, nada menos que 78% delas tinham fabricação nacional – proporção que sobe para 82% quando se levam em conta somente artefatos confiscados vinculados a roubos e 87% no caso de homicídios.

O segundo argumento atingido pelo relatório costuma ser usado por quem apregoa a facilitação do comércio de armas sustentando que as restrições afetam só o "cidadão de bem", deixandoo indefeso diante de bandidos armados.

Ocorre que, se os artefatos utilizados nos crimes são nacionais, isso significa que um dia eles foram vendidos legalmente no país.

Ou seja, se há muitos criminosos armados, isso se deve, em larga medida, ao comércio legal de armas, que abastece o mercado ilegal; obstruir esse duto resulta num benefício à população, e não o contrário.

Daí a importância de campanhas como a "DNA das Armas", promovida pelo Ministério Público e pelo Sou da Paz a fim de implantar, no Brasil, um sistema de marcação indelével dos artefatos de fogo.

(Folha de S.Paulo, 05.06.2015. Adaptado)

(Oficial – PM/SP – 2015 – VUNESP) O objetivo do texto é

(A) mostrar a estagnação da violência, constatada pela pesquisa realizada pelo Ministério Público de São Paulo e pelo instituto Sou da Paz.
(B) questionar os resultados da pesquisa relativa à segurança pública realizada pelo Ministério Público de São Paulo e pelo instituto Sou da Paz.
(C) utilizar os resultados da pesquisa realizada pelo Ministério Público de São Paulo e pelo instituto Sou da Paz para mostrar o recrudescimento da violência no Brasil.
(D) propor o uso livre de armas de fogo, com base na pesquisa realizada pelo Ministério Público de São Paulo e pelo instituto Sou da Paz.
(E) discutir questões relativas à segurança pública à vista de uma pesquisa realizada pelo Ministério Público de São Paulo e pelo instituto Sou da Paz.

A: incorreta, a pesquisa é relativa à área da segurança pública; **B**: incorreta, não se questiona os resultados, apenas constata que há dois argumentos incorretos na discussão; **C**: incorreta, não mostra recrudescimento (aumento) da violência com o resultado da pesquisa; **D**: incorreta, a pesquisa apenas constata que os argumentos sobre o uso da arma de fogo estão incorretos; **E**: correta, pois o texto aborda exatamente a questão da segurança pública baseada na pesquisa. CD

Gabarito "E".

(Oficial – PM/SP – 2015 – VUNESP) De acordo com o texto, os dois argumentos incorretos e frequentes nas discussões relativas à área da segurança pública são:

(A) os artefatos de fogo abastecem o comércio legal e o ilegal, e apenas o segundo tipo de comércio tem relação com os crimes.
(B) a produção de armas é baixa e não há relação evidente entre o comércio legal de armas e o ilegal.
(C) a maior parte das armas usadas nos crimes vem do exterior e procede de comercialização ilegal.
(D) os homicídios, em geral, são praticados com armas nacionais e estas foram adquiridas por meio de comércio ilegal.
(E) os cidadãos de bem usam a maior parte das armas legais e elas acabam caindo no comércio ilegal.

A: incorreta, pois o texto fala que os artefatos utilizados nos crimes são nacionais, portanto um dia foram vendidos legalmente no país, o comércio legal abastece o mercado ilegal; **B**: incorreta, se há muitos criminosos armados, isso se deve, em larga medida, ao comércio legal de armas, que abastece o mercado ilegal; **C**: correta, conforme diz o texto "a maior parte das armas com as quais se praticam crimes em território paulista não tem sua origem no exterior, mas na própria indústria brasileira."; **D**: incorreta, Ocorre que, se os artefatos utilizados nos crimes são nacionais, isso significa que um dia eles foram vendidos legalmente no país, o comércio legal, abastece o mercado ilegal; **E**: incorreta, os cidadãos de bem alegam que as restrições só afetam a eles, o que não é verdade pois os artefatos utilizados nos crimes são nacionais, isso significa que um dia eles foram vendidos legalmente no país. CD

Gabarito "C".

(Oficial – PM/SP – 2015 – VUNESP) Nas passagens "... vem **solapar** ao menos dois argumentos..." (primeiro parágrafo) e "... um sistema de marcação **indelével** dos artefatos de fogo." (último parágrafo), os termos em destaque significam, respectivamente,

(A) confirmar e indestrutível.
(B) enfraquecer e inapagável.
(C) abalar e extinguível.
(D) questionar e suprimível.
(E) impor e durável.

A: incorreta, porque o significado de solapar é contrário de confirmar, indelével pode ser substituído por indestrutível; **B:** correta, pois o significado de solapar pode ser arruinar, destruir, enfraquecer e o significado de indelével é que não se pode apagar ou eliminar; **C**: incorreta, quanto ao significado de solapar está correto, mas incorreto para o significado de indelével que é inapagável, inextinguível; **D**: incorreta, ambos os significados estão incorretos; **E**: incorreta, ambos os significados estão incorretos. CD

Gabarito "B"

(Oficial – PM/SP – 2015 – VUNESP) No trecho do sexto parágrafo "... obstruir **esse duto** resulta num benefício à população, e não o contrário.", a expressão em destaque referese

(A) ao comércio legal de armas.

(B) à facilitação do comércio de armas.

(C) à prisão dos criminosos armados.

(D) à importação de armas de fogo.

(E) ao uso restrito de armas por cidadãos de bem.

A: correta, isso pode ser confirmado no trecho "...comércio legal de armas, que abastece o mercado ilegal; obstruir esse duto...", ou seja obstruir o canal do comércio legal abastecendo o ilegal; **B**: incorreta, no trecho em destaque , o canal é entre o comércio legal abastecendo o ilegal, não a facilitação de comércio de armas; **C:** incorreta, no trecho não se menciona prisão de criminosos, portanto é extrapolação ; **D:** incorreta, não se fala em importação neste trecho destacado; **E:** incorreta, pois o duto é entre o comércio legal e o ilegal. CD

Gabarito "A"

(Oficial – PM/SP – 2015 – VUNESP) Assinale a alternativa em que o termo destacado estabelece uma relação de oposição entre as informações.

(A) ... tão incorretos **quanto** frequentes nas discussões relativas à área da segurança pública. (primeiro parágrafo)

(B) ... não tem sua origem no exterior, **mas** na própria indústria brasileira. (segundo parágrafo)

(C) ... sobe para 82% **quando** se levam em conta somente artefatos confiscados vinculados a roubos... (terceiro parágrafo)

(D) ... sustentando **que** as restrições afetam só o "cidadão de bem"... (quarto parágrafo)

(E) ... **se** há muitos criminosos armados, isso se deve, em larga medida, ao comércio legal de armas... (sexto parágrafo)

A: incorreta, a estrutura "tão...quanto" estabelece uma relação de comparação; **B**: correta, o uso da conjunção "mas" estabelece uma oposição entre as orações; **C**: incorreta, a conjunção " quando" estabelece uma relação de tempo entre as orações; **D**: incorreta, a conjunção integrante "que" une orações com valores sintáticos, no caso, objeto direto do verbo sustentar; **E:** incorreta, a conjunção "se" estabelece uma relação de condição entre as orações. CD

Gabarito "B"

(Oficial – PM/SP – 2015 – VUNESP) Assinale a alternativa em que a reescrita do texto está coerente com seu sentido original e em conformidade com a normapadrão.

(A) ... a maior parte das armas com as quais se praticam crimes em território paulista... (segundo parágrafo)
= ... a maior parte do material bélico com o qual se pratica crimes em território paulista...

(B) ... proporção que sobe para 82% quando se levam em conta somente artefatos confiscados... (terceiro parágrafo)
= ... valores que sobe para 82% quando se levam em conta somente o material confiscado...

(C) ... costuma ser usado por quem apregoa a facilitação do comércio de armas... (quarto parágrafo)
= ... costuma ser usado por aqueles que apregoam a facilitação do comércio de armas...

(D) ... isso significa que um dia eles foram vendidos legalmente no país. (quinto parágrafo)
= ... isso significa que um dia legalmente se vendeu esses artefatos no país.

(E) Ou seja, se há muitos criminosos armados, isso se deve, em larga medida... (sexto parágrafo)
= Ou seja, se existe muitos criminosos armados, isso se deve, em larga medida...

A: incorreta, na reescrita a concordância do verbo Praticar está incorreta, já que o sujeito é "crimes", o correto seria o verbo estar no plural: ... com o qual se praticam crimes...; **B:** incorreta, a concordância do verbo Subir está incorreta, o sujeito é "valores", portanto o verbo deveria ir para o plural e o verbo Levar deveria estar no singular porque o sujeito é "o material confiscado": ... valores que sobem para 82% quando se leva em conta somente o material confiscado; **C:** correta, alterou-se o sujeito "quem" para "aqueles" levando o verbo "apregoam" para o plural; **D:** incorreta, porque o sujeito do verbo "vendeu" é "esses artefatos", portanto o verbo deveria estar no plural: ... se venderam esses artefatos no país.; **E:** incorreta, o sujeito do verbo "existe" é "muitos criminosos", o que levaria este verbo para o plural: ... se existem muitos criminosos armados. CD

Gabarito "C"

Leia a charge para responder às questões.

(www.gazetadopovo.com.br, 21.06.2015)

Algaravia: linguagem muito confusa, incompreensível.

(Oficial – PM/SP – 2015 – VUNESP) A fala da personagem permite concluir que

(A) os dias de hoje são mais tranquilos.

(B) aves e cães produzem sons desagradáveis.

(C) a melodia das aves é enfadonha.

(D) o tempo passa, mas os incômodos não.

(E) os sons dos cachorros incomodam.

A: incorreta, uma vez que "algaravia" quer dizer confusão de vozes, coisa difícil de perceber, não pode significar que os dias de hoje são mais tranquilos; **B**: incorreta, para ele, as aves produziam sons agradáveis, tal qual uma sinfonia, mas hoje os sons dos cães incomodam; **C:** incorreta, a melodia das aves é agradável como uma sinfonia; **D:** incorreta, porque ele reclama da passagem do tempo que trouxe o incômodo dos barulhos dos cães no lugar do som agradável dos sabiás; **E:** correta, "algaravia" é confusão de vozes, coisa difícil de perceber, portanto um som que incomoda. CD

Gabarito "E"

(Oficial – PM/SP – 2015 – VUNESP) A expressão "... com a sinfonia dos pardais." estabelece na oração relação cujo sentido é de

(A) condição.
(B) consequência.
(C) intensidade.
(D) causa.
(E) comparação.

A: incorreta, a preposição "com" não introduz uma relação de condição; **B**: incorreta, a consequência na frase é **acordar** por causa da sinfonia; **C**: incorreta, não há ideia de intensidade na frase; **D**: correta, já que ele acordava por causa da sinfonia dos pardais; **E**: incorreta, pois não há uma ideia de comparação neste trecho destacado. CD

Gabarito "D"

O texto a seguir é referência para as questões.

Maravilha!

Pode-se parafrasear Winston Churchill e dizer da democracia o mesmo que se diz da velhice, que, por mais lamentável que seja, é melhor que sua alternativa. A única alternativa para a velhice é a morte. Já as alternativas para a democracia são várias, uma pior do que a outra. É bom lembrá-las sempre, principalmente no horário político, quando sua irritação com a propaganda que atrasa a novela pode levá-lo a preferir outra coisa. Resista. [...] Diante disso, em vez de "que chateação", pense "que maravilha!". É a democracia em ação, com seus grotescos e tudo. Saboreie, saboreie.

O processo, incrivelmente, se auto-depura, sobrevive aos seus absurdos e dá certo. Ou dá errado, mas pelo menos de erro em erro vamos ganhando a prática. Mesmo o que impacienta é aproveitável, e votos inconsequentes acabam consequentes. O Tiririca, não sei, mas o Romário não deu um bom deputado? Vocações políticas às vezes aparecem em quem menos se espera. E é melhor o cara poder dizer a bobagem que quiser na TV do que viver num país em que é obrigado a cuidar do que diz. Melhor ele pedir voto porque é torcedor do Flamengo ou bom filho do que ter sua perspectiva de vida decidida numa ordem do dia de quartel. Melhor você ser manipulado por marqueteiros políticos, com direito a desacreditá-los, do que pela propaganda oficial e incontestável de um poder ditatorial. [...]

Certo, às vezes as alternativas para a democracia parecem tentadoras. Ah, bons tempos em que o colégio eleitoral era minimalista: tinha um só eleitor. O general da Presidência escolhia o general que lhe sucederia, e ninguém pedia o nosso palpite. Era um processo rápido e ascético que não sujava as ruas. A escolha do poder nas monarquias absolutas também é simples e sumária, e o eleitor do rei também é um só, Deus, que também não se interessa pela nossa opinião. Ou podemos nos imaginar na Roma de Cícero, governados por uma casta de nobres, sem nenhuma obrigação cívica salvo a de aplaudi-los no fórum, só cuidando para não parecer ironia.

A democracia é melhor. Mesmo que, como no caso do Brasil das alianças esquisitas, os partidos coligados em disputa lembrem uma salada mista, e ninguém saiba ao certo quem representa o quê. E onde, com o poder econômico mandando e desmandando, a atividade política termine parecendo apenas uma pantomima. Não importa, não deixa de ser – comparada com o que já foi – uma maravilha.

Luis Fernando Veríssimo, 31/08/2014, www.geledes.org.br

(Oficial – CBM/PR – 2015 – UFPR) Ao fazer o elogio à democracia, o autor aponta, também, defeitos do regime. Tendo isso em vista, considere as seguintes afirmativas:

1). A democracia apresenta grandes incoerências internas.
2). O sistema econômico tem grande poder sobre as decisões.
3). O regime democrático tem, na sua contraparte, muitas alternativas.
4). As articulações entre os partidos são pouco claras, dada sua indefinição.

Comprovam a afirmação de que o autor tanto elogia quanto critica o regime democrático as afirmativas:

(A) 1 e 4apenas.
(B) 1 e 3apenas.
(C) 2 e 3apenas.
(D) 2, 3 e 4apenas.
(E) 1, 2 e 4 apenas.

A: incorreta porque faltou a afirmação 2 que apresenta uma crítica ao regime democrático; **B**: incorreta, porque, na afirmação 3, não há uma crítica, apenas elogio; **C**: incorreta, porque faltaram as afirmativas 1 e 4 e, na afirmação 3, não há uma crítica, apenas elogio; **D**: incorreta, faltou a afirmativa 1 e, na afirmação 3, não há uma crítica, apenas elogio; **E**: correta, já que, nessas afirmativas, podemos ver tanto elogio quanto crítica ao regime democrático. CD

Gabarito "E"

(Oficial – CBM/PR – 2015 – UFPR) O autor é sarcástico em algumas afirmações, como em:

(A) Ah, bons tempos em que o colégio eleitoral era minimalista: tinha um só eleitor.
(B) O Tiririca, não sei, mas o Romário não deu um bom deputado?
(C) É a democracia em ação, com seus grotescos e tudo. Saboreie, saboreie.
(D) A única alternativa para a velhice é a morte. Já as alternativas para a democracia são várias, uma pior do que a outra.
(E) Diante disso, em vez de "que chateação", pense "que maravilha!".

A: correta, já que ele está falando sobre a democracia, ainda que com defeitos, ter apenas um só eleitor não é democrático, daí seu sarcasmo; **B**: incorreta, ao afirmar que não sabe sobre o Tiririca, ele não foi irônico e, em forma de pergunta, afirma que Romário foi um bom deputado; **C**: incorreta, porque o texto deixa claro que a democracia apresenta erros e acertos, então não há sarcasmo em pedir para saboreá-la, apesar de suas incoerências; **D**: incorreta, o fato de ter várias alternativas, apesar de afirmar que uma é pior do que a outra, mostra apenas a incoerência do regime, não sarcasmo; **E**, incorreta, novamente a questão da incoerência do regime, incentivando a todos a pensá-la de maneira agradável. CD

Gabarito "A"

(Oficial – PM-CBM/PR – 2015 – UFPR) – Assinale a alternativa em que a expressão entre parênteses NÃO tem o mesmo sentido da expressão grifada.

(A) O processo, incrivelmente, se auto depura, sobrevive aos seus absurdos e dá certo. (se purifica)
(B) Era um processo rápido e ascético que não sujava as ruas. (certeiro)
(C) Mesmo o que impacienta é aproveitável... (irrita)
(D) A escolha do poder nas monarquias absolutas também é simples e sumária. (rápida)
(E) ... a atividade política termine parecendo apenas uma pantomima. (um logro)

A: incorreta, porque o enunciado pede a alternativa em que o sentido NÃO é o mesmo, neste caso, " se auto depura" significa " se purifica"; **B**: correta, porque "ascético" significa místico, devoto, diferente de certeiro que significa correto; **C**: incorreto, porque o enunciado pede a alternativa em que o sentido NÃO é o mesmo, neste caso, "impacienta" significa "irrita"; **D**, incorreto, porque o enunciado pede a alternativa em que o sentido NÃO é o mesmo, neste caso, "sumária" significa "rápida"; **E**, incorreta, porque o enunciado pede a alternativa em que o sentido NÃO é o mesmo, neste caso, "pantomima" significa " um logro". CD

Gabarito "B"

O texto a seguir é referência para as questões.

Marcha a ré

Um grupo de ativistas promoverá neste sábado, em São Paulo e em outras 200 cidades, a "Marcha da Família com Deus", para fazer frente a um "golpe comunista marcado para este ano" – a ser dado, segundo eles, pelo PT e seus aliados. A passeata será uma reedição da "Marcha da Família com Deus pela Liberdade", que, no dia 19 de março de 1964, protestou contra a "ameaça comunista" e contribuiu para a queda do presidente João Goulart.

É difícil imaginar um "golpe comunista" em que os aliados são Sarney, Collor, Maluf, Renan Calheiros e outros. Mas, quando se trata dessa turma, tudo é possível. A exemplo de 1964, os ativistas vão conclamar os militares a tomar o poder, fechar os partidos, varrer a subversão e a corrupção e, com tudo saneado, nos devolver o país – ou o que sobrar dele.

Pessoalmente, acho a pauta até modesta. Eu pediria também a volta de Claudia Cardinale, Stefania Sandrelli e Vera Vianna. Dos cigarros Luiz XV e Mistura Fina e dos fósforos marca Olho. Da cuba-libre, do hi-fi e da vaca preta. Dos LPs do Tamba Trio, do Henry Mancinie do Modern Jazz Quartet. Das cuecas samba-canção, ideais para um bate-coxa, e dos penteados femininos armados com Bom Bril. Do sexo à milanesa (de noite, na praia) e das corridas de submarino. Tudo isso era 1964.

Do "Correio da Manhã", do pente Flamengo e do concretismo. Da Gillette MonoTech, da pasta d'água e da Coca-Cola como bronzeador. Do Toddy em lata, dos tróleibus e das bicicletas Monark com pneu balão. Da Parker 21, do papel almaço e da goma arábica. Dos currículos com latim, francês e canto orfeônico. Tudo isso também era 1964.

Já os militares que a "Marcha" quer chamar de volta, não recomendo. Sob eles, a família se esgarçou, a liberdade acabou e, em pouco tempo, o próprio Deus saiu de fininho para não se comprometer.

Ruy Castro, www.folha.uol.com.br, 19 de março de 2014.

(Oficial – PM-CBM/PR – 2015 – UFPR) Nos 3º e 4º parágrafos, ao dizer que considera a pauta da manifestação modesta, o autor sugere uma lista de itens e pessoas a serem incorporados às reivindicações dos manifestantes. Com isso, ele enfatiza

(A) o anacronismo da proposta.
(B) a insignificância da proposta.
(C) a contemporaneidade da proposta.
(D) a sobriedade da proposta.
(E) a pertinência da proposta.

A: correta, pois anacronismo consiste em atribuir a uma época ou a um personagem ideias e sentimentos que são de outra época, ou em representar, nas obras de arte, costumes e objetos de uma época a que não pertencem; **B**: incorreta, a pauta ser modesta, segundo o autor, não quer dizer insignificante; **C**: incorreta, porque contemporâneo é um adjetivo que faz referência ao que é do mesmo tempo; **D**: incorreta, sobriedade é temperança, equilíbrio; **E**, incorreta, pelo fato de ser anacrônico, não poder ser pertinente, adequado, apropriado. CD

Gabarito "A"

(Oficial – PM-CBM/PR – 2015 – UFPR) – No texto, o autor

1). destaca que, 40 anos depois, as mesmas reivindicações da marcha de 1964 ainda mobilizam a população.
2). reitera a importância de enfocar temas como "família", "liberdade", "Deus" em qualquer época.
3). manifesta avaliação negativa em relação aos políticos que seriam "aliados" do PT.
4). avalia como retrocesso a manifestação feita em 2014.

Assinale a alternativa correta.

(A) Somente a afirmativa 4 é verdadeira.
(B) Somente as afirmativas 1 e 2 são verdadeiras.
(C) Somente as afirmativas 3 e 4 são verdadeiras.
(D) Somente as afirmativas 2 e 3 são verdadeiras.
(E) Somente as afirmativas 1, 2 e 4 são verdadeiras.

A: incorreta, porque a afirmativa 3 também é verdadeira; **B**: incorreta, sobre a afirmação 1, o protesto de 2014 não mobiliza a população, mas um grupo de ativista, sobre a afirmação 2, esses temas não serão enfocados na manifestação; **C**: correta, fica evidente a avaliação negativa no trecho "É difícil imaginar um "golpe comunista" em que os aliados são Sarney, Collor, Maluf, Renan Calheiros e outros. Mas, quando se trata dessa turma, tudo é possível" e o retrocesso fica claro no final do texto em "Já os militares que a "Marcha" quer chamar de volta, não recomendo Sob eles, a família se esgarçou, a liberdade acabou e, em pouco tempo, o próprio Deus saiu de fininho para não se comprometer."; **D**: incorreta, a afirmativa 2 não é verdadeira; **E**: incorreta, a afirmativa 1 e 2 não são verdadeiras. CD

Gabarito "C"

(Oficial – PM-CBM/PR – 2015 – UFPR) – É correto afirmar que o tom geral que impera no texto pode ser resumido pela palavra

(A) indiferença.
(B) metáfora.
(C) ironia.
(D) paródia.
(E) informação.

A: incorreta, porque o tom irônico mostra que o autor não é indiferente; **B**: incorreta, porque o autor não se utiliza de metáforas, mas de comparações; **C**: correta, pois, ao sugerir uma lista de itens e pessoas a serem incorporados às reivindicações dos manifestantes, ele mostra a ironia em sua fala; **D**: incorreta porque paródia é obra literária, teatral, musical etc. que imita outra obra; **E**: incorreta, porque informação não é o tom geral do texto. CD

Gabarito "C"

O texto a seguir é referência para as questões.

Ensaio sobre a cegueira

E então o Congresso saltitou de alegria porque aprovou que nos próximos dez anos 10% do PIB serão destinados para a Educação.

E então os governadores e prefeitos trombetearam de satisfação porque o Congresso deixou para posterior regulamentação as formas de garantir a aplicação adequada desses recursos e a responsabilização de quem não cumprir.

E então os empresários serpentearam de júbilo porque as verbas não são, assim, propriamente para a educação pública.

E então o governo federa lululou de felicidade porque a medida é um resgate histórico de lutas pela melhoria da educação e com recursos ninguém segura esse país e esse é um país que vai pra frente e quem não gostar, ora, deixe-o.

E então as empresas de informática e de outras parafernálias de última geração para garantir ensino como nunca se viu nesse país deliciaram-se com o êxito da medida que gerará empregos e revolucionará para sempre a educação pátria.

E então muitos professores sapatearam frevos, polcas e mazurcas porque agora terão computadores e tablets, quadros digitais e outras ferramentas tecnológicas a aí sim, a educação vai deslanchar.

E então muitos pais exultaram emocionados e eufóricos porque agora as crianças receberão uniforme escolar e materiais diversos e enfim poderão aprender e tornarem-se cidadãos melhores e mais preparados.

E então muitos alunos festejaram e fizeram chacrinhas e chistes uns com os outros porque agora terão aulas em tempo integral, com muitas atividades de informática e outras atividades lúdicas e jogos e não precisarão mais ficar em casa sem fazer nada.

E então disse o mestre Saramago: *"Por que foi que cegamos, Não sei, talvez um dia se chegue a conhecer a razão, Queres que te diga o que penso ,Diz ,Penso que não cegamos ,penso que estamos cegos ,Cegos que veem, Cegos, que, vendo ,não veem"*.

Daniel de Medeiros, 18/06/2014, http://www.gazetadopovo.com.br/blogs/educacao-no-dia-a-dia/

(Oficial – PM-CBM/PR – 2015 – UFPR) – O autor enfatiza a euforia de diferentes segmentos da sociedade após a aprovação pelo Congresso da destinação de mais verbas para a educação. Tendo isso em vista, considere as seguintes afirmações:

1). Com a repetição da expressão "e então", o autor sugere o encadeamento dos fatos motivados pela deliberação do Congresso.

2). O autor destaca o efeito positivo que a destinação de 10% do PIB terá sobre a educação.

3). As citações de Saramago no título e no último parágrafo evidenciam que os segmentos da sociedade citados não se preocupam efetivamente com a qualidade da educação.

4). Uma regulamentação mais precisa do Congresso atenuaria os interesses escusos de alguns segmentos.

Assinale a alternativa correta.

(A) Somente as afirmativas 1 e 4 são verdadeiras.
(B) Somente as afirmativas 2 e 3 são verdadeiras.
(C) Somente as afirmativas 2 e 4 são verdadeiras.
(D) Somente as afirmativas 1, 3 e 4 são verdadeiras.
(E) Somente as afirmativas 1, 2 e 3 são verdadeiras.

A: incorreta porque a afirmativa 3 também está correta; **B**: incorreta, a afirmativa 2 está falsa porque será nos próximos dez anos que 10% do PIB serão destinados para a Educação; C: incorreta, a afirmativa 2 é falsa; D: correta, pois somente a afirmativa 2 é falsa; **E**: incorreta, porque e afirmativa 2 é falsa e faltou a afirmativa 4 que é verdadeira. CD

Gabarito "D"

(Oficial – PM-CBM/PR – 2015 – UFPR) – José Saramago, prêmio Nobel de Literatura, é conhecido por subverter o uso da pontuação. É possível observar isso na citação feita no último parágrafo, retirada do livro ***Ensaio sobre a Cegueira***. Se reescrevêssemos o trecho usando as normas canônicas de pontuação, teríamos que utilizar outros sinais, além daqueles usados pelo escritor. Sem alterar a sintaxe do texto, que sinal poderia ser dispensado nessa reescrita?

(A) Ponto final.
(B) Ponto e vírgula.
(C) Travessão.
(D) Ponto de interrogação.
(E) Ponto de exclamação.

A: incorreta, o **ponto final** é empregado, principalmente, para fechar o período de frases declarativas e imperativas, portanto para fechar a frase tem que se utilizar o ponto final; **B**: correta, o **ponto-e-vírgula** é uma pausa maior que a vírgula, é usado para separar itens em uma enumeração, para separar orações coordenadas muito extensas e para separar orações com sujeitos diferentes, como não há nenhuma dessas situações no trecho, o ponto-e-vírgula poderia ser dispensado na reescrita; **C** : incorreta, numa reescrita, deveria se usar o travessão para marcar o diálogo presente no trecho; **D**: incorreta, o ponto de interrogação seria utilizado numa reescrita para marcar a pergunta feita no trecho; **E**: incorreta, porque o ponto de exclamação é sinal de pontuação que confere à frase uma entonação exclamativa, estando relacionado com uma vertente emocional da linguagem e com a transmissão de um sentimento, poderia ser usada no final das duas últimas orações. CD

Gabarito "B"

(Oficial – PM-CBM/PR – 2015 – UFPR) – Ao anunciar que o Hotel Copacabana Palace passou por uma grande reforma para a Copa do Mundo, a revista TAM nas Nuvens (abril 2014) veiculou o seguinte texto:

O Copacabana Palace é daqueles hotéis – dá para contar nos dedos pelo mundo – que são ao mesmo tempo substantivo e adjetivo. Você já deve ter lido "um Copacabana Palace de Buenos Aires" ou algo assim. Mas a verdade é que apenas recentemente, às vésperas de essa grande senhora de Copacabana – sim, porque tudo me faz crer que "o" Copa é um substantivo feminino – completar 90 anos, passei por aquela porta giratória como hóspede. Porém, longe de encontrar uma *old lady*.

Informe Publicitário publicado em TAM nas Nuvens, abril de 2014.

Sobre o texto, considere as seguintes afirmações:

1). Ao dizer que o Copacabana Palace é "ao mesmo tempo substantivo e adjetivo", mencionam-se as propriedades de nomear o local e, paralelamente, de designar qualidade quando a expressão é aplicada a outro local.

2). A publicidade argumenta que existem poucos hotéis no mundo comparáveis ao Copacabana Palace.

3). O texto mostra a expansão da rede do "Copa", exemplificada pela filial em funcionamento na capital argentina.

4). A ideia central do informe é defender que, apesar de sua tradição, o Copacabana Palace responde às exigências da modernidade.

Assinale a alternativa correta.

(A) Somente a afirmativa 1 é verdadeira.
(B) Somente as afirmativas 1 e 2 são verdadeiras.
(C) Somente as afirmativas 3 e 4 são verdadeiras.
(D) Somente as afirmativas 1, 2 e 4 são verdadeiras.
(E) Somente as afirmativas 2, 3 e 4 são verdadeiras.

A: incorreta, porque faltaram as afirmativas 2 e 4; **B**: incorreta, porque faltou a afirmativa 4; **C**: incorreta, porque a afirmativa 3 é falsa porque não mostra expansão da rede, apenas diz que já se deve ter lido sobre um Copacabana Palace de Buenos Aires; **D**: correta, pois somente a afirmativa 3 é falsa; **E**: incorreta porque a afirmativa 3 é falsa. CD

Gabarito "D"

(Oficial – PM-CBM/PR – 2015 – UFPR) – Há vários exemplos de substantivos que são usados como adjetivos. Os termos grifados das frases que seguem são exemplos disso, COM EXCEÇÃO DE:

(A) Ela arranjou um namorado gato.
(B) Tenho um colega mala.
(C) Ela sempre tem uma palavra amiga.
(D) Precisa ser muito homem para comprar essa briga.
(E) Ele tem um ar paternal.

A: incorreta, porque o termo **gato** pode ser substantivo, referindo-se ao animal ou adjetivo, representando beleza; **B**: incorreta, o termo **mala** pode ser substantivo, referindo-se a bagagem, ou adjetivo representando um chato, importuno; **C**: incorreta, o termo **amiga** pode ser substantivo, significando companheira, colega, ou adjetivo indicando amigável, amável, cordial; **D**: incorreta, porque o termo **homem** é substantivo indicando pessoa do sexo masculino, indivíduo, ou adjetivo no sentido de ser corajoso; **E**: correta, porque o enunciado fala em substantivo exercendo também a função de adjetivo, o termo "paternal" é somente adjetivo. CD

Gabarito "E"

O texto a seguir é referência para as questões abaixo.

As palavras e o tempo

Ao chegar criança em Curitiba, em 1961, meu primeiro choque foi linguístico: um vendedor de rua oferecia "dolé". Para quem não sabe, era picolé. O nome "dolé" soava-me tão estranho que só a custo parecia se encaixar naquele objeto que eu sempre conhecera como "picolé". Os anos passaram e os dolés sumiram. A última vez que os vi foi nas ruínas de uma parede no litoral, onde se podia ler em letras igualmente arruinadas pelo tempo: "Fábrica de dolés".

Como tempo, as estranhezas linguísticas vão ganhando outro contorno, mas sempre com a marca que o tempo vai deixando nas formas da língua. Lembro que, pouco a pouco, comecei a ouvir pessoas dizendo "emprestei do Fulano", quando para meus ouvidos o normal seria "peguei emprestado do Fulano"; ou então emprestamos a ele. "Emprestar" só poderia ser "para alguém"; o contrário seria "pedir emprestado". Mas em poucos anos o estranho passou a ser "pedir emprestado", e a nova forma foi para o Houaiss. Um linguista diria que se trata de uma passagem sutil de formas analíticas para formas sintéticas. [...]

A língua não para, mas seus movimentos nunca são claramente visíveis, assim como jamais conseguimos ver a grama crescer – súbito, parece que ela já foi trocada por outra. O advento da informática e dos computadores é um manancial sem fim de palavras e expressões novas, ou expressões velhas transmudadas em outras. Um dos fenômenos mais interessantes, e de rápida consolidação, foi também a criação de verbos para substituir expressões analíticas. "Priorizar" ou "disponibilizar", que parecem tão comuns, com um jeitão de que vieram lá do tempo de Camões, na verdade não terão mais de 20 anos – e também já estão no Houaiss. Na antiquíssima década de 1980, dizíamos "dar prioridade a" e "tornar disponível". Bem, as novas formas ainda têm uma aura tecnocrática. Em vez de "disponibilizar os sentimentos", preferimos ainda "abrir o coração". Mas outras novidades acertam na veia: "deletar" entrou definitivamente no dia a dia das pessoas. Já ouvi alguém confessar: "Deletei ela da minha vida".

Piorou a língua? De modo algum. A língua continua inculta e bela como sempre, como queria o poeta. Ela segue adiante – nós é que envelhecemos, e, às vezes, pela fala, parecemos pergaminhos de um tempo que passou.

Cristóvão Tezza, Gazeta do Povo, 20 set.2011.

(Oficial – PM-CBM/PR – 2015 – UFPR) – "Um dos fenômenos mais interessantes, e de rápida consolidação, foi também a criação de verbos para substituir expressões analíticas. "Priorizar" ou "disponibilizar", que parecem tão comuns, com um jeitão de que vieram lá do tempo de Camões, na verdade não terão mais de 20 anos – e também já estão no Houaiss." A partir desse trecho, é correto afirmar:

(A) "Priorizar" e "disponibilizar" são formas antigas, do tempo de Camões.
(B) As formas analíticas são mais interessantes.
(C) "Priorizar" é uma forma sintética que veio substituir a forma analítica "dar prioridade".
(D) Palavras com mais de 20 anos já são consideradas arcaicas.
(E) O desaparecimento de "priorizar" e "disponibilizar" é iminente.

A: incorreta, elas têm "jeitão" de que vieram da época de Camões, porém não terão mais de 20 anos; **B**: incorreta, a criação de verbos para substituir expressões analíticas é um dos fenômenos mais interessantes e de rápida consolidação; **C**: correta, conforme o texto "Na antiquíssima década de 1980, dizíamos "dar prioridade a"..."; **D**: incorreta, porque no trecho fala que essas palavras já estão no Houaiss, não que são arcaicas; **E**: incorreta, a criação dos verbos para substituir expressões analíticas tende a deixar a palavra mais consolidada. CD

Gabarito "C"

(Oficial – PM-CBM/PR – 2015 – UFPR) – A partir do texto, considere as seguintes afirmações:

1). O tempo imprime mudanças na língua e as inovações não caracterizam perda de recursos ou de expressividade.

2). Ao falar de formas novas, o autor menciona duas vezes que essas formas estão no Houaiss. Com isso, quer dizer que as formas inovadoras já são reconhecidas como fazendo parte da língua.

3). Segundo o autor, uma frase como "Emprestei dinheiro à minha mãe" é inovadora.

4). Os diferentes contornos que a língua vai tomando não são perceptíveis no dia a dia, mas somente quando o intervalo de tempo é significativo.

Assinale a alternativa correta.

(A) Somente as afirmativas 1 e 4 são verdadeiras.
(B) Somente as afirmativas 1 e 2 são verdadeiras.
(C) Somente as afirmativas 2 e 3 são verdadeiras.
(D) Somente as afirmativas 2, 3 e 4 são verdadeiras.
(E) Somente as afirmativas 1, 2 e 4 são verdadeiras.

A: incorreta, a afirmativa 2 também é verdadeira; **B**: incorreta, a afirmativa 4 também é verdadeira; **C**: incorreta, a afirmativa 3 é falsa porque ele afirma que "Emprestar" só poderia ser para alguém, logo a frase da afirmativa estaria correta; **D**: incorreta, porque a afirmativa 3 é falsa; **E**: correta porque somente a afirmativa 3 é falsa. CD

Gabarito "E"

Leia atentamente o texto e responda:

Apelo

(Dalton Trevisan)

Amanhã faz um mês que a Senhora está longe de casa. Primeiros dias, para dizer a verdade, não senti falta, bom chegar tarde, esquecido na conversa de esquina. Não foi ausência por uma semana: o batom ainda no lenço, o prato na mesa por engano, a imagem de relance no espelho.

Com os dias, Senhora, o leite primeira vez coalhou. A notícia de sua perda veio aos poucos: a pilha de jornais no chão, ninguém os guardou debaixo da escada.

Toda a casa era um corredor deserto, até o canário ficou mudo. Não dar parte de fraco, ah, Senhora, fui beber com os amigos. Uma hora da noite eles se iam. Ficava só, sem o perdão de sua presença, última luz na varanda, a todas as aflições do dia.

Sentia falta da pequena briga pelo sal no tomate — meu jeito de querer bem. Acaso é saudade, Senhora? Às suas violetas, na janela, não **lhes** poupei água e elas murcham. Não tenho botão na camisa. Calço a meia furada. Que fim levou o saca-rolha? Nenhum de nós sabe, sem a Senhora, conversar com os outros: bocas raivosas mastigando. Venha para casa, Senhora, por favor.

(Soldado – PM/SC – 2015 – IOBV) O termo destacado corresponde a um:

(A) Objeto direto pleonástico
(B) Objeto indireto pleonástico
(C) Objeto direto preposicionado
(D) Complemento nominal

A: incorreta, porque o pronome LHE tem implícito em seu significado uma preposição, não podendo, portanto, exercer o papel de objeto direto; **B**: correta, objeto indireto pleonástico ocorre quando a ideia expressa pelo objeto indireto é repetida, buscando dar ênfase à ideia contida no objeto, repetindo-o na sequência. Na frase, "Às suas violetas" é o objeto indireto, sendo repetido em seguida pelo pronome "lhes"; **C**: incorreta, porque o objeto direto preposicionado é um recurso estilístico, ocorre quando o objeto direto é precedido de uma preposição, apesar de a ideia expressa pelo verbo não exigi-la. No caso da frase, LHES já é objeto indireto mesmo; **D**: incorreta, pois o termo "LHES" complementa um verbo, por isso é objeto, o complemento nominal completa o sentido de um nome. CD

Gabarito "B"

(Soldado – PM/SC – 2015 – IOBV) Classifique sintaticamente o elemento sublinhado:

Nem sempre o policial tem à sua disposição **todos os meios necessários** para uma boa resolução de caso, por isso é importante que aplique seu nível de inteligência na busca por alternativas viáveis segundo o momento.

(A) Objeto indireto
(B) Complemento nominal
(C) Objeto direto
(D) Agente da passiva

A: incorreta, porque o verbo TER é transitivo direto, exigindo um complemento sem preposição – o objeto direto; **B**: incorreta, porque o termo destacado está completando o sentido de um verbo e não de um nome; **C**: correta, pois o termo destacado está completando o sentido do verbo TER, sem preposição, portanto objeto direto; **D**: incorreta, pois agente da passiva é o termo que age na voz passiva, a frase dada está na voz ativa, ou seja, o sujeito fazendo a ação do verbo. CD

Gabarito "C"

(Soldado – PM/SC – 2015 – IOBV) Indique o período que apresenta, simultaneamente: objeto direto e objeto indireto.

(A) Precisamos de informações confiáveis.
(B) Mandaram a documentação para a controladoria.
(C) As crianças tinham receio de castigos severos.
(D) Precisamos de muito treinamento!

A: incorreta, o verbo **Precisar** é transitivo indireto e só apresenta o objeto indireto " de informações confiáveis"; **B:** correta, o verbo **Mandar** é transitivo direto e indireto e apresenta o objeto direto " a documentação" e o objeto indireto " para a controladoria"; **C:** incorreta, porque o verbo **Ter** é transitivo direto e só apresenta o objeto direto " receio", o termo "de castigos severos" é complemento nominal de "receio"; **D**: incorreta, o verbo **Precisar** é transitivo indireto e só apresenta o objeto indireto " de muito treinamento!". CD

Gabarito "B"

(Soldado – PM/SC – 2015 – IOBV) Indique o plural INCORRETO:

(A) camisa azul-celeste/ camisas azul-celestes
(B) menino surdo-mudo/ meninos surdos-mudos
(C) olho verde-claro/ olhos verde-claros
(D) blusa cor-de-rosa/ blusas cor-de-rosa

A: correta, o adjetivo composto azul-celeste é invariável, portanto não tem plural; **B:** incorreta, pois o plural do adjetivo composto surdo-mudo está correto, já que é o único composto em que os dois termos são variáveis e concordam com o termo a que se referem; **C:** incorreta, o plural do adjetivo composto verde-claro está correto, uma vez que a regra geral diz que apenas o último termo concorda com o termo a que se refere; **D**: incorreta, porque o adjetivo composto cor-de-rosa é invariável.

Gabarito "A"

(Soldado – PM/SC – 2015 – IOBV) Assinale a alternativa que preenche com exatidão as lacunas.

Estou aqui desde _____ 10 h, mas só poderei ficar até _____ 12h e 30min, porque _____ 13h 30min assistirei _____ sessão solene de troca de comando da Polícia Militar, precisando, para isso, dirigir-me _____ Rua 7 de Setembro e ir _____ Academia Militar.

(A) às – às – às – a – a – a
(B) às – as – às – à – à – à
(C) as – as – às – a – à – à
(D) as – as – às – à – à – à

A: incorreta, como já tem a preposição "desde" na sequência o "as" é só artigo, sem crase, o mesmo ocorre com o espaço seguinte, já tem a preposição "até" e a sequência é apenas artigo, sem crase; usa-se crase antes de numeral indicando horas; o verbo assistir, no sentido de ver, rege a preposição "a", junto ao termo feminino "sessão", ocorre a crase; o verbo dirigir-se rege a preposição "a", junto ao termo feminino "rua", ocorre a crase; o verbo ir rege a preposição "a", junto ao termo feminino Academia, ocorre a crase; **B:** incorreta, apenas no primeiro espaço, como já tem a preposição "desde" na sequência o "as" é só artigo, sem crase; **C:** incorreta, o verbo assistir, no sentido de ver, rege a preposição "a", junto ao termo feminino "sessão", ocorre a crase; D: correta, porque o uso da preposição "desde" faz com que, na sequência, o "as" seja só artigo, portanto sem crase, o mesmo ocorre com o espaço seguinte, já tem a preposição "até" e a sequência é apenas artigo, sem crase; usa-se crase antes de numeral indicando horas; o verbo assistir, no sentido de ver, rege a preposição "a", junto ao termo feminino "sessão", ocorre a crase; o verbo dirigir-se rege a preposição "a", junto ao termo feminino "rua", ocorre a crase; o verbo ir rege a preposição "a", junto ao termo feminino Academia, ocorre a crase.

Gabarito "D"

(Soldado – PM/SC – 2015 – IOBV) A imagem apresenta claramente que figura de linguagem?

(A) Hipérbole
(B) Eufemismo
(C) Prosopopeia
(D) Catacrese

A: incorreta, porque Hipérbole consiste em exagerar uma ideia; **B**: incorreta, Eufemismo consiste em suavizar uma expressão consiste em suavizar uma expressão; **C:** correta, pois Prosopopeia consiste em atribuir características humanas a seres inanimados; **D:** incorreta, porque Catacrese é emprego de palavras fora do seu significado real por não haver uma palavra apropriada para expressar o que se pretende.

Gabarito "C"

(Soldado – PM/SC – 2015 – IOBV) Observe atentamente a regência estabelecida e marque a alínea correspondente:

I. Nós assistimos na região do Alto Vale do Itajaí.
II. Assistiram o jogo e foram embora.
III. O soldado assistiu o garoto na hora em que recebeu o tiro.
IV. Este é um direito que assiste ao consumidor.

(A) Todas estão corretas.
(B) Todas estão corretas exceto a IV.
(C) Somente a I e II estão corretas.
(D) Estão corretas a I, a III e a IV

A: incorreta, porque a frase II está incorreta quanto a regência, pois o verbo Assistir, no sentido de Ver, é transitivo indireto e exige a preposição "a" – Assistiram ao jogo e foram embora; **B:** incorreta, porque a frase IV está correta, Assistir, no sentido de caber razão/direito a alguém, é transitivo indireto e exige preposição; C: incorreta, porque a frase II está incorreta , frase III está correta, o verbo assistir, no sentido de ajudar, dar assistência, é transitivo direto e exige um complemento sem preposição e a frase IV também está correta como vimos na alternativa anterior; **D**: correta, porque a única frase errada é a II.

Gabarito "D"

(Soldado – PM/SC – 2015 – IOBV) Há um termo sintático negritado, classifique-o

> **A minha vontade é <u>forte</u>, mas a minha disposição de obedecer-lhe é fraca.**
> *Carlos Drummond de Andrade*

(A) Predicativo do sujeito
(B) Objeto direto
(C) Complemento nominal
(D) Agente da passiva

A: correta, pois a frase apresenta o verbo SER que é de ligação, portanto o termo "forte" é predicativo do sujeito; **B:** incorreta, pois o verbo de ligação só admite predicativo do sujeito e objeto direto completa verbo que denota ação, transitivo direto; **C:** incorreta, porque complemento nominal completa o sentido de um nome; **D**: incorreta, porque agente da passiva é o termo que faz ação na voz passiva.

Gabarito "A"

(Soldado – PM/SC – 2015 – IOBV) Marque a alínea cuja palavra destacada seja considerada partícula apassivadora:

(A) <u>Se</u> não tinha competência para o cargo, não deveria ter assumido a gerência.
(B) Só iremos <u>se</u> você for.
(C) Precisa-<u>se</u> de secretária.
(D) Alugam-<u>se</u> barcos.

A: incorreta, o SE, na frase, é conjunção condicional; **B**: incorreta, pois o SE é conjunção condicional; **C**: incorreta, o SE é índice de indeterminação do sujeito, "alguém" precisa de secretárias; **D**: correta, confirma-se fazendo a equivalência – Barcos são alugados – portanto, "barcos" é sujeito paciente da oração e o verbo concorda com esse sujeito. (CD)

Gabarito "D"

(Soldado – PM/SC – 2015 – IOBV)

Marque a alínea em que o porquê tenha sido usado de forma INCORRETA:

(A) Por que você bateu em seu próprio dedo?
(B) Almoce rapidamente, porque precisamos sair...
(C) Desconheço o porque de tanto sofrimento.
(D) O rapaz não recorda a cirurgia por que passou.

A: incorreta, pois "Por que" significando por qual razão é grafado separado em início de frase interrogativa, portanto a grafia, na frase, está correta; **B**: incorreta, pois está sendo empregado como conjunção causal, sendo grafado junto e sem acento, corretamente; **C:** correta, como a questão pede a grafia INCORRETA, essa alternativa está incorreta pois o termo "porque" antecedido de artigo, deve vir grafado junto e acentuado "o porquê"; **D**: incorreta, "por que" significando pela qual deve ser grafado separado e sem acento, portanto a grafia, na alternativa, está correta. CD

Gabarito "C"

Canção do Exílio

(Gonçalves Dias)

1. Minha terra tem palmeiras,
2. Onde canta o Sabiá;
3. As aves, que aqui gorjeiam,
4. Não gorjeiam como lá.
5. Nosso céu tem mais estrelas,
6. Nossas várzeas têm mais flores,
7. Nossos bosques têm mais vida,
8. Nossa vida mais amores.
9. Em cismar, sozinho, à noite,
10. Mais prazer encontro eu lá;
11. Minha terra tem palmeiras,
12. Onde canta o Sabiá.
13. Minha terra tem primores,
14. Que tais não encontro eu cá;
15. Em cismar – sozinho, à noite,
16. Mais prazer encontro eu lá;
17. Minha terra tem palmeiras,
18. Onde canta o Sabiá.
19. Não permita Deus que eu morra,
20. Sem que volte para lá;
21. Sem que desfrute os primores
22. Que não encontro por cá;
23. Sem qu'inda aviste as palmeiras,
24. Onde canta o Sabiá.

(Oficial – PM/SC – 2015 – IOBV) Sobre o poema acima assinale a afirmativa incorreta.

(A) Ocorreu ELIPSE no verso 8.
(B) Do verso 19 ao 20, temos período composto por coordenação.
(C) Do verso 5 ao verso 8, temos período composto por coordenação.
(D) Do verso 1 ao 4, na oração "como lá", está elíptico o verbo "gorjeiam".

A: incorreta, ocorre sim a elipse que consiste na omissão de um termo facilmente identificável, como no verso 8 – Nossa vida (tem) mais amores; **B:** correta, do verso 19 ao 20 não há período composto por coordenação – orações independentes entre sim, mas subordinação "que eu morra" é oração subordinada objetiva direta do verbo Permitir, "Sem que eu volte para lá" é oração subordinada adverbial condicional; **C:** incorreta, porque a afirmação está correta, os versos 5 a 8 são formados por orações coordenadas assindéticas, ou seja, sem conjunção; **D:** incorreta, de fato, ocorre a elipse do verbo "gorjeiam" – as aves, que aqui gorjeiam, Não gorjeiam como lá (gorjeiam). CD

Gabarito "B"

(Oficial – PM/SC – 2015 – IOBV) Marque o período em que há ERRO quanto ao estabelecimento da CONCORDÂNCIA:

(A) O policial sempre mantinha organizados sala e arquivo.
(B) Comandante, os documentos seguem anexos.
(C) O policial disse que é necessária a sua presença.
(D) Lemos bastantes boletins de ocorrência.

A: correta, pois o ERRO está no uso do termo "organizados" no masculino, plural, já que, antecedido do substantivo, o adjetivo concorda com o primeiro termo – organizada a sala e arquivo; **B**: incorreta, o adjetivo "anexo" é variável e concorda com o termo a que se refere, na frase, está concordando corretamente com o termo "os documentos"; **C**: incorreta, "é necessário" concorda com o termo a que se refere, se o termo vier determinado, como na frase tem-se "a sua presença", portanto " é necessária"; **D:** incorreta, o termo "bastante" quando se refere a um substantivo, concorda em número com ele, equivalendo a " muitos boletins". CD

Gabarito "A"

(Oficial – PM/SC – 2015 – IOBV) Assinale a frase em que o termo destacado é objeto direto pleonástico.

(A) "A mim, abandonaste-**me**." [Eça, PB, 146]
(B) "Tudo **lhe** era indiferente."
(C) "A **todos** pareceu mudado."
(D) "Flores **me** são teus lábios." [M. de Assis, PC, 81]

A: correta, O termo pleonástico vem da palavra pleonasmo, figura de linguagem, ou seja, o emprego de palavras ou expressões de significado semelhante, próximas da outra, para forçar uma ideia, o pronome "me" repete o objeto direto "a mim", daí ser pleonástico; **B:** incorreta, o pronome "lhe" é complemento nominal do adjetivo "indiferente" – tudo era indiferente para ele; **C:** incorreta, pois o termo "a todos" é complemento nominal do adjetivo "mudado" ; **D**: incorreta, "me" é complemento do "lábios" – flores são teus lábios para mim. CD

Gabarito "A"

(Oficial – PM/SC – 2015 – IOBV) Observe as frases abaixo:

I. "Pouco olho o céu, quase nunca a lua, mas sempre o mar." [L. Barreto, GS, 38 in Kury 2000]

II. "É impossível não saibas que o pássaro / caído em teu quarto por um vão da janela / era um recado do meu pensamento." [Cassiano Ricardo, PC, 250 in Kury 2000]

III. "Chamo-me Inácio; ele, Benedito." [M. de Assis, EV, 79 in Kury 2000]

IV. "Afeiar as suas graças, parecia-lhe um crime; tirar orgulho delas, frivolidade." [M.de Assis, ap. Gotardelo, EV, 79 in Kury 2000)

V. "Outros querem apanhar os que, no entender deles, manejaram o criminoso, assim como este o punhal." [C. de Laet, Microcosmo, O País, 6-0-1995 in Kury 2000]

Denomina-se ELIPSE a omissão, numa frase, de termo facilmente subentendível. Pode o termo elíptico subentender- se numa flexão diferente: é o que se denomina ZEUGMA. Das frases acima em qual(ais) ocorre ZEUGMA?

(A) I e III

(B) II e IV

(C) II e V

(D) III e V

A: incorreta, na frase I, o zeugma é na mesma flexão: Pouco olho o céu, quase nunca (olho) a lua, mas sempre (olho) o mar; **B**: incorreta, na frase II, o zeugma é da conjunção QUE: É impossível QUE não saibas que o pássaro / caído em teu quarto por um vão da janela / era um recado do meu pensamento – e na frase IV, o zeugma é PARECER-LHE: Afeiar as suas graças, parecia-lhe um crime; tirar orgulho delas PARECIA-LHE frivolidade.; **C**: incorreta, na frase II, o zeugma é da conjunção QUE: É impossível QUE não saibas que o pássaro / caído em teu quarto por um vão da janela / era um recado do meu pensamento – e a frase V apresenta zeugma numa flexão diferente; **D**: correta, o zeuga apresenta flexão diferente na frase III – Chamo-me Inácio; ele CHAMA-SE Benedito. – e na frase V – Outros querem apanhar os que, no entender deles, manejaram o criminoso, assim como este QUER APANHAR o punhal. CD

Gabarito "D"

"O número de homicídios no Brasil vem crescendo, desde 1980, a uma taxa média anual de 5,6%, o que resultou em cerca de 800 mil assassinatos nos últimos 25 anos. Por que o Estado e a sociedade assistem à degradação das condições de segurança pública? Muitas são as hipóteses que explicam tal situação: a) falta de recursos; b) inexistência de tecnologias e métodos eficazes de prevenção e controle do crime; e c) ausência de real interesse em resolver a questão, tendo em vista que ações efetivas implicariam possível perda de *status quo* para determinados grupos sociais". Ipea _ Instituto de Pesquisa Econômica Aplicada

(Oficial – PM/SC – 2015 – IOBV) Leia atentamente o texto e classifique os termos sintáticos destacados, na mesma ordem em que aparecem no fragmento:

(A) adjunto adnominal e aposto;

(B) objeto indireto e complemento nominal;

(C) objeto direto e complemento nominal;

(D) sujeito e agente da passiva.

A: Incorreta, porque o termo "à degradação" é complemento do verbo Assistir e "das condições de segurança pública" é complemento do termo "degradação"; **B**: correta, pois o verbo Assistir, no sentido de Ver, é transitivo indireto e exige um objeto indireto "à degradação", assim como o termo "degradação" exige um complemento, por isso "das condições de segurança pública" é complemento nominal dele; **C**: incorreta, porque o termo "à degradação" é ligado ao Verbo Assistir, transitivo indireto, que exige um termo regido por preposição; **D**: incorreto, pois o "à degradação" completa o verbo, não podendo ser o sujeito da oração, assim como "das condições de segurança pública" não está fazendo a ação numa frase em voz passiva para ser agente da passiva. CD

Gabarito "B"

Texto 1

Aí pelas três da tarde

(Raduan Nassar)

Nesta sala atulhada de mesas, máquinas e papéis, onde invejáveis escreventes dividiram entre si o bom-senso do mundo, aplicando-se em ideias claras apesar do ruído e do mormaço, seguros ao se pronunciarem sobre problemas que afligem o homem moderno (espécie da qual você, milenarmente cansado, talvez se sinta um tanto excluído), largue tudo de repente sob os olhares à sua volta, componha uma cara de louco quieto e perigoso, faça os gestos mais calmos quanto os tais escribas mais severos, dê um largo "ciao" ao trabalho do dia, assim como quem se despede da vida, e surpreenda pouco mais tarde, com sua presença em hora tão insólita, os que estiveram em casa ocupados na limpeza dos armários, que você não sabia antes como era conduzida. Convém não responder aos olhares interrogativos, deixando crescer, por instantes, a intensa expectativa que se instala. Mas não exagere na medida e suba sem demora ao quarto, libertando aí os pés das meias e dos sapatos, tirando a roupa do corpo como se retirasse a importância das coisas, pondo-se enfim em vestes mínimas, quem sabe até em pelo, mas sem ferir o pudor (o seu pudor bem entendido), e aceitando ao mesmo tempo, como boa verdade provisória, toda mudança de comportamento. Feito um banhista incerto, assome depois com uma nudez no trampolim do patamar e avance dois passos como se fosse beirar um salto, silenciando de vez, embaixo, o surto abafado dos comentários. Nada de grandes lances. Desça, sem pressa, degrau por degrau, sendo tolerante com o espanto (coitados!) dos pobres familiares, que cobrem a boca com a mão enquanto se comprime Mao pé da escada. Passe por eles calado, circule pela casa toda como se andasse numa praia deserta (mas sempre com a mesma cara de louco ainda não precipitado), e se achegue depois, com cuidado e ternura, junto à rede languidamente envergada entre plantas lá no terraço. Largue-se nela como quem se larga na vida, e vá fundo nesse mergulho: cerre as abas da rede sobre os olhos e, com um impulso do pé (já não importa em que apoio), goze a fantasia de se sentir embalado pelo mundo.

(Soldado – PM/PB – 2015 – IBFC) Ao analisar a estrutura do texto, percebe-se que se trata de um grande "bloco", formado por um único parágrafo. Assinale a opção que melhor estabelece uma relação entre a forma do texto e o conteúdo abordado.

(A) A forma do texto sugere a sensação de liberdade apresentada pelo autor.
(B) A forma do texto simboliza o sentimento de opressão vivenciado pelos escreventes.
(C) A forma do texto inviabiliza o ideal de liberdade proposto no texto.
(D) A forma livre do texto invalida a percepção de que os escreventes estão oprimidos.

A: incorreta, conforme se confirma neste trecho do texto "... que afligem o homem moderno (espécie da qual você, milenarmente cansado, talvez se sinta um tanto excluído)..." se ele está milenarmente cansado, não sugere sensação de liberdade; **B**: correta, conforme o trecho "Nesta sala atulhada de mesas, máquinas e papéis, onde invejáveis escreventes..."; **C**: incorreta, não inviabiliza, tanto que ele termina com o ideal de liberdade na rede, gozando a fantasia de se sentir embalado pelo mundo; D: incorreta, não invalida, confirma-se em "largue tudo de repente sob os olhares à sua volta, componha uma cara de louco quieto e perigoso, faça os gestos mais calmos quanto os tais escribas mais severos,...".

Gabarito "B"

(Soldado – PM/PB – 2015 – IBFC) É possível perceber que há, no texto, várias referências a um interlocutor ou receptor. Desse modo, indique a opção que não evidencia essa característica.

(A) "largue tudo de repente sob os olhares à sua volta,"
(B) "faça os gestos mais calmos quanto os tais escribas mais severos"
(C) "os que estiveram em casa ocupados na limpeza dos armários"
(D) "Mas não exagere na medida e suba sem demora ao quarto"

A: incorreta, pois a referência ao interlocutor está na presença da expressão "sob olhares à sua volta"; **B:** incorreta, pois a referência ao interlocutor está em "os tais escribas ..."; **C:** correta, na frase, não há nenhuma referência a um interlocutor; **D:** incorreta, pois a referência ao interlocutor está em "não exagere na medida", ou seja, não exagerar para alguém.

Gabarito "C"

(Soldado – PM/PB – 2015 – IBFC) Considerando a tipologia que caracteriza o texto em análise, é correto afirmar que se trata da:

(A) argumentativa
(B) narrativa
(C) descritiva
(D) expositiva

A: incorreta, porque **texto argumentativo** é aquele que tem como principais características defender uma ideia, hipótese, teoria ou opinião.; **B:** correta, pois **texto narrativo** baseia-se na ação que envolve personagens, tempo, espaço e conflito. A narração é um tipo de **texto** que conta uma sequência de fatos, sejam eles reais ou imaginários, nos quais as personagens atuam em um determinado espaço e no decorrer do tempo; **C**: incorreta, pois **texto descritivo**, como o próprio nome indica, é aquele que objetiva descrever determinado objeto. Por objeto, deve-se compreender tanto algo físico, quanto pessoas, animais, eventos ou qualquer outra coisa passível de ser descrita por uma pessoa para outra.; **D**: incorreta, porque **texto expositivo** apresenta informações sobre um objeto ou fato específico, sua descrição e a enumeração de suas características. Esse deve permitir que o leitor identifique, claramente, o tema central do texto.

Gabarito "B"

(Soldado – PM/PB – 2015 – IBFC) Considerando o contexto e o fragmento "os que estiveram em casa ocupados na limpeza dos armários, que você não sabia antes como era conduzida.", conclui-se o seguinte motivo pelo qual a condução da limpeza não fora conhecida pelo interlocutor:

(A) falta de interesse do interlocutor.
(B) incapacidade das empregadas.
(C) desconhecimento das tarefas diárias.
(D) falta de tempo em função do trabalho.

A: incorreta, nada no texto marca o desinteresse, há apenas a ocupação em demasia no trabalho fora de casa; **B**: incorreta, nada no texto faz entender que havia empregadas na casa, havia familiares como se comprova no trecho "sendo tolerante com o espanto (coitados!) dos pobres familiares,..."; **C**: incorreta, ele não sabia apenas como era conduzida a limpeza, portanto sabia que existia tarefa diária; **D:** correta, ele não sabia como era conduzida a limpeza porque passava o dia no trabalho, apenas nesse dia, ao sair cedo, deparou-se com a limpeza na casa.

Gabarito "D"

(Soldado – PM/PB – 2015 – IBFC) O autor baseia seu texto na representação de várias imagens simbólicas. Por exemplo, no trecho "dê um largo "ciao" ao trabalho do dia, assim como quem se despede da vida,", há um fragmento destacado que combina duas figuras de linguagem. São elas:

(A) comparação e eufemismo
(B) metáfora e ironia
(C) metonímia e personificação
(D) hipérbole e paradoxo

A: correta, a **comparação** se percebe com a presença da conjunção comparativa "como quem..." e o **eufemismo**, que suaviza uma ideia desagradável, em "...se despede da vida,", suavizando a ideia de morte.; B: incorreta, porque na **metáfora** não há a presença da conjunção "como" e a **ironia** consiste em utilizar um termo em sentido oposto ao usual, obtendo-se efeito crítico ou humorístico, o que não se constata no trecho; C: incorreta, porque **metonímia** consiste na substituição de um termo por outro com o qual existe uma relação de significado, sem presença no trecho e **prosopopeia** atribui características humanas a seres inanimados, também não presente no trecho; **D:** incorreta, porque **hipérbole** consiste em exagerar uma ideia e **paradoxo** consiste numa antítese com maior intensidade, ambos não presente no trecho.

Gabarito "A"

(Soldado – PM/PB – 2015 – IBFC) O texto começa com a expressão "Nesta sala". Sobre o emprego do pronome demonstrativo "esta" que se encontra contraído em tal expressão, é correto afirmar que:

(A) indica que uma ideia citada anteriormente está sendo retomada.
(B) revela proximidade entre o enunciador e o espaço narrado.
(C) indica que o leitor encontra-se no espaço narrado.
(D) revela distanciamento entre o enunciador e o espaço narrado.

A: incorreta, porque o pronome "esta" enuncia um termo, ou seja, aquilo que será citado; **B:** correta, o pronome "esta" indica algo que está próximo do falante; **C:** incorreta, não é o leitor, mas o enunciador, o personagem do texto; **D:** incorreta, revela proximidade entre o enunciador e o espaço.

Gabarito "B"

(Soldado – PM/PB – 2015 – IBFC) No fragmento "onde invejáveis escreventes dividiram entre si o bom-senso do mundo", o pronome "onde" poderia ser substituído, mantendo-se o sentido original do texto, pela seguinte estrutura:

(A) para a qual

(B) a qual

(C) na qual

(D) sobre a qual

A: incorreta, pois o verbo "dividiram" exige, no contexto, a preposição "em", não a preposição "para"; **B**: incorreta, pois o verbo "dividiram" exige a preposição "em", portanto não pode ser substituído por um termo sem preposição; **C**: correta, pois o verbo "dividiram" exige, no contexto, a preposição "em", unindo –se ao pronome relativo "a qual" resulta em "na qual" corretamente; **D**: incorreta, pois o verbo "dividiram" exige, no contexto, a preposição "em", não a preposição "sobre". CD

Gabarito "C".

(Soldado – PM/PB – 2015 – IBFC) Em "cerre as abas da rede sobre os olhos", pode ser entendido como um sinônimo para o termo em destaque a seguinte palavra:

(A) feche

(B) cole

(C) corte

(D) afaste

A: correta, cerrar tem por significado: encobrir ou resguardar dispondo (algo) sobre, cobrir, fechar; **B**: incorreta, porque o significado de colar é unir, pegar com cola; grudar; **C**: incorreta, pois cortar significar separar, dividir (algo) em duas ou mais partes; **D**: incorreta, porque afastar colocar(-se) a certa distância de (pessoa, coisa concreta ou abstrata); distanciar(-se), apartar(-se). CD

Gabarito "A".

Considere o fragmento "Mas não exagere na medida e suba sem demora ao quarto libertando aí os pés das meias e dos sapatos" para responder às questões a seguir.

(Soldado – PM/PB – 2015 – IBFC) O conectivo "Mas" introduz a seguinte ideia em relação ao que foi dito anteriormente:

(A) ressalva

(B) anulação

(C) exemplificação

(D) proporcionalidade

A: correta, porque se trata de uma conjunção adversativa que denota oposição, ressalva; **B**: incorreta, ao utilizar a conjunção Mas, não se anula, apenas contrapõe-se; **C**: incorreta, a oração na sequência não exemplifica, opõe-se à anterior; **D**: incorreta, porque a conjunção proporcional inicia oração subordinada em que se menciona um fato realizado ou para realizar-se simultaneamente com o da oração principal. CD

Gabarito "A".

(Soldado – PM/PB – 2015 – IBFC) O advérbio "aí" tem seu sentido aprendido pelo contexto. Assim, pode-se concluir que ele se refere:

(A) ao ato de subir.

(B) a não exagerar.

(C) Ao quarto.

(D) aos pés.

A: incorreta, porque retoma a ideia do lugar onde ele vai retirar os sapatos e as meias; **B**: incorreta, porque retoma a ideia do lugar onde ele vai retirar os sapatos e as meias; **C**: correta, porque o "aí" retoma o lugar "quarto" onde ele vai retirar os sapatos e as meias dos pés; **D**: incorreta, porque retoma a ideia do lugar onde ele vai retirar os sapatos e as meias dos pés. CD

Gabarito "C".

(Soldado – PM/PB – 2015 – IBFC) O texto pode ser entendido também como um convite ao leitor para mudar de realidade. Um elemento gramatical que contribui para esse efeito é:

(A) a grande quantidade de vocativos.

(B) a escassez de adjetivos no texto.

(C) o uso da Norma Culta da Língua.

(D) o emprego recorrente do modo imperativo.

A: incorreta, não há nenhum vocativo no texto; **B**: incorreta, há muitos adjetivos no texto; **C**: incorreta, o uso da norma culta não estabelece relação com convite ao leitor para mudar de realidade; **D**: correta, pois verbos no imperativo denotam ordem, pedido, desejo, tendo, então, no contexto a ideia desse convite. CD

Gabarito "D".

(Soldado – PM/PB – 2015 – IBFC) Em "Feito um banhista incerto", percebe-se que se indica, corretamente, a classe gramatical de uma dessas palavras em:

(A) "incerto" – advérbio

(B) "um"– artigo indefinido

(C) "um" –numeral

(D) "banhista"– adjetivo

A: incorreta, "incerto" é adjetivo que significa aquilo inspira dúvida ou está sujeito a complicações; duvidoso; **B**: correta, na frase, "um" é artigo indefinido, banhista qualquer, indefinido; **C**: incorreta, porque não está se quantificando quantos banhistas para ser numeral; **D**: incorreta, "banhista" é substantivo. CD

Gabarito "B".

(Soldado – PM/PB – 2015 – IBFC) Os parênteses, geralmente, introduzem um comentário acessório no texto. Assim, em "(espécie da qual você, milenarmente cansado, talvez se sinta um tanto excluído),", considerando o contexto, com o trecho em destaque; o autor pretende dizer que o interlocutor:

(A) sente-se antiquado, obsoleto.

(B) não é muito sociável.

(C) não se sente ser humano.

(D) fala pouco no trabalho.

A: correta, porque a expressão se refere ao trecho "... sobre problemas que afligem o homem moderno", portanto, ao dizer excluído, ele quis dizer que sente antiquado em relação aos problemas do homem moderno; **B**: incorreta, porque "sentir-se excluído" não está ligado ao sentido de não se relacionar na sociedade; **C**: incorreta, ele está falando sobre sentir-se antiquado em relação aos problemas que afligem o homem moderno; **D**: incorreta, ele está falando sobre sentir-se antiquado em relação aos problemas que afligem o homem moderno. CD

Gabarito "A".

(Soldado – PM/PB – 2015 – IBFC) Em "Desça, sem pressa, degrau por degrau, sendo tolerante com o espanto", além de um papel sintático a pontuação cumpre um efeito importante, pois:

(A) impede duplas interpretações.

(B) isola o aposto.

(C) reforça a ideia de lentidão.

(D) indica uma enumeração de termos de mesma função.

A: incorreta, não há possibilidade de dupla interpretação; **B**: incorreta, não há aposto na frase; **C:** correta, como a vírgula marca uma pausa, ao tê-las, lê-se devagar, marcando lentidão da descida; **D**: incorreta, não temos termos de mesma função.

Gabarito "C"

(Soldado – PM/PB – 2015 – IBFC) Acentuado pelo mesmo motivo que o vocábulo "invejáveis", tem-se apalavra:

(A) "comentários"

(B) "Convém"

(C) "excluído"

(D) "mínimas"

A: correta, acentua-se a palavra "invejáveis" por ser uma paroxítona terminada em ditongo, assim como "comentários" é uma paroxítona terminada em ditongo; **B:** incorreta, o verbo "convém" recebe acento agudo quando conjugado na 3ª pessoa do singular; **C:** incorreta, acentua-se o I, tônico, formando hiato como em "excluído"; **D:** incorreta, porque "mínimas" é palavra proparoxítona.

Gabarito "A"

Texto II

ONDE ESTÁ O SUJEITO?

(Soldado – PM/PB – 2015 – IBFC) O humor da tira fica mais bem explicitado:

(A) pela expressão facial do professor.

(B) pela representação de uma aula tradicional.

(C) pelo emprego de letras maiúsculas.

(D) pela dupla interpretação da pergunta feita.

A: incorreta, a expressão do professor não contribui para o humor da tira; **B**: incorreta, aula tradicional não contribui para o humor da tira, seria o contrário; **C**: incorreta, letras maiúsculas não contribuem para o humor da tira; **D:** correta, a dupla interpretação está em : qual é o sujeito na frase " o aluno não veio mais assistir aula", ou, como se afirma que o aluno não veio mais assistir aula, pergunta-se onde ele (o aluno) está.

Gabarito "D"

(Soldado – PM/PB – 2015 – IBFC) Considerando o contexto em que o verbo "assistir" foi empregado, percebe-se que, considerando a Norma Padrão, seu uso evidencia um desvio de:

(A) concordância

(B) regência

(C) ortografia

(D) colocação pronominal

A: incorreta, a locução verbal "veio assistir" está concordando corretamente com o sujeito da frase "O aluno"; **B:** correta, pois o verbo Assistir, no sentido de ver, presenciar, é transitivo indireto e exige a preposição a, portanto a forma correta seria: O aluno não veio mais assistir à aula; C: incorreta, porque o verbo Assistir foi grafado de maneira correta; **D:** incorreta, porque não há pronome na frase para se ter erro de colocação pronominal.

Gabarito "B"

(Soldado – PM/PB – 2015 – IBFC) O vocábulo "mais", presente na charge, permite inferir que o aluno:

(A) nunca foi à aula.

(B) sempre frequenta a aula.

(C) deixou de frequentar a aula.

(D) passou a frequentar a aula.

A: incorreta, porque "não veio mais", significa que ele ia e deixou de ir, portanto não pode ser "nunca"; **B:** incorreta, porque há o advérbio "Não veio", portanto não pode ser "sempre frequenta"; **C:** correta, porque "não veio mais" significa que ele frequentava a aula e deixou de fazê-lo; **D:** incorreta, ele deixou de ir, não "passou a frequentar".

Gabarito "C"

(Soldado – PM/PB – 2015 – IBFC) Considerando que "o aluno" é o sujeito da primeira oração escrita no quadro, assinale o comentário correto sintaticamente:

(A) o vocábulo "não" é adjunto do sujeito "aluno".

(B) o predicado de tal oração é nominal.

(C) "o aluno" é um sujeito passivo.

(D) o predicado de tal oração é verbal.

A: incorreta, o vocábulo "não" é adjunto adverbial de negação; **B**: incorreta, porque predicado nominal denota estado, qualidade ou mudança de estado; **C**: incorreta, "o aluno" está fazendo a ação, portanto é sujeito agente; **D**: correta, " não veio mais assistir" é uma ação, portanto predicado verbal.

Gabarito "D"

2. Dissertação Argumentativa

Nilson Rodrigues

**FAZER GRANDES COISAS É DIFÍCIL;
MAS COMANDAR GRANDES COISAS
É AINDA MAIS DIFÍCIL.**

Friedrich Nietzsche

Em todos os planos de nossa vida, quer seja no pessoal, no social ou no profissional, para além de posições sectárias, necessitamos de bons argumentos para embasar nossas opiniões acerca de determinado acontecimento ou demanda de nossa sociedade. Esses acontecimentos e demandas sociais são aqueles que mais estão presentes nos temas de redação da maioria dos concursos públicos. Assim, um bom conhecimento de alguns dos principais tipos de argumentos é essencial para estruturar muito bem um texto argumentativo-dissertativo, como o que é exigido nos concursos para Soldado da PM e/ou Bombeiros.

Nosso objetivo, aqui, é o de fazer com que você apreenda, inicialmente, as características do texto dissertativo-argumentativo. Em seguida, discorreremos sobre os principais tipos de argumentos, os quais irão subsidiar a comprovação de sua tese na dissertação. Finalmente, trataremos da estrutura do texto dissertativo – introdução, desenvolvimento e conclusão. Com nossas dicas, o fantasma da redação desaparecerá e você terá oportunidade de obter uma nota máxima na prova de Redação dos concursos para Soldado PM e/ou Bombeiros. Vamos, agora, trabalhar cada um dos tópicos que já elencamos!

O PRIMEIRO PASSO: LEITURA DO TEMA

Primeiramente, leia o tema e os textos de apoio. Os enunciados de Redação do Concurso para Soldado PM e/ou Bombeiros deixam sempre claro o que se pede. E para se produzir uma boa dissertação, o candidato deve conhecer bem o tema proposto. Leia e releia a proposta e os textos de apoio. Uma dica é também dar uma lida nas questões do concurso, pois pode ser haja nelas alguma informação que complemente o tema da redação. Esse passo inicial determinará grande parte do sucesso de sua dissertação, pois uma leitura atenta do tema evitará que o candidato cometa o erro comum de fuga do tema. Não se esquecer de que a banca do concurso atribui nota zero à dissertação redigida fora do tema proposto.

Para assegurar sua completa compreensão do tema, uma dica é elaborar um rol de perguntas, as quais facilitarão como o tema deverá ser exatamente desenvolvido. Essa técnica é chamada de *brainstorming*. É possível questionar: qual o problema?; quais as causas do problema?; quais possíveis soluções?; minha proposta de solução contribui para resolver o problema?

Com esse passo completado, isto é, com a apreensão do tema, surge em sua leitura um posicionamento frente ao tema, ou seja, a escolha de uma TESE. Esse é o momento em que você deve escolher a sua abordagem e iniciar a construção dos argumentos convincentes para a defesa do seu posicionamento. Opte por uma tese que você domine, para facilitar sua construção dos argumentos e exposição do seu ponto de vista. A dica é estruturar as ideias principais em um rascunho.

O SEGUNDO PASSO: ELABORAÇÃO DA INTRODUÇÃO

De posse da definição de sua tese e da escolha dos argumentos, você parte para a elaboração do primeiro parágrafo da dissertação, no qual você poderá contextualizar (com informações verdadeiras) o problema. Em seguida, no mesmo parágrafo, deverá apresentar o seu posicionamento e os argumentos que serão utilizados para defender o seu posicionamento.

Reforçando: na introdução, você deve contextualizar o assunto sobre o qual vai escrever e, em seguida, detalhar qual é o problema e, em face desse problema, explicitar qual é a sua tese. Encerrar a Introdução com os argumentos que serão utilizados posteriormente no desenvolvimento da dissertação. Lembrar-se de que o número de argumentos corresponde à quantidade de parágrafos que estruturam o Desenvolvimento do texto. Esse tipo de introdução atrai a atenção do leitor e o convida a prosseguir na leitura.

Uma outra dica é utilizar para construir a Introdução uma estratégia que se baseia em fatos e em definições. Essa estratégia tem o objetivo de convencer o leitor usando fatos expostos na mídia. Essa estratégia é perfeita para o parágrafo introdutório da redação, pois ajuda a apresentar e a contextualizar o tema, além de indicar a tese que será defendida ao longo do texto. Além disso, é uma das principais formas de demonstrar o seu conhecimento de mundo. Tudo de forma simples e objetiva. Normalmente, a introdução ideal para uma redação de concurso (que geralmente tem limite de 30 linhas) possui entre 4 e 6 linhas, que é suficiente para apresentar suas ideias e partir para o desenvolvimento. Para deixá-la ainda melhor, evite palavras difíceis e repetidas.

O TERCEIRO PASSO: CONSTRUÇÃO DOS ARGUMENTOS

A partir do segundo parágrafo, o candidato vai defender a tese apresentada na Introdução. Essa é a fase em que se dá o desenvolvimento do tema proposto, em que ele deve escolher os argumentos que usará para defender sua tese, de modo a convencer/persuadir o leitor a respeito dos posicionamentos que foram elencados na introdução. Esse Desenvolvimento da dissertação poderá ser feito em dois ou três parágrafos. Cada parágrafo do desenvolvimento deve apresentar argumentos que sustentem as afirmações anteriores, os quais devem ser apresentados de forma coerente e organizada, de modo a valorizar cada ponto de seus argumentos. Isso tornará sua dissertação fácil de ler e de compreender; quanto mais fácil for para o examinador entender o seu texto, maiores as possibilidades de conseguir uma ótima pontuação.

Lembrar-se de que é essencial evitar lacunas na estrutura do texto, ou seja, procure discorrer de forma **coesa** e **coerente** sobre cada um dos argumentos escolhidos. Reforçando: cada ideia que aparece no texto deve ser coerentemente justificada até o final do Desenvolvimento.

Para isso, podemos fazer uso de expressões como "Com relação a"; "Quanto a"; "Acerca de". Ainda, é possível, por exemplo, o uso de ideias e opiniões de especialistas e profissionais reconhecidos para estruturar a sua argumentação. Não esquecer, é claro, de citar as fontes dessas informações. Quanto à quantidade de argumentos, para demonstrar ao examinador que o candidato verdadeiramente domina o tema, o ideal é que sejam apresentados dois ou três argumentos. Uma dica para organizar sua Dissertação é reservar um parágrafo para cada argumento, de modo a analisar todos os aspectos possíveis.

ALGUMAS DAS PRINCIPAIS FORMAS DE DESENVOLVER UMA DISSERTAÇÃO ARGUMENTATIVA

Para o **desenvolvimento** da dissertação, dentre as várias estratégias argumentativas possíveis, indicamos os seguintes modos de argumentação: desenvolvimento por enumeração; por exemplificação (fatos veiculados na mídia, dados estatísticos, situações fictícias); por causa e consequência; por argumento de autoridade (citações ou paráfrases); por contra-argumentação e por alusão histórica.

1. DESENVOLVIMENTO POR ENUMERAÇÃO

No desenvolvimento da dissertação, a enumeração pode ser composta com as seguintes expressões: "inicialmente, em seguida, finalmente"; "na fase inicial, na fase intermediária, na fase posterior"; "a primeira, a segunda, a terceira"; "no primeiro caso, no segundo caso", "no terceiro caso"; etc. Essa enumeração, geralmente, é feita na INTRODUÇÃO do texto. Em seguida, cada elemento da enumeração, de preferência na ordem em que foi apresentado, é utilizado para estruturar cada um dos parágrafos do DESENVOLVIMENTO. Vejamos um exemplo:

"Tal argumento a favor do uso das balas de borracha nas manifestações sociais é importante por pelo menos três motivos. Primeiro, deve-se considerar que... Em segundo lugar... Além disso, é preciso que...".

Vejamos outro exemplo:

As condições dos presídios brasileiros devem ser discutidas em três instâncias: política, administrativa e processual-penal. A primeira dá conta da atualização da política de encarceramento em massa no país; a segunda, a questão da atenção às demandas sociais e culturais do preso; a terceira deve buscar refletir sobre a atualização do sistema de recursos.

2. DESENVOLVIMENTO POR EXEMPLIFICAÇÃO

Exemplificar é fortalecer argumentos. Essa estratégia nos permite fazer uso de situações reais para comprovação de nossa sua tese. Se, por exemplo, o tema tratar da violência nas manifestações de rua, podemos discorrer sobre as situações em que essa forma de protesto social derivou para os atos de vandalismo de parte dos manifestantes ou sobre a forma como a força policial atuou para conter os manifestantes violentos. Portanto, trata-se de uma estratégia argumentativa com grande poder de persuasão/convencimento, pois traz para o texto situações verdadeiras, que criam o efeito de credibilidade à sua opinião. Atenção para não se exceder no uso dessa técnica; use no máximo dois exemplos bem curtos.

Outro ponto positivo no uso da estratégia da exemplificação é o fato de ser um recurso bastante disponível. Observamos que os exemplos, geralmente, podem ser estruturados a partir dos **fatos divulgados nas mídias** e, ainda, dos **dados estatísticos**. Uma dica importante de sua utilização é não apenas citar os fatos e/ou dados; é preciso que você faça uma reflexão sobre eles, a partir de sua análise sobre as informações coletadas.

3. DESENVOLVIMENTO POR CAUSA E CONSEQUÊNCIA

A técnica de redação de associar **causas** e **consequências** ao tema proposto é um excelente modo de construir seu parágrafo argumentativo.

Lembramos que as causas podem ficar em um parágrafo e as consequências em outro. No exemplo a seguir, ambas foram utilizadas no mesmo parágrafo, o que julgamos mais producente, pois você fica livre para utilizar outras duas estratégias diferentes nos outros dois parágrafos do desenvolvimento da redação. Vamos ao exemplo.

A partir do tema "A mulher moderna", podemos elaborar um parágrafo argumentativo da seguinte forma:

"No livro *O segundo sexo*, Beauvoir fala da importância de não pensarmos a situação em termos de felicidade, mas de oportunidades concretas. **Numa sociedade machista**, o ideal de felicidade também carrega esses valores. Quando partimos da condição concreta, conseguimos de fato explicitar as desigualdades e apontar o menor número de possibilidades oferecidas às mulheres." (*O mito da mulher moderna*, Djamila Ribeiro, adaptado).

Observe que destacamos a causa do problema: os valores em uma sociedade machista. Em seguida, a autora expõe as consequências (destacada em sublinhado).

Essa estratégia argumentativa é perfeita, sobretudo, para temas polêmicos. Se, por exemplo, o tema proposto se relaciona com a VIOLÊNCIA, de imediato nos indagamos sobre as causas da violência, para, em seguida, refletirmos sobre as suas consequências. Regra geral, aparecerá a solução (ou soluções e/ou perspectivas) assim que pensarmos nas causas dessa violência. Vejamos mais um exemplo.

"Tornou-se lugar-comum atrelar **valores democráticos a valores capitalistas. De confundir emancipação com ascensão econômica**. Ela trabalha fora, mas quando chega em casa ainda é responsável por cuidar dos filhos e precisa se ocupar dos afazeres domésticos. A mentalidade de fato não mudou, os mecanismos de opressão tão somente se atualizaram." (*O mito da mulher moderna*, Djamila Ribeiro, adaptado).

A **causa** do problema, destacamos em negrito. Além disso, a autora trabalhou com uma argumentação cultural, quando buscou associar política e economia como valores sociais. Em seguida, o autor explicita a **consequência** (destacada em sublinhado). Em geral, no Concurso para Soldado PM e/ou Bombeiros o enunciado propõe como tema um problema, o que implica uma proposta de solução ou perspectivas. Logo, como podemos verificar, para a estratégia da causa e consequência é extremamente útil para a construção de um parágrafo bastante convincente.

Enfim, o grande trunfo do uso dessa estratégia é o de encontrarmos facilmente bons argumentos para qualquer tema que seja proposto no concurso. Ou seja, quando refletimos a partir de causas e consequências, encontrarmos em nosso rol de conhecimentos uma gama enorme de bons argumentos.

Observação final: tanto é possível pensar em consequências negativas quanto positivas!

4. DESENVOLVIMENTO POR ARGUMENTO DE AUTORIDADE

A argumentação de autoridade consiste em trazer para o seu texto a fala de outro autor, você se utiliza da voz do outro na elaboração do seu parágrafo, de modo a obter o apoio de filósofos, especialistas de áreas específicas, escritores e personalidades da mídia, com o objetivo de dar maior sustentação às suas opiniões e obter o efeito de credibilidade à sua dissertação. Nesse sentido, suas ideias e opiniões serão fundamentadas nos argumentos desses pensadores.

Existem dois tipos de argumentos de autoridade: **citação** (citação direta), quando citamos de forma literal um fragmento da obra de determinado autor. Nesse caso, as palavras citadas do pensador devem estar entre aspas no seu parágrafo, seguidas do nome do autor.

A citação é uma ferramenta incrivelmente ótima se for bem usada. Você pode trazer, por exemplo, grandes nomes da Literatura para o seu texto, mas, do mesmo modo que em outras estratégias, não basta citar um fragmento de Machado de Assis apenas por citar. Sempre será necessário relacionar o conteúdo da citação com o seu argumento. A banca examinadora percebe quando um candidato somente decorou uma passagem de uma obra para tão somente tentar encaixá-la no desenvolvimento de qualquer tema dissertativo. Evite as citações já desgastadas: "O homem é o lobo do homem" (Hobbes); "Os fins justificam os meios" (Maquiavel); "o homem, em estado natural, é bom" (Rousseau).

Já a **paráfrase** (citação indireta) pode ser utilizada, caso você, no momento do concurso, não se lembre exatamente das mesmas palavras do autor. Ou seja, escrevemos em nosso texto, com as nossas palavras, a ideia de outro pensador. Nesse caso, você poderá utilizar suas próprias palavras, mas, ainda assim, do mesmo modo que na citação direta, você deverá indicar a autoria do excerto citado.

Frisamos que o argumento de autoridade pode figurar em qualquer um dos parágrafos da dissertação. E, como sempre, nada de abusar do seu uso. Vale a regra geral, isto é, faça no máximo dois usos dessa estratégia na sua redação!

5. DESENVOLVIMENTO POR ALUSÃO HISTÓRICA

Com o intuito de convencer, você pode buscar traçar uma trajetória histórica que sustente suas ideias. A maioria dos temas permite que você utilize seus conhecimentos históricos para comparar com os fatos do presente. Lembramos que é possível começar um parágrafo citando o passado e, no parágrafo seguinte, ater-se aos acontecimentos do presente. É claro que essa estratégia também pode ser desenvolvida em um único parágrafo.

Em seguida, você fará a comparação entre os dois momentos, argumentando acerca da sua opinião, de modo elaborar sua reflexão crítica em relação ao recorte histórico realizado. Acrescentamos que o desenvolvimento por alusão histórica, além da comprovação da nossa opinião, permite dar maior credibilidade ao texto. Ocorre esse efeito de sentido de credibilidade, uma vez que demonstrar conhecimento da história geral e do Brasil é afirmar-se perante qualquer examinador como um candidato consciente de seu papel social.

6. DESENVOLVIMENTO POR CONTRA-ARGUMENTAÇÃO

A contra-argumentação nada mais é do que **contestar** e derrubar o **argumento contrário**. Dito de outro modo, você precisa refutar os argumentos opostos aos da sua opinião. Você parte de uma ideia e passa a refutá-la, ou seja, você utiliza o argumento contrário ao seu favor, derrubando-o.

Na prática, ao redigir uma dissertação argumentativa, você já imagina alguns dos possíveis posicionamentos contrários. Para fortalecer sua argumentação, você pode citar essas visões diferentes da sua e se contrapor a elas. Porém, é preciso atenção para refutar com consistência os argumentos que se opõem à sua tese, ou então seu posicionamento pode perder credibilidade.

Vamos a um exemplo polêmico:

*Com relação à interven*ção militar no Rio de Janeiro, muito se tem discutido no sentido da necessidade de se apoiar tal medida, visto que essa ação das Forças Armadas permite que as pessoas se sintam mais seguras, *em face do enfraquecimento da polícia militar carioca, tantos em efetivo quanto em equipamentos. Tal posicionamento, todavia, é improcedente, visto que o próprio Comandante do Exército, General Vilas Boas, já declarou inúmeras vezes que esta não é a função do Exército e vê com preocupação o crescente emprego das tropas federais para lidar com o problema. O General assevera que em nenhum lugar onde foi implementada, a utilização de forças militares no combate à violência funcionou, como ficou demonstrado nos casos emblemáticos do México e da Colômbia.*

O QUARTO PASSO: A CONCLUSÃO

No parágrafo final da dissertação, você deve retomar as ideias expostas na introdução, junto com os principais argumentos que confirmam a tese e encerrar o debate. Essa técnica permite ao candidato a comparação entre o primeiro e o último parágrafo, para verificar se há, sobretudo, coerência entre os dois, e, ainda, se não há entre eles ideias conflitantes.

Para iniciar o parágrafo conclusivo, você pode utilizar, por exemplo, determinados conectivos ou expressões que indiquem conclusão: "Dessa forma"; "Assim"; "Pode-se concluir que"; "Então"; "Sendo assim"; "Percebe-se, então"; "Os dados sugerem, portanto".

Não esqueça de propor intervenções, ou seja, dar ideias de como o problema pode ser resolvido. Para ser eficiente no conjunto, essa proposta deve surgir a partir dos pontos já levantados na argumentação. É importante dar detalhes, tais como quem vai fazer a ação ou qual o efeito que se espera dela.

Finalmente, também as frases-chave de cada parágrafo serão retomadas, de modo que quando o leitor terminar a leitura, estará certo de que você propôs as melhores soluções possíveis para os problemas apresentados ao longo do texto.

O QUINTO PASSO: REVISAR O TEXTO E PASSÁ-LO A LIMPO

No ato de revisão do texto, você deve fazer a correção de alguns pontos gramaticais, além de verificar uma ou outra falha de ortografia, de pontuação, de acentuação, enfim, pequenos ajustes finais do texto. Se necessário, substitua uma ou outra palavra ou expressão por aquelas que você tem certeza da grafia e da regência. Observar, ainda, possíveis deslizes de coesão entre as frases, entre os parágrafos e as possíveis falhas de coerência entre as ideias.

Finalmente, chegou o momento de passar a limpo a sua dissertação. Capriche na grafia das palavras, para facilitar a leitura do examinador. Atenção: não é o momento de inserir nada novo no seu texto! Você já cumpriu todos os passos anteriores, quando elaborou o rascunho da redação. Enfim, faça a entrega da prova!

EXEMPLO DE UMA PRODUÇÃO TEXTUAL

Antes de nos atermos aos temas de redação dos concursos anteriores, propomos a observação de um exemplo para o cumprimento do **primeiro passo**, conforme descrevemos no início deste capítulo. Mãos à obra!

TEMA PROPOSTO: O VOTO DEVERIA SER FACULTATIVO NO BRASIL?

Tese: O voto no Brasil deve ser obrigatório, em face da formação política deficitária da população.

Introdução
A Lei nº 4737/1969 garante que o Brasil seja um dos únicos países a adotar a obrigatoriedade de comparecer às urnas, embora 61% dos brasileiros sejam contrários ao voto obrigatório, como aponta um levantamento do Instituto Datafolha, divulgado em maio de 2014. **Tal medida se mostra necessária, devido à formação política deficiente da população brasileira.**

Em negrito, destacamos a tese. Para a contextualização do tema, é possível utilizar-se, por exemplo, de um argumento de autoridade (citação da Lei 4737/1965, que obriga o voto). Outra possibilidade é citar pesquisa recente do Datafolha (61% dos brasileiros são contra o voto obrigatório). Além disso, podemos fazer uso de quaisquer das outras estratégias de argumentação que já elencamos.

Após estabelecermos na **Introdução** nossa tese sobre o tema, podemos planejar o seleção dos melhores argumentos para persuadir/convencer nosso leitor. Também, nesse momento, devemos selecionar a melhor **estratégia** para a construção de cada um dos parágrafos do **Desenvolvimento** da nossa dissertação.

Argumento 1
O Brasil, antes de 1930, foi marcado por eleições consideradas ilegítimas. As fraudes e o "voto de cabresto" eram práticas comuns, quando os detentores do poder econômico e político se utilizavam de determinadas ações com o objetivo de manipular os resultados das urnas.
Estratégia: desenvolvimento por alusão histórica.

O modo de utilização desse argumento histórico mostra a todos nós o quanto é possível estruturar um bom argumento com base no conhecimento escolar. Além disso, demonstra a riqueza da intertextualidade, provando que você consegue, ao elaborar uma redação, fazer uso de todo o seu conhecimento acumulado tanto na escola quanto nos cursos preparatórios. Vale a pena estudar!

Argumento 2
Devido a essa formação deficitária, a implementação do voto facultativo se tornou inviabilizada. Ademais, a compra e a venda de votos, ainda presentes na atualidade, desmobiliza os anseios em prol dessa proposta, ao passo que favorece o candidato com maior poder aquisitivo, situação semelhante à do período da República Velha.
Estratégia: desenvolvimento por comparação.

Neste momento da redação, o autor optou por comparar dois períodos históricos do país, novamente com base no conhecimento escolar da História do Brasil. Além disso, procedeu a um reforço da tese.

Argumento 3:
De conformidade com esse ponto de vista, o cientista político e professor da Universidade de Brasília (UnB), Rodolfo Teixeira, acredita que o eleitor brasileiro não reconhece a importância do voto: "Se [o voto facultativo] fosse implementado hoje, mais da metade dos eleitores não votaria". Sob esse aspecto, fica evidente que o voto facultativo, apesar de representar a liberdade do indivíduo, a população, entretanto, demonstra falta de preparo para compreender as vantagens e os benefícios desse sistema.
Estratégia: desenvolvimento por argumento de autoridade e por contra-argumentação.

Destacamos, nesse parágrafo, a utilização de duas estratégias de argumentação, uma na sequência da outra.

O argumento de autoridade, conforme já sabemos, apresenta a opinião de um outro autor, o qual trazemos para nosso texto para corroborar nossa posição. Trata-se de ótima estratégia, que faz com que seu texto seja enriquecido com as ideias de grandes pensadores. Ou seja, é como se eu defendesse o que exatamente os esses grandes nomes da filosofia, da literatura etc. já disseram. Essa estratégia traz credibilidade ao seu texto! No caso acima, o argumento foi estruturado com *citação direta*, quando o texto da autoridade é retomado na dissertação exatamente mesma forma como foi escrito pelo autor citado.

Já a estratégia de se apoiar nos prós e contras argumentativos nos dão um bom sinal de alerta de que é sempre bom dosar no texto os aspectos positivos e negativos de determinada ação. Saiba que, por mais que você mostre ao seu leitor que existem dois lados, sua tese sobre o tema é objetiva e clara.

Conclusão: Elaboração de retomada da tese, com proposta de solução ao problema delimitado no tema.
Dessa forma, tendo como base os argumentos apresentados anteriormente, observa-se que, por uma questão de deficiência na formação política, o voto não deveria ser facultativo no Brasil. Em virtude das carências históricas na formação política de grande parte dos brasileiros, Governo e Sociedade devem envidar os máximos esforços no sentido de se ampliar sobremaneira os investimentos em Educação, sobretudo nos níveis fundamental e médio das escolas públicas de todo o país.

Vale a pena olharmos novamente a **Tese**: "O voto no Brasil deve ser obrigatório, em face da formação política deficitária da população". Observamos que, em absoluta consonância com a opinião expressa na Introdução, a conclusão do autor retoma a tese e faz uma proposta de solução para o problema tematizado pela banca de avaliação do concurso. Simples assim!

Reforçamos que o **planejamento** é extremamente útil para evitarmos tanto a repetição de argumentos quanto a estratégia de desenvolvimento dos parágrafos do Desenvolvimento da dissertação. Desse modo, elaboramos um planejamento suficiente para dar conta da redação de um texto de aproximadamente 30 linhas.

REDAÇÃO

TEMA 1

(Soldado – PM/SP – 2017 – VUNESP): A proibição de crianças em restaurantes é uma medida discriminatória?

Leia os textos.

Texto 1

Todos os meses, Patrícia Bittencourt realiza em sua casa, em Mairiporã (SP), um evento chamado *Brunch** Cantareira. Inicialmente voltado a amigos, o empreendimento ganhou fama e adeptos – há 80 pessoas na fila de espera para as próximas edições. Mas a maior atenção que o local atraiu, no entanto, foi por outro motivo: a política de não permitir a entrada de menores de 14 anos.

A proprietária diz que sua casa é um lugar perigoso para crianças, por ter escadas sem corrimão e parapeito sem proteção e afirma que não pretende reformar o local para fazer a adaptação. "Eu informo a todos que o local não é adequado para crianças", diz a dona do estabelecimento, o que é confirmado pelos clientes que frequentam o lugar. E complementa que, por ser sua residência e conhecer "perigos" existentes ali, é ela "quem determina as regras e limitações e não os pais, pois, se algo acontece com alguma criança ao frequentar o local, é também sua responsabilidade". Além disso, a proposta do *brunch*, segundo ela, é ser um ambiente tranquilo e descontraído para bate-papo. "Eu não tenho área de diversão, então as crianças ficam entediadas."

*Brunch: refeição matinal que serve, ao mesmo tempo, como café da manhã e almoço.

(Tatiana Dias, "Como um brunch levantou um intenso debate sobre a aceitação de crianças em restaurantes", disponível em https://www.nexojornal.com.br. 26.11.2016. Adaptado.)

TEXTO 2

Limitar o acesso de crianças a locais como restaurantes e pousadas pode trazer sossego aos atuais frequentadores, mas também criar muita polêmica e afugentar potenciais novos clientes.

Em outubro de 2016, o Brunch Cantareira virou alvo de críticas após vir à tona uma publicação feita em uma rede social 2 anos antes. O post informava que não era permitida no local a presença de crianças menores de 14 anos, por questões de segurança. Algumas pessoas acusaram o estabelecimento de preconceito e de excluir as crianças e, consequentemente, os pais.

Mas de acordo com o Procon-SP, não há problema em restringir o acesso de crianças, desde que isso seja informado previamente e de forma clara.

Já o advogado e professor de Direito Civil Gustavo Milaré Almeida explica que não há uma lei específica que proíba o estabelecimento de fazer isso e que, embora o Estatuto da Criança e do Adolescente determine que não deve haver discriminação, neste caso, opina ele, trata-se apenas de uma restrição. Esse tipo de restrição não é tão comum no Brasil, mas já é aceito em outros países, como EUA, Austrália e França, segundo Almeida. "No Brasil, por uma questão cultural, não há esse costume de não levar crianças e, por isso, a restrição é tão criticada."

(Thâmara Kaoru, "Restaurante pode proibir crianças? Entenda as regras para clientes e dono". http://economia.uol.com.br. 10.11.2016. Adaptado)

TEXTO 3

Sobre a polêmica a respeito da proibição de crianças em restaurantes, Renata Bermudez, consultora de disciplina positiva na consultoria familiar Sosseguinho, destaca a incapacidade de muitas pessoas de terem "um pouco de empatia com uma criança", o que se torna evidente toda vez que pais chegam em diferentes locais acompanhados de seus filhos pequenos e recebem olhares preocupados das pessoas presentes. O ideal, conforme ela, seria que as pessoas respeitassem as crianças como parte da sociedade e buscassem compreender que, para que elas aprendam a se comportar em determinados ambientes, elas precisam estar presentes neles.

Para a criadora do site Maternidade Simples, Melina Pockrandt, proibir a presença de crianças em determinados locais não vai resolver a tensão entre as pessoas e ainda pode abrir espaço para outras restrições. "Uma criança autista, por exemplo, pode ter uma crise e fazer um escândalo em qualquer ambiente, inclusive em lugares para crianças", diz. Outros frequentadores que se incomodassem com a criança teriam como justificar a restrição dela ao local.

(Vivian Faria, "Crianças em restaurantes: mães comentam a polêmica sobre proibição". http://www.gazetadopovo.com.br. 31.10.2016. Adaptado)

OBSERVAÇÕES INICIAIS

Como na maioria dos concursos públicos, dentre as instruções para a realização da prova de redação, há a orientação para que se escreva, em prosa, um texto dissertativo-argumentativo. Assim, conforme já estudamos até aqui, você irá produzir um texto que tem como principais características a apresentação de um raciocínio, a defesa de um ponto de vista ou o questionamento de determinada realidade, no Brasil ou no mundo. Como você já sabe, essa sua produção dissertativa deverá atingir o objetivo de persuadir/convencer alguém dos seus posicionamentos acerca do tema proposto pela banca examinadora do concurso.

Muito bem! É a hora de se jogar na página! Na elaboração inicial, aplique a técnica do *brainstorm*, ou seja, sem se preocupar com uma ordem específica, vocabulário nem gramática, apenas anote todas as ideias no rascunho. Todas as ideias mesmo!

Após distribuir todas as suas ideias no papel, surgirá uma ou mais teses sobre o tema. Selecione uma tese para a qual você consiga expor os melhores argumentos. Para cada argumento, escolha o tipo de desenvolvimento mais adequado. Ao se utilizar, por exemplo, do desenvolvimento por causas e consequências, você poderá adotar a seguinte atitude mental: a partir do tema proposto, indagamos sobre as suas causas; em seguida, refletirmos sobre as suas consequências e, ato contínuo, pensamos nas possíveis soluções para resolver o problema proposto no tema.

Observe, a seguir, nossa sugestão de aplicação desses conceitos na estruturação da dissertação argumentativa, conforme o tema acima proposto:

A PROIBIÇÃO DE CRIANÇAS EM RESTAURANTES É UMA MEDIDA DISCRIMINATÓRIA?

Introdução
Segundo o artigo 170 da Constituição, todo estabelecimento pode dizer o público que se dispõe a receber, desde que esse aviso seja feito de maneira prévia e clara. Assim, **quando um local proíbe a entrada de uma determinada amostra da população, isso deve ser tido como uma preferência da empresa.**

Em negrito, destacamos a tese. Para a contextualização do tema, é possível utilizar-se, por exemplo, de um argumento de autoridade (citação do artigo 170 da Constituição Federal/1988). É claro que há a possibilidade de utilizarmos quaisquer outras estratégias de argumentação anteriormente estudadas.

Após estabelecermos na **Introdução** nossa tese sobre o tema, podemos planejar o seleção dos melhores argumentos para persuadir/convencer nosso leitor. Também, nesse momento, devemos selecionar a melhor **estratégia** para a construção de cada um dos parágrafos do **Desenvolvimento** da nossa dissertação.

Argumento 1
No ano de 2014, Patrícia Bittencourt postou em suas redes sociais que, por questões de segurança, seu estabelecimento não permitia a entrada de crianças menores de quatorze anos de idade. Dois anos depois, o *post* tornou-se alvo de críticas, pois fora visto como uma forma de preconceito ao excluir crianças e, portanto, os pais.
Estratégia: desenvolvimento por exemplificação, a partir de fatos veiculados na mídia.

A estratégia de argumentar por **exemplificação** é muito convincente, na medida em que traz a elementos da realidade ao seu texto, o que confere credibilidade às suas ideias. Nesse parágrafo, o autor traz o ano do acontecimento do fato, o nome da idealizadora do projeto gastronômico. Além disso, frisa que somente dois anos depois surgiram as controvérsias, criando para o leitor um efeito de sentido de descontextualização, pois somente decorrido tanto tempo o *post* nas mídias foi criticado. Enfim, o autor, com simplicidade e objetividade, deixa bem clara sua opinião, o que torna sua argumentação muita sólida.

Argumento 2
Em outros países, no entanto, o movimento "children free" não é novo. A partir de 1980, nos Estados Unidos da América e no Canadá, o grupo reunia adultos discriminados por não serem pais. Atualmente, o que se vê nesses países e também no Brasil, ao lado da ampliação de áreas destinadas ao lazer de adultos, um expressivo aumento dos espaços destinados ao entretenimento do público infantil.
Estratégia: desenvolvimento por alusão histórica.

O autor, conforme podemos observar, ao fazer uso da estratégia argumentativa de traçar uma trajetória histórica, opta nesse parágrafo por confrontar o passado com o presente, para, a partir dessa comparação, elaborar sua reflexão crítica em relação, por exemplo, ao movimento "children free". Dessa forma, com a alusão histórica o autor obteve sucesso em comprovar sua opinião, além de construir um efeito de sentido de credibilidade da dissertação. O autor, assim, demonstra ao examinador total domínio desse acontecimento histórico.

Argumento 3
Segundo o advogado e professor de Direito Civil, Gustavo Milare Almeida, não há qualquer lei que proíba os atos de Patrícia ou do movimento social. Pelo contrário, trata-se não de uma discriminação, mas de uma restrição que, muito embora não seja comum no Brasil, é perfeitamente aceita em outros países, como nos Estados Unidos, Austrália e França.
Estratégia: desenvolvimento por argumento de autoridade e por exemplificação/comparação.

Nesse parágrafo, o autor optou pela estratégia de trazer um nome forte e com credibilidade para auxiliá-lo na defesa da sua ideia. Para ajudar a defender o seu ponto de vista, no texto aparece o uso da técnica da citação indireta, ou seja, o autor fez uma paráfrase das ideias do advogado e professor de Direito Civil, Gustavo Milare Almeida. Assim, com as suas palavras, apresentou a ideia de outro autor. Essa técnica é muito útil, sobretudo quando não nos lembramos exatamente do texto da autoridade que queremos citar. Mas nunca se esqueça de atribuir a devida autoria.

Finalmente, muito enriqueceu o parágrafo especificar a diferença do tratamento dado a esse tema em diferentes países, em comparação com o que se dá no Brasil.

Conclusão: Elaboração de **síntese**, pois o tema não permite proposta(s) de solução, uma vez que se trata de fato ocorrido no passado, o qual não se repete na atualidade.
Dessa forma, tendo como base os argumentos apresentados anteriormente, nota-se que, por uma questão cultural de, ao sair, levar os filhos, a sociedade brasileira prejudica deliberadamente a imagem de uma empresa, declarando-a preconceituosa, antes mesmo de averiguar as razões pelas quais as devidas ações foram tomadas.

REDAÇÃO

TEMA 2

INSTRUÇÕES PARA REALIZAÇÃO DA PROVA DE REDAÇÃO

1. Leia os fragmentos abaixo para desenvolver a proposta de redação.

"Para que essa repartição se faça com justiça, é preciso que todos procurem conhecer seus direitos e exijam que eles sejam respeitados, como também devem conhecer e cumprir seus deveres e suas responsabilidades sociais."

(Dalmo de Abreu Dallari)

"A Polícia Comunitária é o final de um movimento contínuo de reformas operacionais que começaram nos anos 60 [...]. A premissa é que a polícia não pode lidar sozinha com o problema do crime [...]. A polícia deve trabalhar em parceria com a comunidade, com o governo, outras agências de serviço e com o sistema de justiça criminal. A palavra de ordem deve ser: „Como podemos trabalhar juntos para resolver este problema?⊠ Portanto, as lideranças da comunidade devem estar envolvidas em todas as fases do planejamento do policiamento comunitário. "

(Diretriz Para a Produção de Serviços de Segurança Pública Nº 3.01.06/2011-CG – Regula a aplicação da filosofia da Polícia Comunitária pela Polícia Militar de Minas Gerais)

2. Tendo em vista os fragmentos apresentados e suas informações, produza um texto dissertativo-argumentativo sobre o tema em destaque:

"Parceria e conscientização comunitária na solução de problemas de segurança pública."

3. Em sua dissertação procure ser claro, respeitando as regras gramaticais e ordenando os pensamentos em uma sequência metódica e lógica.

4. Escreva em uma linguagem impessoal, defendendo sua ideia por meio de uma análise com argumentos sólidos e consistentes.

5. DÊ UM TÍTULO À SUA DISSERTAÇÃO.

6. Desenvolva a sua dissertação no máximo em 30 (trinta) linhas e no mínimo em 120 (cento e vinte) palavras.

7. O valor da redação é de 100 (cem) pontos.

8. Use caneta esferográfica com tinta azul ou preta.

9. Escreva com letra cursiva ou de fôrma. Diferencie as letras MAIÚSCULAS das

MINÚSCULAS.

10. Será atribuída nota zero à redação:

a) cujo conteúdo versar sobre tema diverso do estabelecido;

b) que fuja da tipologia, tema e proposta da redação;

c) considerada ilegível ou desenvolvida em forma de desenhos, números, versos, espaçamento excessivo entre letras, palavras e parágrafos, bem como em códigos alheios à língua portuguesa escrita ou em idioma diverso do Português;

d) cujo texto seja, no todo ou em parte, cópia, transcrição ou plágio de outro autor;

e) que apresentar qualquer escrita, sinal, marca ou símbolo que possibilite a identificação do candidato.

OBSERVAÇÕES INICIAIS

Novamente, por se tratar de concurso público (e também com relação à maioria dos vestibulares), dentre as instruções para a realização da prova de redação, há a orientação para que se produza um texto dissertativo-argumentativo. Assim, conforme vimos na dissertação que escrevemos como modelo e, ainda, do mesmo modo que no tema anteriormente por nós trabalhado, você irá proceder a uma produção dissertativa, a qual deverá atingir o objetivo de persuadir/convencer o examinador dos seus posicionamentos acerca do tema proposto pela banca examinadora do concurso. Siga os mesmos passos para a elaboração do rascunho, de conformidade com o que fizemos no tema anterior.

Observe, a seguir, mais uma sugestão de aplicação dos conceitos que estudamos para a estruturação da dissertação argumentativa, conforme o tema acima proposto:

Parceria e conscientização comunitária na solução de problemas de segurança pública

Introdução
A violência é considerada um dos maiores problemas da sociedade brasileira. Segundo Orlando Fantazzini, presidente da Comissão de Direitos Humanos da Câmara dos Deputados, a violência no Brasil já assumiu "proporções de guerra". Assim, dentre as várias formas pesquisadas pelos estudiosos em segurança pública, uma delas dá conta de que se faz necessária a união entre PM e Comunidade, com o objetivo de se buscar melhorar a percepção de segurança da população.

Como já sabemos, estabelecida a tese, passamos ao planejamento das argumentações, além de procedermos à escolha das melhores estratégias para a elaboração do **Desenvolvimento** da nossa dissertação.

Tese: Faz-se necessária a união entre PM e Comunidade para melhorar a percepção de segurança da população. Para a contextualização do tema, foi utilizado um argumento de autoridade, por meio da citação de fala do presidente da Comissão de Direitos Humanos, na Câmara dos Deputados.

Obs.: Do nosso ponto de vista, a citação do deputado Orlando Fantazzini, que pesquisamos, poderia constar de um dos textos que embasam a proposta do tema.

Argumento 1
Nos anos 60, em diferentes países da Europa e da América do Norte, organizações policiais promoveram experiências, tendo por base um novo modelo de polícia, que, de alguma forma, fosse mais vinculado à comunidade, por meio da participação de civis no planejamento das atividades de policiamento. Esse novo modelo ficou conhecido como policiamento comunitário.
Estratégia: desenvolvimento por alusão histórica (contexto da Europa e da América do Norte)

No parágrafo que contém a primeira argumentação, o autor lança mão da estratégia de proceder a uma alusão histórica, com o objetivo de buscar as raízes da modalidade de policiamento comunitário. Remonta aos anos 1960 para atualizar esse conceito de policiamento, além de tecer uma reflexão crítica sobre o tema, ao afirmar que essa filosofia de trabalho cria vínculos entre a instituição policial e a comunidade. Portanto, o autor, com o intuito de persuadir/convencer, vale-se de dados históricos que sustentam sua opinião.

Argumento 2
No Brasil, no entanto, essa proposta esbarra com o ranço cultural com que a polícia é vista. Desde a época da colonização, a figura do Estado sempre foi vinculada à violência e ao uso excessivo da força contra a população. Ainda hoje, a imagem de truculência é vinculada às forças policiais, em grande medida, em face da maneira como as mídias, principalmente a imprensa escrita e a televisiva, abordam as formas de atuação da Polícia Militar (PM) no enfrentamento, sobretudo, de ocorrências graves.
Estratégia: desenvolvimento por alusão histórica (contexto do Brasil).

Atenção: aparentemente, repetimos a estratégia de argumentação – "alusão histórica". Entretanto, observe detalhadamente que no argumento 1 a alusão histórica se refere aos "países da Europa e da América do Norte", enquanto que no argumento 2 a alusão histórica se refere ao Brasil. Portanto, ao utilizarmos ambas as estratégias, na mesma dissertação, construímos uma terceira estratégia – a argumentação por contra-argumentação. Foram contrapostas as diferentes realidades de países distintos.

Argumento 3
Atualmente, há consenso entre os estudiosos em segurança pública, como os do Núcleo de Estudos da Violência, da Universidade de São Paulo (NEV-USP), de que prevenir o crime não é papel exclusivo da PM. Cabe ao cidadão de bem se interessar por essas informações, conhecer os seus direitos, de modo a exigir que eles sejam respeitados, além de, é claro, estudar o seus deveres, para bem cumpri-los e, assim, dar a sua contribuição à segurança, por exemplo, do seu bairro.
Estratégia: desenvolvimento por argumento de autoridade e por exemplificação.

Nesse parágrafo, o autor optou pela estratégia de trazer não o nome de algum importante pesquisador da área de segurança pública, mas, antes, ele pôs em destaque um importante centro de pesquisa, com grande credibilidade no ambiente acadêmico para auxiliá-lo na defesa da sua opinião. Trata-se de uma estratégia de dá credibilidade ao texto, mas nunca se esqueça de atribuir os nomes corretos às instituições, bem como grafar corretamente as siglas que as identificam na sociedade.

Lembramos que a citação – direta ou indireta – pode ser empregada praticamente em qualquer parágrafo, mas sem exageros, para o texto não se tornar mais narrativo do que dissertativo. Nesse tipo de redação de concurso, evite usar mais do que duas citações!

Finalmente, muito enriqueceu o parágrafo especificar as nuances dos direitos e dos deveres dos cidadãos, o que cria o efeito de sentido de atribuição de reponsabilidade solidária da comunidade com relação ao tema da segurança pública.

Conclusão: com perspectivas de solução ao problema delimitado no tema.
Assim, de modo a desmistificar a imagem negativa que a população tem da instituição policial, os comandantes da PM devem mobilizar alguns grupos de cidadãos de sua comunidade, a fim de estabelecer ações promissoras no controle dos índices de criminalidade. Tais atitudes, portanto, viabilizariam a proposição de soluções de conflitos pelos atores que mais conhecem as dificuldades cotidianas e, ao mesmo tempo, contribuiriam para o aperfeiçoamento dos mecanismos externos de monitoramento das atividades dos agentes estaduais de segurança.

Vale a pena revermos a **Tese**: "Faz-se necessária a união entre PM e Comunidade para melhorar a percepção de segurança da população". Observamos que, em sintonia com a opinião expressa na Introdução, ao se referir à integração entre a polícia e a comunidade, o autor retoma em sua conclusão a tese e faz alusão a perspectivas que propõem, além das resoluções de ocorrências do cotidiano dos cidadãos, propostas de para o aperfeiçoamento dos mecanismos externos de controle da atividade policial. Essa postura do autor certamente atende às exigências dos examinadores do concurso.

Vamos sistematizar o aprendizado de como estruturar a dissertação argumentativa. Para que sua redação seja bem avaliada, a primeira constatação do avaliador é se o seu texto é um gênero estruturado com **introdução**, **desenvolvimento** e **conclusão**.

Introdução	No início, em um parágrafo, você apresenta e contextualiza o tema, ou seja, faz um recorte do aspecto que você vai recortar do tema. Em seguida, neste mesmo parágrafo, exponha sua **tese** sobre o recorte feito do tema, para explicitar ao leitor sua linha de raciocínio. Para a redação desses dois pontos, seja simples e objetivo. Das **30 linhas**, aproximadamente, da dissertação, a introdução deve ocupar de **quatro a seis linhas**, o que deve ser suficiente para apresentar suas ideias e direcionar o olhar do examinador para o Desenvolvimento.
Desenvolvimento	A partir do segundo parágrafo, o candidato vai defender a tese apresentada na Introdução. Deve apresentar da maneira mais clara possível os argumentos, para que o leitor acompanhe seu raciocínio e compreenda seu ponto de vista. Seu texto ficará melhor organizado, se você dispuser cada argumento, separadamente, em cada parágrafo do Desenvolvimento. Procure redigir cada argumento com técnicas diferentes de argumentação, justificando cada ideia de forma coesa e coerente. Deve ocupar de **quinze a vinte linhas**.
Conclusão	Retome no último parágrafo sua opinião exposta na introdução, junto com os argumentos (sem necessitar novamente desenvolvê-los) que a justificam, para confirmar sua tese. A seguir, neste mesmo parágrafo, apresente proposta de solução para o problema ou perspectivas, a partir, é claro, dos aspectos abordados em toda a sua argumentação. Deve ocupar de **quatro a seis linhas**.

Algumas dicas importantes sobre a elaboração do parágrafo

Lembrar-se de que cada parágrafo deve ser um texto completo dentro da sua redação. Para isso, a primeira coisa a saber: o que é **tópico frasal**? Trata-se, resumidamente, da **ideia central** do seu parágrafo. Chamada também de **ideia-núcleo** ou **frase-síntese**, é a partir do tópico frasal que estruturamos o nosso parágrafo dissertativo, de maneira persuasiva e convincente. Logo após o tópico frasal (ideia que resume o parágrafo inteiro em uma ou duas linhas), nos dedicamos a trabalhar os **argumentos** (que irão desenvolver a ideia principal do parágrafo) e, por fim, temos o fechamento do parágrafo.

Resumindo: o parágrafo também possui: **introdução** (tópico-frasal), **desenvolvimento** (com um dos tipos de argumentação) e **conclusão** (encerramento/fechamento).

Síntese da estrutura de um parágrafo:

Tópico frasal (ideia central do parágrafo) + **Ampliação/fundamentação (com o tipo de argumentação escolhida) +** **Fechamento do parágrafo.**

TREINAMENTO DE ALGUMAS HABILIDADES PARA SE PRODUZIR UM TEXTO DISSERTATIVO

A melhor forma de se preparar para redigir uma dissertação argumentativa é fazer muitas e variadas leituras, principalmente de bons livros. Essa é a melhor forma de melhorar o vocabulário e, consequentemente, a escrita, de modo que se possa fazer boas construções sintáticas, uso de palavras adequadas (precisão vocabular) e relações coerentes entre os fatos, argumentos e provas.

Também é importante ficar por dentro das últimas notícias, pesquisar sobre elas e discutir os assuntos para se aprofundar e conseguir enxergar outros pontos de vista em bons jornais e revistas. Assim, você terá conhecimento sobre muitos dos assuntos que forem abordados nos concursos.

Estruture, além da organização sintática, uma boa organização semântica do texto, ou seja, organize sua dissertação de modo coerente com as ideias desenvolvidas, para embasamento e fundamentação das suas opiniões.

Isso tudo vale não só para a prova de redação, mas também para as demais questões solicitadas nos concursos.

O QUE FAZER DURANTE A PROVA?

Prestar atenção ao tempo disponível para o planejamento do seu texto.

Organizar um rascunho para o texto é essencial.

Escrever seu texto de maneira objetiva. Repetimos: o texto não pode ser escrito de maneira subjetiva, ou seja, você não se deve usar marcas de pessoalidade, como pronomes ou verbos em primeira pessoa. Por isso, não utilizar expressões como "Eu acho que...", "Na minha opinião...", "No meu modo de ver...", "Eu penso que..." etc.

Escrever seu texto de modo claro e preciso. Não redigir parágrafos muito longos. Antes de passar o texto a limpo, releia cada parágrafo e retire dele informações desnecessárias.

Não utilizar gírias nem termos de baixo calão. Além disso, cuidado com o uso de provérbios ou ditados populares.

Escreva o texto com letra legível, diferenciando bem as maiúsculas das minúsculas. Respeite as margens do texto e não ultrapasse o número de linhas determinado nas instruções da prova.

O último detalhe é a estética: não faça rasuras. Em caso de erro, você deve riscar com apenas um traço simples a palavra ou o trecho e, em seguida, escrever o respectivo trecho ou termo substituto. Jamais pôr entre parênteses o termo ou o trecho riscado!

3. Língua Inglesa

Carlos Eduardo Monteiro Peluso

Accident deaths cause 'Pokemon Go' to be disabled while driving

Accident deaths cause 'Pokemon Go' to be disabled while driving

1 The popular smartphone game "Pokemon Go" will now be disabled in moving cars so that all passengers and the driver will not be able to play when the vehicle is traveling above a
4 certain speed, after Niantic, the company that created the game, was asked by a local government and police in Japan.

The change happened globally on Monday, after the
7 Ichinomiya Municipal Government and the local police demanded that Niantic take safety precautions because of the death of two people in car accidents caused by drivers
10 playing the game.

Players can't use Pokestops to get items at driving speed anymore. Niantic had already stopped Pokemon from appearing
13 in the game when the user is traveling over a certain speed.

Available at: <http://www.japantimes.co.jp/news/2016/11/09/national/vehicle-accident-deaths-lead-pokemon-go-disabled-traveling-speed/#.WHa3kPkrKUk>. Access on: 9 Jan. 2017, with adaptations.

(Oficial – PM/DF – 2017 – Iades) According to the title of the text, Pokemon Go is

(A) fun for drivers and passengers.
(B) going to stop working when the user is driving.
(C) saving people from accidents.
(D) disabling the technology in cars.
(E) helping disabled people deal with accidents.

O objetivo da questão é identificar o que está correto de acordo com o título do texto, que afirma "Pokemon Go" será desativado durante a condução de veículo ("Pokemon Go" to be disabled while driving) e, no primeiro parágrafo, reitera que o jogo será desativado em carros em movimento (will now be disabled in moving cars) e desta forma os passageiros e motorista não conseguirão jogar quando o carro estiver trafegando acima de uma determinada velocidade. Assim:

A: incorreta, pois afirma que o jogo é divertido para motoristas e passageiros, o que embora viável e imaginável, não é especificamente mencionado no texto; **B:** correta, pois diz que o jogo irá parar de funcionar quando o usuário estiver dirigindo; **C:** incorreta, já que afirma que o jogo está salvando pessoas de acidentes, o que não procede pois os acidentes de carro são, justamente, a causa da desativação do jogo em carros em movimento; **D:** incorreta, pois diz que o jogo está desabilitando a tecnologia em veículos/carros, sem indicar se os carros estão em movimento ou não; **E:** incorreta, pois afirma que o jogo está ajudando pessoas com necessidades especiais (disabled people) a lidar com acidentes e a expressão foi inserida com o intuito de confundir já que "disabled people" parece significar pessoas desabilitadas o que não é correto.

Gabarito "B"

(Oficial – PM/DF – 2017 – Iades) According to the text, how many people have died in accidents because of drivers playing the game?

(A) One.

(B) Two.

(C) Three.

(D) Four.

(E) Five.

O objetivo da questão é identificar se o candidato sabe identificar informações detalhadas no texto. De acordo com o parágrafo 2, o governo municipal de Ichinomiya e a polícia local exigiram (demanded) que a empresa Niantic tomasse medidas de segurança em razão da morte de 2 (duas) pessoas (linha 9) em acidentes de carro (because of the death of **TWO** people in car acidentes). Portanto alternativa (B).

Gabarito "B"

(Oficial – PM/DF – 2017 – Iades) According to the text, players now

(A) can pick up fewer items while driving.

(B) will have to ask passengers to play while they drive.

(C) can use the Pokestops at speed.

(D) can neither catch Pokemon nor use Pokestops while driving normally.

(E) will only find rare Pokemon in Japan.

O objetivo da questão é identificar o que está correto de acordo com o texto. Assim:

A: incorreta, pois afirma que os jogadores podem pegar alguns (fewer) itens enquanto dirigem; **B**: incorreta, pois diz que os jogadores vão ter que pedir para os passageiros jogar enquanto eles dirigem e o texto afirma que todos os passageiros e o motorista não poderão jogar com o veículo acima de uma certa velocidade (all passengers and the driver won't be able to play – linhas 2/3); **C:** incorreta, já que afirma que os jogadores podem usar os Pokestops em uma certa velocidade; **D:** correta, a alternativa menciona que jogadores não podem nem pegar (can neither catch) Pokemons nem use (nor use) os Pokestops enquanto estiverem dirigindo normalmente – "neither ... nor" significa nem um nem outro. Conforme podemos verificar no texto, os jogadores não podem pegar Pokemons já que os Pokemons não aparecem no jogo quando o usuário está viajando acima de uma certa velocidade (linhas 12/13), nem usar os Pokestops para pegar itens quando estiverem em velocidade de cruzeiro (players can't use Pokestops to get items at driving speed anymore – linha 11); **E:** incorreta, pois afirma que os jogadores podem achar Pokemons raros apenas no Japão, o que sequer é mencionada no texto.

Gabarito "D"

Available at: <http://netdna.webdesignerdepot.com/uploads/2009/03/7.gif>. Access on: 9 Jan. 2017.

(Oficial – PM/DF – 2017 – Iades) According to the comic strip, the man

(A) has lost many followers on Twitter.

(B) wants fewer followers on Twitter.

(C) can lose followers if he does not tweet.

(D) is very creative.

(E) knew what he was going to tweet about.

O objetivo da questão é identificar o que está correto de acordo com o texto. Assim:

A: incorreta, pois afirma que o homem perdeu (passado) muitos seguidores no "Twitter" e não está em acordo com o texto, já que o homem "vai perder" (will lose - futuro); **B**: incorreta, pois diz que o homem quer menos (wants fewer) seguidores no Twitter, o que não é mencionado; **C:** correta, já que afirma que o homem vai perder seguidores (will lose followers) na hipótese de não "twitar", o que está de acordo com a probabilidade (can) descrita na afirmação; **D:** incorreta, a alternativa menciona que o homem é muito criativo, o que se contrapõe à solução exposta no último quadrinho de que ele está sentado na frente do computador pensando sobre o próximo "tweet"; **E:** incorreta, pois afirma que o homem sabe sobre o que irá escrever, o que é oposto ao disposto no último quadrinho (sentado na frente do computador pensando sobre o próximo tweet).

Gabarito "C"

(Oficial – PM/DF – 2017 – Iades) How long has it been since the man has last twittered?

(A) One day.

(B) Three days.

(C) One week.

(D) One month.

(E) Two months.

O objetivo da questão é verificar se o candidato sabe identificar informações detalhadas no texto. A tirinha menciona que o homem não escreve desde ONTEM (I haven't tweetered since YESTERDAY – quadrinho 1). Portanto a alternativa correta é a **A**, um dia!.

Gabarito "A"

(Oficial – PM/DF – 2017 – Iades) Mark the alternative that presents the message of the comic strip.

(A) Twitter is bad for your health.

(B) The process of creating a tweet involves research.

(C) Twitter will bring you friends.

(D) People can be so desperate to post anything that they forget to post something interesting.

(E) It is a good thing to become addicted to Twitter, because of the friends it brings.

O objetivo da questão é identificar qual alternativa traz a melhor mensagem sobre a tirinha. Assim:

A: incorreta, pois afirma que Twitter faz mal à saúde, algo que não podemos depreender do texto; **B**: incorreta, pois diz que o processo de criação envolve pesquisa e não há qualquer menção no texto sobre isso; **C:** incorreta, já que afirma que o Twitter trará amigos, algo que também não é mencionado. Estaria correto se a afirmação fosse de que o Twitter traz seguidores; **D:** correta, as pessoas ficam tão desesperadas para postar algo que se esquecem de postar algo interessante. É a alternativa mais viável tendo em conta a possível postagem "sentado na frente do computador pensando na minha próxima postagem"; **E:** incorreta, pois afirma que é legal ficar viciado em Twitter por causa dos amigos que ele te traz – não há menção de amigos, apenas seguidores.

Gabarito "D"

Leia o texto a seguir para responder às próximas questões

What do police officers do?

By Emma Woolley

The primary responsibility of police officers is to protect the public, or if commissioned, the person, group or organization to which they are assigned. Through detecting and preventing crime, police officers strive to maintain law and order in their respective jurisdictions.

Most new police officers work in general duty in patrol divisions, which provides a broad range of experiences and assignments. General duty policing involves patrolling assigned areas to enforce laws, protect public safety, and arrest criminal suspects – either by car, foot, bicycle, or in some cases, horse.

Police officers can also do some or all of the following: Investigate accidents and crime scenes; secure evidence and interview witnesses; testify in court; collect notes and reports; provide emergency assistance to victims of natural disasters, crime, and accidents; engage in crime prevention, safety, and public information programs; participate in media relations; and supervise and manage the work of other police officers.

Working as a police officer can be one of the most diverse career experiences, as specializations ranging in the hundreds are available. With a few years of service (usually four or more), he or she can move into areas such as criminal identification, drug investigations, sexual assault, fraud, major case and/or crime management, surveillance, aircraft security, explosives disposal, police dog services, and many more.

Police officers must be available for shift work at any time of day and any day of the week, including holidays. Shifts tend to be longer than the standard eighthour office day. Even though many regular police duties are routine in nature, the job can also be dangerous, as well as physically and emotionally stressful.

(http://careerbear.com/policeofficer/article/ whatdopolice-officersdo. Adaptado)

(Oficial – PM/SP – 2015 – VUNESP) De acordo com o texto, os oficiais de polícia em início de carreira usualmente

(A) protegem grupos específicos aos quais são designados.

(B) podem especializarse em investigações criminais e de casos relacionados a drogas.

(C) são designados para os turnos mais difíceis e inconvenientes, incluindo feriados.

(D) trabalham em patrulhamento genérico, desempenhando diversas tarefas.

(E) dão plantões muito acima das oito horas normais de trabalho.

O objetivo da questão é verificar se o candidato sabe identificar informações específicas sobre o que fazem os oficiais de polícia em início de carreira. Assim:

A: incorreta, pois afirma que o policial em início de carreira faz a proteção de grupos específicos, embora parte do trabalho policial (parágrafo 1 – "...protect the public, or if commissioned, the person, group or organization to which they are assigned"), não corresponde ao trabalho de policiais em início de carreira; **B:** incorreta, pois fala sobre a possibilidade de especializações (parágrafo 4), mas se refere a policiais "com alguns anos de serviço" ("with few years of service"), ou seja, não se trata de policiais em início de carreira; **C:** incorreta, pois fala que os plantões mais difíceis são designados para os novatos o que está em desacordo com o texto que no parágrafo 5 "police officers must be avaiable for shift work", que dispõe que qualquer (todo) policial precisa estar disponível para trabalhar em turnos, inclusive em feriados; **D:** correta, o parágrafo 2 menciona especificamente que a maioria dos novos policiais trabalham, quando em patrulhamento, em uma atividade genérica que proporciona uma grande amplitude de experiências e atribuições, como fazer cumprir a lei, proteger o público em geral e apreender suspeitos nas áreas para as quais foram designados; **E:** incorreta, já que o parágrafo 5 informa que todo policial tem a obrigação de estar disponível para o trabalho em turnos, que têm a tendência de serem mais longos que o padrão de trabalho de escritórios, que são de 8 horas.

Gabarito "D"

(Oficial – PM/SP – 2015 – VUNESP) Ao longo da carreira, o oficial de polícia

(A) terá de aprender a cavalgar, entre muitas outras tarefas.

(B) poderá escolher dentre grande diversidade de especializações.

(C) é proibido, por força de lei, de prestar depoimentos em juízo.

(D) não poderá, regularmente, conceder entrevistas a meios de comunicação.

(E) tem o direito de recusar tarefas consideradas extremamente perigosas.

O objetivo da questão é identificar o que está correto de acordo com o texto.

A: incorreta, pois afirma que o oficial de polícia terá (have to) que aprender a cavalgar, o que é entendido como uma obrigatoriedade, mas o texto menciona que em alguns casos (in some cases) o oficial poderá utilizar o cavalo; **B:** correta, pois o texto diz que trabalhar como oficial de polícia pode ser (can be) uma das carreiras mais cheias de experiências, já que o número de especializações está na casa da centena (working as a police officer can be one of the most diverse career experience – parágrafo 4); **C:** incorreta, já que afirma exatamente o oposto do texto que diz que o policial poderá (police officers can) fazer algumas ou todas as tarefas descritas, dentre elas, depor/testemunhar (testify in court – parágrafo 3); **D:** incorreta, pois de acordo com o texto uma das atividades do policial é atuar nas relações com a imprensa e em programas de informação ao público (engage in crime prevention, safety, and public information programs; participate in media relations – parágrafo 3); **E:** incorreta, pois o texto afirma que o policial deve, obrigatoriamente, estar disponível (must be avaiable) para o trabalho em turnos (shift work) que tendem a ser mais longos que o padrão (longer than the standard) de oito horas por dia e, mesmo que a maioria das tarefas seja naturalmente regular, o trabalho pode ser também perigoso (the job can be also dangerous), tanto física como emocionalmente – parágrafo 5.

Gabarito "B"

(Oficial – PM/SP – 2015 – VUNESP) Among the many tasks, mentioned in the third paragraph, a police officer may perform in the line of duty, is to "secure evidence". The phrase means, in Portuguese, the same as

(A) assegurar propriedades.

(B) proteger testemunhas.

(C) guardar evidências.

(D) garantir segurança.

(E) colher provas.

O objetivo da questão é verificar se o candidato possui o vocabulário adequado da língua inglesa, e sabe identificar cognatos reais e falsos. Assim, o texto diz que o policial poderá, no cumprimento do dever (in the line of duty), "to secure evidence":

A: incorreta, apesar do verbo "secure" parecer significar assegurar, trata-se de um falso cognato pois na verdade significa obter, garantir ou proteger; **B:** incorreta, uma vez que no caso de proteger testemunhas deveriam mencionar "protect the witness"; **C:** incorreta, o correto seria "keep the exhibits or evidences"; **D:** incorreta, pois o correto seria "provide security"; **E:** correta, pois como já dito anteriormente, o verbo "secure" é um falso cognato que, de fato, significa obter e "evidence" significa evidência, prova, portanto, "to secure evidence" significa obter provas.

Gabarito "E".

(Oficial – PM/SP – 2015 – VUNESP) Na expressão "sexual assault", que ocorre no quarto pará grafo, a palavra "assault" tem, em português, sentido semelhante a

(A) insinuação.
(B) assalto.
(C) agressão.
(D) espancamento.
(E) suspeita.

O objetivo da questão é verificar se o candidato possui o vocabulário adequado da língua inglesa, e sabe identificar cognatos reais e falsos. Assim, o texto fala sobre "sexual assault" e o examinador quer saber sobre o significado mais adequado da palavra "assault":

A: incorreta, no caso de insinuação sexual, que tem uma conotação de assédio, o melhor seria "sexual harassment", para insinuação, simplesmente, a palavra "insinuation" é possível e usada; **B:** incorreta, "assault" é uma violência, um ataque, não é, literalmente, um assalto; **C:** correta, conforme mencionado na alternativa anterior, o verbo "assault" significa agredir, podendo ser traduzido como assaltar, mas no caso, em virtude da expressão "sexual assault", deve ser traduzida como agressão sexual; **D:** incorreta, uma vez que a tradução para espancamento deve ser "beating", "battering" ou "spanking"; **E:** incorreta, já que "presumption" ou "suspect" seriam os substantivos mais adequados para definir suspeita.

Gabarito "C".

(Oficial – PM/SP – 2015 – VUNESP) No trecho do último parágrafo – Police officers **must** be available for shift work at any time of day and any day of the week, including holidays. –, a palavra em destaque transmite a ideia de

(A) obrigação.
(B) possibilidade.
(C) propósito.
(D) probabilidade.
(E) desejo.

O objetivo da questão é verificar se o candidato consegue entender a diferença de significado do verbo modal **MUST**. O texto diz que o policial MUST estar disponível para o trabalho em turnos em qualquer horário do dia e em qualquer dia da semana, inclusive durante feriados. Assim, a palavra MUST traz a ideia de:

A: correta, a palavra MUST traz a ideia de cumprimento do dever, uma obrigação, algo que entendemos ser necessário e importante; **B:** incorreta, para tratar de possibilidade poderíamos utilizar os modais "may", "might" e "could", ou até o "can", quando se trata de uma possibilidade eventual; **C:** incorreta, pensando no propósito como uma sugestão ou conselho, o correto seria utilizar o modal "should"; **D:** incorreta, pois a probabilidade enseja a quase certeza e o modal correto seria "will"; **E:** incorreta, para o desejo o modal utilizado seria o "would".

Gabarito "A".

(Oficial – PM/SP – 2015 – VUNESP) In the last sentence from the text – Even though many regular police duties are routine in nature... – the phrase in bold expresses a relationship of

(A) addition.
(B) condition.
(C) time.
(D) contrast.
(E) alternative.

O objetivo da questão é verificar se o candidato conhece e sabe interpretar conjunções em inglês. Assim, o texto estatui "apesar de (even though) muitas das atividades policiais serem de caráter rotineiro...":

A: incorreta, pois a conjunção aditiva seria "and"; **B:** incorreta, o condicional seria expressado pela palavra "se" (if); **C:** incorreta, o correto para conjunções de tempo seria "after", "before", "as soon as", "when" ou "since", dentre outras; **D:** correta, pois se trata de oposição à ideia que se demonstrou antes (ou depois), e se utilizam termos como "even though", however", "although"; **E:** incorreta, para alternativa se utiliza "ou" OR.

Gabarito "D".

A tira a seguir é referência para as questões a seguir.

Calvin and Hobbes

http://www.d.umn.edu/~lmillerc/TeachingEnglishHomePage/5902/deadlines.html. Acesso em: 25/09/2014.

(Oficial – PM-CBM/PR – 2015 – UFPR) - Consider the question Calvin asks: "How can you be creative when someone's breathing down your neck?". The purpose of it is:

(A) to complain about the result of a test.
(B) to complain about writing a text on teaching.
(C) to question why someone has to learn how to write.
(D) to question how someone can be creative and meet the requirements of a writing task.
(E) to question why someone has to be standing at the back of another person, by his or her neck.

O objetivo da questão é verificar se o candidato compreendeu o conteúdo da "tirinha", mais especificamente o propósito do questionamento de Calvin, "Como alguém pode ser criativo quando alguém está "fungando no seu pescoço" (breathing down your neck):

A: incorreta, já que Calvin não está reclamando (complain) do resultado do teste; **B:** incorreta, pois Calvin não está escrevendo um texto "sobre como ensinar" (on teaching) e portanto não reclama sobre isso; **C:** incorreta, uma vez que Calvin não questiona o porque alguém "é obrigado" (has to – verbo modal) a aprender como escrever; **D:** correta, Calvin está questionando o método de ensino quando, no primeiro quadrinho, diz que tarefas como essas não ensinam como escrever mas como odiar escrever, já que há uma pessoa cobrando prazos (deadlines), regras de produção (rules how to do it), notas (grades), bem como a impossibilidade de ser criativo com tantas condições a serem seguidas; **E:** incorreta, Calvin não reclama que haja uma pessoa "fungando no seu cangote" mas sim como ele pode ser criativo, se existe uma pessoa cobrando resultados.

Gabarito "D"

(Oficial – PM-CBM/PR – 2015 – UFPR) - Hobbes suggests that Calvin should not think about the result of a writing task but rather have fun with the process of creating. Why is this suggestion NOT a profitable one?

(A) Because Calvin is doing his final exams.
(B) Because Calvin cannot be creative while writing.
(C) Because Calvin feels he will fail his writing course.
(D) Because Hobbes does not know how much effort the process of writing requires.
(E) Because Calvin was sent to the psychologist at school every time he had fun with writing.

O objetivo da questão é verificar se o candidato compreendeu a sugestão de Hobbes e o motivo pelo qual ela não é útil:

A: incorreta, não é mencionado na tirinha que Calvin está em época de exames finais ou em tempo de provas; **B:** incorreta, Calvin não diz que ele não consegue ser (cannot be – verbo modal) criativo quando escreve, pelo contrário. No último quadrinho ele menciona que toda vez que ele faz isso, referindo-se a se divertir no processo de criar, ele não se dá bem; **C:** incorreta, Calvin não menciona que ele não vai passar no curso/na matéria (redação); **D:** incorreta, não é mencionado em nenhum momento que Hobbes não entende ou não sabe quanto esforço é necessário no processo de redigir; **E:** correta, já que Calvin diz que toda vez que ele tenta se divertir no processo de criação de textos, ele termina (é encaminhado para) na sala/escritório do psicólogo da escola.

Gabarito "E"

O texto a seguir é referência para as próximas questões.

Why do we have blood types?

In 1996 a naturopath named Peter D'Adamo published a book called *Eat Right 4 Your Type*. D'Adamo argued that we must eat according to our blood type, in order to harmonise with our evolutionary heritage. Blood types, he claimed, "appear to have arrived at critical junctures of human development." According to D'Adamo, type O blood arose in our hunter-gatherer ancestors in Africa, type A at the dawn of agriculture, and type B developed between 10,000 and 15,000 years ago in the Himalayan highlands. Type AB, he argued, is a modern blending of A and B.

From these suppositions, D'Adamo then claimed that our blood type determines what food we should eat. With my agriculture- based type A blood, for example, I should be a vegetarian. People with the ancient hunter type O should have a meat-rich diet and avoid grains and dairy. According to the book, foods that are not suited to our blood type contain antigens that can cause all sorts of illness. D'Adamo recommended his diet as a way to reduce infections, lose weight, fight cancer and diabetes, and slow the ageing process.

D'Adamo's book has sold seven million copies and has been translated into 60 languages. It has been followed by a string of other blood type diet books; D'Adamo also sells a line of blood-type-tailored diet supplements on his website. As a result, doctors often get asked by their patients if blood type diets actually work.

The best way to answer *that question* is to run an experiment. In *Eat Right 4 Your Type* D'Adamo wrote that he was in the eighth year of a decade-long trial of blood type diets on women with cancer. Eighteen years later, however, the data from this trial have not yet been published.

Recently, researchers at the Red Cross in Belgium decided to see if there was any other evidence in the diet's favor. They hunted through the scientific literature for experiments that measured the benefits of diets based on blood types. Although they examined over 1,000 studies, their efforts were fruitless. "There is no direct evidence supporting the health effects of the ABO blood type diet," says Emmy De Buck of the Belgian Red Cross-Flanders.

After De Buck and her colleagues published their review in the *American Journal of Clinical Nutrition*, D'Adamo responded on his blog. In spite of the lack of published evidence supporting his Blood Type Diet, he claimed that the science behind it is right. "There is good science behind the blood type diets, just like there was good science behind Einstein's mathematical calculations that led to the Theory of Relativity," he wrote.

Adapted from: ZIMMER, Carl. Why do we have blood types? Crash diet. Retrieved from: http://www.bbc.com/future/story/20140715-why-do-we-

have-blood-types. Access: August, 2014.

(Oficial – PM-CBM/PR – 2015 – UFPR) - According to the text, the expression "***that question***" in boldface and italics (paragraph 04) refers to

(A) the question presented in the title.
(B) the string of blood type diet books.
(C) the blood-type-tailored diet proposed by D'Adamo.
(D) the question whether blood type diets actually work.
(E) the experiment which was run to answer the diet question.

O objetivo da questão é verificar se o candidato conhece e compreende os pronomes demonstrativos "este, aquele, estes, aqueles" (this, that, these, those) em inglês. Lembrando que para indicar um objeto próximo devemos usar "this" (este/esta), para indicar dois ou mais objetos próximos usamos "these" (estes/estas), para indicar um objeto distante usamos "that" (aquele/aquela) e para indicar dois ou mais objetos distantes "those" (aqueles/aquelas). Então, "the best way to answer THAT question is to run an experiment" (a melhor forma de responder àquela questão é fazendo uma experiência). A expressão "that question" (aquela questão) indica que a pergunta (question) em questão não está próxima (não na mesma sentença). Assim, vejamos:

A: incorreta, caso a intenção fosse se referir à pergunta feita no título, o autor diria "the question from the title"; **B:** incorreta, a série de livros (string of books) sobre dietas do tipo sanguíneo não é uma pergunta, mas uma afirmação de que após D'Adamo vários livros sobre o tema foram escritos; **C:** incorreta, D'Adamo vende uma linha de suplementos baseada na dieta do tipo sanguíneo, mas isso também é uma afirmação e não uma pergunta; **D:** correta, pois é a questão feita imediatamente anterior ao citado, "doctors often get asked by their patients if blood type diets actually work" (Os pacientes frequentemente perguntam a seus médicos se a dieta do tipo sanguíneo realmente funciona); **E:** incorreta, "that question" necessariamente se refere a algo mencionado anteriormente e a experiência é mencionada após (... that question is to run an experiment).

Gabarito "D".

(Oficial - PM-CBM/PR - 2015 - UFPR) - Which of these statements DOES NOT CORRESPOND to information given in the text about the blood type diet?

(A) There are many books published about the blood type diet.

(B) D'Adamo's claims about following a blood type diet are based on his personal experience with it.

(C) A Belgium study made use of 1,000 volunteers to check on the blood type diet

(D) According to D'Adamo, the blood type diets are being used on women with cancer.

(E) The book Eat Right 4 Your Type wrtten about the blood type diet sold millions of copies worldwide.

O objetivo da questão é verificar se o candidato compreendeu o exposto no texto, lembrando que a pergunta é sobre a informação que NÃO está no texto, portanto o candidato deve verificar qual a alternativa que NÃO pode ser encontrada no texto.

A: incorreta, de fato a publicação de D'Adamo foi seguida por uma série ("It has been followed by a string...") de livros sobre a dieta do tipo sanguíneo (parágrafo 3); **B:** correta, na verdade é a única afirmação que não pode ser encontrada no texto pois há duas coisas que D'Adamo afirma (claims), que a dieta do tipo sanguíneo parece ter surgido em um momento crítico do desenvolvimento humano (parágrafo 1) e que há fundamentação científica nas dietas do tipo sanguíneo (parágrafo 5). Mas não se pode encontrar a afirmação de que a dieta do tipo sanguíneo foi baseada em sua experiência pessoal; **C:** incorreta, no parágrafo 4 podemos verificar que a Cruz Vermelha da Bélgica fez a avaliação de cerca de 1.000 casos sobre os benefícios da dieta do tipo sanguíneo; **D:** incorreta, no parágrafo 4 é mencionado que a dieta do tipo sanguíneo estava em uso pelo 8º ano, de um total de 10, de um estudos sobre os seus efeitos em mulheres com câncer; **E:** incorreta, pois de acordo com o texto (parágrafo 3) foram vendidos 7 milhões de exemplares do livro de D'Adamo.

Gabarito "B".

(Oficial - PM-CBM/PR - 2015 - UFPR) - Mark the correct alternative, according to the text.

(A) The different blood types are the result of the migration movements human beings performed.

(B) The author of *Eat Right 4 Your Type* has a website where he publishes the results of his researches.

(C) The antigens present in our blood type account for the disease we may develop if we do not eat fresh food.

(D) Researchers from Belgium recommend the blood type diet as a way to reduce infections and slow the ageing process.

(E) Based on the origin of different blood types, Peter D'Adamo claims we should eat accordingly or else become ill.

O objetivo da questão é verificar se o candidato compreendeu o exposto no texto, encontrando a alternativa em conformidade com o texto.

A: incorreta, D'Adamo afirma que os diferentes tipos sanguíneos surgiram em distintos locais e diferentes momentos do desenvolvimento humano (parágrafo 1) e não como consequência dos movimentos migratórios; **B:** incorreta, D'Adamo tem um site onde ele vende uma linha de produtos da dieta do tipo sanguíneo (parágrafo 3) e, na verdade, não publicou qualquer resultado sobre suas pesquisas (parágrafo 5); **C:** incorreta. e acordo com o livro, comidas em desacordo com o tipo sanguíneo contêm antígenos que podem causar muitas doenças (parágrafo 2), não antígenos presentes em nosso tipo sanguíneo. Além disso não se fala sobre comida fresca (fresh food); **D:** incorreta, no parágrafo 4 é mencionado que o estudo feito pela Cruz Vermelha Belga não conseguiu encontrar qualquer evidência sobre os efeitos saudáveis da dieta do tipo sanguíneo; **E:** correta, de acordo com o texto (parágrafo 2) D'Adamo afirma que nosso tipo sanguíneo deve determinar que comida devemos comer.

Gabarito "E".

(Oficial - PM-CBM/PR - 2015 - UFPR) - Consider the following statements concerning blood types and their specific diets defended by Peter D'Adamo:

(1) Type O blood people must eat a lot of meat and avoid milk, yogurt and cheese, for example.

(2) Type O blood appeared before the other blood types.

(3) Type B diet, which is rich in yogurt, milk, cheese and meat, can cause diabetes.

(4) People who want to slow the ageing process or fight cancer and diabetes should follow the blood type diet.

(5) Type A blood people should eat many vegetables because this blood type is related to agriculture. Which of the statements above are TRUE, according to Peter D'Adamo's ideas?

(A) Only 1 and 3.

(B) Only 2 and 5.

(C) Only 4 and 5.

(D) Only 1, 4 and 5.

(E) Only 3, 4 and 5.

O objetivo da questão é verificar se o candidato compreendeu o exposto no texto, encontrando o conjunto de alternativas (1 a 5) que são defendidos por Peter D'Adamo. Importante que o candidato atente que deve combinar as alternativas numéricas para responder (a, b, c, d ou e).

1: correta, o texto afirma que o caçador ancestral tipo O deve ter uma dieta rica em carne, evitando grãos e laticínios (dairy); **2:** incorreta, o texto não menciona quando o tipo sanguíneo O surgiu, apenas fala sobre seu aparecimento, no parágrafo 1, antes dos outros ("type O blood arose in our Hunter-gatherer ancestors in Africa, type A at the dawn of agriculture, and B developed between 10,000 and 15,000 years ago in the Hymalayan highlands"); **3:** incorreta, o texto não cita qual a dieta adequada para o tipo B; **4:** correta, o texto diz que a dieta deve ser seguida para reduzir infecções, perder peso, combater câncer e diabetes, e desacelerar o processo de envelhecimento (parágrafo 2);

5: correta, no parágrafo 2 o autor diz que "com o meu sangue de base agrícola tipo A, por exemplo, eu deveria ser um vegetariano" (with my agriculture-based type A blood type, for example, I should be a vegetarian). Assim, com as alternativas numéricas 1, 4 e 5 correta,s a resposta deve ser D.

Gabarito "D"

(Oficial – PM-CBM/PR – 2015 – UFPR) - Consider the sentence: "There is good science behind the blood type diets, just like there was good science behind Einstein's mathematical calculations that led to the Theory of Relativity," Peter D'Adamo says this with the purpose of

(A) claiming that what he does is science.
(B) admitting that his experiment was based on the Theory of Relativity.
(C) rebutting the criticism towards his website.
(D) presenting an example which confirms his researches.
(E) stating that his study is based on mathematical calculations.

O objetivo da questão é verificar se o candidato compreendeu o propósito da afirmação de Peter D'Adamo (há ciência de qualidade dando suporte à dieta do tipo sanguíneo, assim como havia ciência de qualidade por traz dos cálculos matemáticos de Einstein que o conduziram a Teoria da Relatividade), encontrando a alternativa que a fundamenta.
A: correta, ao comparar sua pesquisa com a de Einstein, D'Adamo procura equipará-las de forma a trazer confiabilidade a seus estudos e, mesmo sem publicá-los, elevá-los à categoria de ciência; **B:** incorreta, D'Adamo quer apenas equiparar a qualidade de ambas teorias ao citar a teoria de Einstein, não dizer que a sua teoria se baseou na Teoria da Relatividade; **C:** incorreta, não há críticas ao website de D'Adamo, o que ele refutou foi a afirmação de que seu estudo não era científico; **D:** incorreta, ao mencionar a Teoria da Relatividade D'Adamo não cita exemplos ou dá resultados de suas pesquisas; **E:** incorreta, para afirmar que seu estudo era baseado em cálculos matemáticos D'Adamo deveria apresentar tais cálculos. Ele apenas afirmou que os cálculos matemáticos de Einstein eram de qualidade e que seus estudos tinham a mesma validade que aqueles cálculos.

Gabarito "A"

According to the text, what is correct to say about Peter D'Adamo?

(A) He is a Belgium scientist specialized in the area of nutrition.
(B) He receives the support of other doctors to carry out his researches.
(C) He claims that Albert Einstein also followed the blood type diet to stay healthy.
(D) He wrote a book, has a website and sells diet supplements based on his blood type diet.
(E) He published the findings of his research on blood type diets after an eight-year long trial.

O objetivo da questão é verificar se o candidato compreendeu quem é Peter D'Adamo e quais os dados apresentados sobre ele no texto.
A: incorreta, D'Adamo é um naturopata (medicina alternativa) e não é mencionada sua nacionalidade no texto (parágrafo 1); **B:** incorreta, não há menção no texto de que D'Adamo tenha recebido qualquer apoio de outros médicos; **C:** incorreta, D'Adamo não diz que Einstein seguiu a dieta do tipo sanguíneo para permanecer saudável, apenas mencionou o nome do cientista alemão para dar suporte científico a sua teoria (parágrafo 5); **D:** correta, D'Adamo realmente escreveu um livro, tem um website e vende suplementos para dieta (parágrafo 3); **E:** incorreta, D'Adamo não publicou as descobertas de suas pesquisas, mesmo após 18 anos de suas experiências (parágrafo 4).

Gabarito "D"

Choose the correct preposition for the following sentences. Close attention to some phrasal verbs.

(Oficial – PM/SC – 2015 – IOBV) "I look forward _ driving to L.A. with my friends by the end of the year."

(A) to
(B) at
(C) by
(D) in

A questão tem como objetivo identificar a melhor preposição para completar a sentença "Estou animado/ansioso para viajar de carro até L.A. com meus amigos no final do ano."
A: correta, a expressão é "look forward TO" desejar, aguardar com ansiedade, estar empolgado, motivado, que precisa ser seguida por um verbo no gerúndio ou um sintagma nominal; **B:** incorreta, pois a expressão "look forward AT" não é utilizada em inglês; **C:** incorreta, a expressão "look forward BY" também não é utilizada em inglês; **D:** incorreta, pois a expressão "look forward IN" não é utilizada em inglês.

Gabarito "A"

(Oficial – PM/SC – 2015 – IOBV) "She thinks she'll spend her whole life relying ___ that body."

(A) up
(B) in
(C) to
(D) on

A questão tem como objetivo identificar a melhor preposição para completar a sentença "Ela acha que vai passar a vida toda confiando/se apoiando ___ aquele corpo."
A: incorreta, pois uma forma correta seria "rely UPON"; **B:** incorreta, pois a expressão "rely IN" não é utilizada em inglês; **C:** incorreta, a expressão "rely TO" também não é utilizada em inglês; **D:** correta, pois, a expressão "RELY ON" significa "depositar sua confiança sobre" alguma coisa ou alguém, "se apoiar" em alguma coisa ou alguém, "depender" de algo ou alguma pessoa.

Gabarito "D"

(Oficial – PM/SC – 2015 – IOBV) "I hate when I'm talking __ you with those headphones _. You can't hear me!"

(A) with - over
(B) to - over
(C) with - on
(D) to - on

A questão tem como objetivo identificar a melhor par de preposições para completar a sentença "Eu odeio quando estou falando ___ você com esses fones de ouvido ____. Você não consegue/pode me ouvir!". Vejamos as alternativas:
A: incorreta, embora "talk WITH" (falar com) seja aceito e correto, é mais utilizado para conversas entre pessoas e não para uma pessoa direcionando uma fala para alguém, como no caso acima; **B:** incorreta, pois a expressão "with those headphones OVER" significa "com esses fones sobre/acima de sua cabeça", o que não é exatamente o que a pessoa que reclama está querendo dizer; **C:** incorreta, pelo mesmo motivo que a alternativa **A** está incorreta; **D:** correta, pois, "talk to" é utilizado quando uma pessoa dirige uma fala a outra, sem necessariamente esperar uma resposta e a expressão "with your headphones ON" significa com seus fones de ouvido não apenas sobre a cabeça, mas ligados, conectados.

Gabarito "D"

(Oficial – PM/SC – 2015 – IOBV) "The teacher said: Step ___ who wants play role with Margot Karten. So I did it!"

(A) to

(B) over

(C) forward

(D) at

A questão tem como objetivo identificar o melhor "phrasal verb" para completar a sentença "o professor disse: ___ aquele que quer representar com a Margot Karten. Então eu me apresentei!" Existem vários "phrasal verbs" que utilizam o verbo STEP, vejamos:

A: incorreta, pois "step to" significa "confrontar" (don't STEP TO that guy, he is a gangster!) ou "falar com" (all the guys wanted to STEP TO that girl at the club); **B:** incorreta, pois "step over" significa "pisar sobre" (STEP OVER a cable might be dangerous) ou "atravessar" (I had to STEP OVER a mud pool to get inside); **C:** correta, pois "step forward" significa oferecer ajuda (many divers STEPPED FORWARD to help the boys) ou, simplesmente, "dar um passo a frente", "se candidatar" (they were asked to STEP FORWARD if they want to be in the team); **D:** incorreta, pois "step at" é utilizada na expressão um passo de cada vez (one STEP AT a time) onde a preposição AT não está conectada com o verbo STEP, mas com A TIME.

Gabarito "C".

4. Redação

Alana Grimaldi

Leia os textos.

Texto 1

Todos os meses, Patrícia Bittencourt realiza em sua casa, em Mairiporã (SP), um evento chamado Brunch* Cantareira. Inicialmente voltado a amigos, o empreendimento ganhou fama e adeptos – há 80 pessoas na fila de espera para as próximas edições. Mas a maior atenção que o local atraiu, no entanto, foi por outro motivo: a política de não permitir a entrada de menores de 14 anos.

A proprietária diz que sua casa é um lugar perigoso para crianças, por ter escadas sem corrimão e parapeito sem proteção e afirma que não pretende reformar o local para fazer a adaptação. "Eu informo a todos que o local não é adequado para crianças", diz a dona do estabelecimento, o que é confirmado pelos clientes que frequentam o lugar. E complementa que, por ser sua residência e conhecer "perigos" existentes ali, é ela "quem determina as regras e limitações e não os pais, pois, se algo acontece com alguma criança ao frequentar o local, é também sua responsabilidade". Além disso, a proposta do brunch, segundo ela, é ser um ambiente tranquilo e descontraído para bate-papo. "Eu não tenho área de diversão, então as crianças ficam entediadas."

*Brunch: refeição matinal que serve, ao mesmo tempo, como café da manhã e almoço.

(Tatiana Dias, "Como um brunch levantou um intenso debate sobre a aceitação de crianças em restaurantes".

https://www.nexojornal.com.br. 26.11.2016. Adaptado)

Texto 2

Limitar o acesso de crianças a locais como restaurantes e pousadas pode trazer sossego aos atuais frequentadores, mas também criar muita polêmica e afugentar potenciais novos clientes.

Em outubro de 2016, o Brunch Cantareira virou alvo de críticas após vir à tona uma publicação feita em uma rede social 2 anos antes. O post informava que não era permitida no local a presença de crianças menores de 14 anos, por questões de segurança. Algumas pessoas acusaram o estabelecimento de preconceito e de excluir as crianças e, consequentemente, os pais.

Mas de acordo com o Procon-SP, não há problema em restringir o acesso de crianças, desde que isso seja informado previamente e de forma clara.

Já o advogado e professor de Direito Civil Gustavo Milaré Almeida explica que não há uma lei específica que proíba o estabelecimento de fazer isso e que, embora o Estatuto da Criança e do Adolescente determine que não deve haver discriminação, neste caso, opina ele, trata-se apenas de uma restrição. Esse tipo de restrição não é tão comum no Brasil, mas já é aceito em outros países, como EUA, Austrália e França, segundo Almeida. "No Brasil, por uma questão cultural, não há esse costume de não levar crianças e, por isso, a restrição é tão criticada."

(Thâmara Kaoru, "Restaurante pode proibir crianças? Entenda as regras para clientes e dono". http://economia.uol.com.br. 10.11.2016. Adaptado)

Texto 3

Sobre a polêmica a respeito da proibição de crianças em restaurantes, Renata Bermudez, consultora de disciplina positiva na consultoria familiar Sosseguinho, destaca a incapacidade de muitas pessoas de terem "um pouco de empatia com uma criança", o que se torna evidente toda vez que pais chegam em diferentes locais acompanhados de seus filhos pequenos e recebem olhares preocupados das pessoas presentes. O ideal, conforme ela, seria que as pessoas respeitassem as crianças como parte da sociedade e buscassem compreender que, para que elas aprendam a se comportar em determinados ambientes, elas precisam estar presentes neles.

Para a criadora do site Maternidade Simples, Melina Pockrandt, proibir a presença de crianças em determinados locais não vai resolver a tensão entre as pessoas e ainda pode abrir espaço para outras restrições. "Uma criança autista, por exemplo, pode ter uma crise e fazer um escândalo em qualquer ambiente, inclusive em lugares para crianças", diz. Outros frequentadores que se incomodassem com a criança teriam como justificar a restrição dela ao local.

(Vivian Faria, "Crianças em restaurantes: mães comentam a polêmica sobre proibição". http://www.gazetadopovo.com.br. 31.10.2016. Adaptado)

(Soldado – PM/SP – 2017 – VUNESP) Com base nos textos apresentados e em seus próprios conhecimentos, escreva uma dissertação sobre o tema:

A PROIBIÇÃO DE CRIANÇAS EM RESTAURANTES É UMA MEDIDA DISCRIMINATÓRIA?

INSTRUÇÕES PARA REALIZAÇÃO DA PROVA DE REDAÇÃO

1. Leia os fragmentos abaixo para desenvolver a proposta de redação.

"Para que essa repartição se faça com justiça, é preciso que todos procurem conhecer seus direitos e exijam que eles sejam respeitados, como também devem conhecer e cumprir seus deveres e suas responsabilidades sociais."

Dalmo de Abreu Dallari

"A Polícia Comunitária é o final de um movimento contínuo de reformas operacionais que começaram nos anos 60 [...]. A premissa é que a polícia não pode lidar sozinha com o problema do crime [...]. A polícia deve trabalhar em parceria com a comunidade, com o governo, outras agências de serviço e com o sistema de justiça criminal. A palavra de ordem deve ser: „Como podemos trabalhar juntos para resolver este problema? Portanto, as lideranças da comunidade devem estar envolvidas em todas as fases do planejamento do policiamento comunitário. "

Diretriz Para a Produção de Serviços de Segurança Pública Nº 3.01.06/2011-CG – Regula a aplicação da filosofia da Polícia Comunitária pela Polícia Militar de Minas Gerais

2. Tendo em vista os fragmentos apresentados e suas informações, produza um texto dissertativo-argumentativo sobre o tema em destaque: "Parceria e conscientização comunitária na solução de problemas de segurança pública."

3. Em sua dissertação procure ser claro, respeitando as regras gramaticais e ordenando os pensamentos em uma sequência metódica e lógica.

4. Escreva em uma linguagem impessoal, defendendo sua ideia por meio de uma análise com argumentos sólidos e consistentes.

5. DÊ UM TÍTULO À SUA DISSERTAÇÃO.

6. Desenvolva a sua dissertação no máximo em 30 (trinta) linhas e no mínimo em 120 (cento e vinte) palavras.

7. O valor da redação é de 100 (cem) pontos.

8. Use caneta esferográfica com tinta azul ou preta.

9. Escreva com letra cursiva ou de forma. Diferencie as letras MAIÚSCULAS das
MINÚSCULAS.

10. Será atribuída nota zero à redação:

a) cujo conteúdo versar sobre tema diverso do estabelecido;

b) que fuja da tipologia, tema e proposta da redação;

c) considerada ilegível ou desenvolvida em forma de desenhos, números, versos, espaçamento excessivo entre letras, palavras e parágrafos, bem como em códigos alheios à língua portuguesa escrita ou em idioma diverso do Português;

d) cujo texto seja, no todo ou em parte, cópia, transcrição ou plágio de outro autor;

e) que apresentar qualquer escrita, sinal, marca ou símbolo que possibilite a identificação do candidato.

Esteja atento em relação à redação, INDEPENDENTE do tema abordado.

Observações sobre a tipologia textual:

Quando produzimos um texto, a primeira coisa que devemos ter em mente é a tipologia textual. Em concursos e vestibulares, o tipo de texto mais pedido é o dissertativo-argumentativo.

Para esse tipo de texto existe uma estrutura e uma linguagem específicas e que devem ser respeitadas. Vejamos:

A estrutura do texto é feita em uma divisão simples: tese ou introdução (1 ou 2 parágrafos), desenvolvimento ou argumentação (2 a 4 parágrafos) e a conclusão(último parágrafo).

É na tese que você deverá deixar claro o assunto a ser tratado e o seu posicionamento em relação ao tema. É neste momento do texto que o autor (você) posicionar-se-á.

Quando falamos em posicionamento, é preciso fazer uma escolha quanto ao tema da redação. É possível posicionar-se contra ou a favor do tema? É uma escolha possível? Normalmente, sim. Você também poderá apresentar pontos positivos e negativos em relação ao tema, dessa maneira, não tem que explicitar o seu posicionamento. Apresentará apenas as possibilidades.

Nos parágrafos seguintes, da argumentação em si, você justificará, por meio de argumentos, a sua tese.

Sua justificativa poderá acontecer por diferentes meios: exemplificação (muito cuidado para não se perder em grandes narrativas e fugir da tipologia do texto); diferenciação histórica (passado X presente); relação de causa e efeito, entre outras. O mais importante é, nessa parte do texto, deixar claro o SEU conhecimento a respeito da temática do texto.

E, finalmente, na conclusão, você terminará seu texto de três maneiras possíveis: retomada da tese, síntese do texto ou pergunta retórica. A última retomaremos, para que fique bem clara.

A pergunta retórica, como o próprio nome diz, "é uma interrogação que **não tem como objetivo obter uma resposta**, mas sim estimular a reflexão do individuo sobre determinado assunto", ou seja, é utilizada na conclusão para fazer o leitor do texto refletir sobre algo já explicado em sua redação.

Outro fator muito importante nesse tipo de texto é a LINGUAGEM a ser utilizada.

Não se pode, em hipótese alguma, fazer uso da primeira pessoa.

Alguns concursos e vestibulares podem considerar a 1ª pessoa do plural, mas quanto mais IMPESSOAL seu texto, melhor.

Procure usar a terceira pessoa. Dessa maneira, seu texto será impessoal: "Como manda o figurino".

Fala-se sempre que: uma dissertação tem o ponto de vista de quem escreve de maneira IMPLÍCITA (escondida) e deve ser UNIVERSAL (escrita para ser compreendida por qualquer pessoa que venha a lê-lo).

Por isso a 3ª pessoa, do singular ou do plural, é a melhor maneira de escrever seu texto.

Expressões que generalizem seu ponto de vista, também são bem-vindas:

Pensa-se que

Acredita-se

A população age de maneira que

São alguns exemplos os quais você poderá utilizar em seus textos.

Outro ponto muito importante é a PROGRESSÃO do seu texto. Há dois fatores, de suma importância, que farão com que seu texto seja muito bom: coesão e coerência. Vamos falar um pouco sobre eles, para que não o atrapalhem em sua jornada.

A COESÃO de um texto está intimamente ligada ao uso das conjunções. São elas que relacionam as frases, orações e períodos, atribuindo-lhes significados e "relações" semânticas, os sentidos do texto. Para isso, seguem dois quadros que poderão auxiliá-los no processo de estudos.

TIPOS	CIRCUNSTÂNCIAS QUE EXPRESSAM	PRINCIPAIS CONJUNÇÕES	EXEMPLOS
CAUSAIS	causa, motivo	porque, visto que, porquanto, como	Comprei apenas as revistas, **porque** nenhum livro me interessou.
COMPARATIVAS	comparação	como, que, (mais, menos) do que	Ele tem estudado **como** um obstinado.
CONCESSIVAS	concessão	embora, a menos que, se bem que, ainda que	**Embora** tudo tenha sido cuidadosamente planejado, ocorreram vários imprevistos.
CONDICIONAIS	condição	se, caso, desde que, contanto que	Deixe um recado se você não me encontrar em casa.
CONFORMATIVAS	conformidade	conforme, como, segundo	Tudo ocorreu **conforme** estava previsto.
CONSECUTIVAS	consequência	que (precedido de tal, tão, tanto), de modo que	A casa custava **tão** cara que ela desistiu da compra.
FINAIS	finalidade	para que, a fim de que, que	Sentei-me na primeira fila, **a fim de** que pudesse ouvir melhor.
PROPORCIONAIS	proporção	à medida que, à proporção que	**À proporção que** remávamos, eu lhe ia contando a história.
TEMPORAIS	tempo, momento	quando, enquanto, logo que, assim que	Eu me sinto segura **assim que** fecho a porta da minha casa.

Circunstâncias	**Explicação**	**Conjunção Coordenativa**
Aditivas	Expressam soma, adição.	E, Nem, Não só... mas também, Não só... como também, Bem como, Não só... mas ainda.
Adversativas	Expressam contraste ou oposição de pensamento.	Contudo, Entretanto, Mas, Não obstante, No entanto, Porém,Todavia.
Alternativas	Expressam exclusão ou alternância de pensamentos.	Já... já, Ora... ora, Ou, Ou... ou, Quer... quer, Seja... seja, Talvez... talvez.
Conclusivas	Expressam conclusão de pensamento.	Assim, Logo, Por conseguinte, Por isso, Portanto, Pois.
Explicativas	Expressam razão, motivo.	Que, Porquanto, Porque, Pois.

Já a COERÊNCIA está ligada à lógica do texto. Não uma lógica pessoal, o que é lógico para você, pode não ser para algumas pessoas. Na redação, essa lógica deve "atingir" o maior número de pessoas possível, pensando na sociedade em geral. Além disso, seus argumentos não devem ferir princípios básicos da sociedade como respeito ao próximo e os Direitos Humanos.

Esgote um assunto, em um período ou parágrafo, para dar início a outro. Isso também impedirá seu texto de ser circular, ou seja, um texto que fica dando voltas e falando a mesma coisa com palavras e/ou expressões sinonímicas.

Gostaria de falar sobre o TÍTULO do seu texto.

Fator também muito importante.

Algumas pessoas preferem escolher o título antes de escrevê-lo, outras preferem fazê-lo depois do texto pronto. Você, ao estudar, encontrará a SUA melhor maneira, para isso não existe uma regra; a regra é aquela com a qual você melhor se adaptar.

Entretanto, seu título deve ser cativante e criativo e, sobretudo, estar CONECTADO ao seu texto.

Lembre-se: ele é a primeira coisa que o avaliador lerá!

Observações sobre os critérios de leitura e análise do texto:

Uma redação NUNCA é lida por apenas um corretor. Embora exista um fator subjetivo na correção do texto, há também regras claras e objetivas, que fazem com que uma boa correção possa ser justificada.

Se você seguir os critérios da tipologia textual e algumas dicas, sobre as quais falaremos, dificilmente não atingirá seu objetivo.

A letra é outro fator importante. Ela não tem que ser "bonita"; mas é imprescindível que seja compreendida, decodificável. Corretores não ficarão tentando interpretar o que foi escrito por você.

Há três tipos de letra: cursiva (ou chamada de letra de mão), letra de forma, letra mista. Todas são aceitas em concursos, na parte da redação. O que deve ficar claro é que a letra maiúscula deve ser maior que a minúscula. Pode parecer óbvio, mas pessoas acostumadas a escrever com letras de forma ou mista, por vezes, as fazem do mesmo tamanho. Caso isso ocorra, você perderá pontos na redação, pois será considerado TUDO um único tipo de letra.

O parágrafo também deve ser "marcado", ou seja, deve ser feito um distanciamento de 2 a 3,5 cm da margem ao início de cada parágrafo.

Seu texto não poderá possuir marcas e/ou qualquer tipo de "código" que o diferencie. Por exemplo, o i possui pingo, bem como o j (minúsculo) e não "bolinha". Isso poderá desclassificá-lo, ZERANDO seu texto.

Outro fator relevante é o uso que fará da COLETÂNEA. Você deverá ler TODOS os textos que acompanham a proposta e utilizá-los na produção da sua redação, porém não devem ser copiados, nem tampouco plagiados. Seu texto deve ser ORIGINAL, o que não impossibilita que faça citações (falas de especialistas, dados, são permitidos e bem vistos em uma dissertação). Estas, porém, NÃO podem ter mais do que 3 linhas de seu texto (AO TODO), ou seja, caso faça duas citações, cada uma NÃO pode ultrapassar 1,5 linhas.

Observações sobre os critérios de correção do texto:

Os critérios de correção são divididos em 3 partes. Dividiremos em A, B e C.

A - Tema/Gênero:

Há uma conferência da abordagem do tema feita por meio de palavras-chave (as mesmas da proposta).

B – Coerência/Coesão:

Serão analisadas existência (ou não) de lacunas no raciocínio do texto, de que modo os elementos a ele trazidos se relacionam com a tese (quanto mais surgem questões como "por quê?"ou "como?", menor é a nota).

C – Modalidade:

Consideram-se aqui a quantidade e a gravidade dos erros.

Pontuação, ortografia, concordância, estruturação sintática – são considerados erros distintos.

A grafia errada de uma mesma palavra (escrita da mesma maneira) = 1 erro.

A grafia errada de uma mesma palavra (escrita de maneira diferente) = erros distintos.

FIQUE ATENTO: Quanto mais básico o erro, maior será a sua gravidade (translineação, separação silábica, confusão de verbos terminados em –am/-ão, segmentação, etc.).

Falando sobre o tema:

Tema 1:

A PROIBIÇÃO DE CRIANÇAS EM RESTAURANTES É UMA MEDIDA DISCRIMINATÓRIA?

O primeiro passo é encontrar as palavras-chave da proposta. Neste caso: proibição, crianças, medida discriminatória.

A partir deste ponto, o autor do texto deverá escolher qual caminho seguirá: é uma medida discriminatória OU é apenas uma escolha de quem realiza o evento ou é dono do local em questão.

Na parte da argumentação, algumas perguntas devem ser respondidas: <u>por quê</u> e <u>como</u> devem ser aspectos claros, respondidos sem dar margens para dúvidas e questionamentos.

Você pode e deve utilizar os textos dados na proposta, ou seja, os textos de apoio, mas não deve utilizar apenas as informações que eles trouxerem, é preciso também usar dados e informações que você tenha adquirido com suas leituras, estudos e com a vida. É o chamado "conhecimento de mundo".

Essa argumentação poderá seguir diferentes caminhos: causa e efeito, exemplificação, fatores históricos, etc. Independente da sua escolha, lembre-se que ela será a sua fonte para "mostrar" ao corretor o quanto sabe a respeito do texto.

Depois de deixar seu ponto de vista claro e justificá-lo nos parágrafos seguintes, você deverá escolher qual é o tipo de conclusão mais adequada para seu texto (de acordo com o que deseja fazer: retomar a tese, sintetizar seu texto – caso haja excesso de dados, porcentagens, citações – ou ainda utilizar uma pergunta retórica – que levará o corretor/leitor a refletir sobre um ponto específico abordado por você em seu texto.

Um ponto que não deve ser, jamais, esquecido é o fato de a linguagem manter um distanciamento, ou seja, usar a **terceira pessoa**.

Tema 2:

"Parceria e conscientização comunitária na solução de problemas de segurança pública."

O primeiro passo é encontrar as palavras-chave da proposta. Neste caso: parceria, conscientização comunitária, problemas e segurança pública.

Essas palavras devem estar na tese, mais precisamente no primeiro e segundo parágrafos.

Embora essa proposta traga apenas dois fragmentos, ela fala de um assunto frequente em nossa sociedade e de profundo interesse para aqueles que estão interessados em fazer parte de uma corporação como a polícia e/ou ligada à segurança pública.

O primeiro é um excerto de texto de Dalmo de Abreu Dallari, considerado um dos maiores juristas brasileiros, autor de muitos livros e artigos e também professor emérito da Faculdade de Direito da Universidade de São Paulo.

O segundo é um fragmento sobre a Diretriz Para a Produção de Serviços de Segurança Pública, que regula a aplicação da filosofia da Polícia Comunitária pela Polícia Militar de Minas Gerais; mas que deve também ser levada em consideração em relação ao tema, visto que fala da relação da polícia com a comunidade como um todo.

Além disso, o conhecimento pessoal de cada autor do texto é que irá diferenciá-lo.

A construção deve ocorrer da mesma maneira que a do tema 1, respeitando a estrutura do texto e as possibilidades em relação ao caminho que se quer seguir.

Conclusões:

Se levar em consideração todos os pontos abordados nestas propostas, você poderá escrever qualquer texto dissertativo-argumentativo, independente da proposta que se ligue a ele.

Respeite o que foi falado. Leia muito, principalmente textos informativos: jornais, revistas, artigos, etc., pois são textos que facilitarão os seus processos argumentativos.

Leia textos (já corrigidos) de processos anteriores, os melhores ficam disponíveis na Internet.

Treine a escrita. Faça textos com base em redações anteriores, mas fique atento ao que acontece no Brasil e no mundo nos meses que antecedem o seu exame, pois pode haver algum tema relacionado aos fatos que ocorreram em nossa sociedade.

Se possível, tenha seus textos corrigidos e tire suas dúvidas com um profissional de sua escolha.

5. Informática Básica

Helder Satin

(Soldado – PM/SP – VUNESP – 2019) Considere um computador com o Microsoft Windows 10, em sua configuração original, sem nenhuma janela aberta. Como primeira ação, o usuário abre o WordPad e maximiza a janela. Em seguida abre o Bloco de Notas e maximiza a janela.

Assinale a alternativa que indica qual(is) janela(s) aparecerá(ão) na tela do computador quando o usuário clicar no botão indicado na imagem a seguir, na janela do Bloco de Notas, exibida parcialmente.

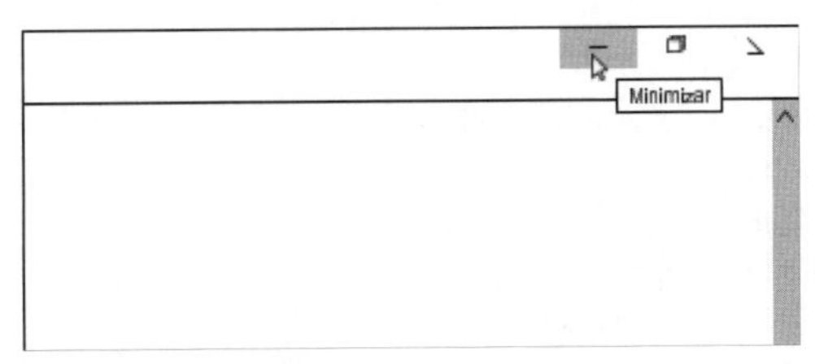

(A) As opções do Menu Iniciar.

(B) O Wordpad.

(C) O Bloco de Notas.

(D) A Área de Trabalho.

(E) O Wordpad e o Bloco de Notas lado a lado.

A interface do Windows utiliza o conceito de uma janela para exibir cada programa aberto no computador, sendo possível ter vários programas e consequentemente várias janelas abertas, sendo que cada janela se sobrepõe às outras quando está ativa, funcionando como uma pilha onde a janela ativa sempre é enviada para o começo da pilha. Neste caso primeiro o Wordpad é aberto e na sequência o Bloco de Notas é executado, indo para o início da pilha, o botão em questão minimiza a janela, enviando-a para a barra de tarefas, assim ao ser minimizado o item seguinte é exibido, neste caso o Wordpad. Portanto apenas a alternativa D está correta.

Gabarito "B"

(Soldado – PM/SP – VUNESP – 2019) Considerando o Microsoft Word 2010, em sua configuração padrão, assinale a alternativa que apresenta um trecho de um documento com as marcas de parágrafo ativadas.

(A)

- Presidente
- Vice-Presidente
- Diretores
- Gerentes
- Supervisores

(B)

Projeto	Responsável
Automação de rotinas	João Pedro
Otimização de processos	Ricardo Augusto

Dicas para apresentação

- Considerara a expectativa da audiência
- Respeita o tempo reservado

(D)

O projeto apresenta um atraso **considerável** por conta de sucessivas falhas na identificação dos requisitos.

(E)

- Poder Executivo
  - Presidente
- Poder Legislativo
  - Presidente da Câmara
- Poder Judiciário
  - Ministros

A, B, C, D e E: O Word possui a opção de exibir marcas de parágrafo e outros símbolos de formatação a partir da função "Mostrar Tudo", nela os parágrafos são indicados por uma seta apontando para a direita, portanto apenas a alternativa C está correta.

Gabarito "C"

Considere a seguinte planilha criada no Microsoft Excel 2010, em sua configuração padrão para responder as questões seguintes.

	A	B	C	D
1	Data	Incidente	Status	
2	02/mai	55	ENCERRADO	
3	02/mai	77	EM ABERTO	
4	03/mai	129	ENCERRADO	
5	03/mai	192	ENCERRADO	
6	03/mai	268	EM ABERTO	
7	08/mai	364	EM ABERTO	
8	09/mai	394	ENCERRADO	
9	10/mai	433	ENCERRADO	
10	10/mai	519	EM ABERTO	
11				
12				
13		ENCERRADO		
14				

(Soldado – PM/SP – VUNESP – 2019) Assinale a alternativa com a fórmula a ser inserida na célula C13 para contar a quantidade de vezes em que aparece a palavra ENCERRADO no intervalo entre C2 e C10.

(A) =CONT.CASOS(C2:C10;B13)

(B) =CONT.SE(C2:C10)

(C) =CONT(C2:C10;B13)

(D) =CONT.SE(C2:C10;B13)

(E) =CONT.ENCERRADOS(C2:C10)

O Excel possui uma função que permite contar o número de células não vazias que correspondam a uma determinada condição, a função CONT.SE recebe como parâmetros um intervalo de células e a condição, neste caso para determinar o número de vezes que a palavra

ENCERRADO aparece no intervalo C2 até C10, basta usar a função =CONT.SE(C2:C10;B13) onde C2:C10 define o intervalo desejado e B13 é a célula que contém o valor a ser comparado. Portanto apenas a alternativa D está correta.

Gabarito "D"

(Soldado – PM/SP – VUNESP – 2019) Assinale a alternativa que indica qual conteúdo será apagado se o usuário der um clique simples com o botão principal do mouse sobre o local destacado a seguir, e pressionar a tecla DEL.

1	Data	Inci
2	02/mai	
3	02/mai	
4	03/mai	

(A) A coluna A inteira, apenas.
(B) Todas as células que não contêm fórmulas, apenas.
(C) A linha 1 inteira, apenas.
(D) Todas as células que contêm fórmulas, apenas.
(E) A planilha inteira.

O botão indicado faz com que todas as células da planilha em edição sejam selecionadas, com isso ao pressionar a tecla DEL, todo o conteúdo da planilha seria excluído, portanto apenas a alternativa E está correta.

Gabarito "E"

(Soldado – PM/SP – VUNESP – 2019) No Microsoft PowerPoint 2010, em sua configuração original, um usuário está em modo de apresentação, exibindo o segundo slide, em uma apresentação de 10 slides, sem nenhum slide oculto, tampouco animações, transições, ou botões de ação. Assinale a alternativa que indica a(s) tecla(s) que deve(m) ser pressionada(s) para finalizar a apresentação.

(A) HOME
(B) ESC
(C) F5
(D) END
(E) SHIFT+F5

A: Errada, a tecla HOME levaria a apresentação para o primeiro slide. **B:** Correta, a tecla ESC finaliza o modo de apresentação, voltando para o modo de edição de slides. **C:** Errada, a tecla F5 é usada para iniciar o modo apresentação do PowerPoint. **D:** Errada, a tecla END faria a apresentação ir para o último slide. **E:** Errada, o atalho SHIFT + F5 inicia o modo de apresentação a partir do slide atualmente em edição. Portanto apenas a alternativa B está correta.

Gabarito "B"

(Soldado – PM/SP – VUNESP – 2019) No Microsoft Outlook 2010, em sua configuração padrão, tem-se os dados de uma mensagem que foi enviada.

De: Antonio Para: Andrea Cc: Rodrigo Cco: Fernando

Ao receber a mensagem, Rodrigo clicou no botão Encaminhar. Assinale a alternativa que indica a quantidade de destinatários que o aplicativo automaticamente preenche na nova mensagem que será preparada.

(A) 0
(B) 2
(C) 4
(D) 3
(E) 1

Ao usar a função Encaminhar, não haverá nenhum endereço automaticamente preenchido, ficando a cargo do usuário indicar para quem a mensagem será encaminhada. Se fosse utilizada a função Responder, os endereços do campo "De" viriam preenchidos como destinatários e se fosse usada a função Responder a Todos, além dos endereços do campo "De" o campo "Cc" também viria preenchido com os mesmo destinatários, apenas o campo "Cco" relativo à cópia oculta não seriam considerados. Portanto apenas a alternativa A está correta.

Gabarito "A"

(Soldado – PM/SE – IBFC – 2018) Quanto aos principais e mais conhecidos protocolos específicos de e-mail, analise as afirmativas abaixo e assinale a alternativa correta:

I - TCP
II - POP
III - SMTP

Estão corretas as afirmativas:

(A) I e II, apenas
(B) II e III, apenas
(C) I e III, apenas
(D) I, II e III estão corretas

O protocolo TCP é um protocolo de comunicação usado para garantir uma comunicação confiável, ordenada e livre de erros; O protocolo POP é usado para recebimento de mensagens de correio eletrônico; O Protocolo SMTP é usado para envio de mensagens de correio eletrônico. Portanto apenas a alternativa B está correta.

Gabarito "B"

(Soldado – PM/SE – IBFC – 2018) Um exemplo típico e clássico de uma rede de computadores do tipo WAN (*Wide Area Network)* é a própria:

(A) rede local
(B) rede Wi-Fi
(C) rede metropolitana
(D) Internet

A: Errada, uma rede local é um exemplo de uma LAN (Local Area Network), uma rede dentro de um espaço físico definido, como uma casa ou um prédio. **B:** Errada, uma rede Wi-Fi é um exemplo de uma WLAN (Wireless Local Area Network), uma rede local de acesso sem fio. **C:** Errada, uma região metropolitana é um exemplo de uma MAN (Metropolitan Area Network) que conecta diversas redes locais dentro de uma área de alguns quilômetros. **D:** Correta, o WAN (Wide Area Network) é uma rede de grande alcance, abrangendo grandes áreas, assim como a Internet.

Gabarito "D"

(Soldado – PM/SE – IBFC – 2018) Tanto em hardware como em software utiliza-se do conceito de bit (*Binary Digit*). O bit é representado matematicamente por:

(A) 0 e 1
(B) 1 e 2
(C) 1 e -1
(D) A e B

Um bit é representado por dois valores possível, 0 ou 1, portanto apenas a alternativa A está correta.

Gabarito "A"

(Soldado – PM/SE – IBFC – 2018) Quanto ao Windows 7 e também aos principais navegadores da Internet, analise as afirmativas abaixo, dê valores Verdadeiro (V) ou Falso (F):

( ) Google Chrome não pode ser instalado no Windows 7. ( ) Windows Explorer é o principal navegador do Windows 7.

( ) O navegador Opera pode ser instalado no Windows 7.

Assinale a alternativa que apresenta a sequência correta de cima para baixo:

(A) V - F - F
(B) V - V - F
(C) F - V - V
(D) F - F - V

Não há restrições de instalação do Google Chrome na versão 7 ou posterior do Windows; O Windows Explorer é usado para visualizar a estrutura de pastas e arquivos do computador e não para navegar na Internet; O navegador Opera pode ser instalado no Windows 7 ou qualquer outra versão posterior. Portanto a ordem correta de preenchimento é F – F – V e assim apenas a alternativa D está correta, devendo ser assinalada.

Gabarito "D"

(Soldado – PM/SE – IBFC – 2018) O software livre que é compatível com os formatos do Microsoft Office 2003/2007/2010 (Word, Excel e Power Point), e disponível para o Sistema Operacional Windows (XP/7/8), é o:

(A) OpenDrive
(B) WinZip
(C) LibreOffice
(D) DropBox

A: Errada, OpenDrive é um sistema de armazenamento de dados na nuvem. **B:** Errada, o WinZip é um programa usado para compactar arquivos em formato zip. **C:** Correta, o LibreOffice é uma suíte de aplicativos para escritório compatível com os formatos usados pelo Microsoft Office. **D:** Errada, Dropbox é um sistema de armazenamento de dados na nuvem.

Gabarito "C"

(Soldado – PM/SE – IBFC – 2018) Referente aos conceitos de segurança da informação aplicados a TIC, assinale a alternativa que NÃO representa tipicamente um *malware*:

(A) worm
(B) hacker
(C) spyware
(D) trojan

A: Errada, worm é um programa capaz de se propagar automaticamente sem a necessidade de um programa hospedeiro **B:** Correta, hacker não define um malware mas sim um indivíduo que se interessa em descobrir a fundo detalhes de sistemas e dispositivos a fim de encontrar falhas ou leva-los ao limite. **C:** Errada, spyware é um programa que monitora as atividades do usuário e envia essas informações à terceiros. **D:** Errada, trojan é um programa que executa uma ação esperada pelo usuário, mas também realiza ações não desejadas, como manter uma porta de conexão aberta para invasão

Gabarito "B"

(Soldado – PM/SE – IBFC – 2018) No processo de formatação de um disco rígido o sistema de arquivos padrão que deverá ser utilizado para permitir o uso do Sistema Operacional Windows (XP/7/8) é o:

(A) FAT 64
(B) NTFS
(C) WINFS
(D) HPFS

A: Errada, também conhecido como exFAT, não é a opção padrão para as versões do Windows XP ou posterior, embora seja compatível com eles e também algumas versões do MacOS X. **B:** Correta, o sistema de arquivos, que define parâmetros da forma como os arquivos são armazenados no disco rígido, utilizado pelo Windows XP e versões posteriores é o NTFS. **C:** Errada, o WINFS foi um sistema de arquivos idealizado pela Microsoft porém descontinuado, não chegando a ser usado em nenhuma versão oficial do Windows. **D:** Errada, o HPFS é um sistema de arquivos utilizado pelo sistema operacional OS/2 desenvolvimento pela IBM e suportado por algumas distribuições do Linux.

Gabarito "B"

(Soldado – PM/SE – IBFC – 2018) Em uma planilha eletrônica Excel, do pacote da Microsoft Office 2003/2007/2010, a fórmula =SOMA(B3:C4) é equivalente a:

(A) =BC3+BC4
(B) =B3+C4
(C) =B3+B4+C3+C4
(D) =B1+B2+B3+C1+C2+C3+C4

A fórmula de SOMA aceita como argumentos uma série de células ou um conjunto de células adjacentes com seus delimitadores separados por dois pontos, portanto o argumento B3:C4 compreende todas as células desta matriz, que são B3, B4, C3 e C4, portanto é equivalente a =SOMA(B3+B4+C3+C4) assim apenas a alternativa C está correta.

Gabarito "C"

(Soldado – PM/SE – IBFC – 2018) Leia a frase abaixo referente a lixeira do Sistema Operacional Windows (XP/7/8):

"Com a tecla______pode-se mover um arquivo para a lixeira e depois podendo ser restaurado. No entanto, com as teclas_________exclui-se diretamente o arquivo sem enviar para a lixeira".

Assinale a alternativa que completa correta e respectivamente as lacunas:

(A) Delete / Shift+Delete
(B) Esc / Shift+Esc
(C) Delete / Ctrl+Delete
(D) Alt / Ctrl+Alt

Para remover um arquivo no Windows basta selecioná-lo e pressionar a tecla Delete, assim o arquivo é enviado para a Lixeira, de onde posteriormente poderá ser excluído permanentemente ou recuperado, porém caso a tecla Shift seja pressionada em conjunto com a tecla Delete o arquivo é excluído permanentemente de forma imediata, portanto apenas a alternativa A está correta.

Gabarito "A"

(Soldado – PM/SE – IBFC – 2018) Para iniciar uma apresentação, desde o começo, desenvolvida no Powerpoint do pacote da Microsoft Office 2003/2007/2010, deve-se utilizar especificamente a tecla:

(A) F1
(B) F2
(C) F5
(D) F12

A: Errada, a tecla F1, em qualquer ferramenta do Office e em diversos outros programas, ativa a Ajuda. **B:** Errada, a tecla F2 ativa a função Selecionar Tudo. **C:** Correta, a tecla F5 faz o PowerPoint entrar em modo de apresentação, e o atalho Shift + F5 entra no modo de apresentação começando do slide atualmente em exibição. **D:** Errada, a tecla F12 ativa a função Salvar Como.

Gabarito "C"

(Soldado – PM/SP – 2017 – VUNESP) Com relação ao Microsoft Windows 7, em sua configuração original, assinale a alternativa que indica funções que podem ser realizadas usando apenas recursos do aplicativo Windows Explorer.

(A) Navegar na internet.

(B) Apagar e renomear arquivos e pastas.

(C) Ver o conteúdo da Área de Transferência.

(D) Ligar e desligar o computador.

(E) Editar textos simples, sem recursos de formatação.

A: incorreta, o aplicativo padrão do Windows que permite a navegação na internet é o Internet Explorer e não o Windows Explorer; **B:** correta, o Windows Explorer é o aplicativo que permite manipular os arquivos do computador, sendo possível criar, apagar, modificar e renomear arquivos e pastas; **C:** incorreta, não é possível visualizar o conteúdo da área de transferência pelo Windows Explorer porém é possível acessar este conteúdo pela função de colar; **D:** incorreta, a partir do Windows Explorer não é possível ligar ou desligar o computador, ações que podem ser realizadas pelo Menu Iniciar; **E:** incorreta, o Windows Explorer não permite realizar a edição de textos diretamente por ele, sendo necessário um aplicativo como o Bloco de Notas para tal fim.

Gabarito "B"

(Soldado – PM/SP – 2017 – VUNESP) Um usuário selecionou uma frase de um texto editado no Microsoft Word 2010, em sua configuração padrão. Essa frase tinha palavras com formatação em negrito e sublinhado. Assinale a alternativa correta.

(A) Ao pressionar as teclas CTRL+C, a frase selecionada será eliminada do documento, e o usuário poderá colá-la em outro ponto do documento usando a tecla Delete, porém sem as formatações feitas previamente.

(B) Se o usuário pressionar as teclas CTRL+X, eliminará a frase selecionada do documento e não conseguirá colá-la usando as teclas CTRL+V, pois a frase não terá sido copiada para a Área de Transferência.

(C) Pressionando-se as teclas CTRL+C, a frase selecionada será eliminada do documento, mas o usuário poderá colá-la em outro ponto do documento, usando as teclas CTRL+V, mantendo todas as formatações que estavam aplicadas.

(D) Se o usuário pressionar a tecla Delete, a frase selecionada será eliminada do documento, mas poderá ser colada novamente em outra parte do documento, usando-se as teclas CTRL+V, mantendo todas as formatações que lhe estavam aplicadas.

(E) Se o usuário pressionar as teclas CTRL+X, eliminará a frase selecionada do documento e poderá usar as teclas CTRL+V para colá-la em outro ponto do documento, mantendo todas as formatações que estavam aplicadas.

A: incorreta, o atalho Ctrl + C copia o conteúdo selecionado para área de transferência permitindo que o usuário cole tal conteúdo em outro local utilizando o atalho Ctrl + V, e a tecla Delete irá apenas excluir o texto localizado à direita do cursor de texto; **B:** incorreta, ao utilizar o atalho Ctrl + X para acessar a função de recortar o trecho selecionado é removido do texto e colocado na área de transferência para que possa ser colado em outro local; **C:** incorreta, a função Ctrl + C não remove o texto selecionado, ela apenas copia o conteúdo para a área de transferência; **D:** incorreta, a tecla Delete irá remover o trecho porém não o enviará para a área de transferência; **E:** correta, a tecla Ctrl + X recorta o trecho selecionado removendo-o do texto e alocando-o na área de transferência para que possa ser copiado por meio do atalho Ctrl + V em outro local, mantendo sua formatação durante o processo.

Gabarito "E"

(Soldado – PM/SP – 2017 – VUNESP) Observe a planilha a seguir, criada no Microsoft Excel 2010, em sua configuração original.

	A	B	C	D	E	F
1	Nome	Cidade	UF	Sexo	Idade	
2	João	São Paulo	SP	Masc	65	
3	Ricardo	São Paulo	SP	Masc	51	
4	Pedro	São Paulo	SP	Masc	89	
6	Marta	São Paulo	SP	Fem	78	
9						
10						

Assinale a alternativa que indica quantas colunas estão com algum tipo de filtro aplicado.

(A) 3.

(B) 2

(C) 5

(D) 1

(E) Nenhum

Nas planilhas do Microsoft Excel é possível aplicar filtros que facilitam a localização de informações no documento, cada filtro é identificado pelo ícone e quando um filtro é utilizado este ícone se altera para . Logo na planilha apresentada há apenas um filtro aplicado, na coluna E, portanto apenas a alternativa D está correta.

Gabarito "D"

(Soldado – PM/SP – 2017 – VUNESP) No Microsoft PowerPoint 2010, em sua configuração padrão, um usuário criou uma apresentação com 20 slides, mas deseja que o slide 5, sem ser excluído, não seja exibido na apresentação de slides. Assinale a alternativa que indica a ação correta a ser aplicada ao slide 5 para que ele não seja exibido durante a apresentação.

(A) Animação Desaparecer.

(B) Ocultar Slide.

(C) Transição de slides Cortar.

(D) Plano de fundo Branco.

(E) Transição com duração de 0 segundo.

A: incorreta, a animação Desaparecer é usada apenas para controlar a forma como um conteúdo é exibido durante a apresentação de slides; **B:** correta, a função Ocultar Slide, que pode ser selecionada pelo grupo Configurar da aba Apresentação de Slides ou por um clique com o botão direito no slide desejado, oculta um slides da apresentação sem removê-lo do arquivo em edição; **C:** incorreta, as transições de slide definem a forma pela qual a apresentação passa de um slide para outro; **D:** incorreta, alterações no plano de fundo de um slide não fazem com que este deixe de ser exibido no modo de apresentação; **E:** incorreta, não é possível inserir um tempo de duração igual a 0 para uma transição no PowerPoint.

Gabarito "B"

(Soldado – PM/SP – 2017 – VUNESP) João recebeu uma mensagem de correio eletrônico com as seguintes características:

De: Pedro

Para: João; Marta

Cc: Ricardo; Ana

Usando o Microsoft Outlook 2010, em sua configuração padrão, ele usou um recurso para responder a mensagem que manteve apenas Pedro na lista de destinatários. Isso significa que João usou a opção:

(A) Responder.
(B) Arquivar.
(C) Marcar como não lida.
(D) Responder a todos.
(E) Marcar como lida.

A: correta, a função Responder irá enviar a resposta apenas para o remetente da mensagem original; **B:** incorreta, a função Arquivar é usada apenas para arquivos mensagens de forma a melhor organizar a caixa de mensagens do usuário; **C:** incorreta, a função Marcar como não lida apenas marca a mensagem como não lida para que fique em destaque na caixa de mensagens; **D:** incorreta, a função Responder a todos enviará a mensagem de resposta para todos os destinatários da mensagem original; **E:** incorreta, a função Marcar como lida apenas marca uma mensagem como lida para que não fique em destaque.

Gabarito "A"

(Soldado – PM/PI – 2017 - Nucepe) Ainda quanto à ferramenta MS Word 2007, assinale a afirmativa correta.

(A) O botão Proteger Documento, na guia Revisão, grupo Proteger, permite restringir o modo como as pessoas podem acessar o documento.
(B) O menu de opções para proteção do documento pode ser acessado através do botão Proteger Documento, na guia Inserir.
(C) A opção Tabelas Rápidas, do grupo Tabelas, permite definir tabelas com colunas de larguras fixas e linhas com larguras variáveis.
(D) O botão Cabeçalho e Rodapé, na guia Inserir, grupo Cabeçalho e Rodapé, permite a inserção de um cabeçalho no alto de cada página impressa.
(E) O botão Bibliografia e Citação, na guia Referências, grupo Citações e Bibliografias, permite a inserção de uma bibliografia que lista todas as fontes citadas no texto.

A: correta, a função Proteger Documento permite que você restrinja o que pode ser feito no arquivo, como, por exemplo, impedir alterações de formatação, impor que alterações sejam controlados ou permitir apenas comentários; **B:** incorreta, o menu de opções para proteção do documento se encontra na guia Revisão, no grupo Proteger; **C:** incorreta, a opção Tabelas Rápidas permite inserir uma tabela com um formato pré-determinado como, por exemplo, uma lista tabular, matriz, com subtítulos ou em formato de calendário; **D**: incorreta, "Cabeçalho" e "Rodapé" são botões independentes dentro do grupo "Cabeçalho e Rodapé" da guia Inserir; **E:** incorreta, o botão que permite a inserção de uma bibliografia com a lista das fontes citadas é o "Bibliografia".

Gabarito "A"

(Soldado – PM/PI – 2017 - Nucepe) Acerca da ferramenta MS PowerPoint 2007, analise as afirmativas a seguir.

1) O botão Balões, na guia Revisão, grupo Comentários, mostra as revisões realizadas no documento em forma de botão.
2) A escolha de um tema bem como a alteração de suas cores, fontes e efeitos, é feita na guia Design, grupo Temas.
3) Para animar um texto ou objeto, selecione o texto ou objeto e clique no botão Animação Personalizada, na guia Animações, grupo Animações. Depois, deve-se clicar na opção Adicionar Animação para a escolha do tipo de animação.
4) Para inserir um clipe de som ou uma música no slide, deve-se clicar no botão Som, Guia Inserir, grupo Clipes de Mídia.
5) O botão Organizar, na guia Início, grupo Desenho, permite que vários objetos sejam agrupados, de modo que sejam tratados como um único objeto.

Estão corretas, apenas:

(A) 1, 2 e 3.
(B) 1, 3 e 5.
(C) 1, 4 e 5.
(D) 2, 3 e 4.
(E) 2, 4 e 5.

As afirmativas 1 e 3 estão incorretas, pois não há botão chamado Balões no grupo Comentários da na guia Revisão no MS PowerPoint (1) e para adicionar uma animação deve-se clicar em Adicionar Efeito após acessar a função de Animação Personalizada do grupo Animações da guia Animações (3). Assim apenas as afirmativas 2, 4 e 5 são verdadeiras logo apenas a alternativa E está correta.

Gabarito "E"

(Soldado – PM/PI – 2017 - Nucepe) Considere a tabela abaixo, criada com auxílio da ferramenta MS Excel 2007, para analisar as afirmativas a seguir.

	A	B	C	D
1	Posição	Município	População	
2	1	Recife	1625583	
3	2	Jaboatão dos Guararapes	691125	
4	3	Olinda	390144	
5	4	Caruaru	351686	
6	5	Petrolina	337683	
7	6	Paulista	325590	
8	7	Cabo de Santo Agostinho	202636	
9	8	Camaragibe	155228	
10	9	Garanhuns	137810	
11	10	Vitória de Santo Antão	136706	

1) O botão De Texto, na guia Dados, grupo Importar Dados Externos, permite importar dados de um arquivo de texto.
2) As bordas da tabela acima foram aplicadas ao se clicar na seta ao lado de bordas, na guia Início, grupo Fonte.
3) A soma da população de todos os municípios apresentados na tabela acima (Coluna (C) foi calculada com a fórmula =SOMA(C2:C11).
4) Para inserir um tema para planilha no Excel, deve-se clicar no botão Temas, guia Inserir, grupo Temas.
5) O intervalo de células C2:C11 da tabela acima pode ser classificado do menor para o maior, através do botão Classificar e Filtrar, grupo Edição, na guia Início.

Estão corretas, apenas:

(A) 1, 2 e 3.
(B) 1, 3 e 4.
(C) 1, 3 e 5.
(D) 2, 4 e 5.
(E) 2, 3 e 5.

As afirmativas 1 e 4 estão incorretas, o nome correto do grupo onde se encontra a opção De Texto é Obter Dados Externos e não Importar Dados Externos (1) e a inserção de temas pode ser feita por meio do botão Temas, localizado no grupo Temas da guia Layout da Página (4). Assim apenas as afirmativas 2, 3 e 5 são verdadeiras, logo, apenas a alternativa E está correta.

Gabarito "E".

(Soldado – PM/PI – 2017 - Nucepe) Considerando o gráfico a seguir, criado com o auxílio da ferramenta MS Excel 2007, assinale a afirmativa correta.

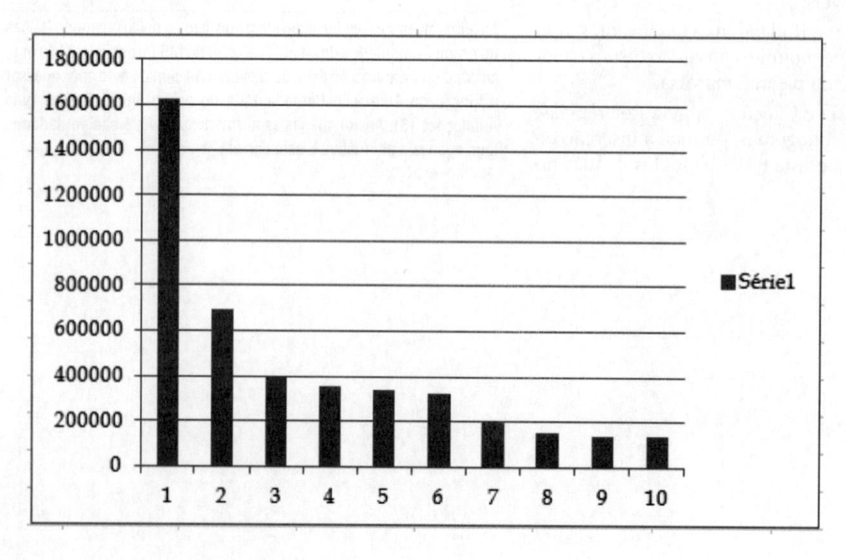

(A) O gráfico pode ser criado através do botão Coluna, na guia Inserir, grupo Todos os Gráficos.
(B) O estilo do gráfico pode ser modificado através da guia Inserir, grupo Estilo de Gráfico.
(C) O botão Título dos Eixos, na guia Inserir, grupo Gráficos, permite a inserção do Título do Eixo Vertical Principal e do Título do Eixo Horizontal Principal do referido gráfico.
(D) Para editar o nome e os valores da Série1 do gráfico, deve-se usar a caixa de diálogo Selecionar Fonte de Dados.
(E) O número (valor) em que o eixo vertical do gráfico se inicia ou termina pode ser alterado ao clicar no botão Fixa e depois na opção Mínimo ou Máximo da caixa de diálogo Eixo.

A: incorreta, o nome correto do grupo onde pode-se encontrar o botão "Coluna" na guia "Inserir" é "Gráficos"; **B:** incorreta, para alterar o estilo do gráfico deve-se utilizar as opções do grupo "Estilos de Gráfico" da guia "Design"; **C:** incorreta, o botão "Título dos Eixos" se encontra no grupo "Rótulos" da guia "Layout"; **D:** correta, a caixa Selecionar Fonte de Dados permite trocar o local de origem dos dados para o gráfico além do nome para os valores utilizados; **E:** incorreta, esta alteração deve ser feita pelo botão "Eixo" no grupo "Eixos" da guia "Layout", onde para cada limite, sendo Mínimo e Máximo, pode-se alterar da opção Automático para Fixo.

Gabarito "D"

(Soldado – PM/PI – 2017 - Nucepe) Em relação aos conceitos sobre segurança da informação, procedimentos de segurança e procedimentos de backup, numere a 2ª coluna em conformidade com os conceitos da 1ª coluna.

1) Tipos de Backup	( )	Confidencialidade, integridade, disponibilidade, autenticidade e irretratabilidade.
2) Segurança da Informação	( )	Encriptação, certificado digital, assinatura digital.
3) Mecanismos de Segurança	( )	Completos, incrementais e diferenciais.

A sequência correta, de cima para baixo, é:

(A) 1, 2, 3.
(B) 1, 3, 2.
(C) 2, 1, 3.
(D) 2, 3, 1.
(E) 3, 1, 2.

Confidencialidade, integridade, disponibilidade, autenticidade e irretratabilidade são conceitos básicos de segurança da informação (2), encriptação, certificado digital e assinatura digital são mecanismos de segurança que podem ser usados na comunicação e armazenamento de dados (3) e completo, incremental e diferencial são diferentes tipos de backup (1) que podem ser usados para realizar cópias de segurança da forma mais eficaz possível, portanto apenas a alternativa D está correta.

Gabarito "D"

(Soldado – PM/PI – 2017 - Nucepe) Em relação aos sistemas operacionais Windows XP e Windows 7, e à ferramenta de navegação Web MS Internet Explorer 8, assinale a afirmativa correta.

(A) Para excluir o histórico de navegação no MS Internet Explorer 8, clique no menu Segurança, escolha os tipos de dados e arquivos que você quer remover do computador e depois selecione Excluir.
(B) Para localizar o Painel de Controle no Windows 7, clique na caixa de pesquisa da barra de tarefas, digite painel de controle principal e selecione Painel de Controle.
(C) Para compartilhar pastas não públicas com outros computadores em uma rede local do Windows 7, clique em Iniciar e em Computador. Navegue até a pasta a ser compartilhada. Clique com o botão direito do mouse na pasta. Selecione Compartilhar Com.
(D) Para exportar a pasta Favoritos no MS Internet Explorer 8, clique em Favoritos, então clique em Adicionar aos Favoritos e depois em Exportar.
(E) O Windows XP possui uma ferramenta de backup que é acessível através do Menu Iniciar, Programas, Guia Grupo Acessórios, Grupo Ferramentas de Suporte, e opção Backup.

A: incorreta, a exclusão do histórico de navegação no Internet Explorer 8 é feita por meio do item "Excluir Histórico de Navegação" no grupo "Segurança" no menu do navegador ou pelo atalho Ctrl + Shift + Del; **B:** incorreta, basta digitar apenas "painel de controle" para que você possa localizar o "Painel de Controle" do Windows; **C:** correta, o compartilhamento de pastas pode ser feito clicando com o botão direito na pasta desejada e selecionando a opção "Compartilhar Com"; **D:** incorreta, para exportar a pasta Favoritos o usuário deve acessar o menu Arquivo e selecionar a opção "Importar e Exportar", selecionar o item "Exportar para arquivo", selecionar o item Favoritos e depois as pastas que deseja exportar; **E:** incorreta, o caminho correto para acessar a ferramenta de "Backup" no Windows XP é pelo do menu "Iniciar", selecionar o item "Todos os programas", depois o grupo "Acessórios" e o grupo "Ferramentas de Sistema" e por fim o item "Backup".

Gabarito "C"

(Soldado – CBM/GO – 2016 – Funrio) As teclas de atalho do Google Chrome, para abrir uma nova guia comum, são CTRL +

(A) F.
(B) M.
(C) S.
(D) T.
(E) Z.

A: incorreta, o atalho Ctrl + F ativa a função de pesquisar; **B:** incorreta, o atalho Ctrl + M não tem função específica no Google Chrome; **C:** incorreta, a função Ctrl + S ativa a função Salvar como; **D:** correta, o atalho Ctrl + T permite abrir uma nova aba para navegação; **E:** incorreta, o atalho Ctrl + z ativa a função de desfazer, que desfaz a última ação do usuário.

Gabarito "D"

(Soldado – CBM/GO – 2016 – Funrio) Os navegadores da internet trabalham, principalmente, com o protocolo de rede denominado

(A) Apple.

(B) Spyware.

(C) Thunderbird.

(D) Spx.

(E) Http.

A: incorreta, Apple não é um protocolo de rede mas sim o nome de uma das maiores empresas de tecnologia no mundo; **B:** incorreta, Spyware designa um tipo de ameaça virtual que monitora as ações do usuário; **C:** incorreta, o Thyunderbird é um software gestor de correio eletrônico; **D**: incorreta, Spx não é uma sigla que designe nenhum tipo de protocolo de rede; **E:** correta, o HTTP (HyperText Transfer Protocol) é o protocolo base de comunicação usado pela Internet, permitindo a troca de informações de diversos tipos entre os computadores. Uma variação mais segura deste protocolo, o HTTPS, também é muito usado para este mesmo fim.

Gabarito "E"

(Soldado – CBM/GO – 2016 – Funrio) Um dispositivo utilizado tanto para saída como entrada de dados em computadores é a/o

(A) impressora.

(B) mouse.

(C) hard disk.

(D) teclado.

(E) microfone.

A: incorreta, a impressora só é considerar um dispositivo de entrada e saída quando for do tipo multifuncional, possuindo também a capacidade de scaneamento; **B:** incorreta, o mouse é um dispositivo de interação humana com natureza exclusiva de entrada de dados; **C:** correta, o hard disk ou HD é um dispositivo de armazenamento de dados que pode tanto receber informações (entrada) como devolver informações por meio da leitura de dados (saída); **D:** incorreta, o teclado é um dispositivo de interação de humana de natureza exclusiva de entrada de dados; **E:** incorreta, o microfone é um dispositivo de captura de áudio e, portanto, de entrada de dados.

Gabarito "C"

(Soldado – CBM/GO – 2016 – Funrio) Um aplicativo utilizado para trabalhar com redes sociais é o

(A) Twitter.

(B) MS Excel.

(C) Libre Office.

(D) Trojan Horse.

(E) Notepad.

A: correta, o Twitter é uma rede social de microblogs onde os usuários trocam mensagens de até 144 caracteres; **B:** incorreta, o MS Excel é o editor de planilhas eletrônicas do pacote Microsoft Office; **C:** incorreta, o Livre Office é um pacote de softwares de produtividade como editores de texto, planilhas e apresentações; **D:** incorreta, o Trojan Horse é um tipo de ameaça virtual que se instala no computador e abre uma porta para que um usuário malicioso possa se conectar posteriormente; **E:** incorreta, o Notepad, ou Bloco de notas, é um editor de textos simples do Microsoft Windows.

Gabarito "A"

(Cadete – CBM/GO – 2016 – Funrio) No Sistema Operacional Windows, os arquivos xls são utilizados em aplicativos do tipo

(A) antivírus.

(B) planilhas eletrônicas.

(C) editores de textos.

(D) fragmentadores de disco.

(E) firewalls.

A: incorreta, não existe uma extensão exclusiva para arquivos de antivírus; **B:** correta, os arquivos do tipo xls pertencem ao Microsoft Excel (versão 2003 e anteriores), que é o editor de planilhas eletrônicas do pacote Microsoft Office; **C:** incorreta, editores de texto utilizam extensões como txt, rtf, doc, docx e odt; **D:** incorreta, no Windows não existe software fragmentador de disco, mas sim desfragmentador de disco e este por sua vez não possui uma extensão padrão de arquivos visto que sua finalidade é apenas reorganizar os arquivos no disco para melhorar a leitura e escrita de dados; **E:** incorreta, o firewall é um item de hardware ou software que tem por função filtrar o trafego de uma rede, não possuindo uma extensão padrão designada.

Gabarito "B"

(Cadete – CBM/GO – 2016 – Funrio) Um dos serviços de armazenamento e partilha de arquivos, com base no conceito de armazenamento em nuvem é o

(A) Dropbox.

(B) MS Powerpoint.

(C) SQL Injection.

(D) Twitter.

(E) Painel de Controle.

A: correta, o Dropbox é um serviço com versões pagas e gratuitas que permite aos seus usuários armazenar arquivos de forma online e acessá-los e sincroniza-los por meio de diversos dispositivos; **B:** incorreta, o MS Powerpoint é o editor de apresentações do pacote Microsoft Office; **C:** incorreta, SQL Injection é um tipo de ataque direcionado a bancos de dados onde o atacante tenta executar consultas e comandos indesejados em um banco de dados, em geral se aproveitando de alguma falha em um sistema ou software; **D:** incorreta, o Twitter é uma rede social de microblogs onde os usuários podem compartilhar posts de até 144 caracteres; **E:** incorreta, o Painel de Controle é um item do Windows que fornece acesso rápido a diversas opções de configuração do sistema operacional.

Gabarito "A"

(Cadete – CBM/GO – 2016 – Funrio) Um usuário do navegador Google Chrome deseja imprimir a página acessada através de teclas de atalho.

As teclas de atalho a serem utilizadas, nesse caso, são CTRL +

(A) F.

(B) J.

(C) N.

(D) O.

(E) P.

A: incorreta, o atalho Ctrl + F ativa a função de pesquisar na página atual; **B:** incorreta, o atalho Ctrl + J abre a lista dos últimos downloads realizados pelo navegador; **C:** incorreta, o atalho Ctrl + N permite abrir uma nova página em uma janela do navegador; **D:** incorreta, o atalho Ctrl

+ O ativa a função "Abrir" que permite abrir um arquivo do computador pelo navegador; **E:** correta, o atalho Ctrl + P ativa a função imprimir do navegador, permitindo realizar a impressão da página atual.

Gabarito "E"

(Cadete – CBM/GO – 2016 – Funrio) A topologia de rede na qual toda a informação passa de forma obrigatória por uma estação central inteligente, sendo que esta central deve conectar cada estação da rede e distribuir o tráfego, é denominada de

(A) linear.

(B) barramento.

(C) estrela.

(D) token

(E) anel.

A: incorreta, na topologia linear cada nó está ligado em série a outros dois nós, formando uma corrente que não possui nó central. Os dados passam pelos nós até que cheguem ao seu destino; **B:** incorreta, na topologia de barramento os nós são ligados a um barramento físico que interconecta todos os nós, não há nó central e os dados são transmitidos a todos os nós de forma simultânea; **C:** Correta, na topologia de estrela existe um nó central que interliga todos os outros nós e é capaz de distribuir o tráfego pela rede direcionando os pacotes ao nó correto; **D:** incorreta, a topologia de token ou token ring funciona de forma semelhante à de anel porém com a adição de um token que é usado para a transmissão das informações, recebendo-as do transmissor e passando por cada nó até encontrar seu destino, quando poderá então ser apagado e reescrito para recomeçar o ciclo. Não há nó central; **E:** incorreta, na topologia de anel os nós estão ligados em série fechando um circuito, ou seja, o último nó está ligado ao primeiro. Não há nó central nesta topologia e os dados passam por todos os nós até chegar ao seu destino.

Gabarito "C"

(Soldado – PM/SP – 2015 – VUNESP) A figura a seguir representa parte de uma pasta da Biblioteca de Imagens do MS-Windows 7, em sua configuração padrão.

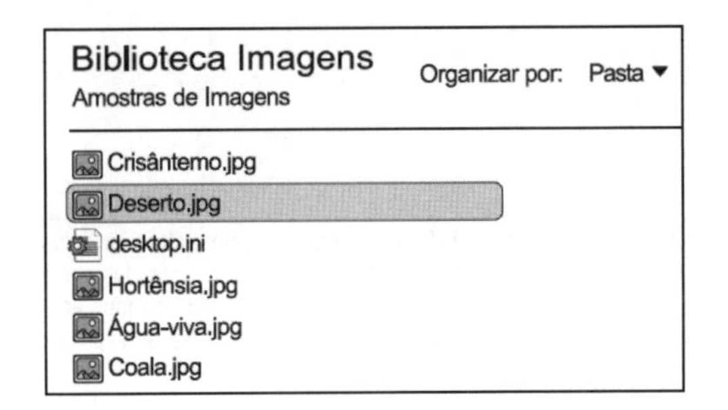

Quando o usuário selecionar uma imagem, utilizar o atalho de teclado Shift + Delete e realizar as devidas confirmações, a imagem

(A) será excluída em definitivo, sem ser enviada para a Lixeira.

(B) terá um atalho criado na mesma pasta.

(C) será enviada para a Lixeira.

(D) terá um atalho enviado para a Área de Trabalho.

(E) será enviada para a Área de Trabalho.

A: correta, o atalho Shift + Delete remove um arquivo sem que este seja enviado para a Lixeira, impossibilitando a sua recuperação; **B:** incorreta, não existe atalho de teclado para a criação de um atalho, entretanto isso pode ser feito combinando ações do mouse, como arrastar e soltar segurando a tecla Alt; **C:** incorreta, para que o arquivo seja excluído e enviado à Lixeira deve-se utilizar apenas a tecla Delete; **D:** incorreta, não há atalho de teclado para criar um atalho de um arquivo na Área de trabalho, embora isso possa ser feito clicando com o botão direito do mouse sobre o arquivo e selecionando a opção Enviar para e escolher o item "Área de trabalho (criar atalho)"; **E:** incorreta, não existe atalho de teclado para enviar um arquivo para a Área de trabalho.

Gabarito "A"

(Soldado – PM/SP – 2015 – VUNESP) A figura a seguir representa o grupo Parágrafo, da guia Página Inicial do MS-Word 2010, em sua configuração padrão.

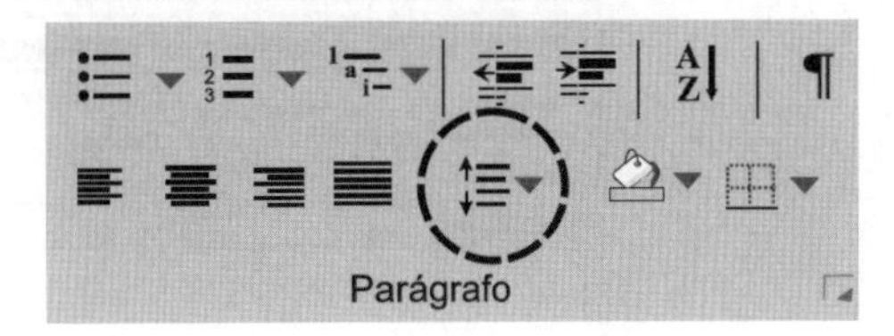

Assinale a alternativa que contém uma das funcionalidades associadas ao botão marcado na figura.

(A) Aumentar o nível do recuo do parágrafo.

(B) Diminuir o nível do recuo do parágrafo.

(C) Iniciar uma lista de vários níveis.

(D) Colocar o texto selecionado em ordem numérica.

(E) Alterar o espaçamento entre as linhas de texto.

A: incorreta, o aumento de recuo do parágrafo é controlado pelo botão ; **B:** incorreta, a diminuição do recuo do parágrafo é controlada pelo botão ; **C:** incorreta, para criar uma lista de vários níveis deve-se utilizar o botão ; **D:** incorreta, para colocar o texto selecionado em ordem numérica deve-se utilizar o botão ; **E:** correta, o botão controla as alterações no espaçamento entre as linhas do texto.

Gabarito "E"

(Soldado – PM/SP – 2015 – VUNESP) Observe as figuras a seguir, extraídas do MS-Excel 2010, em sua configuração padrão. A Figura I apresenta parte de uma planilha com dados no intervalo A2:C6. A Figura II apresenta uma proposta de classificação, que ainda não foi aplicada, configurada na caixa de diálogo Classificar, que pode ser acessada no grupo Classificar e Filtrar, da guia Dados, ao selecionar um intervalo de células.

FIGURA I

	A	B	C
1	**Nome**	**Cargo**	**Idade**
2	Maria Antonieta	Assistente	14
3	Carlos Silva	Supervisor	31
4	Carlos Silva	Analista	35
5	Daniel Lima	Assistente	23
6	Paula Soarez	Supervisor	22

FIGURA II

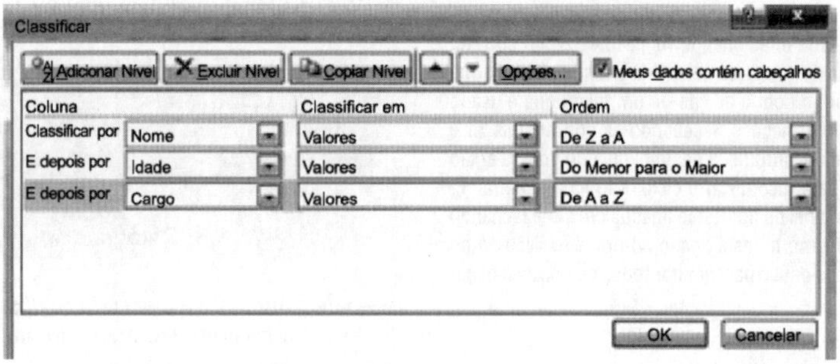

Classificar

Adicionar Nível | Excluir Nível | Copiar Nível | Opções... | Meus dados contêm cabeçalhos

Coluna		Classificar em	Ordem
Classificar por	Nome	Valores	De Z a A
E depois por	Idade	Valores	Do Menor para o Maior
E depois por	Cargo	Valores	De A a Z

OK | Cancelar

Assinale a alternativa que contém o novo valor que será apresentado na célula C5, quando a nova proposta de classificação for aplicada sobre o intervalo de células A2:C6.

(A) 22
(B) 14
(C) 35
(D) 31
(E) 23

As regras de classificação apresentadas farão com que o trecho em destaque seja primeiro ordenado de forma decrescente pelos valores da coluna Nome, na sequência será ordenada por idade do menor para o maior e por fim pelo cargo de forma crescente. Assim a ordenação dos nomes será Paula Soarez (linha 2), Maria Antonieta (linha 3), Daniel Lima (linha 4), Carlos Silva (linha 5) e Carlos Silva (linha 6), considerando então a idade, o Carlos Silva cuja de 31 anos seria listado antes daquele de 35 anos, portanto o valor presente na célula C5 seria 31 e assim apenas a alternativa D está correta.

Gabarito "D".

(Soldado – PM/SP – 2015 – VUNESP) A figura a seguir, extraída do MS-PowerPoint 2010, em sua configuração padrão, apresenta uma mesma forma em dois momentos: antes e depois da modificação de algumas definições da "Caixa de texto", que podem ser acessadas a partir da opção "Formatar forma..." do menu de contexto da forma.

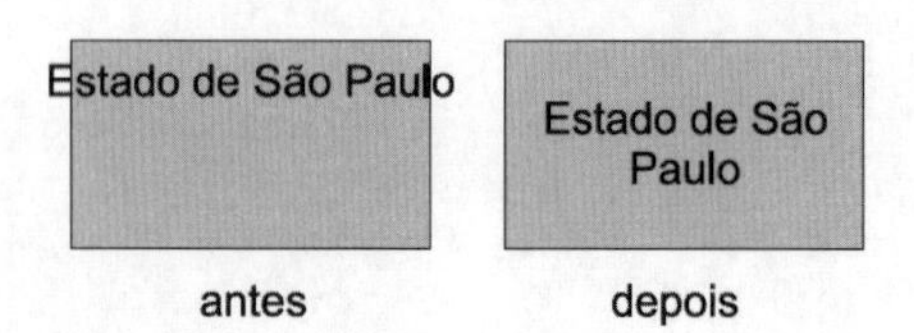

Assinale a alternativa que contém o nome dos parâmetros redefinidos entre os dois momentos da figura.

(A) Quebrar texto automaticamente e Não Ajustar Automaticamente.
(B) Redimensionar forma para ajustar texto e Alinhamento vertical.
(C) Alinhamento vertical e Quebrar texto automaticamente na forma.
(D) Não Ajustar Automaticamente e Redimensionar forma para ajustar texto.
(E) Não Ajustar Automaticamente e Alinhamento vertical.

No MS PowerPoint, considerando uma caixa de texto de edição pela opção de "Formatar forma", para que o texto fique sempre no centro da Caixa de Texto deve-se utilizar a função de "Alinhamento vertical" com a opção "Centralizado no meio" e para que seu conteúdo não extrapole os limites da caixa devemos marcar a opção "Quebrar texto automaticamente na forma", portanto apenas a alternativa C está correta.

Gabarito "C"

(Soldado – PM/SP – 2015 – VUNESP) Durante a navegação na Internet, no Internet Explorer 9, em sua configuração padrão, o usuário pode utilizar o atalho de teclado _____, que permite atualizar a página da Web atual e os arquivos temporários da Internet, mesmo que os carimbos de data/hora da versão da Web e da versão armazenada localmente sejam iguais.

Assinale a alternativa que preenche, corretamente, a lacuna do enunciado.

(A) Ctrl + Alt + Del
(B) Crtl + F4
(C) F4
(D) Ctrl + F5
(E) F5

A: incorreta, o atalho Ctrl + Alt + Del abre o gerenciador de tarefas do Windows; **B:** incorreta, o atalho Ctrl + F4 é usado para fechar a aba de navegação atual; **C:** incorreta, o atalho F4 apenas leva o curso para a barra de endereços do navegador; **D:** correta, o atalho Ctrl + F5 faz com que a página atual seja recarregada sem considerar os arquivos armazenados no computador; **E:** incorreta, o atalho F5 apenas recarrega a página atual levando em conta os arquivos de cache do computador.

Gabarito "D"

(Oficial – PM/SP – 2015 – VUNESP) – Alguns aplicativos _________ do MSWindows 7, em sua configuração padrão, são: Bloco de Notas, Wordpad e Paint.

Assinale a alternativa que preenche corretamente a lacuna.

(A) acessórios
(B) de acessibilidade
(C) administrativos
(D) de manutenção
(E) de controle

Aplicativos como o Bloco de Notas, Wordpad e Paint são programas que vêm instalados por padrão no sistema operacional e fornecem funcionalidades adicionais. Quando um software já vem instalado junto ao sistema operacional ele é denominado aplicativo acessório, portanto apenas a alternativa A está correta.

Gabarito "A"

(Oficial – PM/SP – 2015 – VUNESP) Observe a imagem a seguir, que mostra parte de um documento sendo editado por meio do MSWord 2010, em sua configuração padrão, contendo 3 palavras com recursos distintos de formatação aplicados.

palavra1 *palavra2* **palavra3**

Assinale a alternativa que correlaciona corretamente as palavras e os recursos de formatação aplicados.

(A) palavra1 – sobrescrito; palavra2 – itálico.
(B) palavra3 – negrito; palavra1 – subscrito.
(C) palavra1 – sublinhado; palavra3 – cor do realce do texto.
(D) palavra2 – itálico; palavra3 – negrito.
(E) palavra1 – tachado; palavra2 – inclinado.

A palavra1 está com o efeito sublinhado, identificável pela linha abaixo da palavra; a palavra2 está com o efeito itálico, onde as letras possuem uma leve inclinação; a palavra3 possui o efeito negrito, onde as linhas das letras são mais grossas, portanto apenas a alternativa D está correta.

Gabarito "D"

(Oficial – PM/SP – 2015 – VUNESP) O número de células envolvidas no intervalo B2:C4, no MSExcel 2010, em sua configuração padrão, é:

(A) 2
(B) 4
(C) 6
(D) 8
(E) 10

O intervalo B2:C4 corresponde a uma matriz de 2x3 que compreende as células B2, B3, B4, C2, C3 e C4, logo há 6 células envolvidas e portanto apenas a alternativa C está correta.

Gabarito "C"

A imagem a seguir contém um ícone retirado da guia Página Inicial, do MSPowerPoint 2010, em sua configuração padrão.

(Oficial – PM/SP – 2015 – VUNESP) Assinale a alternativa que contém a funcionalidade associada ao ícone.

(A) Comparar.
(B) Colar.
(C) Copiar.
(D) Caixa de Texto.
(E) Redefinir.

A: incorreta, a função Comparar é acessível pelo botão ; **B:** correta, o ícone representa a função colar, também acessível pelo atalho Ctrl + V; **C:** incorreta, a função Copiar é acessível pelo botão ; **D:** incorreta, a função da Caixa de Texto é acessível pelo botão ; **E:** incorreta, a função Redefinir é acessível pelo botão .

Gabarito "B"

(Oficial – PM/SP – 2015 – VUNESP) A maioria das mensagens de correio eletrônico é enviada com destinatários informados no campo "Para".

Assinale a alternativa que contém o nome de outro campo de e-mail do MSOutlook 2010, em sua configuração padrão, que pode ser utilizado para adicionar mais destinatários de e-mail.

(A) Anexo
(B) Assunto
(C) Para2
(D) Outros
(E) Cc

A: incorreta, o campo Anexo é usado para adicionar arquivos que serão enviados juntamente com a mensagem; **B:** incorreta, o campo Assunto é usado para informar o destinatário o assunto da mensagem de correio eletrônico; **C:** incorreta, não existe um campo denominado Para2 entre as opções disponíveis ao redigir uma mensagem; **D:** incorreta, não existe um campo denominado Outros entre as opções disponíveis ao redigir uma mensagem; **E:** correta, o campo Cc (sigla para Com cópia) permite adicionar outros destinatários que receberão uma cópia da mensagem original. Outra possibilidade seria o campo Cco (sigla de Com cópia oculta), que tem funcionamento idêntico porém não identifica estes destinatários para quem receber a mensagem.

Gabarito "E"

(Soldado – PM/SC –2015 – IOBV) O correio eletrônico é considerado o serviço mais utilizado na Internet. Assim, a sequência de protocolos TCP/IP oferece uma panóplia de protocolos que permitem gerir facilmente o encaminhamento do correio na rede. São considerados protocolos de serviço de mensagens eletrônicas:

(A) HTTP, SMTP e TCP.
(B) SMTP, TCP e POP.
(C) POP, SMTP e IMAP.
(D) FTP, DNS e IMAP.

O protocolo HTTP é usado na navegação em páginas e documentos web; o protocolo SMTP é usado no envio de mensagens de correio eletrônico; o protocolo TCP é um protocolo de transporte que funciona como base para outros protocolos, atuando na transmissão de dados com garantia de entrega ao destinatário; o protocolo POP é responsável pelo recebimento de mensagens de correio eletrônico; o protocolo IMAP é usado para acessar mensagens em um servidor de correio eletrônico; o protocolo FTP é usado na transferência de arquivos entre computadores; o protocolo DNS é responsável por traduzir o endereço de uma URL em seu endereço IP correspondente. Portanto a alternativa que contém apenas protocolos ligados ao correio eletrônico é a alternativa C.

Gabarito "C"

(Soldado – PM/SC – 2015 – IOBV) No Windows 7, você pode compartilhar pastas e arquivos individuais e até mesmo bibliotecas inteiras com outras pessoas. A forma mais rápida de compartilhar algo é:

(A) acessando as propriedades de segurança da pasta e negar as permissões de modificação do usuário que não necessitam permissão.
(B) usando o novo menu "Compartilhar com". As opções que você verá dependem do arquivo que você está compartilhando e o tipo de rede à qual o seu computador está conectado.
(C) clicando no menu de propriedades do arquivo na guia "segurança" editando os usuários que tem permissão de acesso ao arquivo.
(D) na central de rede e compartilhamento configurar a conexão do usuário a um ponto de acesso da rede local.

No Windows 7 e versões subsequentes, a forma mais rápida de compartilhar um arquivo ou pasta, tanto pela facilidade de uso da funcionalidade como pela facilidade de acessá-la, é usar a função "Compartilhar com" acessível após clicar com o botão direito do mouse sobre o item desejado, portanto apenas a alternativa B está correta.

Gabarito "B"

(Soldado – PM/SC – 2015 – IOBV) Atualmente existem diversos aplicativos que permitem a compactação e a descompactação de arquivos. São exemplos de formatos de extensões de arquivos compactados:

(A) 7z, RAR, ZIP e TAR.
(B) ZIP, PNG, MKV e RAR.
(C) OGG, ZIP AC3 e TAR.
(D) MKV, AAC, RAR e 7z.

A extensão PNG é usada para arquivos de imagem; a extensão MKV é usada para arquivos de vídeo; a extensão OGG é usado para arquivos de áudio; a extensão AC3 é usado para arquivos de áudio; a extensão AAC é usada para arquivos de áudio; as extensões 7z, RAR, ZIP e TAR, além da GZ, são todas extensões de arquivos compactados, portanto apenas a alternativa A está correta.

Gabarito "A"

(Soldado – PM/SC – 2015 – IOBV) O Microsoft Excel 2013 é um software que permite criar tabelas e calcular e analisar dados. Este tipo de software é chamado de software de planilha eletrônica. O Excel permite criar tabelas que calculam automaticamente os totais de valores numéricos inseridos, imprimir tabelas em layouts organizados, utilização de fórmulas e criar gráficos simples. Sobre as funções do botão inserir função fx é correto afirmar:

I. a função "SE" devolve um valor se a condição especificada equivaler a verdadeiro e outro valor se equivaler a falso.
II. a função "MÉDIA" devolve a média aritmética dos argumentos, que podem ser números ou nomes, matrizes ou referências que contém números.
III. a função "MOEDA" converte o valor especificado em decimais.
IV. a função "PGTO" calcula a taxa de juros de um empréstimo, a partir de pagamentos dinâmicos e taxa de juros constante.
V. a função "AMORTD" devolve a depreciação por algoritmos da soma dos anos de um bem para um período especificado.

Quais afirmações estão corretas?

(A) Apenas I, II, IV e V.
(B) Apenas IV.
(C) Apenas II, III e V.
(D) Apenas I, II e V.

Apenas as alternativas III e IV estão incorretas, pois a função MOEDA converte um número em texto usando o formato de moeda e a função PGTO calcula o pagamento de um empréstimo com base em pagamentos e uma taxa de juros constantes. Portanto apenas a alternativa D está correta.

Gabarito "D"

(Soldado – PM/SC – 2015 – IOBV) O Microsoft Word 2007 conta com o recurso de criação de caixa de texto. Uma caixa de texto é um objeto que permite inserir e digitar texto em qualquer lugar do documento editado. A maneira correta para a criação da caixa de texto é:

(A) na guia base, no grupo estilos e selecionar um estilo que contenha a caixa de texto.

(B) na guia inserir, no grupo texto, clique em caixa de texto e em desenhar caixa de texto.

(C) no menu formatação, com a ferramenta lápis desenhe a caixa de texto do tamanho desejado.

(D) selecionar o texto, abrir o menu de opções e clicar em "enviar para caixa de texto".

As caixas de texto no Word 2007 e versões subsequentes pode ser criada pelo= botão Caixa de Texto representado pelo ícone , localizada no grupo Texto da guia Inserir, portanto apenas a alternativa B está correta.

Gabarito "B"

(Soldado – PM/SC – 2015 – IOBV) No Microsoft Word 2013 encontramos a ferramenta Pincel de Formatação. Qual a finalidade dessa ferramenta?

(A) Aplica o aspecto de formatação selecionada em outros conteúdos do documento.

(B) Limpa a formatação da seleção, mantendo apenas o texto normal.

(C) Altera a cor da fonte.

(D) Realça o texto adicionando recursos visuais.

A: correta, a ferramenta Pincel de Formatação, acessível pelo botão localizado no grupo Área de Transferência da guia Página Inicial, permite copiar as formatações de um trecho de texto selecionado para outro conteúdo do texto; **B:** incorreta, este comportamento é obtido por meio da ferramenta "Limpar Toda a Formatação" acionável pelo botão localizado no grupo Fonte da guia Página Inicial; **C:** incorreta, este comportamento é obtido por meio da ferramenta Cor da Fonte, acessível pelo botão localizado no grupo Fonte da guia Página Inicial; **D:** incorreta, este comportamento é obtido pela ferramenta Cor do Realce do Texto acessível pelo botão localizado no grupo Fonte da guia Página Inicial.

Gabarito "A"

(Soldado – PM/SC – 2015 – IOBV) É um dispositivo de segurança existente na forma de software e de hardware em uma rede de computadores que tem por objetivo aplicar uma política de segurança a um determinado ponto da rede controlando o fluxo de entrada e saída. Estamos falando do:

(A) Servidor com controlador de domínio

(B) Antivírus e antispyware

(C) Firewall

(D) Controle de acesso (autenticação com token)

A: incorreta, o controlador de domínio é um servidor usado para responder à requisições seguras de autenticação; **B:** incorreta, softwares de antivírus e antispyware são usados para prevenir e remover ameaças virtuais do computador, não realizando controle da comunicação de rede; **C:** correta, o Firewall, que pode ser implementado via software ou hardware, tem por função filtrar e controlar a comunicação do computador com outros dispositivos de rede, aplicando as políticas de segurança nele definidas; **D:** incorreta, controle de acesso é um termo ligado à limitação a funções mediante credenciais de acesso, não estando ligado ao controle do fluxo de comunicação em rede.

Gabarito "C"

(Soldado – PM/SC – 2015 – IOBV) A intranet e a extranet são sistemas de rede construídas sobre o modelo da internet, usando os mesmos recursos como Protocolos TCP/IP, HTTP, SMTP e FTP para transferência de arquivos. O que diferencia ambas é a forma de acesso. Sobre a Intranet e a Extranet podemos afirmar que:

I. A extranet possui acesso irrestrito ao seu conteúdo.

II. A Intranet é uma rede interna, fechada e exclusiva.

III. A intranet possui acesso irrestrito ao seu conteúdo.

IV. A extranet é o compartilhamento de duas ou mais redes intranet.

Quais afirmações estão corretas?

(A) Apenas I, III e IV

(B) Apenas II e III

(C) Apenas II e IV

(D) Apenas I, II e IV

As afirmativas I e III estão incorretas, pois nenhum tipo de rede provê acesso irrestrito e incondicional a todo seu conteúdo, podendo haver sites, arquivos e recursos acessíveis apenas mediante credenciais ou outras formas de controle de acesso, portanto apenas a alternativa C está correta.

Gabarito "C"

(Oficial – PM/SC – 2015 – IOBV) Assinale a alternativa que contempla exclusivamente opções contidas na barra de menu INSERIR do Microsoft Word 2013.

(A) Zoom, Ilustrações, Macros

(B) Páginas, Links, Cabeçalho e Rodapé

(C) Aplicativos, janela, comentários

(D) Marca d`agua, fonte, ilustrações

A: incorreta, Zoom e Macros são grupos que pertencem à guia Exibir; **B:** correta, Páginas, Links e Cabeçalho e Rodapé são grupos da guia Inserir; **C:** incorreta, Janela é um grupo da guia Exibir e Comentários um grupo da guia Revisão; **D:** incorreta, Marca d`agua é uma opção da guia Plano de Fundo da Página da guia Design e Fonte um grupo da guia Página Inicial.

Gabarito "B"

(Oficial – PM/SC – 2015 – IOBV) O diretor financeiro de uma determinada empresa apresentou ao seu gerente uma planilha no Excel 2013, a qual continha os seguintes dados:

As células A1, A2, A3, A4 e A5 continham, respectivamente, os valores numéricos 8, 12, 16, 22 e 36.

Os conteúdos das células B1, B2 e B3 eram respectivamente:

= A1 + A3

= A2+A4+A5

= (B1*2) + (B2*2)

Qual o resultado numérico da fórmula da célula B3?

(A) 188

(B) 24

(C) 36

(D) 70

A célula B3 possui o conteúdo da célula B1 multiplicado por 2 mais o conteúdo da célula B2 multiplicado por 2. A célula B1 contém a soma das células A1 e A3, que somam 24, já a célula B2, a soma das células A2, A4 e A5 que somam 70, portanto o valor de B3 será de 24*2 mais 70*2 que resulta em 188, portanto apenas a alternativa A está correta.

Gabarito "A".

(Oficial – PM/SC – 2015 – IOBV) Observe a seguinte planilha do Excel:

	A	B	C	D	E
1	mes	Setor A	Setor B	Setor C	Total Produzido
2	jan	58,00	67,00	78,00	203,00
3	fev	29,00	32,00	90,00	151,00
4	mar	32,00	45,00	75,00	152,00
5	trimestre	119,00	144,00	243,00	
6	Meta para Abril				

Considerando o total produzido pelos três setores no trimestre (célula E5, cujo total é resultante da fórmula = E2+E3+E4) e que a meta de produção estipulada para o mês de abril é de 25% a mais do total do trimestre. Para sabermos o quanto será produzido em abril se a meta for alcançada, a fórmula correta a ser utilizada na célula E6 é:

(A) =E5*25%+E5

(B) =E5*25%

(C) =E6*(+25%)

(D) =(+25%)*E5

Para aplicar na célula E6 o valor referente a 25% mais que a meta do trimestre, que consta na célula E5 é necessário primeiro encontrar o valor referente a 25% do total do trimestre e depois somá-lo ao total, portanto a fórmula correta seria =E5*25%+E5, portanto apenas a alternativa A está correta.

Gabarito "A".

(Oficial – PM/SC – 2015 – IOBV) Observe a barra de menus do Microsoft Word 2013.

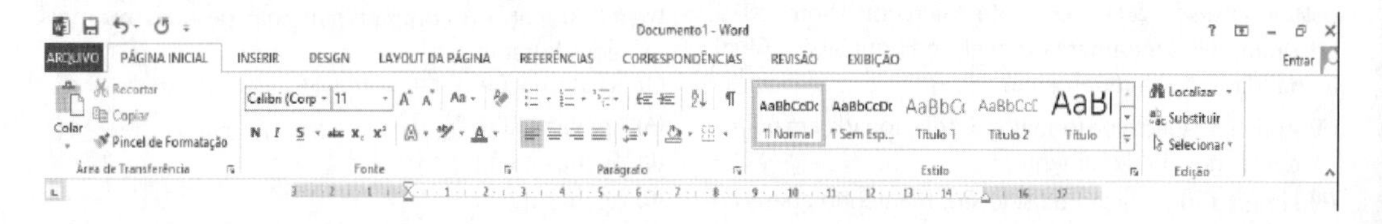

Assinale o único item falso:

(A) No menu INSERIR é possível inserir ilustrações, equações e símbolos no documento.

(B) Podemos acessar dentro do menu ARQUIVO o item PROPRIEDADES, pelo qual se acessa o item ESTATÍSTICAS DO DOCUMENTO, no qual se permite contar o número de palavras do texto.

(C) No menu REFERÊNCIAS é possível inserir legendas, citações e notas de rodapé no documento.

(D) O menu PÁGINA INICIAL possui o comando SUBSTITUIR; que permite procurar uma palavra ou frase específica de um documento e substituí-la por outra palavra ou frase escolhida pelo usuário.

Apenas a alternativa B está incorreta, devendo ser assinalada, pois para contar o número de palavras do texto deve-se olhar o contador presente na barra de status do Word, ao lado do indicador de páginas do documento, localizada na parte inferior da janela do aplicativo.

Gabarito "B".

(Oficial – PM/SC – 2015 – IOBV) Sobre a imagem abaixo, do Broffice Writer 3.1, assinale a afirmativa correta:

(A) Localiza e substitui, palavras, textos, caracteres, formatos dentro do documento.

(B) Amplia ou reduz o tamanho das fontes e demais informações exibidas em documento.

(C) Permite o acesso dentro de um documento a objetos, seções, tabelas, hiperlink, referências, índices, notas.

(D) Serve para visualizar a página, exibe uma prévia de como ficará o documento quando impresso.

O ícone em questão ativa a função "Alternar visualização de impressão", que fará com que seja exibida como o documento em edição ficará ao ser impresso, portanto apenas a alternativa D está correta.

Gabarito "D".

6. História e Geografia

André Nascimento

(Soldado – PM/SP – VUNESP – 2019) Uma das metas mais importantes do tratado era [...] controlar a Alemanha (segundo uma expressão usada naquela época), isto é, destruir sua força militar no presente e no futuro. [...] ficou decidido que o exército alemão ficaria limitado a 100 mil homens, recrutados com base em um compromisso voluntário de doze anos para os soldados e suboficiais.

(Jean-Jacques Becker. O Tratado de Versalhes, 2011)

O Tratado de Versalhes, assinado após a Primeira Guerra Mundial, contribuiu para

(A) a constituição, pelas nações asiáticas e europeias derrotadas na guerra, de um bloco militar contrário ao imperialismo na África e na Ásia.

(B) o desenvolvimento duradouro da economia internacional como resultado da redução de gastos públicos com equipamentos militares.

(C) a adoção de planos internacionais de ajuda financeira aos países economicamente destruídos pelo conflito bélico.

(D) a emergência de relações estáveis, baseadas nos princípios de reciprocidade, entre as potências industrializadas europeias.

(E) o fortalecimento de ideologias antidemocráticas habilmente exploradas por partidos políticos nacionalistas.

Assinado no dia 28 de junho de 1919, o Tratado de Versalhes foi considerado o principal dos acordos de paz assinados após a Primeira Guerra Mundial, tendo selado a paz entre as nações da Tríplice Entente e a Alemanha. Esse tratado impôs termos duríssimo à Alemanha, como sua responsabilização pelo conflito, o pagamento de indenizações de guerra à França e ao Reino Unido, a perda de territórios e de colônias, a neutralização de sua força militar, inclusive com a desmilitarização da região da Renânia. Na Alemanha, o Tratado de Versalhes foi recebido como uma paz imposta de forma unilateral e sem possibilidade de negociação, sendo considerado uma afronta ao país. A humilhação que o Tratado de Versalhes causou e seu papel fundamental em promover crise política e econômica na Alemanha foram responsáveis pelo fortalecimento de teorias conspiratórias e ideologias radicais e pelo surgimento do nazismo.

Gabarito "E".

(Soldado – PM/SP – VUNESP – 2019) Até finais dos anos sessenta, o enfrentamento com o comunismo definiu a política exterior. [...] houve períodos de grande tensão internacional [...]. O êxito soviético ao lançar o satélite não tripulado, Sputnik, em outubro de 1957, demonstrava aparentemente a superioridade dos soviéticos tanto em tecnologia espacial como na capacidade para atacar o hemisfério ocidental por meio de mísseis orbitais.

(Philip Jenkins. Breve história dos Estados Unidos, 2017.)

Pode-se acrescentar às condições das relações internacionais referidas pelo texto

(A) o acordo entre potências favorável à manutenção da democracia em escala global.

(B) a reduzida influência política das potências nos países do Terceiro Mundo.

(C) o aumento constante do arsenal nuclear nas potências rivais.

(D) o emprego de armas convencionais no confronto direto entre as potências.

(E) a ausência de movimentos sociais nas áreas controladas pelas potências.

O texto refere-se ao período da Guerra Fria, caracterizado pelas disputas estratégicas entre os Estados Unidos e a União das Repúblicas Socialistas Soviética (URSS) pela hegemonia política, econômica, militar e ideológica no mundo, que teve início no final da Segunda Guerra Mundial (1945). A Guerra Fria dividiu o mundo em dois blocos de influência (países capitalistas e países socialistas), provocando uma corrida armamentista e o aumento do arsenal nuclear pelas potências rivais.

Gabarito "C".

1. HISTÓRIA DO BRASIL

(Soldado – PM/SP – VUNESP – 2019) Observe o cartaz.

(http://66.media.tumblr.com/tumblr_lo2s1wbuiV1qjrdq3o1_400.jpg)

Considerando a imagem e conhecimentos sobre a história do Brasil republicano, é correto afirmar que o cartaz trata de

(A) um chamado à participação efetiva da população na resistência militar a um governo federal centralizador.

(B) uma convocação de reservistas para o alistamento militar no auge da Guerra Mundial.

(C) um apelo à sociedade para sua mobilização em benefício das populações mais carentes do país.

(D) uma arma de mobilização do operariado das grandes cidades contrário às reformas sociais de governos populistas.

(E) uma denúncia das intenções antidemocráticas de alguns setores das forças armadas brasileiras.

Trata-se de um cartaz convocando jovens paulistas para a Revolução Constitucionalista de 1932, causada pela insatisfação de São Paulo contra o Governo Provisório de Getúlio Vargas, que havia assumido o poder em 1930.

Gabarito "A".

(Soldado – PM/SP – VUNESP – 2019) Ao receberem menos dinheiro por suas vendas ao exterior, os exportadores e produtores ligados à exportação reduzem suas compras. Os produtores internos afetados por essa redução também reduzem as suas, e assim por diante.

(Celso Furtado. Formação econômica do Brasil, 1989)

O autor refere-se aos desdobramentos da queda no preço e no volume da exportação do café brasileiro decorrente da Crise de 1929. Tendo em vista o cenário econômico descrito pelo texto, o governo Getúlio Vargas decidiu, entre 1931 e 1939,

(A) adquirir empréstimos no exterior, visando à manutenção da política de valorização do preço do café.

(B) extinguir em curto prazo a dependência do país à economia cafeeira, abandonando os empresários do setor.

(C) substituir os latifúndios cafeeiros por pequenas propriedades, desapropriando terras e concedendo incentivos fiscais a agricultores.

(D) equilibrar a oferta e a procura do produto, comprando e destruindo os excedentes das colheitas.

(E) limitar a venda do produto ao mercado interno, considerando os prejuízos que a exportação de café causava ao país.

A Crise de 1929 provocou uma forte queda nos preços internacionais das commodities, atingindo a economia do Brasil, muito dependente das exportações de café. Na tentativa de conter a queda nos preços, o governo federal comprou grande parte dos estoques dos produtores e queimou 80 milhões de sacas de café. O objetivo era equilibrar a oferta e a procura do produto, comprando e destruindo os excedentes para diminuir a oferta e aumentar o preço internacional.

Gabarito "D".

(Soldado – PM/SP – VUNESP – 2019) Em 18 de setembro de 1946 foi promulgada a quinta Constituição brasileira, a quarta republicana. Com 218 artigos, manteve a denominação Estados Unidos do Brasil. O Congresso foi dividido em duas casas. O mandato do Presidente da República foi estabelecido em cinco anos. A eleição do Presidente e Vice seria simultânea, ou seja, não formariam uma chapa, seriam escolhidos separadamente pelo eleitor.

(Marco Antonio Villa. A história das Constituições brasileiras, 2011)

A experiência política brasileira derivada da Constituição citada pode ser exemplificada pela

(A) alternância no poder central de políticos apoiados pelos governadores do conjunto dos estados da Federação.

(B) predominância eleitoral de partidos políticos representantes das classes de assalariados rurais.

(C) concentração das decisões políticas no poder executivo em prejuízo dos poderes legislativos e judiciários.

(D) censura regular às manifestações de industriais que se opunham aos governos federal e estaduais.

(E) mudança, no governo federal, de um candidato eleito por um partido conservador para um político ligado a sindicatos de trabalhadores.

A Constituição de 1946 previa que o presidente e o vice-presidente da República seriam eleitos simultaneamente, ou seja, não formariam uma chapa, seriam escolhidos separadamente pelo eleitor. Assim, era possível que fossem eleitos simultaneamente candidatos de ideologias políticas distintas, como ocorreu na eleição de 1960. Nesta eleição, foram eleitos o presidente Jânio Quadros, candidato de uma coligação conservadora formada pelo Partido Trabalhista Nacional (PTN), Partido Democrata Cristão (PDC), União Democrática Nacional (UDN) e outros, e o vice presidente João Goulart, candidato de uma coligação getulista (trabalhista) formada pelo Partido Trabalhista Brasileiro (PTB), Partido Social Democrático (PSD), Partido Socialista Brasileiro (PSB) e outros, ligados ao movimento sindical. Quando Jânio Quadros renunciou ao cargo de presidente, em 25 de agosto de 1961, o vice-presidente João Goulart assumiu a presidência, enfrentando a resistência da alta cúpula militar por causa de uma suposta proximidade com comunistas.

Gabarito "E".

Brasil Eu Fico.

Minas Gerais, uai, uai São Paulo, sai da frente!

Guanabara, como é que é? Bahia, oxente!
E os meus irmãozinhos lá do norte?

Este é o meu Brasil Cheio de riquezas mil Este é o meu Brasil

Futuro e progresso do ano 2000 Quem não gostar e for do contra Que vá prá...

[...]

(https://www.letras.mus.br/wilson-simonal/1803895/brasil-eu-fico-print.html)

(Soldado – PM/SP – VUNESP – 2019) A canção foi composta por Jorge Ben e gravada pelo cantor Wilson Simonal em dezembro de 1970. A música expressava

(A) a oposição à falsa liberdade democrática do momento, propagandeada pelos slogans governamentais.

(B) a ideologia do desenvolvimentismo econômico do governo, mesclada de um otimismo nacionalista.

(C) a conjuntura histórica de agitações sociais, derivada da crise do milagre econômico patrocinado pelo Estado.

(D) a visão de uma nação com graves desigualdades regionais, caracterizada pelo crescimento desigual da economia.

(E) a oposição dos artistas ao regime militar, expressa em uma linguagem de fácil entendimento popular.

A música intitulada Brasil, eu Fico foi uma clara resposta ao slogan do governo militar "Brasil, Ame-o Ou Deixe-o", expressando a ideologia do desenvolvimentismo econômico do governo, mesclada de um otimismo nacionalista.

Gabarito "B".

2. GEOGRAFIA GERAL

(Soldado – PM/SP – VUNESP – 2019) Analise o mapa para responder à questão.

(https://www.marsh.com/ca/en/campaigns/political-risk--map-2019. html?utm. Acesso em 15.05.2019. Adaptado)

A leitura do mapa e os conhecimentos sobre o contexto geopolítico e geoeconômico mundial permitem afirmar que as áreas em destaque no mapa

(A) estão sujeitas a fortes tensões geopolíticas.
(B) apresentam grande participação no comércio mundial.
(C) devem reduzir a produção de commodities minerais.
(D) associaram-se em novos blocos econômicos.
(E) têm possibilidades de se tornarem economias emergentes.

O mapa mostra em destaque países como Líbia, Sudão e República Democrática do Congo (África); Irã, Iraque e Síria (Oriente Médio); Turcomenistão e Tadjiquistão (Ásia Central); Afeganistão e Paquistão (Ásia Meridional); Myanmar e Laos (Sudeste Asiático); Ucrânia e Bielorrússia (Leste Europeu). Os conhecimentos sobre o contexto geopolítico e geoeconômico mundial permitem afirmar que as áreas em destaque no mapa estão sujeitas a fortes tensões geopolíticas e riscos políticos.

Gabarito "A".

(Soldado – PM/SP – VUNESP – 2019) Cerca de 12 milhões de hectares de florestas tropicais desapareceram em 2018, o equivalente a 30 campos de futebol por minuto. Os dados de 2018 são do Global Forest Watch, atualizado pela Universidade de Maryland, nos Estados Unidos. O levantamento mostra o complexo retrato do desmatamento em áreas com densas florestas tropicais.

(https://www.bbc.com/portuguese/geral-48046107.Acesso em 13.05.2109. Adaptado)

Além da Amazônia, a campeã em desmatamento, outra área de forte desmatamento é

(A) a Índia, devido à implantação de indústrias de papel e celulose e dos incêndios naturais.
(B) o sul da Ásia, devido ao aumento da exploração mineral e da implantação de usinas hidrelétricas.
(C) o norte da África, devido à criação de reservatórios e da expansão da pecuária intensiva.
(D) a Ásia central, devido à instalação de novos centros urbanos e da produção petrolífera.
(E) a África Central, devido à expansão da agropecuária e da produção de carvão vegetal.

De acordo com o relatório do Global Forest Watch, a República Democrática do Congo, na África Central, é o segundo país com maior perda de floresta primária no mundo, depois do Brasil. O forte desmatamento na África Central ocorre devido à expansão da agropecuária e da produção de carvão vegetal.

Gabarito "E".

3. GEOGRAFIA DO BRASIL

(Soldado – PM/SP – VUNESP – 2019) Analise o mapa.

Brasil – Áreas ocupadas com a unidade de relevo X.

(Jurandyr Ross. Geografia do Brasil. Adaptado)

No mapa, estão em destaque as áreas de

(A) planícies, superfícies planas que foram formadas por intensos processos de sedimentação.
(B) planícies, tipos de formação rochosa que sofrem grande desgaste de agentes como chuvas e vento.
(C) planaltos, formas de relevo ondulado que têm origem a partir de longos processos de erosão.
(D) depressões, superfícies erodidas que se apresentam com altitudes mais baixas que as áreas vizinhas.
(E) planaltos, tipos de relevo que se caracterizam pela pequena variação de altitudes.

Planícies são formas de relevo planas ou suavemente onduladas, localizadas em baixas altitudes, onde os processos de sedimentação ou deposição superam os de erosão. Depressões são porções de relevo planas ou onduladas, situadas abaixo do nível das regiões vizinhas, e que são desgastadas por processos erosivos. Planaltos são formas de relevo planas ou dissecadas, de altitudes elevadas, limitados, pelo menos em um lado, por superfícies mais baixas, onde os processos de erosão superam os de sedimentação ou deposição. No mapa, estão em destaque as áreas de planaltos, formas de relevo ondulado que têm origem a partir de longos processos de erosão.

Gabarito "C"

(Soldado – PM/SP – VUNESP – 2019) Analise a tabela a seguir.

Brasil – Taxa de natalidade (%o)

1980	1991	2000	2010	2018
31,2	23,3	20,8	15,8	14,4

(https://brasilemsintese.ibge.gov.br/populacao/ taxas-brutas-de--natalidade.html. Acesso em 15.05.2019)

A leitura da tabela e os conhecimentos sobre o contexto socioeconômico brasileiro permitem afirmar que

(A) a taxa de natalidade é um dado demográfico que mostra a homogeneidade da população brasileira.

(B) a queda da taxa de natalidade está relacionada à redução dos movimentos internos da população.

(C) o recuo da taxa de natalidade demonstra que o Brasil caminha para se tornar um país emergente.

(D) a evolução da taxa de natalidade nas últimas décadas se refletiu na estrutura da população brasileira.

(E) a redução da taxa de natalidade indica que o país deverá passar por uma transição demográfica.

A tabela mostra a redução da taxa de natalidade nas últimas décadas. Isso influencia na transição da pirâmide etária brasileira em razão do estreitamento da base da pirâmide (idades entre 0 a 19 anos) e ampliação da parte central (idades entre 20 a 59 anos). Logo, a pirâmide etária do Brasil se tornou uma pirâmide adulta devido à maior concentração da população nas faixas de 20 a 59 anos.

Gabarito "D"

(Soldado – PM/SP – VUNESP – 2019) Para superar os Estados Unidos e se tornar o principal produtor do mundo, o Brasil expandiu por anos as lavouras destinadas ao produto. Só entre 2000 e 2014, a área destinada a plantar essa commodity no interior do País– em estados como Tocantins, Bahia, Piauí e Maranhão – cresceu 87%. Boa parte dela abrigava vegetação nativa, originalmente.

(https://super.abril.com.br/tecnologia/o-avanco-mapeado-pela-nasa/ Acesso em 18.05.2019. Adaptado)

O texto descreve a expansão da produção

(A) do café pela mata atlântica.

(B) da soja pelo cerrado.

(C) do milho pela caatinga.

(D) da cana de açúcar pela mata atlântica.

(E) do cacau pela floresta amazônica.

O texto descreve a expansão da produção da soja no cerrado brasileiro, com ênfase na região conhecida por Matopiba, nome formado pelas siglas de quatro estados do norte-nordeste: Maranhão, Tocantins, Piauí e Bahia.

Gabarito "B"

(Soldado – PM/SP – VUNESP – 2019) Observe o gráfico para responder à questão.

Urbanização de três regiões brasileiras – 1970-2010 (em %) (IBGE)

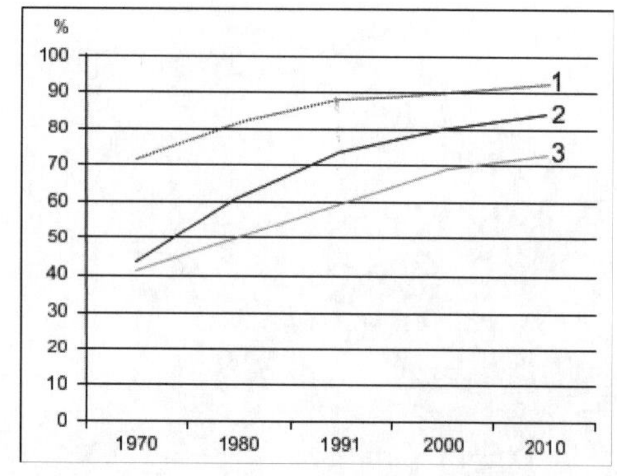

A leitura do gráfico e os conhecimentos sobre a urbanização brasileira permitem afirmar que a região

(A) 1 (Sudeste) apresentou uma expressiva urbanização devido a fatores como a industrialização e a atração de migrantes de outras regiões brasileiras.

(B) 2 (Norte) teve a urbanização fortemente atrelada aos grandes projetos de exploração mineral implantados em vários estados nortistas.

(C) 3 (Sul) apresentou uma urbanização mais lenta porque desde sua ocupação sempre teve sua economia baseada em atividades agropecuárias.

(D) 2 (Nordeste) apresentou rápida urbanização a partir dos anos de 1980 devido à industrialização das grandes cidades, promovida pela Sudene.

(E) 1 (Centro-Oeste) teve a urbanização acelerada devido à construção de Brasília e a partir dos anos 2000, à expansão da agroindústria.

Segundo o IBGE, a taxa de urbanização das regiões brasileiras em 2010 possui os seguintes valores: Sudeste – 92,95%; Centro-Oeste – 88,8%; Sul – 84,93%; Norte – 73,53%; e Nordeste – 73,13%. A partir desses dados, conclui-se que o gráfico mostra a taxa de urbanização das regiões Sudeste (1), Centro-Oeste (2) e Sul (3). Logo, está correta a alternativa "A", pois a região 1 (Sudeste) apresentou uma expressiva urbanização devido a fatores como a industrialização e a atração de migrantes de outras regiões brasileiras. Com relação à alternativa "C", a região Sul possui uma economia bastante diversificada e bem distribuída entre os setores primário, secundário e terciário.

Gabarito "A"

(Soldado – PM/SE – IBFC – 2018) Observe a figura a seguir, a qual apresenta as bacias hidrográficas que banham o estado do Sergipe.

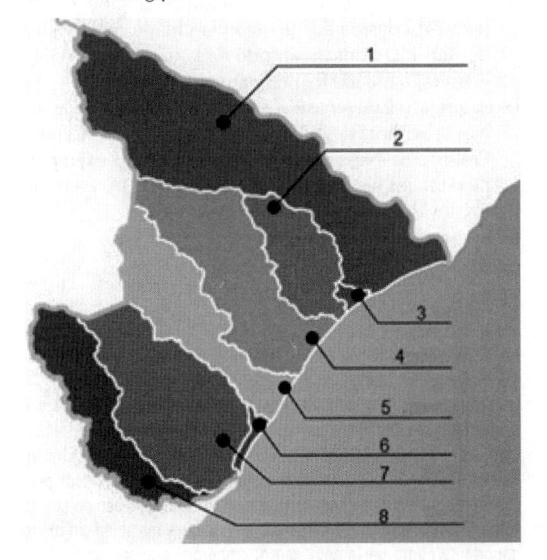

Figura 1: Bacias hidrográficas do Sergipe. Fonte: Grupo Acqua (2018).

Assinale a alternativa que relaciona corretamente os números indicados no mapa ao nome da bacia hidrográfica:

(A) 1 – São Francisco; 4 – Sergipe; 5 – Vaza Barris; 7 – Piauí
(B) 1 – Sergipe; 4 – Doce; 5 – São Miguel; 7 – Japaratuba
(C) 1 – Japaratuba; 4 – Doce; 5 – Real; 7 – Paraíba
(D) 1 – Paraíba; 4 – São Miguel; 5 – Piauí; 7 – São Francisco

---

O estado do Sergipe possui oito bacias hidrográficas, sendo seis bacias fluviais e duas bacias costeiras. São elas: bacia hidrográfica do rio São Francisco (1); bacia hidrográfica do rio Japaratuba (2); bacia costeira Sapucaia (3); bacia hidrográfica do rio Sergipe (4); bacia hidrográfica do rio Vaza Barris (5); bacia costeira Caueira-Abaís (6); bacia hidrográfica do rio Piauí (7); e bacia hidrográfica do rio Real (8).

Gabarito "A"

(Soldado – PM/SE – IBFC – 2018) O clima é um dos elementos geográficos mais importantes, influenciando na distribuição da vegetação, dos animais, dos solos, entre outros. Com relação às características climáticas do estado do Sergipe, assinale a alternativa correta.

(A) O litoral do Sergipe tem como predominante o clima equatorial quente e úmido
(B) A faixa do agreste sergipano é marcada pelo clima subtropical
(C) O sertão sergipano tem o clima semiárido como predominante
(D) A faixa interior do Sergipe está associada ao clima tropical desértico

---

O clima do estado do Sergipe é o Tropical Atlântico, que pode ser dividido em três tipos climáticos: Litoral (clima úmido, caracterizado pela presença de chuvas e pequenos períodos secos); Agreste (clima subúmido, caracterizado por ser uma zona de transição semiárida); e Semiárido (clima seco, caracterizado pela falta de recursos hídricos). Desse modo, está correta a alternativa "C", pois o sertão sergipano tem o clima semiárido como predominante.

Gabarito "C"

(Soldado – PM/SE – IBFC – 2018) O Instituto Brasileiro de Geografia e Estatística (IBGE) divide o estado do Sergipe em três mesorregiões: Sertão Sergipano, Agreste Sergipano e Leste Sergipano. Com relação à localização dos municípios sergipanos, assinale a alternativa incorreta:

(A) O município de Carira está localizado na mesorregião do Sertão Sergipano
(B) O município de Lagarto está localizado na mesorregião do Agreste Sergipano
(C) O município de Nossa Senhora do Socorro está localizado na mesorregião do Leste Sergipano
(D) O município de Nossa Senhora Aparecida está localizado na mesorregião do Agreste Sergipano

---

O Município de Nossa Senhora Aparecida está localizado na mesorregião do Sertão Sergipano. Logo, a alternativa incorreta é a letra "D".

Gabarito "D"

(Soldado – PM/SE – IBFC – 2018) O último censo demográfico brasileiro foi realizado no ano de 2010, pelo Instituto Brasileiro de Geografia e Estatística (IBGE). Em relação aos dados populacionais de Sergipe, com base no censo de 2010, atribua valores Verdadeiro (V) ou Falso (F):

() A população do Sergipe foi contabilizada em 5.068.017 habitantes.
( ) O Sergipe é o menor estado em contingente populacional do Brasil.
( ) O Sertão Sergipano concentra as menores taxas de densidade populacional do estado.
( ) O Leste Sergipano concentra as maiores taxas de densidade populacional do estado.
( ) O município mais populoso do estado é a capital Aracaju.

Assinale a alternativa que apresenta a sequência correta de cima para baixo.

(A) V, V, F, F, F
(B) F, V, V, V, V
(C) F, F, V, V, V
(D) V, F, F, F, F

I: falso, pois a população de Sergipe foi contabilizada em 2.068.017 pessoas no Censo de 2010; II: falso, porque Sergipe é o 22º estado em contingente populacional do Brasil, sendo Roraima o último estado nesse quesito; III: verdadeiro, pois o Sertão Sergipano concentra as menores taxas de densidade populacional do estado; IV: verdadeiro, pois o Leste Sergipano – que abrange a capital Aracaju – concentra as maiores taxas de densidade populacional do estado; V: verdadeiro, pois o município mais populoso do estado de Sergipe é a capital Aracaju, com 571.149 pessoas.

Gabarito "C"

(Soldado – PM/SE – IBFC – 2018) Leia o texto abaixo e assinale a alternativa que completa correta e respectivamente as lacunas:

Considerando a dinâmica da paisagem atual, unidades de paisagem na bacia do rio Vaza Barris em Sergipe podem ser identificadas com base na caracterização geológica-geomorfológica-vegetacional, evidenciando-se três unidades de paisagem que se diferenciam em subambientes.

Na unidade _____________ a elevação não excede 40 metros e a declividade encontra-se em torno de 0 – 2 %, típico de um relevo plano. Nas (nos) _____________ as altitudes encontram-se em torno de 80 a 160 metros, com declividade de 2 – 6 %, destacando-se em termos vegetacionais o cerrado e os campos antrópicos, utilizados para o cultivo da cana-de-açúcar. Na unidade _____________ a altitude não ultrapassa 320 metros, com declividade apresentando variações, principalmente entre 0 – 2 % e clima dominante do tipo subúmido seco a semiárido (CARVALHO; SOUTO, 2011).

(A) Planícies Costeiras, Cordilheiras Costeiras, Tabuleiros Costeiros

(B) Planícies Costeiras, Tabuleiros Costeiros, Pediplanos Interioranos

(C) Pediplanos Interioranos, Planícies Costeiras, Cordilheiras Costeiras

(D) Pediplanos Interioranos, Cordilheiras Costeiras, Planícies Costeiras

---

Na unidade Planície Costeira, a elevação não excede 40 metros e a declividade encontra-se em torno de 0 – 2 %, típico de um relevo plano. Nos Tabuleiros Costeiros, as altitudes encontram-se em torno de 80 a 160 metros, com declividade de 2 – 6 %, destacando-se em termos vegetacionais o cerrado e os campos antrópicos, utilizados para o cultivo da cana-de-açúcar. Na unidade Pediplano Interiorano, a altitude não ultrapassa 320 metros, com declividade apresentando variações, principalmente entre 0 – 2 % e clima dominante do tipo subúmido seco a semiárido.

Gabarito "B".

(Soldado – PM/SE – IBFC – 2018) "O Brasil é formado por seis biomas de características distintas [...]. Cada um desses ambientes abriga diferentes tipos de vegetação e de fauna" (MINISTÉRIO DO MEIO AMBIENTE, 2018). Assinale a alternativa que indica corretamente os dois principais biomas que se desenvolvem no estado do Sergipe:

(a) Mata Atlântica e Caatinga

(b) Mata Atlântica e Cerrado

(c) Cerrado e Agreste

(d) Agreste e Caatinga

Os dois principais biomas encontrados no estado de Sergipe são a Mata Atlântica e a Caatinga.

Gabarito "A".

(Soldado – PM/SE – IBFC – 2018) O Iphan (Instituto do Patrimônio Histórico e Artístico Nacional) atua em Sergipe, desde 1937. O estado possui inúmeros patrimônios vinculados ao ciclo econômico da cana-de-açúcar, representado por antigas capelas de engenhos, igrejas e casarões, tanto na zona rural como nas áreas urbanas e importantes acervos de arte sacra dos séculos XVIII e XIX, presentes nas duas cidades históricas de São Cristóvão e Laranjeiras (IPHAN, 2018).

Sobre as cidades de São Cristóvão e Laranjeiras, analise as afirmativas abaixo e assinale a alternativa correta.

I. O tombamento do conjunto arquitetônico, urbanístico e paisagístico de Laranjeiras ocorreu devido à sua importância no desenvolvimento da região, identificado pela presença do primeiro porto.

II. No início do século XIX, Laranjeiras ainda era muito importante como um grande centro comercial e exportador, o que levou o governo a designá-la como a primeira Alfândega de Sergipe.

III. A primeira capital do atual estado de Sergipe, Laranjeiras, é considerada a segunda cidade mais antiga do Brasil. Durante o período da União Ibérica (1641 – 1660), a cidade foi praticamente destruída.

IV. A Igreja e Convento de São Francisco, as Igrejas de Nossa Senhora das Vitórias, a do Rosário dos Homens Pretos e de Nosso Senhor dos Passos, são exemplos de edifícios históricos tombados pelo IPHAN em São Cristóvão.

Estão corretas as afirmativas:

(A) IV, apenas

(B) I e IV, apenas

(C) I, II e IV, apenas

(D) I, III e IV, apenas

I: correta. O tombamento do conjunto arquitetônico, urbanístico e paisagístico de Laranjeiras ocorreu devido à sua importância no desenvolvimento da região, identificado pela presença do primeiro porto, além da expressividade e da força da arquitetura antiga, representada pelo casario do século XIX e pelo cenário monumental religioso do século XVIII; II: correta. No início do século XIX, Laranjeiras ainda era muito importante como um grande centro comercial e exportador, o que levou o governo a designá-la como a primeira Alfândega de Sergipe; III: incorreta. São Cristóvão foi a primeira capital de Sergipe, sendo considerada a quarta cidade mais antiga do Brasil. Durante o período da União Ibérica (1580 – 1640), a cidade sofreu a fusão das influências das legislações e práticas espanhola e portuguesa na formação de núcleos urbanos coloniais, sendo considerada um registro único e autêntico de um fenômeno urbano singular no Brasil; IV: correta. O Convento e Igreja de Santa Cruz (Convento e Igreja de São Francisco), a Igreja Matriz de Nossa Sra. da Vitória, a Igreja Nossa Senhora do Rosário dos Homens Pretos e a Igreja da Ordem Terceira do Carmo (Igreja de Nosso Senhor dos Passos) são exemplos de edifícios históricos tombados pelo IPHAN em São Cristóvão.

Gabarito "C".

(Soldado – PM/SE – IBFC – 2018) A história da capital de Sergipe, Aracaju, antigo povoado Santo Antônio de Aracaju é uma das mais inusitadas. Sua fundação ocorreu inversamente ao convencional. Ou seja, não surgiu de forma espontânea como as demais cidades, foi planejada especialmente para ser a sede do Governo do Estado (IBGE, 2018).

Sobre a cidade de Aracaju, assinale a alternativa incorreta:

(A) As terras onde hoje se encontra o município de Aracaju pertenciam ao cacique Serigy, que compreendia desde as margens do rio Sergipe até as margens do rio Vaza- Barris. Em 1590, Cristóvão de Barros atacou as tribos do cacique Serigy e de seu irmão Siriri, matando e derrotando os índios

(B) Como cidade projetada, Aracaju nasceu em 1855 por necessidades econômicas, para substituir Laranjeiras, que era a antiga sede da Capitania de Sergipe Del Rey, mas que se situava longe do mar, atendendo à pressão de senhores de engenho

(C) Para planejar a cidade em linhas retas, aterraram-se vales e elevou-se nos montes de areia; ocorrem desapropriações onerosas e desnecessárias. A única exceção foi que a Rua da Frente ganhasse uma curva, criando a bela avenida que margeia o rio Sergipe

(D) As terras de Aracaju originaram-se das sesmarias, doadas a Pero Gonçalves por volta de 1602. Compreendiam 160 quilômetros de costa, que iam da barra do Rio Real à barra do Rio São Francisco, onde em todas as margens do estuário não existia uma vila sequer. Apenas eram encontrados arraiais de pescadores

Como cidade planejada, Aracaju nasceu em 1855, por necessidades econômicas. Uma Assembleia elevou o povoado de Santo Antônio do Aracaju à categoria de Cidade e transferiu para ele a capital da Província. A pequena São Cristóvão não mais oferecia condições adequadas para ser sede administrativa, e a pressão econômica do Vale da Cotinguiba – maior região produtora de açúcar da província – exigia a mudança da capital. A região precisava de um porto que escoasse melhor seus produtos. Logo, a alternativa incorreta é a letra "B".

Gabarito "B"

(Soldado – PM/SE – IBFC – 2018) Sobre o processo de ocupação e formação territorial do estado do Sergipe no início da colonização do Brasil, assinale a alternativa incorreta.

(A) A Capitania de Sergipe, localizada entre as prósperas capitanias de Pernambuco e Sergipe, foi doada para Francisco Pereira Coutinho em 1534, responsável pela fundação da cidade-forte de São Cristóvão

(B) No litoral, Portugal procurou garantir a posse da terra pelo povoamento e ocupação, com a finalidade de eliminar a influência francesa, cuja aliança com os indígenas ameaçava os domínios portugueses

(C) Inicialmente, a ocupação se deu com a investida dos jesuítas, sob o pretexto da catequização dos indígenas. Logo após, acontece a instalação definitiva dos portugueses nas terras sergipanas, pela necessidade de comunicação entre Salvador e Olinda

(D) A colonização e o povoamento sergipano foram efetuados no sentido sul-norte, dando-se prioridade a ocupação das margens e das barras dos rios, tendo como ponto de partida o rio Real

Com a adoção do sistema de capitanias hereditárias, o território de Sergipe passou a fazer parte da Capitania da Bahia, que foi doada a Francisco Pereira Coutinho em 1534. Por volta de 1551, uma vasta área, que incluía Sergipe, foi doada, em regime de sesmaria, para Garcia d'Ávila. De 1575 a 1590, houve um período de conflitos entre índios e portugueses, que tentavam colonizar a região entre o Rio Real e o Rio São Francisco, atual Sergipe. Em 1590, durante a União Ibérica, Cristóvão de Barros fundou a Cidade de São Cristóvão de Sergipe d'El Rey e estabeleceu a Capitania de Sergipe d'El Rey. Logo, a alternativa incorreta é a letra "A".

Gabarito "A"

(Soldado – PM/SE – IBFC – 2018) "Em Sergipe, a Proclamação da República não encontrou resistência aberta que viesse comprometer a implantação do regime republicano entre os que detinham o comando político da então Província. A adesão foi imediata (...). Para presidir o Estado foi empossada, em 17 de novembro de 1889, uma Junta Governativa que constituiu o Governo Provisório, composto por Antônio José de Siqueira Meneses, Vicente Luís de Oliveira Ribeiro e Baltasar Góis. A Junta Governativa ficou no comando do Estado até 09 de dezembro de 1889 quando então foi empossado o primeiro Presidente de Sergipe" (OLIVEIRA, 2008). Assinale a alternativa que indique o nome do primeiro Presidente de Sergipe, equivalente hoje ao cargo de Governador do Estado:

(A) Lourenço Freire de Mesquita Dantas

(B) Augusto César da Silva

(C) Vicente Luís de Oliveira Ribeiro

(D) Felisbelo Firmo de Oliveira Freire

O primeiro Presidente de Sergipe foi Felisbelo Firmo de Oliveira Freire. Durante a Primeira República, a nomenclatura de presidente era usada para designar o chefe do Poder Executivo estadual.

Gabarito "D"

(Soldado – PM/SP – 2017 – VUNESP) Ao final da Guerra Franco-Prussiana (1870-71), em que o exército francês havia sido derrotado e o imperador Napoleão III, feito prisioneiro, o chanceler da Prússia, Otto von Bismarck, proclamou, em pleno Palácio de Versalhes, a existência do II Reich, o Império Alemão. Quase meio século depois, a França escolheria esse mesmo cenário para a ratificação do Tratado de Versalhes, que extinguiu o Império Alemão, pôs fim à Grande Guerra e, segundo muitos, deu origem à Segunda Guerra Mundial.

(ARARIPE, Luiz de Alencar. "Primeira Guerra Mundial". Em: MAGNOLI, Demétrio (org.). História das Guerras. São Paulo: Contexto, 2006. Adaptado)

Entre as tensões relacionadas ao Império Alemão que contribuíram para a eclosão da Primeira Guerra Mundial, é correto identificar

(A) a concorrência militar e industrial com a Inglaterra, as disputas territoriais com a França e as rivalidades com o Império Russo na região dos Bálcãs.

(B) o choque fronteiriço com a União Soviética recém-formada, a disputa de rotas comerciais com o Império Turco-Otomano e o conflito étnico com a Tchecoslováquia.

(C) a disputa com a Áustria-Hungria pelo acesso ao Mediterrâneo, o embate imperialista com a Itália por territórios na África e o problema de fronteira com a Polônia.

(D) as tensões nacionalistas na região dos países bálticos, o conflito com a Bélgica pelo acesso ao mar do Norte e os impasses diplomáticos com a Holanda.

(E) o embate com a Sérvia na fronteira oriental, a disputa territorial com a Suíça ao sul e a concorrência econômica e comercial com os EUA.

Entre as tensões relacionadas ao Império Alemão que contribuíram para a eclosão da Primeira Guerra Mundial, podemos identificar: (i) a concorrência industrial, comercial e militar com a Inglaterra, pois a Alemanha se tornara uma potência econômica e industrial após a unificação em 1871, e o imperador Guilherme II (1888-1918) criou uma marinha de guerra germânica capaz de rivalizar com a poderosa marinha britânica; (ii) as disputas territoriais com a França, a qual alimentava um forte sentimento de revanchismo em virtude da derrota sofrida na Guerra Franco-Prussiana (1870-71) e a consequente perda de territórios para os alemães, como a região da Alsácia e Lorena; (iii) as rivalidades com o Império Russo na região dos Bálcãs, visto que a Alemanha estreitara a aliança com o Império Austro-Húngaro (que tinha interesses conflitantes com a Rússia nos Bálcãs) e tinha pretensões de construir uma estrada de ferro ligando Berlim a Bagdá, passando por regiões onde os russos pretendiam aumentar sua influência.

Gabarito "A"

(Soldado – PM/SP – 2017 – VUNESP) Na Segunda Guerra Mundial, a participação dos Estados Unidos não foi preventiva, mas central, embora existisse uma forte corrente "isolacionista" dentro da classe dominante americana até dezembro de 1941 (ataque japonês a Pearl Harbor), que marcou seu ingresso na guerra.

(COGGIOLA, Osvaldo. "Natureza da Segunda Guerra Mundial". Em: COGGIOLA, Osvaldo (org.). Segunda Guerra Mundial: um balanço histórico. São Paulo: Xamã, 1995. Adaptado)

Entre os antecedentes que levaram ao confronto entre o Japão e os EUA em 1941, é correto identificar

(A) o tratado secreto de não agressão entre o Japão e a União Soviética, que provocou forte tensão quando descoberto pelos EUA.
(B) a conquista norte-americana do Havaí, arquipélago no Pacífico que até então pertencia ao Japão, o que gerou descontentamento entre os nacionalistas japoneses.
(C) o expansionismo japonês na China e na Indochina, que contribuiu para que os EUA decidissem embargar as importações japonesas de petróleo.
(D) a ação conjunta de China e Japão contra o avanço imperialista dos EUA sobre o Pacífico, o que levou à formação de uma aliança antiocidental.
(E) o ingresso da União Soviética na aliança antifascista formada por França, EUA e Inglaterra, o que gerou desconfiança no Japão anticomunista.

Entre os antecedentes que levaram ao confronto entre o Japão e os EUA em 1941, podemos identificar a política de expansão territorial japonesa, a qual culminou na invasão da China e de outros países do sudeste asiático que eram possessões coloniais europeias, tais como Cingapura, Malásia, Birmânia e Indochina. Em resposta, os Estados Unidos anularam os acordos comerciais que mantinham com o Japão, impuseram o embargo de petróleo e de matérias-primas minerais fundamentais para a indústria de guerra japonesa e congelaram os créditos que o Japão possuía nos Estados Unidos.

Gabarito "C".

(Soldado – PM/SP – 2017 – VUNESP) No Brasil, o reconhecimento da necessidade de proteger o patrimônio histórico e artístico já havia sido apontado nos anos 1920, época em que se registraram iniciativas locais e estaduais. Em 1936, Mário de Andrade foi solicitado a preparar a criação de uma instituição nacional de proteção do patrimônio. Foi esse o documento que foi usado nas discussões preliminares sobre a estrutura e os objetivos do SPHAN (Serviço do Patrimônio Histórico e Artístico Nacional), criado afinal por decreto presidencial assinado em 30 de novembro de 1937.

(Centro de Pesquisa e Documentação de História Contemporânea do Brasil da Fundação Getúlio Vargas – CPDOC FGV. A Era Vargas: Diretrizes do Estado Novo 1937-1945 – Serviço do Patrimônio Histórico e Artístico Nacional. Disponível em: <https://goo.gl/6czzC4>. Adaptado)

A criação do SPHAN reflete

(A) um momento histórico de preservação e valorização dos patrimônios, símbolos, bandeiras e hinos municipais, regionais e estaduais, com o objetivo de fortalecer as múltiplas identidades a partir das quais se constituiria uma única identidade nacional articulada pelo Estado.
(B) uma perspectiva de cultura nacional autoritária e etnocêntrica que procurava negar e proibir as manifestações das camadas populares, especialmente dos negros, tal como o samba, dando ênfase aos patrimônios monumentais católicos, tais como as igrejas mineiras do barroco.
(C) um ambiente de centralização nas políticas de cultura e educação, o que incluía as questões de identidade e de patrimônio, mas que conviveu, contraditoriamente, com políticas economicamente liberais, o que levou à entrada de capital estrangeiro na industrialização.
(D) um contexto de (re)construção da identidade nacional a partir de elementos como o patrimônio, que representava a história na preservação de alguns edifícios históricos, evidenciando a parceria entre os intelectuais e o Estado na formulação de importantes políticas públicas.
(E) uma época de consolidação das propostas de preservação do patrimônio baseadas em concepções eurocêntricas, que tomavam a ideia de civilização como referência e consideravam o nacional como cultura inferior, que deveria ser preservada por suas marcas folclóricas.

A criação do SPHAN refletiu um contexto de construção de uma identidade nacional e de busca pela superação do atraso do país e ingresso na modernidade. A necessidade de preservação do patrimônio cultural era uma forma de defesa da própria identidade da nação, sendo feito por meio de políticas públicas preservacionistas concebidas por intelectuais ligados ao movimento modernista.

Gabarito "D".

(Soldado – PM/SP – 2017 – VUNESP) O processo de descompressão do sistema político come- çara a ser orquestrado em 1975, pelos generais Ernesto Geisel e Golbery do Couto e Silva, ambos convencidos de que a ditadura deveria fazer suas escolhas e definir o momento mais conveniente para revogar os poderes de exceção.

(SCHWARCZ, Lilia M. e STARLING, Heloisa. Brasil: uma biografia. São Paulo: Companhia das Letras, 2015. Adaptado)

Entre os momentos mais marcantes desse processo, que se iniciou nos anos 1970 e se estendeu até a década seguinte, é correto identificar

(A) o ano de 1985, quando o primeiro presidente civil foi eleito diretamente depois de 21 anos de ditadura, em que apenas militares estiveram no poder.
(B) o ano de 1986, quando os primeiros militares acusados de tortura começaram a ser processados, levados a julgamento e presos posteriormente.
(C) o ano de 1982, quando explodiu um grande movimento de massas favorável às eleições diretas, embalado pelas vitórias da oposição nos governos estaduais.
(D) o biênio 1988-1989, quando foi eleita a Assembleia que escreveu a Constituição, que só entrou em vigor depois do plebiscito sobre a forma de governo de 1993.
(E) o biênio 1978-1979, quando o AI-5 foi extinto, a Lei da Anistia foi promulgada e extinguiu-se o bipartidarismo, passando a haver vários partidos.

A: incorreta, pois o primeiro presidente civil foi eleito indiretamente em 1985 – as primeiras eleições diretas para presidente só ocorreram em 1989; B: incorreta, pois a Lei da Anistia, de 1979, impediu a responsabilização criminal dos militares acusados de tortura; C: incorreta, pois o movimento a favor de eleições diretas para presidente (Diretas Já) foi lançado em 1983; D: incorreta, porque a nova Constituição foi promulgada em 5 de outubro de 1988, data em que entrou em vigor; E: correta, pois o processo de descompressão política – que buscava a ampliação gradual da participação cidadã – começou a ser implementado pelo general Ernesto Geisel (1974-1979), a quem coube formular uma proposta de abertura política "lenta, gradual e segura". Alguns dos momentos mais marcantes desse processo ocorreram no biênio 1978-1979, quando o Ato Institucional nº 5 foi extinto (1978), a Lei da Anistia foi promulgada e o bipartidarismo foi extinto (1979).

Gabarito "E"

(Soldado – PM/SP – 2017 – VUNESP) Considere algumas características dos Brics.

- 40% da população mundial, ou 2,8 bilhões de pessoas, vive no bloco.
- A área geográfica do bloco corresponde a 30% da superfície terrestre.
- A força de trabalho dos países do bloco é de 1,5 bilhão de pessoas.
- Nos países do bloco, as políticas públicas têm obtido avanços na redução da pobreza e na ampliação do acesso aos bens de consumo.
- O bloco responde por 58% da demanda mundial de petróleo e por 20% da produção mundial.

(Pragmatismo Político, disponível em: <goo.gl/06hGG4>. Adaptado)

Os dados apresentados permitem afirmar que os Brics

(A) têm forte influência geopolítica em nível mundial, pois seus membros estão entre os países que mais acolhem refugiados das áreas de conflito do Oriente Médio.

(B) são importantes atores da ordem mundial multipolar, pois a China já é uma força econômica mundial, e a Rússia permanece sendo uma força militar de destaque.

(C) representam o bloco político-econômico mais consolidado do mundo, tendo ultrapassado a União Europeia sob o aspecto demográfico e financeiro.

(D) devem transformar-se, até a próxima década, no bloco mais populoso, pois China, Índia e Rússia são países com elevado crescimento demográfico.

(E) superaram a fase de países emergentes porque apresentam grande potencial econômico e financeiro que atrai investimentos internacionais de grande porte.

BRICS é um acrônimo que se refere ao grupo político-diplomático formado por Brasil, Rússia, Índia, China e África do Sul – países em estágio similar de desenvolvimento econômico – para o desenvolvimento de atividades de cooperação política, econômico-financeira e multissetorial. Os dados apresentados permitem afirmar que os Brics são importantes atores da ordem mundial multipolar, pois a China já é uma força econômica mundial, e a Rússia permanece sendo uma força militar de destaque.

Gabarito "B"

(Soldado – PM/SP – 2017 – VUNESP) De acordo com a ONU, o problema ambiental já afeta 3,6 bilhões de hectares, somando 25% da massa terrestre, e ameaça a subsistência de mais de um bilhão de pessoas em cerca de 110 países. Na região subsaariana da África, por exemplo, de 20% a 50% das terras já apresentam esse problema, prejudicando mais de 200 milhões de pessoas. A situação também é grave na Ásia e na América Latina, somando mais de 516 milhões de hectares, na Austrália, no Oriente Médio e no oeste dos Estados Unidos. Em todo o mundo, a extensão territorial onde ocorre o problema aumentou mais de 50% durante o século 20.

(Planeta, disponível em: <goo.gl/Kb05Bw>. Adaptado)

O texto descreve fatos relacionados

(A) à elevação do nível dos oceanos.

(B) à desertificação.

(C) ao desmatamento.

(D) à atuação do El Niño.

(E) à contaminação dos lençóis freáticos.

O problema ambiental descrito no texto afeta 3,6 bilhões de hectares (25% da massa terrestre) e ameaça a subsistência de mais de um bilhão de pessoas, tendo como exemplo a região subsaariana da África. Esses fatos estão relacionados à desertificação: processo de degradação da terra nas regiões áridas, semiáridas e subúmidas secas, resultante de vários fatores, como as variações climáticas e as atividades humanas.

Gabarito "B"

A questão está relacionada ao mapa e ao texto a seguir.

(goo.gl/F1rdbr. Adaptado)

A vegetação original abrangia uma área equivalente a 1.315.460 km2 e estendia-se originalmente ao longo de 17 estados. Hoje, restam menos de 10% dessa vegetação. Vivem na área já desmatada cerca de 70% da população brasileira, com base nas estimativas do Instituto Brasileiro de Geografia e Estatística em 2014. São mais de 145 milhões de habitantes em 3.429 municípios, que correspondem a 61% dos existentes no Brasil.

(goo.gl/cRhz24. Adaptado)

(Soldado – PM/SP – 2017 – VUNESP) O mapa e o texto destacam

(A) o cerrado.

(B) os campos.

(C) a mata atlântica.

(D) as matas galerias.

(E) a mata de araucárias.

A: incorreta, pois o Cerrado é um bioma de savana predominante no Brasil Central, abrangendo os estados de Goiás, Mato Grosso, Mato Grosso do Sul, Tocantins, Minas Gerais, além de partes de Rondônia, Bahia, Maranhão, Piauí, São Paulo e Paraná, chegando até o Paraguai e a Bolívia; B: incorreta, pois os Campos são um bioma de vegetação rasteira herbáceo-arbustiva que ocupa áreas descontínuas do Brasil, destacando-se o subgrupo dos Pampas ou Campos Sulinos que se estendem pelo Rio Grande do Sul e regiões da Argentina e do Uruguai; C: correta, porque a Mata Atlântica é um bioma de floresta tropical que ocorre ao longo de todo o litoral brasileiro, do Rio Grande do Norte ao Rio Grande do Sul, estendendo-se para o interior nas regiões sul e sudeste (nos estados de São Paulo, Minas Gerais, Paraná e Santa Catarina) e chegando até o Paraguai e a Argentina. É o bioma que mais sofreu com o desmatamento causado pela ação do homem; D: incorreta, pois a Mata de Galeria é uma vegetação florestal que acompanha os rios de pequeno porte e córregos dos planaltos do Brasil Central, formando corredores fechados (galerias) sobre o curso de água; E: incorreta, pois a Mata das Araucárias é um domínio de floresta ombrófila mista pertencente ao bioma da Mata Atlântica, sendo encontrada nos estados de Santa Catarina, Paraná, Rio Grande do Sul e de forma esparsa em São Paulo e Minas Gerais. Essa floresta foi amplamente devastada por conta da extração da madeira e da ocupação humana.

Gabarito "C"

(Soldado – PM/SP – 2017 – VUNESP) Observe as pirâmides etárias:

BRASIL: PIRÂMIDES ETÁRIAS – 1991 E 2010

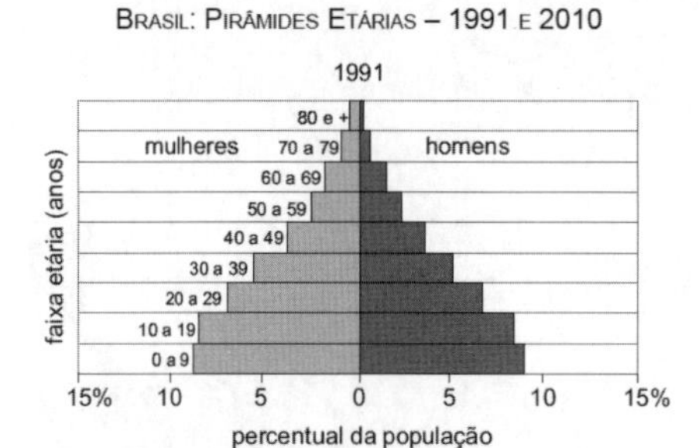

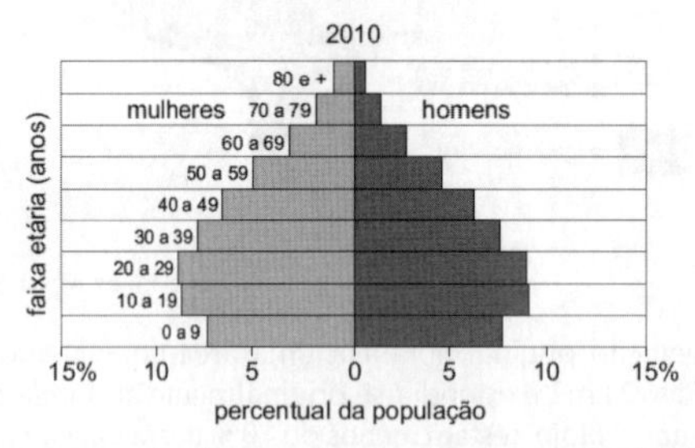

(IBGE – Instituto Brasileiro de Geografia e Estatística)

A partir da comparação entre as pirâmides etárias de 1991 e 2010 e dos conhecimentos sobre a dinâmica demográfica brasileira, é correto concluir que, no período,

(A) as taxas de fertilidade e de natalidade apresentaram redução.

(B) as taxas de natalidade e de mortalidade apresentaram pequena variação.

(C) a expectativa de vida da população se manteve alta.

(D) a população adulta apresentou declínio.

(E) a proporção de mulheres adultas diminuiu.

A pirâmide etária de 1991 mostra que o Brasil era um país predominantemente jovem, pois contava com um número relativamente maior de pessoas nas faixas de idade inferiores (0 a 19 anos). Já a pirâmide etária de 2010 mostra que o Brasil se tornou um país adulto, visto que está passando por um processo de amadurecimento da população (crescimento da faixa dos 20 a 59 anos) e um consequente aumento da população mais velha. Essa mudança demográfica brasileira deve-se à redução das taxas de natalidade e de fertilidade (número de filhos por mulher) somada à redução da taxa de mortalidade e elevação da expectativa de vida da população.

Gabarito "A"

(Oficial – PM/SP – 2016 – VUNESP) Apesar das greves, das leis esparsas e da existência de movimentos e partidos que tratavam de arregimentar a classe operária, ou falar em nome dela, a massa trabalhadora continuava, em sua grande maioria, carente de direitos e de organização. Essa carência seria um campo fértil nos anos 30 para a ação do Estado através da política trabalhista de Getúlio Vargas.

(Boris Fausto, História do Brasil. Adaptado)

Considerando a Primeira República e a Era Vargas, na política mencionada no trecho, é correto afirmar que

(A) o operariado urbano permaneceu excluído do processo eleitoral, pois Getúlio Vargas não ampliou os direitos políticos e sociais vigentes antes da década de 1930.

(B) Getúlio Vargas diferenciou-se ao autorizar partidos representativos da classe operária, que tinham liberdade para organizar greves, inclusive durante o Estado Novo.

(C) a legislação trabalhista foi rejeitada pelo Congresso nos dois períodos, porém Getúlio Vargas conseguiu instituir o décimo terceiro salário e a previdência social.

(D) Getúlio Vargas organizou a Justiça do Trabalho e estabeleceu uma estrutura sindical atrelada ao Estado, o que foi inovador em relação ao período anterior.

(E) a questão social continuou a ser tratada como "caso de polícia" por Getúlio Vargas, embora ele tivesse estabelecido leis para regulamentar o trabalho no campo.

Durante a Era Vargas (1930-1945), houve importantes avanços sociais no campo dos direitos trabalhistas, tais como a criação do Ministério do Trabalho; a previsão de direitos trabalhistas na Constituição de 1934; a organização da Justiça do Trabalho, em 1939; a promulgação da Consolidação das Leis do Trabalho (CLT), em 1943; e a implantação do sindicalismo, no qual as entidades sindicais eram fortemente atreladas ao Estado. Todas essas ações representaram um grande avanço em relação ao período da Primeira República.

Gabarito "D"

(Oficial – PM/SP – 2016 – VUNESP) A expansão dos anos 70 fez da economia brasileira a oitava economia do mundo capitalista, em termos de capacidade produtiva, ficando atrás apenas dos países altamente industrializados. (...)

Esse crescimento intenso e rápido da economia brasileira apoiou-se em três bases principais.

(Francisco M. P. Teixeira e Maria Elizabeth Totini, História econômica e administrativa do Brasil)

As "três bases principais" desse crescimento, conhecido como milagre econômico, foram

(A) a intervenção do Estado na economia, o grande capital nacional e a forte presença do capital estrangeiro.

(B) a ênfase na agricultura de subsistência, a privatização de empresas estatais e o uso de tecnologia nacional.

(C) o predomínio da indústria leve, a proibição de multinacionais e o financiamento privado das obras de infraestrutura.

(D) a distribuição equilibrada de renda, os investimentos estrangeiros e a importação de tecnologia chinesa.

(E) o favorecimento às microempresas nacionais, o liberalismo e a política oficial de aumento dos salários.

O excepcional crescimento da economia brasileira entre os anos de 1968 e 1973 – período conhecido como "milagre econômico" – decorreu principalmente das reformas econômicas implementadas pelo Programa de Ação Econômica do Governo (PAEG) do governo de Castelo Branco (1964-1967). Nesse período, surgiram empresas privadas brasileiras focadas no setor trabalho intensivo (indústrias com maior demanda por mão de obra), empresas multinacionais focadas no setor capital intensivo (indústrias com maior demanda por capital) e empresas estatais responsáveis pela indústria de base (energia elétrica, indústria pesada, telecomunicações e indústria bélica). Desse modo, as três bases principais do crescimento econômico foram: a intervenção do Estado na economia, o grande capital nacional e a forte presença do capital estrangeiro. A distribuição dos resultados do crescimento econômico foi bastante desigual em razão do achatamento dos salários, provocando o aumento da concentração de renda no período.

Gabarito "A"

(Oficial – PM/SP – 2016 – VUNESP) Em concorrida cerimônia no plenário da Câmara dos Deputados, transmitida ao vivo pela televisão para todo o país, em 5 de outubro de 1988, o deputado Ulysses Guimarães, presidente da Constituinte, declarou promulgada a nova Constituição brasileira.

(Américo Freire, Marly Motta e Dora Rocha, História em curso: o Brasil e suas relações com o mundo ocidental)

Um dos princípios que orientaram a atual Constituição brasileira foi

(A) o unitarismo político-administrativo, que inviabiliza a formação de partidos.

(B) a restrição dos direitos políticos, que assegura a imparcialidade nas eleições.

(C) o estabelecimento do Estado de direito, que garante as liberdades individuais.

(D) a criação do Ministério da Defesa, que protege a sociedade dos abusos do poder público.

(E) o predomínio do Legislativo sobre os demais poderes, que permite a harmonia entre eles.

A Constituição da República Federativa do Brasil de 1988 instituiu um Estado Democrático de Direito com fundamento na cidadania, no pluralismo político, no equilíbrio entre os três Poderes e na proteção aos direitos e garantias fundamentais individuais e coletivos.

Gabarito "C"

(Oficial – PM/SP – 2016 – VUNESP) A biografia do General Miguel Costa traz sua participação destacada em eventos de grande relevância para a História da Polícia Militar. Dos eventos a seguir, qual pode ser atribuído a Miguel Costa?

(A) Aluno destacado da Missão Francesa de Instrução da Força Pública, sua atuação foi primordial para o encerramento da Greve Operária de 1917.

(B) Sua intervenção permitiu que se estabelecessem negociações que levariam ao fim da Greve Operária de 1905, ocorrida em Rio Claro, na Companhia Paulista de Estradas de Ferro.

(C) Como Comandante do Regimento de Cavalaria, liderou a Força Pública por ocasião da eclosão do movimento revolucionário na cidade de São Paulo, em 05 de julho de 1922.

(D) Foi um dos líderes militares que apoiou com suas tropas o Presidente Getúlio Vargas, quando da eclosão do "Estado Novo" em 1937.

(E) Comandava a Força Pública no dia 09 de Julho de 1932, quando pediu passagem para a Reserva, ciente da eclosão do Movimento Constitucionalista.

Nascido em Buenos Aires, Miguel Alberto Crispim da Costa Rodrigues mudou-se, ainda criança, com seus pais para Piracicaba (SP). Anos mais tarde, naturalizou-se brasileiro. Iniciou sua carreira militar como soldado da Força Pública do Estado de São Paulo onde atingiu o posto de oficial de cavalaria. Como capitão de cavalaria, Miguel Costa teve atuação primordial para acabar com a Greve Geral de 1917, intermediando um acordo entre os grevistas e o dono de uma das fábricas. Ele também teve participação destacada na Revolução de 1924, levante ocorrido na capital paulista contra o governo de Artur Bernardes, em 5 de julho de 1924.

Gabarito "A"

(Oficial – PM/SP – 2016 – VUNESP) Dentre as principais realizações de Pedro Dias de Campos, é correto afirmar que

(A) atuou com denodo na campanha de Canudos, durante a qual veio a ferir-se com gravidade.

(B) foi o principal inspirador na fundação da Caixa Beneficente da Polícia Militar.

(C) defendeu e atuou vigorosamente na implantação do escotismo no Brasil.

(D) foi o mais importante assessor militar e aliado de Miguel Costa, como destacado revolucionário de 1924.

(E) criou a Cruz Azul de São Paulo em 1933, para atender aos órfãos e viúvas da Revolução Constitucionalista.

Pedro Dias de Campos defendeu e atuou vigorosamente na implantação do escotismo no Brasil como forma de iniciar um trabalho voltado às crianças. Ele também ajudou a fundar a Cruz Azul de São Paulo, em 28 de julho de 1925, com o objetivo de proporcionar assistência médica e educacional às famílias dos soldados da corporação.

Gabarito "C"

(Oficial – PM/SP – 2016 – VUNESP) Sensibilizado pelo isolamento das comunidades que habitavam o litoral norte paulista, comprometeu-se com lideranças locais a emprestar seus conhecimentos de engenharia e seu prestígio político para que fosse aberto um caminho terrestre que rompesse a exclusão geográfica daquela região. Dirigiu, a partir de 1931, a abertura do primeiro caminho terrestre carroçável, ligando o vale do Paraíba a Caraguatatuba, que, mais tarde, viria a ser a principal artéria alimentadora do progresso do litoral norte, atual rodovia dos Tamoios.

O texto refere-se a

(A) José de Pina Figueiredo.

(B) Edgard Pereira Armond.

(C) Antonio Baptista da Luz.

(D) Francisco Alves do Nascimento Pinto.

(E) Nataniel Prado.

Edgard Pereira Armond, à época capitão da Força Pública do Estado de São Paulo, planejou e dirigiu a construção da primitiva estrada de rodagem que interligou os municípios de Paraibuna, no Vale do Paraíba, a Caraguatatuba e São Sebastião, no litoral norte do Estado de São Paulo, na década de 1930. Essa estrada viria a se tornar a atual rodovia dos Tamoios.

Gabarito "B"

(Oficial – PM/SP – 2016 – VUNESP) Urge, portanto, tudo fazermos para voltarmos ao tem-po em que éramos o orgulho dos Paulistas (...). Como retornarmos a esse ponto, do qual não deveríamos nos ter afastado? Só através do trabalho inteligentemente orientado no sentido da missão principal de nossa organização, pois qualquer organismo só poderá sobreviver se atender ao fim principal para o qual foi criado.

(Octavio Gomes de Oliveira, A Força Pública e sua missão em face das leis que a regem. Revista Militia. Ano I, julho-agosto de 1948, no 5, p. 17 – 19)

Octavio Gomes de Oliveira defendeu, em seu artigo, o retorno da Força Pública à sua atividade fim, ou seja, o policiamento ostensivo. Várias medidas foram adotadas, como parte desse esforço encetado após a II Guerra Mundial. Dentre elas, pode-se citar a

(A) realização do Congresso Brasileiro das Polícias Militares em Campos do Jordão, por ocasião do IV Centenário de Fundação da Cidade de São Paulo.

(B) criação do Serviço de Radiopatrulha da Capital, com efetivos da Força Pública e da Guarda Civil.

(C) criação do Serviço de Comunicações, sob a direção do tenente Manoel de Jesus Trindade.

(D) criação da primeira autoescola do Brasil, destinada a formar motoristas para as viaturas de radiopatrulha.

(E) criação do Gabinete de Munições, atual CSM/AM, sob a direção do major Nataniel Prado.

Após o fim do Estado Novo, houve uma grande contestação à existência das forças militares estaduais, em especial ao papel desempenhado pela Força Pública de São Paulo – pelo seu envolvimento bélico da Revolução de 1932. Diversos autores, entre eles o capitão Otávio Gomes de Oliveira, passaram a defender a dupla função da Força Pública, segundo a qual a Força Pública teria uma função principal, que seria a função de policiamento, para a preservação da ordem pública e manutenção da paz, e uma função secundária, que seria a função militar, como força auxiliar do exército. O I Congresso Brasileiro das Polícias Militares, realizado em Campos do Jordão, no período de 16 a 23 de dezembro de 1954, foi um evento organizado por oficiais da Força Pública de São Paulo, que contou com a participação das polícias militares de outros estados, e trouxe efeitos favoráveis em prol da definição da competência das polícias militares na área de preservação da ordem pública.

Gabarito "A"

(Oficial – PM/SP – 2016 – VUNESP) Uma das principais missões que foram atribuídas ao atual 2º BPM/M, ao longo de sua história mais que centenária, foi

(A) o combate ao cancro cítrico, derrubando laranjais infectados pelo interior paulista.

(B) o combate ao mal de Chagas, quando seus poli- ciais atuaram no apoio à dedetização de casas de pau-a-pique pelo interior paulista.

(C) o enfrentamento a terroristas que atuavam na organização de base de operações no vale do Ribeira, quando foi martirizado o tenente Alberto Mendes Junior, do efetivo da Unidade.

(D) a libertação de Curitiba, durante a revolução Federalista.

(E) a participação no ataque final ao arraial de Antônio Conselheiro, em Canudos.

Revolução Federalista (1893-1895) foi uma guerra civil entre federalistas partidários de Gaspar Silveira Martins (conhecidos como "maragatos") e republicanos partidários de Júlio de Castilhos (conhecidos como "pica-paus"), que teve início no Rio Grande do Sul e avançou por Santa Catarina e Paraná. Os militares da Força Pública do Estado de São Paulo uniram forças com as tropas do governo federal para defender a fronteira de São Paulo com o Paraná e, depois, libertar o Paraná e Santa Catarina. O 2º BPM de São Paulo foi a primeira tropa do governo a entrar em Curitiba e a última tropa paulista a retornar a São Paulo, em 14 de janeiro de 1895.

Gabarito "D"

(Oficial – PM/SP – 2016 – VUNESP) O governador Laudo Natel criou, em 1975, uma comis- são destinada a estudar maneiras mais efetivas de a administração prevenir e reagir a eventos desastrosos. Como fruto do trabalho dessa comissão, aprovou-se o Decreto nº 5.796/75, no qual está inserida a criação da Subchefia de Defesa Civil, que iria instalar-se plenamente em 1976.

Analise as afirmações a seguir, relativas à história das calamidades públicas em território paulista, e assinale a alternativa que apresenta um dos fatos históricos que inspirou a criação da Defesa Civil em São Paulo.

(A) O incêndio da comunidade de Vila Socó – Cubatão, em decorrência da explosão de um duto de petróleo.

(B) O escorregamento da Serra do Mar em Caraguatatuba, em decorrência de intensas chuvas.

(C) A queda do avião "President", da Pan American Airlines, que caiu sobre área densamente urbanizada na Vila Santa Catarina, em São Paulo, causando dezenas de vítimas fatais.

(D) O incêndio do edifício "Grande Avenida", situado na Avenida Paulista.

(E) O incêndio supostamente criminoso do Grand Circus "Oberdan", no Brás, que vitimou 30 crianças, pisoteadas e mortas.

A: incorreta, pois o incêndio da comunidade de Vila Socó – Cubatão ocorreu em 1984, sendo posterior, portanto, à criação da Defesa Civil; B: correta, pois o deslizamento da Serra do Mar sobre a cidade de Caraguatatuba, ocorrido em 1967, foi um dos desastres que motivaram a criação da Defesa Civil do Estado de São Paulo; C: incorreta, pois a queda do avião Presidente, da Pan American Airlines (voo Pan Am 202), ocorreu em 1952, em um local desabitado na selva amazônica, a cerca de 440 km a sudoeste do município de Carolina, no Maranhão, não tendo relação com a criação da Defesa Civil em São Paulo; D: incorreta, pois o incêndio do edifício Grande Avenida, na Avenida Paulista, ocorreu no carnaval de 1981, sendo posterior, portanto, à criação da Defesa Civil; E: incorreta, pois a tragédia do Cine Oberdan, no Brás, foi um falso alarme de incêndio que causou pânico no público, ocorrido em 1938, não tendo relação com a criação da Defesa Civil – não confundir com o incêndio criminoso do Gran Circus Norte-Americano, em Niterói, que vitimou 372 pessoas, em 1961.

Gabarito "B"

(Soldado – CBM/GO – 2016 – Funrio) Na década de 1940, durante os festejos de inauguração da cidade de Goiânia, o presidente Getúlio Vargas lançou a chamada Marcha para o Oeste, que serviria como diretriz para o povoamento e a integração territorial para o país.

Quanto a esse tema, os objetivos do governo Vargas podem ser confirmados pela/o

(A) criação do Departamento Nacional de Estradas de Rodagem (DNER), a fim de ampliar a estrutura de ligação entre as regiões e as cidades.

(B) planejamento e pela construção de Goiânia, ideia que se originou unicamente da estratégia do governo Vargas de interiorização e povoamento do sertão brasileiro.

(C) construção de Goiânia para ser a capital de Goiás, que objetivava antecipar e concorrer com a construção de Brasília e ser o marco de interiorização do território.

(D) política de povoamento e de interligação da região Centro-Oeste dos governos de Getúlio Vargas e, posteriormente, de Juscelino Kubitschek, que não lograram êxito.

(E) criação da Colônia Agrícola Nacional de Goiás (CANG), para o desenvolvimento agrícola da região, que se mostrou ineficaz como estratégia de interiorização.

A Marcha para o Oeste foi um programa criado em 1940 para incentivar o povoamento e promover o desenvolvimento e a integração das regiões Centro-Oeste e Norte. Para alcançar esses objetivos, o governo priorizou a construção de uma malha rodoviária que interligasse as regiões Centro-Oeste e Norte com o litoral, permitindo a migração e o escoamento da produção agrícola.

A: correta, uma vez que a criação do Departamento Nacional de Estradas de Rodagem (DNER), em 1937, reflete a importância das estradas como estrutura de ligação entre as regiões sertanejas e as cidades litorâneas; B: incorreta, pois a construção de Goiânia foi idealizada por Pedro Ludovico Teixeira, então Interventor Federal no Estado de Goiás; C: incorreta, porque a construção de Goiânia começou em 1933 por iniciativa de Pedro Ludovico, no contexto da Marcha para o Oeste e da antiga ideia de transferir a capital de Goiás, ao passo que a construção de Brasília começou em 1956 por iniciativa de Juscelino Kubitschek no contexto da antiga ideia de interiorização da capital federal; D: incorreta, visto que a política de povoamento e de interligação da região Centro-Oeste logrou êxito, atingindo seus objetivos; E: incorreta, porque a criação da Colônia Agrícola Nacional de Goiás (CANG), em 1941, foi eficaz como estratégia de interiorização, já que conseguiu atrair muitas famílias em busca de terras férteis e deu origem ao atual Município de Ceres.

Gabarito "A"

(Soldado – CBM/GO – 2016 – Funrio) A impraticabilidade de se povoar a dita capitania [Goiás] nem outra qualquer parte da América Portuguesa se não com os nacionais da mesma América. E que achando-se todo o sertão daquele vasto continente coberto de índios, estes deviam ser principalmente os que povoassem os lugares, as vilas e as cidades que se fossem formando. [...]

Carta régia de D. José I a D. José Vasconcelos, governador da Capitania de Goiás. 1758. In: PALACIN, Luís. O século do ouro em Goiás. Goiânia: Ed. da UCG, 1994.

Até a chegada da bandeira de Bartolomeu Bueno da Silva, no século XVIII, ao território que atualmente constitui o estado de Goiás, várias tribos indígenas ocupavam a região.

A interação entre bandeirantes e nativos no século XVIII e o povoamento, ao longo dos séculos, da região de Goiás, caracteriza-se pelo/por

(A) povoamento exclusivamente constituído pelos povos indígenas que habitavam que seguia a recomendação régia de 1758.

(B) uso de técnicas astutas e pacíficas por Anhanguera, como era conhecido Bartolomeu Bueno da Silva, para convencer indígenas a encontrar ouro.

(C) uso de aldeamentos, territórios demarcados para que os índios fossem pacificados, educados como cristãos e treinados para o trabalho agrícola.

(D) haver posicionado Goiás como o estado com a maior população indígena entre os entes federados, devido à recomendação da carta régia de 1758.

(E) uma política de colonização que não fez nenhum uso de violência contra os povos indígenas, que foram aldeados e civilizados pelos jesuítas.

O início da ocupação da região de Goiás ocorreu em 1725, após a descoberta de ouro pela bandeira de Bartolomeu Bueno da Silva (filho) – filho de Bartolomeu Bueno da Silva, o Anhanguera. Em 1726, Bartolomeu Filho fundou o primeiro povoado na região, chamado de Arraial da Barra (atual Buenolândia), e, no ano seguinte, o Arraial de Sant'Anna às margens do Rio Vermelho, que viria a se tornar a cidade de Goiás (antiga capital do território). Outros arraiais foram sendo fundados às margens de rios e córregos para servir como centros de garimpo.

A: incorreta, já que, após a descoberta de ouro, Goiás recebeu um grande número de escravos e migrantes das regiões sul e sudeste, de forma que o povoamento foi constituído por índios, negros e brancos; B: incorreta, pois Bartolomeu Bueno da Silva (pai) chegou à região de Goiás em 1683 e usou técnicas astutas e violentas para convencer os índios a informar o local do ouro – como a artimanha de atear fogo numa vasilha com aguardente e ameaçar fazer o mesmo com os rios com o fim de assustar os nativos, que lhe apelidaram de Anhanguera (Diabo Velho) –, bem como utilizou a violência para capturar indígenas e vendê-los como escravos; C: correta, pois o povoamento da Capitania de Goiás se caracterizou pela implantação de aldeamentos indígenas entre os anos de 1749 e 1811, que consistiam em territórios demarcados para povoar a região e possibilitar que os índios fossem pacificados, educados como cristãos e treinados para o trabalho agrícola; D: incorreta, porque Amazonas é o estado com a maior população indígena entre os entes federados na atualidade, seguido por Mato Grosso do Sul e Bahia; E: incorreta, haja vista que a política de colonização fez uso intensivo de violência contra os povos indígenas.

Gabarito "C"

(Soldado – CBM/GO – 2016 – Funrio)

Taxas de Crescimento da População: Goiás, Centro-Oeste e Brasil 1969/2010

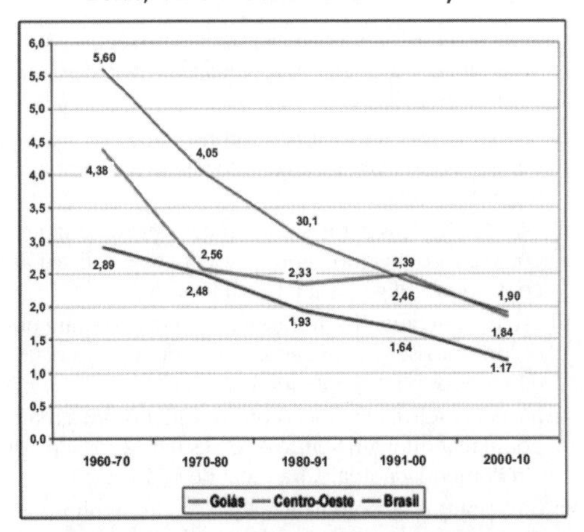

IBGE, Estatísticas Século XX e Censos Demográficos; Tabulações Especiais NEPO/ UNICAMP. Elaboração: Observatório das Metrópoles Núcleo Goiânia. Disponível em: <http://www.observatoriodasmetropoles.net/download/ GOeRMG_Censo.pdf>. Acesso em: 09 out. 2016.

Analise estas assertivas e considere-as como verdadeiras ou falsas.

I. No decênio 1960-70, o crescimento populacional anual médio de Goiás é maior que a média nacional. Essa taxa está mais próxima da média nacional no decênio 2000-10.

II. O crescimento populacional de Goiás é muito superior à média nacional nos dois primeiros decênios do gráfico. Isso decorreu principalmente de políticas públicas que visavam à expansão da fronteira agrícola do país.

III. A partir do decênio 1970-80, a taxa de crescimento da população de Goiás e da região Centro-Oeste apresenta tendência à convergência.

Então, com base no gráfico apresentado e em seus conhecimentos sobre o povoamento e os fluxos migratórios para Goiás, pode-se concluir que a alternativa que contempla correta e plenamente as afirmações verdadeiras é a seguinte:

(A) I.
(B) I e II.
(C) I e III.
(D) I, II e III.
(E) II e III.

Apesar da questão ter sido anulada, apresentaremos uma possível solução para fins de estudos.
I: incorreta (possui dupla interpretação), pois a taxa de crescimento populacional de Goiás está mais próxima da média nacional no decênio 1970-80 (2,56 versus 2,48), visto que a diferença voltou a subir nas décadas seguintes. Todavia, também é possível interpretar a assertiva no sentido de que a taxa está mais próxima da média nacional no decênio 2000-10 (1,84 versus 1,17) comparada com o decênio 1960-70, o que estaria correto; II: incorreta, pois as políticas públicas visavam promover o povoamento e a integração da região Centro-Oeste com as regiões litorâneas; III: correta, pois, a partir do decênio 1970-80, as taxas de crescimento da população de Goiás e da região Centro-Oeste começam a se aproximar, apresentando tendência à convergência.

Gabarito: Anulada

Número de Escravos em Goiás (1864-1887)

Ano	Número de Escravos /Goiás
1864	15.000
1874	8.800
1884	7.710
1887	4.955

REIS, J. J. **Presença Negra**: conflitos e encontros. In: IBGE. ***Brasil:*** 500 anos de povoamento. Rio de Janeiro, 2000. (Adaptação)

(Cadete – CBM/GO – 2016 – Funrio) Essa tabela evidencia transformações ocorridas na composição da população do estado de Goiás, que estão relacionadas à abolição da escravatura.

Quanto ao processo de abolição da escravatura ocorrido no Brasil, na segunda metade do século XIX, pode-se caracterizá-lo pelo/a

(A) embranquecimento da população dos estados, devido à redução do número de escravos no território nacional.
(B) extinção da escravidão com a Lei Eusébio de Queiroz, que atendia às demandas da Inglaterra.
(C) construção da cidadania republicana, pautada por direitos sociais e atuação dos abolicionistas.
(D) redução progressiva do número de escravos, num processo que atendeu aos interesses dos proprietários.
(E) diminuição expressiva do número de escravos com a Lei do Ventre Livre, que garantiu a libertação das mães.

A: incorreta, pois havia um grande número de africanos e afrodescendentes no país, o que fez surgir, inclusive, defensores da tese do branqueamento da população por meio de uma política de Estado com o objetivo de trazer mão de obra branca europeia (portugueses, italianos e outros povos) ao Brasil; B: incorreta, porque a Lei Eusébio de Queiróz, de 1850, extinguiu o tráfico internacional de escravos, isto é, proibiu a entrada de escravos africanos no Brasil, mas não acabou com a escravidão dentro do território nacional; C: incorreta, pois a abolição da escravatura – determinada pela Lei Áurea, de 13 de maio de 1888 – foi um processo gradual decorrente de pressões externas e internas, destacando-se a atuação do movimento abolicionista, contudo não houve a construção de uma cidadania republicana pautada por direitos sociais; D: correta, pois a extinção do tráfico de escravos (1850) e a aprovação de leis de caráter abolicionista (Lei do Ventre Livre, de 1871, e Lei dos Sexagenários, de 1885) causaram a redução progressiva do número de escravos, elevando o seu valor. Nesse contexto, a concorrência da mão de obra assalariada dos imigrantes europeus (barata e abundante) tornou economicamente inviável a manutenção do trabalho escravo (caro e cada vez mais escasso); E: incorreta, porque a Lei do Ventre Livre, de 1871, declarou livres os filhos de mulheres escravas nascidos no Brasil a partir da data da aprovação da lei.

Gabarito "D".

(Cadete – CBM/GO – 2016 – Funrio) A divisão regional do Brasil (1950)

Evolução das unidades político-administrativas de 1940 a 1990 *apud* GOMES, A., PANDOLFI, D. ALBERTI, V. (org.). A República no Brasil. RJ: Nova Fronteira/CPDOC-FGV, 2002.

Da divisão regional nacional apresentada nesse mapa, até a década de 1990, a região Centro-Oeste passou por transformações do ponto de vista político, territorial e econômico.

Nesse período, o território da região Centro-Oeste foi alterado com a

(A) divisão de Goiás, proporcionando a diminuição do território atual da região Centro Oeste.

(B) construção de Brasília, que favoreceu o esvaziamento populacional do estado Goiás.

(C) divisão do Mato Grosso, elevando os índices de subdesenvolvimento do Centro Oeste.

(D) criação do estado de Tocantins, propiciando o aumento da arrecadação tributária do Centro Oeste.

(E) criação do Distrito Federal, prejudicando o desenvolvimento urbano-industrial da região.

Com a promulgação da Constituição de 1988, o Estado do Tocantins foi criado a partir da divisão de Goiás e incorporado à região Norte. Assim, o território da região Centro-Oeste foi alterado com a divisão de Goiás, proporcionando a diminuição do território atual da região Centro-Oeste.

Gabarito "A".

Em julho de 1976, dom Tomás foi ao sepultamento do padre Rodolfo Lunkenbein e do índio Simão Bororo, assassinados por jagunços na aldeia de Merure, Mato Grosso. Em sua agenda, havia outra atividade prevista. Soube depois, por um jornalista, que durante essa atividade estava sendo preparado um atentado para eliminá-lo. Dom Tomás Balduíno foi ouvido pelo pesquisador da CNV Jorge Atílio Iulianelli.

Depoimento de Dom Tomás Balduíno em GO. Brasília, CNV. 13mar. 2014. Disponível em: <http://www.cnv.gov.br/outros-destaques/447-cnv-ouve-o- depoimento-de-dom-tomas-balduino-em-go.html>. Acesso em: 08 out. 2016. (Adaptação)

(Cadete – CBM/GO – 2016 – Funrio) Esse texto aborda o depoimento do bispo Dom Tomás Balduíno, que atuou na diocese goiana naquele período.

O texto lido evidencia a/o

(A) ausência de conflitos sociais e políticos no interior do estado de Goiás, após o Golpe de 1964.

(B) violência utilizada como política de estado, para reprimir opositores na ditadura civil-militar.

(C) alheamento da Igreja católica das lutas sociais, tendo em vista a preservação de seus dogmas.

(D) constituição de uma comissão de direitos humanos com a finalidade de punir os responsáveis por crimes políticos.

(E) processo de constituição da anistia para presos políticos e a esquerda comunista no Brasil.

Defensor intransigente dos direitos dos índios, dos trabalhadores sem-terra e dos mais pobres, o bispo Dom Tomás Balduino foi personagem fundamental na criação do Conselho Indigenista Missionário (CIMI), em 1972, e da Comissão Pastoral da Terra (CPT), em 1975, além de figura destacada na oposição ao regime militar. Logo, o texto lido evidencia a violência utilizada como política de estado, para reprimir opositores na ditadura civil-militar.

Gabarito "B".

(Soldado – PM/SP – 2015 – VUNESP) Mundo lembra 70 anos do fim da Segunda Guerra Mundial

(http://g1.globo.com/jornal-hoje/noticia/2015/05/mundo-lembra-70-anos-do--fim-da-segunda-guerra-mundial.html)

No dia 08 de maio de 2015, ocorreram solenidades em muitos países da Europa relembrando o final da Segunda Guerra Mundial, que durou cerca de 6 anos (1939-1945). Com relação a essa Guerra Mundial, é correto afirmar que

(A) envolveu países Aliados de todos os continentes contra os países do Eixo, dentre eles, Alemanha, Itália e Japão.

(B) teve início com o bombardeio da base naval dos Estados Unidos, no Havaí (Pearl Harbor), por aviões japoneses.

(C) desencadeou inúmeras alianças entre países, como a Tríplice Entente, que unia França, Portugal e Espanha.

(D) foi o estopim para que ocorresse o avanço político-econômico dos países europeus sobre novos territórios africanos.

(E) possibilitou que alguns países europeus, como a Bélgica e a Grécia, desenvolvessem indústrias bélicas.

A: correta, pois a Segunda Guerra Mundial extrapolou o continente europeu, ocasionando conflitos armados em vários continentes e envolvendo a participação de países Aliados de todos os continentes – liderados por Estados Unidos, Reino Unido e União Soviética, o grupo dos Aliados era integrado por China, Polônia, França, Austrália, África do Sul, Nepal, Iraque, Panamá, Argentina, Brasil, dentre outros – contra os países do Eixo (Alemanha, Itália e Japão, dentre outros); B: incorreta, pois o ataque da base naval americana de Pearl Harbor, no Havaí, por parte do Japão, em 1941, provocou a entrada dos Estados Unidos na Segunda Guerra Mundial, que já tinha começado em 1939; C: incorreta, visto que a Tríplice Entente foi uma aliança militar entre o Reino Unido, a França e o Império Russo durante a Primeira Guerra Mundial; D: incorreta, porque a expansão dos domínios das potências europeias sobre a África – conhecida como imperialismo ou neocolonialismo – ocorreu no século XIX, entre as décadas de 1830 e 1880; E: incorreta, pois a

Segunda Guerra Mundial devastou grande parte dos países europeus, gerando uma grave crise social, política e econômica.

Gabarito "A"

(Soldado – PM/SP – 2015 – VUNESP) Analise a charge.

(http://uajev.syscall.ws/img/264689/25-48.jpg)

A respeito do período de confrontos representado na charge, é correto afirmar que

(A) a disputa teve seu encerramento na década de 1970, quando a então União Soviética aceitou o predomínio espacial estadunidense.

(B) um dos principais eventos do período foi a extinção de organizações internacionais como a Otan (Organização do Tratado do Atlântico Norte).

(C) o maior embate do período ocorreu quando os países europeus romperam o acordo de paz com os Estados Unidos e fundaram a União Europeia.

(D) o período teve seu apogeu no final da década de 1990, quando os Estados Unidos começaram as invasões do Irã e do Iraque.

(E) o período teve momentos de grande tensão política e ideológica, que envolveram conflitos como a Guerra do Vietnã e a Revolução Cubana.

A charge retrata a Guerra Fria, período de disputas estratégicas e conflitos indiretos entre os Estados Unidos e a União das Repúblicas Socialistas Soviética (URSS) pela hegemonia política, econômica, militar e ideológica no mundo.

A: incorreta, porque a Guerra Fria teve início no final da Segunda Guerra Mundial (1945) e encerramento com a extinção da União Soviética, em 1991; B: incorreta, pois a Organização do Tratado do Atlântico Norte (OTAN) – aliança militar entre Estados Unidos, Canadá e países da Europa Ocidental – foi criada em 1949, e o Pacto de Varsóvia – aliança militar entre URSS e países da Europa Oriental – foi firmado em 1955; C: incorreta, pois os países da Europa Ocidental se mantiveram alinhados com os EUA durante a Guerra Fria, além do que a União Europeia foi instituída pelo Tratado de Maastricht em 1993, portanto após o fim da Guerra Fria; D: incorreta, pois a Guerra Fria caminhava para o seu fim na década de 1990 em razão do iminente colapso da União Soviética, além do que os EUA não invadiram o Irã e o Iraque nesse momento, mas apenas libertaram o Kuwait da invasão iraquiana durante a Guerra do Golfo (1990-1991); E: correta, visto que a Guerra Fria teve momentos de grande tensão política e ideológica, que envolveram conflitos como a Guerra da Coreia (1950-1953), a Guerra do Vietnã (1962-1975) e a Guerra do Afeganistão (1979–1989), além da famosa tensão na crise dos mísseis em Cuba (1962).

Gabarito "E"

(Soldado – PM/SP – 2015 – VUNESP) Analise a imagem, reflita sobre o conteúdo da faixa car- regada pelos trabalhadores e assinale a alternativa que completa corretamente o enunciado da questão.

(http://portaldoprofessor.mec.gov.br/storage/discovirtual/galerias/imagem/0000004586/md.0000048288.jpg)

O Estado Novo, implantado por Getúlio Vargas em 1937, promoveu mudanças na política e na sociedade brasileira. Uma dessas mudanças foi a

(A) proibição de instalação de empresas estrangeiras no país para incentivar e proteger a indústria nacional e os trabalhadores brasileiros.

(B) unificação da legislação trabalhista (CLT) que garantia alguns direitos, como a instituição do salário-mínimo, para os trabalhadores brasileiros.

(C) promulgação de reformas na legislação das empresas que reduziam os encargos trabalhistas com o objetivo de ampliar a oferta de empregos.

(D) diminuição do intervencionismo do Estado para facilitar o processo de industrialização e a ampliação dos mercados de trabalho e de consumo.

(E) priorização das indústrias como setor principal da economia, o que beneficiou os trabalhadores urbanos em detrimento dos camponeses.

A: incorreta, porque Getúlio Vargas não proibiu a instalação de empresas estrangeiras no país, não obstante seu viés nacionalista e o forte intervencionismo estatal na economia; B: correta, visto que a Consolidação das Leis do Trabalho (CLT) foi criada pelo Decreto-Lei nº 5.452, de 1º de maio de 1943, e sancionada pelo presidente Getúlio Vargas durante o período do Estado Novo, unificando e sistematizando a vasta legislação trabalhista então existente no Brasil e introduzindo novos direitos trabalhistas; C: incorreta, pois o Governo Vargas se caracterizou pela ampliação de direitos trabalhistas aos empregados, como salário-mínimo, jornada de trabalho de oito horas diárias, férias anuais, descanso semanal remunerado etc., que acarretavam encargos aos empregadores; D: incorreta, uma vez que a política econômica do Estado Novo caracterizou-se por um forte intervencionismo estatal; E: incorreta, porque, apesar de ter priorizado a industrialização do país e criado direitos trabalhistas que beneficiaram primeiro os trabalhadores urbanos, Vargas, num segundo momento, procurou estender a legislação trabalhista e sindical e os direitos sociais aos trabalhadores rurais.

Gabarito "B"

(Soldado – PM/SP – 2015 – VUNESP) Ato institucional era o decreto utilizado pelos militares para legitimarem suas decisões. Em dezembro de 1968, ocorreu a promulgação do Ato Institucional nº 5 (AI-5) que, em seu preâmbulo, dizia-se ser uma necessidade para atingir os objetivos da revolução, "com vistas a encontrar os meios indispensáveis para a obra de reconstrução econômica, financeira e moral do país".

O AI-5 foi promulgado no governo de

(A) Ernesto Geisel e deu ao executivo plenos poderes para cassar mandatos, além de suspender a estabilidade dos funcionários públicos e militares.

(B) João Figueiredo e fechou o Congresso, determinou as regras para a aprovação de nova Constituição e suspendeu os direitos políticos de oposicionistas.

(C) Costa e Silva e representou o fechamento do sistema político, restringiu drasticamente a cidadania e permitiu a ampliação da repressão policial-militar.

(D) Castello Branco e fixou eleições indiretas para governadores e prefeitos das capitais, acabou com a garantia do habeas corpus e ampliou a repressão policial.

(E) Garrastazu Médici e estabeleceu eleições indiretas para os cargos de presidente e governador, extinguiu os partidos políticos e permitiu ao Executivo cassar mandatos de políticos.

O Ato Institucional nº 5 (AI-5) foi promulgado em 13 de dezembro de 1968, no governo do general Costa e Silva, e representou o momento mais duro do regime militar, dando poderes de exceção ao presidente da República para: decretar o recesso do Congresso Nacional; intervir nos estados e municípios; cassar mandatos parlamentares; suspender os direitos políticos de qualquer cidadão; decretar o confisco de bens considerados ilícitos; e suspender a garantia do habeas corpus.

Gabarito "C"

(Soldado – PM/SP – 2015 – VUNESP) Leia o texto:

Em resposta aos últimos naufrágios de navios com centenas de imigrantes ilegais, a União Europeia anunciou um pacote de medidas para tentar diminuir a crise humanitária no Mediterrâneo.

Novos pedidos de socorro chegaram na segunda-feira (20.04.15) à Guarda Costeira italiana. Cerca de 400 pessoas neste momento estão em perigo no Mar Mediterrâneo. E quantas outras ainda estarão? É a pergunta dos que protestam nas capitais europeias contra 1,8 mil mortes em menos de quatro meses.

E em menos de uma semana, duas tragédias assustaram o mundo: uma com 400 desaparecidos e a outra com prováveis 900 mortos.

(http://g1.globo.com/jornal-da-globo/noticia/2015/04/uniao-europeia-anuncia--um-pacote-para-diminuir-crise-no-mediterraneo.html. Adaptado)

Assinale a alternativa que está diretamente relacionada ao texto.

(A) O movimento migratório no mar Mediterrâneo distorce a atual realidade, que tem como ponto central o equilíbrio econômico entre os países do mundo.

(B) A imigração ilegal de latino-americanos tem provocado sérios problemas políticos e econômicos à Itália e a outros países da União Europeia.

(C) A população europeia tem apresentado grande receptividade aos imigrantes, o que significa o fim da xenofobia e dos preconceitos raciais.

(D) A globalização tem provocado o crescimento de um movimento demográfico – a imigração – que até o início do século XXI era pouco observado.

(E) As áreas em conflito da África e do Oriente Médio são as que mais têm gerado imigrantes que tentam atingir a Europa em barcos inseguros.

O texto aborda a crise migratória na Europa, isto é, a crítica situação humanitária causada pelo crescente número de imigrantes ilegais que tentam chegar aos países da União Europeia através de perigosas travessias pelo Mar Mediterrâneo e pelos Bálcãs. Esse aumento no fluxo de migratório se deve principalmente aos conflitos internos em países da África e do Oriente Médio, notadamente Síria, Eritreia e Afeganistão.

Gabarito "E"

(Soldado – PM/SP – 2015 – VUNESP) Considere as informações a seguir.

I. É um tipo de fenômeno atmosférico que ocorre devido à presença de gases poluentes (derivados da queima de combustíveis fósseis) misturados com água.

II. Esse fenômeno danifica o solo, as plantas, as construções históricas, os animais marinhos e terrestres etc. podendo, inclusive, exterminar algumas espécies de animais e vegetais. Também provoca a poluição de rios e fontes de água, afetando diretamente a saúde das pessoas com doenças do sistema respiratório.

Essas informações referem-se

(A) à chuva ácida.

(B) ao chorume.

(C) à inversão térmica.

(D) ao efeito estufa.

(E) à ilha de calor.

A: correta, pois chuva ácida é a precipitação de acidez elevada (pH menor do que 5,6) causada pelo aumento na concentração de óxidos de enxofre e de nitrogênio na atmosfera decorrente da queima de combustíveis fósseis, os quais reagem com a água atmosférica para formar ácidos fortes, como o ácido sulfúrico e o ácido nítrico; B: incorreta, pois chorume (ou líquido percolado) é o nome dado ao resíduo líquido de cor escura e odor desagradável, formado a partir da decomposição de matéria orgânica presente no lixo somada com a ação da água das chuvas; C: incorreta, pois inversão térmica é um fenômeno atmosférico típico do inverno que altera o movimento vertical (correntes de convecção) das camadas de ar, fazendo com que a camada de ar fria fique retida próxima à superfície terrestre e abaixo de uma camada de ar quente, o que prejudica a dispersão dos poluentes gerados nos grandes centros urbanos. O ar frio junto à superfície da cidade não é capaz de subir, por ser mais denso, ao passo que o ar quente acima dele não pode descer, pois ser menos denso; D: incorreta, pois efeito estufa é um fenômeno natural de aquecimento térmico da Terra em que os gases de efeito estufa – vapor de água (H2O), dióxido de carbono (CO2), metano (CH4), óxido nitroso (N2O), entre outros – presentes na atmosfera retêm parte da radiação infravermelha (calor) emitida pela superfície terrestre, impedindo-a de ser liberada para o espaço. Esse fenômeno é essencial para manter a temperatura em condições ideais para a sobrevivência dos seres vivos, contudo o aumento na concentração dos gases de efeito estufa decorrente da ação do homem está causando a elevação na temperatura do planeta (aquecimento global); E: incorreta, pois ilha de calor é um fenômeno típico dos grandes centros urbanos que designa a diferença de temperatura existente entre uma área densamente urbanizada e uma área periférica ou uma zona rural. A temperatura dos grandes centros urbanos mostra-se mais elevada à de áreas periféricas no entorno, formando literalmente uma "ilha de calor", como consequência das intervenções antrópicas nas paisagens das cidades, tais como edificações, construções com o uso de materiais muito absorvedores da radiação solar, redução das áreas verdes, poluição do ar, entre outras.

Gabarito "A"

(Soldado – PM/SP – 2015 – VUNESP) Analise o mapa a seguir.

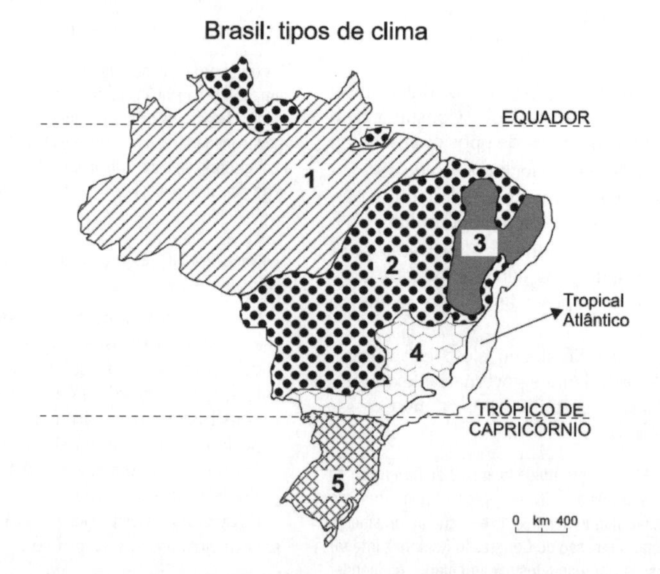

Assinale a alternativa que identifica corretamente o tipo de clima e um problema ecológico frequente em cada uma das áreas numeradas do mapa.

(A) 3 – equatorial – desmatamento e queimadas para a formação de pastos para o gado de corte.
(B) 2 – tropical – desmatamento do cerrado para cultivos comerciais para exportação.
(C) 4 – subtropical – substituição da floresta por cultivos alimentares típicos da agricultura familiar.
(D) 1 – tropical de altitude – forte erosão dos solos provocada pela pecuária bovina extensiva.
(E) 5 – semiárido – rios contaminados pelos agrotóxicos utilizados nos cultivos comerciais.

A: incorreta, porque a área 3 está associada ao clima semiárido, presente no interior do Nordeste, onde o desmatamento e o avanço da desertificação são problemas ecológicos; B: correta, pois a área 2 está associada ao clima tropical, que ocorre nas regiões Centro-Oeste, Nordeste, Norte e Sudeste, onde o desmatamento do cerrado para cultivos comerciais para exportação é um grande problema ecológico; C: incorreta, porque a área 4 está associada ao clima tropical de altitude, típico das áreas mais elevadas dos estados do Sudeste, onde o desmatamento e a poluição são problemas ecológicos; D: incorreta, porque a área 1 está associada ao clima equatorial, predominante na região Amazônica, onde o desmatamento e as queimadas para a formação de pastos para o gado de corte são problemas ecológicos; E: incorreta, porque a área 5 está associada ao clima subtropical, que ocorre na porção do território situada ao sul do trópico de Capricórnio, onde o desmatamento e a forte erosão dos solos provocada pela pecuária bovina extensiva são problemas ecológicos.

Gabarito "B"

(Soldado – PM/SP – 2015 – VUNESP) Analise os dados divulgados pelo Ministério das Minas e Energia apresentados no gráfico a seguir.

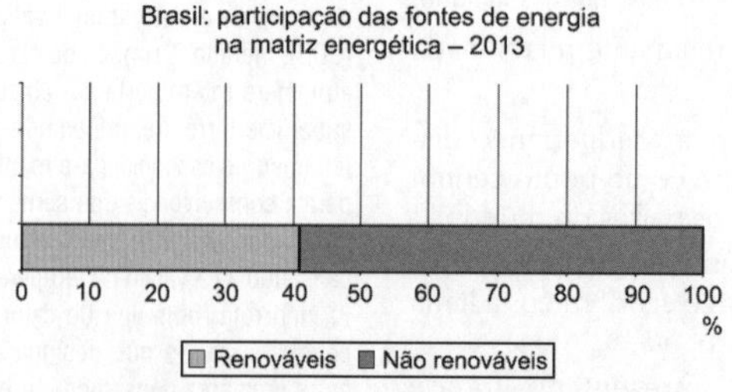

(https://ben.epe.gov.br/downloads/Relatorio_Final_BEN_2014.pdf)

A leitura do gráfico e os conhecimentos sobre as fontes de energia no Brasil permitem afirmar que

(A) as exportações de etanol para a Europa reduziram a participação das fontes renováveis na matriz energética.
(B) a redução das chuvas durante o ano de 2013 impediu a hidreletricidade de participar da matriz energética.
(C) o petróleo deixou de ser incluído entre as fontes de energia não renováveis devido às crises na Petrobras.
(D) a biomassa e o gás natural são exemplos de fontes de energia renováveis incluídas na matriz energética.

(E) a matriz energética brasileira é considerada limpa porque apresenta importante participação das fontes renováveis.

De acordo com o gráfico, a energia renovável representa mais de 40% da matriz energética brasileira. Logo, a matriz energética brasileira é considerada limpa porque apresenta importante participação das fontes renováveis (hidráulica, eólica, solar e biomassa), o que contribui para reduzir as emissões dos gases de efeito estufa, que provocam as mudanças climáticas no planeta.

Gabarito "E"

(Oficial – PM/SP – 2015 – VUNESP) A fórmula utilizada por letrados europeus da primeira metade do século XVIII não era nova. A dualidade do Iluminismo está na própria raiz do Renascimento moderno, entre os séculos XV e XVI, sobretudo em sua crítica à Europa da Idade Média.

(Rodrigo Elias, Os filósofos do século XVIII. Disponível em: <http://goo.gl/JU64to>. Adaptado)

Em relação às aproximações entre o Renascimento e o Iluminismo, é correto destacar:

(A) o pensamento metafísico como nova forma de conceber o mundo e a oposição entre o "humano" e o "divino".

(B) a razão econômica como nova maneira de organizar a sociedade e a oposição entre o "material" e o "espiritual".

(C) o pensamento religioso como novo meio de afirmação de princípios incontestáveis e a oposição entre o "transcendente" e o "imanente".

(D) a razão científica como nova atitude em relação ao conhecimento e a oposição entre a "luz" e as "trevas".

(E) o pensamento escolástico como novo modo de compreender a filosofia e a oposição entre a "crença" e a "razão".

O Renascimento foi um período de profundas transformações sociais, políticas, econômicas e culturais que ocorreu na Europa entre meados do século XIV e o fim do século XVI, caracterizado pela retomada de valores da Antiguidade Clássica (cultura greco-romana) e pelo abrandamento do dogmatismo religioso então vigente, com uma crescente valorização da racionalidade, da ciência, da natureza e do humanismo. O Iluminismo foi um movimento intelectual e filosófico que ocorreu na Europa durante o século XVIII, caracterizado pelas ideias centradas na razão (ou luz) e pela ênfase no método científico e no reducionismo, juntamente com o crescente questionamento da ortodoxia religiosa. Logo, a aproximação entre o Renascimento e o Iluminismo se dá pelo uso da razão científica como nova atitude em relação ao conhecimento e pela oposição entre a "luz" e as "trevas", em alusão à contraposição entre a razão científica (luz) e o dogmatismo religioso (trevas).

Gabarito "D"

(Oficial – PM/SP – 2015 – VUNESP) A guerra ou as guerras holandesas assistiram ao emprego crescente dos recursos locais, e decrescente dos da metrópole, tendência que se acentuou durante a restauração.

(Evaldo Cabral de Mello, Olinda restaurada. Disponível em: <https://goo.gl/gLRQDz>. Adaptado)

Contribuiu(íram) para tal tendência

(A) o fato de que os luso-brasileiros já não dispunham do apoio da monarquia espanhola, de quem Portugal se separara há pouco, e a prioridade que tinha para Portugal a guerra contra a Espanha nas fronteiras do reino, e não o conflito no Brasil contra os holandeses.

(B) a baixa importância econômica que Pernambuco e seu entorno representavam para Portugal à época, e, portanto, o apoio quase nulo dado pelos portugueses à expulsão dos holandeses, pois estavam mais preocupados com a exploração do ouro das Minas Gerais.

(C) o aparecimento de vários quilombos em diferentes regiões da colônia portuguesa, entre eles o quilombo dos Palmares, liderado por Zumbi e localizado no Nordeste, o que levou a Coroa Portuguesa a centrar todos os seus esforços na violenta repressão aos quilombos, visando a sua destruição.

(D) o forte vínculo econômico que aproximava Portugal à Holanda, responsável pelo refino e pela comercialização de grande parte do açúcar português exportado para a Europa, o que tornava a guerra direta entre portugueses e holandeses algo incômodo e desinteressante.

(E) o receio que tinha Portugal de que a guerra contra a Holanda pudesse insuflar a própria população contra a dominação portuguesa, acirrando os conflitos entre colônia e metrópole, e colocando em risco o projeto português de construção de um grande império colonial.

A: correta, pois contribuíram para tal tendência o fato de que os luso-brasileiros já não dispunham do apoio da monarquia espanhola, de quem Portugal se separara definitivamente em 1640, e a utilização prioritária dos recursos da Coroa portuguesa na guerra contra a Espanha nas fronteiras do Reino (Guerra da Restauração), e não no conflito contra os holandeses no Brasil. (MELLO, Evaldo Cabral de. Olinda Restaurada: guerra e açúcar no Nordeste, 1630-1654, 2007, pp. 13-14); B: incorreta, porque a Capitania de Pernambuco era a mais rica de todas as possessões portuguesas à época, e também porque a exploração do ouro em Minas Gerais começou no século XVIII, depois das invasões holandesas do Brasil (1624-1625 e 1630-1654); C: incorreta, já que os portugueses iniciaram uma violenta guerra contra o quilombo dos Palmares após a expulsão dos holandeses do Nordeste, visto que ele tinha se transformado em um verdadeiro Estado autônomo encravado na capitania de Pernambuco; D: incorreta, pois o forte vínculo econômico entre Portugal e Holanda foi abalado durante o período da União Ibérica (1580-1640), uma vez que Filipe II (Rei da Espanha) proibiu o comércio espanhol com os portos neerlandeses, o que afetou diretamente o comércio do açúcar do Brasil, motivando as invasões holandesas à região Nordeste; E: incorreta, visto que não havia tal receio por parte de Portugal.

Gabarito "A"

(Oficial – PM/SP – 2015 – VUNESP) Observe a charge a seguir

MAR DO CARIBE

(Disponível em: <http://goo.gl/YRtqXl>. Adaptado)

Ela representa a política externa dos EUA na época

(A) da Guerra Fria, no contexto da luta contra o comunismo, marcado pelo bloqueio econômico à Cuba socialista e pelo apoio às ditaduras militares na América Latina.

(B) da Segunda Guerra Mundial, no contexto da disputa pela hegemonia militar e pelo controle geopolítico da América Central e do Oceano Atlântico entre os EUA e a Alemanha nazista.

(C) do imperialismo, no contexto das atuações marcadas pela "política do grande porrete", das quais são exemplos as participações nas independências de Cuba e do Panamá.

(D) da grande depressão econômica dos anos 1930, no momento em que os EUA saíam para o mar em busca de matéria-prima e mercado consumidor para reaquecer a sua economia.

(E) das independências da América Espanhola no início do século XIX, em um momento em que os EUA pretendiam garantir a hegemonia sobre a América por meio da "Doutrina Monroe".

A charge representa a política do Big Stick (grande porrete, em português), como ficou conhecida a política externa dos Estados Unidos sob a presidência de Theodore Roosevelt (1901-1909). Segundo essa ideologia, de viés imperialista, os Estados Unidos deveriam assumir a liderança do continente americano utilizando uma diplomacia para evitar o conflito e mostrar seu poderio militar, isto é, mantendo um tom amistoso e cordial nas negociações e, ao mesmo tempo, deixando evidente a possibilidade de usar a força, caso fosse necessário. São exemplos dessa política a participação americana nas independências de Cuba e do Panamá e a Guerra das Bananas – como ficou conhecida a série de intervenções dos Estados Unidos em países da América Central e no Caribe.

Gabarito "C".

(Oficial – PM/SP – 2015 – VUNESP) A Estrada de Ferro São Paulo Railway pôs fim ao isolamento do planalto paulista, rompendo as dificuldades de transpor a grande inclinação da Serra do Mar, facilitando o transporte de mercadorias e o contato cultural e comercial com a Europa por meio do Porto de Santos.

(Silvia Helena Passarelli, Vitrines da cidade. Disponível em: <http://goo.gl/4bNKs8>. Adaptado)

Um dos objetivos centrais da construção da estrada de ferro discutida no trecho foi

(A) estimular o desenvolvimento da indústria paulista, que estaria mais próxima da exportação de seus produtos pelo porto.

(B) tornar viável a importação de mercadorias por São Paulo, que até então só recebia produtos importados que entrassem no país pelo Rio de Janeiro.

(C) facilitar o transporte do café do Vale do Paraíba para o porto de Santos, de onde seria exportado para a Europa.

(D) garantir aos trabalhadores imigrantes vindos da Europa que tivessem acesso livre e direto às fazendas de café do interior e às fábricas da capital.

(E) escoar o café produzido na região do então chamado "Oeste paulista", para onde a cafeicultura tinha se expandido recentemente.

Inaugurada em 1867, a Estrada de Ferro São Paulo Railway foi a primeira ferrovia construída em São Paulo, e a segunda no Brasil. Ela foi financiada com capital inglês e um dos objetivos centrais da sua construção foi escoar o café produzido na região do então chamado "Oeste paulista", para onde a cafeicultura tinha se expandido recentemente. Em 13 de setembro de 1946, a São Paulo Railway foi encampada pelo governo brasileiro em virtude do fim da concessão dada aos ingleses para explorar a rota e, em 1947, seu nome foi alterado para Estrada de Ferro Santos-Jundiaí.

Gabarito "E".

(Oficial – PM/SP – 2015 – VUNESP) Sua entrada em cena na história do Brasil começa em 1934, quando é destacada para ajudar Luiz Carlos Prestes a retornar ao país e servir como sua guarda-costas. Viajam, então, passando-se por marido e mulher e, quando chegaram ao Rio de Janeiro em 1935, já eram de fato um casal. Após o fracasso do levante comunista no mesmo ano, são ambos presos. Grávida de sete meses e separada de Prestes, Olga é deportada para a Alemanha em 1936, e tem a filha alguns anos antes de morrer em um campo de concentração.

(Bruno Garcia, Uma explosão de estereótipos. Disponível em: <http://goo.gl/o8cswu>. Adaptado)

O levante citado no trecho foi utilizado como pretexto para a

(A) aliança do Brasil com o Eixo no contexto imediatamente anterior à Segunda Guerra Mundial, o que provocou reação imediata dos EUA em busca do apoio do Brasil no conflito.

(B) escalada autoritária que levou ao golpe do Estado Novo em 1937, tendo sido utilizado como justificativa para a aplicação do mecanismo do estado de sítio por parte de Vargas.

(C) cassação do mandato de deputados e senadores eleitos pelo PCB no contexto do governo constitucional, pondo fim à existência legal do partido que vinha desde a sua fundação em 1922.

(D) restrição imposta aos trabalhadores de só poderem se organizar em sindicatos controlados pelo Estado, neutralizando a ação política autônoma do movimento operário.

(E) criação do Deops (Departamento Estadual de Ordem Política e Social), que foi organizado por Vargas com o objetivo de perseguir os movimentos políticos de oposição ao governo.

A Revolta Comunista de 1935 ou Intentona Comunista foi um movimento revolucionário liderado por Luís Carlos Prestes e pela Aliança Nacional Libertadora (ANL) em resposta à proibição de suas atividades pelo governo de Getúlio Vargas. Teve baixa adesão da população civil e dos militares, restringindo-se a sublevações em quartéis militares nos Estados do Rio Grande do Norte, Pernambuco e Rio de Janeiro. Apesar disso, o governo Vargas utilizou o levante como justificativa para a decretação de estado de sítio no final de 1935 e como pretexto para o aumento da repressão aos comunistas e para a escalada autoritária que levou ao golpe do Estado Novo em 1937.

Gabarito "B".

(Oficial – PM/SP – 2015 – VUNESP) O grupo extremista islâmico autodenominado "Estado Islâmico" (EI) começou a destruir mais um sítio arqueológico no norte do Iraque, segundo fontes curdas. No início desta semana, militantes do grupo haviam começado a demolir as ruínas da cidade de Nimrud, antiga capital do império assírio, situada no norte da Mesopotâmia e fundada no século 13 a.C..

(UOL, 7 mar.15. Disponível em: <http://goo.gl/zYfsfa> Adaptado)

Em relação à cidade citada no trecho, é correto afirmar que ficava localizada em uma região

(A) desértica, sem muitos recursos e sem a possibilidade de cultivar alimentos, o que fez do lugar um sítio bastante inóspito e com uma ocupação sempre muito instável e irregular.
(B) bem próxima ao vale do rio Nilo, o que favorecia o cultivo de alimentos nas terras férteis da várzea do rio, tendo possibilitado o contato com os egípcios e o processo de sedentarização.
(C) pouco propícia à sedentarização, o que levava os seus habitantes a estabelecerem trocas comerciais em busca de alimentos, além de conviverem com a dificuldade de produzir objetos de cerâmica.
(D) banhada por dois importantes rios, o Tigre e o Eufrates, em torno dos quais surgiram os primeiros agrupamentos humanos que dominaram a técnica da escrita de que se tem notícia.
(E) que oferecia água corrente em abundância, sem que se fizessem necessárias obras hidráulicas, o que favoreceu o desenvolvimento de uma sociedade complexa e institucionalizada.

Nimrud foi uma das principais cidades do Império Assírio (1300-612 a.C.), o qual se desenvolveu a partir do reino de Assur, localizado ao norte da Mesopotâmia (atual norte do Iraque). A Mesopotâmia é o nome dado à região compreendida entre os rios Tigre e Eufrates, no Oriente Médio, e é considerada um dos berços da civilização ocidental por ter abrigado diversos povos de grande importância histórica, como os sumérios, acádios, amoritas, assírios, cassitas, caldeus, entre outros. Os sumérios foram os criadores da escrita cuneiforme.

Gabarito "D".

(Oficial – PM/SP – 2015 – VUNESP) Se o homem moderno não consegue viver sem dinheiro, o homem medieval mal conhecia seu significado, afirma Jacques Le Goff (um dos maiores medievalistas vivos). O historiador francês demonstra como, numa sociedade dominada pelo cristianismo, a Igreja doutrinou a atitude que um cristão deveria ter perante o dinheiro, tendo em vista as obras de teólogos e as várias passagens bíblicas que o condenam. Para ele, a moeda começa a se desenvolver na Europa medieval apenas nos séculos XII e XIII.

(Carolina Ferro, A Idade Média e o dinheiro. Disponível em: <http://goo.gl/UG45So>. Adaptado)

O que explica esse desenvolvimento é

(A) a Reforma Protestante.
(B) a Contrarreforma.
(C) o Renascimento Urbano.
(D) o Mercantilismo.
(E) o Absolutismo.

Na Baixa Idade Média (séculos X a XV), a Europa passou por profundas transformações nos campos político, econômico e social, entre as quais o renascimento comercial e urbano. As Cruzadas provocaram a retomada do fluxo comercial com o Oriente e a África e a expansão do comércio, o qual era realizado principalmente nas feiras-livres dos burgos (cidades). Esse renascimento comercial está intimamente ligado ao renascimento urbano, na medida em que a expansão das relações comerciais provocou o crescimento das cidades, que passaram a receber mercadorias e pessoas de várias regiões. O desenvolvimento das cidades gerou a ascensão de uma nova classe social: a burguesia. Nesse contexto, surgiram a moeda e os bancos como meios de facilitar as relações comerciais. Logo, o desenvolvimento da moeda é explicado pelo renascimento comercial e urbano.

Gabarito "C".

(Oficial – PM/SP – 2015 – VUNESP) Observe as imagens a seguir.

TRABALHE E LUTE PELA REVOLUÇÃO

(Disponível em: <https://goo.gl/b2ia9O>)

A FAÇANHA HEROICA DA ESPANHA

(Disponível em: <https://goo.gl/8cgMHC>)

Acerca do conflito dos anos 1930 representado nas duas imagens, é correto afirmar que é considerado um "prelúdio da Segunda Guerra" por ter colocado em oposição

(A) o norte e o sul.
(B) os desenvolvidos e os subdesenvolvidos.
(C) os católicos e os protestantes.
(D) os fascistas e os antifascistas.
(E) os comunistas e os capitalistas.

A Guerra Civil Espanhola (1936-1939) foi um conflito travado entre os Republicanos, grupo progressista formado por republicanos, comunistas, socialistas, anarquistas, operários e camponeses, contra os Nacionalistas, grupo conservador formado por monarquistas, aristocratas, Igreja Católica e Exército, liderados pelo General Francisco Franco. Ao lado dos Nacionalistas, estava a Falange Espanhola, grupo de ideais fascistas que tinha o apoio militar da Itália fascista e da Alemanha nazista. A Guerra Civil espanhola não foi apenas uma disputa de poder entre os espanhóis, mas também uma guerra ideológica entre os fascistas e os antifascistas, sendo considerada um prelúdio da Segunda Guerra Mundial por ter envolvido outras potências do continente, como Alemanha, Itália, França e União Soviética.

Gabarito "D".

(Oficial – PM/SP – 2015 – VUNESP) Quatro séculos atrás, 66% da superfície terrestre era coberta de florestas. Atualmente somente 1/3. Segundo pesquisas do WRI (World Resources Institute), cerca de 80% da cobertura florestal original do mundo já foi derrubada ou degradada, principalmente nas 3 últimas décadas.

Atualmente, as áreas florestais mais afetadas pelo desmatamento são as que cobrem as regiões

(A) equatoriais, porque suas árvores são utilizadas como lenha por grupos indígenas.
(B) temperadas, porque cobrem as áreas com maiores densidades demográficas do globo.
(C) tropicais, que são reduzidas, entre outras causas, pela expansão da agropecuária.
(D) mediterrâneas, porque ocupam áreas de diversidade mineral em exploração intensiva.
(E) boreais, que têm sido dizimadas para abastecer as indústrias de papel e celulose.

Os países desenvolvidos foram os primeiros a praticarem de forma intensiva o desmatamento, razão pela qual muitas florestas do hemisfério norte foram praticamente dizimadas pela exploração intensiva de recursos naturais. Atualmente, os países emergentes são os que mais praticam o desmatamento de suas florestas à medida que suas economias crescem. Brasil, Congo, Indonésia, Madagascar e Malásia são os países com as maiores taxas de desmatamento. Logo, as áreas florestais mais afetadas pelo desmatamento são as que cobrem as regiões tropicais, que são reduzidas, entre outras causas, pela expansão da agropecuária.

Gabarito "C".

(Oficial – PM/SP – 2015 – VUNESP) A questão está relacionada ao planisfério a seguir.

PRINCIPAIS PAÍSES EMERGENTES

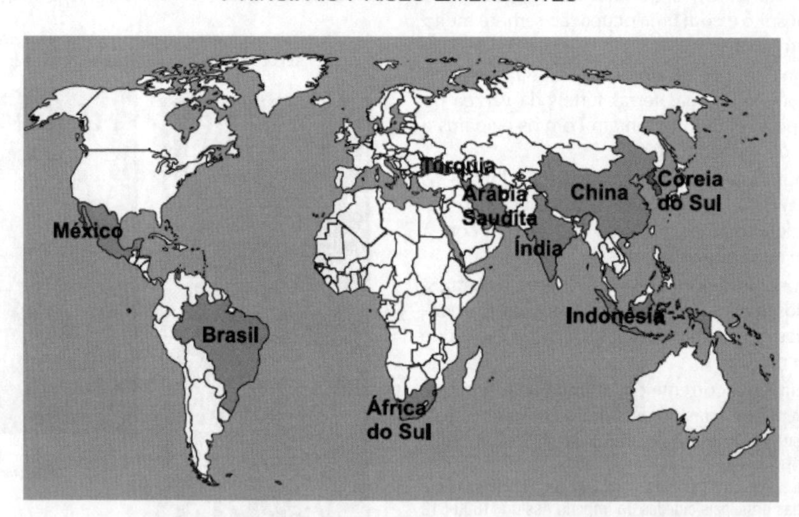

(http://2.bp.blogspot.com)

Identificando no mapa os principais países emergentes da atualidade, pode-se afirmar que a maior parte desses países promoveu o crescimento econômico

(A) expandindo o protecionismo nos setores agrícola e industrial.
(B) desenvolvendo tecnologia própria com o uso de capitais nacionais.
(C) integrando-se a blocos econômicos liderados pelas potências econômicas mundiais.
(D) diminuindo a dependência dos mercados globais a partir da autossuficiência.
(E) atraindo investimentos internacionais após se integrar ao processo de globalização.

Os países destacados no mapa estão na lista dos países que mais recebem investimento direto estrangeiro (IED), com destaque para China, Brasil, México e Índia. Esses países impulsionaram seu crescimento econômico atraindo investimentos internacionais após se integrarem ao processo de globalização.

Gabarito "E".

(Oficial – PM/SP – 2015 – VUNESP) Analise o gráfico para responder à questão.

PROJEÇÃO DE OFERTA DE MÃO DE OBRA EM ÁREAS SELECIONADAS (EM MILHÕES)

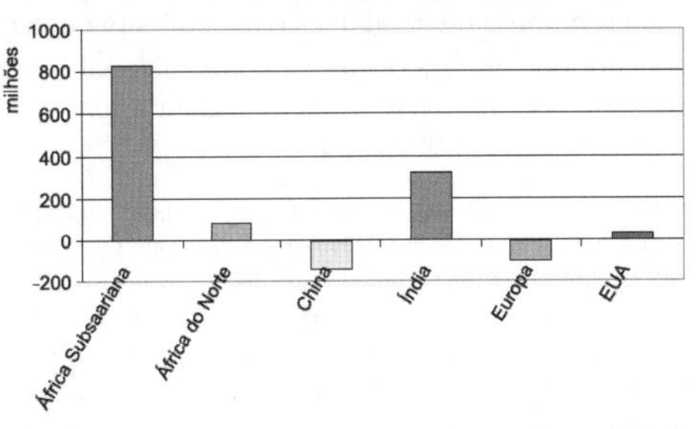

(*DAES* – ONU. Adaptado)

A análise do gráfico e os conhecimentos sobre as condições socioeconômicas das áreas selecionadas permitem afirmar que

(A) onde os programas de planejamento familiar são menos rigorosos, há maiores possibilidades de a oferta de trabalhadores ser elevada nas próximas décadas.

(B) o atual estágio de desenvolvimento é fator determinante para a evolução da mão de obra, fato que se observa nas projeções para os Estados Unidos e áfrica do Norte.

(C) o envelhecimento da população tornou-se um fenômeno espacialmente disperso e deve repercutir na oferta de mão de obra mundial, no futuro.

(D) as sucessivas ondas de imigração, atualmente observadas, devem provocar alterações na oferta de mão de obra em regiões como a áfrica Subsaariana.

(E) onde as atividades, como a indústria e os serviços, estão em rápido crescimento na atualidade, a disponibilidade de mão de obra deverá ser ampliada no futuro.

Os países da África Subsaariana possuem as maiores taxas de natalidade do mundo. A Índia é o segundo país mais populoso do mundo e não adota política de planejamento familiar, de modo que, em breve, sua população ultrapassará a da China, já que este país adota rígida política de controle de natalidade. Logo, onde os programas de planejamento familiar são menos rigorosos, há maiores possibilidades de a oferta de trabalhadores ser elevada nas próximas décadas.

Gabarito "A"

(Oficial – PM/SP – 2015 – VUNESP) No Brasil, este tipo de clima é controlado pelas massas de ar tropicais e polares. Nele, há uma certa regularidade anual na distribuição das chuvas. As médias anuais da temperatura situam-se entre 14 e 22 °C. Em regiões mais elevadas, durante o inverno, podem ocorrer temperaturas negativas.

Trata-se do clima

(A) tropical continental.

(B) subtropical.

(C) tropical atlântico.

(D) semiúmido.

(E) semiárido.

O enunciado descreve as características do clima subtropical, que ocorre no Rio Grande do Sul, Santa Catarina, Paraná e região sul dos estados de São Paulo e Mato Grosso do Sul. Esse clima é caracterizado por verões quentes e úmidos e invernos frios e secos. A temperatura média é de 18 °C, e o índice pluviométrico varia dos 1.500 aos 2.000 mm/ano com chuvas bem distribuídas anualmente. É influenciado pela massa polar atlântica. Durante o inverno, ocorrem geadas em toda a sua área de abrangência e eventuais nevadas nas partes mais elevadas da região (acima dos 1.000 metros de altitude).

Gabarito "B"

(Oficial – PM-CBM/PR – 2015 – UFPR) O Brasil apresenta uma situação confortável, em termos globais, quanto aos recursos hídricos. A disponibilidade hídrica per capita, determinada a partir de valores totalizados para o País, indica uma situação satisfatória [...]. Entretanto, apesar desse aparente conforto, existe uma distribuição espacial desigual dos recursos hídricos no território brasileiro. [...] O conhecimento da distribuição espacial da precipitação e, consequentemente, o da oferta de água, é de fundamental importância para determinar o balanço hídrico nas bacias brasileiras.

http://arquivos.ana.gov.br/institucional/spr/conjuntura/webSite_relatorioConjuntura/projeto/index.html., p.37. Acesso em 09 set. 2014

Sobre o uso, gestão e disponibilidade dos recursos hídricos no país, assinale a alternativa INCORRETA.

A) A disponibilidade espacial dos recursos hídricos pode variar em função da sazonalidade, haja vista a diferença da precipitação, segundo os meses do ano e as regiões brasileiras.

B) A região hidrográfica do rio São Francisco tem como característica os menores índices de precipitação do Brasil, enquanto na região hidrográfica da Amazônia são observados os maiores índices de precipitação.

C) Uma das características do sistema de abastecimento de água para consumo humano no Brasil é a preponderância do uso dos mananciais superficiais.

D) Há uma forte relação entre cobertura vegetal e água, pois o desmatamento pode provocar aumento do escoamento superficial e redução da infiltração, o que pode alterar o ciclo hidrológico.

E) Os problemas de abastecimento de água observados no Brasil são consequências de alterações da sazonalidade das chuvas causadas pelas mudanças climáticas globais, e do aumento da demanda.

A: correta, pois a precipitação apresenta grande variação espacial e sazonal conforme as regiões brasileiras e os meses do ano, o que afeta a disponibilidade dos recursos hídricos; B: correta, pois a região hidrográfica do São Francisco apresenta os menores valores de precipitação do Brasil (1.003 mm), ao passo que na região Amazônica são observadas as maiores precipitações (2.205 mm); C: correta, visto que 47% dos municípios brasileiros são abastecidos exclusivamente por mananciais superficiais, 39% por águas subterrâneas e 14% pelos dois tipos de mananciais (abastecimento misto); D: correta, pois o desmatamento interfere no ciclo hidrológico, uma vez que sem cobertura vegetal há redução da infiltração da água no solo e aumento do escoamento superficial, o que afeta a dinâmica fluvial; E: incorreta, porque os problemas de abastecimento de água no Brasil são causados pela <u>distribuição bastante heterogênea dos recursos hídricos</u> no território brasileiro, uma vez que a região Norte, onde vive apenas 5% da população total brasileira, concentra 81% dos recursos hídricos, enquanto as bacias junto ao Oceano Atlântico, onde vive 45,5% da população total, possuem apenas 2,7% dos recursos hídricos do país

Gabarito "E"

(Oficial – PM-CBM/PR – 2015 – UFPR) As coordenadas a seguir são necessárias para o deslocamento do ponto 1 para o 5:

PONTO 1 – LAT.: 25°25'03,56" S E LONG.: 49°15'37,15" W.GR.

PONTO 2 – LAT.: 25°25'03,01" S E LONG.: 49°15'32,03" W.GR.

PONTO 3 – LAT.: 25°25'07,31" S E LONG.: 49°15'33,77" W.GR.

PONTO 4 – LAT.: 25°25'14,16" S E LONG.: 49°15'24,17" W.GR.

PONTO 5 – LAT.: 25°25'11,91" S E LONG.: 49°15'23,01" W.GR.

Com base nas coordenadas dos pontos de ligação entre 1 e 5 é correto afirmar que as direções a serem seguidas para realizar o trajeto são:

A) SW, NW, NE e SW.

B) SW, NW, SE e NW.

C) NE, NW, SW e SE.

D) NE, SW, SE e NE.

E) SE, SW, NW e SE.

De acordo com as coordenadas, os pontos estão localizados a sul do Equador e oeste do meridiano de Greenwich. A latitude do Equador é 0° e chega a 90° nos polos; a longitude do meridiano de Greenwich é 0° e vai até 180° no antimeridiano de Greenwich.
Do ponto 1 para o ponto 2, a latitude diminui (direção norte) e a longitude também diminui (direção leste), caracterizando um movimento para nordeste (NE). Do ponto 2 para o ponto 3, a latitude aumenta (direção sul) e a longitude também aumenta (direção oeste), indicando um movimento para sudoeste (SW). Do ponto 3 para o ponto 4, a latitude aumenta (direção sul) e a longitude diminui (direção leste), evidenciando um movimento para sudeste (SE). Do ponto 4 para o ponto 5, a latitude diminui (direção norte) e a longitude também diminui (direção leste), configurando um movimento para nordeste (NE). Logo, as direções a serem seguidas para realizar o trajeto são NE, SW, SE e NE.

Gabarito "D"

(Oficial – PM-CBM/PR – 2015 – UFPR) A população brasileira atingiu 202,7 milhões de pessoas em primeiro de julho deste ano, segundo estimativa do IBGE [...] O volume de pessoas que vivem no país cresceu 0,86% em relação ao verificado em igual período do ano anterior. São Paulo continua sendo a cidade mais populosa do país, com 11,9 milhões de habitantes. Em seguida, no ranking de cidades, vêm Rio de Janeiro (6,5 milhões), Salvador (2,9 milhões), Brasília (2,9 milhões) e Fortaleza (2,6 milhões). Os 25 municípios mais populosos do país somam 51 milhões de habitantes e representam 25,2% da população.

http://www1.folha.uol.com.br/cotidiano/2014/08/1507099-populacao-brasileira-atinge-2027-milhoes-de-habitantes-calcula-ibge.shtml. Acesso em 02 set. 2014

Com base nos conhecimentos de geografia da população, assinale a alternativa correta.

A) O aumento populacional brasileiro é decorrente, sobretudo, do crescimento vegetativo da população, que incorpora os conceitos de natalidade e mortalidade.

B) O crescimento populacional evidenciado indica uma tendência de aumento nas taxas de natalidade e fecundidade e uma diminuição da taxa de mortalidade, associada ao envelhecimento da população.

C) Esse acréscimo populacional tem como consequência a diminuição da renda per capita e o comprometimento dos recursos naturais, como evidenciado por Malthus, pois há um crescimento geométrico da população e aritmético dos alimentos.

D) O aumento da população é impulsionado pelo crescimento das periferias das grandes cidades, decorrente dos processos migratórios, que fazem com que diminua o número de habitantes em cidades pequenas.

E) O fator que explica o aumento populacional é a imigração, pois o Brasil tem recebido grande contingente populacional de outros países.

A: correta, pois o principal responsável pelo aumento populacional brasileiro é o crescimento vegetativo, que é calculado pela diferença entre a taxa de natalidade e a taxa de mortalidade; B: incorreta, porque o crescimento demográfico brasileiro vem sofrendo reduções nos últimos anos em razão da queda nas taxas de natalidade e fecundidade, acompanhando uma tendência mundial. Essa redução da taxa de natalidade associada ao aumento da expectativa de vida está causando o envelhecimento da população brasileira; C: incorreta, porque é a Teoria Neomalthusiana – desenvolvida no início do século 20, a partir da releitura das ideias de Thomas Malthus – que correlaciona o crescimento acelerado da população com o subdesenvolvimento dos países, a redução da renda per capita e o esgotamento dos recursos naturais. Além disso, a Teoria Malthusiana – criada por Thomas Malthus, em 1798 – não se concretizou porque a produção de alimentos cresceu exponencialmente após a Revolução Industrial e a população não cresceu em ritmo de progressão geométrica; D: incorreta, visto que o aumento da população não é impulsionado pelo crescimento das periferias das grandes cidades decorrente dos processos migratórios; E: incorreta, pois o fator que explica o aumento populacional na atualidade é o crescimento vegetativo, uma vez que as principais levas de imigração para o Brasil ocorreram entre meados do século 19 e a primeira metade do século 20.

Gabarito "A"

(Oficial – PM-CBM/PR – 2015 – UFPR) Segundo o geógrafo Carlos Augusto de Figueiredo Monteiro, diferentes centros de ação atmosférica atuam sobre a América do Sul, sendo eles: Massa Tropical Atlântica, Massa Equatorial Continental, Massa Polar Atlântica, Massa Tropical Continental e Massa Equatorial do Atlântico Norte. Com base na atuação dessas massas de ar e em suas características, considere as seguintes afirmativas:

1. **A MASSA EQUATORIAL CONTINENTAL É A ÚNICA MASSA CONTINENTAL DO PLANETA COM CARACTERÍSTICAS ÚMIDAS, DEVIDO À GRANDE EXTENSÃO DA FLORESTA AMAZÔNICA E SUA EVAPOTRANSPIRAÇÃO.**
2. **A MASSA POLAR ATLÂNTICA É A RESPONSÁVEL PELAS ONDAS DE FRIO QUE ATINGEM O BRASIL DEVIDO AO ABASTECIMENTO POLAR PROVENIENTE DO ÁRTICO.**
3. **A DIREÇÃO PREDOMINANTE DOS VENTOS ORIGINADOS NA MASSA TROPICAL ATLÂNTICA SOBRE A FACHADA SUL DO BRASIL É DE OESTE.**
4. **AS MASSAS TROPICAL ATLÂNTICA E EQUATORIAL DO ATLÂNTICO NORTE SÃO AS FORMADORAS, RESPECTIVAMENTE, DOS ALÍSIOS DE SUDESTE E NORDESTE QUE ATUAM SOBRE O BRASIL.**

Assinale a alternativa correta.

A) Somente a afirmativa 1 é verdadeira.

B) Somente as afirmativas 1 e 4 são verdadeiras.

C) Somente as afirmativas 2 e 3 são verdadeiras.

D) Somente as afirmativas 2, 3 e 4 são verdadeiras.

E) Somente as afirmativas 1, 2 e 3 são verdadeiras.

1: Verdadeiro. A massa equatorial continental (mEc) é uma massa de ar quente e úmida, originada na parte ocidental da Amazônia. Atinge praticamente todas as regiões do Brasil durante o verão no hemisfério sul, provocando chuvas. É a única massa continental com característica úmida – pois, em regra, as massas de ar oceânicas são úmidas, e as continentais são secas –, o que pode ser explicado pela grande extensão da floresta amazônica e sua evapotranspiração; 2: Falso. A massa polar atlântica (mPa) é uma massa de ar fria e úmida, originada no oceano Atlântico, próximo ao sul da Argentina (Patagônia). Atua principalmente no inverno, sendo responsável pelas ondas de frio que atingem o Brasil. Ao se encontrar com a massa tropical atlântica (mTa), provoca as chuvas frontais no litoral do Nordeste; 3: Falso. A massa tropical atlântica (mTa) é uma massa de ar quente e úmida, originada no oceano Atlântico, próximo ao trópico de Capricórnio. Atua na faixa litorânea brasileira, da região sul à região nordeste, durante praticamente o ano inteiro, sendo responsável pela formação dos ventos alísios de sudeste; 4: Verdadeiro. A massa tropical atlântica (mTa) é a formadora dos ventos alísios de sudeste, e a massa equatorial atlântica (mEa) – massa de ar quente e úmida originada no oceano Atlântico, próximo do arquipélago dos Açores, na África – é a formadora dos ventos alísios de nordeste.

Gabarito "B"

(Oficial – PM-CBM/PR – 2015 – UFPR) A BRF, dona das marcas Sadia e Perdigão, foi condenada a pagar indenização por dano moral coletivo de R$ 1 milhão por condições degradantes de trabalho. A condenação é resultado da ação do Ministério Público do Trabalho (MPT) em Umuarama (PR), ajuizada em 2012, após investigação que flagrou trabalhadores em condições análogas à escravidão [...] No início de 2012, o MPT-PR em Umuarama constatou graves irregularidades trabalhistas na Fazenda Jaraguá, em Iporã. Os problemas iam desde jornada excessiva e condições precárias dos alojamentos, até a contaminação da água fornecida aos trabalhadores para consumo. "A situação encontrada configura trabalho degradante, já que foram desrespeitados os direitos mais básicos da legislação trabalhista, causando repulsa e indignação, o que fere o senso ético da sociedade", afirma o procurador do Trabalho Diego Jimenez Gomes, responsável pelo caso. A BRF é uma gigante do ramo de produtos alimentícios que surgiu a partir da fusão entre Sadia e Perdigão, além de ser detentora de marcas como Batavo, Elegê e Qualy. A empresa tem 49 fábricas em todas as regiões do País e mais de 100 mil funcionários. Em 2013, a receita líquida foi R$ 30,5 bilhões e o lucro líquido consolidado foi de R$ 1,1 bilhão.

Portal Instituto Unisinos, 29 ago.2014. Disponível em: http://www.ihu.unisinos.br/noticias/534749.

Com base no texto e no conhecimento de geografia agrária, assinale a alternativa correta.

A) A organização da produção agropecuária no Brasil apresenta contradições estruturais entre as formas de organização do trabalho e as estratégias empresariais de incremento dos lucros.

B) Apenas os estados brasileiros com formas de produção no campo mais atrasadas mantêm práticas de trabalho degradantes.

C) A expansão das relações capitalistas no campo e a modernização da agricultura permitiram abandonar relações de produção pré-capitalistas.

D) A fusão de grandes empresas produtoras de alimentos implica em uma separação entre indústria e agricultura.

E) A ausência de mão de obra capacitada para atender as novas tecnologias aplicadas à produção agropecuária leva empresas a suprir sua demanda, utilizando trabalhadores em condições análogas à escravidão.

A: correta, porque a agropecuária brasileira apresenta contradições por ser, de um lado, um setor moderno, dotado de inovação e práticas empresariais avançadas e, de outro, utilizar relações laborais primitivas, como o trabalho em condições análogas à escravidão; B: incorreta, já que as práticas de trabalho degradantes estão presentes em diversos estados da federação, não estando associadas apenas àqueles com formas de produção mais atrasadas; C: incorreta, pois a expansão das relações capitalistas no campo manteve relações de produção pré-capitalistas, como o trabalho escravo; D: incorreta, pois a fusão de grandes empresas produtoras de alimentos implica a maior integração entre indústria e agricultura, o que é conhecido como agroindústria; E: incorreta, visto que a utilização de trabalhadores em condições análogas à escravidão não se destina a suprir a demanda por mão de obra capacitada/qualificada.

Gabarito "A"

(Oficial – PM-CBM/PR – 2015 – UFPR) As formas ou conjuntos de formas de relevo participam da composição das paisagens em diferentes escalas. Relevos de grandes dimensões, ao serem observados em um curto espaço de tempo, mostram aparência estática e imutável; entretanto, estão sendo permanentemente trabalhados por processos erosivos ou deposicionais, desencadeados pelas condições climáticas existentes. Esses processos, originados pelas forças exógenas, promovendo, ao longo de grandes períodos de tempo, a degradação (erosão) das áreas topograficamente elevadas e a agradação (deposição) nas áreas topograficamente baixas, conduzem a uma tendência de nivelamento da superfície terrestre. Isso só se completará caso não haja interferência das forças endógenas, que podem promover soerguimentos ou rebaixamentos terrestres. Há que se considerar, ainda, a ação conjunta das duas forças e as implicações altimétricas geradas por ocorrências de variações do nível do mar.

Adaptado de MARQUES, J.S. Ciência Geomorfológica. In: GUERRA, A. J. T.; CUNHA, S. B. (Orgs.) Geomorfologia: uma atualização de bases e conceitos. Rio de Janeiro: Bertrand,1994, p. 23-45.

Tendo como referência o texto acima e os conhecimentos de geomorfologia, a ciência que estuda as formas do relevo, identifique as seguintes afirmativas como verdadeiras (V) ou falsas (F):

( ) O relevo é o resultado da atuação das chamadas forças endógenas e exógenas. Os processos endógenos estão associados à dinâmica das Placas Tectônicas e os exógenos relacionados à atuação climática.

( ) Durante a era Cenozoica, as formas de relevo, em grande escala, permaneceram estáveis em consequência do equilíbrio entre forças exógenas e endógenas.

( ) Os deslizamentos de terra, fluxos de lama e detritos, que ocorrem em grandes maciços rochosos, como é o caso da Serra do Mar, apesar de resultarem muitas vezes em catástrofes e danos à população, podem ser processos naturais de degradação, que participam da evolução das formas do relevo.

( ) Os processos de agradação ocorrem predominantemente no Brasil em relevo de planícies.

Assinale a alternativa que apresenta a sequência correta, de cima para baixo.

A) V – V – F – F.

B) F – V – F – V.

C) F – F – V – V.

D) V – F – V – V.

E) V – F – V – F.

1: Verdadeiro. O relevo está em constante transformação, sendo o resultado da atuação das chamadas forças endógenas e exógenas. Os processos endógenos ou internos atuam abaixo do solo e são subdivididos em tectonismo, abalos sísmicos e vulcanismo. Já os processos exógenos ou externos atuam sobre a superfície e são subdivididos em erosão e intemperismo; 2: Falso. Durante a Era Cenozoica (que se iniciou há aproximadamente 65 milhões de anos e se estende até hoje), houve muita atividade vulcânica e formaram-se os grandes maciços montanhosos do mundo, como os Andes, os Alpes e o Himalaia; 3: Verdadeiro. Os deslizamentos de terra, fluxos de lama e detritos, que ocorrem em grandes maciços rochosos, são processos naturais de degradação que participam da evolução das formas do relevo. Esses processos também podem ser causados pela ação antrópica a partir do desmatamento das encostas; 4: Verdadeiro. Os processos de agradação (sedimentação ou deposição) ocorrem predominantemente em relevo de planícies, onde a deposição de sedimentos supera a erosão.

Gabarito "D".

(Oficial – PM-CBM/PR – 2015 – UFPR) Observe a tabela ao lado.

Taxa média anual de variação da produtividade por trabalhador ocupado na indústria de transformação (em porcentagem)

Brasil 1970/2011	
1970/1980	2,4
1980/1990	-0,1
1990/2000	6,5
2000/2011	0,3

Fonte: FONSECA, R. Produtividade e crescimento da indústria brasileira. **Revista Brasileira de Comércio Exterior,** n. 112, jul.-set. 2012.

Com base na tabela e nos conhecimentos de Geografia Industrial, assinale a alternativa correta.

A) Na década de 70, a política de substituição de importações de petróleo levou à modernização tecnológica do setor petrolífero e ao consequente salto de produtividade expresso nos dados da tabela.

B) Na década de 80, o retrocesso da indústria foi resultado da opção do governo de privilegiar as exportações de produtos agrícolas com o fim de obter divisas para o pagamento da dívida externa.

C) Na década de 90, a produtividade cresceu mais rapidamente em função dos estímulos criados pelo controle da inflação, pela abertura da economia e também pela atração de investimento direto estrangeiro.

D) A desconcentração espacial da indústria tem como contrapartida a redução do ritmo de inovação tecnológica, razão pela qual a produtividade só cresceu com força nas décadas de 70 e 90, quando aumentou o nível de concentração industrial em São Paulo.

E) Na primeira década do séc. XXI, o fraco crescimento da produtividade resultou da privatização de empresas do setor produtivo estatal, medida que implicou a desativação dos centros de pesquisa científica dessas empresas.

A: incorreta, porque o salto de produtividade na década de 1970 foi consequência do milagre econômico (1968-1973), isto é, o período de intenso crescimento econômico durante o Regime Militar decorrente da implantação de medidas econômicas, como reformas estruturais, reorganização do sistema financeiro e expansão da indústria de base (siderurgia, energia, petroquímica) por meio de investimentos estatais; B: incorreta, pois o retrocesso da indústria na década de 1980 foi consequência da década perdida, denominação dada ao período de recessão econômica e retração industrial decorrente da hiperinflação e do aumento expressivo da dívida externa e do déficit público; C: correta, pois a produtividade cresceu na década de 1990 em função da adoção de medidas econômicas de caráter neoliberal que trouxeram o controle da hiperinflação, o saneamento da dívida pública, a abertura da economia, a desestatização e a atração de investimento direto estrangeiro; D: incorreta, porque a desconcentração espacial da indústria passou a ocorrer, de fato, a partir da década de 1990 – incentivada pela guerra fiscal promovida pelos estados e pelo aumento da disponibilidade de infraestrutura de transporte e de comunicação em áreas mais afastadas do país – e não está associada à redução do ritmo de inovação tecnológica; E: incorreta, visto que a privatização de empresas do setor produtivo estatal começou a ocorrer a partir da década de 1990 e não implicou a desativação dos centros de pesquisa científica dessas empresas.

Gabarito "C".

(Oficial – PM-CBM/PR – 2015 – UFPR) Neste fim do século XX, as fronteiras econômicas se ampliam, mais áreas são ocupadas e pode-se mesmo dizer, [...], que o território brasileiro está inteiramente apropriado. Por outro lado, a natureza recuou consideravelmente, enquanto todas as formas de densidade humana ficam cada vez mais presentes. Ainda que sua distribuição seja desigual, há, em uma porção considerável do território, maior densidade técnica, acompanhada de maior densidade informacional.

SANTOS, M.; SILVEIRA, M. L. O Brasil – Território e sociedade no início do século XXI. Rio de Janeiro: Record, 2001, p. 279.

Com base na reflexão oferecida pelo texto e no conhecimento sobre geografia do Brasil, assinale a alternativa INCORRETA.

A) Durante o século XX, o Estado nacional foi responsável por grandes projetos para ampliação das fronteiras internas de ocupação, como é o caso da marcha para o oeste.

B) A densidade humana e técnica presentes no território mostram um país regionalmente diferenciado, mas com uma economia integrada, do ponto de vista do mercado nacional.

C) Processos de ocupação do território, a exemplo do avanço da soja no centro-oeste brasileiro e de atividades agropecuárias na Amazônia demonstram um avanço contínuo sobre os espaços naturais.

D) Do ponto de vista econômico há um desequilíbrio na produção de bens e serviços entre as regiões brasileiras, fato que tem levado à criação de políticas de desenvolvimento regional, como foi o caso da zona franca de Manaus.

E) Considerando a extensão e a direção da ocupação do território brasileiro – do litoral rumo ao interior – há uma vasta porção por ser apropriada pelo Estado Nacional: a Amazônia.

A ocupação da Amazônia é produto de um longo ciclo histórico, iniciado no final do século XV, quando Portugal e Espanha assinaram o Tratado de Tordesilhas, que conferiu aos espanhóis o domínio da porção oeste, incluindo a floresta amazônica. A partir daí, houve diversas iniciativas de apropriação da região amazônica. Nos séculos XVI e XVII, os portugueses adentraram a floresta para coletar as chamadas drogas do sertão (cacau, castanha-do-pará, guaraná, pau-cravo, urucum). No fim do século XIX, teve início o ciclo da exploração da borracha brasileira na Amazônia. Em 1940, o presidente Getúlio Vargas lançou uma política para a ocupação do oeste brasileiro, a chamada Marcha para o Oeste. Nas décadas de 1960-70, os militares promoveram uma política para integração da Amazônia com o resto do País, realizando obras de infraestrutura para a ocupação da região como a rodovia Transamazônica. Na década de 1980, as políticas mal planejadas de ocupação da Amazônia geraram problemas, como a grilagem de terras, madeireiras clandestinas, assentamentos ilegais, disputas de terra e conflitos com populações indígenas. Na década de 1990, o desmatamento da região se intensificou em razão da expansão do cultivo da soja e, a partir da década de 2000, em função da ampliação da pecuária. Logo, não se pode afirmar que a Amazônia ainda seja uma vasta porção a ser apropriada pelo Estado Nacional.

Gabarito "E"

(Oficial – PM-CBM/PR – 2015 – UFPR) Um dos exemplos de cultura produzida durante o período do império islâmico foi o "Cânone de Medicina", escrito pelo médico e filósofo muçulmano Avicena entre 1012 e 1015. Esta obra sintetizou elementos da literatura médica siríaca, helenística e bizantina, e foi muito empregada por sábios ocidentais até o século XVII. Sobre o império islâmico no período do século VII a XV, considerando o exemplo da obra de Avicena, é correto afirmar:

A) O império islâmico permitiu uma grande circulação de culturas da Europa até a China, devido a sua relativa tolerância religiosa e a seu incentivo à assimilação e transmissão de conhecimentos dos diferentes povos conquistados, como atesta a obra de Avicena.

B) O império islâmico permitiu grande circulação cultural por se expandir lentamente durante sua existência, ao ritmo da conversão e assimilação dos povos e das culturas da Europa à Ásia, devido à estratégia de não-violência e de tolerância religiosa pregada pelo Corão, e presente na obra de Avicena.

C) O império islâmico permitiu uma grande circulação de culturas da Europa à China devido à sua rápida expansão em menos de um século com o apoio de exércitos cristãos, o que explica a presença de obras como a de Avicena em território europeu cristão.

D) Durante seu apogeu, o império islâmico restringiu a circulação de obras europeias cristãs em territórios muçulmanos e impôs a adoção de obras científicas islâmicas, como a de Avicena, ao povos não-islâmicos.

E) O império islâmico, durante seu apogeu, incentivou a busca pelo conhecimento científico nos territórios conquistados, como atesta a obra de Avicena, mas não logrou sucesso na Europa ocidental, devido ao bloqueio religioso estabelecido pela Igreja Católica.

A: correta, pois a vasta extensão do Império Islâmico – que se estendia da Ásia Central até a Península Ibérica, permitindo a ligação entre o Ocidente e o Oriente –, a tolerância religiosa com cristãos e judeus e a assimilação de hábitos culturais e conhecimentos produzidos pelos povos conquistados possibilitaram a produção e a circulação de um importante patrimônio cultural; B: incorreta, já que o Império Islâmico teve uma rápida expansão entre os anos 622 e 750, quando alcançou sua maior extensão territorial, e também porque a obra de Avicena era um tratado da medicina que descrevia a natureza e a cura de várias doenças, e não estratégias político-militares; C: incorreta, visto que o Império Islâmico teve uma rápida expansão entre os séculos VII e VIII (622-750) e não contou com o apoio de exércitos cristãos; D e E: incorretas, porque os árabes assimilaram os hábitos culturais e conhecimentos produzidos pelos povos conquistados e permitiram a produção e circulação, por todo o império, de importantes conhecimentos nos campos da arquitetura, literatura, matemática, medicina, química, entre outros.

Gabarito "A"

(Oficial – PM-CBM/PR – 2015 – UFPR) Tendo em vista diferentes contextos históricos em que predominou a escravidão, identifique como verdadeiras (V) ou falsas (F) as seguintes afirmativas que comparam a escravidão na Roma antiga e a escravidão no período colonial da América portuguesa:

( ) Na Roma antiga os escravos eram mercadorias obtidas no comércio triangular, enquanto que no período colonial brasileiro os escravos eram prisioneiros de guerra ou apreendidos por motivo de dívida.

( ) Tanto no período antigo de Roma quanto no período colonial brasileiro, os escravos obedeciam a uma hierarquia de funções, sendo utilizados para vários tipos de atividades – afazeres domésticos, comércio e trabalho na agricultura.

( ) Tanto no período antigo de Roma quanto no período colonial brasileiro, a escravidão era considerada uma realidade natural, justificada por pensadores e por sacerdotes, mas também era questionada por opositores da escravidão dentro das próprias elites.

( ) Na Roma antiga, as rebeliões de escravos eram raras, pois eles viviam em boas condições e tinham a compra da alforria facilitada, enquanto que no período colonial brasileiro, as rebeliões eram constantes devido às condições desumanas de tratamento e impossibilidade de alforria.

Assinale a alternativa que apresenta a sequência correta, de cima para baixo.

A) F – V – F – V.
B) F – V – V – F.
C) V – F – F – V.
D) V – V – F – F.
E) F – F – V – V.

1: Falso. Na Roma antiga, os escravos eram prisioneiros de guerra ou apreendidos por motivo de dívida, enquanto, no período colonial brasileiro, os escravos eram mercadorias obtidas no comércio triangular – expressão que designa as relações comerciais entre Europa, África e América no contexto do tráfico de escravos; 2: Verdadeiro. Tanto na Roma antiga quanto no Brasil Colônia, os escravos obedeciam a uma hierarquia de funções, sendo utilizados para vários tipos de atividades e ofícios; 3: Verdadeiro. Tanto na Roma antiga quanto no Brasil Colônia, a escravidão era considerada uma realidade natural, justificada por pensadores e por sacerdotes (p. ex., Aristóteles), mas também era questionada por opositores da escravidão dentro das próprias elites

(p. ex., Sêneca); 4: Falso. Na Roma antiga, ocorreram várias revoltas de escravos durante o período da República – com destaque para a Terceira Guerra Servil (73-71 a.C.), liderada por Espártaco –, visto que eles não viviam em boas condições nem tinham a compra da alforria facilitada. No período colonial brasileiro, havia muita resistência dos escravos – como suicídios, banzo, assassinatos de senhores e fugas para quilombos – devido às condições desumanas de tratamento, todavia existiam possibilidades de alforria, que no Brasil foram superiores a qualquer outro país das Américas.

Gabarito "B"

(Oficial – PM-CBM/PR – 2015 – UFPR) Leia o texto abaixo sobre práticas protecionistas recentes:

"(...) Tanto o Brasil quanto os EUA adotaram medidas protecionistas nos últimos cinco anos. As duas principais razões foram a crise econômica internacional e a concorrência da China. Do lado americano, o principal instrumento foi a concessão de subsídios. Já o Brasil fez uso de tarifas de importação, defesa comercial e requisitos de conteúdo local."

BONOMO, Diego. Protecionismo brasileiro e americano. Folha de S. Paulo, 10 de outubro de 2012, p. 3.

Assinale a alternativa correta que identifica as diferenças de contexto histórico e econômico em que a prática do protecionismo foi adotada no período atual e no período da Idade Moderna europeia (século XV-XVIII).

A) No período moderno, o protecionismo era parte integrante do renascimento comercial, caracterizado por intervencionismo estatal, balança comercial favorável e imperialismo; no período atual, o protecionismo é alvo de contestações em nome da liberdade de mercado, num contexto de capitalismo financeiro neoliberal.

B) No período moderno, o protecionismo era parte integrante do iluminismo, caracterizado por políticas fisiocráticas, subsídios estatais à agricultura e à manufatura, pacto colonial e metalismo; no período atual, o protecionismo é alvo de ações antidumping por parte de países em desenvolvimento, num contexto de capitalismo financeiro globalizado.

C) No período moderno, o protecionismo era parte integrante do mercantilismo, caracterizado por intervencionismo estatal, metalismo, balança comercial favorável e colonialismo; no período atual, o protecionismo é alvo de contestações em nome da liberdade de mercado, num contexto de capitalismo financeiro globalizado.

D) No período moderno, o protecionismo era parte integrante do mercantilismo, caracterizado por imperialismo, padrão-ouro e intervencionismo estatal; no período atual, o protecionismo é alvo de contestações de países desenvolvidos em nome da liberdade de mercado, num contexto de capitalismo financeiro monopolista.

E) No período moderno, o protecionismo era parte integrante do liberalismo, caracterizado por fisiocracia, metalismo, incentivo à maquinofatura e pacto colonial; no período atual, o protecionismo é alvo de ações antitruste em nome da liberdade de mercado, num contexto de capitalismo financeiro globalizado.

No período moderno, o protecionismo era parte integrante do mercantilismo, política econômica adotada pelas nações europeias na Idade Moderna (séculos XV ao XVIII), num contexto de capitalismo comercial, cujas principais características foram o intervencionismo estatal, metalismo ou bulionismo (quantificação da riqueza através do acúmulo de metais preciosos), balança comercial favorável e colonialismo. No período atual, o protecionismo é alvo de contestações em nome do livre comércio entre os países, num contexto de capitalismo financeiro globalizado.

A: incorreta, porque, no período moderno, o protecionismo não era parte integrante do renascimento comercial (expansão do comércio ocorrida na Baixa Idade Média) nem era caracterizado pelo imperialismo (o mercantilismo serviu como causa e fundamento para o imperialismo moderno); no período atual, não há protecionismo num contexto de capitalismo financeiro neoliberal, visto que o neoliberalismo defende a adoção de medidas contra o protecionismo econômico. B: incorreta, porque, no período moderno, o protecionismo não era parte integrante do iluminismo (movimento intelectual e filosófico ocorrido no século XVIII) e não era caracterizado por políticas fisiocráticas nem subsídios estatais à agricultura e à manufatura; no período atual, o protecionismo não é alvo de ações antidumping, visto que estas servem para evitar que os produtores nacionais sejam prejudicados por importações realizadas a preços inferiores aos praticados no mercado interno do país exportador. D: incorreta, porque, no período moderno, o mercantilismo não era caracterizado pelo imperialismo nem pelo padrão-ouro (sistema monetário vigente do século XIX até a Primeira Guerra Mundial). E: incorreta, porque, no período moderno, o protecionismo não era parte integrante do liberalismo (surgido no final do século XVIII em função da crise do mercantilismo) e não era caracterizado pela fisiocracia (escola de economia científica surgida no século XVIII em oposição ao mercantilismo) nem pelo incentivo à maquinofatura; no período atual, o protecionismo não é alvo de ações antitruste, já que estas se destinam a punir práticas anticompetitivas que visem prejudicar a livre concorrência ou a livre iniciativa.

Gabarito "C"

(Oficial – PM-CBM/PR – 2015 – UFPR) "(...) a aldeia é um espaço escolhido e organizado pelo próprio índio, e 'o aldeamento é resultado de uma política feita por vontade dos europeus para concentrar comunidades indígenas'." (Aldeias que não estão no mapa. Entrevista com a Profa. Dra. Nanci Vieira de Oliveira por Maria Alice Cruz. Jornal da Unicamp. 197, novembro de 2002, p.5.).

A afirmação acima refere-se aos aldeamentos missionários e às transformações que eles trouxeram à vida dos indígenas no período colonial da América portuguesa. Os objetivos das missões jesuíticas eram

A) a catequese e a escravidão dos indígenas como mão-de-obra para a monocultura, o que implicou para os índios a mestiçagem com os escravos negros e a modificação de sistema de trabalho e organização social.

B) a aculturação, a conversão religiosa e a escravização dos indígenas para extração do pau-brasil, o que implicou para os índios a mestiçagem com os brancos europeus e a modificação da sua organização social.

C) a catequese, o isolamento político e cultural dos jesuítas e o controle das áreas de fronteiras com as colônias espanholas, o que implicou para os índios uma grande mortalidade por conta dos confrontos com os espanhóis.

D) a aculturação e a proteção dos indígenas perante os bandeirantes, o que implicou para os índios a conversão religiosa e a formação de clérigos e de noviças para a Companhia de Jesus.

E) a catequese, a proteção dos indígenas e a assimilação dos nativos ao sistema colonial, o que implicou para os índios a modificação de hábitos, crenças religiosas, sistema de trabalho e organização habitacional.

As missões jesuíticas foram aldeamentos indígenas organizados e administrados pelos padres jesuítas na América colonial, entre os séculos XVI e XVIII. Os objetivos desses aldeamentos eram a catequese, a proteção dos indígenas e a assimilação dos nativos ao sistema colonial, o que implicou para os índios a modificação de hábitos, crenças religiosas, sistema de trabalho e organização habitacional. Os jesuítas buscaram introduzir o cristianismo e um modo de vida europeizado, integrando, porém, valores culturais dos índios que não entrassem em conflito direto com os preceitos da sociedade cristã europeia.

Gabarito "E".

(Oficial – PM-CBM/PR – 2015 – UFPR) **A realização da Copa do Mundo no Brasil reacendeu o debate sobre os usos políticos do futebol. Sobre as relações históricas entre política e futebol, considere as afirmativas abaixo:**

(1) Durante o governo de Jânio Quadros (1961), o futebol era um esporte mais praticado pelas elites, e por isso os negros foram proibidos de compor a seleção brasileira de futebol.

(2) No primeiro governo Vargas (1930-1945), durante a Segunda Guerra Mundial, houve a proibição de times fundados por imigrantes adotarem nomes estrangeiros, como os dois Palestra Itália – o paulista, que virou Palmeiras, e o mineiro, que virou Cruzeiro.

(3) O governo militar (1964-1985) aproveitou a Copa de 1970 para fazer propagandas ufanistas, além de constituir em 1971 o Campeonato Brasileiro, dentro da política de integração nacional, com o objetivo de envolver o maior número de estados.

(4) Com a redemocratização, o futebol continua visado pelo poder político, porém há uma distância maior entre política e futebol, em comparação a períodos anteriores.

Assinale a alternativa correta.

A) Somente as afirmativas 1 e 3 são verdadeiras.

B) Somente as afirmativas 1, 2 e 4 são verdadeiras.

C) Somente as afirmativas 1 e 4 são verdadeiras.

D) Somente as afirmativas 2, 3 e 4 são verdadeiras.

E) Somente as afirmativas 2 e 3 são verdadeiras.

1: Falso. Desde a sua introdução no Brasil até as primeiras décadas do século XX, o futebol era um esporte praticado pelas elites brancas, sendo restringida a participação de jogadores negros e mulatos em campeonatos – ressalte-se que alguns clubes resistiram a essas regras. Durante o Estado Novo, o futebol foi regulamentado como profissão, o que contribuiu para a democratização e a ascensão de jogadores negros e mestiços. Logo, durante o governo de Jânio Quadros, já era consolidada a presença de negros na seleção brasileira de futebol; 2: Verdadeiro. Durante a Segunda Guerra Mundial, o governo de Getúlio Vargas proibiu e, consequentemente, determinou as mudanças de nomes que fizessem menção direta ou indireta à Itália, à Alemanha e ao Japão, o que obrigou os times denominados Palestra Itália a mudarem de nome; 3: Verdadeiro. O governo do general Emílio Garrastazu Médici (1969-1974) usou o tricampeonato da seleção brasileira na Copa de 1970 como propaganda em slogans do tipo "Ninguém segura este país" e "Brasil; ame-o ou deixe-o"; 4: Falso. Mesmo com a redemocratização, o futebol continua visado pelo poder político, haja vista o debate em torno da realização da Copa do Mundo no Brasil, em 2014. Logo, não se pode afirmar que haja uma distância maior entre política e futebol em comparação a períodos anteriores.

Gabarito "E".

(Oficial – PM-CBM/PR – 2015 – UFPR) Em março de 2014, o Senado Federal cogitou aprovar uma lei "antiterrorismo", o que gerou muita polêmica entre a sociedade e provocou a discussão sobre a definição de terrorismo e de atos terroristas. Considere as afirmativas abaixo sobre as relações entre o poder instituído e manifestações de terror em diferentes momentos históricos:

(1) Durante a Revolução Francesa, na fase jacobina, houve o período do Terror, em que o governo instituído perseguiu os seus opositores – mesmo aqueles que colaboraram com o início da revolução.

(2) No período nazista, um dos instrumentos dos Estados foi o terror, com a perseguição política (aos opositores do regime) e racial (aos judeus), entre outros tipos de perseguição, instaurando um estado de permanente vigilância sobre os cidadãos.

(3) Nos regimes ditatoriais da segunda metade do século XX na América Latina, qualquer organização armada, guerrilha ou mesmo opositores aos regimes eram considerados terroristas pelo Estado, o que justificava sua perseguição e aniquilação.

(4) Depois da Segunda Guerra Mundial, instituiu-se a Guerra ao Terror, encampada pela URSS e pelos Estados Unidos para combater os neonazistas; após a queda do muro de Berlim o terrorismo voltou a crescer mundialmente.

Assinale a alternativa correta.

A) Somente as afirmativas 1 e 4 são verdadeiras.

B) Somente as afirmativas 1, 2 e 4 são verdadeiras.

C) Somente as afirmativas 2 e 4 são verdadeiras.

D) Somente as afirmativas 2 e 3 são verdadeiras.

E) Somente as afirmativas 1, 2 e 3 são verdadeiras.

1: Verdadeiro. Durante a Revolução Francesa, o Período do Terror (1793-1794) foi um ínterim em que o governo jacobino perseguiu e executou seus opositores (considerados "inimigos" da Revolução), inclusive alguns jacobinos e pessoas que sempre haviam apoiado a Revolução; 2: Verdadeiro. Na Alemanha nazista, o terror foi usado para assegurar a aceitação e a obediência, instaurando um estado de permanente vigilância sobre os cidadãos por meio da supressão de liberdades civis, criação da Tropa de Choque (SS) e perseguição política e racial; 3: Verdadeiro. Nos regimes ditatoriais da segunda metade do século XX na América Latina, as organizações armadas, guerrilhas e até opositores do regime eram considerados terroristas pelo Estado, o que justificava sua perseguição e aniquilação, numa prática que pode ser considerada terrorismo de Estado; 4: Falso. Guerra ao Terror foi uma campanha militar desencadeada pelos Estados Unidos em resposta aos ataques de 11 de setembro de 2001, com o fim de perseguir membros e apoiadores de movimentos ou grupos terroristas (inclusive Estados), o que culminou na invasão do Afeganistão e do Iraque.

Gabarito "E".

(Oficial – PM-CBM/PR – 2015 – UFPR) Considere a charge abaixo, publicada na revista humorística brasileira Pif-Paf, em 27 de julho de 1964:

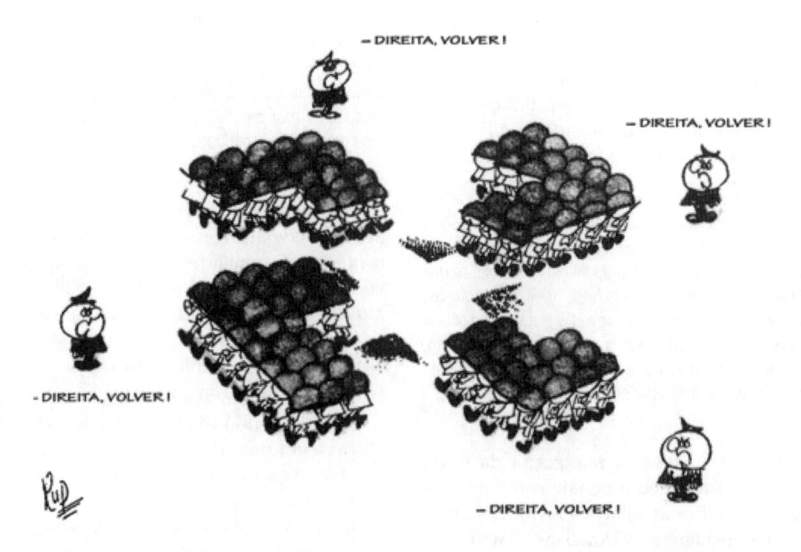

CARDOSO, Oldimar. Tudo é história (9º ano). S. Paulo: Ática, 2006, p. 231.

A partir dos elementos da charge e dos conhecimentos sobre o período da ditadura civil-militar no Brasil (1964-1985), identifique as seguintes afirmativas como verdadeiras (V) ou falsas (F):

( ) A charge faz referência ao símbolo da suástica nazista, pois iguala a cassação de direitos civis e políticos que ocorreu após o golpe militar brasileiro com a cassação de direitos civis dos judeus alemães no regime nazista.

( ) A direita na América Latina, durante o período da Guerra Fria (1945-1989), recebeu apoio da União Soviética para instituir governos autoritários que afirmavam proteger o bem maior da população contra inimigos comunistas.

( ) A charge faz referência ao caráter do governo instituído ser de direita, para proteger o país de uma alegada "ameaça comunista", que foi associada pelos militares e seus apoiadores ao presidente deposto João Goulart e demais grupos de esquerda.

( ) Eventos como a Revolução Cubana (1959) não somente inspiraram diversos movimentos de esquerda antes e depois do golpe militar, como impulsionaram os Estados Unidos para o estreitamento de laços com a direita na América Latina.

Assinale a alternativa que apresenta a sequência correta, de cima para baixo.

A) V – F – V – V.

B) V – V – V – V.

C) F – V – F – F.

D) F – V – V – F.

E) V – F – F – V.

1: Verdadeiro. O endurecimento da ditadura militar brasileira a partir da edição dos atos institucionais criaram um estado de exceção, suspendendo a democracia e restringindo direitos civis e políticos, o que se assemelha a aspectos do regime nazista, como a supressão de direitos individuais e a cassação de direitos civis dos judeus alemães; 2: Falso. A direita na América Latina, durante o período da Guerra Fria (1945-1989), recebeu apoio dos Estados Unidos para instituir governos autoritários que afirmavam proteger o bem maior da população contra inimigos comunistas; 3: Verdadeiro. Os militares envolvidos no golpe de 1964 justificaram a sua ação afirmando que o objetivo era restaurar a disciplina e a hierarquia nas Forças Armadas e deter a "ameaça comunista", que foi associada ao presidente João Goulart e a grupos de esquerda; 4: Verdadeiro. Os Estados Unidos temiam que a Revolução Cubana pudesse servir de exemplo para que outros países da América Latina seguissem o mesmo caminho, razão pela qual apoiaram a instauração de ditaduras militares em diversos países latino-americanos para estancar a ameaça comunista.

Gabarito "A".

(Oficial – PM-CBM/PR – 2015 – UFPR) O lema dos bolcheviques a partir de abril de 1917 era "Paz, Pão e Terra", conhecido também como Teses de Abril. Assinale a alternativa que identifica e justifica corretamente qual entre as palavras do lema tem correspondência direta com os acontecimentos da Primeira Guerra Mundial.

A) A palavra é "Paz", pois reivindicava que a Rússia conduzisse o Tratado de Versalhes, e retirasse vantagens dos países perdedores.

B) A palavra é "Terra", pois reivindicava que a Rússia fizesse reforma agrária nas terras conquistadas durante o conflito.

C) A palavra é "Terra", pois reivindicava que a Rússia anexasse territórios para a constituição da União das Repúblicas Socialistas Soviéticas.

D) A palavra é "Paz", pois reivindicava que a Rússia se retirasse imediatamente da guerra, para livrar sua população do sofrimento e iniciar uma nova ordem socialista.

E) A palavra é "Pão", pois reivindicava que a Rússia se retirasse da guerra para cessar o desabastecimento que ocorreu no país após a invasão alemã.

O lema "paz, pão e terra", criado por Lenin para promover a Revolução Russa, sintetizou as três principais demandas da época: a saída da Rússia da Primeira Guerra Mundial (paz), comida para todos (pão) e a necessidade de promover uma reforma agrária (terra).

Gabarito "D"

(Oficial – PM-CBM/PR – 2015 – UFPR) Considere o texto abaixo:

"O surgimento das moedas liga-se (...) a três transformações culturais notáveis da Grécia nos idos do século VII a.C. (...): o desenvolvimento da pólis (...) e da vida política (...), a complexificação crescente das trocas comerciais (...) [e] a alfabetização."

FUNARI, Pedro Paulo. Antiguidade Clássica: a História e a cultura a partir dos documentos. Campinas: Editora da Unicamp, 1995, p. 50.

A partir do excerto acima e dos conhecimentos sobre a Grécia antiga, assinale a alternativa que relaciona corretamente a pólis, a expansão grega e o desenvolvimento das moedas.

A) A pólis desenvolveu-se como uma cidade fortificada, caracterizando a ocupação da Magna Grécia por Esparta. A expansão grega ocorre devido à insuficiência de escravos nas cidades-Estado. Nas guerras realizadas no Mediterrâneo, milhares de prisioneiros foram feitos escravos e vendidos nas colônias gregas, o que intensificou a circulação de moedas.

B) A pólis era um tipo específico de organização social encontrada em Atenas e Esparta. No período em questão, essas duas cidades-Estado rivalizaram-se na expansão territorial, gerando a Guerra do Peloponeso. Ao final deste conflito, os atenienses derrotados fundaram colônias em regiões do Mediterrâneo e do mar Negro, aumentando a circulação de moedas.

C) A pólis foi a principal forma de organização social na Grécia, constituindo-se em cidades autônomas com governos e leis próprias. No século VII a.C., com o aumento demográfico e a concentração latifundiária, houve a expansão grega para regiões do Mediterrâneo e do mar Negro, causando intensa circulação de moedas para o comércio marítimo e terrestre.

D) A pólis surgiu como solução para os conflitos entre Esparta e Atenas pelo domínio do restante da Grécia, constituindo-se como cidade autônoma fortificada, cujo isolamento a protegia de agressões. Isso permitiu a expansão comercial marítima de Atenas pelo Mediterrâneo, levando à formação de colônias e ao aumento da circulação de moedas nas trocas comerciais.

E) A pólis era um tipo de cidade-Estado que se desenvolveu em decorrência da expansão comercial grega, ocasionando a fundação de colônias na Magna Grécia. Por conta de seu caráter autônomo, algumas cidades-Estado uniram-se na Liga de Delos para conquistar territórios no Mediterrâneo, gerando aumento na atividade comercial grega e o uso de moedas.

A: incorreta, pois a pólis era uma forma de organização social dotada de independência política, constituindo-se por uma área rural ao redor de um núcleo urbano onde se situava a acrópole (local de templos religiosos e edificações da administração política localizado na parte mais alta do relevo da região). Ademais, Magna Grécia é a denominação dada à expansão grega pelo sul da Península Itálica e Sicília, causada pelo crescimento demográfico e comercial e pela falta de terras férteis no território grego; B: incorreta, pois as pólis eram encontradas em toda a Grécia (Atenas e Esparta foram as mais importantes), e a Guerra do Peloponeso (431-404 a.C.), vencida por Esparta, gerou o enfraquecimento e o consequente colapso das cidades-estados gregas, que posteriormente foram dominadas por Filipe II da Macedônia; C: correta; D: incorreta, porque as pólis surgiram no século VIII a.C. em razão do crescimento das comunidades gentílicas agrícolas, do surgimento de uma oligarquia aristocrática e da expansão do comércio. Ademais, a pólis não era uma cidade fortificada, mas sim um tipo de organização social autônoma constituída por uma área rural ao redor de um núcleo urbano onde se situava a acrópole; E: incorreta, porque a Liga de Delos foi uma aliança militar liderada por Atenas e formada durante as Guerras Médicas com o objetivo de combater o Império Persa.

Gabarito "C"

(Soldado – PM/PB – 2015 – IBFC) Antes da chegada dos portugueses aqui na América e a consequente ocupação do território brasileiro, a Paraíba já era habitada por grupos indígenas que ocuparam primeiramente o litoral, pertenciam à grande tribo ___________.

Assinale a alternativa que completa corretamente a lacuna.

A) Potiguaras.

B) Tabajaras.

C) Guarani.

D) Cariri.

Antes da chegada dos portugueses, o território da Paraíba era habitado por grupos indígenas pertencentes à nação Cariri (que se dividiam em várias tribos, como Paiacus, Icós, Sucurus, Ariús, Panatis, Canindés, Pegas, Janduis, Bultrins e Carnoiós) e à nação Tupi-Guarani (divididos em Potiguaras e Tabajaras).

Gabarito: Anulada

(Soldado – PM/PB – 2015 – IBFC) Leia o enunciado a seguir. Na época da conquista da Paraíba (segunda metade do século _________), chegaram outros silvícolas, dessa vez pertencentes à tribo Tabajaras, também de origem Tupi-Guarani, mas logo tornaram-se inimigos dos Potiguaras, fixando-se na várzea do Rio Paraíba.

Assinale a alternativa que preencha adequadamente a lacuna existente no enunciado acima:

A) XVI.

B) XVII.

C) XV.

D) XIV.

A conquista da Paraíba se deu na segunda metade do século XVI.

Gabarito "A"

(Soldado – PM/PB – 2015 – IBFC) A maior parte do território paraibano é constituído por rochas resistentes, e bastante antigas que remontam a era pré-cambriana, com mais de 2,5 bilhões de anos.

Faça a associação:

I. Litoral.

II. Região da Mata.

III. Agreste.

IV. Sertão.

( ) Uma depressão sertaneja que se estende do município de Patos até após a Serra da Viração.

( ) Temos os tabuleiros que são formados por acúmulos de terras que descem de lugares altos.

( ) É formada(o) pelas praias e terras arenosas.

( ) Depressão que fica entre os tabuleiros e o Planalto da Borborema. Apresenta muitas serras.

Assinale a ordem numérica correta de cima para baixo:

A) I, II, III e IV.

B) III, IV, I e II.

C) IV, II, I e III.

D) II, III, I e IV.

No Litoral, está a planície litorânea, que é formada pelas praias e terras arenosas. Na Região da Mata, ficam os tabuleiros, que são formados por acúmulos de terras que descem de lugares altos. No Agreste, estão algumas depressões que ficam entre os tabuleiros e o Planalto da Borborema, onde há muitas serras, como a Serra de Araruna e a Serra de Teixeira. No Sertão, há uma depressão sertaneja que se estende do município de Patos até após a Serra da Viração.

Logo, a associação correta é: IV, II, I e III.

Gabarito "C"

(Soldado – PM/PB – 2015 – IBFC) O Planalto da Borborema é o mais marcante do relevo do Nordeste. Na Paraíba ele tem um papel fundamental no conjunto do relevo. Ele também é conhecido como _____________.·Assinale a alternativa que completa corretamente a lacuna.

A) Serra de Teixeira.

B) Serra das Ruças.

C) Serra do Capão.

D) Serra do Taboão.

O Planalto da Borborema também é conhecido como Chapada Pernambucana, Serra da Borborema ou ainda Planalto Nordestino.

Gabarito: Anulada

(Soldado – PM/PB – 2015 – IBFC) A distribuição dos climas da Paraíba está relacionada com a localização, ou seja, quanto mais próximo do litoral, mais úmido será o clima, quanto mais longe, mais seco. Três tipos ocorrem na Paraíba:

I. Clima Tropical quente-úmido: domina o litoral, a região da mata e parte do agreste. Com chuvas abundantes e temperatura média anual de 26ºC. Com essas características, esse tipo climático domina em todo o sertão.

II. Clima semiárido: Com chuvas de verão, predomina no Cariri, no Seridó, em grande parte da Borborema e do sertão. Sua principal característica não é a ausência de chuva, mas sua irregularidade.

III. Clima Tropical semiúmido: chuvas de verão-outono estendem-se pela região do litoral.

Estão corretas as afirmativas:

A) Apenas I e II.

B) Apenas III.

C) Apenas II e III.

D) Apenas II.

I: Falso. O clima tropical quente-úmido se entende pelo litoral, região da mata e parte do agreste. É caracterizado por chuvas abundantes (média anual de 1.800 mm) e temperatura média anual de 26°C. Com essas características, esse tipo climático <u>domina em todo o litoral</u>; II: Verdadeiro. O clima semiárido predomina no Cariri, no Seridó, em grande parte da Borborema e do sertão. É um clima quente e seco, com chuvas de verão (média anual de 500 mm) e temperatura média anual de 26°C. Sua principal característica não é a ausência de chuvas, mas sua irregularidade; III: Falso. O clima tropical semiúmido <u>estende-se pela região do sertão</u>. É caracterizado por chuvas de verão-outono (média de 800 mm anuais) e temperatura média anual é de 27°C. Esse clima domina todo o Pediplano Sertanejo e também apresenta chuvas irregulares.

Gabarito "D"

(Soldado – PM/PB – 2015 – IBFC) O clima, o relevo e a hidrografia determinam a vegetação que se apresenta diferenciada, em toda a extensão do território paraibano. Destacam-se os seguintes tipos de vegetação:

I. Vegetação Litorânea: as espécies dessa formação vegetal apresentam algumas características essenciais para essa adaptação ao meio, por exemplo, raízes suportes e respiratórios.

II. Mata Atlântica: formação vegetal, com espécies arbóreas e arbustivas da caatinga (baraúna, angico, jurema). Ocorrem ainda a tatajuba, violeta, etc.

III. Cerrado: formado por árvores e arbustos. Arvores tortuosas e tufos de capins encontrados nos tabuleiros. Predomina a mangaba, a lixeira, o batiputá entre outros.

IV. Agreste: vegetação intermediaria entre a caatinga e a floresta.

V. Mata Serrana: nessa vegetação, encontram-se árvores altas, copas largas, troncos com grande diâmetro, folhas perenes, muitos cipós, orquídeas e bromélias.

VI. Caatinga: vegetação dominante, formada por xerófilas, cactáceas, caducifólias e aciculifoliadas. Os solos são profundos e arenosos.

Considerando V (verdadeiro) e F (falso), I, II, III, IV, V e VI são respectivamente:

A) V, F, V, V, F, F.

B) V, V, F, F, V, V.

C) F, F, V, V, F, F.

D) F, V, F, F, V, V.

I: Verdadeiro. A Vegetação Litorânea fica localizada na faixa mais próxima às praias. É caracterizada pela presença de mangues, dunas, tabuleiros, vegetação rasteira, arbusto e matas de restinga. As espécies dessa formação vegetal apresentam algumas características essenciais para essa adaptação ao meio, por exemplo, raízes suportes e respiratórias; II: Falso. A Mata Atlântica ocorre na área da zona da mata. É caracterizada por árvores altas com copas largas, troncos de grande diâmetro e folhas perenes, além de muitos cipós, orquídeas e bromélias; III: Verdadeiro. O Cerrado ocorre nos baixos planaltos costeiros. É formado por árvores e arbustos distanciados entre si, com árvores tortuosas e tufos de capim encontrados nos tabuleiros. As espécies que predominam são a mangaba, lixeira, cajuí, batiputá, entre outros; IV: Verdadeiro. O Agreste corresponde à faixa de transição entre o clima tropical úmido e o clima semiárido. Trata-se de uma vegetação intermediária entre a caatinga e a floresta tropical, composta por uma vegetação que compreende espécies da mata atlântica e da caatinga; V: Falso. A Mata Serrana corresponde à vegetação das encostas úmidas das serras isoladas da região semiárida e semiúmida. É composta por espécies arbóreas e arbustivas da caatinga (baraúna, angico, jurema) e algumas espécies de mata úmida (pau-d'óleo e praíba), além de tatajuba, violeta etc.; VI: Falso. A Caatinga ocorre na área de domínio do clima semiárido, isto é, no Sertão, Cariri, Curimataú e Seridó. A vegetação dominante é formada por xerófilas, cactáceas, caducifólias e aciculifoliadas. As espécies que predominam são o xiquexique, mandacaru, macambira, baraúnas, aroeira, angico, umbuzeiro, juazeiros e outros. <u>Os solos são rasos e pedregosos</u>.

Gabarito "A"

(Soldado – PM/PB – 2015 – IBFC) Os Rios Litorâneos que fazem parte da hidrografia da Paraíba têm a seguinte característica:

A) São rios que vão em direção ao norte em busca de terras baixas.
B) O rio mais importante deste grupo é o Rio Piranhas.
C) Nascem na Serra da Borborema e vão em busca do litoral para desaguar no Oceano Atlântico.
D) Rio do Peixe, Rio Piancó e o Espinhara, são afluentes do Rio Paraíba.

Os rios da Paraíba podem ser divididos em dois grupos: rios litorâneos e rios sertanejos. Os rios litorâneos são aqueles que nascem na Serra da Borborema e seguem em direção ao litoral paraibano para desaguar no Oceano Atlântico. Neste grupo destaca-se o rio Paraíba, que nasce no alto da Serra de Jabitacá, no município de Monteiro. Já os rios sertanejos são aqueles que seguem em direção ao norte em busca de terras baixas, desaguando no litoral do Rio Grande do Norte. O rio mais importante deste grupo é o rio Piranhas, que nasce na Serra de Bongá, perto da divisa com o estado do Ceará, e tem como afluentes os rios do Peixe, Piancó e Espinhara.

Gabarito "C"

(Soldado – PM/PB – 2015 – IBFC) A economia da Paraíba baseia-se principalmente no setor de Comércio e Serviços. Sua agricultura baseia-se na:

A) Cana-de-açúcar, abacaxi, fumo, graviola, juta, umbu, caju, manga, acerola, mangaba, tamarindo, trigo, sorgo, urucum, pimenta do reino, castanha de caju, arroz, café e feijão.
B) Cana de açúcar, abacaxi, fumo, graviola, juta, umbu, caju, manga, acerola, mangaba, tamarindo, mandioca, milho, sorgo, urucum, pimenta do reino, castanha de caju, arroz, café e feijão.
C) Cana de açúcar, abacaxi, fumo, graviola, juta, umbu, caju, manga, acerola, mangaba, tamarindo, trigo, grão de bico, sorgo, urucum, pimenta do reino, castanha de caju, arroz, café e feijão.
D) Cana de açúcar, abacaxi, fumo, graviola, juta, umbu, caju, manga, morando, mangaba tamarindo, grão de bico, sorgo, urucum, pimenta calabresa, castanha de caju, arroz, feijão e café.

A agricultura paraibana se baseia, principalmente, na cana-de-açúcar, abacaxi, fumo, graviola, juta, umbu, caju, manga, acerola, mangaba, tamarindo, mandioca, milho, sorgo, urucum, pimenta-do-reino, castanha de caju, arroz, café e feijão.
Para eliminar as alternativas incorretas, seguem algumas dicas. O trigo exige temperaturas amenas para o cultivo, por isso a região Sul concentra 90% da produção nacional, seguido por São Paulo e Minas Gerais. O mesmo vale para o morango, cuja produção está concentrada no Sul e Sudeste. Por fim, a pimenta calabresa não é uma espécie cultivada, mas sim fabricada a partir da desidratação na forma de flocos da pimenta dedo-de-moça, que é cultivada principalmente nos estados de São Paulo e Rio Grande do Sul.

Gabarito "B"

(Soldado – PM/PB – 2015 – IBFC) As manifestações folclóricas e populares existem em grande quantidade no estado da Paraíba. Tais manifestações fazem parte da cultura paraibana. Dentre estes acontecimentos pode-se citar a literatura transmitida pessoa a pessoa, a qual conserva a memória do povo. Com base no exposto, atribua valores Verdadeiro (V) ou Falso (F) aos exemplos a seguir. Assinale a alternativa que apresenta a sequência correta de cima para baixo.

( ) Anedota: tipo de história curta, que tem por finalidade provocar reflexão.
( ) Cantoria: atividade própria do poeta cantador. A cantoria sofreu codificações desde o seu surgimento até hoje.
( ) Parlenda: poema feito em versos longos, geralmente utilizados para distrair os adultos.
( ) Provérbio: sentença longa, criada pelo povo. Tem por finalidade mostrar a experiência humana.
( )Adivinha: tipo de passatempo divertido.

A) V,V,V,V,V.
B) V,F,V,F,V.
C) V,F,V,V,F.
D) F,V,F,F,V.

1: Falso. Anedota é um tipo de história curta, que tem por finalidade provocar risos; 2: Verdadeiro. Cantoria é uma atividade própria do poeta-cantador. A cantoria sofreu codificações desde o seu surgimento até hoje; 3: Falso. Parlenda é um poema feito em versos curtos, geralmente utilizados para distrair crianças; 4: Falso. Provérbio é uma sentença breve, criada pelo povo. Tem por finalidade mostrar a experiência humana; 5: Verdadeiro. Advinha é um tipo de passatempo divertido.

Gabarito "D"

(Soldado – PM/PB – 2015 – IBFC) Os festejos populares realizados em homenagem aos padroeiros servem para reencontrar pessoas que não se viam há muito tempo, especialmente familiares que vêm de outras localidades para fazer uma visita a sua terra natal. Esses festejos também servem para o divertimento da população. Faça a associação dos locais de turismo religioso aos respectivos municípios onde estão localizados:

I. Santuário de Padre Ibiapina.
II. Cruz da Menina.
III. Pedra de Santo Antonio.
IV. Estátua de Frei Damião.

( ) Patos.
( ) Salânea
( ) Guarabira.
( ) Fagundes.

A sequência correta de cima para baixo é:

A) II, I, IV e III.
B) I, II, III e IV.
C) IV, III, II e I.
D) III, I, II e IV.

(II) Patos – Cruz da Menina; (I) Solânea – Santuário de Padre Ibiapina; (IV) Guarabira – Estátua de Frei Damião; (III) Fagundes – Pedra de Santo Antonio.

Gabarito: Anulada

(Soldado – PM/PB – 2015 – IBFC) Para assegurar a posse efetiva das terras para Portugal, uma das medidas adotadas foi à criação da Capitania da Paraíba, no ano de 1.574, por ordem do rei________________.

Assinale a alternativa que completa corretamente a lacuna.

A) Dom Manuel.
B) Dom Henrique.

C) Dom Sebastião.

D) Dom João.

A Capitania da Paraíba foi criada no ano de 1574, por ordem do rei Dom Sebastião. Dom Sebastião foi o Rei de Portugal e Algarves de 1557 até 1578, quando morreu na Batalha de Alcácer-Quibir. Tornou-se rei aos três anos de idade após a morte do seu avô Dom João III, Rei de Portugal e Algarves de 1521 até 1557, pois seu pai, D. João Manuel, Príncipe de Portugal, morrera em 2 de janeiro de 1554, pouco antes do seu nascimento. Logo, o gabarito está incorreto.

Gabarito "D"

(Soldado – PM/PB – 2015 – IBFC) Quando o governador geral Dom Luis de Brito recebeu a ordem para separar Itamaracá, recebeu também do rei de Portugal a ordem de punir os índios responsáveis pelo massacre, expulsar os franceses e fundar uma cidade. Assim, começaram as cinco expedições para a conquista da Paraíba. Faça a associação correta:

I. 1.574.
II. 1.575.
III. 1.579.
IV. 1582.
V. 1.584.

( ) Frutuoso Barbosa volta decidido a conquistar a Paraíba, mas desiste após perder um filho em combate.

( ) Expedição comandada pelo governador geral Dom Luis de Brito, que foi prejudicada por ventos desfavoráveis e eles nem chegaram às terras paraibanas.

( ) A expedição chega a Paraíba e captura cinco navios de traficantes franceses, solicitando mais tropas de Pernambuco e da Bahia para assegurar os interesses portugueses na região.

( ) Dom Fernão da Silva, comandante da expedição, teve sua tropa surpreendida por indígenas e teve que recuar para Pernambuco.

( ) Ainda sob forte domínio "de fato" dos franceses, foi concedida, por dez anos, ao capitão Frutuoso Barbosa a Capitania da Paraíba, desmembrada de Olinda.

A sequência correta de cima para baixo é:

A) I,II, III, IV, V.

B) IV, II, V, I, III.

C) V, IV, III, II, I.

D) III, V, I, II, IV.

Em 1574, ocorreu a primeira expedição, comandada pelo Ouvidor Geral Fernão da Silva. Ao chegar no Brasil, D. Fernão tomou posse das terras em nome do rei sem nenhuma resistência, mas logo foi atacado de surpresa pelos índios potiguaras e teve que recuar para Pernambuco.

Em 1575, houve a segunda expedição, comandada pelo Governador Geral Dom Luís de Brito e Almeida. A expedição foi prejudicada por ventos desfavoráveis na viagem da Bahia para Pernambuco e, por isso, nem chegou às terras paraibanas.

Em 1579, foi realizada a terceira expedição, sob o comando do comerciante português Frutuoso Barbosa. Ele propôs ao governo português conquistar e colonizar a Paraíba, sob a condição de ser seu governador por dez anos. Quando estava a caminho da Paraíba, um forte temporal atingiu sua frota, levando seus navios para as Antilhas, onde sua esposa morreu. Então, Frutuoso decidiu retornar a Portugal.

Em 1582, ocorreu a quarta expedição, também comandada por Frutuoso Barbosa, sob a mesma condição anterior. Frutuoso Barbosa voltou decidido a conquistar a Paraíba, mas fracassou diante da reação dos potiguaras juntos com os franceses. Seu filho, parentes e grande número de participantes da expedição morreram em combate, o que levou Barbosa a desistir e retornar a Pernambuco.

Em 1584, aconteceu a quinta expedição, novamente sob o comando de Frutuoso Barbosa e com o apoio do general espanhol Diogo Flores de Valdez e do comandante D. Filipe de Moura. A expedição chegou à Paraíba, capturou cinco navios de traficantes franceses e solicitou mais tropas de Pernambuco e da Bahia para assegurar os interesses portugueses na região.

Logo, a sequência correta é: IV, II, V, I, III.

Gabarito "B"

(Soldado – PM/PB – 2015 – IBFC) Leia o enunciado a seguir.

Os europeus que vieram para o estado eram predominantemente ____________, isso desde o início da colonização no século ____. Estes chegaram à Paraíba provenientes principalmente da Capitania de ____________. O pequeno número de mulheres __________ na época estimulou logo cedo a miscigenação com mulheres das tribos locais e, em menor escala, com as mulheres__________, sedimentando a base da população atual.

Assinale a alternativa que preencham adequa e respectivamente as lacunas.

A) Portugueses - XVI - Pernambuco - brancas - escravas.

B) Holandeses - XV - Ceará - brancas - índias.

C) Italianos - XVI - Rio Grande do Norte - pardas - brancas.

D) Portugueses - XV - Rio Grande do Norte - negras – caboclas.

Os europeus que vieram para o estado eram predominantemente portugueses, isso desde o início da colonização no século XVI. Estes chegaram à Paraíba provenientes principalmente da Capitania de Pernambuco. O pequeno número de mulheres brancas na época estimulou logo cedo a miscigenação com mulheres das tribos locais e, em menor escala, com as mulheres escravas, sedimentando a base da população atual.

Gabarito "A"

(Soldado – PM/PB – 2015 – IBFC) Em relação a população indígena analise as afirmativas abaixo, dê valores Verdadeiro (V) ou Falso (F) e assinale a alternativa que apresenta a sequência correta de cima para baixo.

( ) Os índios Cariris se encontravam em maior número que os tupis e ocupavam uma área que se estendia desde o planalto da Borborema até os limites do Ceará, Rio Grande do Norte e Pernambuco.

( ) Os índios Tabajaras eram mais numerosos que os Potiguaras e ocupavam uma pequena região nos limites do Rio Grande do Norte com a Paraíba.

( ) Os índios Potiguaras na época da fundação da Paraíba, os Potiguaras formavam um grupo de aproximadamente 5 mil pessoas. A aliança que firmaram com os portugueses foi de grande proveito para os índios quando da conquista da Paraíba e fundação de João Pessoa.

A sequência correta das assertivas é:

A) F – V – V

B) V – V – V

C) F – F – V

D) V – F – F

1: Verdadeiro. Os índios Cariris se encontravam em maior número que os Tupis e ocupavam uma área que se estendia desde o planalto da

Borborema até os limites do Ceará, Rio Grande do Norte e Pernambuco; 2: Falso. Os índios Potiguaras eram mais numerosos que os Tabajaras e ocupavam uma pequena região nos limites do Rio Grande do Norte com a Paraíba; 3: Falso. Os índios Tabajaras, na época da fundação da Paraíba, formavam um grupo de aproximadamente cinco mil pessoas. A aliança que firmaram com os portugueses foi de grande proveito para os índios quando da conquista da Paraíba e fundação de João Pessoa.

Gabarito "D"

(Soldado – PM/PB – 2015 – IBFC) Em relação à presença holandesa na Paraíba, é correto afirmar:

I. A instalação da empresa açucareira no Brasil contou com a participação holandesa, desde o financiamento das instalações até a comercialização no mercado europeu.

II. O primeiro governador da província holandesa da Paraíba e Rio Grande do Norte foi Duarte Gomes da Silveira, que em nome do Príncipe de Orange dos Estados Gerais e da Companhia, fez aos paraibanos, em ata de 13 de janeiro de 1.635 várias promessas.

III. O controle holandês sobre a Paraíba durou apenas 10 anos, de 1.634 a 1.644.

IV. Na época da invasão holandesa, a população era dividida em dois grupos: os homens livres (holandeses, portugueses e brasileiros) e os escravos (de procedência brasileira ou africana).

V. Quando da invasão holandesa ao nordeste do Brasil, a Paraíba era a terceira capitania em ordem de grandeza e importância econômica na colônia, sendo precedida pela Bahia e Pernambuco. Era esta riqueza e prosperidade que atraía os invasores.

Estão corretas apenas as afirmativas:

A) I, IV e V.

B) II e III.

C) I, III eV.

D) II e IV.

I: Verdadeiro. A instalação da empresa açucareira no Brasil contou com a participação holandesa, desde o financiamento das instalações até a comercialização no mercado europeu; II: Falso. O primeiro governador da província holandesa da Paraíba e Rio Grande do Norte foi Servaes Carpentier que, em nome do Príncipe de Orange, dos Estados Gerais e da Companhia, fez aos paraibanos, em ata de 13 de janeiro de 1635, várias promessas garantindo direitos e liberdades; III: Falso. O controle holandês sobre a Paraíba durou vinte anos, de 1634 a 1654; IV: Verdadeiro. Na época da invasão holandesa, a população era dividida em dois grupos: os homens livres (holandeses, portugueses e brasileiros) e os escravos (de procedência brasileira ou africana); V: Verdadeiro. Quando da invasão holandesa ao nordeste do Brasil, a Paraíba era a terceira capitania em ordem de grandeza e importância econômica na colônia, sendo precedida pela Bahia e Pernambuco. Era esta riqueza e prosperidade que atraía os invasores.

Gabarito "A"

(Soldado – PM/PB – 2015 – IBFC) A Revolução Praieira ocorrida na Província de Pernambuco, entre os anos de 1.848 e 1.850, foi uma revolta de caráter

A) Popular armada contra o objetivo de explorar os recursos minerais e a mão de obra da região, além de ampliar o mercado consumidor para seus produtos industrializados.

B) Republicana com descontentamento político com o governo imperial brasileiro, com busca por parte dos liberais por maior autonomia para as províncias.

C) Popular e insatisfação com o elevado preço cobrado pelos produtos essenciais e alimentos, além disso, reclamavam da carência de determinados alimentos.

D) Liberal e federalista, onde os senadores conservadores vetaram a indicação, para uma cadeira do Senado de um liberal e da insatisfação com a falta de autonomia política das províncias e concentração de poder nas mãos da monarquia.

A Revolução Praieira ou Insurreição Praieira foi uma revolta de caráter liberal e federalista ocorrida na província de Pernambuco, entre os anos de 1848 e 1850. Em 1848, os senadores – cuja maioria pertencia ao Partido Conservador – vetaram a indicação de um liberal pernambucano (Antônio Chinchorro da Gama) para ocupar uma cadeira do Senado. Isso provocou a revolta de políticos liberais de Pernambuco, que já estavam insatisfeitos com a falta de autonomia política das províncias e a concentração de poder nas mãos da monarquia. Eles obtiveram o apoio de várias camadas da população, especialmente dos mais pobres, que sofriam com as péssimas condições de vida. Entre as principais medidas defendidas pelos rebeldes estavam a liberdade de imprensa, a extinção do poder moderador, o federalismo, o fim do monopólio comercial dos portugueses e a instituição do voto universal.

Gabarito "D"

(Soldado – PM/PB – 2015 – IBFC) Outro acontecimento histórico de grande repercussão nacional que a Força Policial da Paraíba participou foi a Guerra do Paraguai, sob o comando do ____________________.

Assinale a alternativa que completa corretamente a lacuna.

A) Tenente Coronel Francisco Antônio Chacon.

B) Capitão Genuíno Antônio Athayde de Albuquerque.

C) Major José Vicente Monteiro de Francisco.

D) Tenente Manuel Marinho.

Para participar da Guerra do Paraguai, a Força Policial da Paraíba embarcou para o Rio de Janeiro, no dia 23 de junho de 1865, sob o comando do Major José Vicente Monteiro da Franca.

Gabarito: Anulada

(Soldado – PM/PB – 2015 – IBFC) Em 1.930 um grupo armado, sediado na cidade de Princesa, no alto sertão paraibano, tentou conturbar a ordem pública no interior do Estado. Os acontecimentos mais marcantes desse confronto foram:

I. O desastre da Água Branca, em que cerca de 200 (duzentos) policiais foram mortos em uma emboscada.

II. A tomada, pela Polícia, das cidades de Teixeira, Imaculada e Tavares.

III. Cerco de Tavares, que se achava ocupada pela Polícia e foi cercada por grupos de cangaceiros, durante 18 dias.

Estão corretas as afirmações:

A) I e II.

B) I, II e III.

C) II e III.

D) I e III.

A Revolta de Princesa foi um movimento liderado por José Pereira Lima e deflagrado no município de Princesa, em fevereiro de 1930, em oposição ao governo estadual de João Pessoa Cavalcanti de Albuquerque. O objetivo dos rebeldes era provocar a intervenção federal na Paraíba para causar a deposição de João Pessoa, então Presidente da Paraíba. As três afirmações descrevem os acontecimentos mais marcantes desse confronto.

Gabarito "B".

(Soldado – PM/PB – 2015 – IBFC) A Força Policial da Paraíba teve outra importante participação em acontecimento histórico. Foi a pacificação do movimento que ficou conhecido como a Revolta de Quebra Quilo. Essa Revolta se deu no ano de:

A) 1.874.

B) 1.849.

C) 1.834.

D) 1.865.

A Revolta do Quebra-Quilos foi um movimento popular que eclodiu na província da Paraíba, em 1874, e se estendeu para as províncias de Pernambuco, Rio Grande do Norte e Alagoas. Vários fatores são apontados como causas dessa revolta, como a crise econômica decorrente da depreciação dos preços dos principais produtos de exportação (açúcar e algodão), o encarecimento das mercadorias, o aumento dos impostos e, em especial, a adoção do sistema métrico decimal francês pela Lei nº 1.157, de 1862. Esta lei estabelecia um prazo de dez anos para a substituição do vigente sistema de pesos e medidas. Em 1872, o governo determinou que, a partir de 1º de julho de 1873, todo comércio do país deveria obrigatoriamente utilizar o sistema métrico decimal, sob pena de prisão e multa. Isso foi o estopim da revolta, cujos manifestantes passaram a ser chamados de quebra-quilos em razão da destruição dos pesos e medidas aos gritos de "Quebra os quilos! Quebra os quilos!".

Gabarito "A".

(Soldado – PM/PB – 2015 – IBFC) O movimento popular ocorrido entre dezembro de 1.851 e fevereiro de 1.852, que envolveu vilas e cidades de cinco províncias do Nordeste, ficou conhecido como a Revolta do Ronco da Abelha. Os incidentes foram provocados por dois decretos imperiais, de junho de 1.851, que são:

A) Decretos 796 e 797.

B) Decretos 797 e 798.

C) Decretos 798 e 799.

D) Decretos 795 e 796.

A Revolta do Ronco da Abelha foi um movimento popular ocorrido entre dezembro de 1851 e fevereiro de 1852, que envolveu vilas e cidades de cinco províncias do Nordeste: Alagoas, Ceará, Paraíba, Pernambuco e Sergipe. Os incidentes foram provocados por dois decretos imperiais, de junho de 1851: o Decreto 797, que estabelecia o Censo Geral do Império; e o Decreto 798, que instituía o Registro Civil dos Nascimentos e Óbitos. O Estado pretendia coletar dados populacionais para sistematizar o recrutamento de homens para o serviço militar, todavia a implementação desses decretos gerou boatos entre a população de que o governo queria reduzir os cidadãos pobres – inclusive os brancos – à condição de escravos. Isso causou a reação de muitas pessoas, que passaram a atacar prédios e autoridades públicas armadas com foices, enxadas e espingardas, entoando gritos de "Abaixo a Lei, morra o Governo!".

Gabarito "B".

7. Física e Química

Elson Garcia

1. FÍSICA

1.1. GRÁFICOS

(Oficial – PM-CBM/PR – 2015 – UFPR) –

Um veículo está se movendo ao longo de uma estrada plana e retilínea. Sua velocidade em função do tempo, para um trecho do percurso, foi registrada e está mostrada no gráfico ao lado. Considerando que em t = 0 a posição do veículo s é igual a zero, assinale a alternativa correta para a sua posição ao final dos 45 s.

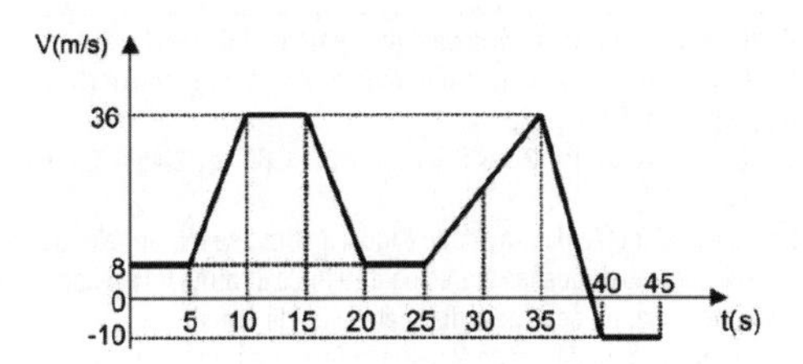

(A) 330m.
(B) 480m.
(C) 700m.
(D) 715m.
(E) 804m.

No gráfico apresentado de Velocidade (V) versus Tempo (t), as distâncias percorridas serão iguais às áreas sobre as retas de evolução da velocidade, em relação ao eixo das abscissas.

Vamos chamar estas áreas de:
0 a 5: A, 5 a 10: B, 10 a 15 = C ,15 a 20: D, 20 a 25: E, 25 a 35: F, 35 a 40: G e 40 a 45: H.

Portanto: A = 5x8 = 40m , B= [(5)(36-8)]/[2] + 40 = 110m , C = 5x36 = 180m , D = B = 110m, E = A = 40m e F = [(35 – 25)(8 + 36)]/[2] = 220m. A soma de A + B + C + D + E + F é igual a 700m. Ou seja, a distância percorrida até 35 segundos é de 700m.

Para cálculo da área G, ou distância percorrida entre 35 a 40s, teremos que usar a fórmula do MUV:
$v^2 = v_0^2 + 2a\Delta S$, onde v_0 = 36 m/s, t_0 = 35s, v = -10m/s, t = 40s e ΔS = G.
A aceleração a é igual a $\Delta v/\Delta t$. A = (-10 – 36)/(40 – 35) = - 46/5 = - 9,2m/s^2.

Então, $\Delta S = G = (v^2 - v_0^2)/(2a) = [(-10^2 - 36^2)]/[(2)(-9,2)] = (-1196)/(-18,4) = 65m$. G = 65m.
Cálculo de H: H = (-10)(5) = - 50m. Significa que o veículo deu ré.

Portanto a distância total percorrida será: 700 + 65 – 50 = 715m.
Gabarito "D"

1.2. MOVIMENTOS: UNIFORME E UNIFORMEMENTE VARIADO

(Cadete – CBM/GO – 2016 – Funrio)

Em reportagem sobre acidentes de trânsito no Brasil, publicada em 18/03/2015, o sociólogo e especialista em segurança no trânsito Eduardo Biavati alertou sobre o perigo do uso do celular ao volante. Segundo Biavati: *Antes o uso do celular se restringia a ligações de voz, que demandava basicamente uma das mãos. A situação de risco foi maximizada com as mudanças do próprio uso do smartphone. Para você digitar qualquer letra, além da mão, é preciso olhar para a tela. Ou seja, a distração é mais profunda: perde-se o contato visual e o mecânico. Um estudo do NHTSA, departamento de Trânsito dos Estados Unidos, revela que o uso de dispositivos móveis ao volante aumenta em até 400% o risco de acidente. Um risco muito maior do que o causado pela embriaguez!*

Suponha que dois carros trafeguem a 90 km/h na mesma pista, separados por uma distância de seguimento de 50 m. De repente, em virtude de retenções na via, o carro da frente freia constantemente a uma taxa de 5,0m/s^2 até parar. Porém, o motorista do carro de trás está distraído, lendo uma mensagem no Whatsapp e demora 2,2 s para perceber a luz do freio do carro da frente e mais 0,30 s para reagir e efetivamente pisar fundo no freio, provocando uma forte desaceleração constante de 7,5m/s^2.

Considerando essas informações, pode-se afirmar que uma colisão

(A) vai ocorrer, porque o tempo para percorrer a distância de seguimento entre os carros é menor que 2,0s, na velocidade de 90km/h.
(B) vai ocorrer, porque a distância de frenagem dos dois carros é maior que a distância de seguimento entre eles.
(C) vai ocorrer, porque a distância total percorrida pelo carro de trás até parar é maior que a distância percorrida pelo carro da frente somada com a distância de seguimento.
(D) não vai ocorrer, porque a desaceleração do carro de trás é bem maior que a desaceleração do carro da frente, provocando que a distância de frenagem seja menor que a distância de seguimento.
(E) não vai ocorrer, porque a distância total percorrida pelo carro de trás até parar é menor que a distância percorrida pelo carro da frente, somada com a distância de seguimento.

Esta questão será resolvida utilizando a equação de Torricelli:
$(V)^2 = (V_0)^2 + 2a.\Delta S$. Ou: $\Delta S = [(V)^2-(V_0)^2]/[2a]$
Onde: V_0 é a velocidade inicial, V é velocidade final, a é a aceleração e ΔS é a distância percorrida.
Distância percorrida pelo carro da frente até parar: $\Delta S_1 = [(V)^2-(V_0)^2]/[2a]$, onde V_0 é igual a
90km/h, ou 25m/s, V é igual a zero e a é igual a – 5m/s². Então, $\Delta S = [-(25)^2]/[-2x5] = 62{,}5m$.
A distância total percorrida pelo carro de trás até parar será de $\Delta S_2 + \Delta S_3$, descontando-se a distância de seguimento dos dois carros, que é 50m.
ΔS_2 será a distância percorrida, na velocidade de 25m/s e no tempo de 2,2s para perceber a luz do freio do carro da frente mais 0,30s para reagir e efetivamente pisar fundo no freio.
$\Delta S_2 = V.t$, onde V = 25m/s e t = 2,5s. Portanto, $\Delta S_2 = 62{,}5m$.
ΔS_3 será a distância percorrida após o início da freada do carro de trás, com uma desaceleração de 7,5m/s². $\Delta S_3 = [-(25)^2]/[-2x7{,}5] = 41{,}67m$.
A soma $\Delta S_1 + \Delta S_2$ é igual a 104,17m. Descontando-se a distância de seguimento dos dois carros de 50m, teremos uma distância relativa de 54,17m.
Portanto, não vai ocorrer colisão, porque a distância total percorrida pelo carro de trás até parar é menor que a distância percorrida pelo carro da frente, descontada a distância de seguimento.

Gabarito "E"

(Cadete – CBM/GO – 2016 – Funrio)

A Latin NCAP é uma organização que tem como objetivo avaliar a segurança de veículos comercializados na América latina e Caribe. Anualmente, essa empresa simula acidentes com os modelos de automóveis mais vendidos na região. A colisão padrão simulada nos testes é aquela em que o veículo, se deslocando em linha reta a 64,0 km/h, se choca com um anteparo de alumínio, de forma que 40% da frente do veículo bate no anteparo. Esse tipo de colisão simula os acidentes mais frequentes em estradas cujas vítimas apresentam lesões graves ou fatais. A colisão dura apenas dois décimos de segundos até o carro parar e, caso o veículo não tenha air bag, a desaceleração da pessoa varia imensamente e pode atingir um incrível pico de 400m/s2.

Supondo que o condutor tenha uma massa de 72,0 kg, o módulo da força média que atua sobre o motorista, durante a colisão, vale

(A) $28{,}8 \times 10^3$N.
(B) $14{,}4 \times 10^3$N.
(C) $7{,}20 \times 10^3$N.
(D) $6{,}40 \times 10^3$N.
(E) $1{,}28 \times 10^3$N.

Primeiramente vamos determinar o módulo da aceleração do veículo. Para isso, a velocidade de 64 km/h será transformada para m/s: 64.000 ÷ 3.600 = 17,778 m/s
A partir do movimento uniformemente variado, podemos determinar a aceleração do veículo:
$v = v_0 + a.t$
Das informações contidas no enunciado, sabemos que a velocidade final (v) é nula, a velocidade inicial (v_0) é de 17,8m/s e a aceleração é negativa, já que ocorre uma diminuição de velocidade, portanto:
$0 = 17{,}8 - a.t \rightarrow a.t = 17{,}8 \rightarrow a = 17{,}778/0{,}2 = 88{,}89$ m/s²
Aplicando a Segunda lei de Newton, podemos determinar o módulo da força média que atua sobre o motorista, durante a colisão: F = m.a = 72x88,89 = 6.400 N

Gabarito "D"

1.3. TRABALHO E ENERGIA

(Cadete – CBM/GO – 2016 – Funrio)

Ao escutar a sirene de emergência, tocando no meio da madrugada, um soldado do corpo de bombeiros, que estava descansando no segundo andar do dormitório, levanta da cama e escorrega pelo mastro de 6,00 m de altura. Graças às forças dissipativas sobre o seu corpo, cujo valor médio é 640 N, o jovem soldado de 80,0 kg chega ao solo em segurança, em apenas 2,45 s. O módulo da aceleração da gravidade local é 10,0 m/s².

Considerando que a velocidade inicial de queda do soldado seja nula, a energia dissipada durante o escorregamento pelo mastro vale

(A) 4.800J.
(B) 3.840J.
(C) 2.400J.
(D) 1.920J.
(E) 960J.

Partindo da equação horária de movimento do MRUV: $S = S_0 + V_0 . t + a . t^2 / 2$ e considerando que o bombeiro partiu do repouso (S_0 = 0 m e V_0 = 0 m/s), temos que
S = 0 + 0 . t + a . t² / 2 --> S = a . t² / 2 --> 6 = a . 2,45² / 2 = 6a / 2 --> a = 2m/s²
Como a aceleração da gravidade é igual a 10m/s² e o bombeiro desceu com aceleração de apenas 2m/s², então a força de atrito foi a responsável pela diferença, ou seja, pela desaceleração de 8m/s².
Assim, pela segunda Lei de Newton, a força de atrito F_{at} será:
F_{at} = m . a = 80 x 8 = 640N.
Cálculo da energia dissipada durante o escorregamento:
Atenção: No sistema dissipativo com atrito a energia é negativa.
$T_{Fat} = \Delta E_{MEC} = E_{MECfinal} - E_{MECinicial} = (E_{cf} + E_{pf}) - (E_{ci} + E_{pi})$. Como E_{cf} e E_{ci} são iguais a zero:
$T_{Fat} = E_{pf} - E_{pi} = m.ah_f - m.ahi = m.a(h_f - h_i) = (640)(-6) = - 3.840J$

Gabarito "B"

1.4. LEIS DE NEWTON.

(Cadete – CBM/GO – 2016 – Funrio)

Conrad Dietrich Magirus foi um bombeiro alemão criador das famosas escadas Magirus. Nascido em setembro de 1824, na Alemanha, Magirus desde muito jovem demonstrou vocação para o trabalho na luta contra incêndios e no resgate de pessoas em dificuldade. Quando jovem, Conrad Magirus se arriscava em resgates sem nenhum tipo de equipamento de proteção junto com um grupo de amigos na pequena cidade alemã de Ulm. Em 1847, Conrad fundou a primeira brigada voluntária de incêndios na Alemanha e, em 1872, revolucionou a história dessa profissão, ao apresentar o protótipo da primeira escada Magirus, na exposição mundial de Viena. A maior escada Magirus do mundo, em operação, é a M68L, composta de 7 peças móveis.

Numa determinada operação, uma dessas escadas está completamente esticada, tem 70,0 m de comprimento e faz um ângulo de 60° com a horizontal, suportando um cesto de 300 kg, ligado por um cabo à sua extremidade. O módulo da aceleração da gravidade local é 10,0 m/s2.

O módulo do torque (ou momento de força) produzido pelo cesto, em relação à base da escada, vale

(A) 210×10^3N.m.

(B) 182×10^3N.m.
(C) 105×10^3N.m.
(D) 91×10^3N.m.
(E) 46×10^3N.m.

Esquema:

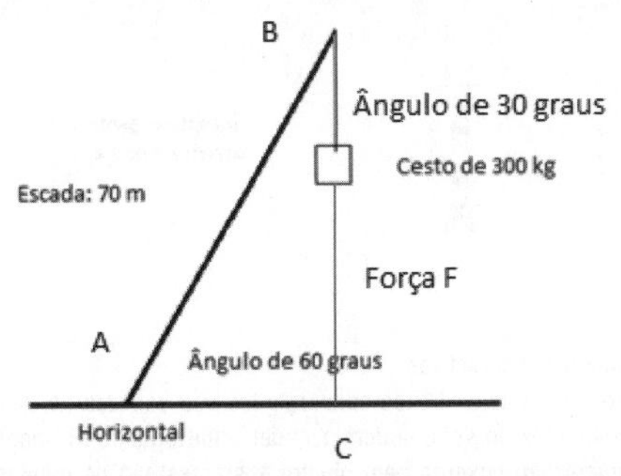

O módulo do torque (ou momento de força) M, produzido pelo cesto, em relação à base da escada, será o produto da força F pela distância AC. A força F é o produto da massa do cesto (300kg) por g (gravidade, igual a 10m/s²).F = 3.000N.
A distância AC é igual ao produto de AB (escada) pelo seno do ângulo oposto a AC, que é de 30º. O sem 30º é igual a 0,5. Portanto, AC = (70)(0,5) = 35 m.
Assim, M = F.AC = (3.000)(35) = 105.000N.m.
Gabarito "C"

(Oficial – PM-CBM/PR – 2015 – UFPR)

– Um objeto de massa m está em movimento circular, deslizando sobre um plano inclinado. O objeto está preso em uma das extremidades de uma corda de comprimento L, cuja massa e elasticidade são desprezíveis. A outra extremidade da corda está fixada na superfície de um plano inclinado, conforme indicado na figura a seguir. O plano inclinado faz um ângulo θ = 30o em relação ao plano horizontal. Considerando g a aceleração da gravidade e $\mu = \frac{1}{\pi\sqrt{3}}$ o coeficiente de atrito cinético entre a superfície do plano inclinado e o objeto, assinale a alternativa correta para a variação da energia cinética do objeto, em módulo, ao se mover do ponto P, cuja velocidade em módulo é vP, ao ponto Q, onde sua velocidade tem módulo vQ. Na resolução desse problema considere $sen\ 30^\circ = \frac{1}{2}$ e $\cos 30^\circ = \frac{\sqrt{3}}{2}$.

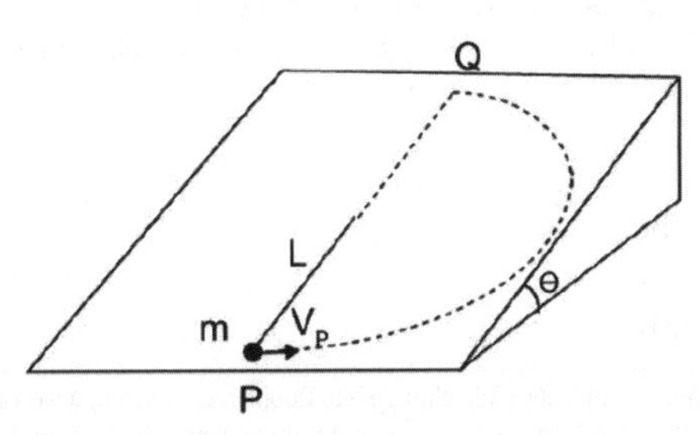

(A) mgL.
(B) $\frac{1}{2}$mgL.
(C) $\frac{2}{3}$mgL.
(D) $\frac{2}{3}$mgL.
(E) 2 mgL.

Chamando de h - h_0 a diferença de altitude entre os pontos P e Q e considerando o triângulo retângulo formado por PQ, hh_0 e ângulo θ, teremos: PQ = 2L, ângulo θ igual 30º e sen θ = (h – hº)/(2L) = 0,5
Portanto, (h - h_0) = 0,5x 2L = L
Calculemos agora a variação da energia potencial do objeto ao subir e descer a rampa: W_p = mgh - mgh_0. Considerando h_0 = 0, W_p = mgh = mgL.
Agora vamos calcular a influência da força de atrito. Para calculá-la precisaremos da força normal, cujo módulo será N = P_y = P.cosΦ = mg.cos30º e F_{at} = N.μ = mg.cos30º. μ.
Como o objeto percorre apenas a metade da circunferência, ΔS = 2π.r/2 = π.L.
Sabendo isso, vamos calcular o trabalho realizado pela força de atrito:
W_{Fat} = F_{at}.ΔS e
W_{Fat} = mg.cos30º. π μ.L =

Como $\cos 30^\circ = \frac{\sqrt{3}}{2}$, $\mu = \frac{1}{\pi\sqrt{3}}$, W_{Fat} = mg.L/2
Segundo a teorema da energia cinética, a variação de trabalho realizado pela força resultante é igual a variação da energia cinética, portanto:
$W_{fr} = W_n + W_t + W_p + W_{fat}$. Como W_n e W_t são iguais a zero, $W_{fr} = W_p + W_{fat}$ = mgL + mg.L/2 e
W_{fr} = 3.m.gL/2.
Gabarito "D"

(Oficial – CBM/PR – 2015 – UFPR)

Um bloco B de massa 400 g está apoiado sobre um bloco A de massa 800 g, o qual está sobre uma superfície horizontal. Os dois blocos estão unidos por uma corda inextensível e sem massa, que passa por uma polia presa na parede, conforme ilustra a figura ao lado. O coeficiente de atrito cinético entre os dois blocos e entre o bloco A e a superfície horizontal é o mesmo e vale 0,35. Considerando a aceleração da gravidade igual a 10 m/s2 e desprezando a massa da polia, assinale a alternativa correta para o módulo da força F necessária para que os dois blocos se movam com velocidade constante.

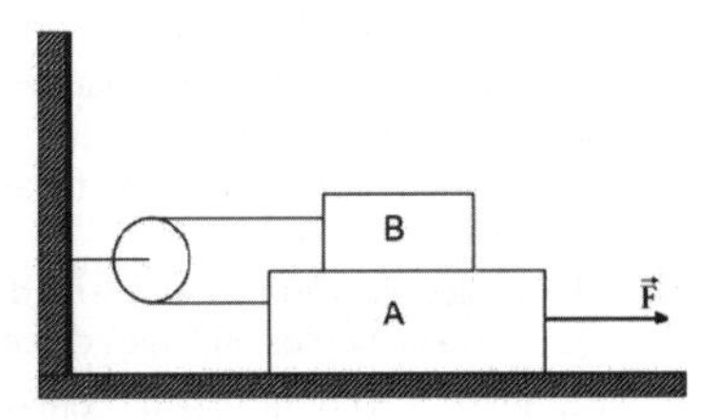

(A) 1,4N.
(B) 4,2N
(C) 7,0N.
(D) 8,5N.
(E) 9,3N.

Como a velocidade é constante concluímos que a aceleração e a força resultante são iguais a zero. Ou seja, as forças que atuam em cada bloco se anulam.

Forças atuantes no Bloco B:

Na vertical o peso e a normal que se anulam. Na horizontal as forças têm o mesmo módulo, uma vez que se anulam: $F_{atB} = F_{trB}$ onde F_{atB} é a força de atrito e F_{trB} é a força de tração.

Forças atuantes no Bloco A:

Na vertical o peso e a normal que também se anulam. Já na horizontal temos a atuação do atrito com a superfície e com o bloco B, além da força F que puxa o Bloco A.

$F = F_{atAB} + F_{atAS} + F_{trA}$, onde F_{atAB} é a força de atrito, do bloco A com B e F_{atAS} é a força do bloco A com a superfície horizontal.

$F_{atAS} = (P_A + P_B).\mu$. Como as massas de A e B são, respectivamente, 0,8 e 0,4kg e g é igual a 10 m/s² e μ = 0,35, teremos:

$P_A = 8N$ e $P_B = 4N$ e $F_{atAS} = 12x0,35 = 4,2N$

$F_{atA} = 4 \times 0,35$ F_{atB}: 4,2N e $F_{atAB} = 4x0,35 = 1,4N$. Como $F_{atB} = F_{trB} = 4 \times 0,35 = 1,4N$ e
$F = 4,2 + 1,4 + 1,4 = 7N$
Gabarito "C".

1.5. OSCILAÇÕES, ONDAS, ÓPTICA E RADIAÇÃO

(Cadete – CBM/GO – 2016 – Funrio)

Numa passagem do livro O Senhor das moscas, de Sir William Golding (1911-1993), premiado com o Nobel de Literatura de 1983, as lentes dos óculos do personagem Piggy são usadas para focalizar os raios do sol e acender uma fogueira. Mais tarde, uns rapazes espancam Piggy e quebram os seus óculos. A partir de então, ele passa a não enxergar direito os colegas mais distantes, por ser muito míope.

Há uma falha evidente nessa narrativa, pois

(A) nenhuma lente é capaz de focalizar os raios de luz do sol, ao ponto de produzir uma fogueira.

(B) se Piggy não enxergava bem objetos distantes, então ele tinha hipermetropia e não, miopia.

(C) se Piggy não enxergava bem objetos distantes, então ele tinha presbiopia e não, miopia.

(D) se Piggy não enxergava bem objetos distantes, então ele tinha astigmatismo e não, miopia.

(E) as lentes de um míope são incapazes de focalizar os raios de luz do sol.

As anomalias abaixo descritas podem ser corrigidas com lentes corretoras (lentes de óculos ou lentes de contato).

No caso da hipermetropia, a correção se dá com o uso de uma lente convergente adequada. Uma lente convergente permite fazer a imagem recair sobre a retina.

Para a correção da miopia recorre-se a uma lente divergente. O efeito será o oposto do caso anterior. Isso permitirá a formação da imagem a uma distância do vértice maior do que sem a lente divergente. Permite assim corrigir a anomalia.

Ver ilustração a seguir:

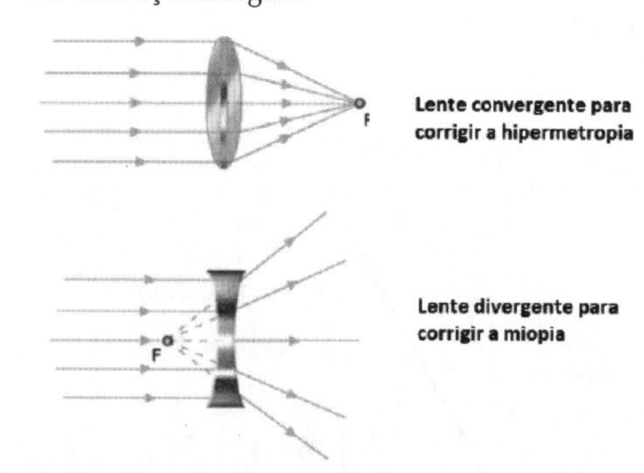

Analisando as alternativas:

A: incorreta, pois as lentes convergentes são capazes de focalizar os raios de luz do sol e podem acender uma fogueira; **B:** incorreta, pois quem não enxerga bem objetos distantes são os míopes. Os portadores de hipermetropia não enxergam bem de perto; **C:** incorreta, pois se Piggy não enxergava bem objetos distantes, ele tinha miopia. A presbiopia, também conhecida como "vista cansada", é um distúrbio da visão que ocorre com a idade e consiste na perda de elasticidade e no poder de acomodação do cristalino. Nesse caso a pessoa não enxerga com nitidez objetos próximos; **D:** incorreta, pois se Piggy não enxergava bem objetos distantes, então ele tinha miopia. O astigmatismo é um defeito óptico devido a uma curvatura desigual geralmente da córnea. É corrigido com lentes cilíndrica; **E:** correta, pois as lentes de um míope são incapazes de focalizar os raios de luz do sol. As lentes que conseguem convergir os raios solares num foco e até acender uma fogueira são as convergentes, do tipo utilizado para hipermetropia.

Gabarito "E".

(Oficial – PM-CBM/PR – 2015 – UFPR)

- Para participar de um importante torneio, uma equipe de estudantes universitários desenvolveu um veículo aéreo não tripulado. O aparelho foi projetado de tal maneira que ele era capaz de se desviar de objetos através da emissão e recepção de ondas sonoras. A frequência das ondas sonoras emitidas por ele era constante e igual a 20 kHz. Em uma das situações da prova final, quando o aparelho movimentava-se em linha reta e com velocidade constante na direção de um objeto fixo, o receptor do veículo registrou o recebimento de ondas sonoras de frequência de 22,5 kHz que foram refletidas pelo objeto. Considerando que nesse instante o veículo se encontrava a 50 m do objeto, assinale a alternativa correta para o intervalo de tempo de que ele dispunha para se desviar e não colidir com o objeto. Considere a velocidade do som no ar igual a 340 m/s.

(A) 1,0s.

(B) 1,5s.

(C) 2,0s.

(D) 2,5s.

(E) 3,0s.

Trata-se de uma questão sobre o efeito Doppler, quando um observador percebe uma frequência diferente da emitida pela fonte e acontece devido à velocidade relativa à onda sonora e o movimento relativo entre observador e fonte.

Vamos separar a questão em dois momentos:

1º) emissão da onda pelo veículo, o veículo sendo o emissor e o objeto fixo o receptor.

2º) recepção da onda pelo veículo, sendo o objeto fixo o emissor e o veículo o receptor

1º momento:
Pela fórmula do efeito Doppler, temos:

$$f = \frac{f(Vsom \pm Vreceptor)}{Vsom \pm Vemissor)}$$

Sendo f = 20Hz, $V_{receptor}$ = 0, V_{som} = 340m/s e $V_{emissor}$, a determinar.

Assim, f = (20)(340 +/-0)/(340 +/-$V_{emissor}$). Como a fonte se aproxima do objeto, a velocidade do emissor é negativa:
Portanto f = 20(340)/(340 - $V_{emissor}$) **[Fórmula 1]**.

2º momento:

$$f' = \frac{f(Vsom \pm Vreceptor)}{Vsom \pm Vemissor)}$$

Sendo f´ = 22,5 Hz (frequência recebida pelo receptor, no caso o veiculo).
O sinal da velocidade do receptor é positivo, já que há a aproximação da fonte.
Então 22,5 = (f)(340 + $V_{receptor}$)/(340 +/-0).22,5 = (f)(340 + $V_{receptor}$)/(340). **[Fórmula 2]**.
A frequência emitida (refletida) pelo objeto fixo é dada pela **[Fórmula 1]**: f = 20(340)/(340 - $V_{emissor}$). Então: 22,5 = [(20(340)/(340 - $V_{emissor}$)] [(340 + $V_{receptor}$)/(340)].
Como no 1º momento o emissor é o veiculo, já no segundo o veículo é o receptor, $V_{emissor}$ é igual $V_{receptor}$. Para simplificar consideraremos $V_{emissor}$ = $V_{receptor}$ = V.
Então: 22,5 = (20)(340 + V)/(340 – V), (340 + V)/(340 – V) = 22,5/20 = 1,125.
340 + V = 382,5 – 1,125 V e 2,125 V = 42,5. Então: V = 20 m/s.
Como a velocidade do veículo é constante, para determinar o tempo, devemos utilizar a equação da velocidade média: $V_{méd} = \Delta x/\Delta t$ ou $\Delta t = \Delta x/V_{méd}$ = 50 m/20 m/s = 2,5s.
Gabarito "D"

(Oficial – CBM/PR – 2015 – UFPR)

Considere as seguintes afirmativas relacionadas aos fenômenos que ocorrem com um feixe luminoso ao incidir em superfícies espelhadas ou ao passar de um meio transparente para outro:

(1) Quando um feixe luminoso passa do ar para a água, a sua frequência é alterada.
(2) Um feixe luminoso pode sofrer uma reflexão interna total quando atingir um meio com índice de refração menor do que o índice de refração do meio em que ele está se propagando.
(3) O fenômeno da dispersão ocorre em razão da independência entre a velocidade da onda e sua frequência.
(4) O princípio de Huygens permite explicar os fenômenos da reflexão e da refração das ondas luminosas.
Assinale a alternativa correta.

(A) Somente a afirmativa 1 é verdadeira.
(B) Somente as afirmativas 2 e 4 são verdadeiras.
(C) Somente as afirmativas 1 e 3 são verdadeiras.
(D) Somente as afirmativas 1, 2 e 4 são verdadeiras.
(E) Somente as afirmativas 2, 3 e 4 são verdadeiras.

1. falsa, pois quando um feixe luminoso passa do ar para a água, o que se altera é a velocidade e direção do feixe; **2:** verdadeira, pois um feixe luminoso sofre uma reflexão interna total quando atinge um meio com índice de refração menor do que o índice de refração do meio em que ele está se propagando; **3.** Falsa, pois o fenômeno da dispersão deve-se à relação de dependência entre a velocidade da onda e sua frequência; **4.** verdadeira, pois realmente o princípio de Huygens permite explicar os fenômenos da reflexão e da refração das ondas luminosas.
Gabarito "B"

(Oficial – CBM/PR – 2015 – UFPR)

No final do século XIX e início do século XX, a Física se defrontou com vários problemas que não podiam ser explicados com as teorias e modelos aceitos até esse período. Um desses problemas consistia em explicar corretamente o fenômeno do Efeito Fotoelétrico. Sobre esse efeito, considere as seguintes afirmativas:

(1) Esse efeito foi observado primeiramente por Henrich Hertz e sua explicação correta foi publicada em 1905 por Niels Bohr.
(2) A explicação correta desse efeito utilizou uma ideia de Max Planck, de que a luz incidente não poderia ter energia com um valor qualquer, mas sim uma energia dada por múltiplos inteiros de uma porção elementar.
(3) Segundo o modelo proposto, cada fóton, ao colidir com um elétron, transfere-lhe uma quantidade de energia proporcional a sua velocidade.

Assinale a alternativa correta.

(A) Somente a afirmativa 1 é verdadeira.
(B) Somente a afirmativa 2 é verdadeira.
(C) Somente a afirmativa 3 é verdadeira.
(D) Somente as afirmativas 1 e 3 são verdadeiras.
(E) Somente as afirmativas 2 e 3 são verdadeiras.

1. **falsa**, pois este efeito foi observado primeiramente por Henrich Hertz, entretanto sua explicação foi dada por Albert Einstein; **2.** verdadeira, pois a explicação desse efeito utilizou uma ideia de Max Planck, de que a luz incidente não poderia ter energia total como uma quantidade contínua, infinitamente divisível, mas sim como uma quantidade composta de partes iguais, discretas e finitas. Ele chamou essas partes iguais de "elementos de energia", de modo que a energia total fosse um múltiplo inteiro dessas quantidades; **3.** falsa, pois segundo o modelo proposto, cada fóton, ao colidir com um elétron, a quantidade de energia transferida é proporcional **à** frequência da radiação eletromagnética e não à sua velocidade.
Gabarito "B"

1.6. FÍSICA TÉRMICA

(Cadete – CBM/GO – 2016 – Funrio) Num ambiente termicamente isolado, são colocados alguns corpos: uma pedra de gelo, um copo de água fria, uma chaleira com água fervendo, uma barra de ferro em brasa e outras coisas quentes e frias. Haja ou não contato entre eles, os corpos quentes vão esfriar e os frios vão aquecer até que, depois de algum tempo, todos atinjam o mesmo estado térmico. Nessas condições, dizemos que todos os corpos estão em equilíbrio térmico e atingiram a mesma temperatura. A evolução desse sistema, no sentido de atingir o equilíbrio, é prevista por uma lei da Natureza denominada lei zero da termodinâmica e que pode ser enunciada da seguinte forma: Se um corpo A está em equilíbrio térmico com um corpo B e este está em equilíbrio térmico com um corpo C, então A está em equilíbrio térmico com C.

Esse texto está INCORRETO porque

(A) a evolução desse sistema, no sentido de atingir o equilíbrio, ocorre devido à segunda lei da termodinâmica.

(B) os corpos atingem o equilíbrio térmico, pois o calor que uns cedem é igual ao calor que outros recebem.

(C) o enunciado da lei zero da termodinâmica está incorreto.

(D) os corpos quentes vão esfriar e os frios, aquecer somente, se houver contato entre eles.

(E) os corpos nunca atingirão o equilíbrio térmico, nessa situação.

A evolução do sistema descrito, no sentido de atingir o equilíbrio, ocorre devido à segunda lei da termodinâmica e não à lei zero da termodinâmica. A lei zero da termodinâmica apenas afirma que se dois sistemas estão em equilíbrio térmico com um terceiro estão em equilíbrio térmico ente si, enquanto que a segunda lei da termodinâmica afirma que as diferenças entre sistemas em contato tendem a igualar-se. Ou seja, as diferenças de pressão, densidade e, particularmente, as diferenças de temperatura tendem a equalizar-se. Isto significa que um sistema isolado chegará a alcançar uma temperatura uniforme.

Gabarito "A".

(Oficial – CBM/PR – 2015 – UFPR)

O estudo da calorimetria e das leis da termodinâmica nos dá explicações para vários fenômenos encontrados na natureza. Considere o seguinte texto que apresenta a explicação, do ponto de vista dessas áreas da Física, para a formação das nuvens:

Quando uma porção de ar aquecido sobe, contendo água que acabou de _____ da superfície, passa a estar submetida a uma pressão cada vez _____. A rápida variação na pressão provoca uma rápida expansão do ar junto com uma redução de seu/sua _____. Essa rápida expansão é considerada _____, isto é, sem troca de calor com sua vizinhança, porque ocorre muito rapidamente.

O gás em expansão _____ energia interna ao se expandir, e isso acarreta seu resfriamento até atingir uma temperatura na qual a quantidade de vapor de água é suficiente para saturar o ar naquele ponto e assim formar as nuvens.

Assinale a alternativa que preenche as lacunas corretamente.

(A) evaporar, menor, temperatura, adiabática, perde.

(B) condensar, menor, volume, adiabática, ganha.

(C) evaporar, maior, temperatura, isotérmica, ganha.

(D) condensar, maior, volume, isobárica, perde.

(E) sublimar, menor, temperatura, isotérmica, ganha.

Interpretando e complementando as lacunas do texto:
1. A água contida no ar que sobe esteve em contato com a superfície quente que a fez **evaporar**; 2. A pressão muda conforme a altitude, sendo que, quanto mais afastado da superfície **menor** é a pressão; 3. À medida que o ar sobe, sua **temperatura** também cai; 4. Quando num processo não há troca de calor entre o sistema e a vizinhança, ele é denominado **adiabático**; 5. Como a temperatura do ar cai rapidamente, ao subir o gás ele **perde** energia interna.

Gabarito "A".

(Oficial – PM-CBM/PR – 2015 – UFPR) "Gelo de fogo" escondido em permafrost é fonte de energia do futuro? Conhecido como "gelo que arde", o hidrato de metano consiste em cristais de gelo com gás preso em seu interior. Eles são formados a partir de uma combinação de temperaturas baixas e pressão elevada e são encontrados no limite das plataformas continentais, onde o leito marinho entra em súbito declive até chegar ao fundo do oceano. Acredita-se que as reservas dessa substância sejam gigantescas. A estimativa é de que haja mais energia armazenada em hidrato de metano do que na soma de todo petróleo, gás e carvão do mundo. Ao reduzir a pressão ou elevar a temperatura, a substância simplesmente se quebra em água e metano – muito metano. Um metro cúbico do composto libera cerca de 160 metros cúbicos de gás a pressão e temperatura ambiente, o que o torna uma fonte de energia altamente intensiva.

Disponível em: http://www.bbc.co.uk/portuguese/noticias/2014/04/140421_energia_metano_ms.shtml. Acessado em 21/04/2014. Texto adaptado.

Dado: $R = 8{,}2 \times 10^{-5}\ m^3\ atm\ K^{-1}\ mol^{-1}$

Para armazenar todo o gás do interior de 1 m^3 de "gelo de fogo" num cilindro de 1 m^3 e a temperatura de 0°C, é necessária uma pressão (em atm) de

(A) 160.

(B) 146.

(C) 96.

(D) 48.

(E) 1.

O enunciado da questão, informa que 1m^3 de gelo de fogo libera 160m^3 de gás a pressão e temperatura ambiente.
Considerando a pressão ambiente = 1atm e a temperatura ambiente = 25°C, teremos:

$V_1 = 160m^3$, $P_1 = 1atm$ e $T_1 = 25°C = 25 + 273 = 298K$

A questão pede que o gás esteja no volume $V_2 = 1m^3$ e numa temperatura $T_2 = 0\ °C$ ou 273 K.

Considerando o gás como ideal, utilizaremos a fórmula abaixo, para calcular qual será a pressão P_2 necessária para que ele seja armazenado.

$$\frac{P_1 V_1}{T_1} = \frac{P_2 V_2}{T_2}$$

Substituindo os valores, sendo, teremos:

$(1atm)(160m^3)/(298) = (P_2)(1m^3)/273)$ e

$P_2 = (1atm)(160)(273\ )/(298) \sim 146atm.$

Gabarito "B".

1.7. NOÇÕES DE ELETRICIDADE

(Cadete – CBM/GO – 2016 – Funrio) Um observador vê um campo magnético, entrando normalmente numa espira (isto é, orientado dos seus olhos para a espira). O módulo desse campo aumenta, uniformemente, de 0,010 T para 0,030 T, em 4,0 s. A espira tem 50cm2 de área e está em repouso.

De acordo com esse observador, a força eletromotriz induzida na espira vale

(A) 25×10^{-6}V e está orientada no sentido horário.
(B) 25×10^{-6}V e está orientada no sentido anti-horário.
(C) $1{,}0 \times 10^{-6}$V e está orientada no sentido horário.
(D) $1{,}0 \times 10^{-6}$V e está orientada no sentido anti-horário.
(E) zero, pois a espira não está em movimento.

A área da espira A é de $50cm^2$ ou $50.10^{-4}m^2$ ou $5.10^{-3}m^2$
A força eletromotriz induzida (ε) é igual $\Delta\Phi/\Delta t$, onde $\Delta\Phi$ é o fluxo magnético através desse circuito, Δt é o tempo decorrido e $\Delta\Phi = A.\Delta B$.
Então: $\varepsilon = A.\Delta B/\Delta t$.
Como $\Delta B = (0{,}01 - 0{,}03)$, o módulo de ΔB é igual a $|0{,}02| = |2.10^{-2}|$ e Δt é igual 4 s,
$\varepsilon = (5.10^{-3}. 2.10^{-2})/(4) = 25.10^{-6}$V.
Como o campo está entrando na espira, aplicando a regra da mão direita o sentido da corrente será anti-horário. Nesta regra, o polegar da mão direita indica o sentido convencional da corrente elétrica; e os outros dedos, ao envolverem o condutor por onde passa a corrente, dão o sentido das linhas de campo magnético.
Gabarito "B".

(Cadete – CBM/GO – 2016 – Funrio) Uma fonte real com força eletromotriz de 1,5 V e resistência interna de 0,30 é ligada aos terminais de uma associação em paralelo de dois resistores de 2,0 e 3,0.

A corrente elétrica que atravessa o resistor de 2,0 vale

(A) 0,40A.
(B) 0,50A.
(C) 0,60A.
(D) 0,75A.
(E) 1,00A.

Inicialmente vamos calcular a resistência equivalente dos resistores em paralelo:
$1/R_{eq} = 1/2 + 1/3$ e $R_{eq} = (2x3)/(2 + 3) = 1{,}2\ \Omega$.
A corrente que atravessa o circuito é: $i = U/(R_{eq} + r) = 1{,}5/(1{,}2 + 0{,}3) = 1A$.
Cálculo da tensão na associação de resistores em paralelo:
$U = Ri = 1{,}2x1 = 1{,}2$ V
Como na associação em paralelo a tensão em todos os resistores são iguais, logo a tensão no resistor de 2 Ω vale 1,2V. A corrente que passa por ele pode ser calculada com a fórmula U = Ri ou i = U/R. Como U = 1,2 V e R = 2, i = **1,2 / 2 =** 0,6 A
Gabarito "C".

(Oficial – PM-CBM/PR – 2015 – UFPR) Michael Faraday foi um cientista inglês que viveu no século XIX. Através de suas descobertas foram estabelecidas as bases do eletromagnetismo, relacionando fenômenos da eletricidade, eletroquímica e magnetismo. Suas invenções permitiram o desenvolvimento do gerador elétrico, e foi graças a seus esforços que a eletricidade tornou-se uma tecnologia de uso prático. Em sua homenagem uma das quatro leis do eletromagnetismo leva seu nome e pode ser expressa como:

$$\varepsilon = \frac{\Delta\emptyset}{\Delta t}$$

onde ε é a força eletromotriz induzida em um circuito, $\emptyset$ é o fluxo magnético através desse circuito e t é o tempo.

Considere a figura ao lado, que representa um ímã próximo a um anel condutor e um observador na posição O. O ímã pode se deslocar ao longo do eixo do anel e a distância entre o polo norte e o centro do anel é ***d***. Tendo em vista essas informações, identifique as seguintes afirmativas como verdadeiras (V) ou falsas (F):

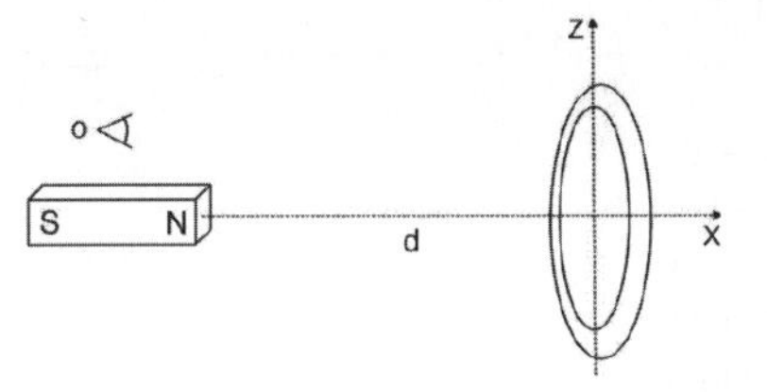

( ) Mantendo-se a distância ***d*** constante se observará o surgimento de uma corrente induzida no anel no sentido horário.
( ) Durante a aproximação do ímã à espira, observa-se o surgimento de uma corrente induzida no anel no sentido horário.
( ) Durante o afastamento do ímã em relação à espira, observa-se o surgimento de uma corrente induzida no anel no sentido horário.
( ) Girando-se o anel em torno do eixo ***z***, observa-se o surgimento de uma corrente induzida. Assinale a alternativa que apresenta a sequência correta, de cima para baixo.

(A) F – F – V – V.
(B) F – V – F – V.
(C) V – V – F – F.
(D) V – F – V – V.
(E) F – F – V – F.

---

1. falsa, pois, se a distância é constante não haverá variação do fluxo magnético, portanto, não haverá corrente induzida; **2.** falsa, pois ao aproximar-se o polo norte do imã, gera-se na espira voltada para o imã um polo norte e pela regra da mão direita surgirá uma corrente induzida no anel no sentido anti-horário; **3.** verdadeira, pois ao afastar o polo norte do ímã em relação à espira, teremos uma situação inversa em relação ao item anterior, portanto, gera-se na espira uma corrente induzida no anel no sentido horário; **4.** verdadeira, pois girando o anel em torno do eixo z, haverá uma variação do fluxo magnético que atravessa a bobina e observa-se o surgimento de uma corrente induzida na espira.
Gabarito "A".

(Oficial – CBM/PR – 2015 – UFPR)

A função principal de geradores elétricos é transformar em energia elétrica algum outro tipo de energia. No caso de geradores elementares de corrente contínua, cujo circuito equivalente está mostrado ao lado, onde r é a resistência interna do gerador e sua força eletromotriz, o comportamento característico é descrito pela conhecida equação do gerador, que fornece a diferença de potencial ΔV em seus terminais A e B em função da corrente i fornecida por ele. Um dado gerador tem a curva característica mostrada no gráfico ao lado.

A partir do circuito e do gráfico apresentados, assinale a alternativa correta para a potência dissipada internamente na fonte quando esta fornece uma corrente de 2,0 mA.

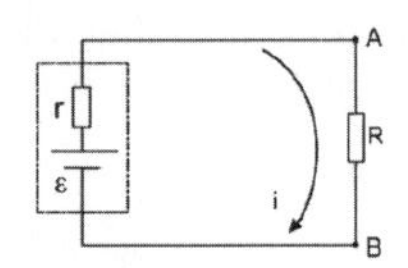

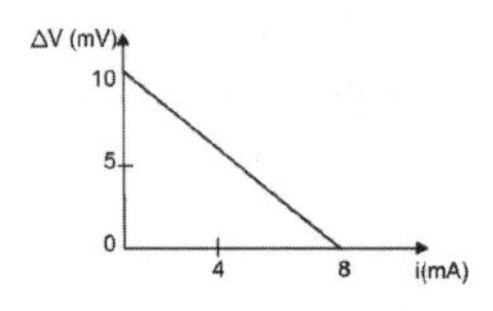

(A) 5 mW.

(B) 8 mW.

(C) 10 mW.

(D) 20 mW.

(E) 80 mW.

A equação do gerador de corrente contínua é $\Delta V = \epsilon - ri$, onde ΔV é a diferença de potencial, ϵ é força eletromotriz, r é resistência interna e i é a corrente do gerador.

Chamemos as interseções da reta característica com o eixo das ordenadas e com o eixo das abscissas como, respectivamente, (I) e (II), conforme abaixo:

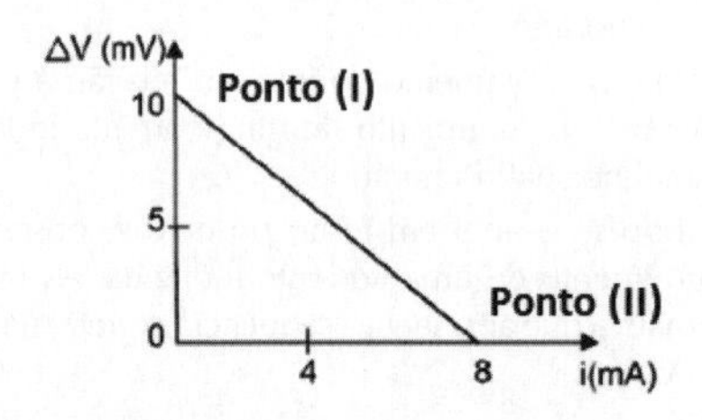

No ponto (I) teremos, para i = 0, ΔV = 10mV. Como $\Delta V = \epsilon - ri$; 10mV $= \epsilon - 0$ e ϵ = 10mV, ou $\epsilon = 10.10^{-3}$V.

No ponto (II) teremos, para ΔV = 0mV, i = 8mA = $8.\ 10^{-3}$A. Como $\Delta V = \epsilon - ri$; $0 = \epsilon - 8.10^{-3}$ r.

Como $\epsilon = 10.10^{-3}$V, r = $10/8\Omega$.

A Potência P dissipada será: $P = r.i^2$. Como r = $10/8\Omega$ e i = 2mA, 2.10^{-3}A (conforme enunciado) P = $[10/8][2.10^{-3}]^2$ = $[10/8][4.10^{-6}]$= 5.10^{-6}W = 5µW.

Nenhuma das alternativas está correta, pois o valor encontrado é em microwatts e as alternativas aparecem em miliwatts.

Gabarito "A".

2. QUÍMICA

2.1. QUÍMICA NO COTIDIANO

(Cadete – CBM/GO – 2016 – Funrio) Os extintores de incêndio são constituídos por agentes extintores no combate ao fogo. Todas as substâncias a seguir são utilizadas para esse fim, EXCETO a/o

(A) água pressurizada.

(B) dióxido de carbono

(C) hidrogenocarbonato de sódio.

(D) espuma mecânica.

(E) alumínio pulverizado.

A: incorreta, pois a água pressurizada é um agente extintor no combate ao fogo. O extintor de água pressurizada possui pressurização direta e agente extintor à base de água potável. É indicado para combater as classes de incêndio tipo A, ou seja, em combustíveis sólidos como papel, madeira, tecidos; **B:** incorreta, pois o dióxido de carbono é um agente extintor no combate ao fogo. Ele age por abafamento, reduzindo a concentração de oxigênio no ar. O CO_2 é mais denso que o ar e desce sobre as chamas. Ele não conduz a eletricidade, o que faz com que seja indicado para incêndios de classe B e C, podendo ainda ser usado na classe A; **C:** incorreta, pois o hidrogenocarbonato de sódio, ou o bicarbonato de sódio também é um agente extintor no combate ao fogo. Ele é utilizado na fabricação de extintores de incêndio de espuma. No extintor há $NaHCO_3$ (sólido) e uma solução de ácido sulfúrico (H_2SO_4), em compartilhamentos separados. Quando o extintor é acionado, o $NaHCO_3$ e o H_2SO_4 se misturam e reagem, produzindo a espuma com liberação de CO_2. Esses extintores, contudo, não podem ser usados para apagar fogo de instalações elétricas, pois a espuma conduz corrente elétrica; **D:** incorreta, pois a espuma mecânica é um agente extintor no combate ao fogo. Ela é um dos agentes mais empregados no combate a incêndios da classe B, ou seja, gerados por materiais inflamáveis, que liberam muita energia, como álcool, gasolina, querosene, etc. É composto por detergente concentrado e a espuma é gerada por batimento mecânico com água e ar; **E:** correta, pois o alumínio pulverizado não é um agente extintor no combate ao fogo. Pelo contrário, ele pode sofrer combustão, segundo a reação: $2\ Al + 3/2\ O_2 \rightarrow Al_2O_3$.

Gabarito "E".

2.2. CÁLCULOS ESTEQUIOMÉTRICOS

(Cadete – CBM/GO – 2016 – Funrio)

A explosão de 8,8 L de trinitroglicerina (TNG, d = 1,59 g/mL) que ocorreu com 100% de rendimento, pode ser expressa pela equação química a seguir:

$$\underset{\text{TNG}}{C_3H_5N_3O_9\,(\ell)} \rightarrow N_2\,(g) + CO_2\,(g) + H_2O\,(g) + O_2\,(g)$$

Supondo que todo o gás carbônico produzido possa ser captado, quantos extintores de incêndio com capacidade para 2 kg desse gás, poderiam ser envasados aproximadamente?

(A) 2

(B) 4

(C) 6

(D) 8

(E) 10

Como sabemos o volume e a densidade da TNG, podemos calcular a sua massa:

1.590g 1L

m 8,8L

m = (8,8)(1.590) = 13.992g de TNG.

Balanceando a reação:

$mC_3H_5N_3O_9\ (\ell) \rightarrow nN_2\ (g) + pCO_2\ (g) + qH_2O\ (g) + rO_2\ (g)$

C: 3m = p; H: 5m = 2q; N: 3m = 2n; O: 9m = 2p + q + 2r. Assumindo r = 1, teremos: 9m = 2p + q + 2. Como p = 3m e q = 5m/2, teremos: 9m = 6m + 5m/2 + 2 e 3m – 5m/2= 2, ou seja:

6m/2 -5m/2 = 4/2, ou 6m – 5m = 4 e m = 4. Como p = 3m, portanto p = 12. Como q = 5m/2, q = 10. Como n = 3m/2, n = 6.

4 C3H5N3O9 (ℓ) → 6 N2 (g) + 12 CO2 (g) + 10 H2O (g) + O2 (g).

4mol de TNG ——— 12 mol CO2 ou 1 mol de TNG ——— 3 mol CO2.

Calculando as massas molares do TNG e do CO2 teremos: TNG: 3 x 12 + 5 + 3 x 14 + 9 x 16 = 227 g. CO2 = 12 + 2 x 16 = 44g.

227g ——— 3x44g

13.992g ——— X

X = 8.136g ou 8,14kg. Ou seja, 13,922kg de TNG gera 8,14kg de CO2.

Se cada extintor comporta 2kg de CO2 então será possível encher (8,14/2) ~ 4 destes extintores.

Esta questão foi anulada, talvez por não informar as massas atômicas dos elementos, para permitir efetuar os cálculos.

Gabarito "Anulada"

(Oficial – PM-CBM/PR – 2015 – UFPR)

O palito de fósforo é um dos artigos mais úteis no nosso cotidiano. Na sua composição, possui fósforo vermelho, enxofre e clorato de potássio. A cabeça de um palito de fósforo pesa aproximadamente 0,05g. A reação que ocorre na queima da cabeça de fósforo está representada a seguir:

$3\ P_4 + S + 10\ KClO_3 + O_2 \rightarrow 3\ P_4O_{10} + 10\ KCl + SO_2$

O cheiro característico de "fósforo queimado" se deve ao dióxido de enxofre formado.

Dados: No palito de fósforo, os componentes estão em quantidades estequiométricas. M (g mol^{-1}): Cl = 35,5; K = 39; O= 16; P = 31; S = 32.

A massa (em g) de dióxido de enxofre produzido ao queimar uma cabeça de fósforo é aproximadamente:

(A) 3×10^{-2}.
(B) 9×10^{-3}.
(C) 2×10^{-3}.
(D) 9×10^{-4}.
(E) 4×10^{-5}.

Na reação:

$3\ P_4 + S + 10\ KClO_3 + O_2 \rightarrow 3\ P_4O_{10} + 10\ KCl + SO_2$

MM.: 3 x 31 x 4   32   10(39 + 35,5 + 3x16)   32 + 32

MM.: 372   32   1.225

Soma: 1.629   64

Massa,g: 0,05   x

x = (0,05)(64)/(1.629) = 0,00196 ~ 2×10^{-3}g.

Gabarito "C"

2.3. REAÇÕES DE OXIRREDUÇÃO

(Cadete – CBM/GO – 2016 – Funrio)

Sobre o gás oxigênio, no papel de comburente, pode- se afirmar que ele

(A) atua como oxidante em um incêndio.
(B) é um isômero estrutural do gás ozônio, O3.
(C) corresponde à cerca de 78% do ar atmosférico.
(D) é formado por um halogênio do 2º período.
(E) possui número de oxidação igual a –2.

A: correta, pois o oxigênio molecular O_2 apresenta número de oxidação (nox) = 0. Ao ocorrer a combustão este irá sofrer redução. Então, na reação, será agente oxidante; **B:** incorreta, pois o O_2 não é isômero estrutural do ozônio (O_3); **C:** incorreta, pois é o nitrogênio que corresponde a cerca de: 78% do ar atmosférico; **D:** incorreta, pois o O_2 não é um halogênio. A série química dos halogênios é formada pelos seguintes elementos: Flúor, Cloro, Bromo e Iodo; **E:** incorreta, pois o O_2 possui número de oxidação igual a 0.

Gabarito "A"

2.4. EQUAÇÕES TERMOQUÍMICAS

(Cadete – CBM/GO – 2016 – Funrio)

Um depósito contendo cinco tipos de combustíveis pegou fogo. Após o incêndio surgiram discussões à cerca dos que eram guardados pressurizados, por se tratarem de gases na temperatura ambiente e a 1 atm.

Substância	Calor de combustão (kJ/mol)
Acetileno	- 1298
Butano	- 2879
Etanol	- 1366
Metano	- 890
Metanol	- 676

Considere os dados fornecidos nessa tabela, levando em conta apenas o alvo das discussões descritas.

Logo, o combustível que vai liberar maior quantidade de energia, em kJ, por unidade de massa queimada, é o

(A) acetileno.
(B) metano.
(C) etanol.
(D) butano.
(E) metanol.

Dos compostos mencionados são gasosos à CNTP apenas o acetileno, o metano e o butano.

Para determinar qual libera maior energia por unidade de massa queimada basta aplicar regras de três.

Combustão do Acetileno C_2H_2 (cuja massa molar é 2x12 + 2 = 26g)

26g — 1298KJ

1g - x   x = 1298/26 = 49,92KJ/g

Combustão do Butano C_4H_{10} (cuja massa molar é 4 x 12 + 10 = 58g)

58g —2879KJ

1 - y   y = 2879/58 = 49,64 KJ/g

Combustão do Metano CH_4 (cuja massa molar é 12 + 4= 16g)

16g — 890 KJ

1g - z   z = 890/16 = 55,62KJ/g

Logo, o gás que mais liberará energia por unidade de massa é o metano. A resposta correta seria letra B. Porem, a questão foi anulada, pois apresenta os combustíveis etanol e metanol que são líquidos a temperatura e pressão ambientes, o que poderia confundir os candidatos. Também não foram informadas as massas atômicas dos elementos, para permitir efetuar os cálculos.

Gabarito "Anulada"

2.5. CONCENTRAÇÃO DAS SOLUÇÕES

(Cadete – CBM/GO – 2016 – Funrio)

Uma solução aquosa de cloreto ferroso foi preparada pela dissolução de 25,4 gramas desse soluto em água suficiente para 500 mL de solução.

Admitindo-se que o grau de dissociação desse sal nesta solução é de 40%, a concentração de íons cloreto, em mol/L de solução, é igual a

(A) 0,16.
(B) 0,24.
(C) 0,32.
(D) 0,40.

(E) 0,80.

A fórmula do composto é $FeCl_2$. Então, sua massa molar é calculada somando-se as massas molares dos elementos. Teríamos (56×1 + 2×35,5) 127g/mol.
Se foi dissolvida a massa de 25,4g desse soluto para preparar 0,5L de solução, teremos a seguinte concentração molar: m = (25,4/127) = 0,2 mol/0,5L ou 0,4 mol/L.
Porém, apenas 40% do sal se dissocia. Portanto teremos 0,4 × 0,4 = 0,16 mol/L do sal dissolvido. Considerando a reação estequiométrica: FeCl2 —> $Fe2^+$ + 2 Cl^- que se dissocia nas proporções abaixo:
1mol/L 1mol/L 2mol/L
Como a questão pede a concentração dos íons cloreto e estes estão na razão 2:1 com relação ao sal, teremos: (0,16)(2) = 0,32 mol/L de íons cloreto.
A resposta correta seria a letra C, porem a questão foi anulada talvez por não apresentar as massas atômicas dos elementos, para permitir efetuar os cálculos.
Gabarito "Anulada"

2.6. ENERGIA NUCLEAR

(Oficial – PM-CBM/PR – 2015 – UFPR)

Águas termais, exploradas em diversos destinos turísticos, brotam naturalmente em fendas rochosas. O aquecimento natural dessas águas, na sua grande maioria, deve-se ao calor liberado em processos radioativos de elementos presentes nos minerais rochosos que são transferidos para a água no fluxo pelas fendas. O gás radônio (^{222}Rn) é o provável responsável pelo aquecimento de diversas águas termais no Brasil. O ^{222}Rn se origina do rádio (^{226}Ra), na série do urânio (^{238}U), naturalmente presente em granitos. O tempo de meia vida ($t_{1/2}$) do ^{222}Rn é de 3,8 dias, e esse se converte em polônio (^{218}Po), que por sua vez possui um $t_{1/2}$ de 3,1 minutos. Considerando as informações dadas, considere as seguintes afirmativas:

(1) A conversão de ^{222}Rn em ^{218}Po é um processo exotérmico.
(2) A conversão de ^{226}Ra em ^{222}Rn emite quatro partículas β^-.
(3) Na série de decaimento, do ^{238}U ao ^{218}Po, cinco partículas α são emitidas.
(4) Após 3,8 dias da extração da água termal, a concentração de ^{218}Po atingirá a metade do valor da concentração inicial de ^{222}Rn.

Assinale a alternativa correta.

(A) Somente a afirmativa 1 é verdadeira.
(B) Somente as afirmativas 2 e 4 são verdadeiras.
(C) Somente as afirmativas 1 e 3 são verdadeiras.
(D) Somente as afirmativas 2 e 3 são verdadeiras.
(E) Somente as afirmativas 1, 3 e 4 são verdadeiras.

1. correta, pois a transmutação do núcleo instável do Radônio (Rn) em outro mais estável, Polônio (Pn) libera energia, ou seja o processo é exotérmico; **2.** falsa, pois na reação de conversão do Rádio 226 em Radônio 222 não ocorre a liberação de partículas beta, pois se ocorresse, a massa dos elementos não se alteraria visto que a massa das partículas beta é desprezível; **3.** correta, pois conforme a primeira lei da radioatividade, enunciada por Frederik Soddy, quando um átomo sofre um decaimento alfa, o seu numero de massa A diminui quatro unidades. Como tivemos uma queda de 20 unidades no número de massa A do urânio, significa que (20/4), ou 5 partículas alfa foram emitidas; **4**. falsa, pois conforme o enunciado, após 3,8 dias é a concentração de Rn222 que cairá pela metade da inicial e não a concentração do Polônio218.
Gabarito "C"

2.7. CONCEITOS DE ÁCIDOS E BASES

(Oficial – PM-CBM/PR – 2015 – UFPR)

A biodegradação da matéria orgânica produz substâncias húmicas, nas quais os principais componentes são os ácidos húmicos. Estes correspondem a diversas estruturas complexas, que possuem na maioria substituintes fenólicos (pK_a = 8) e carboxílicos (pK_a = 4). Além de alterar o pH do meio, também são capazes de se ligar a íons metálicos formando coloides. Sobre esse tema, considere as seguintes afirmativas:

(1) A presença de substâncias húmicas torna o pH menor que 7.
(2) A presença de substâncias húmicas ligadas a íons metálicos é detectada pelo turvamento do meio.
(3) O valor medido de pH 6 em uma amostra indica que praticamente todos os substituintes fenólicos estão protonados, enquanto que os substituintes carboxílicos estão desprotonados.
(4) O valor medido de pH 4 em uma amostra indica que 50% dos substituintes carboxílicos estão protonados.

Assinale a alternativa correta.

(A) Somente as afirmativas 1 e 4 são verdadeiras.
(B) Somente as afirmativas 1 e 2 são verdadeiras.
(C) Somente as afirmativas 2 e 3 são verdadeiras.
(D) Somente as afirmativas 1, 3 e 4 são verdadeiras.
(E) As afirmativas 1, 2, 3 e 4 são verdadeiras.

1. verdadeira, pois as substâncias húmicas são constituídas por grupos ácidos carboxílicos, com pKa = 4, com característica ácida, x tornando o pH menor que 7; **2.** verdadeira, pois as substâncias húmicas, associadas a íons metálicos formam coloides, que causam o turvamento do meio; **3.** verdadeira, pois quando o pH é igual ao pK_a do ácido, as quantidades de moléculas protonadas e desprotonadas são iguais.
Os substituintes fenólicos têm pKa = 8, ou seja, quando pH = 8, metade das moléculas estão na forma protonada e metade na forma desprotonada. Se o pH do meio é = 6, então a maioria das moléculas estarão na forma protonada.
Com relação aos ácidos carboxílicos, com o pKa = 4, no pH = 6 todas as moléculas já estarão desprotonadas;
4. verdadeiro, conforme item 3. Quando o pH = pKa = 4, metade das moléculas está na forma protonada e outra metade na forma desprotonada.
Gabarito "E"

2.8. DINÂMICA DAS TRANSFORMAÇÕES QUÍMICAS

(Oficial – PM-CBM/PR – 2015 – UFPR)

Recentemente, a produção fotocatalítica de hidrogênio vem atraindo atenção devido ao processo que gera um combustível limpo, o qual **é** utilizado em células a combustível. O processo se baseia na separação da água nos seus componentes, conforme equilíbrio inserido no esquema, utilizando luz solar e um fotocatalisador (p. ex. $NaTaO_3$:La). O processo é extremamente endotérmico, necessitando 1,23 **e**V para ocorrer. Num experimento, o processo foi realizado num sistema fechado, como esquematizado ao lado.

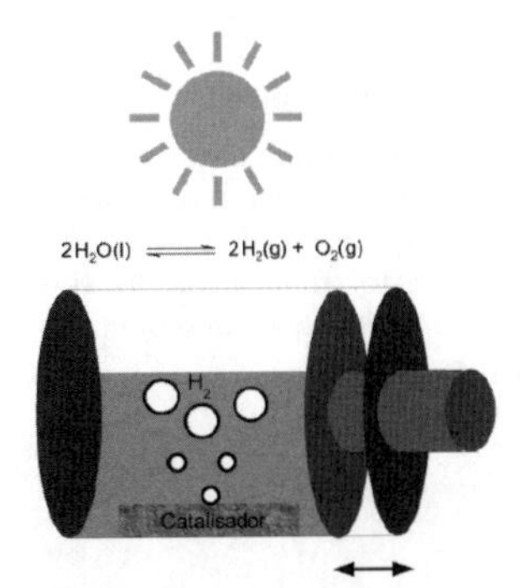

Considerando essas informações, identifique as afirmativas a seguir como verdadeiras (V) ou falsas (F):

( ) A quantidade de fotocatalisador limita a conversão.
( ) O aumento da temperatura irá favorecer a conversão.
( ) A diminuição do volume do sistema irá favorecer a conversão.
( ) É condição necessária para a produção de hidrogênio que o fotocatalisador absorva energia solar superior a 1,23 **e**V.

Assinale a alternativa que apresenta a sequência correta, de cima para baixo.

(A) F – V – V – F.
(B) V – V – F – V.
(C) V – F – F – V.
(D) V – V – V – F.
(E) F – F – V – V.

1. verdadeira, pois a quantidade de catalisador influencia na velocidade da reação. A conversão é a mesma, porém a reação ocorre em uma velocidade mais baixa quando há menos catalisador; **2.** verdadeira, pois se a reação é endotérmica, ela absorve calor. Isso significa que se for fornecido mais calor para a reação ela produzirá mais H_2 e O_2; **3:** falsa, pois a reação de produção de hidrogênio ocorre com duas molécula de H_2O, no estado líquido se transformando em 2 moléculas de H_2 e O_2 no estado vapor, com aumento de volume. Se houver uma diminuição do volume do sistema, para manter o equilíbrio da reação, não se produzirá mais H_2 e O_2, e sim H_2O, que possui menor volume, e assim, a conversão não é favorecida; **4.** verdadeira, pois é condição necessária para a produção de hidrogênio que o fotocatalisador absorva energia solar superior a 1,23 eV. Essa é a energia mínima necessária para que a reação ocorra.

Gabarito "B"

(Oficial – CBM/PR – 2015 – UFPR)

- A reação de hidrólise da acetilcolina, esquematizada abaixo, **é** fundamental na transmissão de impulsos nervosos nos seres vivos. A reação é promovida pela enzima acetilcolinesterase (AChE).

Acetilcolina —AChE→ Colina + Ácido acético

Considere as seguintes afirmativas sobre o papel de AChE nessa reação:

(1) AChE é catalisador da reação.
(2) AChE aumenta a energia de ativação da reação.
(3) AChE promove caminhos reacionais alternativos.
(4) AChE inibe a formação de intermediários.

Assinale a alternativa correta.

(A) Somente as afirmativas 1, 2 e 4 são verdadeiras.
(B) Somente as afirmativas 1, 2 e 3 são verdadeiras.
(C) Somente as afirmativas 3 e 4 são verdadeiras.
(D) Somente as afirmativas 2 e 4 são verdadeiras.
(E) Somente as afirmativas 1 e 3 são verdadeiras.

1. verdadeira, pois a AChE é uma enzima, que atua como catalisador da reação. O catalisador é uma substância que acelera a velocidade de uma reação química.
Os catalisadores cumprem a importante tarefa de fazer com que as moléculas presentes em uma reação reajam com uma velocidade maior. A velocidade de um grande número de reações é influenciada pela presença dessas substâncias, elas aceleram a reação e não influenciam na composição e nem na quantidade do produto final da reação, isto é, permanecem quimicamente inalteradas no processo; **2.** falso, pois a AChE é um catalisador, e o papel do catalisador é de abaixar a energia de ativação da reação, de modo que ocorra mais rápido;
3: verdadeiro, pois o catalisador atua promovendo caminhos alternativos, facilitando a colisão entre os reagentes, o que favorece o aumento da velocidade; **4:** falso, pois o catalisador não atua inibindo intermediários, pelo contrário ele pode formar intermediários com os reagentes, sendo que ele é regenerado no final.

Gabarito "E"

(Oficial – PM-CBM/PR – 2015 – UFPR) A análise dos dados termodinâmicos de reações permite a previsão da espontaneidade. Na tabela a seguir estão apresentados os dados termodinâmicos de duas reações químicas.

	Reação	ΔH_r^o, kJ/mol	ΔS_r^o, J/mol	ΔG_r^o, kJ/mol	
				200 K	2800 K
(i)	$N_2(g) + 3H_2(g) \rightarrow 2NH_3(g)$	- 20,0	- 25	- 15,0	+ 50,0
(ii)	$MgO(s) + CO(g) \rightarrow Mg(s) + CO^2(g)$	+ 30,0	+ 5	+ 29,0	+16,0

A partir dos dados apresentados, identifique as seguintes afirmativas como verdadeiras (V) ou falsas (F):

( ) A diminuição da temperatura desfavorece a espontaneidade da reação (i).
( ) O aumento da temperatura favorece a espontaneidade da reação (ii).
( ) Na temperatura de 400 K, a reação (i) será espontânea.
( ) Na temperatura de 4000 K, a reação (ii) será espontânea.

Assinale a alternativa que apresenta a sequência correta, de cima para baixo.

(A) V – V – V – F.
(B) V – F – V – F.
(C) F – V – F – V.
(D) F – V – V – F.
(E) V – F – F – V.

A fórmula geral para cálculo para a energia livre de Gibbs (ΔG) é $\Delta G = \Delta H - T.\Delta S$, onde ΔH é variação de entalpia do sistema, T é a temperatura em °Kelvin e ΔS é variação de entropia.
Quando $\Delta G < 0$, o processo é espontâneo e a reação se processará no sentido de gerar mais produtos.
Quando $\Delta G > 0$, o processo não é espontâneo e a reação se processará no sentido inverso para gerar mais reagentes.
Quando $\Delta G = 0$, $\Delta G = 0$, delta, o sistema está em equilíbrio e as concentrações dos produtos e reagentes permanecerão constantes.

Dessa forma teremos:
A reação i é espontânea a 200K, não espontânea a 2800K, portanto a diminuição de temperatura favorece a reação.

A reação ii não é espontânea nem a 200K, nem a 2800K. Ela somente será espontânea a temperaturas superiores a 2800K. Portanto o aumento da temperatura favorece esta reação.

Analisando as afirmativas:
1. falsa, pois ao contrário do que foi afirmado a diminuição da temperatura da reação (i), favorece a espontaneidade; **2:** verdadeira, pois o aumento de temperatura da reação ii diminui o delta G e, portanto, favorece a espontaneidade da reação; **3:** verdadeira, pois o ΔG a 400K, da reação i conforme cálculo a seguir, será menor que zero.
$\Delta G = \Delta H - T.\Delta S = [(20.000 - (-25x400)] = - 10.000$ J/mol = -10 kJ/mol;
4: falsa, pois o ΔG a 4000 K, da reação ii, conforme cálculo a seguir, será maior que zero.
$\Delta G = \Delta H - T.\Delta S = [(30.000 - (5x4000)] = 10.000$ J/mol = 10 kJ/mol.

Gabarito "D".

2.9. PRINCIPAIS FUNÇÕES ORGÂNICAS

(Oficial – CBM/PR – 2015 – UFPR)

O salicilato de metila é um produto natural amplamente utilizado como analgésico tópico para alívio de dores musculares, contusões etc. Esse composto também pode ser obtido por via sintética a partir da reação entre o ácido salicílico e metanol, conforme o esquema abaixo:

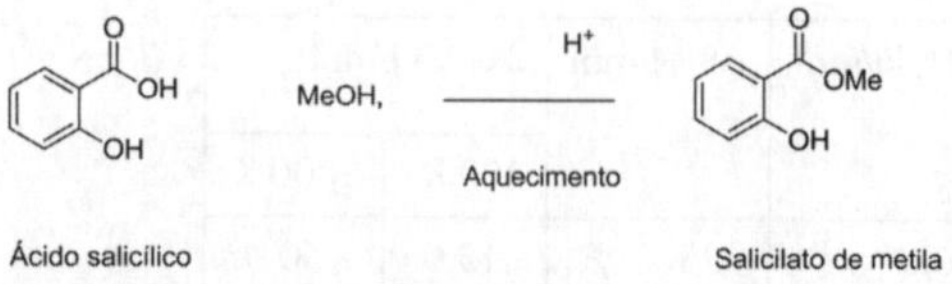

Ácido salicílico + MeOH, H^+, Aquecimento → Salicilato de metila

A reação esquematizada é classificada como uma reação de:

(A) esterificação.
(B) hidrólise.
(C) redução.
(D) pirólise.
(E) desidratação.

A reação entre o ácido salicílico e o metanol é de esterificação. Esta reação ocorre entre um ácido carboxílico e um álcool com a formação de um éster e água.

Gabarito "A".

(Oficial – PM-CBM/PR – 2015 – UFPR)

A retina do olho humano contém dois tipos de células especializadas: os cones e os bastonetes. Nos bastonetes acontece uma transformação química fundamental para a química da visão. Trata-se da conversão do retinol (Vitamina A) em retinal que, na sequência, sofrerá outras transformações.

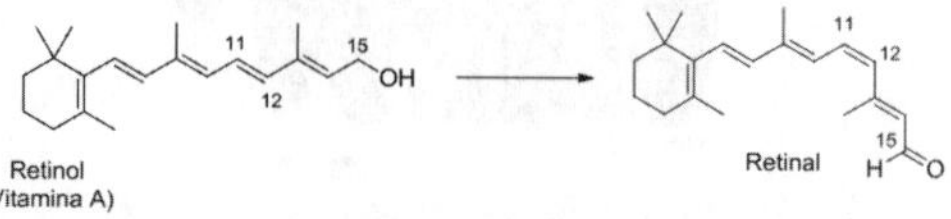

Retinol (Vitamina A) → Retinal

Sobre o tema, considere as seguintes afirmativas:

(1) O grupo funcional álcool no retinol é convertido a aldeído no retinal.
(2) A ligação dupla entre os carbonos 11 e 12 sofre uma reação de isomerização.
(3) A molécula do retinal apresenta um grau de oxidação superior ao do retinol.
(4) A molécula do retinol apresenta um centro quiral no carbono 15. Assinale a alternativa correta.

(A) Somente a afirmativa 1 é verdadeira.
(B) Somente a afirmativa 3 é verdadeira.
(C) Somente as afirmativas 1, 2 e 3 são verdadeiras.
(D) Somente as afirmativas 1 e 4 são verdadeiras.
(E) Somente as afirmativas 2, 3 e 4 são verdadeiras.

---

1. verdadeira, pois o grupo hidroxila (-OH) do álcool retinol é convertido no grupo carbonila: -COH, ou seja, com um C=O na extremidade da cadeia; **2.** verdadeira, pois como a posição espacial da molécula modificou-se, os carbonos 11 e 12 sofrem uma reação de isomerização; **3:** verdadeira, pois se trata de uma reação de oxidação de um álcool (retinol) para um aldeído (retinal). O aldeído tem um número grau de oxidação maior que o do álcool; **4:** falsa, pois um carbono quiral é um carbono ligado a 4 substituintes diferentes entre si. Isso não ocorre no carbono 15 do retinol.

Gabarito "C".

8. Matemática e Raciocínio Lógico

Enildo Garcia

(Soldado – PM/PB – 2015 – IBFC) A negação da frase "José é professor e não trabalha de manhã" é equivalente a:

(A) José não é professor e trabalha de manhã

(B) Se José é professor, então trabalha de manhã

(C) Se José não é professor, então trabalha de manhã

(D) José não é professor ou não trabalha de manhã

Resolução
Sejam as premissas
p: José é professor
q: José trabalha de manhã
e pede-se a negação de $(p \wedge \sim q)$., ou seja, pede-se $\sim(p \wedge \sim q)$.
1) Pela regra de de Morgan, sabe-se que
$\sim(p \wedge \sim q) = \sim p \vee \sim(\sim q) = \sim p \vee q$, isto é,
José não é professor **ou** José trabalha de manhã
Com isso, as opções de resposta (a) e (d) estão incorretas.
2) Para haver uma afirmação equivalente as tabelas-verdade devem ser idênticas.
Então completamos a tabela para as opções B e C da questão

p	~p	q	~q	$p \wedge \sim q$	$\sim(p \wedge \sim q)$	B $p \rightarrow q$	C $\sim p \rightarrow q$
V	F	V	F	F	**V**	**V**	F
V	F	V	F	F	**V**	**V**	F
F	V	F	V	F	**V**	**V**	F
F	V	F	V	F	**V**	**V**	F

Observe que a letra B é resposta correta.
Gabarito "B"

(Soldado – PM/PB – 2015 – IBFC) De acordo com o diagrama abaixo não é correto afirmar que:

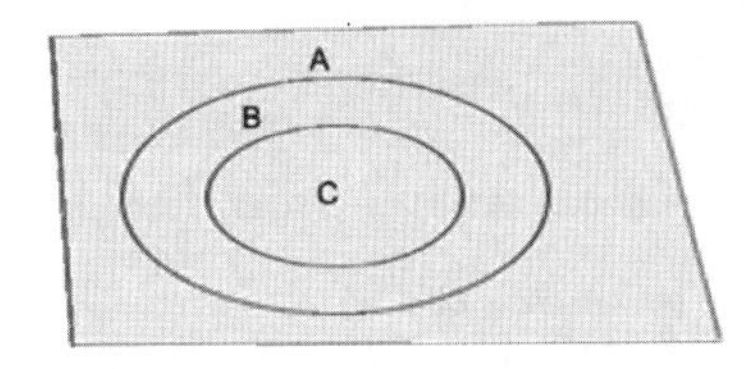

(A) Nem todo C é A.

(B) Todo C é B.

(C) Há B que não é C.

(D) Pode haver A que não é B.

Resolução
Uma vez que $C \subset A$, ou seja, C está contido em A, então **todo** C é A.
A opção a) <u>não</u> está correta e é a resposta da questão. => Letra A
b) certo: pois $C \subset B$, ou seja, todo C é B.
c) correto porque existe x pertencente a B que não pertence a C:

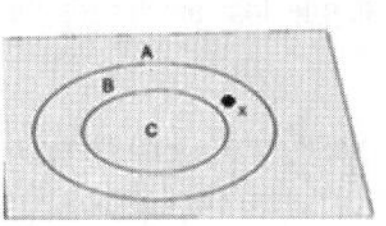

d) correto porque existe y pertencente a A que não pertence a B:

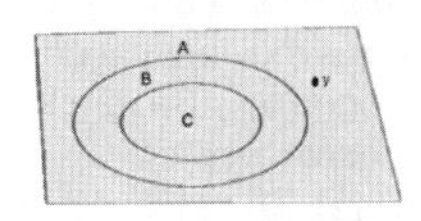

Gabarito "A"

(Soldado – PM/SP – VUNESP – 2019) Cláudio, Alice, José e Elen são quatro amigos com alturas distintas. Colocados em uma fila indiana ordenada pela altura, José está entre Cláudio e Alice, e Cláudio está entre Alice e Elen. Sendo assim, é verdade que

(A) Cláudio é mais baixo que José e mais alto que Alice.

(B) Alice está entre José e Cláudio.

(C) José está entre Alice e Elen.

(D) José é mais baixo que Cláudio e mais alto que Elen.

(E) Elen está entre José e Alice.

1ª solução
Seja ">" a representação de "mais alto que".
Como José está entre Cláudio e Alice tem-se duas hipóteses:

Iª) Suponha Cláudio > José > Alice.
Mas Cláudio está entre Alice e Elen, isto é,
1) A > C > E
Esse caso não pode ser pois C > A.
ou
2) E > C > A
Logo,
E > C > José > A.

IIª) Suponha Alice > José > Cláudio.
Mas Cláudio está entre Alice e Elen, isto é,
1) A > C > E
Logo.
A > J > C > E
ou
E > C > A
Esse caso não pode ser pois A > C.
Resposta na letra C

2ª solução
Tem-se
José está entre Cláudio e Alice
Cláudio está entre Alice e Elen

Logo,

Cláudio > José > Alice ou Alice > José > Cláudio.

Mas Cláudio está entre Alice e Elen, isto é, há as únicas posições possíveis para Elen, porque:

Elen > Cláudio > José > Alice ou Alice > José > Cláudio > Elen

Nos dois casos nota-se que José está entre Alice e Elen.

Gabarito "C"

(Soldado – PM/SP – VUNESP – 2019) Em determinado período de tempo, na conta corrente de Carlos, ocorreram apenas 3 saques e 2 depósitos, sendo os saques de R$ 120,00; R$ 375,00 e R$ 420,00, e os depósitos de R$ 500,00 e R$ 650,00. Se, após essas movimentações, o saldo da conta corrente de Carlos ficou negativo em R$ 213,00, o saldo, antes dessas movimentações, era

(A) negativo de R$ 448,00.
(B) negativo de R$ 122,00.
(C) positivo de R$ 22,00.
(D) negativo de R$ 22,00.
(E) positivo de R$ 122,00.

1ª solução

Seja S o saldo inicial.
Tem-se, então,
Saldo inicial - saques + depósitos = saldo atual
ou
S – 120 – 375 – 420 + 500 + 650 = -213
S – 915 + 1.150 = -213
S + 235 = -213
S = -213 – 235
S = -448

2ª solução
Como o saldo após as movimentações é calculado por
(saldo antes das movimentações) - saques + depósitos, tem-se

-213 = (saldo antes das movimentações) – 120 – 375 – 420 + 500 + 650
-213 = (saldo antes das movimentações) – 120 – 375 – 420 + 500 + 650
-213 = (saldo antes das movimentações) + 235
(saldo antes das movimentações) = -448

Gabarito "A"

(Soldado – PM/SE – IBFC – 2018) Para utilizar o limite do cheque especial um banco cobra juros simples com taxa mensal de 12%. Se um cliente utilizou, durante 6 dias, o valor de R$ 1.500,00, então o valor de juros que deve pagar será:

(A) R$ 36,00
(B) R$ 48,00
(C) R$ 120,00
(D) R$ 72,00

Resolução
Tem-se
i = 12% a.m. = 0,12 a.m.
C = 1.500
t = 6 dias = 6/30 mês = 1/5 = 0,2 mês
Os juros J são calculados por

J = Cit.
J = 1.500 x 0,12 x0,2

J = 1.500 x 0,024

J = R$ 36,00

Gabarito "A"

(Oficial – PM/SP – 2015 – VUNESP) Na figura seguinte, o quadrado ABCD representa o pátio de manobras de um quartel de um Regimento de Policiamento

Montado, com área de 10 000 m2, que foi dividido em três regiões distintas pelos segmentos EF e EC , sendo a região colorida de verde (gramada) reservada para treinamento dos animais.

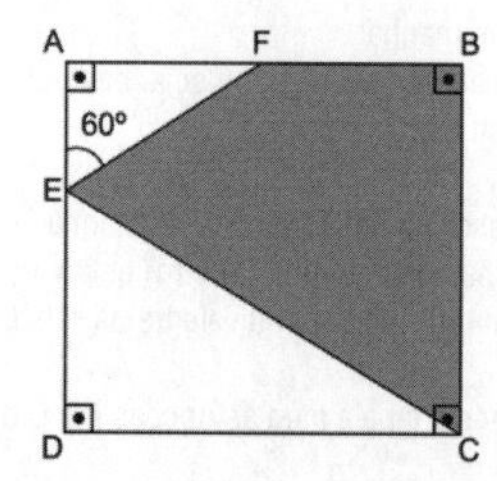

Sabendose que a medida do segmento AE corresponde a 2/5 da medida do segmento AD, E e usando-se $\sqrt{3} = 1{,}7$, é correto afirmar que a área, em m2, da região gramada é

(A) 8 300.
(B) 7 250.
(C) 6 680.
(D) 5 640.
(E) 5 450.

Tem-se que o quadrado tem
Área = AD² = 10.000
AD = 100
AE = 2/5 AD = (2/5) 100 = 40 e DE = 100 – 40 = 60
tg 60° = AF/AE
√3 = 1,7 = AF/40
AF = 1,7x40 = 68
Assim,
G = Área do gramado = área total – área dos triângulos AEF e CDE, ou seja,
G = 10.000 – (AE x AF) /2 – (CD x DE) /2
G = 10.000 – 40 x 68/2 – 100 x 60/2
G = 10.000 – 1.360 -3.000
G = 5.640m²

Gabarito "D"

(Oficial – PM-CBM/PR – 2015 – UFPR) - Um círculo, com centro na origem do plano cartesiano, é tangente à reta de equação y = 2x + 2. Qual é o raio desse círculo?

(A) $\sqrt{2}$

(B) 2

(C) $\sqrt{10}/2$

(D) 2/5

(E) $2\sqrt{5}/5$

Resolução:

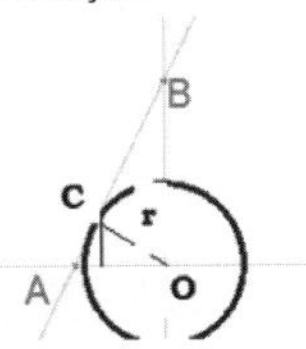

1ª solução

$$\begin{cases} y = 2x + 2 & \text{(I)} \\ r^2 = x^2 + y^2 & \text{(II)} \end{cases}$$

Colocando-se o valor de y em (III) obtém-se

$r^2 = x^2 + (\mathbf{2x} + 2)^2$

$r^2 = x^2 + (4x^2 + 8x + 4)$

$r^2 = 5x^2 + 8x + 4$

Derivando $5x^2 + 8x + 4$ tem-se

$10x + 8$

$x = -8/10 = -4/5$ e

$y = 2(-4/5) + 2$

$y = -8/5 + 2$

$y = 2/5$

Então

$r^2 = x^2 + y^2 = (-4/5)^2 + (2/5)^2$

$r^2 = 16/25 + 4/25$

$r^2 = 20/25 = 4/5$

$r = \frac{2}{\sqrt{5}} = \frac{2\sqrt{5}}{5}$ => Letra E

2ª solução

Note, na figura, que

$AB^2 = 2^2 + 1 = 5$

$AB = \sqrt{5}$, ângulo BOC = Â e ângulo AOC = ângulo B.

Assim,

i) No triângulo AOB tem-se sen $A = \frac{1}{\sqrt{5}}$ e

no triângulo AOC tem-se sen $A = \frac{r}{2}$.

Portanto

sen $A = \frac{1}{\sqrt{5}} = \frac{r}{2}$

$r = \frac{2}{\sqrt{5}} = \frac{2\sqrt{5}}{5}$ **=> Letra E**

ou

ii) No triângulo AOB tem-se sen $B = \frac{2}{\sqrt{5}}$ e

no OBC, sem B = b r/2e no

sen $B = \frac{1}{\sqrt{5}} = \frac{r}{1}$.

Logo,

sen $B = \frac{2}{\sqrt{5}} = \frac{r}{1}$

$r = \frac{2}{\sqrt{5}} = \frac{2\sqrt{5}}{5}$ => Letra E

Gabarito "E"

(Oficial – PM-CBM/PR – 2015 – UFPR) - O ângulo de visão de um motorista diminui conforme aumenta a velocidade de seu veículo. Isso pode representar riscos para o trânsito e os pedestres, pois o condutor deixa de prestar atenção a veículos e pessoas fora desse ângulo conforme aumenta sua velocidade. Suponha que o ângulo de visão A relaciona-se com a velocidade v através da expressão A = k v + b, na qual k e b são constantes. Sabendo que o ângulo de visão a 40 km/h é de 100o, e que a 120 km/h fica reduzido a apenas 30o, qual o ângulo de visão do motorista à velocidade de 64 km/h?

(A) 86°.

(B) 83°.

(C) 79°.

(D) 75°.

(E) 72°.

Resolução

Seja A o ângulo de visão.

Tem-se

$A = kv + b$

Para v = 40, A = 100° e para v = 120, A = 30°, ou seja

$100 = 40k + b$ (I)

$30 = 120k + b$ (II)

Subtraindo (II de (II), obtém-se

$-70 = 80k$

$k = \frac{-7}{8}$

Assim,

$A = (\frac{-7}{8})v + b$

Cálculo de b

$100 = 40(\frac{-7}{8}) + b$

$100 = -35 + b$

b = 135, completando a equação

$A = (\frac{-7}{8})v + 135$

Para A = 64° tem-se

$A = (\frac{-7}{8})\ 64 + 135$

$A = -56 + 135$

A = 79° => Letra C

Gabarito "C"

(Oficial – PM-CBM/PR – 2015 – UFPR) - Um tanque para armazenamento de produtos corrosivos possui, internamente, o formato de um cilindro circular reto com uma semiesfera em cada uma de suas bases, como indica a figura. Para revestir o interior do tanque, será usada uma tinta anticorrosiva. Cada lata dessa tinta é suficiente para revestir 8 m2 de área. Qual o número mínimo de latas de tinta que se deve comprar para revestir totalmente o interior desse tanque? (Use π=3,14).

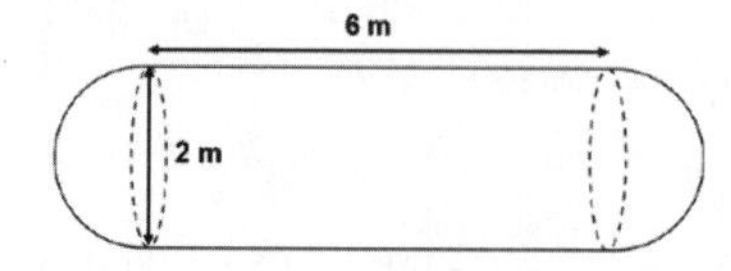

(A) 3 latas.
(B) 4 latas.
(C) 5 latas.
(D) 7 latas.
(E) 10 latas.

Resolução
i) Sendo a = Área da esfera = $4\pi r^2$, tem-se
a = $4x3{,}14x1^2$
a = 12,56 m^2

ii) b = Área o cilindro = base x altura = $2\pi r$ x 6 =

2x3,14x1 x 6 = $6x2\pi x1$ = 37,68 m^2

Área total = a + b = 50,26 m^2

Sendo assim, necessita-se de

$\frac{50{,}26}{8}$ = 6,3 latas de tinta e o número mínimo de latas de tinta que se deve comprar deve ser de 7 latas. => Letra D

Gabarito "D"

(Oficial – PM-CBM/PR – 2015 – UFPR) - Num laboratório, sensores são colocados no topo de dois pistões para analisar o desempenho de um motor. A profundidade do primeiro pistão no bloco do motor pode ser descrita, de maneira aproximada, pela expressão H_1 = 12 cos($2\pi t/60$) , e a profundidade do segundo, pela expressão H_2 = 12 sen ($2\pi t/60$), sendo t o tempo medido em milissegundos a partir do acionamento do motor. Quanto tempo levará para que os pistões estejam na mesma profundidade, pela primeira vez, após o acionamento do motor?

(A) 5 milissegundos.
(B) 7,5 milissegundos.
(C) 10 milissegundos.
(D) 22,5 milissegundos.
(E) 45 milissegundos.

Resolução
Pede-se t para $H_1 = H_2$,
Sabe-se que cos A = sen A quando A = 45° = $\pi/4$.
Então
$2\pi t/60 = \pi/4$
t = 30/4
t = 7,5 milissegundos. => Letra B

Gabarito "B"

(Oficial – PM-CBM/PR – 2015 – UFPR) - Um retângulo no plano cartesiano possui dois vértices sobre o eixo das abscissas e outros dois vértices sobre a parábola de equação $y = 4 - x^2$, com y > 0. Qual é o perímetro máximo desse retângulo?

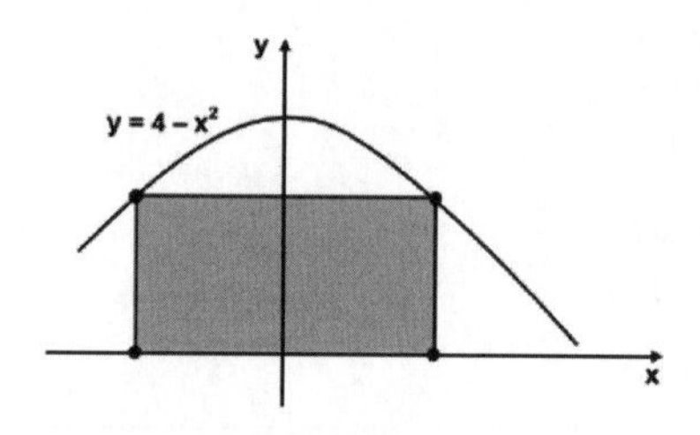

(A) 4.
(B) 8.
(C) 10.
(D) 12.
(E) 17.

Resolução
Tem-se

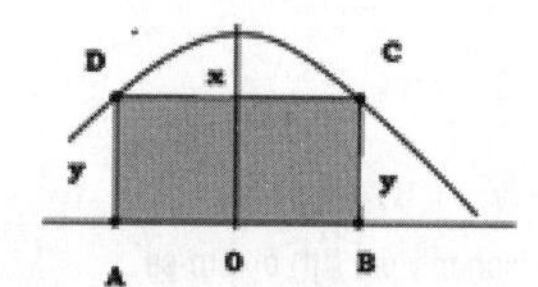

Sendo z = 2p a função perímetro do retângulo tem-se

z = 4x + 2y (I)

Substituindo $y = 4 - x^2$ em (I) tem-se

$z = 4x + 2(4 - x^2)$

$z = 4x + 8 - 2x^2$

i) Derivando z obtém-se

$z' = 4 - 4x$

Para $z' = 0$
x = 1 para o perímetro máximo, pois $z'' = -4$ é <0,

Então
y = 4 – 1 = 3

z = 2p = 4.1 + 2.3

z = 2p = 10 => Letra C

Ou

ii) na equação $z = 4x + 8 - 2x^2$
A coordenada do vértice (perímetro máximo) vale $\frac{-b}{2a}$, ou seja,

$x = \frac{-4}{2(-2)} = \frac{-4}{-4} = 1$

Então

y = 4 – 1 = 3

z = 2p = 4.1 + 2.3

z = 2p = 10 => Letra C

Gabarito "C"

(Oficial – PM-CBM/PR – 2015 – UFPR) – Duas escadas foram usadas para bloquear um corredor de 2,4 m de largura, conforme indica a figura ao lado. Uma mede 4 m de comprimento e outra 3 m. A altura h, do ponto onde as escadas se tocam, em relação ao chão, é de aproximadamente

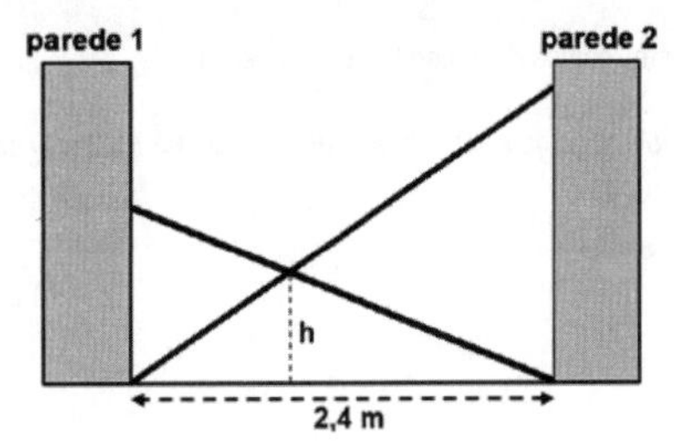

(A) 1,15 m.
(B) 1,40 m.
(C) 1,80 m.
(D) 2,08 m.
(E) 2,91 m.

Resolução

Tem-se

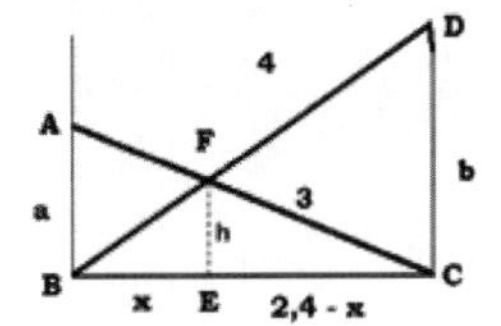

Pelo Teorema de Pitágoras, obtém-se:

i) $a^2 = 3^2 - 2,4^2$

$a^2 = 9 - 5,76$

$a^2 = 3,24 = 1,8^2$

$a = 1,8$

ii) $b^2 = 16 - 5,76$

$b^2 = 10,24 = 1024/100 = 32^2/10^2 = 3,2^2$

$b = 3,2$

Por semelhança dos triângulos ABC e CEF tem-se

$\frac{2,4}{a} = \frac{2,4-x}{h}$

$\frac{2,4}{1,8} = \frac{2,4-x}{h}$

$\frac{4}{3} = \frac{2,4-x}{h}$

$4h = 7,2 - 3x$

$x = 2,4 - \frac{4h}{3}$

e da semelhança dos triângulos BCD e BEF obtém-se

$\frac{2,4}{b} = \frac{x}{h}$

$\frac{2,4}{3,2} = \frac{x}{h}$

$\frac{3}{4} = \frac{x}{h}$

$3h = 4x$

Ou seja

$3h = 4(2,4 - \frac{4h}{3})$

$3h = 9,6 - \frac{16h}{3}$

$3h + \frac{16h}{3} = 9,6$

$\frac{25h}{3} = 9,6$

$25h = 28,8$

$H = 1,152$ m => Letra A

Gabarito "A"

(Soldado – PM/SP – VUNESP – 2019) Do último salário que recebeu, no valor líquido de R$ 2.748,00, Ana utilizou 2/3 com os pagamentos das obrigações mensais, e metade do que sobrou ela depositou em uma aplicação que tem. Sabendo que uma das obrigações mensais que Ana pagou foi a conta de energia elétrica, que correspondeu a 1/4 do valor que ela depositou na aplicação, o valor dessa conta de energia foi de

(A) R$ 149,25.
(B) R$ 114,50.
(C) R$ 107,25.
(D) R$ 121,75.
(E) R$ 132,00.

1ª solução

Pagamentos das obrigações mensais = 2/3 de 2.748 = 2 x 916 = 1.832.
Sobrou, assim, o total de 2.748 - 1.832 = 916.

Metade do que sobrou ela depositou em uma aplicação, ou seja,

depositou 916/2 = 458 na aplicação.

Uma vez que a conta de energia elétrica correspondeu a 1/4 do valor que ela depositou, o valor dessa conta de energia foi de
1/4 de 458 = 114,50.

2ª solução

i) despesas pagas = (2/3) de 2.748 = 1.832.

ii) Sobrou, assim, o total de 2.748 - 1.832 = 916.

iii) a metade da sobra, 916/2 = 458 foi para a aplicação.

iv) 1/4 de 458 = 114,50 foi o valor da conta de energia.

Gabarito "B"

(Soldado – PM/SE – IBFC – 2018) Considere os conjuntos finitos A = {0,1,3,5,6}, B = {-1,0,2,4,5,6,7} e C = {1,2,3,4,7,8} e as afirmações:

I. O total de elementos do conjunto que representa a união entre os conjuntos A e B é igual a 8.

II. O total de elementos do conjunto que representa a intersecção entre os conjuntos A e C é igual a 3.

III. O total de elementos do conjunto que representa a diferença entre os conjuntos A e B, nessa ordem, é igual a 2.

IV. O total de elementos do conjunto que representa a diferença entre os conjuntos B e C, nessa ordem, é igual a 4.

Assinale a alternativa que apresenta o total exato de afirmações corretas:

(A) 1

(B) 2

(C) 3

(D) 4

Resolução

Tem-se

I.

$A \cup B = \{-1,0,1,2,3,4,5,6,7\}$ com total de elementos 8. Afirmação **correta**

II.

$A \cap C = \{1,3\}$ com total de elementos 2. Afirmação errada

III.

$A \setminus B = \{1,3\}$ com total de elementos 2. Afirmação **correta**

IV.

$B \setminus C = \{-1,0,5\}$ com total de elementos 3. Afirmação errada

Gabarito "B".

(Soldado – PM/SP – VUNESP – 2019) Em um cofre, há o total de R$ 21,00, apenas em moedas de R$ 0,50, R$ 0,25 e R$ 0,10. Se o número de moedas de R$ 0,50 é 4 unidades maior que o dobro do número de moedas de R$ 0,10, e o número de moedas de R$ 0,25 é 5 unidades menor que o número de moedas de R$ 0,10, então o valor em moedas de R$ 0,50 contidas nesse cofre é

(A) R$ 16,00.

(B) R$ 16,50.

(C) R$ 17,00.

(D) R$ 17,50.

(E) R$ 15,50.

1ª solução

Sejam a, b, c, os números de moedas de R$ 0,50, R$ 0,25 e R$ 0,10, respectivamente.

Tem-se, então,

$0{,}50a + 0{,}25b + 0{,}10c = 21{,}00$. (i)

Do enunciado, sabe-se que

$a = 4 + 2c$ (ii)

$b = c - 5$ (iii)

Ao substituir as equações (ii) e (iii) em (i) obtém-se

$0{,}50(4 + 2c) + 0{,}25(c - 5) + 0{,}10c = 21{,}00$

$2 + 1c + 0{,}25c - 1{,}25 + 0{,}10c = 21$

$0{,}75 + 1{,}35c = 21$

$1{,}35c = 20{,}25$

$c = 15$

Logo,

$a = 4 + 2c = 4 + 30 = 34$

Portanto, o valor em moedas de R$ 0,50 contidas nesse cofre é de $34 \times 0{,}50 = 17{,}00$.

2ª solução

Seja (0,50 0,25 0,10) o vetor-linha de valores faciais das moedas e

$\begin{pmatrix} a \\ b \\ c \end{pmatrix}$ o vetor-coluna de quantidades de moedas.

Ao multiplicar os dois vetores tem-se o total de R$ R$ 21,00 do cofre, ou seja,

$$\begin{bmatrix} 0{,}50 & 0{,}25 & 0{,}10 \end{bmatrix} \cdot \begin{bmatrix} a \\ b \\ c \end{bmatrix} = 21{,}00$$

ou

$(0{,}50\ 0{,}25\ 0{,}10)\begin{pmatrix} a \\ b \\ c \end{pmatrix} = 21{,}00$ (i)

Do enunciado, sabe-se que

$a = 4 + 2c$ (ii)

$b = c - 5$ (iii)

Ao substituir as equações (ii) e (iii) no vetor de quantidades m (i) obtém-se

$(0{,}50\ 0{,}25\ 0{,}10)\begin{pmatrix} 4 + 2c \\ c - 5 \\ c \end{pmatrix} = 21{,}00$

Ao multiplicar os vetores tem-se

$0{,}50(4 + 2c) + 0{,}25(c - 5) + 0{,}10c = 21{,}00$

$2 + 1c + 0{,}25c - 1{,}25 + 0{,}10c = 21$

$0{,}75 + 1{,}35c = 21$

$1{,}35c = 20{,}25$

$c = 15$

Logo,

$a = 4 + 2c = 4 + 30 = 34$

Portanto, o valor em moedas de R$ 0,50 contidas nesse cofre é de $34 \times 0{,}50 = 17{,}00$.

Gabarito "C".

(Soldado – PM/SP – VUNESP – 2019) Marcelo e Débora trabalham em regime de escala. A cada 4 dias sucessivamente trabalhados, Débora folga somente no dia seguinte, e a cada 6 dias sucessivamente trabalhados, Marcelo também folga somente no dia seguinte. No dia 26.07.2019, ambos estavam de folga. Sabendo que o mês de julho tem 31 dias, e que Marcelo e Débora trabalham independentemente de os dias serem sábados, domingos e feriados, se não ocorrer imprevisto e eles trabalharem conforme informado, então o próximo dia em que ambos estarão de folga, em um mesmo dia, será em

(A) 07.08.2019.

(B) 13.08.2019.

(C) 19.08.2019.

(D) 30.08.2019.

(E) 24.08.2019.

1ª solução (pelo MMC)
Débora tem folga no 5º dia e Marcelo no 7º dia das jornadas de trabalho. Sendo assim, os dois terão folga no mesmo dia após o MMC (5,7) = 35 dias da folga conjunta atual (26/7).
Contando os 5 dias para acabar julho, a próxima folga conjunta será, então, em 30/8.

(i) Cálculo do MMC(mínimo múltiplo comum):
Sabe-se que, para dois números a e b, tem-se
a.b = MDC(a,b) x MMC(a,b)
Como MDC(5,7) = 1 pois são primos entre si ou calcula-se como em (ii) baixo, tem se
5x7 = 1 x MMC(5,7)
Daí,
MMC(5,7) = 35
(ii) Cálculo do MDC(máximo divisor comum):

$$\begin{array}{l|l} 5,7 & 5 \\ 1,7 & 7 \\ 1,1 & 1 \end{array} \text{ ---> MDC = 1}$$

2ª solução (por listagem dos dias de folga)
Débora terá folga nos dias 26/7; 31/7; 5/8; 10/8; 15/8; 20/8; 25/8; **30/8**
Marcelo terá folga nos dias 26/7; 2/8; 9/8; 16/8; 23/8; **30/8**
Então o próximo dia em que ambos estarão de folga, em um mesmo dia, será em 30/8.

3ª solução (pelo calendário) – Não recomendável

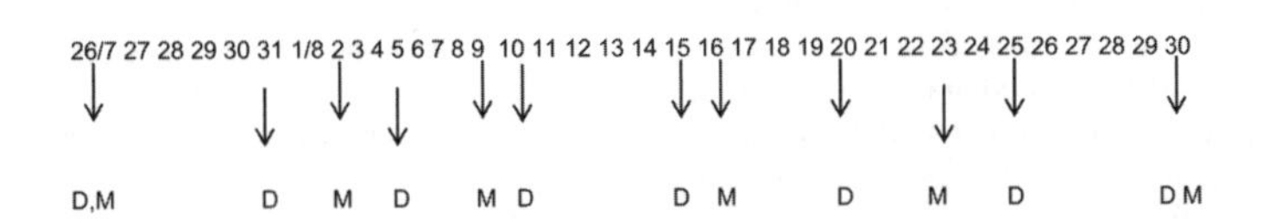

Gabarito "D"

2.5. OPERAÇÕES, PROPRIEDADES, PROBLEMAS ENVOLVENDO AS QUATRO OPERAÇÕES NAS FORMAS FRACIONÁRIA E DECIMAL PROPORCIONAL; REGRA DE TRÊS SIMPLES E COMPOSTA; PORCENTAGEM

(Soldado – PM/SP – VUNESP – 2019) No dia 28.11.2017, o site da Fundação Nacional da Saúde, do Ministério da Saúde, publicou a fala do então ministro daquela pasta em um congresso internacional. De acordo com essa fala, pode-se concluir que, a cada R$ 50,00 investidos em saneamento, R$ 450,00 são economizados em saúde. Considerando-se essa informação, para uma economia de R$ 2,88 milhões em saúde, é necessário um investimento em saneamento de

(A) R$ 290.000,00.
(B) R$ 300.000,00.
(C) R$ 310.000,00.
(D) R$ 330.000,00.
(E) R$ 320.000,00.

1ª solução

Tem-se a Regra de Três

investidos em saneamento	economizados em saúde
50	450
X	2.880.000

$$X = \frac{2.880.000 \times 50}{450} = \frac{2.880.000}{9} = 320.000{,}00.$$

2ª solução

Uma vez que, a cada R$ 50,00 investidos em saneamento, R$ 450,00 são economizados em saúde, tem-se que a cada R$ 1,00 investido em saneamento, R$ 9,00 são economizados em saúde,

Logo, para uma economia de R$ 2,88 milhões em saúde, é necessário um investimento em saneamento de

$$\frac{2{,}88 \text{ milhões}}{9} = \frac{2.880.000}{9} = 320.000{,}00.$$

Gabarito "E"

(Soldado – PM/SP – VUNESP – 2019) A razão entre o número de mulheres e o número de homens convocados para a segunda fase de um concurso é 3/5. No dia da segunda fase, 4 mulheres e 10 homens não compareceram e, no total, 362 candidatos realizaram essa fase. Dessa forma, o número de mulheres que realizaram a segunda fase do concurso foi

(A) 143
(B) 137
(C) 134
(D) 131
(E) 140

Resolução

Sejam M e H o número de mulheres e o número de homens convocados para a segunda fase de um concurso.
Tem-se

$$\frac{M}{H} = \frac{3}{5}$$

ou

$$H = \frac{5M}{3}$$

No dia da segunda fase houve
(M - 4) + (H - 10) = 362 candidatos
Ou seja,
M + H = 362 + 14
M + H = 376
Substituindo-se H por $\frac{5M}{3}$, obtém-se

$$M + \frac{5M}{3} = 376$$

$$\frac{8M}{3} = 376$$

M = 47x3

M = 141
Logo,
H = 235

Assim

$$\left.\begin{matrix} M = 141 \\ H = 235 \end{matrix}\right\}$$ foram convocados para a segunda fase de um concurso.

Uma vez que 4 mulheres não compareceram, o número de mulheres que realizaram a segunda fase do concurso foi de 141 - 4 = 137.

Gabarito "B".

(Soldado – PM/SP – VUNESP – 2019) Dados da Polícia Militar do Estado de São Paulo, publicados no *site* que ela mantém, indicam que o número médio, por hora, de ocorrências atendidas no mês de março de 2019 foi 216. Sabendo que esse número é 12,5% maior que o número registrado no mês imediatamente anterior, é correto afirmar que a diferença entre os números médios, por hora, de ocorrências atendidas nos meses de março e de fevereiro de 2019 é

(A) 25.
(C) 26.
(D) 28.
(E) 24.

1ª solução

Sejam M e F os números médios, por hora, de ocorrências atendidas no mês de março e fevereiro de 2019, respectivamente.

Sabe-se que

M = 216 e
M = F + 12,5% de F
Assim, tem-se
216 = F + 0,125F
216 = 1,125F

$F = \frac{216}{1,125}$

F = 192
Logo,
a diferença entre os números médios, por hora, de ocorrências atendidas nos meses de março e de fevereiro de 2019 é de
M – F = 216 – 192 = 24.

2ª solução
M 12,5% maior que F significa que M é 1,125 vezes F,
ou seja.
216 = 1,125 vezes F

$F = \frac{216}{1,125}$

F = 192

Logo,
a diferença entre os números médios, por hora, de ocorrências atendidas nos meses de março e de fevereiro de 2019 é de
M – F = 216 – 192 = 24.

Gabarito "E".

(Soldado – PM/SP – VUNESP – 2019) Hoje, a média aritmética simples das idades de 15 amigos é de 45 anos. Excluindo-se a menor e a maior idades das pessoas desse grupo, a média aritmética simples das demais idades é de 44 anos. Se a diferença entre essa maior e essa menor idades é 19 anos, então a menor idade é igual a

(A) 42 anos.
(B) 40 anos.
(C) 39 anos.
(D) 41 anos.
(E) 43 anos.

1ª solução

Sejam m e M a menor e a maior idade das pessoas desse grupo e

$S = \Sigma x_i$ a somadas idades dos 15 amigos.

Tem-se

$\frac{S}{15} = 45$ e M – m = 19

S = 15x45 = 675

Agora, a média, excluindo a menor e a maior idade das pessoas desse grupo é 44:

$\frac{S - M - m}{15 - 2} = 44$

$\frac{675 - M - m}{13} = 44$

675 – M – m = 13x44
675 – M – m = 572
– M – m = 572 - 675

– M – m = -103 (i) e

M – m = 19 (ii)

Somando-se (i) e (ii) tem-se

-2m = -84
m = 42

2ª solução
Σxi = 15x45 = 675 e

$\frac{\Sigma xi - M - m}{15 - 2} = 44$

Logo,

$\frac{675 - M - m}{13} = 44$

675 – M – m = 13x44
675 – M – m = 572
– M – m = 572 - 675

– M – m = -103
ou

$M + m = 103$ (i) e

$M - m = 19$ (ii)

Somando-se (i) e (ii) tem-se

$2M = 122$
$M = 61$
De (i) tem-se
$61 + m = 103$
$m = 42$
Gabarito "A"

(Soldado – c – VUNESP – 2019) Para determinado evento, foram colocados à venda, no total, 1 500 ingressos, que foram todos comprados. Cada ingresso normal foi vendido a R$ 150,00, cada ingresso de meia-entrada foi vendido a R$ 75,00, e, ainda, foram vendidos ingressos a preço promocional de R$ 100,00 cada, totalizando R$ 185.000,00. Se o número de ingressos de meia-entrada foi o dobro do número de ingressos vendidos a preço promocional, o número de ingressos normais vendidos foi

(A) 750.
(B) 950.
(C) 900.
(D) 800.
(E) 850.

1ª solução

Sejam a, b e c os números de ingressos dos tipos normais, de meia-entrada e de preço promocional, respetivamente.

Tem-se

$$\begin{cases} a + b + c = 1.500 & \text{(i)} \\ 150a + 75b + 100c = R\$185.000,00 & \text{(ii)} \\ b = 2c & \text{(iii)} \end{cases}$$

Ao substituir o valor em (iii) na equação (i), obtém-se
$a + 2c + c = 1.500$
$a + 3c = 1.500$ (i')

E simplificando (iii) por 25 tem-se
$6a + 3b + 4c = 7.400$ (iii')
substituir o valor em a(iii) n equação (iii'):
$6a + 3(2c) + 4c = 7.400$
$6a + 6c + 4c = 7.400$
$6a + 10c = 7.400$ (ii')

Fica o sistema

$$\begin{cases} a + 3c = 1.500 & \text{(i')} \\ 6a + 10c = 7.400 & \text{(ii')} \end{cases}$$

Uma vez que é pedido o valor de a, elimina-se c no sistema ao multiplicar por 10 e por -3 e somando as duas equações
$10a + 30c = 15.000$
$\underline{-18a - 30c = -22.200}$ +
$-8a = -7.200$
$a = 900$

2ª solução
Seja (150,00 75,00 100,00) o vetor-linha dos preços dos ingressos dos rês tipos e

$\begin{pmatrix} a \\ b \\ c \end{pmatrix}$ o vetor-coluna dos rês tipos.

Ao multiplicar os dois vetores tem-se o total de R$ R$ 185.000,00 arrecadado, ou seja,

$$(150{,}00\ 75{,}00\ 100{,}00)\begin{pmatrix} a \\ b \\ c \end{pmatrix} = 185.000{,}00$$

ou

$150a + 75b + 100c = 185.000$ (i)

Do enunciado, sabe-se que

$a + b + c = 1.500$ (ii)

$b = 2c$ ou

$b - 2c = 0$ (iii)

Matricialmente, o sistema fica

$$\begin{pmatrix} 150 & 75 & 100 \\ 1 & 1 & 1 \\ 0 & 1 & -2 \end{pmatrix}\begin{pmatrix} a \\ b \\ c \end{pmatrix} = \begin{pmatrix} 185.000 \\ 1.500 \\ 0 \end{pmatrix}$$

Com a matriz aumentada

$$\begin{pmatrix} 150 & 75 & 100 & 185.000 \\ 1 & 1 & 1 & 1.5000 \\ 0 & 1 & -2 & 0 \end{pmatrix}$$

Dos dados da questão obtém-se a matriz

$$A = \begin{pmatrix} 150 & 75 & 100 \\ 1 & 1 & 1 \\ 0 & 1 & -2 \end{pmatrix}$$

E seja a matriz aumentada de A com os valores dos termos independentes

$$\left(\begin{array}{ccc|c} 150 & 75 & 100 & 185.000 \\ 1 & 1 & 1 & 1.500 \\ 0 & 1 & -2 & 0 \end{array}\right)$$ Para escalonar essa matriz fazem-se, nela, as operações elementares [1] a [8]:

$$\begin{pmatrix} 150 & 75 & 100 & 185.000 \\ 1 & 1 & 1 & 1.500 \\ 0 & 1 & -2 & 0 \end{pmatrix} \underset{\sim}{l_1\left(\frac{1}{150}\right)} \quad [1]$$

Cálculos auxiliares

$185.000 \times (1/150) = 3700/3$

$-2 - 2/3 = -8/3$

$1 - \frac{100}{150} = \frac{50}{150} = \frac{1}{3}$

$1.500 - \frac{185.000}{150} = \frac{40.000}{150} = \frac{800}{3}$

$$\begin{pmatrix} 1 & 1/2 & 2/3 & 3.700/3 \\ 1 & 1 & 1 & 1.500 \\ 0 & 1 & -2 & 0 \end{pmatrix} \underset{\sim}{l_{21}(-1)} \quad [2]$$

$$\begin{pmatrix} 1 & 1/2 & 2/3 & 3.700/3 \\ 0 & 1/2 & 1/3 & 800/3 \\ 0 & 1 & -2 & 0 \end{pmatrix} \underset{\sim}{l_2(2)} \quad [3]$$

$$\begin{pmatrix} 1 & 1/2 & 2/3 & 3.700/3 \\ 0 & 1 & 2/3 & 1.600/3 \\ 0 & 1 & -2 & 0 \end{pmatrix} \underset{\sim}{l_{12}(-1/2)} \quad [4]$$

$$\begin{pmatrix} 1 & 0 & 1/3 & 2.900/3 \\ 0 & 1 & 2/3 & 1.600/3 \\ 0 & 1 & -2 & 0 \end{pmatrix} \quad l_{32}(-1) \quad [5]$$

$$\begin{pmatrix} 1 & 0 & 1/3 & 2.900/3 \\ 0 & 1 & 2/3 & 1.600/3 \\ 0 & 0 & -\frac{8}{3} & -1.600/3 \end{pmatrix} \underset{\sim}{l_3(-3/8)} \quad [6]$$

$$\begin{pmatrix} 1 & 0 & \frac{1}{3} & \frac{2.900}{3} \\ 0 & 1 & \frac{2}{3} & \frac{1.600}{3} \\ 0 & 0 & 1 & 200 \end{pmatrix} \underset{\sim}{l_{13}(-1/3)} \quad [7] \quad \underset{\sim}{l_{23}(-2/3)} \quad [8]$$

Assim,

$$\begin{pmatrix} 1 & 0 & 0 & \mathbf{900} \\ 0 & 1 & 0 & \mathbf{400} \\ 0 & 0 & 1 & \mathbf{200} \end{pmatrix}$$

900 --> a
400 --> b
200 --> c

Utilizando matrizes obtêm-se os valores de a, b e c simultaneamente.

Gabarito "C"

(Soldado – PM/SP – VUNESP – 2019) A respeito de um terreno retangular, sabe-se que seu perímetro é 64 metros e que a diferença entre as medidas do maior e do menor lados é 2 metros. Sendo assim, a área desse terreno, em metros quadrados, é

(A) 195
(B) 1023
(C) 224
(D) 1155
(E) 255

Resolução

Sejam a b os lados do terreno. Seu perímetro, ou seja, a soma dos quatro lados vale

2a + 2b = 64 (i)

Tem-se

a – b = 2 (ii)

Multiplicando a equação (ii) por 2 obtém-se

2a – 2b = 4 (ii')

Somando (ii') e (i) resulta

4a = 68
a = 17m

Logo, em (ii),
17 – b = 2m
b = 15

Portanto, a área desse terreno, em metros quadrados, é
ab = 17 x 15 = 255

Gabarito "E"

(Soldado – PM/SP – VUNESP – 2019) A tabela a seguir apresenta informações sobre a composição do quadro de cabos e sargentos em um batalhão.

	Cabos	Sargentos
Homens	65%	70%
Mulheres	35%	30%

Com base apenas nas informações apresentadas na tabela, assinale a alternativa que contém informação necessariamente verdadeira sobre os cabos e sargentos desse batalhão.

(A) O número de mulheres com patente de cabo é metade do de homens com patente de sargento.

(B) O número de homens com patentes de cabo ou sargento é maior que o de mulheres com patentes de cabo ou sargento.

(C) O número de homens com patente de cabo é maior que o de homens com patente de sargento.

(D) O número de homens com patente de cabo é menor que o de homens com patente de sargento.

(E) O número de homens com patentes de cabo ou sargento é menor que o de mulheres com patentes de cabo ou sargento.

1ª solução

Ao analisar, com contraexemplos, as opções de resposta, nota-se que depende muito das quantidades de pessoas:

(A) Se houver, por contraexemplo, 200 mulheres e 100 homens, há 70 mulheres cabo e 70 homens sargento Errado

(B) Se houver, por contraexemplo, 400 mulheres e 100 homens, há 140 cabos + 120 sargentos = 260 *versus* 65 +70 =130. Correto
Independentemente da quantidade de pessoas informação necessariamente é verdadeira.
=> Letra B

(C) Se houver, por contraexemplo, 200 cabos no batalhão, 130 são homens e com 200 sargentos, 140 desses são homens. Errado

(D) Errado Se houver, por contraexemplo, 200 cabos no batalhão, 130 são homens e com 100 sargentos, 70 desses são homens.

(E) Se houver, por contraexemplo, 100 mulheres e 100 homens, há mulheres: 35 cabos + 30 sargentos = 65 *versus* homens: 65 +70 =135 Errado

2ª solução
Tem-se a seguinte situação

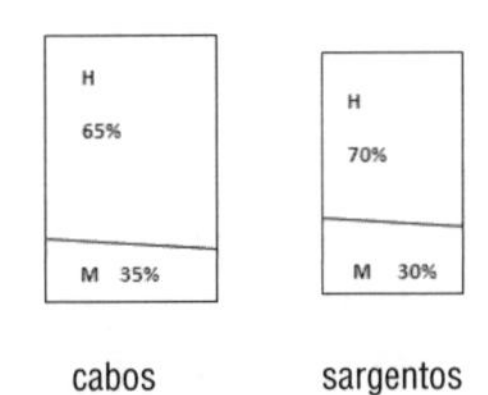

cabos sargentos

Assim, independentemente da quantidade de pessoas, a informação B necessariamente é verdadeira. => Letra B

Gabarito "B"

(Soldado – PM/PB – 2015 – IBFC) Considerando a sequência lógica 11, 12, 15, 14, 19, 16, 23, 18,..., a diferença entre o 17° termo e 16° termo da sequência, nessa ordem, é:

(A) 17

(B) 15

(C) 19

(D) 21

Resolução
Rearranjando-se a sequência tem-se

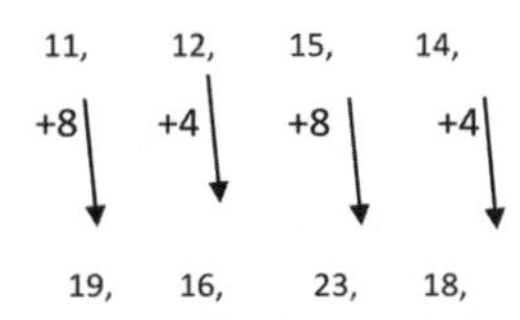

Os próximos elementos serão

27	20	31	22
35	24	39	**26**
43	28	47	30 ...

Então o 17° termo é o **43** e o 16° termo é o **26**.
Assim, a diferença entre o 17° termo e 16° termo da sequência, nessa ordem, é
43 – 26 = 17 => Letra A

Gabarito "A"

(Soldado – PM/PB – 2015 – IBFC) O valor a pagar na conta de luz é calculado da seguinte forma: R$ 0,45 o kWh (quilowatt/hora) até 30 kWh, R$ 0,57 o kWh para os próximos 40Kwh e R$ 0,68 para os demais kWh, além dos impostos. O valor a pagar pela conta de luz para um consumo de 82 kWh, desprezando os impostos é, em reais:

(A) um valor entre 40 e 43.

(B) um valor menor que 44.

(C) um valor entre 44 e 45.

(D) um valor maior que 45.

Resolução
Tem-se
30 kWh x R$ 0,45 = R$ 13,50
40 x 0,57 = 22,80
12 x 0,68 = 8,16
Total = R$ 44,46 => Letra C

Gabarito "C"

(Soldado – PM/PB – 2015 – IBFC) A sequencia foi formada utilizando a palavra CONCURSO:

CONCURSOCONCURSOCONCURSOCONCURSO-CONCURSO

A 262ª letra dessa sequencia é igual a:

(A) C

(B) O

(C) N

(D) R

Resolução
A palavra CONCURSO tem 8 letras.
A divisão de 262 por 8 dá resto 6, isto é, 262 = 32x8 + 6.
Assim, a 262ª letra dessa sequencia é a 6ª letra: R. => Letra D

Gabarito "D"

(Soldado – PM/PB – 2015 – IBFC) Considerando o valor lógico da proposição

p: o sucessor do número 32 é 31 e o valor lógico da proposição *q: a soma entre o número 4 e o número 7 é igual a 11*, é correto afirmar:

(A) o valor lógico da proposição p conjunção q é verdade.
(B) o valor lógico da proposição p disjunção q é falso.
(C) o valor lógico da proposição p então q é verdade.
(D) o valor lógico da proposição p se e somente se q é verdade.

Resolução
Tem-se que p é F e q é V.
Assim,
(a) Incorreto pois o valor lógico da conjunção p q só é Verdade quando ambos p e q são Verdade.
(b) Errado porque o valor lógico da disjunção p q só é Falso quando ambos p e q são Falso.

(c) Correto uma vez que o valor lógico da p q ´Verdade quando p é Falso e q é Verdade.
Resposta: Letra C

(d) Errado porque o valor lógico da bicondicional p só é Verdade quando ambos p e q são Verdade.
Gabarito "C".

(Soldado – PM/SP – VUNESP – 2019) O gráfico apresenta informações associadas ao atendimento de pessoas em determinada repartição pública, nos meses de maio e de junho de 2019.

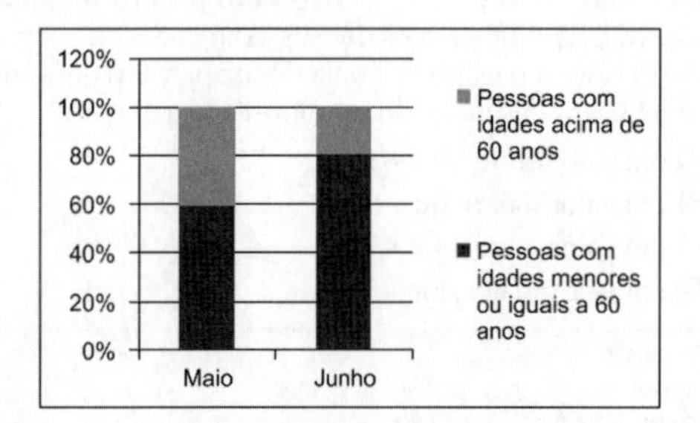

Sabendo que o número de pessoas atendidas em maio foi 3/4 do número de pessoas atendidas em junho, o número de pessoas atendidas com idades acima de 60 anos no mês de junho corresponde, do número de pessoas atendidas com idades acima de 60 anos no mês de maio, a

(A) $\frac{2}{3}$

(B) $\frac{1}{2}$

(C) $\frac{3}{4}$

(D) $\frac{1}{5}$

(E) $\frac{5}{6}$

---

solução

Seja A e C as pessoas atendidas com idades acima de 60 anos em maio e junho, respectivamente conforme o gráfico abaixo

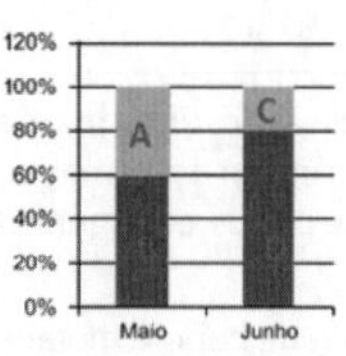

Suponha que foram atendidas 100 pessoas em junho. Logo, em maio atenderam-se ¾ de 100 = 75 pessoas. Ou seja,

C + D = 100 e A + B = 75.

Para as pessoas atendidas com idades acima de 60 anos, pelo gráfico, nota-se que

C = 20% de 100 = 20 e

A = 40% de 75 = 30

Assim,
C/A = 20/30 = 2/3
Gabarito "A".

(Soldado – PM/SP – VUNESP – 2019) Considere **S** a superfície plana do tampo de uma mesa retangular **M.** Se, na fabricação de uma nova mesa, aumentarmos em 1/4 as medidas da largura e do comprimento da mesa **M,** a superfície plana da nova mesa

corresponderá, de **S**, a

(A) $\frac{11}{8}$

(B) $\frac{3}{2}$

(C) $\frac{15}{8}$

(D) $\frac{25}{16}$

(E) $\frac{19}{16}$

Solução
Tem-se

Área inicial com Largura x Comprimento: L x C = S

Nova mesa com $(L + \frac{L}{4})\ (C + \frac{C}{4}) = S'$

Assim,

$S' = \frac{5L}{4} \times \frac{5C}{4} = \frac{25}{16} CxL = \frac{25}{16} S$

Gabarito "D".

(Soldado – PM/MG – PMMG – 2018) O Comandante da 500ª CIA PM promoveu um torneio operacional, de forma que os militares da CIA PM foram divididos em 04 equipes para realizarem 03 provas distintas, no valor de 10 pontos cada uma, com os seguintes temas: técnica policial-militar, abordagem a veículos e controle de distúrbios. As provas teriam pesos 3, 2 e 1, respectivamente.

TABELA: notas das provas da gincana da 500ª CIA PM, por equipe e tema:

Equipes	Notas da provas		
	técnica policial militar	abordagem a veículos	controle de distúrbios
Equipe Alpha	9	8	8
Equipe Bravo	8	7,5	7,5
Equipe Charlie	8,5	8	8
Equipe Delta	8	9	9

FONTE: Dados e informações fictícias

Considerando a média ponderada de cada equipe, marque a alternativa **CORRETA**.

(A) A Equipe Alpha obteve média ponderada inferior à Equipe Charlie.

(B) A Equipe Bravo obteve média ponderada de 8,25.

(C) A Equipe Delta obteve a mesma média ponderada que a equipe Alpha.

(D) A Equipe Charlie obteve média ponderada superior à Equipe Delta.

Resolução

Para se calcular a média ponderada m_i da equipe **i** deve-se, primeiro, achar o somatório dos produtos de cada média das notas pelo peso correspondente e, depois, dividir pela soma dos pesos (3+2+1 = 6).

Tem-se, assim,

Equipe Alpha: m_1 = (9x3 + 8x2 + 8x1)/6 = (27 + 16 + 8)/6 = 51/6 = 17/2 = **8,5**

Equipe Bravo: m_2 = (8x3 + 7,5x2 + 7,5x1)/6 = (24 + 15 + 7,5)/6 = 46,5/6 = 7,75

Equipe Charlie: m_3 = (8,5x3 + 8x2 + 8x1)/6 = (25,5 + 16 + 8)/6 = 49,5/6 = 8,25

Equipe Delta: m_4 = (8x3 + 9x2 + 9x1)/6 = (24 + 18 + 9)/6 = 51/6 = 17/2 = **8,5**

Gabarito "C"

(Soldado – PM/MG – PMMG – 2018) O gerente de uma empresa, com um total de 150 funcionários, realizou um experimento com o objetivo de verificar o consumo de água dos funcionários durante o turno de trabalho. Foram selecionados, aleatoriamente, 50 funcionários e mensurada a quantidade de litros de água consumida por cada um, no período de 30 dias. Sabe-se, também, que cada funcionário teve a mesma probabilidade de ser incluído na seleção. Com base nestas informações, relacione a segunda coluna de acordo com a primeira:

(1) Quantidade total de funcionários da empresa. ( ) Variável contínua.

(2) Consumo de litros de água por funcionário. ( ) Amostra.

(3) 50 funcionários selecionados aleatoriamente. ( ) Amostragem aleatória simples.

(4) Técnica utilizada para seleção da amostra. ( ) População.

Marque a alternativa que contém a sequência **CORRETA** de respostas, na ordem de cima para baixo:

(A) 4, 2, 3, 1.

(B) 2, 1, 4, 3.

(C) 3, 2, 1, 4.

(D) 2, 3, 4, 1.

Resolução

Sabe-se que

(2) Consumo de litros de água por funcionário é uma Variável contínua;

(3) 50 funcionários selecionados aleatoriamente é uma Amostra;

(4) Amostragem é uma Técnica utilizada para seleção da amostra;

(1) a quantidade total de funcionários da empresa é a População em estudo.

Gabarito "D"

(Soldado – PM/MG – PMMG – 2018) Analise a tabela de distribuição de frequência abaixo: TABELA: anos de serviço na PM, militares do 185º BPM, dezembro de 2017:

Classe	f	fac	fr %	frac %
0 ⊢ 5	A	41	20,50	20,50
5 ⊢ 10	48	B	24,00	44,50
15 ⊢ 20	61	150	C	75,00
20 ⊢ 25	31	181	15,50	D
25 ⊢ 30	19	200	9,50	100,00
Total	200	-----	100,00	-----

FONTE: Dados e informações fictícias

Sabe-se que f é a frequência absoluta, fac é a frequência absoluta acumulada, fr% é a frequência relativa (percentual) e frac% é a frequência relativa (percentual) acumulada. Considerando as informações da tabela, é **CORRETO** afirmar que os valores de A, B, C, D, são respectivamente:

(A) 41; 89; 30,50; 90,50.

(B) 48; 89; 30,50; 25,00.

(C) 41; 61; 25,00; 90,50.

(D) 48; 79; 44,50; 90,50.

1ª solução

1) Na coluna **f** tem-se o total, 200, deve ser a soma dos valores da coluna, ou seja,

200 = A + 48 + 61 + 31 + 19

200 = A + 159

A = **41**

2) o valor B é a soma A + 48 = 41 +48 = **89** por ser a soma das frequências das classes 0 ⊢ 5 e 5 ⊢ 10.

3) Na coluna **fr %** tem-se o total, 100, deve ser a soma dos valores da coluna, ou seja,

100 = 20,50 + 24 + C + 15,50 + 9,50

100 = C + 69,50

C = **30,50**

D = 75 + 15,50 = **90,50** por ser a soma das frequências acumuladas das classes 0 ⊢ 5 e 5 ⊢ 10.

Gabarito "A"

(Soldado – PM/PB – 2015 – IBFC) A probabilidade de se acertar, na primeira tentativa, o segredo de um cofre composto por 3 dígitos não repetidos dentre os números 3,4,5,6,8, sabendo-se que o segredo começa por um número par é de:

(A) $\frac{1}{75}$

(B) $\frac{1}{36}$

(C) $\frac{1}{40}$

(D) $\frac{1}{60}$

Resolução

Têm- se 3 números pares: 4, 6 e 8.

1) Para o 1º dígito igual a 4, há $A_{3,2}$ (arranjos de 3 elementos 2 a 2) = 4x3x2 = 12 possibilidades para os dois outros dígitos:

Para os números: 3, 5, 6, 8 tem-se: 35, 36, 38, 53, 56, 58, 63, 65, 68, 83, 85, 86

Observe que se trata de arranjos e não de combinações que dariam penas os números

35, 36, 38, 56, 58, 68.

2) Para o 1º dígito igual a 6 ou 8 também teríamos 12 possibilidades cada.

perfazendo o total de 3x12 = 36 casos possíveis e a probabilidade de se acertar, na primeira tentativa, o segredo é de $\frac{1}{36}$. => Letra B

Gabarito "B"

(Soldado – PM/PB – 2015 – IBFC) Uma professora pretende formar 2 grupos com seus 7 alunos, sendo que o primeiro grupo terá 4 alunos e o outro 3 alunos. O total desses 2 grupos que a professora poderia formar com seus alunos, todos eles diferentes, é igual a:

(A) 420

(B) 35

(C) 840

(D) 210

Resolução

Para formar um grupo com 4 alunos há $C_{7,4} = C_{7,3} = \frac{7.6.5}{3.2.1} = 35$ possibilidades. => Lera B

E o outro grupo terá os 3 alunos restantes.

Gabarito "B"

(Soldado – PM/PB – 2015 – IBFC) Numa urna há 6 bolas amarelas numeradas de 1 a 6 e 5 bolas vermelhas numeradas de 2 a 6. A probabilidade de sortearmos uma bola de tal modo que ela tenha um número par ou um número maior que 3 é:

(A) $\frac{8}{11}$

(B) $\frac{7}{11}$

(C) $\frac{9}{11}$

(D) $\frac{6}{11}$

Resolução

Seja **A** o evento "bola com número par" e **B** o evento "bola com número maior que 3".

Tem-se

. probabilidade de ocorrer A é igual a P(A) = $\frac{6}{11}$ pois há 6 bolas pares num total de 11 bolas.

. probabilidade de ocorrer B é igual a P(B) = $\frac{6}{11}$ porque há 6 bolas com número > 3 num total de 11 bolas.

Seja $P(A \cap B)$ a probabilidade de ocorrer a interseção dos eventos A e B, isto é, bola par **e** com número > 3.

$P(A \cap B)$ é igual a $\frac{4}{11}$ pois há 2 bolas amarelas pares > 3 e 2 bolas vermelhas pares > 3.

Assim,

A probabilidade de uma bola com número par ou um número maior que 3 é:

$P(A \cup B)$ $P(A + P(B) - P(A \cap B)$

$P(A \cup B) = \frac{6}{11} + \frac{6}{11} - \frac{4}{11} = \frac{8}{11}$ => Letra A

Gabarito "A"

(Soldado – PM/PB – 2015 – IBFC) Dentre os três primeiros colocados numa corrida sabe se que: André não foi o primeiro colocado, Bernardo foi o primeiro ou terceiro colocado e Celso não foi o segundo colocado. Nessas circunstâncias, pode-se afirmar corretamente que:

(A) Bernardo foi o primeiro colocado.

(B) Celso foi o primeiro colocado.

(C) Celso foi o terceiro colocado.

(D) André foi o segundo colocado.

Resolução

Tem-se que André foi o 2º ou o 3º colocado e Bernardo e Celso ficaram em 1º ou 3º lugar.

Suponha André em 3º lugar.

Logo, Bernardo ficaria em 1º mas Celso ficaria em 2º contrariando o enunciado.

Portando, André em 2º lugar. => Letra D

Gabarito "D"

(Soldado – PM/MG – PMMG – 2018) O 150º Batalhão é responsável pela 301ª CIA PM, 302ª CIA PM, 303ª CIA PM e 304ª CIA PM. Nesse Batalhão, no ano de 2017, todas as CIAS PM obtiveram redução percentual (%) nos crimes em relação ao ano de 2016. Com base nas informações contidas no gráfico abaixo, marque a alternativa **CORRETA**.

GRÁFICO: crimes na área do 150º BPM, por CIA PM – 2016 a 2017:

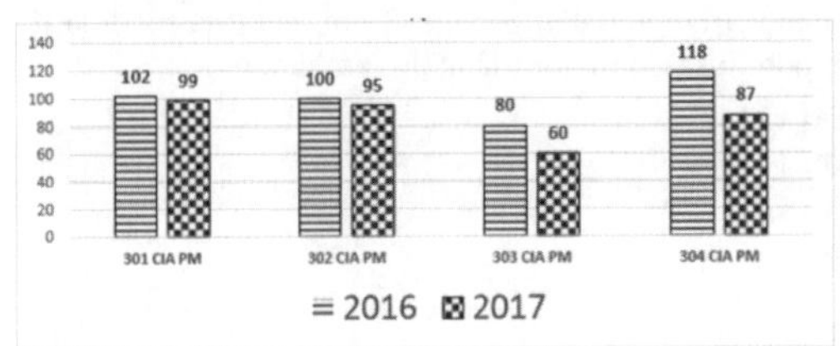

FONTE: Dados e informações fictícias

(A) A 301ª CIA PM obteve maior redução percentual que a 304ª CIA PM.

(B) A 303ª CIA PM conseguiu reduzir os crimes em 25%.

(C) A 303ª CIA PM obteve menor redução percentual que a 302ª CIA PM.

(D) A 302ª CIA PM conseguiu reduzir os crimes em 12%.

Resolução

Calcula-se a redução percentual de cada CIA PM:

A 301ª CIA PM reduziu 102 – 99 = 3 que, por Regra de Três, foi de

3 -- 102

X -- 100 => X = 300/102 = 2,84%

302ª CIA PM

100 – 95 =5 = redução percentual de 5%

303ª CIA PM

80 – 60 = 20

20 -- 80

X -- 100 => X = 2000/80 = 25%

304ª CIA PM

118 - 87 = 31

31 -- 118

X -- 100 => X = 3100/118 = 26,27%

Gabarito "B"

(Soldado – PM/SE – IBFC – 2018) O número 33 está descrito na base decimal. Assinale a alternativa que apresenta esse mesmo número descrito na base 8 (octal):

(A) 14

(B) 37

(C) 55

(D) 41

Resolução

Para se calcular 33_8, faz-se as divisões sucessivas por 8 e pegam-se os restos de cada divisão, a partir do último resultado:

33 | 8
1 4 | 8
4 0 => 041

Gabarito "D"

(Soldado – PM/SE – IBFC – 2018) Um número é composto por 3 algarismos sendo que o algarismo da centena é o 7 e o da unidade é o 4. A soma dos possíveis algarismos da dezena desse número de modo que ele seja divisível por 3 é:

(A) 15

(B) 18

(C) 12

(D) 9

Resolução

Seja 7D4 a representação do número.

Para que esse número de ser por 3 é necessário que a soma de seus algarismos seja um múltiplo de 3, ou seja,

3 deve dividir (7 + D + 4)

ou

3 deve dividir (D + 11)

Têm-se os valores possíveis para D:

1; 4 e 7

Cuja soma é

1 + 4 + 7 = 12

Gabarito "C"

(Soldado – PM/SE – IBFC – 2018) Um comerciante vende balas em pacotinhos, sempre com a mesma quantidade. Ao fazer isso, percebeu que dentre as balas que possuía poderia colocar 8, 12 ou 20 balas em cada pacote. Nessas condições, assinale a alternativa que apresenta o número mínimo de balas que o comerciante dispunha:

(A) 120

(B) 240

(C) 360

(D) 60

Resolução

Deve-se calcular o M.D.C.(máximo divisor comum) de 8, 12 e 20.

Assim,

8, 12, 20 | 2
4, 6, 10 | 2
2, 3, 5 | 2
1, 3, 5 | 3
1, 1, 5 | 5 ->
1, 1, 1 | 1

M.D.C. = 2^3 x 3 x 5

Gabarito "A"

(Soldado – PM/SE – IBFC – 2018) Um azulejista deve cobrir uma parede de forma retangular de dimensões 3 metros por 4,5 metros, ele dispõe de azulejos de forma quadrada com lado medindo 15 cm. Nessas circunstâncias, o número mínimo de peças de azulejo que o azulejista vai precisar para cobrir totalmente a parede é:

(A) 6000

(B) 3000

(C) 900

(D) 600

1ª solução

A área a ser coberta mede 3m x 4,5m = 13,5 m² = 13,5m²

A área de cada azulejo mede 15cm x 15cm = 0,15m x 0,15m = 0,0225 m²

Vai precisar, então, de

$$\frac{13,5}{0,0225} = \frac{135.000}{225} = \frac{27.000}{45} = \frac{3.000}{45} = 600$$

2ª solução

A área a ser coberta mede 300cm x 450cm = 135.000 cm²

A área de cada azulejo mede 15cm x 15cm = 225 cm²

Vai precisar, então, de

$$\frac{135.000}{225} = \frac{27.000}{45} == \frac{3.000}{45} = 600$$

Gabarito "D"

(Soldado – PM/SE – IBFC – 2018) A razão entre o número de candidatos aprovados e do número de candidatos reprovados num concurso é de 3 para 14. Se 840 candidatos foram reprovados no concurso, então o total de candidatos que fizeram o concurso foi:

(A) menos que 900
(B) entre 920 e 980
(C) entre 990 e 1030
(D) mais que 1040

Resolução

Tem-se

$$\frac{\text{Aprovados}}{\text{Reprovados}} = \frac{3}{14}$$

Mais Reprovados = 840.

Logo,

$$\frac{\text{Aprovados}}{840} = \frac{3}{14}$$

$$\text{Aprovados} = \frac{3x840}{14} = 180$$

Então, o total de candidatos que fizeram o concurso foi de

840 + 180 = 1.020

Gabarito "C"

(Soldado – PM/SE – IBFC – 2018) José perguntou ao seu avô Pedro, que é professor de matemática, com que idade ele se formou na faculdade. Pedro disse ao neto que sua idade era o produto entre as raízes da equação $x^2 - 10x + 21 = 0$. Nessas condições, assinale a alternativa que apresenta a idade que Pedro se formou na faculdade:

(A) 18
(B) 21
(C) 24
(D) 27

1ª solução

Pelas Relações de Girard, sabe-se que o produto das raízes é o termo independente 21.

Logo,

a idade que Pedro se formou na faculdade foi 21 anos.

2ª solução

Cálculo das raízes da equação:

$$x = \frac{10 \pm \sqrt{100-4x21}}{2} = \frac{10 \pm \sqrt{100-84}}{2} = \frac{10 \pm \sqrt{16}}{2} = \frac{10 \pm 4}{2}$$

Raízes:

$x_1 = 7$ e $x_2 = 3$

Produto das raízes:

7x3 = 21

E a idade que Pedro se formou na faculdade foi 21 anos.

Gabarito "B"

(Soldado – PM/SE – IBFC – 2018) Dois triângulos retângulos são semelhantes na razão 2/3. Se as medidas dos catetos do menor triângulo são 6 cm e 8 cm, então a medida da hipotenusa do maior triângulo, em cm, é:

(A) 12
(B) 15
(C) 10
(D) 18

1ª solução

A razão de semelhança é $k = \frac{2}{3}$.

Uma vez que os catetos do menor triângulo têm medidas 6 cm e 8 cm, tem-se que sua hipotenusa **a** mede

$a^2 = 6^2 + 8^2 = 36 + 64 = 100$

a = 10

tem-se que a hipotenusa **a** do menor triângulo está para a hipotenusa **A** do maior triângulo na razão k, ou seja,

$$\frac{a}{A} = k$$

$$\frac{10}{A} = \frac{2}{3}$$

A = 15

2ª solução

Tem-se

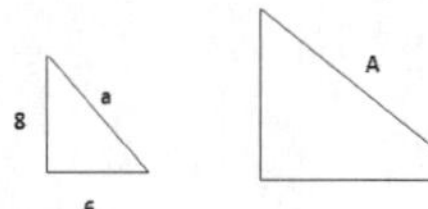

a =10 e

$$\frac{a}{A} = k$$

$$\frac{10}{A} = \frac{2}{3}$$

A = 15

Gabarito "B"

(Soldado – PM/SE – IBFC – 2018) Os pontos de coordenadas (-3, 2) e (1, 10) são elementos de uma função de primeiro grau. Então para que o ponto (x, 6) seja um elemento dessa função, o valor de x deve ser:

(A) – 1
(B) 1
(C) 2
(D) – 2

1ª solução

A função de primeiro grau tem por expressão

y = ax + b

Uma vez que os pontos de coordenadas (-3, 2) e (1, 10) são elementos da função, tem-se

$$\begin{cases} 2 = -3a + b \text{ (i)} \\ 10 = 1a + b \text{ (ii)} \end{cases}$$

Subtraindo (i) de (ii), obtém-se

$8 = 4a$
$a = 2$

Substituindo o valor de a em (ii), encontra-se
$10 = 2 + b$
$b = 8$

Logo, A função é
$y = 2x + 8$

Assim, para que o ponto (x, 6) seja um elemento dessa função, deve-se ter

$6 = 2x + 8$
$2x = -2$
$x = -1$

2ª solução (não recomendável)

Ao plotar a função tem-se

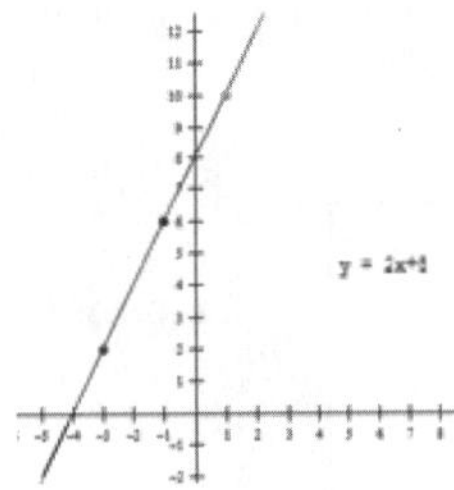

observa-se que o ponto (x, 6) corresponde ao ponto (-1, 6).
Daí,

$x = -1$
Gabarito "A"

(Oficial – PM/SP – 2016 – VUNESP) No auditório de uma empresa, há um total de 360 assentos, e, no início de uma palestra, as pessoas presentes ocupavam 4/5 do número total desses assentos. Após alguns minutos do início da palestra, chegaram mais algumas pessoas, e, dessa forma, 5/6 do número total de assentos ficaram ocupados. O número de pessoas que chegaram após o início da palestra foi

(A) 8.
(B) 10.
(C) 12.
(D) 14.
(E) 16.

No início foram ocupados 4/5 de 360 = 288 assentos.
Mais tarde houve ocupação de 5/6 de 360 = 300 assentos.
Assim, O número de pessoas que chegaram após o início da palestra foi de 300 – 288 = 12 pessoas.
Gabarito "C"

(Oficial – PM/SP – 2016 – VUNESP) Considerando-se o número total de participantes de um congresso, constatou-se que 40% eram mulheres, sendo 15% delas estrangeiras, e que, entre os homens, 360 eram estrangeiros. Se o número total de estrangeiros nesse congresso, entre homens e mulheres, corresponde a 30% do número total de participantes, então o nú- mero total de participantes desse congresso é

(A) 2 000.
(B) 1 800.
(C) 1 650.
(D) 1 500.
(E) 1 350.

Seja **T** o total de participantes e E o número de estrangeiros.
Pelo enunciado tem-se E = 30% de T, ou seja, E = 0,3T
Tem-se, ainda,
Mulheres estrangeiras = 0,4T x 0,15 = 0.06T.
Homens estrangeiros = 360.
Logo, o total de estrangeiros é de
0,3T = 0.06T + 360
Ou
360 = 0,3T - 0.06T
360 = 0,24T

$$T = \frac{360}{0,24} = \frac{36.000}{24} = 1.500$$

Gabarito "D"

(Oficial – PM/SP – 2016 – VUNESP) Em uma gráfica, cinco máquinas, todas com a mesma capacidade de produção, imprimem juntas um lote de folhetos em 6 horas. O número de horas necessárias para imprimir dois lotes desses folhetos, utilizando apenas três máquinas, é

(A) 21.
(B) 20.
(C) 19.
(D) 18.
(E) 17.

Tem-se a regra de três composta

Máquinas	horas	lotes
5	6	1
↓ 3	↑ X	↑ 2

Invertendo os valores que não são diretamente proporcionais, tem-se

3	6	1
5	X	2

Assim,

$$X = \frac{5x6x2}{3x1}$$

X = 20h.
Gabarito "B"

(Oficial – PM/SP – 2016 – VUNESP) Para uma festa, foram compradas várias garrafas de vinhos, porém de tipos e preços diferentes, conforme mostra a tabela.

Tipos	Quantidade de garrafas	Preço unitário
A	6	R$ 22,00
B	8	R$ 19,00
C	12	?
D	4	R$ 25,00

Considerando-se o número total de garrafas compradas, na média, o preço de uma garrafa saiu por R$ 20,00. O número máximo de garrafas de vinho do tipo C que poderiam ser compradas com R$ 300,00 é

(A) 14.
(B) 15.
(C) 16.

(D) 17.

(E) 18.

Tem-se

Tipo	Quantidade de garrafas	Preço unitário
A	6	22
B	8	19
C	12	p
D	4	25
total	30	t

As 30 garrafas saíram, na média, por 20,00 cada, ou seja,
t/30 = 20
t = 600
Porém,
t = 6 x 22 + 8 x 19 + 12p + 4 x 25
t = 132 + 152 + 12p + 100
600 = 384 + 12p
12p = 216
p = 18
Cada garrafa de C custou R$ 18,00.
Assim, o número máximo de garrafas de vinho do tipo C que poderiam ser compradas com
R$ 300,00 é de
300/18 ~ 16
Gabarito "C".

(Oficial – PM/SP – 2016 – VUNESP) A sequência de números inteiros (x –1), y, 5, z está em ordem crescente. Sabendo-se que a soma de todos eles é 10, que x + y = –1 e que y – z = –5, o valor de x • y é igual a

(A) -5.

(B) -6.

(C) 1.

(D) 5.

(E) 6.

(x – 1) + y + 5 + z = 10
x + y + z = 6
Como x + y = -1, tem-se
-1 + z = 6
z = 7
Sendo y – z = -5, encontra-se
y – 7 = -5
y = 2
Com isso,
x = -1 – y
x = -3
Finalmente,
x.y = -3.2 = =-6.
Gabarito "B".

(Oficial – PM/SP – 2016 – VUNESP) Um capital A, aplicado a juro simples com taxa de 0,9% ao mês, rende o triplo de um capital de R$ 600,00, também aplicado a juro simples com taxa de 1,2% ao mês, por um

tempo que corresponde a 1/3 do tempo de aplicação do capital A. O valor do capital A é

(A) R$ 660,00.

(B) R$ 700,00.

(C) R$ 720,00.

(D) R$ 770,00.

(E) R$ 800,00.

J = 3(600 x 0,012)t
J = 21,60t
A x 0,09t = 21,6t
A = 240t
Tem-se
Juros do capital A
A x 0t_A x 0,9% = 3 x 600 x t x 1,2%

$$A = \frac{3x600 \times 1,2t}{0,9t_A}$$

Mas t = 1/3 de t_A

Então

$$A = \frac{3x600 \times 1,2(\frac{1}{3})t_A}{0,9t_A}$$

A = 800,00
Gabarito "E".

(Oficial – PM/SP – 2016 – VUNESP) Um terreno retangular ABCD terá 20% de sua área destinada à construção de um galpão BCEF, conforme mostra a figura.

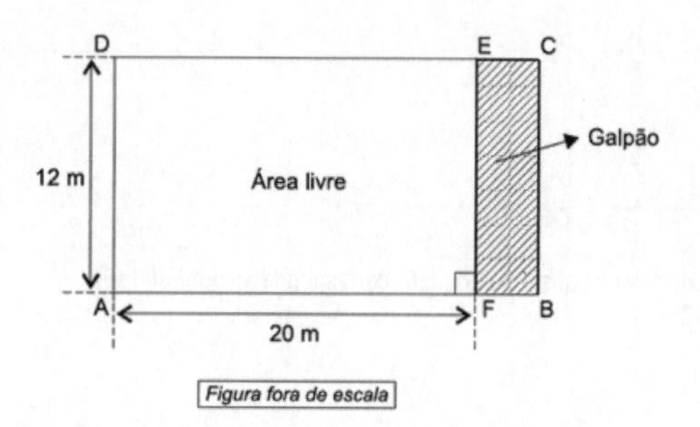

O perímetro do terreno ABCD excede o perímetro do galpão em

(A) 40 m.

(B) 35 m.

(C) 30 m.

(D) 25 m.

(E) 20 m.

Sendo g o lado FB, então
A área do galpão = 20% de da área do terreno ABSC, isto é
12g = 0,2 x 12(g + 20)
g = 0,2(g + 20)
g = 0,2g + 4
0,8g = 4
g = 5m
Logo, tem-se
Perímetro do terreno = 2 x 12 + 2 x 25 24 + 50 = 74
Perímetro do galpão = 2 x 12 + 2 x 5 = 24 + 10 = 34
E o Perímetro do terreno excede o perímetro do galpão em 74 – 34 = 40m.
Gabarito "A".

(Oficial – PM/SP – 2016 – VUNESP) Um reservatório na forma de um cubo, com 5 m de aresta, conforme mostra a figura 1, está completamente cheio de água. Toda essa água será transferida para outro reservatório que tem a forma de um prisma reto de base quadrada, com 4 m de lado e 10 m de altura, conforme mostra figura 2.

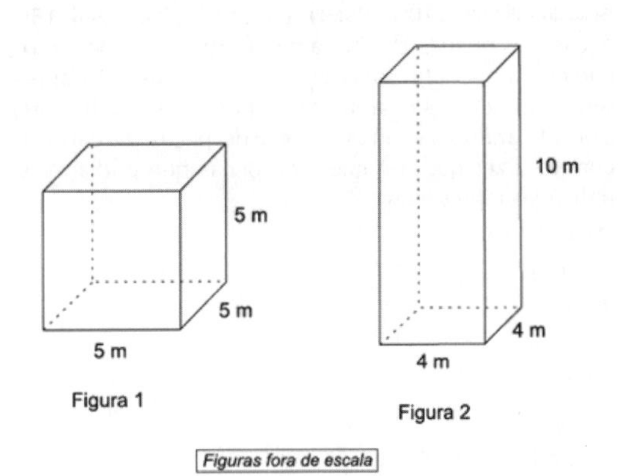

A altura aproximada, em metros, que a água atingirá no reservatório da figura 2 será de

(A) 8,7.

(B) 8,3.

(C) 7,8.

(D) 6,7.

(E) 5,8.

Volume do cubo = 5^3 = 125 m^3.
No prisma terá a altura de
125 = 4x4xh
h = 125/16
h = 7,81m
Gabarito "C"

(Oficial – PM/SP – 2016 – VUNESP) Para organizar o estoque de uma empresa, várias placas quadradas de borracha, cada uma delas com 40 cm de lado, nas cores azul (Az) e amarela (Am), foram coladas horizontalmente, uma ao lado da outra em uma parede com 28 m de comprimento, formando uma linha reta, conforme mostra a figura.

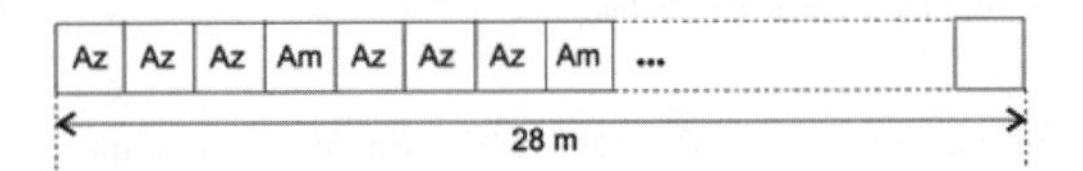

Sabendo que essa sequência de placas foi iniciada com três placas azuis seguidas de uma placa amarela, que esse padrão de cores das quatro primeiras placas se manteve ao longo dos 28 m da parede e que não há espaço entre as placas, é correto afirmar que o número de placas azuis utilizadas foi

(A) 50.

(B) 51.

(C) 52.

(D) 53.

(E) 54.

1ª solução
Na parede caberão 2.800cm / 40cm = 70 placas.
Cada conjunto de 4 placas tem uma Amarela e, portanto, há 70/4 = 17 Amarelas
Logo, haverá 70 – 17 = 53 Azuis.

2ª solução
Cabem 70/4 = 17 conjuntos de 3 Az e 1 Am, num total de 17 x 160cm = 27,20 m.
Há mais 2 placas Az para perfazer o total de 28m.
Logo,
Total de azuis = '7x3 + 2 = 53 placas. => Letra D
Gabarito "D"

(Soldado – PM/SP – 2017 – VUNESP) A tabela mostra a movimentação da conta corrente de uma pessoa em determinado dia.

	valores em real
Saldo no início do dia	+530,00
Pagamento de boleto	−424,00
Depósito	+280,00
Saque	X
Depósito	+310,00
Saldo no final do dia	Y

Sabendo-se que o saldo, no final do dia, era positivo e correspondia a 20% do valor do saldo do início do dia, então o valor de X, em reais, é

(A) 480,00.

(B) 590,00.

(C) 620,00.

(D) 410,00.

(E) 530,00.

Tem-se Y = 20% de +530 = +106.
e
Y = +530 - 424 + 280 + X + 310
106 = 696 + X
X = 590,00
Gabarito "B"

(Soldado – PM/SP – 2017 – VUNESP) Um carro parte da cidade A em direção à cidade B e, após percorrer 1/8 da distância entre as duas cidades, passa pelo 1o pedágio. Percorre mais 1/5 da distância entre as duas cidades e passa pelo 2o pedágio. Se a distância entre o 2o pedágio e a cidade B é de 459 km, então a distância percorrida entre a cidade A e o 1o pedágio, em km, é

(A) 105.

(B) 95.

(C) 85.

(D) 125.

(E) 115.

Seja d a distância entre as duas cidades.
1° pedágio: d/8
2° pedágio: d/8 + d/5 = 13d/40
Tem-se que
d – 13d/40 = 459
27d/40 = 459
d/40 = 17
d = 680 km
distância entre a A e o 1° pedágio tem o valor de
d/8 = 85km
Gabarito "C"

(Soldado – PM/SP – 2017 – VUNESP) Um escritório comprou uma caixa de envelopes e irá dividi-los em pequenos pacotes, cada um deles com o mesmo número de envelopes. Se em cada pacote forem colocados ou 8 envelopes, ou 9 envelopes, ou 12 envelopes, não restará envelope algum na caixa. Sabendo-se que, nessa caixa, há menos de 400 envelopes, então o número máximo de envelopes dessa caixa é

(A) 342.

(B) 360.

(C) 288.

(D) 385

(E) 256

O mínimo múltiplo comum(MMC) de 8, 9 e 12 é 72.

Cálculo:

8, 9 e 12	2
4, 9, 6	2
2, 9. 3	2
1, 9, 3	3
1, 3, 1	3
1, 1, 1	MMC = $2^3 \times 3^2 = 8 \times 9 = 72$

Assim, para até 400 envelopes, o número máximo de pacotes é de 400/72 = 5 pacotes, cada um eles com 72 envelopes.

Logo, o número máximo de envelopes dessa caixa é de 5 x 72 = 360 envelopes.

Gabarito "B".

(Soldado – PM/SP – 2017 – VUNESP) Em um armário, a razão entre o número de gavetas vazias e o número de gavetas ocupadas é 1/9 . Após se esvaziarem duas gavetas que estavam ocupadas, a razão entre o número de gavetas vazias e o número de gavetas ocupadas passou a ser 1/5. Sendo assim, o número de gavetas ocupadas nesse armário passou a ser

(A) 25.

(B) 21.

(C) 19.

(D) 28.

(E) 16.

Seja V o número inicial de gavetas vazias e Oc o de gavetas ocupadas.

Tem-se

$$\frac{V}{Oc} = \frac{1}{9} \text{ ou } Oc = 9V$$

Esvaziaram duas gavetas que estavam ocupadas:

$$\frac{V+2}{Oc-2} = \frac{1}{5}$$

Ou

$$\frac{V+2}{9V-2} = \frac{1}{5}$$

5V = 10 = 9V – 2

4V = 12

V = 3 e, consequentemente, Oc = 27.

Com o esvaziamento de 2 gavetas, o número de gavetas ocupadas nesse armário passou a ser

27-2 = 25.

Gabarito "A".

(Soldado – PM/SP – 2017 – VUNESP) Em uma caixa, havia 150 peças, das quais 30% estavam enferrujadas e, portanto, não podiam ser utilizadas. Das demais peças, 20% apresentavam defeitos e também não podiam ser utilizadas. Considerando-se o número total de peças da caixa, é correto dizer que o número de peças que podiam ser utilizadas representava

(A) 48%.

(B) 40%.

(C) 56%.

(D) 44%.

(E) 52%.

Tem-se

Peças enferrujadas: 30% de 150 = 45 e

20% de (150 – 45) = 20% de 105 = 21 com defeitos,

em um total de 45 + 21 = 66 peças não utilizáveis.

Assim, o número de peças que podiam ser utilizadas era de 150 – 66 = 84, que representava

84/150 = 0.56 = 56% do número total de peças da caixa.

Gabarito "C".

(Soldado – PM/SP – 2017 – VUNESP) Para percorrer um determinado trecho de estrada, um carro com velocidade constante de 80 km/h gasta 45 minutos. Se esse carro percorresse esse mesmo trecho com velocidade constante de 100 km/h, gastaria

Dado: quilômetros por hora (km/h) expressa o número de quilômetros percorridos em uma hora

(A) 32 minutos.

(B) 42 minutos.

(C) 39 minutos.

(D) 36 minutos.

(E) 30 minutos.

Uma vez que e = vt (distância = velocidade x tempo), tem-se

e = 80 x (45/60)

e = 60km.

Com velocidade constante de 100km/h, gastaria

t = e/v = 60/100 h 6/10h = 36min.

Gabarito "D".

(Soldado – PM/SP – 2017 – VUNESP) A média aritmética das idades dos cinco jogadores titulares de um time de basquete é 22 anos. Um dos jogadores titulares desse time, que tem 20 anos de idade, sofreu uma lesão e foi substituído por outro jogador, o que fez com que a nova média das idades dos cinco jogadores do time titular passasse a ser de 23 anos. Então, a idade do jogador que substituiu o jogador lesionado é

(A) 25 anos.

(B) 24 anos.

(C) 22 anos.

(D) 21 anos.

(E) 23 anos.

Sendo S a soma das idades, tem-se S/5 = 22, ou S =110

Com a saída do jogador de 20 anos e a entrada de um com x anos de idade, tem-se

$$\frac{S - 20 + x}{5} = 23$$

$$\frac{110 - 20 + x}{5} = 23$$

$$\frac{90 + x}{5} = 23$$

90 + x = 115

x = 25 anos

Gabarito "A"

(Soldado – PM/SP – 2017 – VUNESP) Uma loja tem uma caixa cheia de tapetes e irá formar com eles pilhas, cada uma delas com o mesmo número de tapetes. Se forem colocados 12 tapetes em cada pilha, não restará tapete algum na caixa; e, se forem colocados 15 tapetes em cada pilha, serão feitas 2 pilhas a menos, e também não restará tapete algum na caixa. Assim, o número de tapetes que há na caixa é

(A) 150.
(B) 210.
(C) 90.
(D) 180.
(E) 120

O mínimo múltiplo comum (MMC) de 12 e 15 é 60.

Cálculo:

12, 15	2
6, 15	2
3, 15	3
1, 5	5
1, 1	MMC = 4x3x5 = 60

P12: Ou seja, o número de tapetes é múltiplo de 60: 60x.

Tem-se, ainda,

P12 = pilhas de 12 tapetes

P15 = pilhas de 15

Com

P15 = P12 – 2

60x/15 = 60x/12 -2

4x = 5x – 2

x = 2

Logo, o número de tapetes é 60x = 120.

Gabarito "E"

(Soldado – PM/SP – 2017 – VUNESP) Uma pessoa comprou empadas e coxinhas, num total de 30 unidades, e pagou R$ 114,00. Sabendo-se que o preço de uma empada é R$ 3,50 e o preço de uma coxinha é R$ 4,00, então o número de coxinhas compradas foi

(A) 14.
(B) 16.
(C) 18.
(D) 12.
(E) 20.

Seja e o número de empadas e c o de coxinhas.

Tem-se

e + c = 30 (I) e

3,5e + 4c = 114 (II).

Multiplicando-se a equação I por 3,5 e subtraindo de II, obtém-se

0,5c = 114 – 105

0,5c = 9

c = 18

Gabarito "C"

(Soldado – PM/SP – 2017 – VUNESP) A tabela mostra o tempo de cada uma das 4 viagens feitas por um ônibus em certo dia.

Viagens	Tempo gasto
1ª	1 hora e 20 minutos
2ª	1 hora e 15 minutos
3ª	1 hora e 20 minutos
4ª	?

Se o tempo total gasto nas 4 viagens juntas foi de 5 horas e 25 minutos, então o tempo gasto na 4a viagem foi de

(A) 1 hora e 20 minutos.
(B) 1 hora e 30 minutos.
(C) 1 hora e 10 minutos.
(D) 1 hora e 15 minutos.
(E) 1 hora e 25 minutos.

Tem-se, sendo x o tempo gasto na 4ª viagem,

5h25min = 1h20 min + 1h15min + 1h20min + x

5h25min = 3h55min + x

x = 5h25min - 3h55min ou

x = 4h85min - 3h55 min

x = 1h30 min

Gabarito "B"

(Soldado – PM/SP – 2017 – VUNESP) Para uma reunião, foram preparados 5 litros de café. Após o consumo de 75% desse café, o restante foi dividido igualmente em 2 garrafas térmicas. Assim, a quantidade de café, em mL, contida em uma garrafa térmica era de

(A) 650.
(B) 625.
(C) 575.
(D) 675.
(E) 600.

Uma vez que 75% de 5L = 3,75L, tem-se que sobraram 5 – 3,75 = 1,25L (1,25L = 1.250mL)

de café que forram divididos em 2 garrafas:

$$\frac{1.250}{2} = 625mL$$

Gabarito "B"

(Soldado – PM/SP – 2017 – VUNESP) A figura mostra duas salas, A e B, ambas retangulares, com medidas em metros.

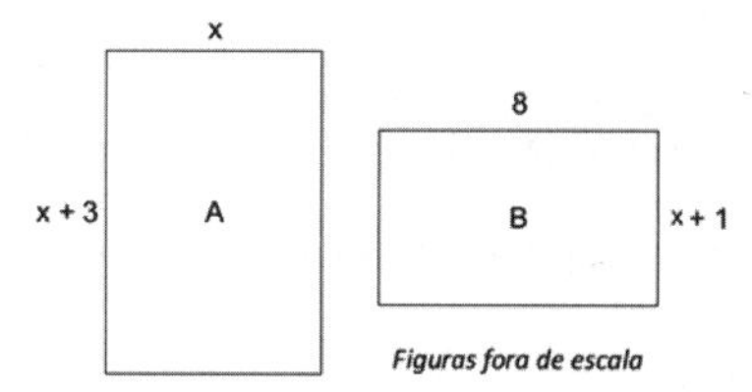

Figuras fora de escala

Sabendo-se que as duas salas têm o mesmo perímetro, pode-se afirmar que a área da sala A, em m^2, é

(A) 52.
(B) 56.
(C) 50.
(D) 54.
(E) 48.

Resolução
Perímetro da sala A = 2x + 2(x + 3) = 2x + 2x + 6 = 4x + 6
Da sala B = 2x8 + 2(x + 1) = 16 + 2x + 2 = 18 + 2x
Como os perímetros das duas salas são iguais, tem-se
4x + 6 = 18 + 2x
2x = 12
x = 6
Área da sala A = x(x + 3) = 6(9) = 54 m²
Gabarito "D".

Considerando o gráfico abaixo:

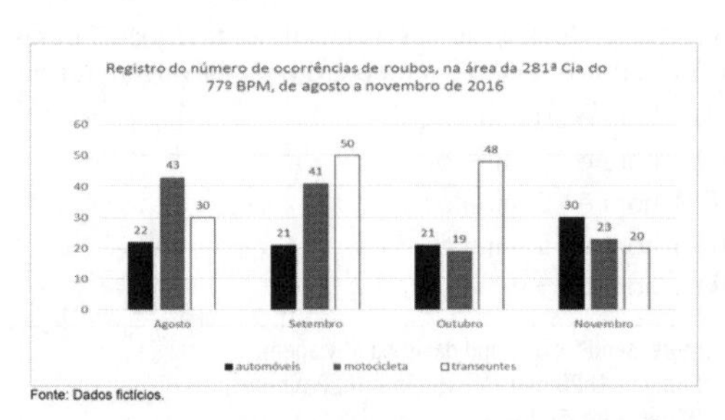

Fonte: Dados fictícios.

(Soldado – PM/MG – 2017 – PMMG) Observe as variações dos registros das ocorrências de roubo, mês a mês, ao longo do período descrito no gráfico acima e marque a alternativa CORRETA:

(A) Em todos os meses, a incidência maior é de roubo a transeuntes.

(B) Somente no mês de novembro houve a redução do número total de roubos.

(C) A incidência de roubos a transeuntes reduziu 4% no mês de outubro.

(D) Em todo o período considerado, o número de roubos a transeunte foi 54% maior que o número de roubos a automóveis.

Ao verificar as opções de resposta da questão, observa-se
(A) Errado pois só em setembro e outubro que a incidência maior é de roubo a transeuntes;
(B) Errado porque houve redução do número total de roubos em outubro e novembro:
ago 95
set 112
out **88**
nov **73**
(C) Correto: roubos a transeuntes reduziu de 50 para 48, ou seja, 4% de redução em outubro;
(D) Tem-se:
roubos a transeuntes: 30 + 50 + 48 + 20 = 148
roubos a automóveis: 22 + 21 + 21 + 30 = 94
Ou seja,
148/94 = 74/47 = 1,57 => 57 % maior.
Gabarito "C".

Analisando a distribuição de frequências abaixo:

Incidência de Febre Amarela em Sabinópolis, por idade, em anos, em 2016

Classes	F	PM	F %	Fac %
12 ⊢ 16	4	14	7,02	7,02
16 ⊢ 20	12	18	21,05	28,07
20 ⊢ 24	19	22	33,33	61,40
24 ⊢ 28	x	26	y	z
28 ⊢ 32	7	30	12,28	100,00
Total	57			

Fonte: Dados fictícios

Onde F é a frequência simples, PM é o ponto médio, F% é a frequência relativa e Fac% é a frequência acumulada relativa.

(Soldado – PM/MG – 2017 – PMMG) Marque a alternativa CORRETA:

(A) Para o cálculo do valor de x, basta somente considerarmos o PM da respectiva classe.

(B) Para calcularmos o valor de z, nunca se considera o valor de y.

(C) Para o cálculo de y, consideramos tão somente dois valores específicos da coluna de frequência simples.

(D) O valor da média ponderada está entre 21 e 22 anos de idade.

Ao verificar as opções de resposta da questão, observa-se
(A) Errado pois x é calculado pela diferença entre o total da frequência simples(57) e a soma das outras frequências da coluna: 4, 12, 19, 7 => x = 57 – 42 = 15;
(B) Errado pois z é calculado por 61,40 + y;
(C) Correto porque y é calculado a partir de x e 57;
(D) Errado pois a média ponderada = $\Sigma f_i PM_i)/\Sigma f_i$ = 1.290/57 = 22,63 anos.
Gabarito "C".

(Soldado – PM/MG – 2017 – PMMG) Com base na tabela abaixo, marque a alternativa CORRETA:

Distribuição conjunta da frequência dos formandos e seus respectivos graus de instrução nas capitais da Região Sudeste - 2016

Capitais	Ensino Fundamental	Ensino Médio	Ensino Superior	Total
Belo Horizonte	566	458	391	1415
Vitória	457	395	399	1251
Rio de Janeiro	455	400	357	1212
São Paulo	499	359	787	1645
Total	1977	1612	1934	5523

Fonte: Dados Fictícios

(A) O percentual de alunos que concluíram o ensino médio no Rio de Janeiro e São Paulo é maior que o percentual de alunos que concluíram o ensino médio em Vitória e no Rio de Janeiro.

(B) O percentual de alunos que concluíram o ensino superior no Rio de Janeiro e São Paulo é maior que o percentual de alunos que concluíram o ensino superior em Belo Horizonte.

(C) Levando-se em conta todos os níveis de escolaridade São Paulo possui a menor média dos concludentes.

(D) Levando-se em conta todos os níveis de escolaridade Vitória possui a menor média dos concludentes.

Ao verificar as opções de resposta da questão, observa-se
(A) Errado pois percentual em Rio de Janeiro e São Paulo = 759 x 100/1.612 é menor que percentual em Vitória e no Rio de Janeiro (795 x 200/1.612);
(B) Correto 1.144 x 100/1.934 > 391 x 100/1.934;
(C) Errado pois Rio de Janeiro tem a menor média = 1.212/5.523;
(D) Errado pois Rio de Janeiro tem a menor média = 1.212/5.523
Gabarito "B"

(Soldado – PM/MG – 2017 – PMMG) Em um concurso para Soldados da PMMG, os alunos fizeram provas de matemática, português, geografia e história. Os respectivos pesos das disciplinas eram: 10, 10, 08 e 08. Considerando que no concurso cada disciplina tinha 10 questões e um aluno obteve o seguinte número de acertos: 09 em matemática; 05 em português; 10 em geografia e 08 em história. Marque a alternativa CORRETA que apresenta a nota do aluno:

(A) 7,55
(B) 7,44
(C) 7,72
(D) 7,89

Tem-se
Soma dos notas x pesos:
9 x 10 + 5 x 10 + 10 x 8 + 8x 8 = 90 + 50 + 80 + 64 = 284
nota do aluno , portanto, calculada dividindo-se a Soma dos notas x pesos pela soma dos pesos,
284/36 = 71/9 = 7,89.
Gabarito "D"

(Soldado – PM/PI – 2017 - Nucepe) Toda a produção semanal de latas de suco de certa fábrica foi vendida a três lojas, aqui designadas por A, B e C. Para a loja A, foi vendido um terço da produção, para a loja B, foi vendido 40% da produção, e, para a loja C, foram vendidas 11.360 unidades. Qual a produção semanal de latas de suco dessa fábrica?

(A) 42.000 latas.
(B) 42.300 latas.
(C) 42.420 latas.
(D) 42.540 latas.
(E) 42.600 latas.

Sendo P a produção, tem-se
P = P/3 + 0,4P + 11.360
P – P/3 – 4P/10 = 11.360
(30P – 10P -12P)/30 = 11.360
8P = 30x11.360
42.600 latas
Gabarito "E"

(Soldado – PM/PI – 2017 - Nucepe) Saindo da rodoviária de certa cidade, dois ônibus percorrem trajetos que só têm a rodoviária como ponto comum: um deles vai para o aeroporto, em percurso que leva 30 minutos, e o outro para a estação de metrô, em percurso que leva 24 minutos. Para cada um dos ônibus, os trajetos de ida e volta consomem o mesmo intervalo de tempo. Considerando as viagens de ida e volta, e supondo que os dois ônibus saem da rodoviária no mesmo instante, quanto tempo depois eles voltam a se encontrar, pela primeira vez, no ponto de partida?

(A) 3 horas.
(B) 4 horas.
(C) 5 horas.
(D) 6 horas.
(E) 7 horas.

Um ônibus gasta, ida e volta, 48 minutos e o outro, 60 minutos.
O mínimo múltiplo comum (MMC) de 48 e 60 é 240.
Cálculo:
48, 60 | 4
12. 15 | 3
4, 5 | 4
1, 5 | 5
1, 1 | MMC = 4 x 3 x 4 x 5 = 240
Como 240 minutos são 4 horas, voltam a se encontrar, pela primeira vez, no ponto de partida 4 horas depois.
Gabarito "B"

(Soldado – PM/PI – 2017 - Nucepe) Na tabela a seguir, temos o consumo mensal de água de uma família, durante os cinco primeiros meses de 2017.

Mês	Consumo (em m³)
Janeiro	12,8
Fevereiro	13,5
Março	11,9
Abril	13,6
Maio	12,7

Se admitirmos que o preço do m3 de água é R$ 3,00, qual o valor médio, mensal, pago pelo consumo de água nessa família, nesses cinco meses?

(A) R$ 38,40
(B) R$ 38,50
(C) R$ 38,60
(D) R$ 38,70
(E) R$ 38,80

Consumo nos 5 meses:
12,8 + 13,5 + 11,9 + 13,6 + 12,7 = 64,5
Consumo médio = 64,5/5 = 12,9m³.
Valor médio, mensal 12,9 x 3 = R$ 38,70
Gabarito "D"

(Soldado – PM/PI – 2017 - Nucepe) Em uma expedição militar, 25 pessoas planejam levar alimento suficiente para 16 dias, contando com 3 refeições por dia. Próximo à data marcada para o início da expedição, 5 pessoas resolvem se juntar ao grupo inicial para participar da expedição. Se eles fizessem apenas 2 refeições por dia, para quantos dias a comida planejada inicialmente seria suficiente?

(A) 18 dias.
(B) 19 dias.
(C) 20 dias.
(D) 21 dias.
(E) 22 dias.

Tem-se a regra de três composta

Refeições por dia	participantes	dias
3	25	16
↓ 2	↑ 30	↓ X

Invertendo os valores que não são diretamente proporcionais, tem-se

3	30	16
2	25	X

Assim,

$$X = \frac{3 \times 25 \times 16}{2 \times 30}$$

X = 20h

Gabarito "C"

(Soldado – PM/PI – 2017 – Nucepe) Maria comprou um computador em 3 parcelas mensais e iguais de R$ 540,80, a primeira parcela paga no momento da compra. Se o preço do computador à vista era de R$ 1500,00, e se foram cobrados juros compostos de 4% ao mês, quanto Maria pagou de juros (em valores do momento da compra)?

(A) R$ 60,80
(B) R$ 60,70
(C) R$ 60,60
(D) R$ 60,50
(E) R$ 60,40

Os juros foram cobrados sobre 1.500 – 540,80 = 959,20 uma vez que a primeira parcela foi paga no momento da compra.
Tem-se, ao trazer o valor das parcelas para a data da compra,

$$F = 540{,}80 + \frac{540{,}80}{1{,}04} + \frac{540{,}80}{1{,}04^2}$$

F = 540,80 + 520 + 500
F = 1.560,80
Logo, Maria pagou de juros 1.560,80 – 1500 = 60,80

Gabarito "A"

(Soldado – PM/PI – 2017 - Nucepe) Uma praça é formada por um retângulo e dois semicírculos com diâmetros justapostos ao lado menor do retângulo. Os lados do retângulo medem 40 m e 30m. Uma calçada com 3 m de largura deve ser construída em torno de uma praça. Qual o valor total a ser pago por essa calçada, se o metro quadrado do pavimento é de R$ 30,00? A seguir, temos uma ilustração da situação, fora de escala. Obs.: adote a aproximação $\pi \cong 3{,}14$.

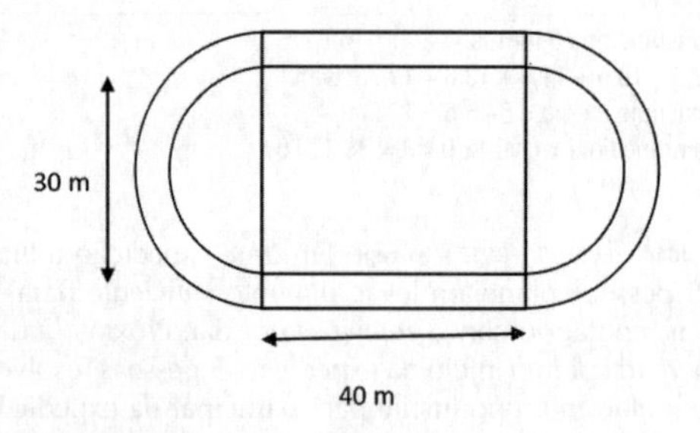

(A) R$ 16.525,40
(B) R$ 16.525,50
(C) R$ 16.525,60
(D) R$ 16.525,70
(E) R$ 16.525,80

Resolução
Tem-se

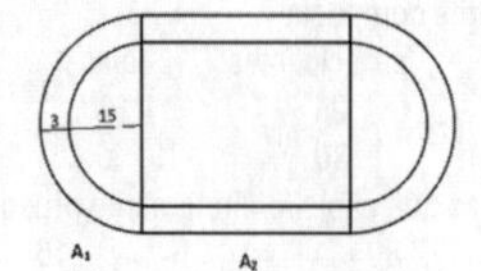

Ou

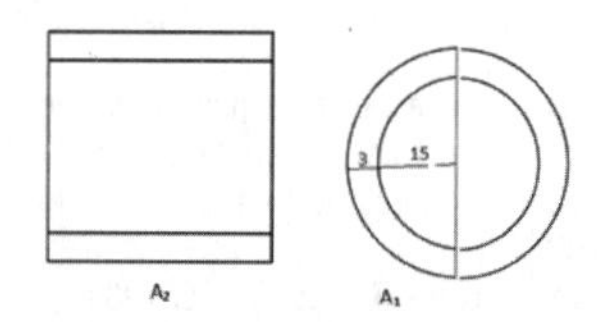

Áreas
$A_1 = \pi\,(18^2 - 15^2)$
$A_1 = 3{,}14\,(324 - 225)$
$A_1 = 3{,}14\,(324 - 225)$
$A_1 = 3{,}14 \times 99 = 310{,}86$
$A_2 = 2 \times 3 \times 40 = 240$

Área total a ser pavimentada:
310,86 + 240 = 550,86 m²
valor total a ser pago por essa calçada
350,86 x 30 = R$ 16.525,80

Gabarito "E"

(Soldado – PM/PI – 2017 - Nucepe) Para cercar um terreno retangular, com uma cerca formada por 3 fios, foram usados 114 m de arame. Se o terreno tem área medindo 78 m2, em quantos metros a largura do terreno excede sua altura? Admita que a largura do terreno é maior que sua altura, ambas medidas em metros.

(A) 6 m
(B) 7 m
(C) 8 m
(D) 9 m
(E) 10 m

Perímetro = 114/3 = 38m.
38 = 2(L+ A)
19 = L+ A ou L = 19 - A
Área = LA = 78
A(19 – A) = 78
19A – A² = 78
A² - 19A + 78 = 0

$$A = \frac{19 \pm \sqrt{19^2 - 4 \times 78}}{2}$$

$$A = \frac{19 \pm \sqrt{361 - 312}}{2}$$

$$A = \frac{19 \pm \sqrt{49}}{2}$$

$$A = \frac{19 \pm 7}{2}$$

$A_1 = 13$ e $A_2 = 6$
Para A = 6, tendo em conta que L > A, obtém-se
L = 19 – A = 19 – 6 = 13
Assim,
A largura do terreno excede sua altura em 13 – 6 = 7m

Gabarito "B"

(Soldado – CBM/GO – 2016 – Funrio) Considere a sentença *Se Mário é advogado, então Betina é pedagoga.*

A sentença lógica equivalente à lida é

(A) Mário é advogado ou Betina é pedagoga.
(B) Mário é advogado ou Betina não é pedagoga.
(C) Se Betina é pedagoga, então Mário é advogado.
(D) Se Betina não é pedagoga, então Mário não é advogado.

(E) Se Mário não é advogado, então Betina não é pedagoga.

Solução
Sejam as premissas
p: Marta é casada
q: Dionísio é divorciado
e a condicional $p \rightarrow q$.
Tem-se a tabela-verdade

p	q	$p \rightarrow q$
V	V	**V**
V	F	**F**
F	V	**V**
F	F	**V**

Para haver uma afirmação equivalente as tabelas-verdade devem ser idênticas.
Então completamos a tabela para as opções da questão

p	~p	q	~q	A $\sim p \vee q$	B $\sim p \wedge q$	C $p \vee q$	D $p \wedge q$	E $p \vee \sim q$
V	F	V	F	**V**	F	V	F	V
V	F	F	V	**F**	F	V	V	V
F	V	V	F	**V**	V	V	F	F
F	V	F	V	**V**	F	F	V	V

Observe que a letra A é resposta correta.
EG
Gabarito "A".

(Soldado – CBM/GO – 2016 – Funrio) No final de semana, Maria fez 600 bombons e pediu aos seus três filhos para embrulhá-los. Cada um ficou encarregado de embrulhar 200 bombons. Quando o mais velho acabou de embrulhar os seus 200 bombons; para o filho do meio, faltavam embrulhar 50 bombons, e, para o mais novo, 80 bombons.

Sabendo que cada um embrulhou os seus bombons ao seu ritmo, quando o filho do meio terminou a sua tarefa, o mais novo faltava embrulhar o seguinte número de bombons:

(A) 80.
(B) 60.
(C) 50.
(D) 40.
(E) 30.

O filho do meio embrulhou 150 bombons e o mais novo, 120 bombons.
Tem-se a regra de três para o ritmo da tarefa

filho do meio		filho mais novo
150	--	120
200	--	b

$b = \frac{200 \times 120}{150}$

b = 160
Assim, o mais novo faltava embrulhar 200 – 160 = 40 bombons.

Resolução
Sejam M e R os números de moças e de rapazes, respectivamente.

i) 10 moças foram embora e o número de rapazes ficou igual ao número de moças, ou seja,
$M - 10 = R$

ii) Depois, 24 rapazes foram embora e ao número de moças ficou o quíntuplo do número de rapazes, ou seja,
$(M - 10) = 5(R - 24)$
ou $M - 10 = 5R - 120$

Tem-se, então, como $M - 10 = R$,

$R = 5R - 120$

$4R = 120$
$R = 30$ e
$M = R + 10 = 40$ => Letra B
Gabarito "D".

(Soldado – CBM/GO – 2016 – Funrio) Este gráfico de setores refere-se aos estados brasileiros para os quais viajaram os alunos de uma escola, em suas recentes férias.

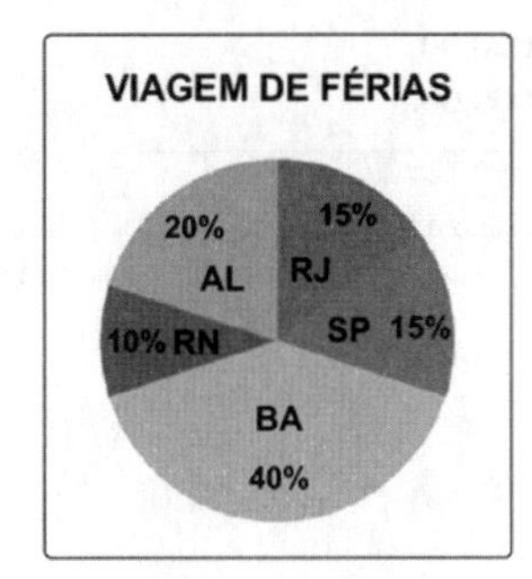

Sabe-se que 140 alunos foram para o Nordeste.

Portanto, o número de alunos que viajaram para o Sudeste é igual a

(A) 60.
(B) 65.
(C) 70.
(D) 75.
(E) 80.

Para o Nordeste foram 20%(AL) + 10% (RN)+ 40%(BA) = 70% dos alunos.
Logo,
70 % do total t de alunos = 140
Ou
0,7t = 140
t = 200
Assim, o número de alunos que viajaram para o Sudeste é de 200 – 140 = 60 alunos.
Gabarito "A".

(Cadete – CBM/GO – 2016 – Funrio) Este gráfico de setores se refere ao transporte de cargas de um determinado país, utilizando diversos meios de transporte.

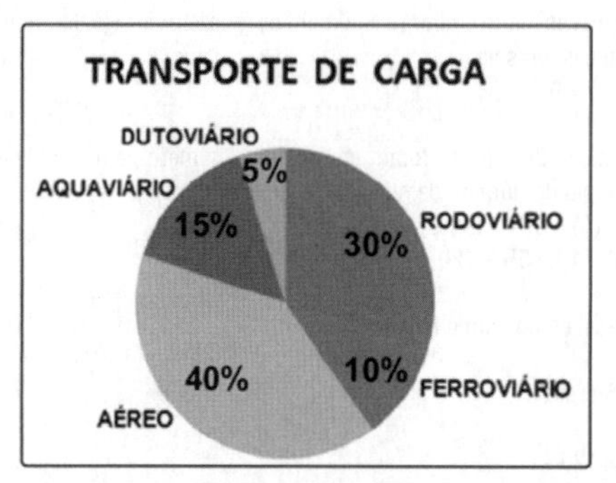

Sabendo-se que os setores rodoviário e ferroviário, juntos, receberão dois milhões de reais, o valor a ser recebido pelo setor aquaviário será de

(A) R$ 1.300.000,00.
(B) R$ 1.000.000,00.
(C) R$ 900.000,00.
(D) R$ 800.000,00.
(E) R$ 750.000,00.

Tem-se
Os setores rodoviário e ferroviário: 30% + 10% = 40% equivalentes a dois milhões de reais, ou seja, pela regra de três, o setor aquaviário receberá
40% -- 2.000.000
15% -- a

$$a = \frac{15 \times 2000.000}{40}$$

a = 750.000,00
Gabarito "E"

(Cadete – CBM/GO – 2016 – Funrio) João tem coelhos e pombos. Ele os treina para diversos truques de magia e os alimenta com milho. João reparou que a quantidade de milho necessária para alimentar seus coelhos e pombos é seis vezes maior que a quantidade necessária para alimentar só os coelhos. João tem quatro coelhos e cada coelho come quatro vezes mais milho do que cada pombo.

Logo, João tem o seguinte número de pombos:

(A) 16.
(B) 60.
(C) 80 .
(D) 100.
(E) 120.

João tem quatro coelhos e cada coelho come quatro vezes mais milho do que cada pombo.
Logo, os 4 coelhos comem como 4 x 4 = 16 pombos.
Sendo n o número de pombos, tem-se
16 + n = 6 x 16
n = 96 – 16
n = 80
Gabarito "C"

(Cadete – CBM/GO – 2016 – Funrio) Leia com atenção as afirmações a seguir.

I. Se a cidade de Niterói é a capital de Pernambuco, então o Brasil será campeão mundial de futebol masculino profissional na Rússia em 2018.
II. Se Carlos estuda, então ele passa no concurso.
III. Se Carlos passa no concurso, então ele estuda.
IV. Se Carlos não estuda, então ele não passa no concurso.
V. Se Carlos não passa no concurso, então ele não estuda.

Logo, sobre essas assertivas, pode-se afirmar o seguinte:

(A) a IV é a negação da II.
(B) a V é equivalente à II.
(C) a III é equivalente à II.
(D) a I é falsa e a V é equivalente à II.
(E) a III é equivalente à V.

Ao analisar as opções de resposta tem-se
D: incorreta, pois a afirmação I é Verdadeira porque a condicional $p \rightarrow q$ só é Falsa se o antecedente é Verdadeiro, o que não é o caso, e o consequente, Falso.
Sejam as proposições
p: Carlos estuda
q Carlos passa no concurso
A: incorreta, pois a negação da condicional II: $p \rightarrow q$ é $p \wedge \sim q$.
C: incorreta, porque a recíproca $q \rightarrow p$ não é equivalente a $p \rightarrow q$.
E: incorreta porque a afirmação V: $\sim q \rightarrow \sim p$ é equivalente a $p \rightarrow q$ (II)
B: correta uma vez que
V: $\sim q \rightarrow \sim p$ é equivalente a $p \rightarrow q$ (II) . => Letra B
Gabarito "B"

(Cadete – CBM/GO – 2016 – Funrio) Num congresso de Ciências participam 30 cientistas: matemáticos, físicos, químicos e biólogos. O número de físicos e biólogos juntos é metade do número de matemáticos. O número de físicos e químicos juntos é igual ao dobro do número de biólogos.

Logo, nesse congresso de Ciências, há o seguinte quantitativo de matemáticos participantes:

(A) 15.
(B) 16.
(C) 17.
(D) 18.
(E) 19.

Tem-se

$$\begin{cases} M + F + Q + B = 30 & \text{(I)} \\ F + B = \dfrac{M}{2} & \text{(II)} \\ F + Q = 2B & \text{(III)} \end{cases}$$

Note que há 3 equações e 4 incógnitas o que não permite a resolução algebricamente.
Sendo assim, observe que o número de matemáticos(M) é par.
As opções de resposta com M par são as das letras B e D:
B) M = 16
Em (I),
$F + Q + B = 30 - 16$
$F + Q + B = 14$ IV)
Em (II),
F + B = 8 (V)
Subtraindo (V) de (IV) obtém-se
Q = 6
Em (IIII)
F + 6 = 2B
B – 6 = -B
2B = 6

B = 3
Em (I)
16 + F + 3 = 30
F = 11
Impossível pois a soma daria
M + F + Q + B = 16 + 11 + 6 + 3 = 36

D) M = 18
F + Q + B = 30 – 18
F + Q + B = 12 IV')
Em (II),
F + B = 9 (V')
Subtraindo (V') de (IV)' obtém-se
Q = 3
Em (IIII)
F + 3 = 2B
B – 6 = -B F + 3 + B = 12
F + B = 9
3 – B = 2B – 9
3B = 12 => B= 4 e F = 5
Com F + B = 9, tem-se em (II),
M + F + Q + B = 18 + 9 + 3 = 30
Correto.
Gabarito "D"

(Cadete – CBM/GO – 2016 – Funrio) Uma população de bactérias está sendo combatida com um inseticida. Em cinco semanas, a metade de sua população inicial foi exterminada. Considere que P (t) = $C.e^{-kt}$ onde P(t) é a população (em milhares) de bactérias existentes, após t semanas de utilização do referido inseticida; C e k são constantes positivas, e e é a base do logaritmo neperiano.

Se a população inicial era de 10.000 bactérias, após 20 semanas de combate, dessa população de bactérias restarão, apenas,

(A) 535.
(B) 565
(C) 615.
(D) 625.
(E) 755.

Tem-se
P(0) = Ce^0
10.000 = C x 1
C = 10.000
Então
P(20) = $10.000e^{-k20}$
Tem-se
P(5) = 5.000 = $10.000e^{-k5}$
0,5 = e^{-k5}
tirando o logaritmo obtém-se
ln 0,5 = -5k
k = -ln0,5/5
Assim,
P(20) = $10.000e^{-k20}$ $10.000e^{-k20\ (-\ln 0,5/5)}$
P(20) = $10.000e^{4\ln 0,5}$
P(20) = $10.000e^{\ln 0,5^4}$
P(20) = $10.000e^{\ln 0,0625}$
(Note que se x = $e^{\ln 0,0625}$ então ln x = ln 0,0625 => x = 0,0625)
P(20) = 10.000(0,0625)
P(20) = 625
Gabarito "D"

(Cadete – CBM/GO – 2016 – Funrio) A equação

$$x^4 + 2x^3 + x^2 - x - 6 = 0$$

tem como universo o conjunto dos números complexos. Em relação a essa equação, analise as afirmações de que ela admite

I. quatro raízes positivas.
II. uma única raiz inteira negativa.
III. uma raiz racional.
IV. uma raiz irracional.

Logo, a alternativa que contempla as afirmações plenamente VERDADEIRAS é a seguinte:

(A) II e IV.
(B) I e III.
(C) I e II.
(D) II e III.
(E) III e IV.

Pelo dispositivo de Briot-Ruffini, sabe-se que há uma raiz entre -3 e-1 e outra entre 1 e 2 pois
f(-3) = 81 - 54 + 9 + 3 - 6 = 33 e f(-1) = 1 -2 +1 + 1 -6 = -5 (troca de sinal => 1 raiz) e
f(1) = -3 e f(2) = 28 (troca de sinal => 1 raiz) => I e II estão erradas.
Portanto as respostas A a D estão incorretas, restando a opção E.
(A questão foi anulada pela banca)
Gráfico da função

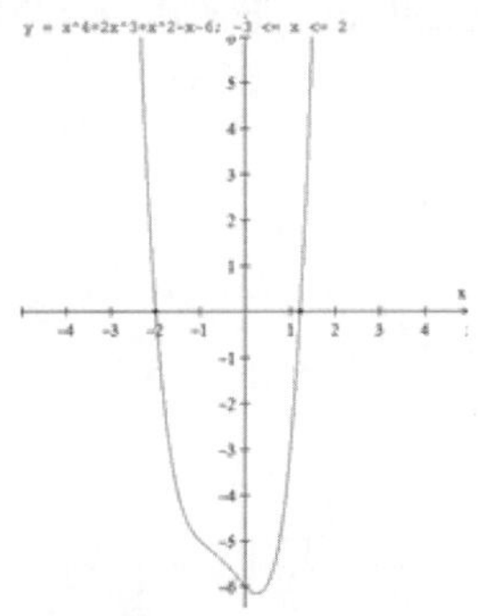

Dispositivo de Briot-Ruffini,

	1	2	1	-1	-6
-3	1	-1	4	-11	33
-2	1	0	1	-3	0
-1	1	1	0	-1	-5
0					-6
1	1	3	4	3	-3
2	1	4	9	17	28

Tabela

x	y
-3.00000	33.00000
-2.50000	10.56250
-2.00000	0.00000
-1.00000	-5.00000
0.00000	-6.00000
1.00000	-3.00000
2.00000	28.00000
3.00000	135.00000
4.00000	390.00000
5.00000	889.00000

Gabarito Anulada

(Cadete – CBM/GO – 2016 – Funrio) Considere a reta r tangente à parábola $Y = 3x - x^2$, e que forma, no sentido anti-horário, um ângulo de 45° com o eixo das abscissas.

Pode-se afirmar que a área da região delimitada pela reta r, pela parábola e pela reta y = 0 é igual a

(A) 1/2

(B) 2/3

(C) 7/6

(D) 5/6

(E) ¼

Resolução

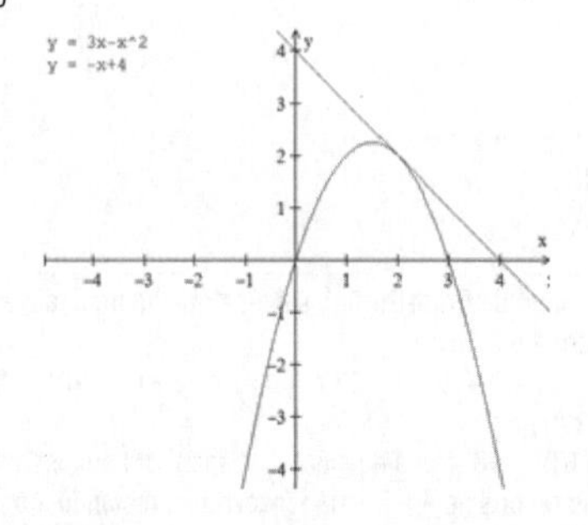

Pede-se a área da região delimitada R pela reta r, pela parábola e pela reta y = 0

$\int$

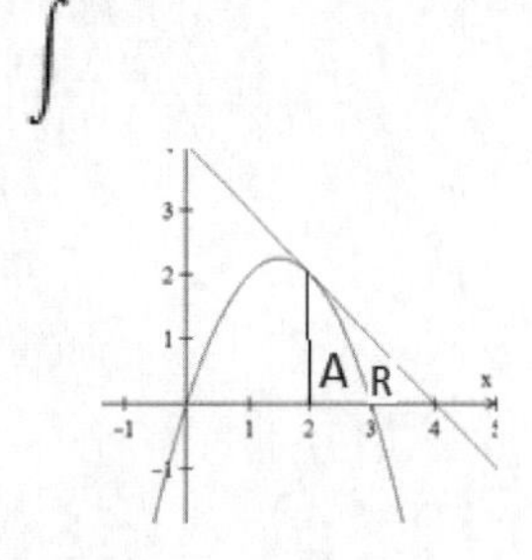

—

O triângulo de coordenadas (2,0), (2,2) e (4,0) possui área 3 x 2/2 = 2 é formado pelas áreas A e R.

Assim,

2 = A + R

Sendo $A = \int_2^3 (3x - x^2)dx + \int_3^4 (-x - 4)dx$

$A = \left[\frac{3x^2}{2} - \frac{x^3}{3}\right]_2^3 + \left[-\frac{x^2}{2} - 4x\right]_3^4$

$A = (\frac{3x9}{2} - \frac{3^3}{3}) - (\frac{3x4}{2} - \frac{2^3}{3}) + (-\frac{4^2}{2} - 4x4) - (-\frac{3^2}{2} - \frac{4x3}{3})$

$A = (\frac{27}{2} - \frac{27}{3}) - (-\frac{12}{2} - \frac{8}{3})$

$A = (\frac{27}{2} - 9) - \frac{36-16}{6})$

$A = \frac{9}{2} - \frac{20}{6}$

$A = \frac{27-20}{6}$

$A = \frac{7}{6}$

Logo,

$R = 2 - A = 2 - \frac{7}{6}$

$R = \frac{12-7}{6}$

$R = \frac{5}{6}$

Gabarito "D"

(Cadete – CBM/GO – 2016 – Funrio) A tabela a seguir descreve os dados referentes ao recebimento de peças provindas de duas diferentes Fábricas: A e B. Sabe-se que a Fábrica A fornece o triplo de peças fornecido pela Fábrica B. Um Inspetor realiza uma visita de rotina que avalia as peças recebidas através da escolha de um lote que contém peças de ambas as fábricas.

O quantitativo desse lote está descrito no seguinte quadro:

Fábrica	Número de peças boas	Número de peças defeituosas
A	45	5
B	40	10

Uma peça desse lote é escolhida aleatoriamente durante a inspeção.

Portanto, pode-se afirmar que a probabilidade dessa peça ser defeituosa é, em percentual, de aproximadamente,

(A) 14,6.

(B) 13,7.

(C) 12,9.

(D) 11,8.

(E) 10,5.

Tem-se a regra de três

Total de defeituosas	total de peças
15	85
X	100

$X = \frac{15 \, x \, 100}{85}$

$X = \frac{1500}{85}$

X = 14,6

Gabarito "A"

(Cadete – CBM/GO – 2016 – Funrio) Um número complexo w possui módulo igual a 16 e argumento igual a $\frac{4\pi}{3}$ ***rad.***

Pode-se afirmar que a área do polígono cujos vértices são os afixos da equação $z^4 = w$ é igual a

(A) 8.

(B) 16.

(C) 32.

(D) 64.

(E) 128.

Tem-se

Argumento = $\frac{4\Pi}{3}$ = 240°

Módulo = AO = 16

Os afixos da equação $z^4=w$ *estão* em uma circunferência de raio 16 e são calculados por

$w_i = cis\ (\Theta + 2k\pi),\ k = 0,...,n-1$

ou

$w_i = cos\ (\Theta + 2k\pi),\ k = 0,...,3$

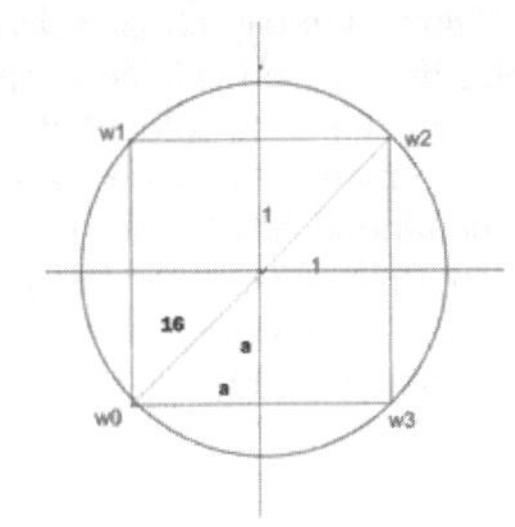

$16 = 2a^2$

$a^2 = 8$

$a = 2\sqrt{2}$

Área do polígono = $(2a)^2 = 4\ a^2 = 32 =.\ a2$

Resolução

Para a equação ter solução deve-se ter

$$\begin{cases} 4x - 3y + 2 = 0 & (I) \\ 2x + 4y - 10\ = 0 & (II) \end{cases}$$

Ao multiplicar (II) por 2 e subtrair de (I), obtém-se

$$4x + 8y - 20\ - (4x - 3y + 2) = 0$$

$11y - 22 = 0$

$y = 2$ e, então,

$x = 1$

Logo

$x.y = 2$ Letra B

Gabarito "C"

(Cadete – CBM/GO – 2016 – Funrio) Considere uma pequena cidade cuja população é de 200 habitantes, onde esteja ocorrendo escassez de água. Como medida emergencial, o prefeito contratou doze caminhões-pipa para encher completamente um reservatório público de água, ao qual terão acesso todos os moradores da cidade, diariamente. Pela política de racionamento da prefeitura, cada habitante terá o direito, por dia, de encher uma lata de formato de paralelepípedo retângulo de base quadrada com 40 cm de lado e 1m de altura.

Se cada caminhão-pipa possui capacidade para armazenar 43.000 litros de água, e considerando que, antes da contratação, o estoque de água na cidade estava zerado, os habitantes poderão buscar água no reservatório por, aproximadamente, o seguinte número de dias:

(A) 10.

(B) 12.

(C) 14.

(D) 16.

(E) 20.

Resolução

Capacidade da lata = $0{,}40 \times 0{,}40 \times 1m^3 = 0{,}16m^3$.

Uma vez que $1m^3 = 1.000$ litros, 12 caminhões-pipa encherão o reservatório com 12 x 43.000 litros de água.

Assim, os habitantes poderão buscar água no reservatório por $\frac{12 \times 43.000}{200 \times 0{,}16} = 16$ dias, aproximadamente.

Gabarito "D"

(Soldado – PM/SP – 2015 – VUNESP) Em um terreno retangular com 35 m de largura por 80 m de comprimento, foi construída uma piscina retangular, com 25 m de largura por 50 m de comprimento, e um vestiário (V), conforme mostra a figura.

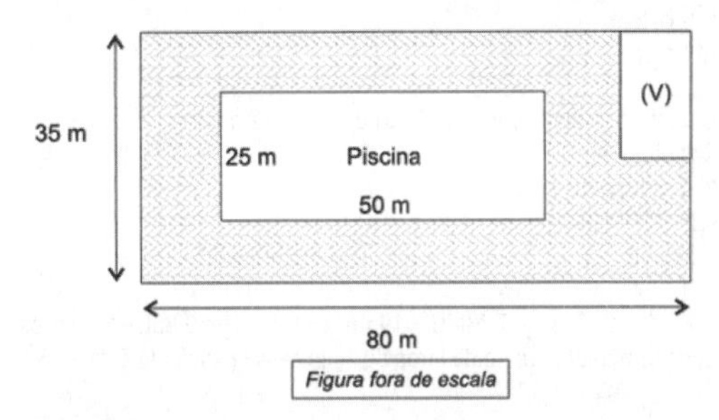

Figura fora de escala

Sabendo que a área do vestiário corresponde a da área total do terreno, é correto concluir que a área livre desse terreno, assinalada na figura, é, em metros quadrados,

(A) 1 575.

(B) 1 560.

(C) 1 590.

(D) 1 510.

(E) 1 535.

Tem-se

Área total = 35 x 80 = $2.800m^2$

Área da piscina = 50 x 25 = $1.250m^2$

Área do vestiário = (1/70) (2800) = $40m^2$

Logo,

Área livre = 2.800 – 1.250 – 40 = 1.510 m^2

Gabarito "D"

(Soldado – PM/SP – 2015 – VUNESP) A representação fracionária do resultado da operação 0,21875 – 0,15625 é

(A) $\frac{1}{16}$

(B) $\frac{3}{16}$

(C) $\frac{9}{32}$

(D) $\frac{7}{32}$

(E) $\frac{5}{32}$

Tem-se

0,21875 - 0,15625 = 0,0625 que é igual a

$$\frac{625}{10.000} = \frac{125}{2.000} = \frac{25}{400} = \frac{5}{80} = \frac{1}{16}$$

Gabarito "A"

(Soldado – PM/SP – 2015 – VUNESP) Com a quantidade de água contida em um recipiente é possível encher, completamente, copos com 250 mL cada um, ou copos com 300 mL cada um, ou copos com 350 mL cada um, e não restará nenhuma água no recipiente. O menor número de litros de água desse recipiente é

(A) 10,5.
(B) 9,6.
(C) 11,8.
(D) 8,5.
(E) 7,4.

O mínimo múltiplo comum(MMC) de 8, 9 e 12 é 72.
Cálculo:

250, 300, 350	10
25, 30, 35	5
5, 6, 7	5
1, 1, 7	6
1, 1, 1	7 MMC = 10 x 5^2 x 6 x 7 = 10.500mL = 10,5litros.

Logo, o menor número de litros de água desse recipiente é de 10,5.
Gabarito "A"

(Soldado – PM/SP – 2015 – VUNESP) Um detergente concentrado é comprado em galões com 2 litros cada um. Para seu uso, ele é diluído em água, formando uma mistura com a seguinte proporção: 200 mL de detergente concentrado para 600 mL de água. A quantidade de litros de mistura (detergente + água) que é possível fazer, utilizando completamente 2 galões desse detergente, é

(A) 18.
(B) 14.
(C) 16.
(D) 17.
(E) 15.

Uma vez que 2L = 10 x 200mL,
A mistura terá 20 x 800mL = 8.000ml por galão.
Sendo assim,
Com 2 galões, obtém-se 2 x 8.000ml = 16.000mL = 16 litros da mistura.
Gabarito "C"

(Soldado – PM/SP – 2015 – VUNESP) Em uma empresa trabalham 150 funcionários, sendo 14% deles no setor administrativo. Dos demais funcionários, 9 deles trabalham no estoque, e 40% do restante, no setor de vendas. Em relação ao número total de funcionários da empresa, o número de funcionários do setor de vendas representa uma porcentagem de

(A) 44%
(B) 52%
(C) 32%
(D) 36%
(E) 48%

Tem-se
Administrativos = 14% de 150 = 21
Estoque = 9
Vendas = 40% (150 – 21 -9) = 40% de 120 = 48
Logo, tem-se a regra de três

Setor de Vendas		total
48	--	150
X	--	100

$$X = \frac{8 \times 100}{150}$$

X = 32%
Gabarito "C"

(Soldado – PM/SP – 2015 – VUNESP) Uma pessoa encheu o tanque de combustível de seu veículo e, após percorrer 120 km, sempre com a mesma velocidade e com rendimento constante, verificou que ainda restavam 12 litros de combustível no tanque. Se ela tivesse percorrido 150 km, mantendo a mesma velocidade anterior e o mesmo rendimento anterior, o número de litros de combustível que ainda restariam no tanque seria

(A) 10,8.
(B) 11,7.
(C) 10,2.
(D) 9,1.
(E) 9,6.

Resolução
Logo, tem-se a regra de três, sendo T a capacidade do tanque,

Combustível restante	--	quilometragem percorrida
T – 12	--	120
X	--	150

$$X = \frac{120}{150}(T-12) = \frac{4}{5}(T-12)\text{, ou seja,}$$

$$\text{restariam no tanque} = \frac{4}{5}(12) = 9{,}6\text{ L.}$$

X = 9,6 litros
Gabarito "E"

(Soldado – PM/SP – 2015 – VUNESP) Quatro amigos, Marcos (M), Jorge (J), Pedro (P) e Caio (C) foram a um churrasco e cada um deles levou uma determinada quantidade de latinhas de cerveja, conforme mostra o gráfico.

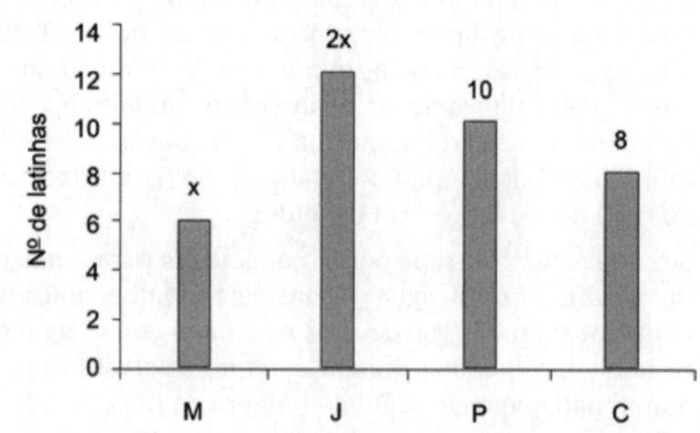

Considerando-se o número total de latinhas de cerveja levadas pelos quatro amigos, na média, o número de latinhas por pessoa foi 9. O número de latinhas de cerveja levadas por Jorge foi

(A) 10.
(B) 11.
(C) 9.
(D) 8.
(E) 12.

Tem-se

$$\frac{x + 2x + 10 + 8}{4} = 9$$

$\frac{3x + 18}{4} = 9$

3x + 18 = 36

3x = 18

x = 6

Assim, Jorge levou 2x = 12 latinhas.

Gabarito "E"

(Soldado – PM/SP – 2015 – VUNESP) O dono de uma papelaria possui, em seu estoque, uma caixa com determinada quantidade de lápis, todos da mesma cor, e para vendê-los fará pacotinhos com o mesmo número de lápis em cada um. Se ele colocar 8 lápis em cada pacotinho, restarão 5 lápis na caixa, mas se ele colocar 9 lápis em cada pacotinho, restará apenas 1 lápis na caixa. O número de lápis que há na caixa é

(A) 37.
(B) 30.
(C) 42.
(D) 45.
(E) 34.

Ao verificar as opções de resposta da questão, observa-se

A: correta, pois $37 \equiv 5 \pmod 8$ e $37 \equiv 1 \pmod 9$ => Letra A

B: incorreta, pois $30 \equiv 6 \pmod 8$ e $30 \equiv 3 \pmod 9$

C: incorreta, pois $42 \equiv 2 \pmod 8$ e $42 \equiv 6 \pmod 9$

D: incorreta, pois $45 \equiv 5 \pmod 8$ e $45 \equiv 0 \pmod 9$

E: incorreta, pois $34 \equiv 2 \pmod 8$ e $34 \equiv 7 \pmod 9$

Gabarito "A"

(Soldado – PM/SP – 2015 – VUNESP) Um cliente escolheu para comprar, em uma loja de roupas, dois tipos diferentes de camisetas, A e B. Sabendo que o preço das duas camisetas juntas é R$ 130,00, e que a camiseta B é R$ 10,00 mais cara do que a camiseta A, então, o preço da camiseta mais cara é

(A) R$ 65,00.
(B) R$ 75,00.
(C) R$ 55,00.
(D) R$ 70,00.
(E) R$ 60,00.

Tem-se, sendo A o preço da camiseta A e B o da camiseta B,

A + B = 130 e B =

A + 10

Ou

A + A + 10 = 130

2A = 120

A = 60

E B = 70

Gabarito "D"

(Soldado – PM/SP – 2015 – VUNESP) Sabendo que um atleta leva 1minuto e 25 segundos para dar uma volta completa em uma pista de corrida, então, em 8 minutos, o número máximo de voltas completas que esse atleta poderá dar nessa pista, mantendo sempre o mesmo tempo por volta, é

(A) 8.
(B) 4.
(C) 5.
(D) 6.
(E) 7.

Tem-se a regra de três para 8 min = 8 x 60 = 480s

1 volta -- 1min25s = 85s

X -- 480s

$X = \frac{480 \times 1}{85} = 5{,}65$ voltas

Assim, o número máximo de voltas **completas** que esse atleta poderá dar nessa pista será de

5 voltas.

Gabarito "C"

(Soldado – PM/SP – 2015 – VUNESP) Um construtor comprou dois terrenos, A e B, ambos retangulares. O terreno A tem 25 m de comprimento, e sua largura tem 2 m a mais do que a largura do terreno B, e o comprimento do terreno B é 4 vezes a medida de sua largura, conforme mostram as figuras.

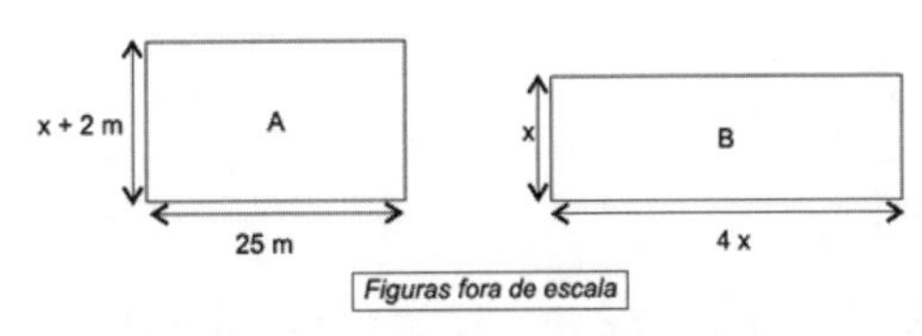

Figuras fora de escala

Sabendo que o perímetro do terreno B tem 10 m a mais do que o perímetro do terreno A, é correto concluir que o perímetro do terreno B, em metros, é

(A) 70.
(B) 80.
(C) 75.
(D) 85.
(E) 90.

Perímetro de B = 2(4x) + 2x = 10x.

Então

10x = 10 + perímetro de A = 10 + 2(x + 2) + 2(25).

10x = 10 + 2x + 4 + 50

8x = 64

x =8

Perímetro de B = 10x. = 80m

Gabarito "B"

(Soldado – PM/SP – 2015 – VUNESP) Uma academia de ginástica colocou uma faixa horizontal de azulejos azuis (Az) e amarelos (Am), cada um com 4 cm de largura, em uma parede com 6 m de comprimento, conforme mostra a figura.

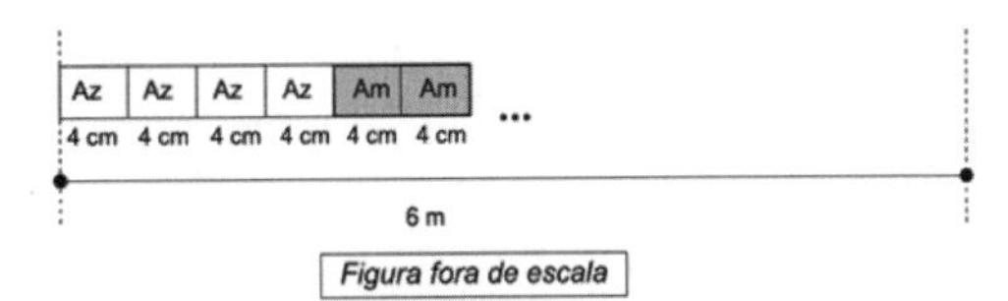

Figura fora de escala

Sabendo que os azulejos dessa faixa manterão sempre a mesma ordem de cores dos seis primeiros, isto é, iniciando com quatro azulejos azuis, seguidos de dois azulejos amarelos, e desprezando-se o espaço do rejunte entre os azulejos, é correto afirmar que o número de azulejos amarelos colocados nessa parede foi

(A) 45.
(B) 65.
(C) 50.

(D) 55.

(E) 60.

Na parede caberão 600cm / 24cm = 25 conjuntos de azulejos.
Cada conjunto de contém 2 amarelos e, portanto, há
25 x 2 = 50 Amarelos no total.

Gabarito "C"

(Oficial – PM/SP – 2015 – VUNESP) Considere um Grupamento de Policiamento Motorizado que utilize, em suas operações, dois tipos de veículos, V_1 e V_2, cujos tanques de combustível têm capacidades diferentes. Sabe-se que é possível preencher ¾ da capacidade do tanque de V_1, inicialmente vazio, com uma quantidade de combustível que corresponde a 3/5 da capacidade total do tanque de V_2. A fração da capacidade do tanque de V_2 que representa a quantidade de combustível necessária para encher totalmente o tanque de V_1 é

(A) $\frac{3}{20}$

(B) $\frac{1}{4}$

(C) $\frac{3}{8}$

(D) $\frac{2}{5}$

(E) $\frac{4}{5}$

Tem-se
¾ V_1 <-> 3/5 V_2
Seja v_1 a capacidade do tanque de V_1 e v_2 a do V_2.
Assim,
¾ v_1 = 3/5 v_2
v_1 = 4/5 v_2

Gabarito "E"

(Oficial – PM/SP – 2015 – VUNESP) A tabela seguinte relaciona os cinco atos infracionais mais comuns cometidos por adolescentes de 12 a 15 anos, e os respectivos números de ocorrências atendidas por policiais militares de determinado Batalhão, em certo período.

Atos Infracionais	Nº de Casos	% do Total
Roubo circunstanciado	9 x	----------
Tráfico	625	----------
Furto qualificado	3 x	15%
Receptação simples	2 x	----------
Roubo simples	x	----------

De acordo com os dados da tabela, é correto afirmar que o número de casos de roubo circunstanciado (assalto mediante ameaça com arma de fogo ou participação de duas ou mais pessoas) registrados no período considerado foi

(A) 1 200.

(B) 1 125.

(C) 1 100.

(D) 875.

(E) 750.

Uma vez que 3x correspondem a 15% então x tem o valor de 5% do total.
Na tabela nota-se 9x + 3x +2x + x = %(45 + 15 + 30 +15)% = 75%
Ou seja os 25% restantes correspondem aos 625 casos de tráfico.
Portanto
25% do total = 625
Total = 625/.25 2.500 casos.
Assim, o número de casos de roubo circunstanciado de 45% de 2.500 = 1.125

Gabarito "B"

(Oficial – PM/SP – 2015 – VUNESP) Como treinamento, o Esquadrão Antibombas do Grupo de Ações Táticas Especiais simulou uma operação para desarmar um artefato explosivo com a utilização de um robô. Inicialmente, isolou uma região retangular MNOP em torno da suposta bomba, identificada pelo ponto B na figura, sendo B ponto médio de MO.

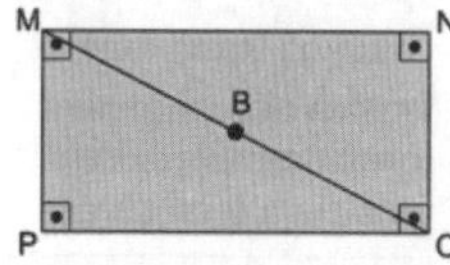

Sabe-se que a região retangular, cujas medidas dos lados são proporcionais aos números 3 e 4, tem 280 m de perímetro e que o robô, guiado por controle remoto, partiu de M e dirigiu-se, em linha reta, até B. Nessas condições, é correto afirmar que a distância percorrida pelo robô nesse trajeto foi, em metros, igual a

(A) 80.

(B) 75.

(C) 60.

(D) 55.

(E) 50.

Resolução
Sendo x e y as medidas dos lados da região, tem-se

$$\begin{cases} 2x + 2y = 280 & \text{(I)} \\ \frac{x}{y} = \frac{3}{4} & \text{(II)} \end{cases}$$

Em (II) tem-se
4x = 3y
Ou

$x = \frac{3y}{4}$

Substituído em (I) resulta em

$\frac{2(3y)}{4} + 2y = 280$

$\frac{3y}{2} + 2y = 280$

3y + 4y = 560
7y = 560
y = 80 e x = 60
Pelo Teorema de Pitágoras
$MO^2 = 60^2 + 80^2$
$MO^2 = 3.600 + 6.400$
$MO^2 = 10.000$
MO = 100 m
Assim, a distância percorrida pelo robô foi de $\frac{MO}{2}$ = 50 m

Gabarito "E"

(Oficial – PM/SP – 2015 – VUNESP) A figura seguinte mostra um reservatório com formato de paralelepípedo reto-retângulo, cujas dimensões a, b e c estão, nessa ordem, em Progressão Geométrica crescente, sendo sua soma igual a 10,5 m.

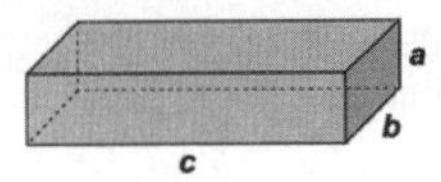

Se o volume desse reservatório é 27 m3, então a área da sua base bc é, em m2, igual a

(A) 27.
(B) 26.
(C) 18.
(D) 15.
(E) 12.

---

a + b + c = 10,5
Com a Progressão Geométrica dos lados, tem-se
b =aq e c = aq^2, sendo q a razão.
Daí,
$a + aq + aq^2 = 10,5$ (I)

Volume abc = 27 m3 ou
$a \times aq \times aq^2 = 27$
$a^3q^3 = 27$
aq =3 = b e q = 3/a (II)
Em (I) tem-se
$a + 3 + aq^2 = 10,5$
$a + aq^2 = 7,5$
$a + a(3/a)^2 = 7,5$
$a + 9a/a^2 = 7,5$

$a^2 + 9 = 7,5a$
$a^2 - 7,5a + 9 = 0$

$$a = \frac{7,5 \pm \sqrt{7,5^2 - 4x9}}{2}$$

$$a = \frac{7,5 \pm \sqrt{56,25 - 36}}{2}$$

$$a = \frac{7,5 \pm \sqrt{20,25}}{2}$$

$$a = \frac{7,5 \pm 4,5}{2}$$

a = 1,5
a =12 não pode pois tal valor ultrapassa a soma dos lados(I)
Tem-se a=1,5; b= 3 e c= 6.
A área da sua base bc = 3x6 = 18m²
Gabarito "C"

(Oficial – PM/SP – 2015 – VUNESP) Na prova de condicionamento físico do concurso para Alu noOficial PM, uma das baterias da "corrida de 12 minutos" teve a participação de 9 candidatos. Admita que, nessa bateria, a média aritmética das 6 maiores distâncias percorridas tenha sido 50% superior à média aritmética das 3 menores distâncias percorridas. Nesse caso, se a média aritmética das distâncias percorridas pelos 9 candidatos foi 2,4 km, então a média aritmética das 6 maiores distâncias percorridas nessa bateria foi igual, em quilômetros, a

(A) 1,8.
(B) 2,5.
(C) 2,7.
(D) 2,8.
(E) 3,0.

Seja **u** a soma das 3 menores distâncias com média $\frac{u}{3}$ e

v a soma das maiores com média $\frac{v}{6}$

$$\underbrace{\_\ \_\ \_}_{u}\ \underbrace{\_\ \_\ \_\ \_\ \_\ \_}_{v}$$

Tem-se, ainda,

$$\begin{cases} \frac{v}{6} = 1,5\frac{u}{3} & \text{(I)} \\ \frac{u+v}{9} = 2,4 & \text{(II)} \end{cases}$$

De (I) obtém-se
v = 3u
De (II),
u + v = 21,6
Logo,
u + 3u = 21,6
4u = 21,6
u = 5,4
Daí
v = 3u = 16,2
Então a média aritmética das 6 maiores distâncias percorridas foi igual a

$$\frac{v}{6} = \frac{16,2}{6} = 2,7km$$

Gabarito "C"

(Oficial – PM/SP – 2015 – VUNESP) O número de soldados da 1a e da 2a Cia. de certo Batalhão eram iguais a x e y, respectivamente, sendo que a 1a Cia. tinha 200 soldados a mais que a 2a Cia. Após um concurso, x e y foram aumentados em 5% e 10%, respectivamente, e a diferença entre o efetivo da 1a Cia. e o da 2a Cia. continuou a ser igual a 200 soldados. Nessas condições, é correto afirmar que, após o aumento, o número de soldados da 1a Cia. passou a ser igual a

(A) 420.
(B) 410.
(C) 405.
(D) 380.
(E) 375.

Tem-se
1a Cia:
x = y + 200 (I)
Uma vez que x aumentou 5% e y, 10%, com a diferença entre elas igual a 200 tem-se, agora,
1,05x = 1,1y + 200 (II)
Subtraindo (I) de (II), obtém-se
0,05x = 0,1y
x = 2y
Em (I) temos
2y = y + 200
y = 200 e
x = 400
Após o aumento, o número de soldados da 1a Cia. passou a ser igual a
1,05(400) = 420
Gabarito "A"

(Oficial – PM/SP – 2015 – VUNESP) Ontem, três atletas realizaram seus treinamentos percorrendo distâncias diferentes sobre uma pista circular de 300 m de diâmetro. Sabe-se que Nivaldo percorreu 2,7 km a menos que Murilo e 1,8 km a mais que Ramiro, e que, juntos, eles deram um total de 37 voltas completas nessa pista. Usando a aproximação $\pi = 3$, é correto afirmar que a distância em quilômetros percorrida por Murilo no treinamento de ontem foi

(A) 15,6.

(B) 13,5.

(C) 12,6.

(D) 11,7.

(E) 10,8.

Tem-se que

Numa pista com 300m de diâmetro, ou seja, raio r = 150 m, 1 volta mede

$2\pi r = 2x3x150 = 900m.$

Seja x a distância percorrida por Nivaldo.

Os três atletas juntos deram 37 voltas = 37 x 900 = 33.300m = 33,3km.

Assim, Murilo percorreu x + 2,7 e Ramiro, x – 1,8.

Então

$x + (x + 2,7) + (x - 1,8) = 33,3$

$3x + 0,9 = 33,3$

$3x = 32,4$

$x = 10,8$km (Nivaldo)

Logo, Murilo percorreu 10,8 + 2,7 = 13,5km

Gabarito "B"

2.10 GEOMETRIA ANALÍTICA

(Oficial – PM/SP – 2015 – VUNESP) Na figura, os pontos A e B estão sobre o gráfico da função quadrática $f(x) = x^2 - 6x + 8$, e o ponto C situa-se no vértice da parábola.

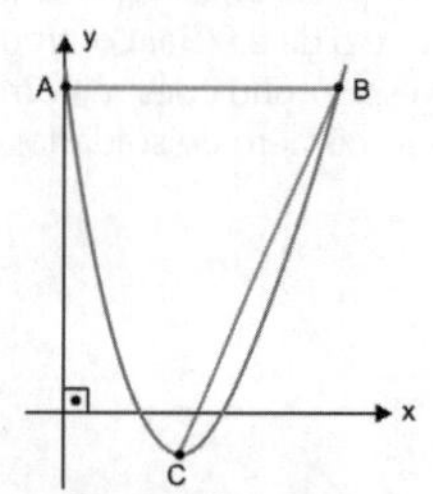

Sabendo-se que o ponto A situa-se no eixo das ordenadas e que AB é paralelo ao eixo das abscissas, é correto afirmar que a medida de BC é

(A) $10\sqrt{3}$.

(B) $10\sqrt{6}$.

(C) $5\sqrt{5}$.

(D) $3\sqrt{10}$.

(E) $3\sqrt{5}$.

Resolução

Tem-se

O vértice C da parábola está no ponto $x = \frac{-b}{2a} = \frac{6}{2} = 3$ e $y = f(3) = = -1$, ou seja, C(3,-1).

A está em y = 0, isto é, em (0,8).

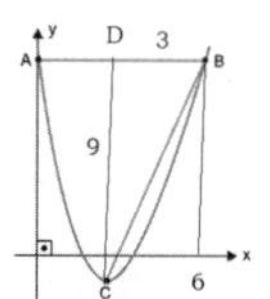

O lado CD vale 9 e DB vale 3.

Pelo Teorema de Pitágoras,

$BC^2 = 9^2 + 3^2$

$BC^2 = 81 + 9$

$BC^2 = 90$

$BC = 3\sqrt{10}$

Gabarito "D"

(Oficial – PM-CBM/PR – 2015 – UFPR) Para ir a um determinado local, um motorista consultou o aparelho de GPS (Sistema de Posicionamento Global), o qual indicou o caminho representado na figura a seguir.

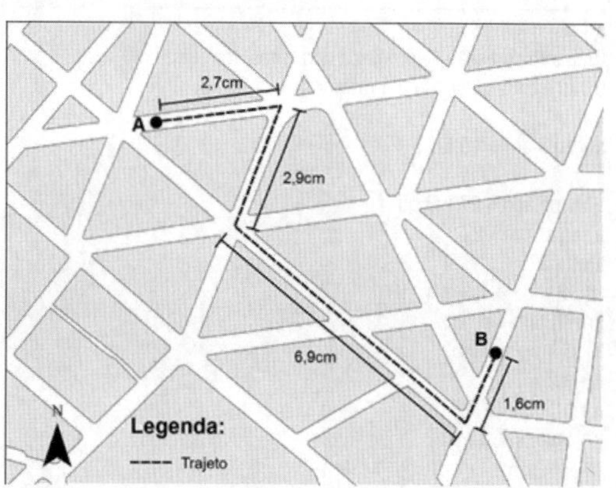

Sabendo que o maior segmento a ser percorrido no trajeto sugerido pelo GPS corresponde à distância de 345m, é correto afirmar que a distância total a ser percorrida é de

(A) 425m e a escala utilizada é de 1:1000.

(B) 705m e a escala utilizada é de 1:5000.

(C) 810m e a escala utilizada é de 1:2500.

(D) 810m e a escala utilizada é de 1:5000.

(E) 1410m e a escala utilizada é de 1:10000.

Tem-se a regra de três para o maior segmento

345 m -- 6,9cm

X -- 1cm

X = 50m

Para a distância total entre A e B, com a soma dos segmentos :2,7 + 2,9 + 6,9 + 1,6 = 14,1cm, tem-se

1 cm -- 50 m

14,1 cm -- d

d= 705 m

Com a escala

1cm para 50m (5.000 cm), ou seja, 1:5.000.

Gabarito "B"

(Oficial – PM-CBM/PR – 2015 – UFPR) - O motivo de uma pessoa ser destra ou canhota é um dos mistérios da ciência. Acredita-se que 11% dos homens e 9% das mulheres são canhotos. Supondo que 48% da população brasileira é constituída de homens, e que essa crença seja verdadeira, que percentual da população brasileira é constituído de canhotos?

(A) 9,60 %.
(B) 9,96 %.
(C) 10,00 %.
(D) 10,40 %.
(E) 10,56 %.

Tem-se
Homens: 48% x 11% = 0,48 x 0,11 = 0,0528
Mulheres: 52% x 9% = 0.52 x 0,09 = 0,0468
O que dá o total de
0,0528 + ,0468 = 0,0996 = 9,96%
Gabarito "B".

(Oficial – PM-CBM/PR – 2015 – UFPR) - Qual é o número mínimo de voltas completas que a menor das engrenagens deve realizar para que as quatro flechas fiquem alinhadas da mesma maneira novamente?

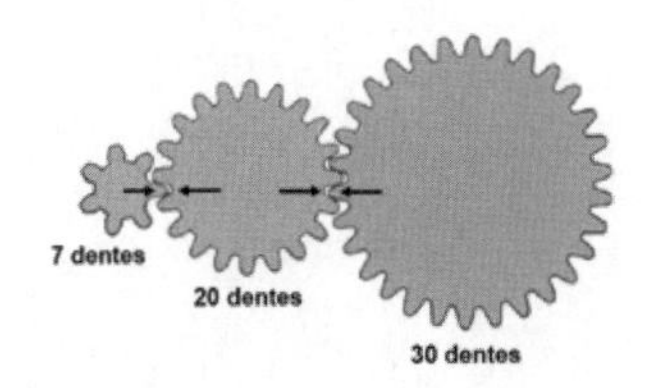

(A) 14 voltas.
(B) 21 voltas.
(C) 57 voltas.
(D) 60 voltas.
(E) 84 voltas.

Tem-se que
O mínimo múltiplo comum(MMC) de 7, 20 e 30 é 420.
Cálculo:

7, 20 e 30	10
7, 2 3	2
7, 1 3	3
7, 1, 1	7
1, 1 1	MMC = 10 x 2 x 3 x 7 = 420

Consequentemente, o número mínimo de voltas completas que a menor das engrenagens deve realizar é de
420/7 = 60
Gabarito "D".

(Oficial – PM/SP – 2015 – VUNESP) Duas novas armas de longo alcance estão sendo testadas pela Polícia Militar. Sabe-se que, nas mesmas condições de tiro, a probabilidade de uma atingir exatamente o alvo $P(Q) = \frac{2}{3}$, e a probabilidade de a outra atingir exatamente o alvo é $PR) = \frac{3}{4}$. Sendo Q e R eventos independentes, se as duas armas disparam, a probabilidade de que ao menos um dos dois disparos atinja o alvo é de

(A) $\frac{11}{12}$

(B) $\frac{8}{[illegible]}$

(C) $\frac{2}{3}$

(D) $\frac{1}{2}$

(E) $\frac{4}{9}$

1ª solução
Tem-se o quadro de ocorrências

1ª arma	2ª arma	probabilidade	das duas armas
acerta	acerta	2/3 x 3/4	= 6/12
acerta	erra	2/3 x 1/4	= 2/12
erra	acerta	1/3 x 3/4	= 3/12
erra	erra	1/3 x 1/4	= 1/12

Assim, a probabilidade de que ao menos um dos dois disparos atinja o alvo é de
6/12 + 2/12 + 3/12 = 11/12
Pode-se calcular essa probabilidade, também, como 1 – probabilidade das duas errarem o alvo, ou seja, = 1 – 1/12 = 11/12.
2ª solução
Desenha-se a Árvore de Probabilidades:

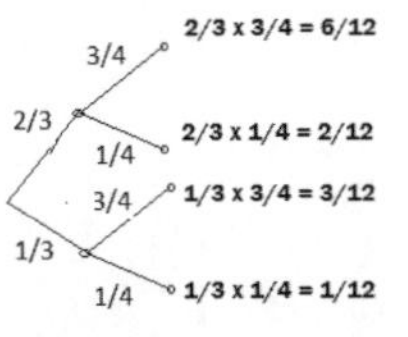

Assim, a probabilidade de que ao menos um dos dois disparos atinja o alvo é de
6/12 + 2/12 + 3/12 = 11/12
Gabarito "A".

(Oficial – PM-CBM/PR – 2015 – UFPR) - Um kit para impressão vem com oito cartuchos de tinta, de formato idêntico, para impressora. Nesse kit há dois cartuchos de cada uma das quatro cores diferentes necessárias para uma impressora caseira (ciano, magenta, amarelo e preto). Escolhendo aleatoriamente dois cartuchos desse kit, qual a probabilidade de se obter duas cores distintas?

(A) 6/7.
(B) 1/12.
(C) 15/56.
(D) 1/48.
(E) 1/64.

Têm-se as seguintes cores nos dois cartuchos de tinta, diferenciando-se cores idênticas:
$C_1\ C_2\ M_1\ M_2\ A_1\ A_2\ P_1\ P_2$
Seja C_1 o primeiro cartucho escolhido aleatoriamente com probabilidade, então, de 1/8.
A probabilidade do segundo cartucho ser C_2, ou seja, de mesma cor, é de 1/7.
Então, para C_1C_2 tem-se a probabilidade = (1/8)x(1/7) = 1/56.
No entanto, o primeiro cartucho escolhido poderia ser o C^2.
Assim, para C^2C^1 tem-se, também, a probabilidade = (1/8) x (1/7) = 1/56.
Logo, dois cartuchos de mesma cor ciano é de 1/56 + 1/56 = 1/28
O mesmo cálculo pode ser feito para as outras cores.
Consequentemente, a escolha aleatória de dois cartuchos com cores **idênticas** é de
4x(1/28) = 1/7.
Portanto, a probabilidade de se obter duas cores distintas é de 1 – 1/7 = 6/7.
Gabarito "A".

9. Sociologia e Filosofia

Renan Flumian

(Oficial – PM/SP – 2015 – VUNESP) "Nenhuma ética tradicional nos instrui sobre as normas do 'bem' e do 'mal', às quais se devem submeter as modalidades inteiramente novas do poder e de suas criações possíveis. O novo continente da práxis coletiva que adentramos com a alta tecnologia ainda constitui, para a teoria ética, uma terra de ninguém."

(Hans Jonas, O princípio responsabilidade. Rio de Janeiro: Contraponto, 2006)

Esse texto procura evidenciar que

(A) a prática da ética não é uma preocupação dos representantes políticos democraticamente eleitos.

(B) a reflexão filosófica é incapaz de abordar os problemas surgidos com o desenvolvimento tecnológico.

(C) a moldura da ética tradicional não responde inteiramente aos dilemas trazidos pelo desenvolvimento da alta tecnologia.

(D) a implantação de leis que promovam os direitos humanos é suficiente para evitar a violência e a injustiça social.

(E) o futuro da natureza humana na Terra está garantido graças ao desenvolvimento da ciência e da tecnologia.

Esse importante texto de Hans Jonas estatui que a moldura da ética tradicional não responde inteiramente aos dilemas trazidos pelo desenvolvimento da alta tecnologia.

Gabarito "C"

(Oficial – PM/SP – 2015 – VUNESP) "A epopeia, a tragédia, assim como a poesia ditirâmbica e a maior parte da aulética e da citarística, todas são, em geral, imitações. Diferem, porém, umas das outras, por três aspectos: ou porque imitam por meios diversos, ou porque imitam objetos diversos ou porque imitam por modos diversos e não da mesma maneira. Pois tal como há os que imitam muitas coisas, exprimindo-se com cores e figuras (por arte ou por costume), assim acontece nas sobreditas artes: na verdade, todas elas imitam com o ritmo, a linguagem e a harmonia, usando estes elementos separada ou conjuntamente. Por exemplo, só de harmonia e ritmo usam a aulética e a citarística e quaisquer outras artes congêneres, como a siríngica; com o ritmo e sem harmonia, imita a arte dos dançarinos, porque também estes, por ritmos gesticulados, imitam caracteres, afetos e ações."

(Aristóteles, Poética. São Paulo: Abril Cultural, 1984)

A partir do texto, pode-se concluir que, segundo Aristóteles,

(A) todas as artes poéticas são reconhecidamente artes miméticas.

(B) todas as artes procuram reproduzir a realidade de maneira uniforme.

(C) a arte é uma forma de modificar a natureza.

(D) a arte consiste numa forma cômica de imitação da realidade.

(E) nenhuma arte consegue imitar adequadamente a realidade.

Essa monumental obra, a "Poética" de Aristóteles, que ainda guia a produção artística nos dias de hoje, aponta que todas as artes poéticas são reconhecidamente artes miméticas. Portanto, a assertiva "A" deve ser assinalada.

Gabarito "A"

(Oficial – PM/SP – 2015 – VUNESP) "Agora, pois, que meu espírito está livre de todos os cuidados, e que consegui um repouso assegurado numa pacífica solidão, aplicarmeei seriamente e com liberdade em destruir em geral todas as minhas antigas opiniões. Ora, não será necessário, para alcançar esse desígnio, provar que todas elas são falsas, o que talvez nunca levasse a cabo; mas, uma vez que a razão já me persuade de que não devo menos cuidadosamente impedir-me de dar crédito às coisas que não são inteiramente certas e indubitáveis, do que às que nos parecem manifestamente ser falsas, o menor motivo de dúvida que eu nelas encontrar bastará para me levar a rejeitar todas. E, para isso, não é necessário que examine cada uma em particular, o que seria um trabalho infinito; mas, visto que a ruína dos alicerces carrega necessariamente consigo todo o resto do edifício, dedicarmeei inicialmente aos princípios sobre os quais todas as minhas antigas opiniões estavam apoiadas. Tudo o que recebi, até presentemente, como o mais verdadeiro e seguro, aprendi-o dos sentidos ou pelos sentidos: ora, experimentei algumas vezes que esses sentidos eram enganosos, e é de prudência nunca se fiar inteiramente em quem já nos enganou uma vez."

(René Descartes, Meditações metafísicas. São Paulo: WMF Martins Fontes, 2011)

Nesse texto, René Descartes submete à crítica o conhecimento derivado dos sentidos e com isso justifica a assim chamada "dúvida metódica". Esta última consiste em

(A) duvidar das ideias claras e distintas.

(B) confiar apenas em conhecimentos derivados da experiência.

(C) acreditar apenas naquilo que traz algum benefício.

(D) rejeitar como falso tudo aquilo que é passível de dúvida.

(E) desconfiar de tudo o que possa ser conhecido pela razão.

A chamada "dúvida metódica" de Descartes significa rejeitar como falso tudo aquilo que é passível de dúvida.

Gabarito "D"

(Oficial – PM/SP – 2015 – VUNESP) "Aqui, portanto, está a complexidade, o fascínio e a tragédia de toda vida política. A política é composta de dois elementos – utopia e realidade – pertencentes a dois planos diferentes que jamais se encontram. Não há barreira maior ao pensamento político claro do que o fracasso em distinguir entre ideais, que são utopia, e instituições, que são realidade. O comunista, que lançava o comunismo contra a democracia, pensava normalmente no comunismo como um ideal puro de igualdade e fraternidade, e na democracia como uma instituição que existia na Grã-Bretanha, França ou Estados Unidos, e que apresentava os interesses escusos, as desigualdades e a opressão inerentes a todas as instituições políticas. O democrata, que fazia a mesma comparação, estava de fato comparando um padrão ideal de democracia existente no céu, com o comunismo, como uma instituição existente na Rússia Soviética, com suas divisões de classes, suas caças aos hereges e seus campos de concentração. A comparação, feita, em ambos os casos, entre um ideal e uma instituição, é irrelevante e não faz sentido. O ideal, uma vez incorporado numa instituição, deixa de ser um ideal e torna-se a expressão de um interesse egoístico, que deve ser destruído em nome de um novo ideal. Esta constante interação de forças irreconciliáveis é a substância da política. Toda situação política contém elementos mutuamente incompatíveis de utopia e realidade, de moral e poder."

(E. H. Carr, Vinte Anos de Crise: 1919-1939. Uma Introdução ao Estudo das Relações Internacionais. Editora Universidade de Brasília, 2001)

Nesse texto, o historiador, jornalista e teórico das relações internacionais britânico E. H. Carr reflete sobre a complexidade da política. Segundo o texto,

(A) o comunismo é um regime antidemocrático, desigual e contrário à liberdade de opinião.

(B) a democracia é uma instituição que apresenta as mesmas desigualdades inerentes a todas as instituições políticas.

(C) o fenômeno político apresenta traços diversos, contraditórios, difíceis de serem distinguidos no momento da ação propriamente política.

(D) tanto o comunista quanto o democrata estão certos em acreditar que o realismo deve se impor às utopias.

(E) os democratas e os comunistas têm razão em acreditar que a política é feita mais de utopia do que de realidade.

Nesse importante texto, Carr reflete como o o fenômeno político apresenta traços diversos, contraditórios, difíceis de serem distinguidos no momento da ação propriamente política.

Gabarito "C"

(Oficial – PM/SP – 2015 – VUNESP) "Talvez chegue o dia em que o restante da criação animal venha a adquirir os direitos dos quais jamais poderiam ter sido privados, a não ser pela mão da tirania. Os franceses já descobriram que o escuro da pele não é motivo para que um ser humano seja abandonado, irreparavelmente, aos caprichos de um torturador. É possível que algum dia se reconheça que o número de pernas, a vilosidade da pele ou a terminação dos os sacrum são motivos igualmente insuficientes para se abandonar um ser sensível ao mesmo destino. O que mais deveria traçar a linha insuperável? A faculdade da razão, ou, talvez, a capacidade de falar? Mas para lá de toda comparação possível, um cavalo ou um cão adulto são muito mais racionais, além de bem mais sociáveis, do que um bebê de um dia, uma semana, ou até mesmo um mês. Imaginemos, porém, que as coisas não fossem assim; que importância teria tal fato? A questão não é saber se são capazes de raciocinar, ou se conseguem falar, mas, sim, se são passíveis de sofrimento."

(J. Bentham. Uma introdução aos princípios da moral e da legislação. São Paulo: Abril Cultural, 1979. Adaptado)

Nesse texto, Jeremy Bentham, filósofo britânico do século XVIII, chama a atenção para

(A) a faculdade da razão e a capacidade da fala como características que justificam o privilégio da espécie humana sobre as demais.

(B) o fato de que o número de pernas, a vilosidade da pele e outras características físicas são essenciais para deter minar a diferença entre os animais.

(C) a capacidade de sofrimento como o motivo pelo qual os homens são mais infelizes do que os animais.

(D) a capacidade de sofrimento como a característica vital que confere, a qualquer ser, o direito à igual consideração.

(E) a injustiça representada pelo fato de que alguns animais são de fato mais racionais e sociáveis do que um bebê recém nascido.

O importante pensador Jeremy Bentham, destaca a capacidade de sofrimento como a característica vital que confere, a qualquer ser, o direito à igual consideração.

Gabarito "D"

(Oficial – PM/SP – 2015 – VUNESP) Leia o texto a seguir.

Falar da contribuição das raças humanas para a civilização mundial poderia assumir um aspecto surpreendente numa coleção de brochuras destinadas a lutar contra o preconceito racista. Resultaria num esforço vão ter consagrado tanto talento e tantos esforços para demonstrar que nada, no estado atual da ciência, permite afirmar a superioridade ou a inferioridade intelectual de uma raça em relação a outra [...].

(Claude Lévi Strauss. Raça e História. 3a Edição. Lisboa, Editorial Presença,1980. Adaptado)

O que determina a diferença cultural entre os povos?

(A) Herança genética.

(B) História cultural.

(C) Variação do ambiente físico.

(D) Traços psicológicos inatos.

(E) Relativismo cultural.

Segundo o pensamento consagrado de Claude Lévi Strauss, a diferença cultural se dá devido a história cultural específica de cada povo.

Gabarito "B"

(Oficial – PM/SP – 2015 – VUNESP) O conceito de identidade social se tornou central na Sociologia nos últimos anos, por possibilitar a compreensão de quem somos e quem são as outras pessoas.

(http://cinemacultura.com. Acesso em 10.06.2015)

Sobre a formação da identidade social dos indivíduos, é correto afirmar que é formada

(A) por processos contínuos de interação social.

(B) na socialização primária dos indivíduos.

(C) na inserção do indivíduo no mercado de trabalho.

(D) pelo olhar que o indivíduo tem de si mesmo.

(E) pela identificação com as ideologias políticas existentes na sociedade.

A formação da identidade social dos indivíduos se dá por processos contínuos de interação social.

Gabarito "A"

(Oficial – PM/SP – 2015 – VUNESP) Analise a tabela a seguir.

Rendimento médio real (1) por hora dos ocupados no trabalho principal, por sexo, segundo níveis de escolaridade
Região Metropolitana de São Paulo – 2008-2009

Níveis de escolaridade	Rendimento médio real (1) por hora dos ocupados no trabalho principal (R$)				Variações 2008/2009 (%)	
	Mulheres		Homens			
	2008	2009	2008	2009	Mulheres	Homens
Total (2)	**5,99**	**6,17**	**7,84**	**7,73**	**3,0**	**-1,4**
Analfabeto/Ensino fundamental incompleto	3,17	3,24	4,54	4,66	2,0	2,5
Ensino fundamental completo/Ensino médio incompleto	3,69	3,85	5,13	5,25	4,2	2,5
Ensino médio completo/ Ensino superior incompleto	5,06	5,17	7,41	7,36	2,1	-0,7
Ensino superior completo	15,73	16,04	24,63	22,96	1,9	-6,8

Fonte: SEP. Convênio Seade – Dieese e MTE/FAT. Pesquisa de Emprego e Desempreto – PED.
(1) Inflator utilizado: ICV do Dieese. Valores em reais de novembro de 2009. Exclusive os assalariados e empregados domésticos assalariados que não tiveram remuneração no mês, os trabalhadores familiares sem remuneração salarial e os trabalhadores que ganharam exclusivamente em espécie ou benefício.
(2) Inclusive os que não declararam nível de instrução.

(http://www.seade.gov.br. Acesso em 13.06.2015. Adaptado)

A desigualdade de gênero relaciona-se com a estratificação social

(A) pelo crescimento do número de mulheres ativas no mercado de trabalho, que levou ao rebaixamento geral dos salários dos trabalhadores.

(B) pela ampliação da escolarização das mulheres que reduziu as disparidades salariais entre os empregos femininos e masculinos.

(C) pela manutenção da desvantagem da inserção produtiva das mulheres quanto ao nível de remuneração mesmo quando possuem o mesmo nível de escolaridade dos homens.

(D) pela ausência de legislação que garanta salário igual para trabalho igual.

(E) pela ampliação dos salários masculinos em virtude da redução da presença feminina no mercado de trabalho.

A assertiva que descreve corretamente a desigualdade de gênero é a "C".

Gabarito "C"

(Oficial – PM/SP – 2015 – VUNESP) Leia o texto a seguir.

A televisão se tornou ubíqua e está tão arraigada na rotina da vida cotidiana que a maioria das pessoas simplesmente a considera uma parte integral da vida social. Assistimos TV, falamos sobre programas com amigos e familiares, e organizamos nosso tempo de lazer em torno do horário da televisão. A 'caixa no canto' fica ligada enquanto estamos fazendo outras coisas e parece proporcionar um pano de fundo essencial para a vida que transcorre.

(Anthony Giddens. Sociologia. 6a Ed. Porto Alegre: Penso, 2012)

* Ubíqua – que está ou existe ao mesmo tempo em toda parte; onipresente

Qual o papel da mídia na sociedade contemporânea?

(A) A mídia transmite informações sobre a sociedade, contribuindo para a redução das desigualdades regionais.

(B) A mídia transmite informações e forja valores comuns; ocupa papel estratégico na disseminação do consumismo em nossa sociedade.

(C) A mídia transmite informações e conhecimentos impar ciais e é responsável pela elevação cultural da nossa sociedade.

(D) A mídia contribui para a difusão da cultura local e é responsável pela preservação da cultura nacional.

(E) A mídia contribui para a difusão de conhecimentos socialmente produzidos e contribui para elevação da consciência política da população.

A assertiva correta é a "B", pois a mídia na sociedade contemporânea transmite informações e forja valores comuns, além de ocupar papel estratégico na disseminação do consumismo em nossa sociedade.

Gabarito "B"

(Oficial – PM/SP – 2015 – VUNESP) Muitos sociólogos pesquisaram extensivamente a respeito das consequências potenciais da divisão do trabalho – tanto para os trabalhadores em termos individuais, quanto para toda a sociedade. Para Karl Marx, a industrialização e o assalariamento dos trabalhadores resultaram na

(A) especialização do trabalho, conduzindo à profissionalização e ao desenvolvimento de novas identidades sociais.

(B) autonomia dos trabalhadores pela condição de assalaria mento, que os liberta das relações servis existentes no mundo rural.

(C) socialização dos trabalhadores que, concentrados em um mesmo ambiente, desenvolvem relações de cooperação e solidariedade superiores às existentes nas outras esferas da vida social.

(D) alienação entre os trabalhadores, pela perda do controle do seu trabalho, sendo obrigados a desempenharem tarefas monótonas, de rotina, que despojariam seu trabalho do valor criativo intrínseco.

(E) ideologização do trabalho, que passa a ser visto como caminho para superação das limitações humanas e redenção dos indivíduos.

Segundo o pensamento de Karl Marx, a industrialização e o assalariamento dos trabalhadores resultaram na alienação entre os trabalhadores, pela perda do controle do seu trabalho, sendo obrigados a desempenharem tarefas monótonas, de rotina, que despojariam seu trabalho do valor criativo intrínseco.

Gabarito "D"

(Soldado – PM/PB – 2015 – IBFC) Em seu conjunto, os diversos movimentos socIaIs pretendem evidenciar contradições presentes na sociedade brasileira. Mesmo assim, pode-se perceber uma abordagem temática em cada um deles. Nesse contexto, assinale a alternativa correta sobre o significado da sigla "MTST".

(A) Movimento dos trabalhadores sem terra.

(B) Movimento dos trabalhadores sem transporte.

(C) Movimento dos trabalhadores sem-teto.

(D) Movimento dos trabalhadores sem trabalho.

A sigla "MTST" significa Movimento dos trabalhadores sem-teto, logo, a assertiva a ser assinalada é a "C".

Gabarito "C"

(Soldado – PM/PB – 2015 – IBFC) Assinale a alternativa que indica corretamente o nome de um importante líder e personagem do movimento social pela reforma agrária no Brasil que foi preso várias vezes e que recentemente divulgou a criação da Frente Nacional de Luta Campo e Cidade (FNL).

(A) Luiz Antonio Nabhan Garcia.

(B) José Rainha Júnior.

(C) Santiago Lídio Andrade.

(D) Mário Colares Pantoja.

A questão descreve a atuação do líder popular José Rainha Júnior.

Gabarito "B"

(Soldado – PM/PB – 2015 – IBFC) Na noite de 22 de setembro de 1977, homens da tropa de choque e agentes do Departamento de Ordem Política e Social (DOPS) realizaram uma operação em que foram presos centenas de estudantes. Assinale a alternativa que indica corretamente o nome da instituição de ensino superior em que ocorreu a citada operação.

(A) Universidade Gama Filho.

(B) Universidade de São Paulo.

(C) Pontifícia Universidade Católica de São Paulo.

(D) Universidade Presbiteriana Mackenzie.

A citada operação ocorreu na Pontifícia Universidade Católica de São Paulo.

Gabarito "C"

(Soldado – PM/PB – 2015 – IBFC) Assinale a alternativa correta sobre o nome do movimento social que ocorreu em 1720, em Vila Rica (atual Ouro Preto), contra a exploração do ouro e cobrança extorsiva de impostos da metrópole sobre a colônia. A revolta contou com cerca de dois mil populares, que pegaram em armas e ocuparam pontos da cidade. A coroa portuguesa reagiu e o líder acabou enforcado.

(A) Revolta de Filipe dos Santos.

(B) Inconfidência mineira.

(C) Guerra dos Farrapos.

(D) Balaiada.

A revolta descrita na presente questão é a "Revolta de Filipe dos Santos".

Gabarito "A"

(Soldado – PM/PB – 2015 – IBFC) Assinale a alternativa correta sobre o nome da revolta feita por militares e integrantes da classe média e rica da Bahia que pretendia implementar uma república. Em 7 de novembro de 1837, os revoltosos tomaram o poder em Salvador e decretaram a República Bahiense. Cercados pelo exército governista, o movimento resistiu até meados de março de 1838. A repressão foi violenta e milhares foram mortos ou feitos prisioneiros.

(A) Cabanagem.

(B) Sabinada.

(C) Conjuração Baiana ou Conspiração dos Alfaiates.

(D) Revolução Praieira.

A revolta descrita na presente questão é a "Sabinada".

Gabarito "B"

10. Criminologia

Vivian Calderoni

(Oficial – PM/DF – 2017 – Iades) O sistema penal é uma denominação que comporta diversos saberes, em especial criminologia, política criminal e direito penal. A respeito dessas acepções, assinale a alternativa incorreta.

(A) A criminologia é a atividade intelectual que estuda os processos de criação das normas penais e das normas sociais que estão relacionadas ao comportamento desviante; aos processos de infração e desvio dessas normas; e à reação social, formalizada ou não, que aquelas infrações ou desvios tenham provocado; bem como o respectivo processo de criação, a respectiva forma e conteúdo e os respectivos efeitos.

(B) A política criminal lida com o incessante processo de mudança social, com resultados que apresentam novas ou antigas propostas ao direito penal, trata de revelações propiciadas pelo desempenho das instituições que integram o sistema penal, dos avanços e das descobertas da criminologia, dos princípios e das recomendações para reforma ou transformação da legislação criminal e dos órgãos encarregados da respectiva aplicação.

(C) O direito penal é o conjunto de normas jurídicas que preveem os crimes e lhes cominam sanções, bem como disciplinam a incidência e a validade de tais normas.

(D) A segurança pública limita-se ao conjunto de ações para a aquisição de armamentos, de viaturas e de equipamentos para o combate à criminalidade, dialogando com o direito penal, a criminologia e a política criminal, mormente no que diz respeito à efetividade da redução da criminalidade e, por via de consequência, do controle social, visando o alcance do abolicionismo penal.

(E) O sistema penal, que é apresentado como igualitário, atingindo igualmente as pessoas em função das respectivas condutas, quando analisado sob uma perspectiva crítica, observa-se que, na verdade, apresenta funcionamento seletivo, atingindo apenas determinadas pessoas integrantes de determinados grupos sociais, a pretexto das respectivas condutas. As exceções, além de confirmarem a regra, são aparatosamente usadas para a reafirmação do caráter igualitário.

A: correta. De fato a criminologia é uma ciência que tem quatro objetos de estudo: o crime, o criminoso, a vítima e o controle social. Nesse sentido, qualquer estudo relacionado aos seus objetos podem ser considerados estudos de criminologia, assim como a produção normativa relacionadas ao comportamento desviante, as condutas e processos complexos que levam à quebra dessas normas, e a reação social – formal e informal – a conduta que rompe as normas penais; **B:** correta. A Política Criminal é uma estratégia de ação política orientada pelo saber criminológico, ou seja, é marcada pela escolha e pelo poder. A Política Criminal é uma política pública e está disseminada entre os diversos entes do Estado – poderes legislativos, judiciários e executivos – dos três níveis – municipal, estadual e federal. A Política Criminal faz a ponte entre a Criminologia e o Direito Penal, uma vez que a Criminologia traz conceitos e teorias sobre o crime, o criminoso, a vítima e o controle social e por meio da Política Criminal os agentes do Estado legislam criando o Direito Penal e julgam, aplicando o Direito Penal. Mas a Política Criminal vai além do Direito Penal: formas de prevenção de criminalidade baseadas em outras políticas públicas como iluminação das vias, criação de espaços de lazer, investimento em educação e oportunidades de emprego também estão incluídos na Política Criminal do Estado, ou seja, a Política Criminal é mais ampla do que a Política Penal; **C:** correta. O direito penal adota o método lógico-dedutivo e dogmático-jurídico. A conduta é analisada para ser enquadrada em um tipo penal contido nas normas. O direito penal procura saber qual o enquadramento típico da conduta para aplicar a lei. Uma vez feito o enquadramento típico correto, será seguido todo o processo penal correspondente e o juiz aplicará a pena, de acordo com o estabelecido no Código Penal ou norma específica para aquela conduta; **D:** incorreta. A Segurança Pública de fato se dedica à redução da criminalidade, contudo a prevenção criminal no Estado Democrático de Direito está inserida em todos os eixos do governo e não apenas na pasta de Segurança Pública e de Justiça. No modelo federativo brasileiro, os três níveis devem atuar de modo coordenado para a prevenção criminal: União, Estados, Distrito Federal e Municípios. E, de forma alguma, se limita à aquisição de equipamentos. Políticas públicas de revitalização urbana, criação de espaços de lazer, iluminação pública e etc., bem como as voltadas a evitar a reincidência – voltadas ao egresso do sistema prisional – também compõem o mosaico da prevenção da infração penal. Ademais, não cabe à segurança pública a busca pelo abolicionismo penal. Ao contrário, cabe à segurança pública o cumprimento da legislação penal, administrativa e sobretudo constitucional para a redução da criminalidade; **E:** correta. Apesar do arcabouço jurídico afirmar que todos são iguais perante a lei, a Teoria Crítica de Criminologia entende que todas as classes sociais praticam crimes, ou seja, que a prática de crimes não está circunscrita a classes sociais, é universal. Mas, por outro lado, a justiça é seletiva, uma vez que seleciona apenas as pessoas das classes mais pobres. A punição e a atuação do sistema de justiça recaem principalmente sobre as classes mais pobres.

Gabarito "D"

(Oficial – PM/DF – 2017 – Iades) A prevenção que tem por destinatário o recluso (ou seja, a população presa) e por objetivo evitar a reincidência denomina-se prevenção

(A) primária.

(B) secundária.

(C) terciária.

(D) quaternária.

(E) quinária.

A prevenção da infração penal é o conjunto de ações que tem por objetivo evitar o cometimento de um delito. A prevenção criminal é composta por duas espécies de ações: aquelas que atuam de forma indireta e aquelas que atuam diretamente. A prevenção primária atua sobre as raízes dos conflitos sociais, trata de implementação de políticas públicas sociais nas áreas de educação, emprego, moradia, saúde, qualidade de vida, segurança e etc. São políticas preventivas de médio e longo prazo. A prevenção secundária opera a curto e médio prazo e se orienta seletivamente a determinados setores da sociedade. Alguns exemplos são: programas de prevenção policial, de controle de meios de comunicação, de ordenação urbana, etc. A prevenção terciária atua com o fim de evitar a reincidência. São políticas voltadas ao preso e ao egresso. Também é conhecida como tardia, pois ocorre depois do cometimento do delito; parcial, pois recai apenas no condenado; e insuficiente, pois não neutraliza as causas do problema criminal.

Gabarito "C"

(Oficial – PM/DF – 2017 – Iades) A ideia de desorganização social, segundo a qual a cidade produz delinquência, ocupa posição fundamental na caracterização de certa teoria sociológica. O efeito criminógeno da grande cidade, que invoca o debilitamento do controle social nos modernos núcleos urbanos, é uma explicação da teoria

(A) da anomia.
(B) do etiquetamento.
(C) da associação diferencial.
(D) ecológica.
(E) da subcultura.

A: incorreta. O expoente da teoria estrutural-funcionalista é Durkheim e a sua teoria da anomia. Para essa teoria o crime é normal e saudável para o desenvolvimento da sociedade. Só passa a ser um problema quando atinges índices muito altos que se sobrepõem as condutas não delitivas (período de anomia); **B:** incorreta. Howard Becker é o principal autor dessa teoria. A teoria do Labelling Approach desloca o problema criminológico do plano da ação para o da reação (dos bad actors para os powerful reactors), demonstrando que a verdadeira característica comum dos delinquentes é, na realidade, a resposta dada pelas instâncias de controle. Daí decorrem as ideias centrais dessa teoria: os conceitos de etiquetamento e de estigmatização. Após ter sido capturada por uma instância de controle social formal, a pessoa passa a ser tratada por todos como criminosa; **C:** incorreta. A teoria da Associação Diferencial tem como expoente Sutherland e sua teoria dos crimes de colarinho branco. A principal ideia dessa teoria é a de que o crime é uma conduta aprendida, assim como qualquer outra. O aprendizado se dá pela convivência em determinados grupos; **D:** correta. A teoria ecológica, também conhecida como escola de Chicago, correlaciona, em seus estudos, a organização da cidade e do bairro com as práticas de cometimentos de delitos. A escola de Chicago se debruça sobre a análise das cidades e sua forma de organização e a prática de delitos; **E:** incorreta. A Subcultura Delinquente é um comportamento de transgressão que é determinado por um subsistema de conhecimento, crenças e atitudes que possibilitam, permitem ou determinam formas particulares de comportamento transgressor em situações específicas. A subcultura não é uma manifestação delinquencial isolada, ao contrário, a subcultura delinquente tem como característica, justamente, a dimensão coletiva.

Gabarito "D"

11. DIREITO ADMINISTRATIVO

Flávia Barros e Caio Grimaldi Desbrousses Monteiro

1. PRÍNCIPIOS DA ADMINISTRAÇÃO PÚBLICA E REGIME JURÍDICO-ADMINISTRATIVO

(Oficial – PM/SP – 2016 – VUNESP) A Constituição Federal preceituou os princípios básicos que devem ser observados pela Administração Pública. Considerando tal fato, assinale a alternativa correta.

(A) A finalidade pública deve ser observada quando da elaboração de lei e quando de sua execução, em razão do princípio da continuidade do serviço público.

(B) Em razão do princípio da supremacia do interesse público sobre o interesse privado, nenhum ato praticado, no âmbito da Administração Pública, deve passar pelo crivo do Poder Judiciário.

(C) O princípio da publicidade está previsto no artigo 37 da Constituição Federal e viabiliza a transparência e a divulgação dos atos da Administração Pública.

(D) Os princípios da Administração Pública estão elencados em rol exaustivo, disposto no artigo 37 da Constituição Federal.

(E) Com o crescimento das grandes cidades, há um aumento do número da população e, por conseguinte, a necessidade de infraestrutura a fim de subsidiar os interesses dos cidadãos, como a criação de escolas. Nesse sentido, o princípio que deve nortear tais decisões é o princípio do duplo grau de jurisdição.

A: incorreta, porque a finalidade pública deve sim ser observada quando da elaboração de lei e quando de sua execução, mas em razão do princípio da supremacia do interesse público sobre o privado e não em razão do princípio da continuidade do serviço público; **B:** incorreta, porque todo ato praticado no âmbito da Administração Pública pode passar pelo crivo do Judiciário, em virtude do Princípio da inafastabilidade da jurisdição, previsto na Constituição Federal, no art. 5º, XXXV, inserido rol de direitos e garantias fundamentais: "a lei não excluirá da apreciação do Poder Judiciário lesão ou ameaça a direito"; **C:** correta. A alternativa refere-se ao art. 37 da Constituição Federal, que estabelece cinco princípios básicos que devem ser observados pela Administração Pública, dentre eles o princípio da publicidade, que por meio da divulgação dos atos da Administração permite ao administrado o controle externo da Administração, conferindo transparência à Administração. Não se deve confundir o princípio da publicidade com a publicação dos atos administrativos, já que esta representa requisito de validade do ato e aquele um princípio genérico de todo ato da Administração, sendo sua exceção apenas os atos sob sigilo em razão de sua imprescindibilidade para a segurança da sociedade e do Estado; **D:** incorreta, pois majoritário posicionamento dos doutrinadores no sentido de que os princípios elencados no art. 37 da Constituição Federal são exemplificativos e não taxativos; **E:** incorreta, porque o princípio do duplo grau de jurisdição garante a todos os cidadãos jurisdicionados a reanálise de seu processo, administrativo ou judicial, geralmente por uma instância superior. A maioria da doutrina entende que é um princípio implícito na Constituição Federal, corolário dos princípios da ampla defesa e do contraditório, previstos no art. 5º inciso LV da Constituição.

Gabarito "C"

(Soldado – PM/SP – 2017 – VUNESP) A Constituição Federal estabelece que a Administração Pública Direta e Indireta de qualquer dos Poderes da União, dos Estados, do Distrito Federal e dos Municípios obedecerá aos princípios de legalidade, impessoalidade, moralidade, publicidade e eficiência e, também, ao seguinte:

(A) são garantidos ao servidor público civil os direitos sociais previstos para o trabalhador em geral, como o direito à livre associação sindical, sendo-lhe, contudo, proibido o exercício do direito à greve.

(B) ressalvadas as aquisições realizadas pela Administração Indireta; obras, serviços, compras e alienações serão contratados mediante processo de licitação pública que assegure igualdade de condições a todos os concorrentes.

(C) durante o prazo improrrogável previsto no edital de convocação, aquele aprovado em concurso público de provas, ou de provas e títulos, será convocado com prioridade sobre novos concursados para assumir cargo ou emprego na carreira.

(D) os cargos, empregos e funções públicas são acessíveis aos brasileiros que preencham os requisitos estabelecidos em lei, sendo vedado o ingresso de estrangeiros no serviço público.

(E) a proibição de acumular empregos e funções não abrange autarquias, fundações, empresas públicas, sociedades de economia mista, suas subsidiárias e sociedades controladas, direta ou indiretamente, pelo poder público.

A: incorreta, uma vez que o art. 37 da Constituição Federal garante ao servidor público civil tanto o direito à livre associação civil, como o direito à greve; **B:** incorreta, pois deverão licitar inclusive os órgãos da Administração Indireta, conforme estabelece o parágrafo único do art. 1º da Lei 8.666/1993; **C:** correta, pois o comando expresso é o exato termo do inciso IV do art. 37 da Constituição Federal; **D:** incorreta, uma vez que o inciso I do ar. 37 da Constituição garante que os cargos, empregos e funções públicas são acessíveis aos Brasileiros, bem como aos estrangeiros, na forma da Lei; **E:** incorreta, pois contrária ao inciso XVII do art. 37 da Constituição.

Gabarito "C"

(Oficial – PM/DF – 2017 – Iades) No âmbito do Direito Administrativo, assinale a alternativa que apresenta a definição doutrinária do princípio da responsividade.

(A) Consequência dos princípios da legalidade e da legitimidade, bem como da responsabilidade, acrescendo-se, ainda, a observância à moralidade administrativa a fim de submeter qualquer lesão de direito a algum tipo de controle.

(B) Ampliação dos efeitos da responsabilidade, abarcando-se, além da observância à legalidade estrita, também os princípios democrático e da legitimidade para fundamentar ações preventivas, corretivas e sancionatórias.

(C) Execução das atividades administrativas no mais alto grau possível de excelência, produzindo-se o efetivo atendimento aos interesses postos a cargo da Administração Pública.

(D) Necessidade de que a Administração harmonize internamente as respectivas ações, a fim de que, externamente, não haja manifestação conflitante ou, até mesmo, contraditória.

(E) Apuração de atos administrativos quando agentes públicos não somente agem em desconformidade com a lei, mas também quando deixam de agir.

De acordo com Matheus Carvalho, na obra Manual de Direito Administrativo, "A matéria (princípios) não está totalmente regulamentada de forma expressa na legislação, o que enseja uma divergência acerca dos princípios a serem aplicados. Dito isto, importante ressaltar que o Princípio da Responsividade é complemento do princípio da responsabilidade". O Professor Mazza, em sua obra Manual de Direito Administrativo – Alexandre Mazza – 2ª edição – 2012 – Saraiva – pág. 123, define o Princípio da Responsividade como "a Administração deve reagir adequadamente às demandas da sociedade". EC

Gabarito "B"

(Oficial – PM/MG – 2016 – PMMG) Em relação à Administração Pública e Governo, marque a alternativa CORRETA.

(A) Existe diferença entre as três funções do Estado. Embora o poder estatal seja uno, indivisível e indelegável, ele desdobra-se em três funções: a legislativa, a executiva e a moderadora.

(B) Em sentido objetivo, a Administração Pública abrange as atividades exercidas pelas pessoas jurídicas, órgãos e agentes incumbidos de atender concretamente às necessidades coletivas; corresponde à função administrativa, atribuída preferencialmente aos órgãos do Poder Executivo.

(C) A função política compreende o serviço público, a intervenção, o fomento e a polícia.

(D) O regime jurídico da Administração Pública é predominantemente de direito privado.

A: incorreta, pois embora o poder estatal seja uno, indivisível e indelegável, ele desdobra-se em três funções: a legislativa, a executiva e a **JUDICIÁRIA** e não moderadora, como consta na questão; **B:** correta, pois estabelece a definição de Administração Pública em sentido objetivo, de acordo com os mais conceituados doutrinadores, devendo, nessa acepção, ser grafada em letras maiúsculas; **C:** incorreta, pois a função política, de acordo com Celso Antônio Bandeira de Melo, abarca os atos jurídicos do Estado que não se encaixam nas funções administrativa e jurisdicional, sendo exemplos de atos decorrentes desta função a sanção e o veto de lei, a declaração de guerra, a decretação de estado de calamidade pública; **D:** incorreta, pois o regime jurídico da Administração Pública é predominantemente de direito **PÚBLICO** e não privado, como consta na questão. EC

Gabarito "B"

(Oficial – PM/MG – 2016 – PMMG) Em relação aos princípios da Administração Pública, marque "V" para a(s) assertiva(s) verdadeira(s) e "F" para a(s) falsa(s) e, ao final, responda o que se pede.

( ) O princípio da Moralidade Pública deve ser observado pelo administrador e pelo particular que se relaciona com a Administração Pública.

( ) O princípio da Supremacia do Interesse Público não está presente no momento da elaboração da lei, mas somente no momento de sua execução em concreto pela Administração Pública.

( ) A Presunção de Legitimidade ou de Veracidade abrange dois aspectos: de um lado, a presunção da verdade, que diz respeito à certeza dos fatos; de outro lado, a presunção da legalidade, pois se a Administração Pública se submete à lei, presume-se, até prova em contrário, que todos os seus atos sejam verdadeiros e praticados com observância das normas legais pertinentes.

( ) O princípio da Motivação dispensa a Administração Pública de indicar os fundamentos de fato e de direito de suas decisões, dado a dúvida jurisprudencial da plena aplicação deste princípio.

( ) O princípio da Eficiência Pública foi inserido no texto constitucional por meio da Emenda n. 19, de 04/06/1998.

Marque a alternativa que contém a sequência CORRETA de respostas, na ordem de cima para baixo.

(A) V, F, V, F, V.

(B) V, F, F, V, V.

(C) F, F, V, V, F.

(D) V, V, F, F, F.

A: correta, pois, para Maria Silvia Zanella Di Pietro, o princípio da supremacia do interesse público está presente tanto no momento de elaboração da lei como no momento de execução em concreto pela Administração Pública, o que torna a segunda assertiva errada. A quarta assertiva diz exatamente o oposto do que deveria, pois o princípio da motivação **EXIGE** e não dispensa a Administração Pública de indicar os fundamentos de fato e de direito de suas decisões, **NÃO HAVENDO** dúvida jurisprudencial da plena aplicação deste princípio. As demais assertivas são verdadeiras. EC

Gabarito "A"

2. ORGANIZAÇÃO ADMINISTRATIVA

(Soldado – PM/SE – IBFC – 2018) Integram a administração indireta, na qualidade de pessoas jurídicas de direito privado:

(A) as sociedades de economia mista e as empresas públicas

(B) as autarquias e as fundações de direito privado

(C) as agências reguladoras e as agências executivas

(D) os órgãos do terceiro setor e os consórcios públicos

A: correta – Ambas são espécies do gênero "empresas estatais" e as duas possuem personalidade jurídica de direito privado, com controle acionário pelo Estado. As **sociedades de economia mista** são pessoas jurídicas de direito privado cuja criação é autorizada por lei, constituída sob a forma de sociedade anônima, cujas ações, com direito a voto, pertencem em sua maioria ao ente público ou à entidade de sua Administração Indireta. Sua finalidade pode ser tanto a prestação de serviços públicos como a exploração de atividade econômica. As **empresas públicas**, por sua vez, são pessoas jurídicas de direito privado, mas dotadas de certas regras especiais decorrentes da finalidade pública que devem perseguir. Ela, diversamente da sociedade de economia mista, pode ser constituída por qualquer forma admitida em direito, e não apenas sob a forma de sociedade anônima. As empresas públicas são de capital inteiramente público, seja ele oriundo da Administração Pública direta ou indireta; **B:** incorreta – As autarquias são pessoas jurídicas de direito público que desenvolvem atividades de Estado, com autonomia técnica, financeira e administrativa. São criadas por lei; as fundações de direito privado, por sua banda, são pessoas jurídicas de direito público criadas e mantidas pelo Poder Público. São também conhecidas como "fundações governamentais"; **C:** incorreta – as agências reguladoras são autarquias especiais, ou seja, são pessoas jurídicas de direito público; já as agências executivas estão legalmente dispostas nos artigos 51 e 52 da Lei 9.649/1998, tendo a natureza jurídica de autarquia ou fundação pública e contando a celebração com o Poder Público de um contrato de gestão, de forma a gerarem maior eficiência com redução de custos; **D:** incorreta – os órgãos que integram o chamado terceiro setor não fazem parte da Administração indireta e o consórcio público, por sua vez, definido pela Lei 11.107/2005 consiste em uma forma de colaboração entre diversos entes públicos para a gestão associada de serviços públicos de interesse comum e pode dar ensejo à criação tanto de uma pessoa jurídica de direito público como de direito privado. FB

Gabarito "A".

3. ATOS ADMINISTRATIVOS

(Oficial – PM/MG – 2016 – PMMG) Os atos administrativos são classificados em espécie. Em relação ao conteúdo do Ato Administrativo, marque a alternativa INCORRETA.

(A) A Licença é o ato administrativo unilateral e vinculado pelo qual a Administração faculta àquele que preencha os requisitos legais o exercício de uma atividade.

(B) A Permissão, em sentido amplo, designa o ato administrativo unilateral, discricionário e precário, gratuito ou oneroso, pelo qual a Administração Pública faculta ao particular a execução de serviço público ou a utilização privativa de bem público.

(C) A Homologação é o ato bilateral e discricionário pelo qual a Administração Pública reconhece a legalidade de um ato jurídico.

(D) O Parecer é o ato pelo qual os órgãos consultivos da Administração emitem opinião sobre assuntos técnicos ou jurídicos de sua competência.

C: incorreta, pois pede-se na questão a alternativa incorreta, o que se vê nessa alternativa, pois segundo Maria Sylvia Z. Pietro, a homologação é o ato unilateral e vinculado pela qual a Administração Pública reconhece a legalidade de um ato jurídico. Ele se realiza sempre a posteriori e examina sempre aspecto de legalidade, que se distingue da aprovação. EC

Gabarito "C".

4. SERVIDOR PÚBLICO

(Oficial – PM/DF – 2017 – Iades) Assinale a alternativa que apresenta formas de provimentos estatutários no serviço público com previsão constitucional obrigatória aos entes, sem prejuízo de regulação em leis próprias.

(A) Promoção e aproveitamento.

(B) Nomeação e transferência.

(C) Reintegração e substituição.

(D) Aproveitamento e reversão.

(E) Substituição e nomeação.

As formas de provimentos previstas na Constituição são a promoção, o aproveitamento e a nomeação, previstos, respectivamente, no art. 37, inciso II; no art. 39, § 2º; e no art. 41, § 3º.

A Lei 8.112 de 11 de dezembro de 1990, que dispõe sobre o regime jurídico dos servidores públicos civis da União, das autarquias e das fundações públicas federais, prevê, em seu art. 8º, como formas de provimento de cargo público, além das já citadas previsões Constitucionais, a reversão, a recondução, a reintegração e a readaptação, mas a questão pediu apenas as com previsão Constitucional. (EC)

Gabarito "A".

(Soldado – CBM/GO – 2016 – Funrio) Caso o cargo em que se encontra investido um servidor público estável seja extinto ou tenha sua desnecessidade declarada, esse servidor será posto em situação de

(A) disponibilidade.

(B) reforma.

(C) aposentadoria compulsória.

(D) recondução.

(E) licenciamento.

A: correta, pois assim estabelece a Constituição. Veja: Art. 41. São estáveis após três anos de efetivo exercício os servidores nomeados para cargo de provimento efetivo em virtude de concurso público. § 3º **Extinto o cargo ou declarada a sua desnecessidade**, o servidor estável ficará em **disponibilidade**, com remuneração proporcional ao tempo de serviço, até seu adequado aproveitamento em outro cargo. EC

Gabarito "A".

(Cadete – CBM/GO – 2016 – Funrio) No regime legal dos servidores públicos, configura-se reintegração, em caso de

(A) investidura do servidor em cargo de atribuições e responsabilidades compatíveis com a limitação que tenha sofrido em sua capacidade física ou mental, verificada em inspeção médica.

(B) aproveitamento obrigatório do servidor em cargo de atribuições e vencimentos compatíveis com o anteriormente ocupado.

(C) retorno à atividade de servidor aposentado por invalidez, quando junta médica oficial declarar insubsistentes os motivos da aposentadoria, ou no interesse da Administração Pública.

(D) reinvestidura do servidor estável, no cargo anteriormente ocupado, ou no cargo resultante de sua transformação, quando invalidada a sua demissão por decisão administrativa ou judicial.

(E) deslocamento de cargo de provimento efetivo, ocupado ou vago no âmbito do quadro geral de pessoal, para outro órgão ou entidade do mesmo Poder.

Necessário conhecimento de letra da lei. Conforme a Lei n. 8.112/90: Art. 28. A reintegração é a reinvestidura do servidor estável no cargo anteriormente ocupado, ou no cargo resultante de sua transformação, quando invalidada a sua demissão por decisão administrativa ou judicial, com ressarcimento de todas as vantagens. EC

Gabarito "D".

(Oficial – PM/SC – 2015 – IOBV) Julgue os itens que seguem e assinale a alternativa correta de acordo com os conceitos administrativos de servidor público descritos na Constituição Federal:

(A) É possível a adoção de requisitos e critérios diferenciados para a concessão de aposentadoria aos servidores que exerçam atividades de risco. Os requisitos de idade e de tempo de contribuição, nesse caso, serão reduzidos em dez anos.

(B) Invalidada por sentença judicial a demissão do servidor estável, será ele reintegrado, e o eventual ocupante da vaga, se estável, reconduzido ao cargo de origem, com direito a indenização, aproveitado em outro cargo ou posto em excedente com remuneração proporcional ao tempo de serviço.

(C) Como condição para a aquisição da estabilidade, é obrigatória a avaliação especial de desempenho por comissão instituída para essa finalidade, atingindo-se um percentual mínimo de oitenta por cento para aprovação e dois anos de efetivo exercício no cargo.

(D) Ao servidor ocupante, exclusivamente, de cargo em comissão declarado em lei de livre nomeação e exoneração bem como de outro cargo temporário ou de emprego público, aplica-se o regime geral de previdência social.

Questão que cobrou conhecimento da letra da Lei, dos critérios estabelecidos na Constituição. **A:** incorreta, vez que o art. 40, em seu § 4º É vedada a adoção de requisitos e critérios diferenciados para a concessão de aposentadoria aos abrangidos pelo regime de que trata este artigo, ressalvados, nos termos definidos em leis complementares, os casos de servidores: II que exerçam atividades de risco; **Observe-se que a Lei Complementar não foi elaborada, não existindo então a exceção; B:** incorreta, pois o art. 41, § 2º estabelece: "Invalidada por sentença judicial a demissão do servidor estável, será ele reintegrado, e o eventual ocupante da vaga, se estável, reconduzido ao cargo de origem, **sem direito a indenização**, aproveitado em outro cargo ou posto em disponibilidade"; **C:** incorreta pois o art. 41, *caput* estabelece: "São estáveis **após três anos de efetivo exercício** os servidores nomeados para cargo de provimento efetivo em virtude de concurso público." **Tanto a lei 8.112/1990 quanto a CF/88 não falam sobre esse percentual mínimo exigido para a aprovação; D:** Correta.

Gabarito "D"

5. RESPONSABILIDADE DO AGENTE PÚBLICO

(Oficial – PM/SP – 2016 – VUNESP) Acerca da responsabilidade do policial militar perante a legislação em vigor, é correto afirmar que

(A) em razão do princípio da supremacia do interesse público elencado no ordenamento pátrio, o policial militar responde por seus atos apenas nas esferas penal e administrativa, não lhe recai eventual responsabilidade civil por atos praticados em serviço.

(B) a ofensa aos valores não vulnera a disciplina policial militar, já que é inerente à atividade.

(C) a aplicação das penas disciplinares previstas no Regulamento Disciplinar da Polícia Militar do Esta- do de São Paulo depende do resultado de eventual ação penal.

(D) as transgressões militares são sempre classificadas como graves, em face da atividade exercida pelo policial militar.

(E) o militar do Estado poderá responder na esfera penal militar, se fizer desaparecer, consumir ou extraviar combustível, armamento, munição, peças de equipamento de navio ou de aeronave ou de engenho de guerra motomecanizado.

A: incorreta, pois o § 6º do art. 37 da Constituição Federal estabelece o direito de regresso do Estado contra o funcionário público, que, ao causar o dano, agir com dolo ou culpa. Assim, poderá recair responsabilidade civil ao policial militar por seus atos praticados em serviço, desde que ao causar o dano, tenha agido com dolo ou culpa; **B:** incorreta, pois estabelece claramente o Regulamento Disciplinar da Polícia Militar, LC 893, de 09 de março de 2001, em seu art. 11: "A ofensa aos valores e aos deveres vulnera a disciplina policial-militar...", não sendo a ofensa aos valores jamais inerente à atividade policial militar; **C:** incorreta, pois estabelece claramente o Regulamento Disciplinar da Polícia Militar, LC 893, de 09 de março de 2001, em seu art. 12, § 5º: "A aplicação das penas disciplinares previstas neste Regulamento independe do resultado de eventual ação penal"; **D:** incorreta, pois estabelece claramente o Regulamento Disciplinar da Polícia Militar, LC 893, de 09 de março de 2001, em seu art. 13: "As transgressões disciplinares são classificadas de acordo com sua gravidade em graves (G), médias (M) e leves (L)"; **E:** correta, pois se enquadra na conduta prevista no art. 265 do Decreto Lei 1.001 de 21 de outubro de 1969, Código Penal Militar, "Fazer desaparecer, consumir ou extraviar combustível, armamento, munição, peças de equipamento de navio ou de aeronave ou de engenho de guerra motomecanizado".

Gabarito "E"

6. PROCESSO ADMINISTRATIVO

(Soldado – PM/SP – 2017 – VUNESP) O órgão ou entidade da Administração estadual que necessitar de informações de outro, para instrução de procedimento administrativo, de acordo com o previsto pela Lei Estadual no 10.177/98,

(A) poderá requisitá-las diretamente, sem observância da vinculação hierárquica, mediante ofício, do qual uma cópia será juntada aos autos.

(B) poderá solicitá-las informalmente, de modo verbal, sem necessidade de registro da comunicação.

(C) deverá submeter o requerimento ao superior hierárquico, e assim sucessivamente, até que a demanda chegue ao Secretário de Estado, que decidirá se encaminhará ou não a solicitação.

(D) poderá requisitá-las ao dirigente máximo do órgão ou entidade que a detiver, que decidirá se deve prestá-las ou não.

(E) deverá solicitá-las ao dirigente do respectivo órgão ou entidade, que será obrigado a fornecê-las no prazo de 7 (sete) dias.

A: correta, pois é exatamente o que determina o art. 25, da Lei Estadual 10.177/1998, que estabelece: "O órgão ou entidade da Administração estadual que necessitar de informações de outro, para instrução de procedimento administrativo, poderá requisitá-las diretamente, sem observância da vinculação hierárquica, mediante ofício, do qual uma cópia será juntada aos autos." As demais alternativas são interpretações errôneas desse mesmo artigo.

Gabarito "A"

(Soldado – PM/SP – 2017 – VUNESP) Considere o seguinte caso hipotético: Cidadão solicita à Polícia Militar, para fins de consulta para a elaboração de uma pesquisa acadêmica, acesso a um grande volume de documentos que, por serem antigos, não se encontram em formato digital. Embora o manuseio não traga qualquer risco à integridade de tais documentos, o valor necessário ao ressarcimento do custo dos serviços e dos materiais utilizados para a reprodução dos documentos chega a cerca de R$ 10.000,00 (dez mil reais). O Cida- dão afirma não poder arcar com esse custo, já que percebe apenas uma bolsa mensal no valor de R$ 1.500,00 (um mil e quinhentos reais mensais).

Nesse caso, nos termos do Decreto Estadual no 58.052/12, é correto afirmar que

(A) o Cidadão pode pleitear isenção dos custos, declarando, nos termos da lei, que sua situação econômica não lhe permite fazer o pagamento exigido sem prejuízo do sustento próprio ou da família.

(B) a Polícia Militar não pode cobrar valor algum do Cidadão, já que o serviço de busca e fornecimento da informação é gratuito, não incidindo, no caso concreto, qualquer taxa ou serviço público.

(C) é necessário o ressarcimento dos custos de serviços e materiais, para que não haja prejuízo a outras atividades do Poder Público, restando, portanto, a Polícia Militar isenta do dever de fornecer qualquer um dos documentos solicitados sem o correspondente pagamento, em qualquer hipótese.

(D) a Polícia Militar não está obrigada a fornecer os documentos se houver custos, pois o Cidadão somente terá assegurado o acesso à informação que já se encontre em formato digital, o que não ocorre no caso em análise.

(E) como o Cidadão não pode arcar com os custos incidentes, deverá aguardar a digitalização e a disponibilização dos documentos em formato digital, já que o Decreto Estadual prevê que todo o acervo dos órgãos e entidades estaduais esteja em formato digital até 31 de dezembro de 2020.

A: correta, uma vez que o Decreto Estadual 58.052/2012 estabelece que o serviço de busca e fornecimento de informações é gratuito, podendo ser cobrados apenas os custos dos serviços e materiais utilizados, desde que possa fazê-lo sem prejuízo próprio ou da família, como é o caso apresentado na questão. Trata- se do art. 16 e parágrafo único do dispositivo, a saber: "Artigo 16 – O serviço de busca e fornecimento da informação é gratuito, salvo nas hipóteses de reprodução de documentos pelo órgão ou entidade pública consultada, situação em que poderá ser cobrado exclusivamente o valor necessário ao ressarcimento do custo dos serviços e dos materiais utilizados, a ser fixado em ato normativo pelo Chefe do Executivo. Parágrafo único – Estará isento de ressarcir os custos previstos no "caput" deste artigo todo aquele cuja situação econômica não lhe permita fazê-lo sem prejuízo do sustento próprio ou da família, declarada nos termos da Lei federal nº 7.115, de 29 de agosto de 1983."

Gabarito "A"

(Oficial – PM/SC – 2015 – IOBV) Acerca do processo administrativo (disposições da Lei 9.784/99), assinale a opção incorreta:

(A) A Administração tem o dever de explicitamente emitir decisão nos processos administrativos e sobre solicitações ou reclamações, em matéria de sua competência.

(B) Concluída a instrução de processo administrativo, a Administração tem o prazo de até trinta dias para decidir, salvo prorrogação por igual período expressamente motivada.

(C) O órgão competente para decidir o recurso poderá confirmar, modificar, anular ou revogar, total ou parcialmente, a decisão recorrida, se a matéria for de sua competência. A aplicação do disposto neste artigo não poderá acarretar gravame à situação do recorrente.

(D) A competência é irrenunciável e se exerce pelos órgãos administrativos a que foi atribuída como própria, salvo os casos de delegação e avocação legalmente admitidos. Não podem ser objeto de delegação a edição de atos de caráter normativo.

C: incorreta, vez que o art. 64 e parágrafo único, estabelece que: Art. 64. O órgão competente para decidir o recurso poderá confirmar, modificar, anular ou revogar, total ou parcialmente, a decisão recorrida, se a matéria for de sua competência. **Parágrafo único. Se da aplicação do disposto neste artigo puder decorrer gravame à situação do recorrente, este deverá ser cientificado para que formule suas alegações antes da decisão.**

Gabarito "C"

7. PROCESSO ADMINISTRATIVO DISCIPLINAR

(Soldado – PM/SP – 2017 – VUNESP) Considere a seguinte situação hipotética: Policial Militar do Estado de São Paulo, designado para realizar atividade policial-militar com veículo automotor, que deveria permanecer, por determinado período, estacionado em cruza- mento com alto índice de ocorrências, resolve afastar-se do local e ir até região na qual considera ter maior número de ocorrências envolvendo violência, distante 2 km do lo- cal onde deveria estar estacionado.

A conduta do Policial Militar em questão, diante do previsto no Regulamento Disciplinar da Polícia Militar,

(A) constitui transgressão disciplinar leve.

(B) constitui transgressão disciplinar média.

(C) não constitui transgressão disciplinar.

(D) constitui transgressão disciplinar grave.

(E) constitui transgressão somente se o superior hierárquico assim a entender.

D: correta. No caso hipotético apresentado pela questão, o policial militar abandona o serviço para o qual havia sido designado, resolvendo agir de forma diversa da que lhe foi designada, descumprindo assim o inciso 74 do parágrafo único do art. 13 da Lei Complementar 893, de 09 de março de 2001, Regulamento Disciplinar da Polícia Militar, que transcrevemos: "74 – abandonar serviço para o qual tenha sido designado ou recusar-se a executá-lo na forma determinada (G)."

Gabarito "D"

8. INTERVENÇÃO DO ESTADO NA PROPRIEDADE

(Oficial – PM/MG – 2016 – PMMG) Marque a alternativa INCORRETA. Em relação à Intervenção do Estado na Propriedade e Atuação no Domínio Econômico.

(A) O tombamento é forma de intervenção do Estado na propriedade privada, que tem por objetivo a proteção do patrimônio histórico e artístico nacional.

(B) Servidão administrativa é o direito real de gozo, de natureza pública, instituído sobre imóvel de propriedade alheia, com base em lei, por entidade pública ou por seus delegados, em favor de um serviço público ou de um bem afetado a fim de utilidade pública.

(C) A requisição administrativa depende da aquiescência do particular e da prévia intervenção do Poder Judiciário.

(D) Ocupação temporária é a forma de limitação do Estado à propriedade privada que se caracteriza pela utilização transitória, gratuita ou remunerada, de imóvel de propriedade particular, para fins de interesse público.

C: incorreta, uma vez que dispõe o texto constitucional, em seu art. 5°, XXV, que, "no caso de iminente perigo público, a autoridade competente poderá usar de propriedade particular, assegurada ao proprietário indenização ulterior, se houver dano". Trata-se, portanto, de ato unilateral da Administração, sujeito a controle ulterior e não autorização prévia do poder judiciário. EC

Gabarito "C"

9. LICITAÇÕES E CONTRATOS ADMINISTRATIVOS

(Soldado – PM/SE – IBFC – 2018) Assinale a alternativa onde se apresenta a modalidade de licitação destinada a adquirir bens e serviços comuns em que a disputa pelo fornecimento é feita em sessão pública, por meio de propostas e lances, para classificação e habilitação do licitante com a proposta de menor preço.

(A) consulta

(B) tomada de preços

(C) pregão

(D) leilão

A: incorreta – A consulta é modalidade de licitação surgida na Lei Geral das Telecomunicações em seu artigo 54 (Lei 9.472/1997), depois estendida às demais agências reguladoras, e que foi mantida pelo STF em sede de controle de constitucionalidade (ADI 1.668.). Ela serve para a aquisição de bens e serviços **não comuns**, envolvendo a avaliação de custo e benefício, por não se tratar meramente de uma análise de menor preço; **B:** incorreta – Tomada de preços é a modalidade de licitação entre interessados devidamente cadastrados ou que atenderem a todas as condições exigidas para cadastramento até o terceiro dia anterior à data do recebimento das propostas, observada a necessária qualificação – Art. 22, II, § 2º da Lei 8.666/1993; **C:** correta – Pregão é a modalidade de licitação para a aquisição de bens e serviços comuns, ou seja, cujos padrões de desempenho e qualidade possam ser definidos objetivamente por meio do Edital e que tem por critério de julgamento (tipo de licitação) o menor preço. Não está prevista na Lei 8.666/1993, mas na Lei 10.520/2002; **D:** incorreta – Leilão é a modalidade de licitação entre quaisquer interessados para a venda de bens móveis inservíveis para a administração ou de produtos legalmente apreendidos ou penhorados, ou para a alienação de bens imóveis, a quem oferecer o maior lance, igual ou superior ao valor da avaliação – Art. 22, § 5º, da Lei 8.666/1993. FB

Gabarito "C"

(Soldado – PM/SE – IBFC – 2018) Assinale a alternativa que apresenta características inerentes aos contratos administrativos:

(A) prazo indeterminado e comutatividade

(B) caráter personalíssimo e presença de cláusulas exorbitantes

(C) imutabilidade e equilíbrio negocial

(D) informalidade e onerosidade

Contratos Administrativos são negócios jurídicos em que uma das partes é necessariamente o Poder Público e que, justamente em vistas à preservação do interesse da coletividade (princípio da supremacia do interesse público sobre o privado), apresenta peculiaridades em relação aos contratos realizados entre os particulares. Em todo contrato administrativo temos a incidência do chamado regime jurídico-administrativo, que é justamente o arcabouço legal que diferencia a Administração Pública em suas relações. São características dos contratos administrativos: a) ele é formal, pois deve obedecer aos requisitos previstos nos artigos 60 a 62 da Lei de Licitações; b) ele é consensual, na medida em eu se torna perfeito e acabado mediante manifestação da vontade e demais atos previstos em lei; c) ele é oneroso, na medida em que deve possuir um valor mensurável, e com remuneração a ser prevista no contrato, garantido o equilíbrio contratual; d) ele é comutativo, pois estabelece a equivalência das obrigações; e) com prazo determinado necessariamente; e) sinalagmático, com reciprocidade de obrigações; f) é personalíssimo, pois quem vence a licitação deve ser o contratado, sendo restrito os casos em que a subcontratação é aceitável; g) com a presença de cláusulas exorbitantes cuja previsão encontra-se na lei e que garantem à Administração Pública uma série de prerrogativas não possíveis ao particular em suas relações. FB

Gabarito "B"

(Oficial – PM/SP – 2016 – VUNESP) De acordo com as modalidades de licitação previstas na Lei no 8.666/93, assinale a alternativa correta.

(A) Concorrência é a modalidade de licitação entre quaisquer interessados que, na fase inicial de habilitação preliminar, comprovem possuir os requisitos mínimos de qualificação exigidos no edital para execução de seu objeto.

(B) Tomada de preços é a modalidade de licitação entre interessados do ramo pertinente ao seu objeto, cadastrados ou não, escolhidos e convidados em número mínimo de três pela unidade administrativa, a qual afixará, em local apropriado, cópia do instrumento convocatório e o estenderá aos demais cadastrados na correspondente especialidade que manifestarem seu interesse com antecedência de até vinte e quatro horas da apresentação das propostas.

(C) Convite é a modalidade de licitação entre quaisquer interessados para a venda de bens móveis inservíveis para a Administração ou de produtos legalmente apreendidos ou penhorados, ou para a alienação de bens imóveis, a quem oferecer o maior lance, igual ou superior ao valor da avaliação.

(D) Leilão é a modalidade de licitação entre quaisquer interessados para escolha de trabalho técnico, científico ou artístico, mediante a instituição de prêmios ou remuneração aos vencedores, conforme critérios constantes de edital publicado na imprensa oficial com antecedência mínima de quarenta e cinco dias.

(E) Concurso é a modalidade de licitação entre interessados devidamente cadastrados ou que atenderem a todas as condições exigidas para cadastramento até o terceiro dia anterior à data do recebimento das propostas, observada a necessária qualificação.

A questão exige conhecimento das definições das modalidades de licitação do art. 22 da Lei 8.666/1993, apresentando uma alternativa correta, cópia da letra da Lei e as demais alternativas, também cópia da letra da Lei, mas alterando as modalidades e suas definições.
A: correta, uma vez que apresenta a correta definição de Concorrência, de acordo com o § 1º do art. 22 da Lei 8.666/1993, que institui normas para licitações e contratos da administração pública; **B:** incorreta, porque a alternativa apresenta a definição legal de Convite que consta do § 3º do art. 22 da Lei 8.666/1993 e não o de Tomada de preço; **C:** incorreta, porque a alternativa apresenta a definição legal de Leilão que consta do § 5º do art. 22 da Lei 8.666/1993 e não o de Convite; **D:** incorreta, porque a alternativa apresenta a definição legal de Concurso que consta do § 4º do art. 22 da Lei 8.666/1993 e não o de Leilão; **E:** incorreta, porque a alternativa apresenta a definição legal de Tomada de preço que consta do § 3º do art. 22 da Lei 8.666/1993 e não o de Concurso. (EC)

Gabarito "A"

Oficial – PM/SC – 2015 – IOBV) Sobre o tema licitação, conforme a Lei 8.666/93, assinale a única alternativa incorreta:

(A) Ressalvados os casos de inexigibilidade de licitação, os contratos para a prestação de serviços técnicos profissionais especializados deverão, preferencialmente, ser celebrados mediante a realização de concurso, com estipulação prévia de prêmio ou remuneração.

(B) Tomada de preços é a modalidade de licitação entre interessados devidamente cadastrados ou que atenderem a todas as condições exigidas para cadastramento até o quinto dia anterior à data do recebimento das propostas, observada a necessária qualificação. Nos casos em que couber tomada de preço, a Administração poderá utilizar convite e, em qualquer caso, a concorrência.

(C) Na compra de bens de natureza divisível e desde que não haja prejuízo para o conjunto ou complexo, é permitida a cotação de quantidade inferior à demandada na licitação, com vistas a ampliação da competitividade, podendo o edital fixar quantitativo mínimo para preservar a economia de escala.

(D) É dispensável a licitação na aquisição de bens e contratação de serviços para atender aos contingentes militares das Forças Singulares brasileiras empregadas em operações de paz no exterior, necessariamente justificadas quanto ao preço e à escolha do fornecedor ou executante e ratificadas pelo Comandante da Força.

B: incorreta, pois como estabelece o § 2º do art. 22 da lei de referência: Tomada de preços é a modalidade de licitação entre interessados devidamente cadastrados ou que atenderem a todas as condições exigidas para cadastramento até **o terceiro dia** anterior à data do recebimento das propostas, observada a necessária qualificação. A frase "**Nos casos em que couber tomada de preço, a Administração poderá utilizar convite e, em qualquer caso, a concorrência**" inexiste no diploma legal.

Gabarito "B"

(Oficial – PM/SC – 2015 – IOBV) Os contratos administrativos são regidos pela Lei 8.666/93. Sobre o tema, assinale a alternativa correta:

(A) O regime jurídico dos contratos administrativos instituído por esta Lei confere à Administração, em relação a eles, a prerrogativa de modificá-los, unilateralmente, para melhor adequação às finalidades de interesse público, respeitados os direitos do contratado. As cláusulas econômico-financeiras e monetárias dos contratos administrativos poderão ser alteradas sem prévia concordância do contratado.

(B) O instrumento de contrato é obrigatório em todas as modalidades de licitação, bem como nas dispensas e inexigibilidades cujos preços estejam compreendidos nos limites das modalidades de concorrência e de tomada de preços.

(C) Pela inexecução total ou parcial do contrato a Administração poderá, garantida a prévia defesa, aplicar ao contratado suspensão temporária de participação em licitação e impedimento de contratar com a Administração, pelo prazo mínimo de 2 (dois) anos.

(D) A critério da autoridade competente, em cada caso, e desde que prevista no instrumento convocatório, poderá ser exigida prestação de garantia nas contratações de obras, serviços e compras. Caberá ao contratado optar por uma das seguintes modalidades de garantia: caução em dinheiro ou em títulos da dívida pública, seguro-garantia, fiança bancária.

A: incorreta, vez que o art. 58, em seu § 1º estabelece que: § 1º As cláusulas econômico-financeiras e monetárias dos contratos administrativos **não poderão** ser alteradas sem prévia concordância do contratado; **B:** incorreta, vez que o art. 62, estabelece que: O instrumento de contrato é obrigatório **nos casos de concorrência e de tomada de preços**, bem como nas dispensas e inexigibilidades cujos preços estejam compreendidos nos limites destas duas modalidades de licitação, e facultativo nos demais em que a Administração puder substituí-lo por outros instrumentos hábeis, tais como carta-contrato, nota de empenho de despesa, autorização de compra ou ordem de execução de serviço; **C:** incorreta, vez que o art. 87, estabelece que: Pela inexecução total ou parcial do contrato a Administração poderá, garantida a prévia defesa, aplicar ao contratado as seguintes sanções: **I – advertência; II – multa, na forma prevista no instrumento convocatório ou no contrato;** III – suspensão temporária de participação em licitação e impedimento de contratar com a Administração, por prazo não superior a 2 (dois) anos; **IV – declaração de inidoneidade para licitar ou contratar com a Administração Pública enquanto perdurarem os motivos determinantes da punição ou até que seja promovida a reabilitação perante a própria autoridade que aplicou a penalidade, que será concedida sempre que o contratado ressarcir a Administração pelos prejuízos resultantes e após decorrido o prazo da sanção aplicada com base no inciso anterior.**

Gabarito "D"

10. SERVIÇO PÚBLICO

(Oficial – PM/DF – 2017 – Iades) Forma de retomada de serviço público concedido mediante manifestação unilateral da Administração, como aceitação desta, fundada na ulterior e isolada vontade do concessionário. A definição apresentada refere-se à (ao)

(A) reversão.

(B) encampação.

(C) renúncia.

(D) caducidade.

(E) distrato.

C: correta, pois dentre as formas de extinção dos Atos Administrativos está a Renúncia, que na definição de João Eduardo Lopes Queiroz, em seu livro Direito Administrativo, volume I, estabelece que "renúncia é a extinção do ato administrativo eficaz em decorrência de seu beneficiário não mais desejar a continuidade de seus efeitos". Trata-se de ato ampliativo, pois não é possível se renunciar às obrigações.

Gabarito "C"

11. IMPROBIDADE ADMINISTRATIVA

(Oficial – PM/SC – 2015 – IOBV) Considerando o disposto na Lei de Improbidade Administrativa (Lei 8.429/92), assinale a assertiva correta:

(A) Ocorrendo lesão ao patrimônio público por ação ou omissão, dolosa ou culposa, do agente ou de terceiro, dar-se-á o integral ressarcimento do dano. No caso de enriquecimento ilícito, perderá o agente público ou terceiro beneficiário os bens ou valores acrescidos ao seu patrimônio. Quando o ato de improbidade causar lesão ao patrimônio público ou ensejar enriquecimento ilícito, caberá a autoridade administrativa responsável pelo inquérito representar ao Ministério Público, para a indisponibilidade dos bens do indiciado.

(B) Realizar operação financeira sem observância das normas legais e regulamentares ou aceitar garantia insuficiente ou inidônea, constitui ato de improbidade administrativa que causa enriquecimento ilícito.

(C) Utilizar, em obra ou serviço particular, veículos, máquinas, equipamentos ou material de qualquer natureza, de propriedade ou à disposição de qualquer das entidades mencionadas no art. 1° da Lei, bem como o trabalho de servidores públicos, empregados ou terceiros contratados por essas entidades, constitui ato de improbidade administrativa importando lesão ao erário.

(D) Frustrar a licitude de concurso público e processo licitatório constitui ato de improbidade administrativa que atenta contra os princípios da administração pública.

Questão que exige conhecimento da lei

A: correta; **B:** incorreta, pois define ato de improbidade administrativa que causa prejuízo ao erário e não ao por enriquecimento ilícito; **C:** incorreta, porque define ato de improbidade administrativa que importa enriquecimento ilícito e não causa lesão ao erário; **D:** incorreta, porque define Ato de Improbidade Administrativa que causa Prejuízo ao erário e não que atenta contra os princípios da administração pública. EC

Gabarito "A".

12. CONTROLE EXTERNO

(Oficial – PM/DF – 2017 – Iades) Considerando o controle judicial dos atos administrativos, assinale a alternativa correta.

(A) O estagiário que atua no serviço público está sujeito a responsabilização por ato de improbidade administrativa, salvo se atua a título gratuito e de forma temporária.

(B) O terceiro poderá ser responsabilizado pelas sanções cominadas na Lei de Improbidade Administrativa, ainda que não identificado algum agente público como autor do ato ímprobo. Por isso, é viável a propositura de ação de improbidade administrativa exclusivamente contra particular.

(C) Comete ato de improbidade administrativa o médico que cobra honorários por procedimento realizado em hospital privado que também seja conveniado à rede pública de saúde, mesmo que o atendimento não seja custeado pelo próprio sistema público de saúde.

(D) A tortura de preso custodiado em delegacia praticada por policial constitui ato de improbidade administrativa que atenta contra os princípios da administração pública.

(E) O conceito legal de improbidade administrativa é elástico e comporta interpretação abrangente. Por isso, ensejam o reconhecimento de ato de improbidade administrativa eventuais abusos perpetrados por agentes públicos durante abordagem policial, caso os ofendidos pela conduta sejam particulares que não estavam no exercício de função pública.

D: correta. São Atos de Improbidade Administrativa aqueles que atentam contra os princípios da Administração Pública, conforme o art. 11 da Lei 8429/1992. A questão faz referência especial a um julgado do STJ, de relatoria do Ministro Herman Benjamin, que considerou que para o STJ "A tortura de preso custodiado em delegacia praticada por policial constitui ato de improbidade administrativa que atenta contra os princípios da administração pública." No informativo 577 do STJ, o Ministro faz profunda análise do caso e conclui que o ato de tortura, praticado no interior de Delegacia Policial, deve ser punido em diversas esferas, inclusive sob o crivo da Improbidade Administrativa. Veja parte da análise: "Na hipótese em análise, o ato ímprobo caracteriza-se quando se constata que a vítima foi torturada em instalação pública, ou melhor, em delegacia de polícia. Por fim, violência policial arbitrária não é ato apenas contra o particular-vítima, mas sim contra a própria Administração Pública, ferindo suas bases de legitimidade e respeitabilidade." EC

Gabarito "D".

(Oficial – PM/DF – 2017 – Iades) Quanto ao controle judicial de atos administrativos, assinale a alternativa correta.

(A) A indicação equivocada da autoridade coatora implica ilegitimidade passiva nos casos em que o equívoco é facilmente perceptível e em que a autoridade coautora erroneamente apontada pertence à mesma pessoa jurídica de direito público.

(B) Governador de estado é parte legítima para figurar como autoridade coatora em mandado de segurança no qual se impugna a elaboração, a aplicação, a anulação ou a correção de testes ou de questões de concurso público, cabendo à banca examinadora, executora direta da ilegalidade atacada, figurar no polo passivo da demanda.

(C) É cabível mandado de segurança contra os atos de gestão comercial praticados pelos administradores de empresas públicas, de sociedade de economia mista e de concessionárias de serviço público. Em razão disso, também é cabível o writ contra ato praticado em licitação promovida por sociedade de economia mista ou empresa pública.

(D) O termo inicial do prazo decadencial para a impetração de mandado de segurança, na hipótese de exclusão do candidato de concurso público, é o ato administrativo de efeitos concretos e não a publicação do edital, ainda que a causa de pedir envolva questionamento de critério do edital.

(E) Afigura-se necessária a ocorrência de dano ao erário para que haja condenação por ato de improbidade administrativa que importe enriquecimento ilícito.

A: incorreta, pois a indicação equivocada da autoridade coatora NÃO implica ilegitimidade passiva nos casos em que o equívoco é facilmente perceptível e aquela erroneamente apontada pertence à mesma pessoa jurídica de direito público; **B**: incorreta, pois o Governador do Estado é parte ilegítima para figurar como autoridade coatora em mandado de segurança no qual se impugna a elaboração, aplicação, anulação ou correção de testes ou questões de concurso público, cabendo à banca examinadora, executora direta da ilegalidade atacada, figurar no polo passivo da demanda, conforme entendimento já pacificado pelo STJ; **C**: incorreta, conforme já julgou o STJ. Vide: ADMINISTRATIVO. MANDADO DE SEGURANÇA. EMPRESA PÚBLICA. CONTRATOFIRMADO A PARTIR DE PRÉVIO PROCEDIMENTO LICITATÓRIO PARA ADEQUAÇÃODE REDE ELÉTRICA DE AGÊNCIA BANCÁRIA. APLICAÇÃO DE MULTA CONTRATUAL. ATO DE GESTÃO. DESCABIMENTO DE MANDADO DE SEGURANÇA. (STJ – REsp: 1078342 PR 2008/0165053-1, Relator: Ministro LUIZ FUX, Data de Julgamento: 09/02/2010, T1 – PRIMEIRA TURMA, Data de Publicação: DJe 15/03/2010); **D**: correta. Questão que exige conhecimento de jurisprudência, pois retrata decisão do STJ. Cabe ressaltar que o mandando de segurança só pode ser impetrado por pessoa física ou jurídica que sofrer violação por parte da autoridade. Em concurso público, só se pode constatar a exclusão da autoridade depois da ciência do ato. Vide a decisão do STJ: DIREITO ADMINISTRATIVO E PROCESSUAL CIVIL. TERMO INICIAL DO PRAZO DECADENCIAL PARA IMPETRAR MS CONTRA ATO ADMINISTRATIVO QUE EXCLUI CANDIDATO DE CONCURSO PÚBLICO. O termo inicial do prazo decadencial para a impetração de mandado de segurança no qual se discuta regra editalícia que tenha fundamentado eliminação em concurso público é a data em que o candidato toma ciência do ato administrativo que determina sua exclusão do certame, e não a da publicação do edital. Precedente citado: EREsp 1.266.278-MS, Corte Especial, DJe 10/5/2013. REsp 1.124.254-PI, Rel. Min. Sidnei Beneti, julgado em 1º/7/2014; **D:** incorreta, pois o ato de improbidade administrativa previsto no art. 11 da Lei 8.429/1992 não requer a demonstração de dano ao erário ou de enriquecimento ilícito, mas exige a demonstração de dolo, o qual, contudo, não necessita ser específico, sendo suficiente o dolo genérico. (STJ – REsp 1532378 / SP. Relator(a): Ministro SÉRGIO KUKINA. Órgão Julgador: T1 – PRIMEIRA TURMA. Data do Julgamento: 12/12/2017).

Gabarito "D"

(Oficial – PM/MG – 2016 – PMMG) Sobre o controle da Administração Pública são apresentadas as assertivas abaixo. Marque "V" para a(s) assertiva(s) verdadeira(s) e "F" para a(s) falsa(s) e, ao final, responda o que se pede.

( ) A Constituição da República Federativa do Brasil/1988 prevê o controle externo da fiscalização contábil, financeira e orçamentária, operacional e patrimonial da União e das entidades da administração direta e indireta, mas é silente quanto ao controle interno.

( ) Não compete ao Congresso Nacional sustar os atos normativos do Poder Executivo que exorbitem do poder regulamentar ou dos limites de delegação legislativa.

( ) O controle da Administração Pública abrange não só os órgãos do Poder Executivo, mas também os dos demais Poderes, quando exerçam função tipicamente administrativa.

( ) O controle administrativo decorrente do poder de autotutela pode ser provocado pelos administrados por meio dos recursos administrativos.

( ) Não se reconhece o habeas data como ação judicial de controle da Administração Pública.

Marque a alternativa que contém a sequência CORRETA de respostas, na ordem de cima para baixo.

(A) V, F, F, F, V.

(B) F, V, F, V, F.

(C) V, V, V, F, V.

(D) F, F, V, V, F.

D: correta, porque as assertivas incorretas contrariam o texto da Constituição. A primeira contraria o art. 70. A fiscalização contábil, financeira, orçamentária, operacional e patrimonial da União e das entidades da Administração direta e indireta, quanto à legalidade, legitimidade, economicidade, aplicação das subvenções e renúncia de receitas, será exercida pelo Congresso Nacional, mediante controle externo, e pelo sistema de controle interno de cada Poder. A segunda contraria o art. 49. É da competência exclusiva do Congresso Nacional: V – sustar os atos normativos do Poder Executivo que exorbitem do poder regulamentar ou dos limites de delegação legislativa. A última está errada pois, de acordo com a Constituição, conceder-se-á habeas data: a) para assegurar o conhecimento de informações relativas à pessoa do impetrante, constantes de registros ou bancos de dados de entidades governamentais ou de caráter público; o que é uma forma de controle dos atos da administração.

Gabarito "D"

13. QUESTÕES COMBINADAS

(Oficial – PM/SP – 2016 – VUNESP) Acerca dos poderes e princípios da Administração Pública, é correto afirmar que

(A) quando agentes de fiscalização interditam estabelecimento porque se verificou que não havia alvará de funcionamento, tem-se claramente o poder de polícia caracterizado, que é atribuído à Administração Pública.

(B) o poder hierárquico estabelece que se pode punir infrações funcionais dos servidores.

(C) a Administração Pública direta de qualquer dos Poderes da União, dos Estados, do Distrito Federal e dos Municípios obedecerá aos princípios de legalidade, impessoalidade, moralidade, publicidade e eficiência, sendo facultada à Administração indireta a observância de tais princípios.

(D) os poderes exercidos pela Administração são ilimitados, em decorrência do princípio da supremacia do interesse público sobre o privado.

(E) poder vinculado é aquele conferido à Administração Pública para o controle interno, atribuindo funções a seus órgãos.

A: correta, porque exemplifica ato relativo ao Poder de Polícia, que, segundo Hely Lopes Meirelles, é a faculdade de que dispõe a Administração Pública para condicionar e restringir o uso e gozo de bens, atividades e direitos individuais, em benefício da coletividade ou do próprio Estado (MEIRELLES, Hely Lopes. Direito Administrativo Brasileiro. 25ª Edição. São Paulo: Malheiros, 1996); **B:** incorreta, porque o poder que permite a Administração punir infrações funcionais de seus servidores é o Poder Disciplinar e não o Poder Hierárquico, que visa a escalonar e distribuir as funções dos órgãos da Administração; **C:** incorreta, pois o art. 37 da Constituição Federal estabelece que a Administração Pública direta e indireta de qualquer dos Poderes da União, dos Estados, do Distrito Federal e dos Municípios obedecerá aos princípios de legalidade, impessoalidade, moralidade, publicidade e eficiência. Portanto são princípios obrigatórios à Administração indireta, não facultativos; **D:** incorreta, porque os poderes da Administração são limitados pela Lei, em virtude do princípio da legalidade, que em relação à Administração Pública deve ser entendido em sentido estrito, "sendo lícito ao estado fazer apenas o que a Lei autoriza ou determina"; **E:** incorreta, pois define o Poder Hierárquico. Poder vinculado é aquele que estabelece comportamento único a ser tomado pelo administrador, sem espaço para juízo de conveniência e oportunidade.

Gabarito "A"

12. Direito Penal

Víctor Paulo de Matos e Eduardo Dompieri

1. PRINCÍPIOS E APLICAÇÃO DA LEI PENAL

(Soldado – PM/MG – 2017 – PMMG) De acordo com as disposições do Código Penal (CP) brasileiro acerca da aplicação da lei penal no tempo e no espaço, marque a alternativa CORRETA:

(A) A lei posterior, que de qualquer modo favorecer o agente, aplica-se aos fatos anteriores desde que não tenha havido o trânsito em julgado da sentença condenatória.

(B) Para efeito de aplicação da lei penal, considera-se praticado o crime no momento em que houve a produção do resultado.

(C) Os crimes cometidos no estrangeiro não estão sujeitos à aplicação da lei penal brasileira.

(D) Aplica-se a lei penal brasileira aos crimes praticados a bordo de aeronaves ou de embarcações brasileiras, mercantes ou de propriedade privada, que se achem, respectivamente, no espaço aéreo correspondente ao território nacional ou em alto-mar.

A: incorreta, visto que a lei posterior benéfica (*novatio legis in mellius*), consoante prescreve o art. 2º, parágrafo único, do CP, aplica-se aos fatos anteriores, ainda que decididos por sentença condenatória transitada em julgado (princípio da retroatividade da lei penal mais favorável); **B:** incorreta. Isso porque, à luz do princípio da atividade, consagrado no art. 4º do CP, considera-se praticado o crime no momento da conduta (ação ou omissão), ainda que o resultado tenha sido produzido em momento posterior; **C:** incorreta. A despeito de a regra ser a *territorialidade* (art. 5º do CP), que determina a aplicação da lei brasileira aos crimes cometidos em território nacional, é certo que há possibilidade de aplicação da lei penal brasileira a crimes cometidos no estrangeiro (extraterritorialidade), tal como estabelece o art. 7º do CP; **D:** correta, pois reflete o disposto no art. 5º, § 1º, do CP. ED

Gabarito "D"

(Oficial – PM/DF – 2017 – Iades) O princípio da fragmentariedade, que apresenta fundamental importância para a consecução do Direito Penal, é corolário dos princípios da intervenção mínima e da reserva legal. Nesse sentido, segundo esse princípio, o direito penal deve

(A) tutelar bem jurídico somente contra ataques mínimos.

(B) tipificar todas as condutas que sejam tuteladas por outros ramos do Direito.

(C) punir ações meramente imorais.

(D) proteger pontualmente bem jurídico insignificante.

(E) abrigar seletivamente bem jurídico que necessite de criminalização.

O *princípio da intervenção mínima* abrange os princípios da subsidiariedade e da fragmentariedade. É do princípio da intervenção mínima, ao qual se submete o Direito Penal, que este deve interferir o mínimo possível na vida do indivíduo. Com isso, deve-se, tão somente em último caso, recorrer a este ramo do direito com o fito de solucionar conflitos surgidos em sociedade. Desta feita, se determinadas condutas podem ser contidas por meio de outros mecanismos de controle, deve-se evitar o Direito Penal, reservando-o àqueles comportamentos efetivamente nocivos. Pelo princípio da fragmentariedade, a lei penal constitui, por força do postulado da intervenção mínima, uma pequena parcela (fragmento) do ordenamento jurídico. Isso porque somente se deve lançar mão desse ramo do direito diante da ineficácia ou inexistência de outros instrumentos de controle social menos traumáticos (subsidiariedade). ED

Gabarito "E"

(Oficial – PM/SP – 2016 – VUNESP) Sobre o lugar do crime, considera-se praticado o crime no lugar em que ocorreu

(A) a ação ou a omissão, salvo se fora do território nacional.

(B) ou não, a omissão, no todo ou em parte.

(C) ou não, a ação, no todo ou em parte, bem como onde deveria, ou não, se produzir o resultado.

(D) a ação ou a omissão, no todo ou em parte, bem como onde se produziu, ou deveria produzir-se, o resultado.

(E) a omissão, salvo se praticado em aeronave ou embarcação brasileira.

Em matéria de lugar do crime, o legislador adotou, no CP, em seu art. 6º, a chamada teoria mista ou da ubiquidade, segundo a qual se considera praticado o crime no lugar onde ocorreu a ação ou omissão, no todo ou em parte, bem como onde se produziu ou deveria produzir-se o resultado. ED

Gabarito "D"

(Soldado – PM/SC – 2015 – IOBV) O fato ocorrido antes da vigência da lei que o define como crime não poderá, por ela, ser alcançado. Trata- se de princípio da:

(A) Insignificância.

(B) Anterioridade.

(C) Inimputabilidade.

(D) Bagatela.

Fundamento legal: art. 5º, inciso XXXIX, da CF/88, combinado com o art. 1º do Código Penal. Os dois dispositivos trazem o consagrado princípio da legalidade, previsto no texto da Constituição da República e no artigo inaugural do Diploma Repressivo (Código Penal). Essa formulação de que *"não há crime sem lei anterior que o defina, nem pena sem prévia cominação legal"*, vem retratada no brocardo jurídico *"nullum crimen, nulla poena sine praevia lege"*. Tal princípio desdobra-se em outros dois subprincípios: a) anterioridade da lei (*lege praevia*); b) reserva legal (*lege scripta*). Quanto ao princípio da anterioridade tem-se a ideia de que uma pessoa só pode ser punida se, à época em que praticar o fato, estivesse em vigor lei que o descrevia como crime ou contravenção, salvo a exceção prevista no art. 2º, do CP.

Gabarito "B"

(Soldado – PM/PB – 2015 – IBFC) Ainda que absolvido ou condenado no estrangeiro, ficam sujeitos à lei brasileira, embora cometidos no estrangeiro e independente do concurso de qualquer condição, os crimes. Assinale a alternativa que completa corretamente a lacuna.

(A) Que, por tratado ou convenção, o Brasil se obrigou a reprimir.

(B) Praticados por brasileiro.

(C) Contra a administração pública, por quem está a seu serviço.

(D) Praticados em aeronaves ou embarcações brasileiras, mercantes ou de propriedade privada, quando em território estrangeiro e aí não sejam julgados.

Fundamento legal: art. 7º, inciso I, do Código Penal. Princípio da Extraterritorialidade Incondicionada. A extraterritorialidade é o fenômeno jurídico pelo qual a lei penal brasileira alcança fatos ocorridos fora do território nacional, independentemente de qualquer condição (art. 7º, I, e § 1º, CP): *"Art. 7º – Ficam sujeitos à lei brasileira, embora cometidos no estrangeiro: I – os crimes: a) contra a vida ou a liberdade do Presidente da República; b) contra o patrimônio ou a fé pública da União, do Distrito Federal, de Estado, de Território, de Município, de empresa pública, sociedade de economia mista, autarquia ou fundação instituída pelo Poder Público; c) contra a administração pública, por quem está a seu serviço; d) de genocídio, quando o agente for brasileiro ou domiciliado no Brasil; § 1º – Nos casos do inciso I, o agente é punido segundo a lei brasileira, ainda que absolvido ou condenado no estrangeiro."* Essas hipóteses materializam fatos cuja gravidade pede providências estatais nos termos da legislação pátria, independentemente de qualquer outra condição. São hipóteses excepcionais cuja competência para apreciação é da justiça federal.

Gabarito "C"

2. CLASSIFICAÇÃO DOS CRIMES

(Oficial – PM/MG – 2016 – PMMG) Considerando o que se estabelece a respeito das espécies e os sujeitos da infração penal, analise as assertivas abaixo e, ao final, responda o que se pede.

I. A legislação penal brasileira utiliza uma divisão tripartida com relação às espécies de infração penal, dividindo se em crimes, delitos e contravenções.

II. As contravenções penais são infrações de menor potencial ofensivo a que a lei comina, isoladamente, penas de prisão simples ou de multa, ou ambas, alternativa ou cumulativamente.

III. Nos crimes permanentes o resultado se arrasta n a linha do tempo necessitando de várias ações e resultados fáticos.

IV. O sujeito passivo da infração penal é o titular do bem jurídico ofendido, posto em perigo ou agredido.

V. Nos crimes habituais o resultado é o conjunto de ações/omissões que demonstram um estilo de vida próprio.

Marque a alternativa CORRETA.

(A) Apenas as assertivas I, II e IV estão corretas.

(B) Apenas as assertivas I, III e V estão incorretas.

(C) Apenas as assertivas II, IV e V estão corretas.

(D) Apenas as assertivas II e V estão incorretas.

I: incorreta. No Brasil, as infrações penais dividem-se em crimes e contravenções penais. Não há uma terceira espécie chamada de delito. Delito em nosso direito pátrio é sinônimo de crime; **II:** correta. Fundamento legal: art. 1º da Lei de Introdução ao Código Penal (Decreto-Lei 3.914/1941: *"Art 1º Considera-se crime a infração penal que a lei comina pena de reclusão ou de detenção, quer isoladamente, quer alternativa ou cumulativamente com a pena de multa; contravenção, a infração penal a que a lei comina, isoladamente, pena de prisão simples ou de multa, ou ambas. alternativa ou cumulativamente."*) e art. 61, da Lei 9.099/1995: *"Art. 61. Consideram-se infrações penais de menor potencial ofensivo, para os efeitos desta Lei, as contravenções penais e os crimes a que a lei comine pena máxima não superior a 2 (dois) anos, cumulada ou não com multa"*; **III:** incorreta. Quanto à duração do momento consumativo, o crime pode ser classificado como instantâneo ou permanente. Esse último pode ser definido como aquele cujo momento consumativo se protrai no tempo por vontade do agente (ex.: 148, CP). Particularmente quanto ao sequestro e cárcere privado a consumação ocorre no momento em que a vítima é tolhida de sua liberdade, perpetuando sua consumação enquanto permanecer nessa situação, por isso o nome de "permanente", pois permanece consumando-se enquanto a vítima estiver sob poder do sequestrador; **IV:** correta. É a pessoa física ou jurídica afetada pelos efeitos da ação criminosa/contravencional do autor do crime. É aquele que sofre a ação criminosa e titular do bem jurídico violado; **V:** correta. Crime habitual é aquele que somente se consuma com a reiteração da prática do ato criminoso. O agente faz da atividade criminosa um estilo de vida. Para sua caracterização deve ser demonstrada a cadeia delitiva praticada pelo agente, pois a prática de um ato isolado torna a conduta atípica.

Gabarito "C"

3. ERRO DE TIPO, DE PROIBIÇÃO E DEMAIS ERROS

(Oficial – PM/SC – 2015 – IOBV) Julgue os itens que seguem de acordo com a legislação penal brasileira e assinale a única alternativa correta:

(A) O desconhecimento da lei é inescusável. O erro sobre a ilicitude do fato, se inevitável, é causa de exclusão da punibilidade; se evitável, constituirá circunstância atenuante da pena.

(B) O erro sobre elemento constitutivo do tipo legal do crime exclui o dolo, mas o agente responde pelo tipo culposo, se previsto em lei.

(C) Nos crimes patrimoniais, em qualquer circunstância, sendo reparado o dano ou restituída a coisa, até o recebimento da denúncia ou da queixa, por ato voluntário do agente, a pena será reduzida de um a dois terços.

(D) Considera-se em estado de necessidade quem usando moderadamente dos meios necessários, repele injusta agressão, atual ou iminente, a direito seu ou de outrem, cujo sacrifício, nas circunstâncias, não era razoável exigir- se.

A: incorreta em face do disposto no art. 21, CP; **B:** correta. Fundamento legal: art. 20, do Código Penal. Estamos diante do chamado "erro sobre elementos do tipo". Temos a definição literal do art. 20, CP presente na assertiva e a clara manifestação que, desde a reforma realizada na Parte Geral do Código Penal, em 1984, o legislador passou a adotar a linha doutrinária de o dolo integrar o fato típico; **C:** incorreta em face do disposto no art. 16, CP – Arrependimento Posterior; **D:** incorreta em face da redação do art. 24 do CP, só cabendo invocar a causa excludente de ilicitude no caso de agressão atual e não iminente (própria da legítima defesa).

Gabarito "B"

4. TENTATIVA, CONSUMAÇÃO, DESISTÊNCIA, ARREPENDIMENTO E CRIME IMPOSSÍVEL

(Soldado – PM/MG – PMMG – 2018) Analise as assertivas abaixo em relação ao Código Penal:

I. Trata–se de crime consumado, quando nele se reúnem todos os elementos de sua definição legal.

II. Não se pune a tentativa quando, por ineficácia absoluta do meio ou por absoluta impropriedade do objeto, é impossível consumar-se o crime.

III. Considera-se crime tentado, quando, iniciada a execução, não se consuma por circunstâncias alheias à vontade do agente.

IV. O agente que, voluntariamente, desiste de prosseguir na execução ou impede que o resultado se produza, só responde pelos atos já praticados.

Estão **CORRETAS** as assertivas:

(A) I, II e III, apenas.

(B) Todas estão corretas.

(C) I, II e IV, apenas.

(D) III e IV, apenas.

I: correta. Segundo estabelece o art. 14 do CP, *diz-se o crime: I: consumado, quando nele se reúnem todos os elementos de sua definição legal; II: tentado, quando, iniciada a execução, não se consuma por circunstâncias alheias à vontade do agente.* Trata-se (o delito consumado), como se pode ver da redação conferida ao dispositivo acima transcrito, do tipo penal concretizado na íntegra, isto é, o fato realizado no plano concreto se enquadra, inteiramente e à perfeição, na descrição contida no tipo penal. Exemplo: o crime de homicídio somente pode ser considerado consumado no momento em que o agente, agindo com *animus necandi*, alcança o resultado contemplado no tipo penal, qual seja, a morte da vítima. Se este resultado, por circunstâncias alheias à vontade do agente, não for implementado, o crime, desde que haja início de execução, permanecerá na esfera da tentativa (art. 14, II, CP); **II:** correta, pois corresponde à redação do art. 17 do CP, que trata do chamado *crime impossível* (também chamado *tentativa inidônea, tentativa inadequada, tentativa impossível* ou *quase crime*), em que a conduta do agente jamais poderia conduzir o crime à consumação, quer porque ele se vale de meio absolutamente ineficaz, quer porque dirigi a sua conduta a objeto absolutamente impróprio. Nessas hipóteses, o fato, dada a impossibilidade de se alcançar a consumação, será tido por atípico, não podendo o agente, por isso, ser responsabilizado sequer pela tentativa. Imaginemos que o agente, desejando matar certa pessoa, atire contra o seu cadáver (ele achava que investia contra pessoa viva). Neste caso, o objeto é absolutamente impróprio (cadáver), não havendo que se falar em crime; outro exemplo de crime impossível é aquele em que o agente, pretendendo matar alguém, faz uso de arma de fogo desmuniciada. Evidente que o resultado morte jamais será alcançado, dada a ineficácia do meio de que se valeu o agente (arma descarregada); **III:** correta, pois reflete o disposto no art. 14, II, do CP, que trata do crime tentado, cujos requisitos são: que a execução do crime tenha se iniciado; e que a consumação não tenha sido implementada por circunstâncias alheias à vontade do agente. Cuida-se, portanto, da realização parcial da conduta descrita no tipo penal. Como consequência disso, a punição do agente (pela tentativa) será, em regra, pela pena correspondente ao crime consumado, diminuída de um a dois terços. Perceba que o legislador não previu, para cada crime, a modalidade tentada. O que fez foi estabelecer uma norma de extensão (art. 14, II, CP) a permitir a punição do agente por condutas descritas em tipos penais completos (que contêm a descrição da modalidade consumada de crime); **IV:** correta, na medida em que corresponde à redação do art. 15 do CP, que contém os institutos da *desistência voluntária* e do *arrependimento eficaz*. No primeiro caso (desistência voluntária – art. 15, primeira parte, do CP), o agente, em crime já iniciado, embora disponha de meios para chegar à consumação, acha por bem interromper a execução. Ele, de forma voluntária, desiste de prosseguir no *iter criminis* (conduta negativa, omissão). No *arrependimento eficaz* (art. 15, segunda parte, do CP), a situação é diferente. O agente, em crime cuja execução também já se iniciou, esgotou os meios que reputou suficientes para atingir seu objetivo. Ainda assim, o crime não se consumou. Diante disso, ele, agente, por vontade própria, passa a agir para evitar o resultado (conduta positiva). Tanto na *desistência voluntária* quanto no *arrependimento eficaz* o agente responderá somente pelos atos que praticou. ED

Gabarito "B"

5. ANTIJURIDICIDADE E CAUSAS EXCLUDENTES

(Soldado – PM/MG – PMMG – 2018) Marque a alternativa **INCORRETA** em relação às excludentes de ilicitude previstas no Código Penal.

(A) Imputabilidade penal.

(B) Estado de necessidade.

(C) Legítima defesa.

(D) Estrito cumprimento de dever legal.

As assertivas "B", "C" e "D" contêm causas excludentes de ilicitude (antijuridicidade), elencadas no art. 23 do CP. A alternativa "A", a ser assinalada, contém um dos elementos da culpabilidade, ao lado da potencial consciência da ilicitude e da exigibilidade de conduta diversa. ED

Gabarito "A"

(Soldado – PM/MG – 2017 – PMMG) De acordo com as disposições do Código Penal (CP) brasileiro acerca da imputabilidade penal, é CORRETO afirmar que:

(A) Os menores de 18 (dezoito) anos são penalmente responsáveis somente nas hipóteses de crimes hediondos.

(B) O agente que age impelido por emoção ou por paixão é penalmente inimputável.

(C) É isento de pena o agente que, por embriaguez voluntária ou culposa, não possuía, ao tempo da ação ou da omissão, a plena capacidade de entender o caráter ilícito do fato ou de determinar-se de acordo com esse entendimento.

(D) A pena pode ser reduzida de um a dois terços, se o agente, em virtude de perturbação de saúde mental ou por desenvolvimento mental incompleto ou retardado não era inteiramente capaz de entender o caráter ilícito do fato ou de determinar-se de acordo com esse entendimento.

A: incorreta. Nos termos dos arts. 228, da CF/88; 27, do Código Penal; e 104, *caput*, da Lei 8.069/1990 (Estatuto da Criança e do Adolescente), os menores de dezoito anos são penalmente inimputáveis, não podendo, pois, sofrer punição criminal, o que independe da gravidade da infração penal (ato infracional) que venham a cometer. A despeito de inimputáveis no campo criminal, cometem ato infracional (atos equiparados a crimes ou contravenções), sujeitando-se a medidas socioeducativas (apenas os adolescentes – de 12 anos completos a 18 incompletos) ou medidas protetivas (as crianças – menores de 12 anos). É importante que se diga que o art. 27 do CP, ao tratar da inimputabilidade por menoridade, adotou o chamado critério *biológico*, segundo o qual se levará em conta tão somente o desenvolvimento mental da pessoa (considerado, no caso do menor de 18 anos, incompleto). De outro lado, em matéria de inimputabilidade por doença mental ou por desenvolvimento mental incompleto ou retardado, adotou-se, como regra, o denominado *critério biopsicológico (art. 26, caput, do CP)*. Neste caso, somente será considerado inimputável aquele que, em virtude de problemas mentais (desenvolvimento mental incompleto ou retardado – fator biológico), for, ao tempo da ação ou omissão, inteiramente incapaz de entender o caráter ilícito do fato ou de determinar-se de acordo com esse entendimento (fator psicológico). Assim, somente será considerada inimputável aquela pessoa que, em razão de *fatores biológicos*, tiver afetada, por completo, sua *capacidade psicológica* (discernimento ou autocontrole). Daí o nome: *critério biopsicológico*, que nada mais é, pois, do que a conjugação dos critérios biológico e psicológico; **B:** incorreta, na medida em que, por expressa disposição contida no art. 28, I, do CP, a emoção e a paixão não excluem a imputabilidade; **C:** incorreta, pois a embriaguez voluntária ou culposa, decorrente da ingestão de álcool ou de substâncias de efeitos análogos, nos termos do art. 28, II, do CP, não exclui a imputabilidade, incidindo a teoria da *actio libera in causa*, segundo a qual ainda que o agente, no momento da prática do crime, não tenha perfeita capacidade de compreensão de seu comportamento, responderá pelo crime se houver se colocado na situação de embriaguez, e desde que o resultado fosse, ao menos, previsível. Somente é apta a excluir a imputabilidade penal a embriaguez acidental proveniente de caso fortuito ou força maior (desde que completa) – art. 28, § 1º, CP; **D:** correta. Ante o que estabelece o art. 26, parágrafo único, do CP, a pena pode ser reduzida de um a dois terços, se o agente, em virtude de perturbação de saúde mental ou por desenvolvimento mental incompleto ou retardado não era inteiramente capaz de entender o caráter ilícito do fato ou de determinar-se de acordo com esse entendimento. Trata-se, aqui, de causa de diminuição de pena aplicável aos semi-imputáveis.

Gabarito "D"

(Soldado – PM/SC – 2015 – IOBV) Se um agente pratica o fato em legítima defesa:

(A) o crime poderá ser perdoado pela autoridade judiciária.

(B) configura-se o crime impossível.

(C) tem-se a inimputabilidade penal.

(D) não há crime.

O art. 23 do CP é claro ao estabelecer que *não há crime* se o fato for praticado em estado de necessidade, legítima defesa, estrito cumprimento de dever legal ou em exercício regular de direito. Trata-se de causas de exclusão da ilicitude (antijuridicidade). Considerando que a ilicitude é requisito indispensável à configuração do crime (ao lado da tipicidade e, para alguns, da culpabilidade), se o fato for considerado lícito (autorizado pelo direito), não há que se falar no cometimento de crime, pois, reitere-se, ausente um de seus elementos. Embora nenhuma repercussão tenha na resolução desta questão, é importante o registro de que a Lei 13.964/2019, conhecida como *pacote anticrime*, dentre outras diversas modificações implementadas no campo penal e processual penal, promoveu a inclusão do parágrafo único no art. 25 do CP. Como bem sabemos, este dispositivo contém os requisitos da legítima defesa, causa de exclusão da ilicitude. Este novo dispositivo (parágrafo único) estabelece que também se considera em legítima defesa o agente de segurança pública que rechaça agressão ou risco de agressão a vítima mantida refém durante a prática de crimes. Em verdade, ao inserir este dispositivo no art. 25 do CP, nada mais fez o legislador do que explicitar e reforçar hipótese configuradora de legítima defesa já consolidada há muito em sede de jurisprudência. Tem efeito, portanto, a nosso ver, mais simbólico do que prático. Em outras palavras, o parágrafo único do art. 25 do CP, incluído pela Lei 13.964/2019, descreve situação que já era, de forma pacífica, considerada típica de legítima defesa. Afinal, como é sabido, o policial que repele injusta agressão à vida de terceiro atua em legítima defesa. Exemplo típico é o do atirador de elite, que acaba por abater o sequestrador que ameaçava tirar a vida da vítima.

Gabarito "D"

6. CONCURSO DE PESSOAS

(Soldado – PM/MG – 2017 – PMMG) De acordo com as disposições do Código Penal (CP) brasileiro acerca do concurso de pessoas, marque a alternativa CORRETA:

(A) Na hipótese de crime praticado em concurso de pessoas, se a participação de um dos agentes for de menor importância, este não responde pelo delito.

(B) Se algum dos concorrentes quis participar de crime menos grave, ser-lhe-á aplicada a pena deste.

(C) A instigação e o auxílio, salvo disposição expressa em contrário, não são puníveis quando o delito ocorrer na modalidade tentada.

(D) No concurso de pessoas, as circunstâncias e as condições de caráter pessoal não se comunicam, ainda que elementares do crime.

A: incorreta. Nos termos do art. 29, § 1º, do CP, se a participação for de menor importância, a pena será reduzida de um sexto a um terço (há, pois, responsabilização criminal); **B:** correta. Embora adotada a teoria monista, segundo a qual todos os agentes respondem pelo mesmo crime, nada obsta que o sujeito que quis participar de crime menos grave por ele seja responsabilizado, e não pelo delito que, mais grave, foi de fato praticado. É a chamada *cooperação dolosamente distinta*, cuja previsão está no art. 29, § 2º, do CP; agora, se o resultado mais grave era previsível, a pena do crime em que quis incorrer o agente será aumentada de metade; **C:** incorreta, pois contraria a regra prevista o art. 31 do CP, segundo a qual *o ajuste, a determinação ou instigação e o auxílio, salvo disposição expressa em contrário, não são puníveis, se o crime não chega, pelos menos, a ser tentado*. Disse se infere que, havendo tentativa (o que pressupõe início de execução), o partícipe que houver instigado ou auxiliado responderá pelo crime na modalidade tentada; **D:** incorreta. Segundo a regra contida no art. 30 do CP, as condições de caráter pessoal comunicam-se aos coautores e partícipes somente quando foram elementares do tipo.

Gabarito "B"

7. CULPABILIDADE E CAUSAS EXCLUDENTES

(Soldado – PM/MG – PMMG – 2018) Marque a alternativa **CORRETA** em relação à idade prevista no Código Penal para as pessoas penalmente inimputáveis:

(A) Menores de 21 (vinte e um) anos.

(B) Menores de 16 (dezesseis) anos.

(C) Menores de 18 (dezoito) anos.

(D) Menores de 14 (quatorze) anos.

Nos termos dos arts. 228, da CF/88; 27, do Código Penal; e 104, *caput*, da Lei 8.069/1990 (Estatuto da Criança e do Adolescente), os menores de dezoito anos são penalmente inimputáveis, não podendo, pois, sofrer punição criminal. Contudo, cometem ato infracional (atos equiparados a crimes ou contravenções), sujeitando-se a medidas socioeducativas (apenas os adolescentes – de 12 anos completos a 18 incompletos) ou medidas protetivas (as crianças – menores de 12 anos). É importante que se diga que o art. 27 do CP, ao tratar da inimputabilidade por menoridade, adotou o chamado critério *biológico*, segundo o qual se levará em conta tão somente o desenvolvimento mental da pessoa (considerado, no caso do menor de 18 anos, incompleto). De outro lado, em matéria de inimputabilidade por doença mental ou por desenvolvimento mental incompleto ou retardado, adotou-se, como regra, o denominado *critério biopsicológico (art. 26, caput, do CP)*. Neste caso, somente será considerado inimputável aquele que, em virtude de problemas mentais (desenvolvimento mental incompleto ou retardado – fator biológico), for, ao tempo da ação ou omissão, inteiramente incapaz de entender o caráter ilícito do fato ou de determinar-se de acordo com esse entendimento (fator psicológico). Assim, somente será considerada inimputável aquela pessoa que, em razão de *fatores biológicos*, tiver afetada, por completo, sua *capacidade psicológica* (discernimento ou autocontrole). Daí o nome: *critério biopsicológico, que nada mais é, pois, do que a conjugação dos critérios biológico e psicológico.* ED

Gabarito "C"

(Soldado – PM/MG – 2017 – PMMG) De acordo com as disposições do Código Penal (CP) brasileiro acerca das excludentes de ilicitude e de culpabilidade, é CORRETO afirmar que:

(A) Entende-se em legítima defesa, quem pratica o fato para salvar de perigo atual, que não provocou por sua vontade, nem podia de outro modo evitar, direito próprio ou alheio, cujo sacrifício, nas circunstâncias, não era razoável exigir-se.

(B) O Código Penal brasileiro restringe a alegação do estado de necessidade apenas a quem tinha o dever legal de enfrentar o perigo.

(C) Aquele que, usando moderadamente dos meios necessários, repele injusta agressão, atual ou iminente, a direito seu ou de outrem, pode alegar como excludente de ilicitude o exercício regular de direito.

(D) Não há crime quando o agente pratica o fato em estado de necessidade, em legítima defesa, em estrito cumprimento de dever legal ou no exercício regular de direito.

Fundamento legal: art. 23, do Código Penal. As excludentes de ilicitude ou antijuridicidade encontram-se no dispositivo mencionado. Os tipos que descrevem as causas excludentes da ilicitude são denominados tipos permissivos. Há quatro causas de exclusão da ilicitude previstas na Parte Geral do Código Penal (art. 23): a) legítima defesa; b) estado de necessidade; c) estrito cumprimento do dever legal; d) exercício regular de direito.

Gabarito "D"

8. PENA E MEDIDA DE SEGURANÇA

(Soldado – PM/MG – PMMG – 2018) Marque a alternativa **CORRETA** em relação às penas privativas de liberdade previstas no Código Penal.

(A) A pena de detenção deve ser cumprida exclusivamente em regime semiaberto.

(B) Considera-se regime fechado a execução da pena em colônia agrícola, industrial ou estabelecimento similar.

(C) Considera-se regime semiaberto a execução da pena em casa de albergado ou estabelecimento adequado.

(D) A pena de reclusão deve ser cumprida em regime fechado, semiaberto ou aberto.

A: incorreta, uma vez que a pena de detenção, na dicção do art. 33, *caput*, do CP, será cumprida em regime *semiaberto* ou *aberto*; **B:** incorreta. Isso porque se considera regime fechado o cumprimento da pena em estabelecimento de segurança máxima ou média, tal como estabelece o art. 33, § 1º, *a*, do CP. A alternativa se refere à forma de execução da pena no regime *semiaberto* (art. 33, § 1º, *b*, do CP); **C:** incorreta. Considera-se regime *semiaberto* o cumprimento da pena em colônia agrícola, industrial ou estabelecimento similar (art. 33, § 1º, *b*, do CP). A alternativa se refere à forma de execução da pena no regime *aberto* (art. 33, § 1º, *c*, do CP); **D:** correta, pois reflete o disposto no art. art. 33, *caput*, do CP. ED

Gabarito "D"

(Oficial – PM/MG – 2016 – PMMG) Considerando o que prevê o Código Penal Brasileiro a respeito dos regimes de cumprimento de pena, enumere a segunda coluna de acordo com a primeira e, ao final, responda o que se pede.

1. Regime fechado
2. Regime semiaberto
3. Regime aberto

( ) A execução da pena em casa de albergado.
( ) A execução da pena em colônia agrícola.
( ) Poderá, desde o início, cumpri-la, o condenado não reincidente, cuja pena seja igual ou inferior a quatro anos.
( ) A execução da pena em estabelecimento de segurança máxima ou média.
( ) Deverá começar a cumpri-la, o condenado a pena superior a oito anos.
( ) Baseia-se no senso de responsabilidade do condenado.
( ) O condenado fica sujeito a trabalho em comum durante o período diurno, em colônia industrial.

Marque a alternativa que contém a sequência CORRETA de respostas, na ordem de cima para baixo.

(A) 3, 2, 3, 1, 1, 3, 2.

(B) 2, 3, 2, 1, 2, 3, 1.

(C) 3, 1, 3, 2, 1, 2, 3.

(D) 2, 2, 3, 1, 2, 2, 3.

A: correta. Fundamento legal: arts. 33 a 36 do Código Penal. O Sistema Progressivo foi adotado no Brasil. Por ele a pena é cumprida em estágios (fechado, semiaberto e aberto), possibilitando a progressão de um regime inicial mais rigoroso para outros seguintes mais brandos, de acordo com requisitos subjetivos e objetivos vencidos. O art. 33, § 2º, do Código Penal previu que a pena será executada de forma progressiva, de acordo com o mérito (requisito subjetivo) do condenado e o cumprimento de certo *quantum* da pena (requisito objetivo), transpondo um regime mais rigoroso para outro de menor rigor. Não é demais lembrar que são três os regimes de cumprimento da pena: 1) Regime fechado: cumprimento da pena em estabelecimento de segurança máxima ou média e somente para penas privativas de liberdade aplicadas em dosimetria superior a oito anos (art. 33, § 2º, "a", CP); 2) Regime semiaberto: o condenado cumpre a pena em colônia agrícola, industrial ou em estabelecimento similar, sujeitando-se a trabalho em comum durante o período diurno, em colônia industrial, admitido o trabalho externo, bem como a frequência a cursos supletivos profissionalizantes, de instrução de segundo grau ou superior; 3) Regime aberto: quando a pena é cumprida em casa do albergado ou estabelecimento adequado, podendo ser aplicada desde o início ao condenado não reincidente, cuja pena seja igual ou inferior a quatro anos, baseando-se no senso de responsabilidade do reeducando (art. 36, CP).

Gabarito "A"

(Soldado – PM/SC – 2015 – IOBV) Segundo previsão do Código Penal, a pena de reclusão deve ser cumprida:

(A) em regime fechado, semiaberto ou aberto.

(B) integralmente em regime fechado.

(C) em regime fechado ou semiaberto, vedado o regime aberto.

(D) preferencialmente em regime semiaberto.

Fundamento legal: art. 33 do Código Penal. O Brasil adotou o Sistema Progressivo, em que a pena é cumprida em estágios/regimes (fechado, semiaberto e aberto). Segundo o art. 33 do CP, o condenado por crime que possui em seu preceito secundário (parte da pena) a pena de reclusão, deve ela ser cumprida em regime fechado, semiaberto ou aberto, enquanto para aquele condenado a um crime cuja pena é de detenção, o regime inicial de cumprimento poderá ser o semiaberto, ou aberto, salvo necessidade de transferência a regime fechado.

Gabarito "A"

(Soldado – PM/SC – 2015 – IOBV) Não é considerada restritiva de direitos a pena de:

(A) prestação de serviços à comunidade ou a entidades públicas.

(B) prestação pecuniária

(C) detenção.

(D) limitação de fim de semana.

Fundamento legal: arts. 43 a 48 do Código Penal. As penas restritivas de direitos estão tratadas nos artigos mencionados e de acordo com o art. 43 do CP são: "*I – prestação pecuniária; II – perda de bens e valores; III – limitação de fim de semana; IV – prestação de serviço à comunidade ou a entidades públicas; V – interdição temporária de direitos; VI – limitação de fim de semana.*" A pena de detenção, presente na alternativa "C", é pena privativa de liberdade (art. 33, *caput*, CP) e como tal não atende ao enunciado.

Gabarito "C"

9. EXTINÇÃO DA PUNIBILIDADE

(Oficial – PM/DF – 2017 – Iades) Conforme a legislação penal vigente, assinale a alternativa que não é causa extintiva da punibilidade.

(A) Inimputabilidade.

(B) Perdão judicial.

(C) Morte do agente.

(D) Renúncia do direito de queixa.

(E) Prescrição.

Fundamento legal: art. 107, do Código Penal. As causas extintivas da punibilidade têm o seu rol exemplificativo no mencionado dispositivo. Prevê o Art. 107 – *Extingue-se a punibilidade: I – pela morte do agente; II – pela anistia, graça ou indulto; III – pela retroatividade de lei que não mais considera o fato como criminoso; IV – pela prescrição, decadência ou perempção; V – pela renúncia do direito de queixa ou pelo perdão aceito, nos crimes de ação privada; VI – pela retratação do agente, nos casos em que a lei a admite; IX – pelo perdão judicial, nos casos previstos em lei.* A única não presente é a alternativa "A" – inimputabilidade (art. 26, CP), que é causa de exclusão de culpabilidade.

Gabarito "A"

(Oficial – PM/SC – 2015 – IOBV) A retratação do agente, antes do trânsito em julgado da sentença penal condenatória, nos casos em que for permitido por lei, de acordo com o Código Penal, é causa de:

(A) Extinção da punibilidade.

(B) Excludente de antijuridicidade.

(C) Diminuição de pena.

(D) Circunstância atenuante da pena.

Retratar-se significa desdizer, "voltar atrás" em decisão anteriormente tomada. Isso é possível em determinados crimes do CP, cuja consequência será a extinção da punibilidade do agente, nos termos do art. 107, VI, do CP. **ED**

Gabarito "A"

10. CRIMES CONTRA A PESSOA

(Soldado – PM/MG – PMMG – 2018) Analise as assertivas abaixo acerca do crime de homicídio previsto no Código Penal.

I. Se o agente comete o crime de homicídio impelido por motivo de relevante valor social ou moral, ou sob o domínio de violenta emoção, logo em seguida a injusta provocação da vítima, o juiz pode aumentar a pena.

II. Motivo fútil, traição, emboscada, emprego de veneno, fogo, explosivo, asfixia, tortura ou outro meio insidioso ou cruel, ou de que possa resultar perigo comum, são qualificadoras do crime de homicídio.

III. Se o crime de homicídio for praticado por milícia privada, sob o pretexto de prestação de serviço de segurança, ou por grupo de extermínio, a pena é aumentada de 1/3 (um terço) até a metade.

IV. Na hipótese de homicídio culposo, o juiz poderá deixar de aplicar a pena, se as consequências da infração atingirem o próprio agente de forma tão grave que a sanção penal se torne desnecessária.

Estão **CORRETAS** as assertivas:

(A) II, III e IV, apenas.

(B) II e III, apenas.

(C) I, II e IV, apenas.

(D) I e III, apenas.

I: incorreta. A alternativa contempla, segundo doutrina e jurisprudência, hipótese de homicídio *privilegiado* (art. 121, § 1º, do CP), cujo reconhecimento dá azo à redução da pena da ordem de um sexto a um terço. Trata-se, como se pode ver, de causa de diminuição de pena, impropriamente chamada pela doutrina e jurisprudência de homicídio privilegiado; **II**: correta. A alternativa contém, de fato, algumas das circunstâncias que qualificam o delito de homicídio (art. 121, § 2º, CP); **III**: correta (art. 121, § 6º, do CP). Cuida-se de causa de aumento de pena introduzida no CP pela Lei 12.720/2012; **IV**: correta. O chamado perdão judicial (art. 121, § 5º, do CP) somente tem incidência no homicídio *culposo* (não se aplica ao doloso!), quando as consequências da infração atingirem o próprio agente de forma tão grave e intensa que a pena que seria a ele aplicada se mostra desnecessária. Clássico exemplo é o do pai que, em acidente de trânsito, mata, culposamente, o próprio filho. Não há dúvida da desnecessidade da reprimenda, já que o resultado da conduta do pai já lhe serviu de pena, aliás bem severa. **ED**

Gabarito "A"

(Soldado – PM/SE – IBFC – 2018) Assinale a alternativa correta. O crime de ameaça é de ação penal:

(A) privada, exclusiva

(B) pública incondicionada

(C) privada, subsidiária da pública

(D) pública condicionada à representação do ofendido ou de seu representante legal

Conforme estabelece o art. 147, parágrafo único, do CP, a ação penal, no delito de ameaça, é pública condicionada à representação do ofendido. Isso significa que o Ministério Público, titular da ação penal, depende, para poder agir, da manifestação de vontade da vítima no sentido de ver processado o seu ofensor, desejo este que é materializado por meio da representação. A propósito, a representação, cuja natureza jurídica é condição de procedibilidade, não tem, segundo jurisprudência pacífica, rigor formal, isto é, forma sacramental. É suficiente, portanto, que a vítima exteriorize, de forma inequívoca, sua vontade de processar seu ofensor. ED

Gabarito "D"

(Soldado – PM/PI – 2017 – Nucepe) Com base no Código Penal Brasileiro, são qualificadoras do crime de homicídio:

1) mediante paga ou promessa de recompensa, ou por outro motivo torpe;
2) por motivo fútil;
3) contra a mulher, por razões da condição de sexo feminino;
4) para assegurar a execução, a ocultação, a impunidade ou vantagem de outro crime.

Estão corretos:

(A) 1 e 2, apenas.
(B) 1, 2 e 3, apenas.
(C) 1, 3 e 4, apenas.
(D) 2, 3 e 4, apenas.
(E) 1, 2, 3 e 4.

Fundamento legal: art. 121, § 2º, do Código Penal. Temos as modalidades de homicídio qualificado presentes no § 2º do art. 121. São hipóteses de crime hediondo, todas as formas de homicídio qualificado, quando cometido: *I – mediante paga ou promessa de recompensa, ou por outro motivo torpe; II – por motivo fútil; III – com emprego de veneno, fogo, explosivo, asfixia, tortura ou outro meio insidioso ou cruel, ou de que possa resultar perigo comum; IV – à traição, de emboscada, ou mediante dissimulação ou outro recurso que dificulte ou torne impossível a defesa do ofendido; V – para assegurar a execução, a ocultação, a impunidade ou vantagem de outro crime: VI – contra a mulher por razões da condição de sexo feminino (feminicídio); VII – contra autoridade ou agente descrito nos arts. 142 e 144 da Constituição Federal, integrantes do sistema prisional e da Força Nacional de Segurança Pública, no exercício da função ou em decorrência dela, ou contra seu cônjuge, companheiro ou parente consanguíneo até terceiro grau, em razão dessa condição.*

Gabarito "E"

(Oficial – PM/DF – 2017 – Iades) José e João, um sem saber da vontade do outro, realizam atos executórios para matar Daniel. José colocou veneno no copo de uísque de Daniel e, logo após a ingestão do líquido, João disparou contra a vítima ainda viva que – segundo o Laudo de Exame Cadavérico – veio a óbito em razão do disparo. Considerando-se a situação hipotética apresentada e considerando-se, também, que a autoria colateral consiste na hipótese de duas ou mais pessoas matarem a mesma vítima realizando os atos executórios sem que uma saiba da intenção da outra e de maneira que o resultado da morte decorre apenas da ação de uma delas, é correto afirmar que José e João respondem, respectivamente, por

(A) tentativa de homicídio com emprego de veneno e homicídio simples consumado.
(B) tentativa de homicídio simples e homicídio simples consumado.
(C) homicídio com emprego de veneno e homicídio simples consumado.
(D) homicídio com emprego de veneno e tentativa de homicídio simples.
(E) homicídio simples com emprego de veneno e homicídio simples consumado.

O enunciado descreve o fenômeno denominado *autoria colateral*, em que os agentes, sem que um conheça a intenção do outro, dirigem sua conduta, de forma simultânea, para a prática do mesmo crime. Por inexistir liame subjetivo entre eles, não há que se falar em *coautoria* ou *participação*. Apurando-se qual dos agentes deu causa ao resultado, este será responsabilizado pelo crime consumado (João); o outro, pelo crime na forma tentada (José). Não sendo possível, na autoria colateral, identificar qual dos agentes deu causa ao resultado, estaremos diante, então, da chamada *autoria incerta* (não é esta a hipótese do enunciado). Neste caso, a melhor solução recomenda que ambos respondam pelo crime na forma tentada, já que não foi possível apurar-se quem foi o responsável pelo resultado.

Gabarito "A"

(Oficial – PM/DF – 2017 – Iades) Antônio, caminhando por uma floresta situada em lugar ermo, disparou sua pistola 765 para o alto em pleno dia, com o objetivo específico de assustar os próprios companheiros de pescaria. Considerando-se a situação hipotética apresentada e considerando-se, também, que os tipos penais guardam uma relação de subsidiariedade expressa ou tácita, conforme o dolo do agente é correto afirmar que Antônio responderá por

(A) disparo de arma de fogo em via pública.
(B) tentativa de homicídio qualificado.
(C) ameaça.
(D) perigo para a vida ou a saúde de outrem.
(E) tentativa de lesão corporal grave.

Fundamento legal: art. 132, do Código Penal – crime de "periclitação de vida", cuja objetividade jurídica é a proteção da vida e da saúde da pessoa. Quanto ao fato de ter sido exposto a perigo por meio de disparo de arma de fogo e um aparente conflito com o tipo penal art. 15, da Lei 10.826/2003 (Estatuto do Desarmamento), não nos esqueçamos de que esse modelo penal pede o elemento espacial "local habitado ou em suas adjacências, na via pública ou em direção a ela" para sua configuração, o que não ocorreu, sendo inadequado ajustar-se ao crime do Estatuto do Desarmamento. Importante observar ainda a objetividade jurídica do crime de disparo de arma de fogo ser a incolumidade pública de modo a restar arranhada/afetada quando o fato ocorre num dos locais mencionados no tipo penal. O aparente conflito de normas deve ser solucionado por esse parâmetro, de modo a chegar ao crime do art. 132, do CP.

Gabarito "D"

(Oficial – PM/DF – 2017 – Iades) Ana privou Eduardo da respectiva liberdade, mantendo-o em cárcere privado. A Polícia Militar atendeu o chamado para coibir a prática criminosa e efetuou a prisão de Ana. Considerando-se a situação hipotética apresentada, é correto afirmar que o flagrante delito é

(A) ilegal, pois Ana cometeu a infração penal.
(B) legal, pois cárcere privado é um crime permanente e entende-se que haverá flagrante delito enquanto não cessar a permanência.
(C) legal, pois Ana foi encontrada, logo depois, com instrumentos que faziam presumir ser ela a autora da infração.
(D) ilegal, pois não havia mandado de prisão expedido pela autoridade judicial competente.
(E) legal, pois enquadra-se em hipótese de prisão temporária requerida pelo oficial da Polícia Militar.

Fundamento legal: art. 148, do Código Penal – crime de "sequestro e cárcere privado", cuja objetividade jurídica é a liberdade individual, consumando-se no momento em que a vítima tem tolhida sua liberdade de locomoção. Trata-se de delito permanente, pois, enquanto tal conduta protrair-se no tempo, o autor estará em constante estado de flagrância (art. 302, CPP), sendo lícita a prisão efetuada.

Gabarito "B"

(Oficial – PM/MG – 2016 – PMMG) Considerando o que estabelece pelo Código Penal Brasileiro, mais especificamente sobre o crime de homicídio, analise as assertivas abaixo e, ao final, responda o que se pede.

I. É causa de aumento de pena, a prática do crime contra integrantes da Força Nacional de Segurança Pública, no exercício da função.

II. É causa de diminuição de pena, no caso de feminicídio, se o crime for cometido na presença de descendentes ou de ascendente da vítima.

III. No homicídio culposo, a pena é aumentada de 1/3 (um terço), se o crime resulta de inobservância de regra técnica de profissão, arte ou ofício.

IV. São consideradas circunstâncias legais que qualificam o crime de homicídio, a realização do tipo penal: por motivo fútil, à traição, mediante dissimulação e com emprego de explosivo.

Marque a alternativa CORRET(A)

(A) Apenas as assertivas II e III estão incorretas.

(B) Apenas as assertivas I e II estão incorretas.

(C) Apenas as assertivas I e IV estão corretas.

(D) Apenas as assertivas II e III estão corretas.

I: incorreta. Para os crimes cometidos contra integrantes da Força Nacional de Segurança Pública, no exercício da função não incide a causa de aumento de pena e sim torna o crime de homicídio qualificado (art. 121, § 2º, VII, CP). A diferença entre crime qualificado e com causa especial de aumento de pena é o fato de que a primeira altera as penas mínima e máxima do tipo, além de trazer novas elementares para aquela modalidade prevista em parágrafo à parte e, na segunda, aplica-se uma fração à sanção estabelecida no tipo penal, não estabelecendo novos elementos no tipo penal, apenas veiculando circunstâncias especiais implicadoras no aumento da pena; **II:** incorreta. Fundamento legal: art. 121, § 7º, do Código Penal. Ao contrário, temos uma causa especial de aumento de pena de 1/3 (um terço) até a metade; **III:** correta. Fundamento legal: art. 121, § 4º, do CP; **IV:** correta. Fundamento legal: art. 121, § 2º, II, III e IV, do CP. Todas as hipóteses de homicídio qualificado têm o caráter de hediondez.

Gabarito "B"

(Soldado – PM/SC – 2015 – IOBV) Em vista da definição legal do crime de infanticídio, seu autor:

(A) pode ser qualquer pessoa, desde que a vítima seja criança menor de doze anos.

(B) pode ser qualquer familiar da vítima, desde que esta seja criança menor de doze anos.

(C) é, necessariamente, o pai ou a mãe da vítima.

(D) é, necessariamente, a mãe da vítima.

Fundamento legal: art. 123, do Código Penal. Trata-se de crime próprio, só podendo ser praticado pela mãe (parturiente) que estiver sob influência do estado puerperal. Lembrando que crime próprio é aquele que exige condição especial do sujeito ativo/passivo. Nesse caso, podemos dizer que o crime é bipróprio, já que tanto quem pratica a ação (sujeito ativo) quanto quem sofre (sujeito passivo) devem ter as qualidades especiais de serem mãe no estado puerperal e nascente ou recém-nascido (neonato).

Gabarito "D"

(Soldado – PM/SC – 2015 – IOBV) Imputar a alguém fato ofensivo à sua reputação constitui crime de:

(A) calúnia.

(B) injúria.

(C) difamação.

(D) exceção da verdade.

Difamar alguém (art. 139, CP) significa divulgar fatos infamantes à sua honra objetiva, maculando-lhe a reputação. A configuração deste delito pressupõe a imputação de um fato determinado, que, embora não criminoso, tem o condão de macular a reputação do ofendido. Consiste a *calúnia* (art. 138 do CP), por sua vez, em atribuir *falsamente* a alguém fato capitulado como crime. Perceba que, tal como na difamação, é de rigor a imputação de fato determinado, que, no caso da calúnia, deve ser criminoso. A honra atingida, nesses dois crimes, é a objetiva (conceito que o sujeito tem diante do grupo no qual está inserido). *Injúria*, crime contra a honra previsto no art. 140 do CP, consiste na atribuição de qualidade ofensiva (não há atribuição de fato). Atinge-se, aqui, a honra subjetiva. São esses os crimes contra a honra, que não devem ser confundidos com o crime de *denunciação caluniosa*, delito contra a Administração da Justiça previsto no art. 339 do CP, que pressupõe que o agente *dê causa*, provoque a instauração de investigação policial, de processo judicial, de investigação administrativa, inquérito civil ou ação de improbidade administrativa contra alguém (pessoa determinada), atribuindo-lhe crime de que o sabe inocente. O delito de *comunicação falsa de crime ou de contravenção*, que também ofende a Administração da Justiça, está capitulado no art. 340 do CP. Neste caso, não há imputação a pessoa determinada. ED

Gabarito "C"

(Oficial – PM/SC – 2015 – IOBV) Analise as alternativas e assinale a incorreta:

(A) O homicídio privilegiado não é considerado crime hediondo.

(B) É punível a calúnia contra os mortos.

(C) O crime de roubo só se configura se a violência ou grave ameaça preceder a subtração.

(D) A lesão corporal é de natureza grave quando resultar em aceleração de parto.

A: correta. De fato, o homicídio privilegiado (art. 121, § 1º, CP) não é considerado crime hediondo, ainda que praticado na forma híbrida (homicídio privilegiado e qualificado). Isso porque a Lei 8.072/1990 (Crimes Hediondos) contemplou apenas as modalidades simples e qualificada (art. 1º, I, da Lei 8.072/1990, cuja redação foi alterada pela Lei 13.964/2019); **B:** correta. Por expressa disposição do art. 138, § 2º, do CP, *é punível a calúnia contra os mortos*; **C:** incorreta (a ser assinalada). A violência ou grave ameaça, no roubo, pode ser empregada tanto antes quando durante o ato de subtração (art. 157, *caput*, do CP – roubo próprio). É possível ainda que a violência ou grave ameaça seja empregada depois da subtração. Isso se dá no chamado roubo impróprio (art. 157, § 1º, CP). Neste caso, temos que o agente, logo em seguida à subtração da coisa, é levado, para assegurar a sua impunidade ou a detenção da *res*, a empregar violência ou grave ameaça; o roubo próprio (art. 157, *caput*, do CP), que é a modalidade mais comum desse crime, se dá quando a violência ou grave ameaça é empregada com o fim de retirar os bens da vítima. Em outras palavras, a violência ou a grave ameaça, no roubo próprio, constitui meio para o agente chegar ao seu objetivo, que é o de efetuar a subtração. O roubo impróprio se consuma com o emprego da violência ou grave ameaça; já o roubo próprio alcança a sua consumação com a inversão da posse do bem mediante violência ou grave ameaça (Súmula 582, STJ); **D:** correta (art. 129, § 1º, IV, do CP). ED

Gabarito "C"

(Soldado – PM/PB – 2015 – IBFC) Assinale a alternativa correta. Não será considerado crime contra a pessoa.

(A) Homicídio.

(B) Lesão corporal.

(C) Latrocínio.

(D) Rixa.

A: o homicídio (art. 121, CP) integra o Capítulo I (dos crimes contra a vida) do Título I (crimes contra a pessoa) do Código Penal; **B:** o delito de lesão corporal faz parte do Capítulo II (das lesões corporais) do Título I (crimes contra a pessoa) do Código Penal; **C:** deve ser assinalada, já que o latrocínio (roubo seguido de morte – art. 157, § 3º, I, do CP) é crime contra o patrimônio; **D:** o delito de rixa (art. 137, CP) faz parte do Título I do CP (crimes contra a pessoa).

Gabarito "C"

11. CRIMES CONTRA O PATRIMÔNIO

(Soldado – PM/SE – IBFC – 2018) No crime de furto simples a titularidade da ação penal:

(A) é da vítima, exclusivamente

(B) é da vítima, concorrentemente com o Ministério Público

(C) é do Ministério Público

(D) é da vítima e do seu representante legal

O crime de furto (simples ou qualificado) é de ação pública incondicionada. Sendo assim, o titular da ação penal, que é o Ministério Público, não depende da manifestação de vontade da vítima para promover a responsabilização do agente. Importante lembrar que, pela sistemática adotada na legislação penal, a ação será, em regra, pública incondicionada (art. 100, *caput*, CP), salvo se a lei dispuser de forma diversa. Em outras palavras, se no tipo penal nenhuma menção é feita à natureza da ação penal, será ela pública incondicionada. Exemplo: o crime de ameaça somente se procede mediante representação do ofendido porque o art. 147, parágrafo único, do CP assim estabelece. O mesmo se aplica ao crime de calúnia (art. 138 do CP), cuja ação penal, por força do art. 145 do CP, é privativa do ofendido. Nesses dois exemplos, temos que o legislador fez constar, de forma expressa, a natureza da ação penal. Se assim não fosse, a ação seria pública incondicionada, tal como ocorre nos crimes de roubo, homicídio etc. Por fim, chamo a atenção para recente alteração legislativa que mudou a natureza da ação penal no crime de estelionato, que sempre foi, via de regra, pública incondicionada. As exceções ficavam por conta das hipóteses elencadas no art. 182 do CP (imunidade relativa), que impunha que a vítima manifestasse seu desejo, por meio de representação, no sentido de ver processado o ofensor, legitimando o Ministério Público, dessa forma, a agir. Com o advento da Lei 13.964/2019 (pacote anticrime), o que era exceção, no crime de estelionato, virou regra. Ou seja, o crime capitulado no art. 171 do CP passa a ser de ação penal pública condicionada à representação do ofendido, conforme impõe o art. 171, § 5º, do CP. Este mesmo dispositivo, no entanto, estabelece exceções (hipóteses em que a ação penal será pública incondicionada), a saber: quando a vítima for: a Administração Pública, direta ou indireta; criança ou adolescente; pessoa com deficiência mental; ou maior de 70 anos ou incapaz.

Gabarito "C"

(Soldado – PM/MG – 2017 – PMMG) De acordo com as disposições do Código Penal (CP) brasileiro, é CORRETO afirmar que:

(A) Para efeito de configuração do crime de furto (art. 155 do CP), a energia elétrica é equiparada à coisa móvel.

(B) O crime de roubo (art. 157 do CP) consiste na conduta de subtrair, para si ou para outrem, coisa alheia móvel, sem o emprego de violência ou de grave ameaça à pessoa.

(C) O emprego de arma de fogo para o exercício da violência ou da grave ameaça, no crime de roubo (art. 157 do CP), é uma circunstância irrelevante para fins de aplicação da pena.

(D) Aquele que se apropria de coisa alheia móvel, de que tem a posse ou a detenção, pratica o crime de furto (art. 155 do CP).

A: correta. De fato, à luz do que estabelece o art. 155, § 3º, do CP, a energia elétrica ou qualquer outra que tenha valor econômico equipara-se à coisa móvel para o fim de configurar o delito de furto; **B:** incorreta, uma vez que, diferentemente do furto, o roubo pressupõe o emprego de violência ou grave ameaça (ou qualquer outro meio que reduza a vítima à impossibilidade de resistência); **C:** incorreta. Embora não configure a majorante pelo emprego de arma, é possível que o juiz, ao fixar a pena, leve em conta o fato de o agente ter se valido, para o cometimento do crime de roubo, de arma de brinquedo; **D:** incorreta. Aquele que se apropria de coisa alheia móvel, de que tem a posse ou a detenção, pratica o crime de apropriação indébita (art. 168 do CP).

Gabarito "A"

(Soldado – PM/SC – 2015 – IOBV) Nos crimes contra o patrimônio, exige-se a ocorrência de grave ameaça ou violência a alguém para caracterizar o crime de:

(A) extorsão.

(B) furto qualificado.

(C) dano.

(D) estelionato.

Fundamento legal: art. 158, do Código Penal. A extorsão tem como definição legal a seguinte: *"Extorsão – Art. 158 – Constranger alguém, mediante violência ou grave ameaça, e com o intuito de obter para si ou para outrem indevida vantagem econômica, a fazer, tolerar que se faça ou deixar de fazer alguma coisa".* Os únicos crimes contra o patrimônio que utilizam como meio de execução a violência e a grave ameaça são o roubo (art. 157, CP), a extorsão (art. 158, CP) e a extorsão mediante sequestro (art. 159, CP). Dessa forma a alternativa correta é a apontada no gabarito, pois os demais crimes não usam meios coativos para sua execução.

Gabarito "A"

(Soldado – PM/SC – 2015 – IOBV) Quem comete crime contra o patrimônio, excetuadas as hipóteses previstas no artigo 183 do Código Penal, em prejuízo de ascendente ou descendente:

(A) tem a pena reduzida à metade.

(B) é isento de pena.

(C) tem a pena aumentada em um terço.

(D) tem a pena agravada.

Fundamento legal: arts. 181 e 182, do Código Penal. Tirante a aplicação do art. 183, do Código Penal, nos dois artigos mencionados, temos as chamadas imunidades penais de natureza relativa ou absoluta. Na questão posta à análise o examinador trata do Capítulo VIII – Disposições Gerais, do Título II, da Parte Especial do Código Penal, excluindo expressamente a possibilidade de aplicação do art. 183, do Código Penal. Assim, restados os arts. 181 e 182, quando o crime contra o patrimônio é perpetrado em prejuízo de ascendente ou descendente teremos a particular hipótese prevista no inciso II do art. 181. Nesse tipo de escusa absolutória estaremos diante da imunidade penal absoluta (situação de impunibilidade absoluta) em que, apesar de ter ocorrido o fato típico e ser antijurídico, haverá a incidência da imunidade material e, por vontade do legislador ordinário, operar-se-á uma condição negativa de punibilidade, ou seja, uma causa pessoal de exclusão da pena dentro dos crimes patrimoniais.

Gabarito "B"

(Soldado – PM/PB – 2015 – IBFC) Constranger alguém, mediante violência ou grave ameaça, e com o intuito de obter para si ou para outrem indevida vantagem econômica, a fazer, tolerar que se faça ou deixar fazer alguma coisa constitui o crime de_________

Assinale a alternativa que completa corretamente a lacuna.

(A) Furto.

(B) Roubo.

(C) Extorsão mediante sequestro.

(D) Extorsão.

Fundamento legal: art. 158, do Código Penal. O crime legalmente denominado de extorsão em muito se assemelha ao roubo. Tal qual o crime de roubo, é crime complexo cuja objetividade jurídica é a proteção do patrimônio, bem como a incolumidade física e a liberdade individual. A intenção de obter indevida vantagem econômica é o traço diferenciador que o distingue dos crimes de constrangimento ilegal (art. 146, CP) e exercício arbitrário das próprias razões (art. 345, CP).

Gabarito "D"

12. CRIMES CONTRA A ADMINISTRAÇÃO PÚBLICA

(Soldado – PM/MG – PMMG – 2018) *"Apropriar-se o funcionário público de dinheiro, valor ou qualquer outro bem móvel, público ou particular, de que tem a posse em razão do cargo, ou desviá-lo, em proveito próprio ou alheio".*

A descrição acima se refere a qual crime tipificado no Código Penal Brasileiro? Marque a alternativa **CORRETA.**

(A) Concussão.

(A) Peculato.

(A) Corrupção passiva.

(A) Apropriação indébita.

O dispositivo acima transcrito corresponde ao crime do art. 312, *caput*, do CP, que contém duas figuras típicas, a saber: *apropriar-se*, que tem o sentido de tomar como sua a coisa de outra pessoa, invertendo o ânimo sobre o objeto. O funcionário, aqui, tem a posse do bem e passa a se portar como se dono fosse, modalidade que a doutrina convencionou chamar de *peculato-apropriação* (art. 312, *caput*, 1ª parte, CP); *desviar*, que tem o sentido de alterar o destino. Neste caso, o *intraneus* emprega o objeto de que tem a posse em razão do cargo em um fim diferente de sua destinação original. Este é o chamado *peculato-desvio* e está previsto no art. 312, *caput*, 2ª parte, CP. Tanto o peculato-apropriação quanto o peculato-desvio constituem modalidades dolosas deste delito. **Há também outras duas modalidades de peculato doloso: *peculato-furto* ou *peculato impróprio* (art. 312, § 1º, do CP), em que o agente, embora não tendo a posse do objeto material, o subtrai ou concorre para que seja subtraído, valendo-se, para tanto, de facilidade proporcionada pelo fato de ser funcionário; e *peculato mediante erro de outrem* (art. 313 do CP). Por sua vez, o art. 312, em seu § 2º, prevê a forma culposa de peculato, cuja conduta consiste em o funcionário público concorrer, de forma culposa, para o delito de terceiro, que pode ou não ser funcionário público e age sempre de forma dolosa, praticando crimes como, por exemplo, furto, peculato, apropriação indébita etc.** ED

Gabarito "B"

(Soldado – PM/MG – 2017 – PMMG) De acordo com as disposições do Código Penal (CP) brasileiro acerca dos crimes contra a Administração Pública, é CORRETO afirmar que:

(A) Deixar o Diretor de Penitenciária e/ou agente público de cumprir seu dever de vedar ao preso o acesso a aparelho telefônico, de rádio ou similar, que permita a comunicação com outros presos ou com o ambiente externo, trata- se do crime de condescendência criminosa, tipificado no art. 320 do Código Penal.

(B) No crime de peculato (art. 312 do CP), na sua modalidade culposa, a reparação do dano, se precede à sentença irrecorrível, extingue a punibilidade; se lhe é posterior, reduz de metade a pena imposta.

(C) Configura-se o crime de concussão (art. 316 do CP), quando o funcionário público solicita ou recebe, para si ou para outrem, direta ou indiretamente, ainda que fora da função ou antes de assumi-la, mas em razão dela, vantagem indevida, ou aceita promessa de tal vantagem.

(D) No crime de facilitação de contrabando ou descaminho (art. 318 do CP), a pena é aumentada de um terço, se, em consequência da vantagem ou promessa, o funcionário retarda ou deixa de praticar qualquer ato de ofício ou o pratica infringindo o dever funcional.

A: incorreta. Comete a chamada *prevaricação imprópria* (art. 319-A, CP) o diretor de penitenciária e/ou agente que deixa de cumprir seu dever de vedar ao preso acesso a aparelho celular, que permita comunicação com outros presos ou com o ambiente externo; **B:** correta. De fato, o agente que incorrer no peculato culposo fará jus, se reparar o dano antes da sentença irrecorrível, à extinção de sua punibilidade; se a reparação for posterior ao trânsito em julgado da sentença, terá sua pena reduzida de metade, à luz do que estabelece o art. 312, § 3º, do CP; **C:** incorreta, já que contém a descrição típica do crime de corrupção passiva, previsto no art. 317, *caput*, do CP, em que o agente solicita, recebe ou aceita promessa de receber vantagem indevida, valendo-se do cargo que ocupa; já na concussão (316, *caput*, do CP), diferentemente, a conduta típica é representada pelo verbo *exigir*, que tem o sentido de *demandar, ordenar*. Essa exigência traz ínsita uma ameaça à vítima, que, sentindo-se intimidada, acuada, acaba por ceder, entregando ao agente a vantagem indevida por ele perseguida. É aqui que este crime se distingue daquele previsto no art. 317 do CP – *corrupção passiva*. Neste, como já dito, no lugar de *exigir*, o agente *solicita* (pede) vantagem indevida. No que concerne a este delito, importante o registro de que a Lei 13.964/2019 promoveu a alteração da pena máxima a ele cominada. Com isso, a pena para este delito, que era de 2 a 8 anos de reclusão, e multa, passa para 2 a 12 anos de reclusão, e multa. Corrige-se, dessa forma, a distorção que até então havia entre a pena máxima cominada ao crime de concussão e aquelas previstas para os delitos de corrupção passiva (317, CP) e corrupção ativa (art. 333, CP). Doravante, a pena, para estes três crimes, vai de 2 a 12 anos de reclusão, sem prejuízo da multa. Mesmo porque o crime de concussão denota, no seu cometimento, maior gravidade do que o delito de corrupção passiva. No primeiro caso, o agente exige, que tem o sentido de impor, obrigar, sempre se valendo do cargo que ocupa para intimidar a vítima e, dessa forma, alcançar a colimada vantagem indevida; no caso da corrupção passiva, o *intraneus*, no lugar de exigir, solicita, recebe ou aceita promessa de receber tal vantagem; **D:** incorreta, uma vez que tal causa de aumento de pena não se aplica ao crime de facilitação de contrabando ou descaminho (art. 318, CP), e sim no crime de corrupção passiva (art. 317, § 1º, CP). ED

Gabarito "B"

(Soldado – PM/PB – 2015 – IBFC) Assinale a alternativa correta que corresponda à conduta prevista em lei e que configura o crime de Concussão.

(A) Exigir, para si ou para outrem, direta ou indiretamente, ainda que fora da função ou antes de assumi-la, mas em razão dela, vantagem indevida.

(A) Apropriar-se o funcionário público de dinheiro, valor ou qualquer outro bem móvel, público ou particular, de que tem a posse em razão do cargo, ou desviá-lo, em proveito próprio ou alheio.

(A) Solicitar ou receber, para si ou para outrem, direta ou indiretamente, ainda que fora da função ou antes de assumi-la, mas em razão dela, vantagem indevida, ou aceitar promessa de tal vantagem.

(A) Retardar ou deixar de praticar, indevidamente, ato de ofício, ou praticá-lo contra disposição expressa de lei, para satisfazer interesse ou sentimento pessoal.

A: correta. Fundamento legal: art. 316, do Código Penal. É um dos poucos crimes funcionais que traz o núcleo "exigir". A concussão é um crime funcional em que o agente público faz exigência de uma vantagem contendo nela uma carga ameaçadora à vítima. Inexistindo o constrangimento do exigir, haveria apenas uma mera solicitação que poderia configurar corrupção passiva (art. 317, CP). **B:** incorreta. Crime de peculato apropriação (art. 312, CP); **C:** incorreta. Crime de corrupção passiva (art. 317, CP); **D:** incorreta. Crime de prevaricação (art. 319, CP).

Gabarito "A"

13. CRIMES RELATIVOS A DROGAS

(Soldado – PM/MG – 2017 – PMMG) Com base no Sistema Nacional de Políticas Públicas sobre Drogas (Lei n. 11.343/06), marque a alternativa CORRETA:

(A) Pode a União autorizar o plantio, a cultura e a colheita dos vegetais referidos no artigo 2º da Lei n. 11.343/06, exclusivamente para fins medicinais ou científicos, em local e prazo predeterminados, mediante fiscalização, respeitadas as ressalvas constantes no caput do artigo mencionado.

(B) Constituem atividades de reinserção social ao usuário e dependente de drogas e respectivos familiares, para efeito da Lei n. 11.343/06, aquelas que visem à melhoria da qualidade de vida e à redução dos riscos e dos danos associados ao uso de drogas.

(C) Constituem atividades para a punição do usuário ou do dependente de drogas e respectivos familiares, para efeito da Lei n. 11.343/06, aquelas direcionadas para a sua prisão, integração ou reintegração em redes sociais.

(D) O usuário e o dependente de drogas que, em razão da prática de infração penal, estiverem cumprindo pena privativa de liberdade ou submetidos à medida de segurança, têm suspensos todos serviços de atenção à sua saúde, definidos pelo respectivo sistema penitenciário.

Fundamento legal: art. 2º, parágrafo único, da Lei 11.343/2006 – Lei de Drogas. A redação deixa clara a proibição em todo o território nacional do plantio, cultura, colheita de vegetais e substratos dos quais possam ser extraídas ou produzidas drogas, salvo autorizado pela lei ou regulamento, para fins medicinais ou científicos, em local e prazo predeterminados, e mediante fiscalização. Assim, realizados com autorização não há crime.

Gabarito "A"

(Oficial – PM/SP – 2016 – VUNESP) O cultivo de pequena quantidade de planta que constitua matéria prima para preparação de droga, para consumo pessoal, consiste em crime capitulado no

(A) art. 28, caput, da Lei nº 11.343/06.

(B) art. 33, § 1º, II, da Lei nº 11.343/06.

(C) art. 28, § 1º, da Lei nº 11.343/06.

(D) art. 16, da Lei nº 6.368/76.

(E) art. 33, § 3o da Lei nº 11.343/06.

Fundamento legal: art. 28, § 1º, da Lei 11.343/2006. A resposta está correta pois segue a redação legal. Tomando-se por base o previsto no dispositivo, vemos que na hipótese de pequena quantidade de drogas para consumo pessoal aplica-se o crime de "posse ou porte" de drogas e não o tráfico de drogas (art. 33, *caput*, da lei).

Gabarito "C"

14. LEI MARIA DA PENHA

(Oficial – PM/MG – 2016 – PMMG) Nos termos da Lei n. 11.340 de 07/08/2006 (Lei Maria da Penha), analise as assertivas abaixo e, ao final, responda o que se pede.

I. Toda mulher, independentemente de classe, raça, etnia, orientação sexual, renda, cultura, nível educacional, idade e religião, goza dos direitos fundamentais inerentes à pessoa humana, sendo-lhe asseguradas as oportunidades e facilidades para viver sem violência, preservar sua saúde física e mental e seu aperfeiçoamento moral, intelectual e social.

II. O poder público desenvolverá políticas que visem garantir os direitos humanos das mulheres no âmbito das relações domésticas, familiares e profissionais no sentido de resguardá-las de toda forma de negligência, discriminação, exploração, violência, crueldade, opressão e trabalho excessivo.

III. Fornecer transporte para a ofendida e seus dependentes para abrigo ou local seguro, quando houver risco de vida é uma das providências que a autoridade policial deverá adotar no atendimento à mulher em situação de violência doméstica e familiar.

IV. Em todos os casos de violência doméstica e familiar contra a mulher, feito o registro da ocorrência, deverá a autoridade policial adotar, de imediato, alguns procedimentos elencados na Lei Maria da Penha, sem prejuízo daqueles previstos no Código de Processo Penal. Dentre eles, deverá a referida autoridade remeter, no prazo de 24 horas, expediente apartado ao juiz por intermédio do Ministério Público com o pedido da ofendida, para a concessão de medidas protetivas de urgência.

Marque a alternativa CORRETA.

(A) As assertivas I, II e III estão corretas.

(B) As assertivas II e IV estão incorretas.

(C) Apenas a assertiva IV esta incorreta.

(D) Todas as assertivas estão corretas.

I: correta. O art. 2º da Lei 11.340/2006 – Lei Maria da Penha, veicula *ipsis literis* o conteúdo da assertiva I, tornando-a correta; **II:** incorreta. O art. 3º, § 1º da Lei 11.340/2006 traz redação semelhante ao veiculado na assertiva, todavia sem a parte final no tocante ao "trabalho excessivo", o que a torna errada; **III:** correta. Art. 11, III, da Lei Maria da Penha, que dispões sobre o atendimento a ser dado pela autoridade policial que tomar conhecimento da ocorrência; deverá, em síntese, garantir proteção policial, encaminhar a ofendida ao hospital ou posto de saúde e ao Instituto Médico Legal, fornecer transporte para a ofendida e seus dependentes para abrigo ou local seguro, quando houver risco de vida, se necessário, acompanhá-la para assegurar a retirada de seus pertences e informar-lhe sobre os direitos a ela conferidos e os serviços disponíveis (aqui incluído o de assistência judiciária para eventual ajuizamento de ação de separação, divórcio, anulação de casamento ou dissolução de união estável); **IV:** incorreta. O art. 12, III, da Lei Protetora traz que a autoridade policial deverá remeter, no prazo de 48 (quarenta e oito) horas, expediente apartado ao juiz com o pedido da ofendida, para a concessão de medidas protetivas de urgência e não no prazo de 24 horas como veiculado.

Gabarito "B"

15. ESTATUTO DA CRIANÇA E DO ADOLESCENTE

(Oficial – PM/SP – 2016 – VUNESP) O ato infracional praticado por criança, que foi apreendida em flagrante, pode ter como consequência

(A) a aplicação de medida socioeducativa de advertência.

(B) a aplicação de medida socioeducativa de liberdade assistida.

(C) a obrigação de reparar o dano.

(D) o encaminhamento aos pais ou ao responsável, mediante termo de comparecimento.

(E) a internação em estabelecimento educacional.

Fundamento legal: art. 98 combinado com o art. 101, ambos da Lei 8.069/1990. A criança apreendida em flagrante pela prática de ato infracional, diversamente do que pode ocorrer com o adolescente, será encaminhada aos pais ou ao responsável, mediante termo de responsabilidade.

Gabarito "D"

(Soldado – PM/PB – 2015 – IBFC) Assinale a alternativa correta. Segundo o estatuto da criança de do adolescente, lei 8.069/90, considera-se criança:

(A) A pessoa até quatorze anos de idade incompletos.

(B) A pessoa até doze anos de idade incompletos.

(C) A pessoa até dezesseis anos de idade incompletos.

(D) A pessoa até dezoito anos de idade.

Fundamento legal: art. 2º, da Lei 8.069/1990. A redação traz o seguinte enunciado: *"Art. 2º Considera-se criança, para os efeitos desta Lei, a pessoa até doze anos de idade incompletos, e adolescente aquela entre doze e dezoito anos de idade."* Portanto, a única alternativa correta e que se ajusta ao conceito do Estatuto da Criança e do Adolescente é a apontada na letra B.

Gabarito "B"

16. LEI DE TORTURA

(Oficial – PM/SP – 2016 – VUNESP) Policial militar, em diligência para cumprir mandado de prisão, sem justa causa, pratica violência física contra aquele que está sendo preso, por entender repugnante o crime praticado, como forma de castigá-lo. No entanto, a violência acaba por causar a morte do agredido, o que não foi previsto pelo policial. A conduta do policial consiste em crime de

(A) homicídio qualificado pelo motivo fútil (art. 121, § 2o, II, do Cód. Penal).

(B) lesão corporal seguida de morte (art. 129, § 3o, do Cód. Penal).

(C) abuso de autoridade (art. 3o, "i", da Lei nº 4.898/65).

(D) exercício arbitrário ou abuso de poder (art. 350, do Cód. Penal).

(E) tortura qualificada pelo evento morte (art. 1º, § 3º, da Lei nº 9.455/97).

Fundamento legal: art. 1º, § 3º, da Lei 9.455/1997. A lei de tortura traz hipótese preterdolosa relativa à prática de tortura quando dela resultar lesão corporal grave, gravíssima ou morte. No caso em tela, o agente teve o dolo em torturar e culpa na produção de resultado mais grave, que foi a morte. Dessa forma a resposta que melhor se amolda ao enunciado é a alternativa "E", tomando-se em mira o Princípio da Especialidade.

Gabarito "E"

(Soldado – PM/PB – 2015 – IBFC) Assinale a alternativa INCORRETA. Constitui crime de tortura constranger alguém com emprego de violência ou grave ameaça, causando-lhe sofrimento físico ou mental:

(A) Com o fim de obter confissão da vítima ou de terceira pessoa.

(B) Para provocar ação ou omissão de natureza criminosa.

(C) Em razão de discriminação racial ou religiosa.

(D) Para obrigar ao pagamento da indenização civil *ex delicto*.

A: correta. Configura "tortura prova" (art. 1º, inciso I, alínea 'a'); **B:** correta. Configura "tortura criminosa" (art. 1º, inciso I, alínea 'b'); **C:** correta. Configura "tortura discriminatória" (art. 1º, inciso I, alínea 'c'); **D:** incorreta. Fundamento legal: art. 1º, incisos I, II e §§ 1º e 2º, da Lei 9.455/1997. A única hipótese que não configura tortura, podendo configurar outro crime (havendo atipicidade relativa) é a apontada na alternativa D. As demais situações de tortura configuram expressamente crime pela Lei de Tortura

Gabarito "D"

17. CRIMES HEDIONDOS

(Soldado – PM/PB – 2015 – IBFC) Assinale a alternativa correta. Não será considerado hediondo o seguinte crime:_Assinale a alternativa que completa corretamente a lacuna.

(A) Homicídio simples (artigo 121 do Código Penal).

(A) Latrocínio (artigo 157, § 3°, in fine do Código Penal).

(A) Extorsão qualificada pela morte (artigo 158, § 2° do Código Penal).

(A) Estupro (artigo 213, caput e§§ 1° e 2° todos do Código Penal).

Fundamento legal: art. 1º, da Lei 8.072/1990. O art. 1º da Lei dos Crimes Hediondos traz o rol taxativo dos crimes que são considerados hediondos no Brasil. Compete ao legislador, num rol fechado, enumerar aqueles que terão o caráter de hediondez reconhecendo-os nessa natureza. Não se admite ampliação pelo juiz, por mais grave que seja determinado crime, pois, se não constar do rol do art. 1º da Lei 8.072/1990, não será considerado como tal. Nessas assertivas, o único que não é hediondo é o homicídio simples. O homicídio qualificado e o homicídio simples praticado em atividade típica de grupo de extermínio, ainda que cometido por um só agente, são os homicídios hediondos no Brasil.

Gabarito "A"

(Soldado – PM/PB – 2015 – IBFC) Assinale a alternativa INCORRETA: Os crimes hediondos são insuscetíveis de:

(A) Anistia.

(B) Progressão de regime.

(C) Indulto.

(D) Graça.

Segundo estabelece o art. 2°, I, da Lei 8.072/1990, os crimes hediondos são insuscetíveis de anistia, graça e indulto. No que concerne à progressão de regime, a situação é diferente. Ao tempo em que esta questão foi elaborada, a progressão de regime obedecia à regra presente no art. 2°, § 2°, da Lei de Crimes Hediondos: *A progressão de regime, no caso dos condenados aos crimes previstos neste artigo, dar-se-á após o cumprimento de 2/5 (dois quintos) da pena, se o apenado for primário, e de 3/5 (três quintos), se reincidente."* Atualmente, com a alteração promovida pela Lei 13.964/2019 na redação do art. 112 da LEP (posterior, portanto, à elaboração desta questão), criam-se novos patamares para o reeducando pleitear a progressão de regime de cumprimento de pena, aqui incluído o condenado pela prática de crime hediondo/equiparado, cuja disciplina, até então, como acima dito, estava no art. 2°, § 2°, da Lei 8.072/1990, que estabelecia faixas diferenciadas de cumprimento de pena necessárias à progressão, dispositivo expressamente revogado pela Lei 13.964/2019. Com isso, as novas regras de progressão, inclusive para os autores de crimes hediondos, estão contempladas no novo art. 112 da LEP, que foi substancialmente reformulado pela Lei 13.964/2019, estabelecendo uma nova e ampla tabela de progressão de regime.

Gabarito "B"

18. JUIZADOS ESPECIAIS CRIMINAIS

(Oficial – PM/DF – 2017 – Iades) Em relação aos Juizados Especiais Criminais, assinale a alternativa correta.

(A) Os Juizados Especiais Criminais têm competência para o julgamento de infrações de menor potencial ofensivo, ou seja, as contravenções penais e os crimes a que a lei comine pena máxima não superior a três anos, cumulada ou não com multa.

(B) A autoridade policial que tomar conhecimento da ocorrência determinará a abertura de inquérito policial para a apuração da infração de menor potencial ofensivo.

(C) Se não houver composição de danos civis perante o conciliador, não será dada à vítima a oportunidade de exercer o direito de representação.

(D) O não oferecimento de representação na audiência preliminar implica decadência do direito de representar.

(E) Ao autor que, após a lavratura do termo circunstanciado, for imediatamente encaminhado ao juizado ou que assumir o compromisso de a ele comparecer não se imporá prisão em flagrante.

A: incorreta. Nos exatos termos do art. 60, *caput*, da Lei 9.099/1995, os Juizados Especiais Criminais têm competência para a conciliação, o julgamento e a execução das infrações penais de menor potencial ofensivo, assim entendidas, segundo estabelece o art. 61 da Lei 9.099/1995, as contravenções penais e os crimes a que a lei comine pena máxima não superior a *dois* anos (e não *três*), cumulada ou não com multa; **B:** incorreta, uma vez que contraria o que dispõe o art. 69, *caput*, da Lei 9.099/1995, que reza que a autoridade policial que tomar conhecimento da ocorrência (infração penal de menor potencial ofensivo) providenciará a lavratura de termo circunstanciado, encaminhando-o, de imediato, ao Juizado; **C:** incorreta, pois não reflete o disposto no art. 75, *caput*, da Lei 9.099/1995; **D:** incorreta, uma vez que contraria o que dispõe o art. 75, parágrafo único, da Lei 9.099/1995; **E:** correta, porquanto em conformidade com o que estabelece o art. 69, parágrafo único, da Lei 9.099/1995. ED

Gabarito "E"

19. TEMAS COMBINADOS DE DIREITO PENAL

(Soldado – PM/PI – 2017 – Nucepe) De acordo com o Código Penal Brasileiro, em relação ao crime, é correto afirmar que:

(A) a superveniência de causa relativamente independente exclui a imputação quando, por si só, produziu o resultado; os fatos anteriores, entretanto, imputam-se a quem os praticou.

(B) a omissão é penalmente irrelevante quando o omitente devia e podia agir para evitar o resultado.

(C) pune-se a tentativa quando, por ineficácia absoluta do meio ou por absoluta impropriedade do objeto, é impossível consumar-se o crime.

(D) o erro quanto à pessoa contra a qual o crime é praticado isenta de pena o agressor.

(E) se o fato é cometido em estrita obediência a ordem, manifestamente ilegal, de superior hierárquico, só é punível o autor da coação ou da ordem.

A: correta. Fundamento legal: art. 13, §1°, do Código Penal. Temos a chamada "superveniência causal". O art. 13, § 1°, do Código Penal traz redação igual à disposta na alternativa "a". Ocorrida essa hipótese, pode-se dizer que existe uma concausa ("uma causa paralela a outra causa"). Numa definição simples, poderíamos dizer que "concausa" é toda causa que contribui para a produção do resultado com outra causa; **B:** incorreta em face do disposto no art. 13, § 2°, do CP; **C:** incorreta em face do disposto no art. 17, do Código Penal; **D:** incorreta visto que a assertiva trata de erro de tipo acidental que não exclui o dolo, respondendo o agente pelo resultado causado; **E:** incorreta em face do disposto no art. 22, do CP.

Gabarito "A"

(Oficial – PM/MG – 2016 – PMMG) Com relação às excludentes de tipicidade, de ilicitude e de culpabilidade, com fundamento no Decreto Lei n. 2.848, de 07/12/1940, que institui o Código Penal Brasileiro, marque "V" para a(s) assertiva(s) verdadeira(s) e "F" para a(s) falsa(s) e, ao final, responda o que se pede.

( ) A contrariedade de uma conduta com o direito, causando lesão a um bem jurídico protegido, se amolda ao conceito de antijuridicidade.

( ) O Código Penal prevê a hipótese de utilização da legítima defesa em situação de agressão que já cessou, além de agressão iminente, ou seja, aquela que está próxima a ocorrer.

( ) O agente que em virtude de perturbação de saúde mental ou por desenvolvimento mental incompleto ou retardado, era, ao tempo da ação ou da omissão, inteiramente incapaz de entender o caráter ilícito do fato ou de determinar-se de acordo com esse entendimento, terá sua pena reduzida de um a dois terços.

( ) A emoção ou a paixão não exclui a imputabilidade penal.

( ) O agente que, por embriaguez completa, proveniente de caso fortuito ou força maior, era, ao tempo da ação ou da omissão, inteiramente incapaz de entender o caráter ilícito do fato ou de determinar-se de acordo com esse entendimento, é isento de pena.

Marque a alternativa que contém a sequência CORRETA de respostas, na ordem de cima para baixo.

(A) V, F, F, V, V.

(B) F, V, V, F, V.

(C) V, V, F, V, F.

(D) F, F, F, F, V.

I: correta. Antijuridicidade ou ilicitude é a contrariedade entre a conduta do fato típico e o ordenamento jurídico. A conduta praticada pelo agente é contrária ao ordenamento legal, não sendo por ele recepcionada, ou seja, configurará crime ou contravenção se não estiver dentro das quatro causas excludentes de antijuridicidade expressamente contempladas no art. 23 do Código Penal; **II:** incorreta. Fundamento legal: art. 25, do Código Penal. A agressão deve ser atual (que está ocorrendo) ou iminente (prestes a acontecer), não sendo amparada pela excludente a agressão já ocorrida ou futura; **III:** incorreta. Fundamento legal: art. 26, do Código Penal. Segundo o mencionado artigo o agente nessas condições ficará isento de pena por ser inimputável e, na hipótese veiculada pela assertiva, terá a pena reduzida somente quando for semi-imputável (art. 26, parágrafo único, do Código Penal), ou seja, quando tiver parcial compreensão no entendimento do caráter ilícito do fato e de sua autodeterminação. **IV:** correta. Fundamento legal: art. 28, do Código Penal. Emoção é um estado abrupto e passageiro de perturbação e instabilidade psíquica, enquanto que a paixão é um sentimento duradouro. Ambas não excluem o crime, observados requisitos específicos, podendo ser levadas em consideração como atenuante genérica (art. 65, III, c, CP) ou como causa de diminuição de pena (art. 121, § 1°, CP); **V:** correta. Fundamento legal: art. 28, inciso II, do Código Penal. Embriaguez é um estado agudo e transitório de intoxicação, provocado pela ingestão ou inoculação de qualquer substância de origem natural ou artificial, como álcool ou substâncias de efeitos análogos. Para ficar isento de pena, a embriaguez deve ser completa e proveniente de caso fortuito ou força maior, retirando inteiramente a capacidade do agente entender o caráter ilícito do fato ou de determinar-se de acordo com esse entendimento. Exclui a imputabilidade e reflexamente a culpabilidade.

Gabarito "A"

(Oficial – PM/SC – 2015 – IOBV) Analise as alternativas e assinale a correta:

(A) No crime de tráfico de drogas descrito na Lei 11.343/06 o concurso de pessoas não constitui causa de aumento da pena.

(B) Pessoa jurídica não pode ser denunciada, processada e condenada criminalmente por crime ambiental, nos termos da Lei 9.605/98.

(C) Constitui crime contra a ordem econômica favorecer ou preferir, sem justa causa, comprador ou freguês, ressalvados os sistemas de entrega ao consumo por intermédio de distribuidores ou revendedores, conforme Lei 8.137/90.

(D) No Estatuto do Desarmamento, Lei 10.826/03, é considerado crime de omissão de cautela deixar de observar as cautelas necessárias para impedir que menor de 21 (vinte e um) anos ou pessoa portadora de necessidades especiais se apodere de arma de fogo que esteja sob sua posse ou que seja de sua propriedade.

A: correta. Fundamento legal: art. 40, da Lei 11.343/2006. As causas de aumento de pena da Lei de Drogas estão previstas no seu art. 40, todavia, nenhuma das hipóteses ali contempladas prevê a exasperação pelo concurso de pessoas. Observe-se que o art. 35, da mesma lei pune a associação de duas ou mais pessoas para o fim de praticar, reiteradamente ou não, qualquer dos crimes previstos nos arts. 33, *caput* e § 1°, e 34 daquela Lei. Assim, a nova lei de tóxicos não previu o concurso eventual de agentes como causa de aumento de pena, enquanto que a anterior trazia essa majoração; **B:** incorreta em face do disposto no art. 225, §3° da CF/88 e do art. 3° da Lei 9.605/1998; **C:** incorreta em face do disposto no art. 7°, I, da Lei 8.137/1990 – crime contra as relações de consumo; **D:** incorreta em face da redação do art. 13, do Estatuto do Desarmamento, o qual estabelece a idade ser menor de 18 anos e não de 21 anos como constou da assertiva.

Gabarito "A"

13. Direito Processual Penal

Víctor Paulo de Matos

(Oficial – PM/SP – 2016 – VUNESP) Quanto ao prazo para oferecimento de denúncia previsto no Código de Processo Penal, assinale a alternativa correta.

(A) O Ministério Público deverá oferecer denúncia no prazo de 10 dias se o indiciado estiver preso e no prazo de 15 dias se o indiciado estiver solto.

(B) O prazo para oferecimento de denúncia é contado da data em que o órgão do Ministério Público receber os autos do inquérito policial ou, caso o inquérito policial seja dispensado, da data em que tiver recebido as peças de informação ou a representação.

(C) O Ministério Público deverá oferecer denúncia no prazo de 05 dias se o indiciado estiver preso e, se solto, no prazo de 20 dias.

(D) Não há prazo diferenciado para o oferecimento de denúncia, estando o indiciado preso ou solto.

(E) O Ministério Público deverá oferecer denúncia no prazo de 30 dias, contados do recebimento dos autos do inquérito policial, estando o indiciado preso ou solto.

Comentário – Fundamento legal – art. 46, do Código de Processo Penal (CPP). O art. 46 do Estatuto Adjetivo Criminal dispõe que: *"O prazo para oferecimento da denúncia, estando o réu preso, será de 5 dias, contado da data em que o órgão do Ministério Público receber os autos do inquérito policial, e de 15 dias, se o réu estiver solto ou afiançado. No último caso, se houver devolução do inquérito à autoridade policial (art. 16), contar-se-á o prazo da data em que o órgão do Ministério Público receber novamente os autos.* Em síntese, nos crimes comuns, será observada a regra de quinze dias, do aportamento do inquérito no gabinete do promotor quando o indiciado estiver solto e cinco dias se ele estiver segregado. Esse prazo meramente ordinatório vez que descumprido não invalida a denúncia, podendo ensejar o relaxamento da prisão e eventual apuração de falta disciplinar praticada pelo representante do Ministério Público pela inércia injustificada. Podendo ainda ensejar o oferecimento de queixa pelo ofendido ou seu representante legal em ação penal privada subsidiária da pública (CF/88, art. 5º, inciso LIX). Importante evidenciar ainda que, tratando-se o inquérito de procedimento dispensável (art. 39, § 5º, do CPP) o Ministério Público poderá oferecer denúncia com base nos elementos de informação ou da representação que contenham elementos indispensáveis à propositura da ação penal.

Gabarito "B"

(Oficial – PM/SP – 2016 – VUNESP) No que concerne à prisão preventiva, disposta nos artigos 311 a 316 do Código de Processo Penal, é correto afirmar que

(A) não será admitida a prisão preventiva quando houver dúvida sobre a identidade civil da pessoa.

(B) a prisão preventiva perfaz-se como garantia da ordem pública, não se prestando à conveniência da instrução criminal.

(C) a prisão preventiva também poderá ser decretada em caso de descumprimento de qualquer das obrigações impostas por força de outras medidas cautelares.

(D) uma vez aplicada a prisão preventiva, esta não poderá ser revogada, já que se presta como garantia da ordem pública, da ordem econômica, por conveniência da instrução criminal ou para assegurar a aplicação da lei penal.

(E) considerando que a prisão preventiva tem por fim garantir a ordem pública e assegurar, dentre outras coisas, a aplicação da lei penal, ela poderá ser decretada mesmo que tenha o agente praticado o fato em circunstância que caracterize estado de necessidade, legítima defesa, estrito cumprimento de dever legal ou exercício regular de direito.

Comentário – Fundamento legal – art. 282, §4º, do CPP. O dispositivo prevê que: *"Art. 282. As medidas cautelares previstas neste Título deverão ser aplicadas observando-se a: §4º No caso de descumprimento de qualquer das obrigações impostas, o juiz, de ofício ou mediante requerimento do Ministério Público, de seu assistente ou do querelante, poderá substituir a medida, impor outra em cumulação, ou, em último caso, decretar a prisão preventiva (art. 312, parágrafo único).* A prisão preventiva poderá ser decretada em três circunstâncias: de modo autônomo - em qualquer fase da investigação ou do processo, independentemente de anterior imposição de medida cautelar ou de prisão em flagrante; como conversão da prisão em flagrante - por estarem presentes os requisitos do art. 282, inciso I e II, do CPP; e, de modo subsidiário - em razão do descumprimento de medida cautelar (art. 319 e 320, do CPP) anteriormente imposta. É medida excepcional, como se extrai da parte final do § 4º do art. 282, do CPP, mas possível quando o implicado se mostrar reticente em cumprir as medidas cautelares impostas. Importante observar que as demais alternativas estão incorretas, pois: A) é admitida a prisão preventiva quando houver dúvida sobre a identidade civil da pessoa (art. 313, § único, do CPP); B) a conveniência da instrução criminal é fundamento presente no Código de Processo Penal para decretação da cautelar, juntamente com a garantia da ordem pública, da ordem econômica, e a garantia da aplicação da lei penal (art. 312, CPP); a alternativa D) está errada em face do art. 316, do CPP, uma vez que o dispositivo permite a decretação e revogação da prisão preventiva ao qualquer tempo pelo juiz, desde que verifiquem/ desapareçam o motivos (ou falta deles) ensejadores da sua decretação; a alternativa E) está errada em face do disposto no Art. 314, do CPP, quando prevê ser proibida a decretação da prisão preventiva quando o juiz verificar, pelas provas constantes dos autos, ter o agente praticado o fato nas condições previstas nos incisos I, II e III do caput do art. 23 do Código Penal – amparado por causas excludentes de ilicitude.

Gabarito "C"

(Oficial – PM/MG – 2016 – PMMG - adaptada) Na lição de Edilson Mougenot Bonfim (2012), o "inquérito policial é o procedimento administrativo, preparatório e inquisitivo, presidido pela autoridade policial, e constituído por um complexo de diligências realizadas pela polícia, no exercício da função judiciária, com vistas à apuração de uma infração penal e à identificação de seus autores". Nesse sentido, considerando o que apregoa a lei processual penal, marque a alternativa CORRETA

(A) Na fase pré-processual, se a indicação da autoria, materialidade e circunstâncias exigir a elaboração de Exame de Corpo de Delito, a defesa não tem o direito de participar da produção da prova indicando assistente técnico.

(B) Instaurado o Inquérito Policial e, tendo a autoridade policial carreado para os autos provas inequívocas de que o agente praticara a conduta amparado por excludente de ilicitude, deve a investigação ser encerrada e os autos arquivados pela autoridade policial, sendo desnecessária a comunicação formal ao juízo haja vista cuidar-se de procedimento administrativo.

(C) Quando o requerimento do ofendido ou de seu representante não apresentar conjunto probatório indiciário mínimo à abertura de investigação, ou quando o fato não ostentar contornos de criminalidade, a autoridade policial poderá recusar a instauração de inquérito.

(D) Com a eclosão do delito, tem-se que o Inquérito Policial é imprescindível à propositura da ação penal.

Comentário – Fundamento legal – art. 5º, §2º, do CPP. O dispositivo prevê que: *"Art. 5º, § 2º "Do despacho que indeferir o requerimento de abertura de inquérito caberá recurso para o chefe de Polícia."* Quando o requerimento do ofendido ou de seu representante não apresentar conjunto probatório indiciário mínimo à abertura de investigação, ou quando o fato não ostentar contornos de criminalidade, a autoridade policial poderá recusar a instauração de inquérito. Caso ocorra, verte para o requerente ou seu representante legal a possibilidade de ingressar com um recurso inominado ao Delegado Geral de Polícia (DGP) ou ao Secretário de Segurança Pública do Estado, visto que ambos podem ser interpretados como "Chefes de Polícia". Estão incorretas as demais assertivas, em virtude de: alternativa A) A redação data pela Lei nº 11.690/08 ao art. 159, §3º e 4º, do CPP, senão vejamos: *"Art. 159. O exame de corpo de delito e outras perícias serão realizados por perito oficial, portador de diploma de curso superior. § 3º Serão facultadas ao Ministério Público, ao assistente de acusação, ao ofendido, ao querelante e ao acusado a formulação de quesitos e indicação de assistente técnico. § 4º O assistente técnico atuará a partir de sua admissão pelo juiz e após a conclusão dos exames e elaboração do laudo pelos peritos oficiais, sendo as partes intimadas desta decisão".* Assim, entendemos que apesar de admissão do assistente técnico ocorrer, via de regra, somente na fase do processo judicial e após a emissão do laudo pelos peritos oficiais, mediante autorização do juiz competente, a mudança da redação dos parágrafos do referido artigo poderá dar margem a grandes discussões, pois, há a possibilidade de o juiz deferir eventual pedido de admissão de assistente técnico para acompanhar a produção da perícia, fundamentado no fato de conferir maior legitimidade e confiabilidade à prova, diminuindo assim, eventual erro ou imprecisão e fortalecendo a observância na cadeia de custódia. Consigne-se que, antes, as partes podem formular quesitos para serem respondidos pelos peritos oficiais. Os assistentes técnicos não são peritos e suas manifestações tem natureza de pareceres técnicos, sem o caráter vinculante; alternativa B) - art. 17 e 18, do CPP – só quem tem autoridade para arquivar inquérito é o juiz, ficando indisponível, após sua instauração, à autoridade policial, o seu arquivamento; alternativa D) - arts. 27, 39, § 5º, e 46, § 1º, tudo do CPP - O inquérito policial não é obrigatório podendo, ser dispensado caso o Ministério Público ou o ofendido/ representante legal (ação penal privada) tenham elementos suficientes de informações para promover a ação penal.

Gabarito "C".

(Oficial – PM/MG – 2016 – PMMG) No que diz respeito à atividade probatória admitida no processo penal brasileiro, analise as assertivas abaixo e, ao final, responda ao que se pede.

I. As regras do ônus da prova visam determinar, em cada situação, a quem incumbe a produção de provas acerca de cada fato.

II. A "teoria dos frutos da árvore envenenada" não encontra guarida no regramento processual penal brasileiro.

III. O Código de Processo Penal não apresenta um rol taxativo dos meios de provas admissíveis, lado outro, aduz que os únicos fatos acerca dos quais o meio de prova é prescrito pela lei são aqueles referentes ao estado das pessoas.

IV. Diz-se emprestada a prova produzida em um processo, e depois transladada a outro, com o fim de nele comprovar determinado fato.

V. Sendo parcas as provas produzidas no curso do processo penal pode o juiz, à luz do princípio do "livre convencimento motivado", fundamentar a sua decisão exclusivamente nos elementos informativos colhidos na fase inquisitorial.

Marque a alternativa CORRET(A)

(A) As assertivas I, IV e V estão incorretas.

(B) As assertivas I, III e IV estão corretas.

(C) As assertivas II e III estão corretas.

(D) As assertivas I e IV estão incorretas.

Comentário – **Assertiva I – certa**: O art. 156, do CPP – " *Art. 156. A prova da alegação incumbirá a quem a fizer, sendo, porém, facultado ao juiz de ofício".* À acusação visa provar fatos constitutivos de sua pretensão, enquanto que a defesa incumbe provar fatos extintivos, impeditivos ou modificativos da pretensão acusatória, de modo que a assertiva está correta; **Assertiva II – errada**: O art. 157, §1º, do CPP. *"Art. 157. São inadmissíveis, devendo ser desentranhadas do processo, as provas ilícitas, assim entendidas as obtidas em violação a normas constitucionais ou legais. § 1o São também inadmissíveis as provas derivadas das ilícitas, salvo quando não evidenciado o nexo de causalidade entre umas e outras, ou quando as derivadas puderem ser obtidas por uma fonte independente das primeiras."* Nessa toada, o novel dispositivo, veiculado pela redação da Lei nº 11.690/2008, passou a prever expressamente a inadmissibilidade das provas ilícitas e derivadas das ilícitas, ou seja, a contaminação das provas determinada pela aplicação da "Teoria dos Frutos da Arvore Envenenada". Por ela, será prova contaminada aquela derivada direta ou indiretamente de uma anterior manifestamente ilegal. Como a assertiva negou sua previsão, tornou-se errada nesse ponto; **Assertiva III – certa**: art. 158 a 250, CPP. O Código de Processo Penal não trouxe um rol taxativo dos meios de provas admissíveis e sim um rol exemplificativo, pois, se admite no direito brasileiro as chamadas provas inominadas (aquelas não previstas no rol dos artigos acima – ex.: reconhecimento fotográfico, prova emprestada etc). **Assertiva IV – certa**: provas emprestadas, na conceituação de João Mendes de Almeida Júnior, são as tiradas de uma causa anterior, ou consistentes em documentos e depoimentos produzidos em outro feito judicial (João Mendes de Almeida Júnior. Direito judiciário brasileiro, p. 187.); **Assertiva V – errada**: art. 155, caput, do CPP, na redação dada pela Lei nº 11.690/08, estabelece que *"O juiz formará sua convicção pela livre apreciação da prova produzida em contraditório judicial, não podendo fundamentar sua decisão exclusivamente nos elementos informativos colhidos na investigação, ressalvadas as provas cautelares, não repetíveis e antecipadas."* Todavia, se as provas forem parcas, como estabelece a assertiva, o juiz deve aplicar o art. 156, do CPP, tomando as rédeas do atividade probatória e determinando de ofício as julgadas necessárias para se chegar à verdade real – *"Art. 156. A prova da alegação incumbirá a quem a fizer, sendo, porém, facultado ao juiz de ofício: I – ordenar, mesmo antes de iniciada a ação penal, a produção antecipada de provas consideradas urgentes e relevantes, observando a necessidade, adequação e proporcionalidade da medida;*

II – determinar, no curso da instrução, ou antes de proferir sentença, a realização de diligências para dirimir dúvida sobre ponto relevante."

Gabarito "B"

(Oficial – PM/MG – 2016 – PMMG) Considerando os preceitos que regem o procedimento de "busca e apreensão" e, tendo-se por referência o previsto no Código de Processo Penal (CPP), marque a alternativa CORRET(A)

(A) Em se tratando de busca domiciliar realizada durante o dia em cumprimento a mandado judicial, a autorização do morador é prescindível.

(B) Em se tratando de busca domiciliar, o uso da força e o arrombamento só têm cabimento em caso de desobediência do morador.

(C) Em face da violação à intangibilidade do direito à intimidade e à privacidade, a busca pessoal requer a respectiva ordem judicial.

(D) Quando a própria autoridade policial ou judiciária realizar pessoalmente a busca domiciliar, o mandado de busca e apreensão constitui-se em instrumento prescindível.

Comentário – Fundamento legal – art. 5º, inciso XI, da CF/88 - *art. 5º, XI - a casa é asilo inviolável do indivíduo, ninguém nela podendo penetrar sem consentimento do morador, salvo em caso de flagrante delito ou desastre, ou para prestar socorro, ou, durante o dia, por determinação judicial.* O art. 245, do CPP estabelece também que: *"Art. 245. As buscas domiciliares serão executadas de dia, salvo se o morador consentir que se realizem à noite, e, antes de penetrarem na casa, os executores mostrarão e lerão o mandado ao morador, ou a quem o represente, intimando-o, em seguida, a abrir a porta."* Sendo cumprida durante o dia é dispensável a autorização do morador. Quanto às demais alternativas estão incorretas pelas seguintes razões: a alternativa B) - não só na hipótese do art. 245, §2º do CPP, mas também nas hipóteses dos §3º e §4º (morador recalcitrar ou estiver ausente) o mesmo artigo; alternativa C) - a busca e apreensão domiciliar tem cabimento quando houver consentimento do morador, flagrante delito, ordem da autoridade judiciária competente, desastre ou para prestar socorro; alternativa D) o juiz quando executar pessoalmente a busca e apreensão domiciliar o mandado de busca e apreensão constituirá em instrumento prescindível, todavia, quanto ao delegado é necessário pelo fato da medida somente ser autorizada judicialmente, por estarmos diante de uma cláusula de reserva jurisdicional (somente o juiz pode concedê-la).

Gabarito "A"

(Oficial – PM/MG – 2016 – PMMG) No processo penal, as medidas cautelares de natureza pessoal são *"aquelas medidas restritivas ou privativas da liberdade de locomoção adotadas contra o imputado durante as investigações ou no curso do processo"* (Renato Brasileiro de Lima, 2011). A respeito do tema e, tendo por referência o que apregoa o Código de Processo Penal (CPP), marque a alternativa correta

(A) As medidas cautelares serão decretadas pelo juiz, de ofício ou a requerimento das partes, tanto na fase pré-processual quanto no curso do processo.

(B) O juiz poderá revogar a medida cautelar ou substituí-la quando verificar a falta de motivos, porém, tendo por supedâneo a segurança jurídica e presunção da inocência, é defeso ao juiz voltar a decretar nova medida cautelar em desfavor daquele que, no mesmo processo, houver sido beneficiado com a revogação da medida cautelar.

(C) Em se tratando de medida cautelar diversa da prisão, o CPP veda a sua aplicação cumulativa e, tal vedação, constitui-se em garantia do jurisdicionado em face do poder punitivo do Estado.

(D) As condições pessoais do indiciado ou acusado têm o condão de influenciar o julgador quando da aplicação das medidas cautelares de natureza pessoal.

Comentário – Fundamento legal – art. 282, inciso II, do CPP, estabelece que *"As medidas cautelares previstas neste Título deverão ser aplicadas observando-se a: II - adequação da medida à gravidade do crime, circunstâncias do fato e condições pessoais do indiciado ou acusado".* Quando se fala em condições pessoais levadas em consideração para imposição da qualidade de medida cautelar, analisam-se os antecedentes do agente, sua primariedade ou reincidência, personalidade e outros requisitos subjetivos e de cunho pessoal. Quanto às demais alternativas estão incorretas, pois: a alternativa A) Com a reforma processual veiculada pelo pacote anticrime (Lei nº 13.964/2019), promoveu-se alterações substanciais nessa matéria, determinando, por exemplo, que a imposição de medidas cautelares, bem como a decretação da prisão preventiva, dependerão sempre de requerimento do Ministério Público ou de representação da autoridade policial (art. 282, § 2º, CPP), vedando-se a tomada de tais decisões, de ofício pelo juiz. As medidas cautelares poderão ser decretadas pelo juiz, tanto na fase processual quanto na pré-processual. O art. 282, §2º, é claro ao afirmar que *"As medidas cautelares serão decretadas pelo juiz a requerimento das partes ou, quando no curso da investigação criminal, por representação da autoridade policial ou mediante requerimento do Ministério Público. (Redação dada pela Lei nº 13.964, de 2019)".* Assim, o juiz não pode mais decretar, de sponte própria, a imposição de medidas cautelares, quer as de prisão, quer as diversas da prisão. Essa interpretação deve consolidar-se com a novel redação dada pela redação do art. 282, § 4º, CPP em que temos: "*§ 4º No caso de descumprimento de qualquer das obrigações impostas, o juiz, mediante requerimento do Ministério Público, de seu assistente ou do querelante, poderá substituir a medida, impor outra em cumulação, ou, em último caso, decretar a prisão preventiva, nos termos do parágrafo único do art. 312 deste Código. (Redação dada pela Lei nº 13.964, de 2019)";* quanto a alternativa B) está incorreta, pois, a qualquer momento o juiz poderá revogar a medida cautelar ou substituí-la quando verificar a falta de motivo para que subsista, bem como voltar a decretá-la, se sobrevierem razões que a justifiquem (art. 282, §5º, CPP), mas não pelos fundamentos da *"segurança jurídica e presunção da inocência"*; alternativa C) incorreta pelo fato de as medidas cautelares poderem ser aplicadas isolada ou cumulativamente (art. 282, §1º, CPP).

Gabarito "D"

(Oficial – PM/MG – 2016 – PMMG) No que diz respeito à prisão, marque a alternativa correta.

(A) Lavrado o auto de prisão em flagrante e não havendo o preso indicado nome de advogado, a autoridade policial, ao encaminhar os autos ao juiz, também encaminhará cópia integral ao Ministério Público.

(B) A homologação do auto de prisão em flagrante pela autoridade judiciária indicando cuidar-se de prisão legal, não é suficiente para que o preso permaneça acautelado no curso da instrução criminal.

(C) O Ministério Público não é destinatário do comunicado de prisão em flagrante haja vista faltar-lhe atribuição para a realização do juízo de legalidade quanto à prisão. A comunicação é dirigida ao juiz e à família ou pessoa pelo preso indicada.

(D) A prisão temporária será decretada pelo juiz, de ofício ou em face da representação da autoridade policial ou de requerimento do Ministério Público, e terá prazo de cinco dias prorrogável por igual período em caso de extrema e comprovada necessidade.

Comentário – Fundamento legal – art. 310, inciso II, do CPP, estabelece que "*Após receber o auto de prisão em flagrante, no prazo máximo de até 24 (vinte e quatro) horas após a realização da prisão, o juiz deverá promover audiência de custódia com a presença do acusado, seu advogado constituído ou membro da Defensoria Pública e o membro do Ministério Público, e, nessa audiência, o juiz deverá, fundamentadamente: (Redação dada pela Lei nº 13.964, de 2019): I - relaxar a prisão ilegal; II - converter a prisão em flagrante em preventiva, quando presentes os requisitos constantes do art. 312 deste Código, e se revelarem inadequadas ou insuficientes as medidas cautelares diversas da prisão; ou III - conceder liberdade provisória, com ou sem fiança.*" Assim, sendo a prisão em flagrante lícita, para manter segregado cautelarmente o autuado, deverá o juiz proceder na forma do art. 282, incisos I e II, do CPP, convertendo a prisão em flagrante em prisão preventiva. Quanto às demais alternativas estão incorretas, pois: a alternativa A) deverá encaminhar cópia também à Defensoria Pública quando o enclausurado não indicar defensor por ocasião da lavratura do auto de prisão em flagrante delito (art. 306, §1º, CPP); a alternativa C) há o dever de comunicação imediata do Ministério Público (art. 306, caput, do CPP); alternativa D) a prisão temporária não pode ser decretada de ofício pelo juiz. Apesar de a sua decretação só nascer de ordem emanada de autoridade judiciária, essa somente agirá quando provocada e for demonstrada a necessidade de tutelar-se as investigações policiais. O legislador atento a tais fatos, não previu a possibilidade de a autoridade judiciária decretar de ofício. Confirmando isso, temos a dicção do art. 2º, da Lei nº 7.960/89, em que somente poderá ser decretada "*em face da representação da autoridade policial ou de requerimento do Ministério Público*".

Gabarito "B".

(Soldado – PM/SC – 2015 – IOBV) Sobre o exame de corpo de delito assinale a alternativa correta:

(A) é indispensável, em qualquer caso.

(B) não é suprido pela confissão do acusado.

(C) não pode ser indireto.

(D) é dispensável quando a infração deixar apenas vestígios.

Comentário – Fundamento legal – art. 158, do CPP, estabelece expressamente que "*Art. 158. Quando a infração deixar vestígios, será indispensável o exame de corpo de delito, direto ou indireto, não podendo supri-lo a confissão do acusado.*" Tratando-se de crime não transeunte, a realização da prova pericial é imprescindível, somente podendo ser substituída por prova testemunhal, nos termos de entendimento pacífico do STF, se os vestígios tiverem desaparecido por completo ou o lugar tenha se tornado impróprio para o trabalho dos peritos. (AgRg no REsp 1411447/MG).

Gabarito "B".

(Soldado – PM/SC – 2015 – IOBV) Em relação às testemunhas no processo penal é correto afirmar.

(A) Os agentes policiais envolvidos diretamente no atendimento dos fatos não podem ser qualificados como testemunhas, mas apenas informantes.

(B) O depoimento poderá ser prestado oralmente ou, preferindo, a testemunha poderá levá-lo por escrito.

(C) É vedado às testemunhas consultar quaisquer apontamentos, mesmo que breves.

(D) É vedado à testemunha manifestar suas apreciações pessoais, salvo quando inseparáveis da narrativa do fato.

Comentário – Fundamento legal – art. 213, do CPP, estabelece expressamente que "*Art. 213. O juiz não permitirá que a testemunha manifeste suas apreciações pessoais, salvo quando inseparáveis da narrativa do fato*". Uma característica da prova oral é a objetividade. Nessa esteira, a testemunha deverá depor objetivamente sobre os fatos que captou por seus mecanismos sensoriais, não lhe sendo permitida tecer comentários ou impressões pessoais daquilo que viu, ouviu ou sentiu, salvo quando essas narrativas forem indissociáveis dos fatos por ela trazidos. Não é possível dizer se uma pessoa estava irada, emocionada, se era feita ou bonita, ou estava conduzindo veículo em velocidade incompatível ou não com o local. Todavia isso ligado aos demais elementos de prova podem ser indicativos de informação pretendida. A única exceção feita é em relação à testemunha de antecedentes em que depõe sobre a vida pregressa do profano.

Gabarito "D".

(Soldado – PM/SC – 2015 – IOBV) A busca será domiciliar ou pessoal. O Código de Processo Penal não prevê a busca pessoal para:

(A) colher qualquer elemento de convicção.

(B) descobrir objetos necessários à prova de infração ou à defesa do réu.

(C) prender criminosos.

(D) apreender coisas achadas ou obtidas por meios criminosos.

Comentário – Fundamento legal – art. 240, §2º, do CPP, estabelece expressamente que "*§ 2º Proceder-se-á à busca pessoal quando houver fundada suspeita de que alguém oculte consigo arma proibida ou objetos mencionados nas letras b a f e letra h do parágrafo anterior.*", ou seja, para prender criminosos, apreender coisas achadas ou obtidas por meios criminosos, apreender instrumentos de falsificação ou de contrafação e objetos falsificados ou contrafeitos, apreender armas e munições, instrumentos utilizados na prática de crime ou destinados a fim delituoso, descobrir objetos necessários à prova de infração ou à defesa do réu, apreender cartas, abertas ou não, destinadas ao acusado ou em seu poder, quando haja suspeita de que o conhecimento do seu conteúdo possa ser útil à elucidação do fato e colher qualquer elemento de convicção. A única hipótese não prevista é para "prender criminosos", conforme veiculada na assertiva "C".

Gabarito "C".

(Soldado – PM/SC – 2015 – IOBV) Quanto à busca em mulher, indique a alternativa que está em consonância com disposto no Código de Processo Penal.

(A) Será feita, necessariamente, por outra mulher.

(B) Poderá ser feita por qualquer agente policial, independentemente se homem ou mulher ou se importará ou não em retardamento da diligência.

(C) Será feita por outra mulher, se não importar retardamento ou prejuízo da diligência.

(D) As alternativas A, B e C estão em desacordo com o disposto no artigo 249 do Código de Processo Penal.

Comentário – Fundamento legal – art. 249, do CPP, estabelece que "*Art. 249. A busca em mulher será feita por outra mulher, se não importar retardamento ou prejuízo da diligência.*". Resquício de ideia preconceituosa de outrora quanto à intervenção policial na vida humana durante uma abordagem, hoje se tornou dispositivo legal dispensável ante as técnicas, procedimentos operacionais padrões e profissionalismo imanente às forças policiais. Contudo, ainda permanece a redação. Evidencie-se exceção veiculada no próprio dispositivo permitindo ao homem executar a busca quando houver impossibilidade de ser realizado por outra mulher ou ainda houver retardo na sua execução, sem que haja qualquer ilegalidade na ação ou afetação na dignidade feminina da mulher abordada.

Gabarito "C"

(Soldado – PM/SC – 2015 – IOBV) Independe de mandado a realização de busca:

(A) em aposento ocupado de habitação coletiva.

(B) em compartimento não aberto ao público, onde alguém exercer profissão ou atividade.

(C) domiciliar realizada durante o dia.

(D) pessoal no caso de prisão.

Comentário – Fundamento legal – art. 244, do CPP, estabelece que "*Art. 244. A busca pessoal independerá de mandado, no caso de prisão ou quando houver fundada suspeita de que a pessoa esteja na posse de arma proibida ou de objetos ou papéis que constituam corpo de delito, ou quando a medida for determinada no curso de busca domiciliar*". A busca pessoal independerá de mandado, no caso de prisão e podem ser executadas em qualquer dia e hora (CPP, art. 797), exceção feita às buscas domiciliares disciplinadas pelos arts. 240 a 250 do Código de Processo Penal.

Gabarito "D"

(Soldado – PM/SC – 2015 – IOBV) A autoridade ou seus agentes ____(I)____ penetrar no território de jurisdição alheia, ________(II)________ de outro Estado, quando, para o fim de apreensão, forem no seguimento de pessoa ou coisa, devendo apresentar-se à competente autoridade local, ________(III)________ .

(A) (I) poderão; (II) ainda que; (III) antes da diligência ou após, conforme a urgência desta

(B) (I) poderão; (II) salvo se; (III) antes da diligência ou após, conforme convênio a ser firmado pelas respectivas secretarias de segurança pública

(C) (I) poderão; (II) salvo se; (III) previamente, para obter a necessária autorização

(D) (I) não poderão; (II) inclusive; (III) previamente, para obter a necessária autorização

---

Comentário – Fundamento legal – art. 250, do CPP, estabelece que "*Art. 250. A autoridade ou seus agentes poderão penetrar no território de jurisdição alheia, ainda que de outro Estado, quando, para o fim de apreensão, forem no seguimento de pessoa ou coisa, devendo apresentar-se à competente autoridade local, antes da diligência ou após, conforme a urgência desta § 1º Entender-se-á que a autoridade ou seus agentes vão em seguimento da pessoa ou coisa, quando: a) tendo conhecimento direto de sua remoção ou transporte, a seguirem sem interrupção, embora depois a percam de vista; b) ainda que não a tenham avistado, mas sabendo, por informações fidedignas ou circunstâncias indiciárias, que está sendo removida ou transportada em determinada direção, forem ao seu encalço*". O poder de polícia está previsto no art. 78, do Código Tributário Nacional. Segundo o mandamento constitucional, o poder de polícia das instituições policiais é único exercido, dentro de suas atribuições a elas conferidas. Todavia, se uma infração penal transbordar as fronteiras do território do Estado, é possível aos agentes da lei continuarem a diligência avançando para outro diverso daquele de sua atuação, para o fim de apreensão. Impõe-se, apenas, para o controle administrativo do ato, que ocorrendo nessa forma, a autoridade policial empreendedora da diligência apresente-se juntamente com seus agentes, antes da sua concretização da diligência, ou, no caso de diligência urgente, após ela ocorrer, à autoridade policial do local onde se praticou o ato.

Gabarito "A"

(Soldado – PM/SC – 2015 – IOBV) Segundo dispõe o Código de Processo Penal, prover à regularidade do processo e manter a ordem no curso dos respectivos atos é atribuição:

(A) do juiz.

(B) do Ministério Público.

(C) da autoridade policial.

(D) das partes.

Comentário – Fundamento legal – art. 251, do CPP, estabelece que "*Art. 251. Ao juiz incumbirá prover à regularidade do processo e manter a ordem no curso dos respectivos atos, podendo, para tal fim, requisitar a força pública*". A autoridade judiciária além da função jurisdicional dentro do processo, também lhe são afetos vários poderes periféricos exercidos para o fim único de implementação da atividade jurisdicional. O juiz tem o poder de polícia ou administrativo empregado para manter a boa ordem durante os atos processuais e o trâmite processual, como por exemplo: poderá requisitar a força policial para apoio durante a audiência ou fora dela, restringir o alcance do art. 93, inciso IX, da CF/88 – princípio da publicidade dos atos processuais, determinar o algemamento/ desalgemamento de réus para prestarem depoimento, conduzir a intervenção das partes no processo durante a audiência evitando abusos, etc.

Gabarito "A"

(Oficial – PM/SC – 2015 – IOBV) Assinale a opção correta em relação à ação penal, conforme o Código de Processo Penal:

(A) Qualquer pessoa do povo poderá provocar a iniciativa do Ministério Público, nos casos em que caiba a ação pública, fornecendo-lhe, por escrito, informações sobre o fato e a autoria e indicando o tempo, o lugar e os elementos de convicção.

(B) O perdão concedido a um dos querelados aproveitará somente a este, tornando-se sem efeito se o mesmo o recusar. A renúncia tácita e o perdão tácito admitirão todos os meios de prova.

(C) Nos casos em que somente se procede mediante queixa, decairá a ação penal quando iniciada esta, se o querelante deixar de promover o andamento do processo durante 30 dias seguidos.

(D) Se o ofendido for menor de 18 e maior de 16 anos, o direito de queixa poderá ser exercido por ele ou por seu representante legal.

Comentário – Fundamento legal – art. 27, do CPP, estabelece que "*Art. 27. Qualquer pessoa do povo poderá provocar a iniciativa do Ministério Público, nos casos em que caiba a ação pública, fornecendo-lhe, por escrito, informações sobre o fato e a autoria e indicando o tempo, o lugar e os elementos de convicção*". Por ele, qualquer pessoa do povo exercendo o direito de cidadão contemplado no art. 5º inciso XXXIV, "a", da CF/88, pode provocar a ação da autoridade policial ou ministerial levando uma *notitia criminis* (ou *delatio criminis* - notícia do crime) ao conhecimento do delegado de polícia ou promotor de justiça, de um fato criminoso, a fim de ser instaurado um inquérito policial ou ação penal (art. 5º, § 3.º e art. 27, ambos do CPP).

Gabarito "A"

(Oficial – PM/SC – 2015 – IOBV) Assinale a única assertiva correta em relação a prisão e à liberdade provisória:

(A) Se a infração for afiançável, a falta de exibição do mandado não obstará à prisão, e o preso, em tal caso, será imediatamente apresentado ao juiz que tiver expedido o mandado.

(B) O agente policial não poderá efetuar a prisão determinada no mandado de prisão registrado no Conselho Nacional de Justiça, quando estiver fora da competência territorial do juiz que o expediu.

(C) Os inferiores e praças de pré, onde for possível, serão recolhidos à prisão, em estabelecimentos militares, de acordo com os respectivos regulamentos.

(D) Se o réu se livrar solto, deverá ser posto em liberdade imediatamente, mesmo antes de lavrado o auto de prisão em flagrante. Não será concedida fiança nos crimes cometidos por grupos armados, civis ou militares, contra a ordem constitucional e o Estado Democrático.

Comentário – Fundamento legal – art. 296, do CPP, estabelece que "*Art. 296. Os inferiores e praças de pré, onde for possível, serão recolhidos à prisão, em estabelecimentos militares, de acordo com os respectivos regulamentos*". A Constituição Federal apregoa quanto às penas e o cumprimento delas que: *Art. 5º, XLVIII - a pena será cumprida em estabelecimentos distintos, de acordo com a natureza do delito, a idade e o sexo do apenado*". Nessa toada, os militares cumprem as prisões penais e processuais (cautelares) em estabelecimentos militares (art. 5º, § 3.º e art. 27, ambos do CPP), seguindo o matriz constitucional. Em São Paulo, por exemplo, há um presídio militar para acolher os presos policiais militares com sentença definitiva e os acautelados. As duas disposições harmonizam-se. As demais assertivas estão incorretas em face do seguinte: a alternativa A) a palavra correta seria "inafiançável" – art. 287, do CPP; A alternativa B) em face do disposto no art. 289-A, §1º, do CPP – *"Art. 289-A. O juiz competente providenciará o imediato registro do mandado de prisão em banco de dados mantido pelo Conselho Nacional de Justiça para essa finalidade. § 1º Qualquer agente policial poderá efetuar a prisão determinada no mandado de prisão registrado no Conselho Nacional de Justiça, ainda que fora da competência territorial do juiz que o expediu."*; A alternativa D) está errada em face da redação do art. 309, do CPP – *"Art. 309. Se o réu se livrar solto, deverá ser posto em liberdade, depois de lavrado o auto de prisão em flagrante."*

Gabarito "C".

(Oficial – PM/SC – 2015 – IOBV) Considerando os recursos cabíveis no processo penal brasileiro, assinale a incorreta:

(A) Caberá recurso, no sentido estrito, da decisão, despacho ou sentença que julgar procedentes as exceções, salvo a de suspeição.

(B) Quando for unânime a decisão de segunda instância, desfavorável ao réu admitem-se embargos infringentes e de nulidade, que poderão ser opostos dentro de 10 (dez) dias, a contar da publicação de acórdão. Se o desacordo for total, os embargos serão restritos à matéria objeto de divergência.

(C) Caberá apelação no prazo de 5 (cinco) dias das decisões do Tribunal do Júri, quando ocorrer nulidade posterior à pronúncia.

(D) A revisão dos processos findos será admitida quando a sentença condenatória se fundar em depoimentos, exames ou documentos comprovadamente falsos. Julgando procedente a revisão, o tribunal poderá alterar a classificação da infração, absolver o réu, modificar a pena ou anular o processo. De qualquer maneira, não poderá ser agravada a pena imposta pela decisão revista.

Comentário – Fundamento legal – art. 609, § único, do CPP, estabelece que "*Art. 609. Parágrafo único. Quando **não** for unânime a decisão de segunda instância, desfavorável ao réu, admitem-se embargos infringentes e de nulidade, que poderão ser opostos dentro de 10 (dez) dias, a contar da publicação de acórdão, na forma do art. 613. Se o desacordo for **parcial**, os embargos serão restritos à matéria objeto de divergência."* Estão corretas as demais, na seguinte conformidade: alternativa A) art. 581, III, CPP; alternativa C) art. 593, inciso III, "a", do CPP; alternativa D) art. 621, II, do CPP, combinado com art. 626, caput e § único, do CPP.

Gabarito "B".

(2019 - VUNESP - Polícia Militar/SP - CSTAPM) No que concerne ao regramento que o Código de Processo Penal dispensa às provas periciais, assinale a alternativa correta.

(A) O exame de corpo de delito poderá ser feito em qualquer dia e a qualquer hora.

(B) Mesmo que se trate de perícia complexa, o Juiz designará apenas um perito oficial, por não haver possibilidade legal de dupla nomeação.

(C) Os peritos oficiais prestarão o compromisso de bem e fielmente desempenhar o encargo.

(D) É vedada indicação de assistentes técnicos em sede de instrução processual penal, sendo que eventual especialista deve ser ouvido na qualidade de testemunha.

(E) O laudo pericial será elaborado no prazo máximo de 30 dias, podendo esse prazo ser prorrogado, em casos excepcionais, a requerimento do perito, por uma única vez.

Comentário – Fundamento legal – art. 161, do Código de Processo Penal. *"Art. 161. O exame de corpo de delito poderá ser feito em qualquer dia e a qualquer hora."* As perícias poderão ser realizadas a qualquer hora, bem como aos finais de semana e feriados. Quanto às demais alternativas estão incorretas, em face dos seguintes dispositivos: alternativas B) vide art. 159, §7º, do CPP – *"§ 7º Tratando-se de perícia complexa que abranja mais de uma área de conhecimento especializado, poder-se-á designar a atuação de mais de um perito oficial, e a parte indicar mais de um assistente técnico"*; C) - art. 159, § 2º, do CPP – *"§ 2º - Os peritos não oficiais prestarão o compromisso de bem e fielmente desempenhar o encargo"* - Quem realiza o exame de corpo de delito, normalmente são os peritos oficiais, todavia, havendo impossibilidade de sua utilização, serão realizadas por pessoas idôneas as quais devem prestar compromisso de bem e fielmente desempenhar tal *munus*; alternativa D) – art. 159, §5º, II, do CPP – *"§ 5º Durante o curso do processo judicial, é permitido às partes, quanto à perícia: II – indicar assistentes técnicos que poderão apresentar pareceres em prazo a ser fixado pelo juiz ou ser inquiridos em audiência"*. Daí extrai-se que, é facultado à defesa a formulação de quesitos e eventual indicação de assistente técnico, o qual atuará após a conclusão dos exames e elaboração do laudo pelos peritos oficiais, todavia a apresentação de quesitos para serem respondidos pelo perito é feito antes ou sua oitiva pode ser feita após a realização da prova pericial. Cumpre trazer à lume ainda o fato de os assistentes técnicos não serem peritos e suas manifestações terem natureza de pareceres técnicos, que podem ser apresentados a qualquer momento, sem obstar o curso processual, bem como desguarnecido do caráter vinculante. E) art. 160, parágrafo único, do CPP – *"Parágrafo único. O laudo pericial será elaborado no prazo máximo de 10 dias, podendo este prazo ser prorrogado, em casos excepcionais, a requerimento dos peritos"*.

Gabarito "A".

(Oficial – PM/SC – 2015 – IOBV) Julgue os itens que seguem e assinale a única alternativa correta, de acordo com a legislação processual penal:

(A) Em caso de falta grave, o condenado perderá até a metade do tempo remido, recomeçando a contagem a partir da data da infração disciplinar, de acordo com as disposições da Lei de Execuções Penais (Lei 7.210/84).

(B) Tratando-se de condutas tipificadas como crime de tráfico de entorpecentes, o funcionário público ou militar, não poderão ser afastados de suas atividades, nem mesmo como medida cautelar, antes de eventual condenação, de acordo com a Lei 11.343/06.

(C) É vedada a aplicação, nos casos de violência doméstica e familiar contra a mulher, de penas de cesta básica ou outras de prestação pecuniária, bem como a substituição de pena que implique o pagamento isolado de multa, de acordo com a Lei 11.340/06.

(D) Decorrido o prazo de quinze dias de detenção, o preso deverá ser posto imediatamente em liberdade, salvo se já tiver sido decretada sua prisão preventiva. Os presos temporários deverão permanecer, obrigatoriamente, separados dos demais detentos, conforme a Lei 7.960/89.

Comentário – Fundamento legal – art. 17, da Lei nº 11.340/06 – Lei Maria da Penha. O dispositivo estabelece que *"Art. 17. É vedada a aplicação, nos casos de violência doméstica e familiar contra a mulher, de penas de cesta básica ou outras de prestação pecuniária, bem como a substituição de pena que implique o pagamento isolado de multa."* O legislador quis, ao inserir essa vedação, restringir transações de natureza real nos casos de barganha em violência doméstica e familiar, como a aplicação de cesta básica ou multa. Deu-se em razão da não obrigatoriedade de as penas de natureza real serem pagas pelo infrator. Estão incorretas as demais assertivas, pelo disposto em lei, nas seguintes conformidades: alternativa A) art. 127, da Lei nº 7.210/84, senão vejamos: *"Art. 127. Em caso de falta grave, o juiz poderá revogar até 1/3 (um terço) do tempo remido, observado o disposto no art. 57, recomeçando a contagem a partir da data da infração disciplinar"*; alternativa B) art. 56, §1º, da Lei de Drogas – *"§ 1o Tratando-se de condutas tipificadas como infração do disposto nos arts. 33, caput e § 1o, e 34 a 37 desta Lei, o juiz, ao receber a denúncia, poderá decretar o afastamento cautelar do denunciado de suas atividades, se for funcionário público, comunicando ao órgão respectivo"*; alternativa D) O art. 2º, §7º, da Lei nº 7.960/89 – *"Art. 2º, § 7º Decorrido o prazo contido no mandado de prisão, a autoridade responsável pela custódia deverá, independentemente de nova ordem da autoridade judicial, pôr imediatamente o preso em liberdade, salvo se já tiver sido comunicada da prorrogação da prisão temporária ou da decretação da prisão preventiva.(Incluído pela Lei nº 13.869. de 2019)"*.

Gabarito "C"

(Soldado – PM/PB – 2015 – IBFC) Nos crimes de ação penal privada o inquérito policial será iniciado____________.

Assinale a alternativa que completa corretamente a lacuna.

(A) De ofício.

(B) Mediante requisição da autoridade judiciária.

(C) Mediante requisição do Ministério Público.

(D) A requerimento de quem tenha qualidade para intentá-la.

Comentário – Fundamento legal – art. 5º, §5º, do CPP. O dispositivo estabelece que *"Art. 5º, § 5º Nos crimes de ação privada, a autoridade policial somente poderá proceder a inquérito a requerimento de quem tenha qualidade para intentá-la"*. O "requerimento" traduz-se numa solicitação formulada pelo seu titular, ou quem o represente legalmente (art. 30, CPP), todavia, como tem natureza de pedido, é passível de indeferimento a ser analisado pela autoridade policial. Caso seja indeferido, cabe recurso (art. 5º, §2º, do CPP) ao Chefe de Polícia.

Gabarito "D"

(Soldado – PM/PB – 2015 – IBFC) Assinale a alternativa correta. Caberá intentar a ação privada:

(A) Ao Ministério Público.

(B) Ao Ministério Público após representação da vítima.

(C) Ao ofendido ou a quem tenha qualidade para representá-lo.

(D) Ao juiz.

Comentário – Fundamento legal – art. 30, do CPP. O dispositivo estabelece que *"Art. 30. Ao ofendido ou a quem tenha qualidade para representá-lo caberá intentar a ação privada."* O dispositivo espelha o Princípio da oportunidade em que o Estado concede ao particular, vítima de crimes cuja a ação penal seja privada, a possibilidade de ingressar com queixa contra o agressor, a fim de processá-lo criminalmente. (Ex.: art. 345, CP, quando não houver violência).

Gabarito "C"

(Soldado – PM/PB – 2015 – IBFC) Assinale a alternativa INCORRETA. Ao receber o auto de prisão em flagrante, o juiz deverá fundamentadamente:

(A) Relaxar a prisão ilegal.

(B) Converter a prisão em flagrante em preventiva, quando presentes os requisitos constantes do artigo 312 do Código de Processo Penal, e se revelarem inadequadas ou insuficientes as medidas cautelares diversas da prisão.

(C) Conceder liberdade provisória, com ou sem fiança.

(D) Entregar a nota de culpa ao preso.

Comentário – Fundamento legal – art. 306, §2º, do CPP. O dispositivo estabelece que *"Art. 306. A prisão de qualquer pessoa e o local onde se encontre serão comunicados imediatamente ao juiz competente, ao Ministério Público e à família do preso ou à pessoa por ele indicada. § 2º No mesmo prazo, será entregue ao preso, mediante recibo, a nota de culpa, assinada pela autoridade, com o motivo da prisão, o nome do condutor e os das testemunhas."* A entrega da nota de culpa não é atribuição judicial e tampouco ocorre na segunda fase da persecução penal, mas sim deve ser assinada e entregue pela autoridade policial em até 24 horas da segregação do autuado em flagrante. Por ela se dá ciência ao enclausurado sobre os motivos de sua prisão, quem foi o condutor e das pessoas que testemunharam. A sua falta pode ensejar o relaxamento da prisão por ausência de formalidade essencial. Só ocorre na primeira fase da persecução criminal. Importante acentuar que as demais hipóteses corretas estão ombreadas aos termos do art. 310, incisos e parágrafos, do CPP: *"Art. 310. Ao receber o auto de prisão em flagrante, o juiz deverá fundamentadamente: I – relaxar a prisão ilegal; ou II – converter a prisão em flagrante em preventiva, quando presentes os requisitos constantes do art. 312 deste Código, e se revelarem inadequadas ou insuficientes as medidas cautelares diversas da prisão; ou III – conceder liberdade provisória, com ou sem fiança. (...)."*

Gabarito "D"

(Soldado – PM/PB – 2015 – IBFC) Assinale a alternativa correta. Segundo regra prevista no código de processo penal, poderá o juiz substituir a prisão preventiva pela domiciliar quando o agente for:

(A) Maior de 65 (sessenta e cinco) anos.

(B) Extremamente debilitado por motivo de doença grave.

(C) Imprescindível aos cuidados especiais de pessoa menor de 10 (dez) anos de idade.

(D) Gestante a partir do 5° (quinto) mês de gravidez.

Comentário – Fundamento legal – art. 318, do CPP. O dispositivo estabelece que *"Art. 318. Poderá o juiz substituir a prisão preventiva pela domiciliar quando o agente for: I - maior de 80 (oitenta) anos; II - extremamente debilitado por motivo de doença grave; III - imprescindível aos cuidados especiais de pessoa menor de 6 (seis) anos de idade ou com deficiência; IV - gestante; V - mulher com filho de até 12 (doze) anos de idade incompletos; VI - homem, caso seja o único responsável pelos cuidados do filho de até 12 (doze) anos de idade incompletos. Parágrafo único. Para a substituição, o juiz exigirá prova idônea dos requisitos estabelecidos neste artigo."* Para ser aplicada a conversão da Prisão Preventiva à Prisão em Flagrante deve ocorrer qualquer das hipóteses previstas no mencionado dispositivo, exigindo-se apenas prova idônea da comprovação. A prova da circunstância do inciso II é feita entorno de documentos comprobatórios de tal condição de saúde podendo o magistrado exigir perícia médica a fim de evitar fraude.

Gabarito "B".

(2020 – VUNESP – PMESP – ESSd/Cb PM) Em relação à prisão preventiva, assinale a alternativa correta.

(A) A decisão que substitui a prisão preventiva pode ser proferida carente de motivação quando ela atende a pedido da defesa.

(B) Admite-se a decretação da prisão preventiva nos crimes dolosos e culposos punidos com pena privativa de liberdade máxima superior a 4 (quatro) anos.

(C) A prisão preventiva poderá ser decretada como garantia da ordem pública, da ordem econômica, por conveniência da instrução criminal, ou para assegurar a aplicação da lei penal, quando houver prova da existência do crime e prova da autoria.

(D) Em qualquer fase da investigação policial ou do processo penal, caberá a prisão preventiva decretada pelo juiz, de ofício, se no curso da ação penal, ou a requerimento do Ministério Público, do querelante ou do assistente, ou por representação da autoridade policial.

INSERI LIVRO FRED - Resposta correta: alternativa "D". Fundamentação jurídica: Art. 311, Código de Processo Penal. QUESTÃO PASSÍVEL DE RECURSO !!! Com a nova redação dada pela Lei nº 13.964/19 – "pacote anticrime", essa alternativa está errada, pois, o magistrado não pode mais decretar a prisão preventiva "de ofício", ficando à mercê da provocação do Ministério Público, assistente de acusação ou representação da autoridade policial. Deve permanecer inerte, ainda que esteja "no curso da ação penal". Dessa forma, a questão se mostra errada por não estar consentânea com a novel redação dada pela citada lei ao Código de Processo Penal. Todavia, não se pode perder de vista a previsão constante no Anexo "A", do "Edital DEC-20/23/19 - Concurso Interno de Seleção para Promoção à Graduação de Cabo PM - 2020 (CPC/20)", no ponto da "Relação de Matérias". Nesse particular, foi mencionado expressamente que a *"Relação de assuntos para as provas do Concurso Interno de Seleção para promoção à Graduação de Cabo PM 2019,* ***devendo ser consideradas as alterações das legislações e normas citadas até a data da publicação do edital*** *"* (grifei). Assim, não seriam indagadas matérias posteriores ao dia 19 de novembro de 2019 (Bol G 219/19). Nada obstante tal previsão cabe questionamento por ter sido objeto de questionamento ponto já revogado do ordenamento jurídico brasileiro

Gabarito "D".

14. DIREITO PROCESSUAL PENAL MILITAR

Cícero Robson Coimbra Neves

(Oficial – PM/SP – 2016 – VUNESP) Quanto à finalidade do inquérito policial-militar, assinale a alternativa correta.

(A) A finalidade precípua do inquérito policial-militar é a de ministrar elementos necessários à propositura da ação penal, sendo efetivamente instrutórios da ação penal os exames, as perícias e as avaliações realizados regularmente no curso do inquérito, por peritos idôneos e com obediência às formalidades.

(B) A única medida preliminar ao inquérito que deve ser tomada é a de dirigir-se ao local, providenciando para que não se alterem o estado e a situação das coisas, enquanto necessário.

(C) O inquérito, por expressa disposição constitucional, é público.

(D) De acordo com o disposto no Código de Processo Penal, o inquérito deverá terminar dentro do prazo de cinco dias se o indiciado estiver preso, contado esse prazo a partir do dia em que se executar a ordem de prisão, ou dentro do prazo de quinze dias quando o indiciado estiver solto, contados a partir da data em que se instaurar o inquérito.

(E) No âmbito de polícia judiciária militar, é prescindível que o inquérito seja encerrado com minucioso relatório.

A: correta, nos termos do art. 9º do CPPM, *caput* e seu parágrafo único; **B:** incorreta, haja vista que o art. 12 do CPPM enumera as medidas preliminares ao inquérito e dirigir-se ao local da infração é apenas uma delas; **C:** incorreta, não há disposição constitucional expressa sobre o assunto, havendo disposição apenas no art. 16 do CPPM, que diz exatamente o oposto, ou seja, que o inquérito é sigiloso; **D:** incorreta, pois pelo art. 20 do CPPM o inquérito deverá terminar dentro de vinte dias, se o indiciado estiver preso, contado esse prazo a partir do dia em que se executar a ordem de prisão, ou no prazo de quarenta dias, quando o indiciado estiver solto, contados a partir da data em que se instaurar o inquérito, admitindo-se uma prorrogação, apenas no segundo caso, por mais vinte dias pela autoridade militar superior, desde que não estejam concluídos exames ou perícias já iniciados, ou haja necessidade de diligência, indispensáveis à elucidação do fato; **E:** incorreta, pois, nos termos do art. 22 do CPPM, o inquérito será encerrado com um minucioso relatório, o que o torna imprescindível.

Gabarito "A"

(Oficial – PM/SP – 2016 – VUNESP) Quanto às medidas preventivas e assecuratórias, assinale a alternativa correta.

(A) Para o Código de Processo Penal Militar, o termo "casa" compreende qualquer compartimento habitado, aposento ocupado de habitação coletiva e compartimento não aberto ao público, onde alguém exerce profissão ou atividade.

(B) A busca em mulher será feita por qualquer militar a fim de não importar retardamento ou prejuízo da diligência.

(C) A autoridade militar não poderá requisitar da autoridade policial civil a realização de buscas, tendo em vista sua independência funcional.

(D) Entende-se por busca pessoal apenas aquela feita nas vestes da pessoa.

(E) A única hipótese de busca pessoal, independente de mandado, é feita no ato da captura de pessoa que deve ser presa.

A: correta, nos termos do art. 173 do CPPM; **B:** incorreta, haja vista que o art. 183 do CPPM dispõe que a busca em mulher será feita por outra mulher, se não importar retardamento ou prejuízo da diligência; **C:** incorreta, porquanto o parágrafo único do art. 184 do CPPM permite essa possibilidade; **D:** incorreta, pois pelo art. 180 do CPPM a busca pessoal consistirá na procura material feita nas vestes, pastas, malas e outros objetos que estejam com a pessoa revistada e, quando necessário, no próprio corpo; **E:** incorreta, pois, nos termos do art. 182 do CPPM, a busca pessoal independerá de mandado quando feita no ato da captura de pessoa que deve ser presa, quando determinada no curso da busca domiciliar, quando ocorrer fundada suspeita de que a pessoa oculte instrumento ou produto do crime, quando houver fundada suspeita de que o revistando traz consigo objetos ou papéis que constituam corpo de delito, ou quando feita na presença da autoridade judiciária (com a CF de 1988, algumas possibilidades da autoridade policial não foram recepcionadas).

Gabarito "A"

(Oficial – PM/SP – 2016 – VUNESP) Em relação ao sequestro, previsto no Código de Pro- cesso Penal Militar, é correto afirmar que

(A) por se tratar de competência da Justiça Militar, quaisquer bens podem ser suscetíveis de sequestro.

(B) para a decretação do sequestro, é necessário somente a existência de indícios veementes da proveniência ilícita dos bens.

(C) todo dinheiro apurado será recolhido ao Tesouro Nacional.

(D) se a autoridade judiciária militar entender que se trata de matéria de alta indagação, remeterá o embargante para o juízo cível e não manterá o sequestro.

(E) transitada em julgado a sentença condenatória, a autoridade judiciária militar, sempre de ofício, determinará a avaliação e a venda dos bens em leilão público.

A: incorreta, pois pelo art. 199 do CPPM, *caput* e § 1º, estão sujeitos ao sequestro apenas os bens adquiridos com os proventos da infração penal e os bens de responsáveis por contrabando, ou outro ato ilícito, em aeronave ou embarcação militar, em proporção aos prejuízos e riscos por estas sofridos, bem como os dos seus tripulantes, que não tenham participado da prática do ato ilícito; **B:** correta, haja vista o disposto no art. 200 do CPPM; **C:** incorreta, já que pelos §§ 1º e 2º do art. 205 do CPPM, será recolhido ao Tesouro Nacional apenas o montante que se destinar a ressarcir prejuízo ao patrimônio sob administração militar e o montante que não se destinar a esse fim será restituído a quem de direito, se não houver controvérsia; se esta existir, os autos de sequestro serão remetidos ao juízo cível, a cuja disposição passará o saldo apurado; **D:** incorreta, já que o § 2º do art. 203 do CPPM dispõe que se a autoridade judiciária militar considerar que se trata de matéria de alta indagação, remeterá o embargante para o juízo cível e manterá o sequestro até que seja dirimida a controvérsia; **E:** incorreta, pois, nos termos do art. 205 do CPPM, essa ação também pode se dar a requerimento do Ministério Público.

Gabarito "B"

(Oficial – PM/DF – 2017 – Iades) Acerca da aplicação do direito penal processual militar e considerando o Código de Processo Penal Militar, assinale a alternativa correta.

(A) Quando desfigurar de plano os fundamentos da acusação que deram origem ao processo, de regra, não é admitida a interpretação extensiva ou restritiva.
(B) A lei de processo penal militar deve ser interpretada no sentido figurado de suas expressões, conforme jargões populares. Os termos técnicos hão de ser entendidos em sua acepção especial, salvo se evidentemente empregados com outra significação.
(C) Admitir-se-á a interpretação extensiva ou a interpretação restritiva quando for manifesto, no primeiro caso, que a expressão da lei é mais ampla e, no segundo, que é mais restrita do que sua intenção.
(D) Os casos omissos no referido Código serão supridos pela legislação de processo penal comum, quando aplicável ao caso concreto e sem prejuízo da índole do processo penal militar, pela analogia, pela equidade e pelo bom senso.
(E) Nos casos concretos, se houver divergência entre as normas processuais penais militares e as de convenção ou tratado de que o Brasil seja signatário, prevalecerão as normas processuais penais militares.

A: correta, de acordo com a letra "c" do § 2º do art. 2º do CPPM; **B:** incorreta, já que o art. 2º do CPPM, *caput*, dispõe que a lei de processo penal militar deve ser interpretada no sentido literal de suas expressões. Os termos técnicos hão de ser entendidos em sua acepção especial, salvo se evidentemente empregados com outra significação; **C:** incorreta, pois o § 1º do art. 2º do CPPM dispõe exatamente o contrário, ou seja, admitir-se-á a interpretação extensiva ou a interpretação restritiva, quando for manifesto, no primeiro caso, que a expressão da lei é mais estrita e, no segundo, que é mais ampla, do que sua intenção; **D:** incorreta, porque o art. 3º do CPPM versa que os casos omissos no CPPM serão supridos pela legislação de processo penal comum, quando aplicável ao caso concreto e sem prejuízo da índole do processo penal militar, pela jurisprudência, pelos usos e costumes militares, pelos princípios gerais de Direito e pela analogia, não mencionando; **E:** incorreta, já que o § 1º do art. 1º do CPPM consigna que nos casos concretos, se houver divergência entre essas normas e as de convenção ou tratado de que o Brasil seja signatário, prevalecerão as últimas.

Gabarito "A"

(Oficial – PM/DF – 2017 – Iades) Considerando as hipóteses de delegação do exercício do inquérito policial militar, o ministro competente, em virtude da inexistência de outro oficial da ativa de maior antiguidade, considerando que um oficial-general da ativa, do último posto e mais antigo, praticou crime definido como militar, deverá designar um oficial da(o)

(A) reserva de posto mais elevado para a instauração do inquérito policial militar e, se este estiver iniciado, avocá-lo, para tomar essa providência.
(B) posto superior e mais antigo ao do indiciado.
(C) posto superior ao do indiciado, seja este oficial da ativa, da reserva, remunerada ou não, ou reformado.
(D) posto inferior ao do indiciado, seja este oficial da ativa, da reserva, remunerada ou não, ou reformado.
(E) reserva mais antigo para a instauração do inquérito policial militar, e, se este estiver iniciado, avocá-lo, para tomar essa providência.

A: incorreta, pois se o indiciado é do último posto do generalato, não há como designar alguém de posto mais elevado; ademais, com o advento da Lei Complementar n. 97, de 9 de junho de 1999, não há mais Ministros das Forças Armadas, mas apenas o Ministro de Estado da Defesa, ao qual os Comandantes de cada Força (Marinha, Exército e Aeronáutica) estão vinculados; assim, o próprio enunciado da questão está incorreto se analisado de acordo com a atual estrutura normativa das Forças Armadas; **B:** incorreta, pois os conceitos de superioridade e antiguidade não se confundem; se é superior, não se discute antiguidade, presente apenas quando no mesmo posto (ou graduação); também não é possível designar alguém de posto superior ao do indiciado, que está no último posto do generalato; por fim, repita-se aqui o problema sobre a designação de Ministros das Forças Armadas, presente no enunciado; **C:** incorreta, pois não é possível designar alguém de posto superior ao do indiciado, que está no último posto do generalato; repita-se, também aqui, o problema sobre a designação de Ministros das Forças Armadas, presente no enunciado; **D:** incorreta, pois a condução do inquérito não pode ser por oficial de posto inferior ao do indiciado; minimamente, deve ser alguém mais antigo no mesmo posto, ainda que se tenha que reverter um oficial general da inatividade (reserva); repita-se, também aqui, o problema sobre a designação de Ministros das Forças Armadas, presente no enunciado; **E:** esta seria a resposta mais adequada, não fosse o problema do enunciado, que menciona a designação pelo Ministro da Força Armada, hoje inexistente de acordo com a Lei Complementar 97/99.

Gabarito: Anulada

(Oficial – PM/DF – 2017 – Iades) Para a concessão da menagem, o (a)

(A) acusado deve confessar o crime.
(B) natureza do crime pode ter requintes de crueldade, torpeza ou traição.
(C) máximo da pena privativa de liberdade para o crime não deve exceder a quatro anos.
(D) acusado deve ter maus antecedentes.
(E) acusado pode ser reincidente.

A: incorreta, pois a confissão não é pressuposto ou requisito para a concessão de menagem; **B:** incorreta, pois o art. 263 do CPPM recomenda justamente o contrário, devendo o juiz avaliar para a concessão a natureza do crime; **C:** correta, pelo que dispõe o art. 263 do CPPM; **D:** incorreta, pois o art. 263 do CPPM recomenda justamente o contrário, devendo o juiz avaliar para a concessão os antecedentes do acusado; **E:** incorreta, pois há vedação expressa no art. 269 do CPPM.

Gabarito "C"

(Oficial – PM/DF – 2017 – Iades) O crime previsto no art. 183 do Código Penal Militar estabelece que "deixar de apresentar-se o convocado à incorporação, dentro do prazo que lhe foi marcado, ou, apresentando-se, ausentar-se antes do ato oficial de incorporação" configura o delito denominado insubmissão. A respeito do procedimento aplicável, assinale a alternativa incorreta.

(A) Consumado o crime de insubmissão, o comandante, ou a autoridade correspondente, da unidade para que fora designado o insubmisso, fará lavrar o termo de insubmissão, circunstanciadamente, com indicação de nome, filiação, naturalidade e classe a que pertencer o insubmisso e a data em que este deveria apresentar-se, sendo o termo assinado pelo referido comandante, ou por autoridade correspondente, e por duas testemunhas idôneas, podendo ser impresso ou datilografado.

(B) O insubmisso que não for julgado no prazo de cento e oitenta dias, a contar do dia de sua apresentação voluntária ou captura, sem que para isso tenha dado causa, será posto em liberdade.

(C) O termo, juntamente com os demais documentos relativos à insubmissão, tem o caráter de instrução provisória, destina-se a fornecer os elementos necessários à propositura da ação penal e é, para efeito da incorporação, o instrumento legal autorizador da captura do insubmisso.

(D) Recebidos o termo de insubmissão e os documentos que o acompanham, o Juiz-Auditor determinará atuação e dará vista do processo, por cinco dias, ao procurador, que requererá o que for de direito, aguardando-se a captura ou a apresentação voluntária do insubmisso, se nenhuma formalidade tiver sido omitida ou após cumprimento das diligências requeridas.

(E) Incluído o insubmisso, o comandante da unidade, ou a autoridade correspondente providenciará, com urgência, a remessa à auditoria de cópia do ato de inclusão. O Juiz-Auditor determinará sua juntada aos autos e deles dará vista, por cinco dias, ao procurador, que poderá requerer o arquivamento, ou o que for de direito, ou oferecer denúncia, se nenhuma formalidade tiver sido omitida ou após o cumprimento das diligências requeridas.

A: correta, nos termos do art. 463 do CPPM; **B:** incorreta, pois pelo § 3º do art. 464 do CPPM, o insubmisso que não for julgado no prazo de sessenta dias, a contar do dia de sua apresentação voluntária ou captura, sem que para isso tenha dado causa, será posto em liberdade; **C:** correta, nos termos do § 1º do art. 463 do CPPM; **D:** correta, nos termos do § 3º do art. 463 do CPPM; **E:** correta, nos termos do § 2º do art. 464 do CPPM.

Gabarito "B"

(Oficial – PM/MG – 2016 – PMMG) Acerca da ação penal militar, marque a alternativa CORRETA.

(A) A instauração de inquérito, por parte da autoridade policial militar, ocorrerá todas as vezes que o Ministério Público requisitar que se proceda diligências para esclarecimento do fato narrado por pessoa que esteja no exercício do direito de representação.

(B) No crime de "Hostilidade contra país estrangeiro" previsto no art. 136 do Código Penal Militar, a ação penal, sendo o agente militar, dependerá de requisição, que será feita ao procurador-geral da Justiça Militar, pelo Ministério a que o agente estiver subordinado.

(C) O Ministério Público, após a apresentação da denúncia, poderá desistir da ação penal, se entender que não existe prova de ter o acusado concorrido para a infração penal.

(D) A ação penal privada subsidiária da pública não é aplicável às infrações penais militares.

A: incorreta, posto que pelo § 2º do art. 33 do CPPM, se o Ministério Público as considerar procedentes, dirigir-se-á à autoridade policial militar para que esta proceda às diligências necessárias ao esclarecimento do fato, instaurando inquérito, se houver motivo para esse fim; **B:** correta, pois o art. 31 dispõe exatamente dessa forma; deve-se lembrar, no entanto, que hoje, com a Lei Complementar 97/99, o Ministério ao qual os militares das Forças Armadas estão subordinados é o Ministério da Defesa; **C:** incorreta, porquanto, nos termos do art. 32 do CPPM, o Ministério Público não poderá desistir da ação penal militar; como solução, poderá pedir a absolvição por ocasião das alegações escritas e na sustentação oral por ocasião da sessão de julgamento; **D:** incorreta, pois a ação penal de iniciativa privada subsidiária da pública possui previsão constitucional (CF, art. 5º, LIX), aplicando-se também aos casos de infrações penais militares.

Gabarito "B"

(Oficial – PM/MG – 2016 – PMMG) Sobre o instituto da "DENÚNCIA", marque a alternativa CORRETA.

(A) A denúncia que não preencher os requisitos previstos na lei, o juiz antes de rejeitá-la, mandará em despacho, remeter o processo ao órgão do Ministério Público para que, dentro do prazo de cinco dias, contados da data do recebimento dos autos, sejam preenchidos os requisitos que não o tenham sido.

(B) A extinção da punibilidade poderá ser reconhecida em qualquer fase do processo, de ofício ou a requerimento de qualquer das partes, ouvido o Ministério Público, mesmo sendo este o autor do pedido.

(C) A rejeição da denúncia pelo juiz de direito do juízo militar é um ato vinculado às hipóteses previstas na legislação processual penal militar.

(D) Ocorrendo a morte do acusado, se declarará a extinção da punibilidade sem a certidão de óbito do acusado, bastando o relatório e solução do procedimento investigatório.

A: incorreta, pois, nos termos do §1º do art. 78 do CPPM, uma vez não constantes da denúncia os requisitos enumerados no art. 77 do CPPM, os autos serão remetidos, por despacho do Juiz, ao Ministério Público, para que esses requisitos sejam preenchidos no prazo de três dias, contados da data do recebimento desses autos; **B:** incorreta, posto que o art. 81 do CPPM dispõe que extinção da punibilidade poderá ser reconhecida e declarada em qualquer fase do processo, de ofício ou a requerimento de qualquer das partes, ouvido o Ministério Público, se deste não for o pedido; **C:** correta, vez que o art. 78 do CPPM enumera os casos em que a denúncia não será recebida; **D:** incorreta, já que o parágrafo único do art. 81 do CPPM comanda que no caso de morte, não se declarará a extinção sem a certidão de óbito do acusado.

Gabarito "C"

(Oficial – PM/MG – 2016 – PMMG) Nos termos do Código de Processo Penal Militar (Decreto-lei n. 1.002, de 21/10/1969), o executor da busca domiciliar, estando ausente o morador, tem que seguir os procedimentos previstos na referida lei. Marque a alternativa CORRETA.

(A) Tentará localizá-lo para lhe dar ciência da diligência e aguardará a sua chegada, se puder ser mediata.

(B) Entrará na casa, utilizando o serviço de um chaveiro, não sendo possível a utilização deste serviço, a arrombará, se necessário.

(C) Fará a busca, rompendo, obrigatoriamente, todos os obstáculos em móveis ou compartimentos onde, presumivelmente, possam estar as coisas ou pessoas procuradas.

(D) No caso de não ser encontrado o morador ou não comparecer com a necessária presteza, convidará pessoa capaz, que identificará para que conste do respectivo auto, a fim de testemunhar a diligência.

A: incorreta, pois nos termos da alínea "a" do inciso II do art. 179 do CPPM, o aguardo da chegada do morador somente ocorrerá se ela puder ser imediata e não mediata; **B:** incorreta, pois a alínea "c" do inciso II do art. 179 do CPPM não prevê a utilização do serviço de um chaveiro, apenas comandando que se deve entrar na casa, arrombando-a, se necessário; **C:** incorreta, já que a alínea "d" do inciso II do art. 179 do CPPM coloca o rompimento de obstáculos em móveis ou compartimentos como uma medida que deve ser adotada se for preciso; **D:** correta, nos termos da alínea "b" do inciso II do art. 179 do CPPM.

Gabarito "D".

(Oficial – PM/MG – 2016 – PMMG) Em relação a "CONFISSÃO", prevista no Código de Processo Penal Militar (Decreto-lei n. 1.002, de 21/10/1969), marque a alternativa CORRETA.

(A) Vige no processo brasileiro o princípio da persuasão racional.

(B) A confissão é retratável e indivisível.

(C) A confissão é cabível até o momento do interrogatório do acusado.

(D) A confissão para ser válida tem que ser feita perante o Ministério Público.

A: correta, pois o juiz dará o valor adequado à confissão, de acordo com outros elementos de prova (alínea "e" do art. 307 e art. 309 do CPPM), não se tratando de uma prova tarifada; **B:** incorreta, pois o art. 309 do CPPM dispõe que a confissão é retratável e divisível, sem prejuízo do livre convencimento do juiz, fundado no exame das provas em conjunto; **C:** incorreta, haja vista que o art. 310 do CPPM dispõe que a confissão, quando feita fora do interrogatório, será tomada por termo nos autos, dando a entender que pode ela, inclusive, ser feita após o interrogatório; deve-se alertar, no entanto, que após o julgamento do Habeas Corpus n. 127.900-AM, Rel. Min. Dias Toffoli, j. 03.03.2016, o interrogatório que era o primeiro ato da instrução no processo penal militar passou a ser o último, havendo pouca dilação probatória após o interrogatório para que a confissão tome corpo; **D:** incorreta, pois a alínea "a" do art. 307 diz que a confissão é valida quando ocorrer perante a autoridade competente, e não somente perante o Ministério Público.

Gabarito "A".

(Oficial – PM/MG – 2016 – PMMG) Considerando o que prevê o Código de Processo Penal Militar (Decreto-lei n. 1.002, de 21/10/1969), a respeito "DAS PERÍCIAS E EXAMES", marque a alternativa CORRETA.

(A) As perícias serão feitas por perito especializado no assunto ou com habilitação técnica, observando que o perito ou intérprete será nomeado de preferência dentre oficiais da ativa, atendida a especialidade.

(B) A autoridade policial militar e a judiciária poderão requisitar dos institutos médico-legais, dos laboratórios oficiais e de quaisquer repartições técnicas, militares ou civis, as perícias e exames que se tornem necessários ao processo, bem como, para o mesmo fim, homologar os que neles tenham sido regularmente realizados.

(C) A autoridade policial militar, o Ministério Público ou a judiciária, tendo em atenção à natureza do exame, marcará prazo razoável, que poderá ser prorrogado, para apresentação dos laudos.

(D) O juiz não poderá negar a perícia, mesmo se a reputar desnecessária ao esclarecimento da verdade.

A: incorreta, vez que o art. 318 comanda que, sempre que possível, as perícias serão feitas por dois peritos, especializados no assunto ou com habilitação técnica; **B:** correta, nos termos do art. 321 do CPPM; **C:** incorreta, pois pelo art. 325 do CPPM quem assina o prazo razoável são apenas a autoridade policial militar ou a judiciária, não incluindo o Ministério Público; **D:** incorreta, já que pelo art. 326, o juiz não ficará adstrito ao laudo, podendo aceitá-lo ou rejeitá-lo, no todo ou em parte.

Gabarito "B".

(Oficial – PM/SC – 2015 – IOBV) Assinale a opção correta de acordo com a lei de processo penal militar e sua aplicação:

A) Se houver divergência entre a legislação especial militar e as convenções ou tratados de que o Brasil seja signatário, deverão ser utilizadas as normas do código de processo penal comum.

B) Admitir-se-á a interpretação extensiva ou a interpretação restritiva, quando for manifesto, no primeiro caso, que a expressão da lei é mais ampla e, no segundo, que é mais estrita, do que sua intenção.

C) As normas do Código de Processo Penal Militar terão validade a partir da sua vigência, exceto nos processos pendentes, sem prejuízo da validade dos atos realizados sob a vigência da lei anterior.

D) Os casos omissos no Código de Processo Penal Militar serão supridos: pela legislação de processo penal comum, quando aplicável ao caso concreto e sem prejuízo da índole do processo penal militar; pela jurisprudência; pelos usos e costumes militares; pelos princípios gerais de Direito; pela analogia.

A: incorreta, já que o § 1º do art. 1º do CPPM consigna que nos casos concretos, se houver divergência entre essas normas e as de convenção ou tratado de que o Brasil seja signatário, prevalecerão as últimas; **B:** incorreta, pois o § 1º do art. 2º do CPPM dispõe que será admitida a interpretação extensiva ou a interpretação restritiva, quando for manifesto, no primeiro caso, que a expressão da lei é mais estrita e, no segundo, que é mais ampla, do que sua intenção; **C:** incorreta, posto que o art. 5º do CPPM comanda que as normas deste Código aplicar-se-ão a partir da sua vigência, inclusive nos processos pendentes; **D:** correta, nos termos do art. 3º do CPPM.

Gabarito "D".

(Oficial – PM/SC – 2015 – IOBV) De conformidade com a disciplina do Código de Processo Penal Militar quanto ao inquérito policial militar, assinale a alternativa incorreta:

A) A autoridade militar não poderá mandar arquivar autos de inquérito, embora conclusivo da inexistência de crime ou de inimputabilidade do indiciado.

B) O encarregado do inquérito poderá manter incomunicável o indiciado, que estiver legalmente preso, por três dias no máximo.

C) A testemunha não será inquirida por mais de quatro horas consecutivas, sendo-lhe obrigatório o descanso de meia hora, sempre que tiver de prestar declarações além daquele termo. O depoimento que não ficar concluído às dezenove horas será encerrado, para prosseguir no dia seguinte, em hora determinada pelo encarregado do inquérito.

D) O inquérito deverá terminar dentro em vinte dias, se o indiciado estiver preso, contado esse prazo a partir do dia em que se executar a ordem de prisão; ou no prazo de quarenta dias, quando o indiciado estiver solto, contados a partir da data em que se instaurar o inquérito. Este último prazo poderá ser prorrogado por mais vinte dias pela autoridade militar superior, desde que não estejam concluídos exames ou perícias já iniciados, ou haja necessidade de diligência, indispensáveis à elucidação do fato.

A: correta, nos termos do art. 24 do CPPM; **B:** correta, ao menos à luz do disposto no art. 17 do CPPM; entretanto, o dispositivo mostra-se inconstitucional, já que a incomunicabilidade do preso não foi respaldada pela Lei Maior nem mesmo nos estados de exceção, como o estado de defesa (art. 136, § 3º, IV, CF); **C:** incorreta, pois o § 1º do art. 19 do CPPM dispõe que a testemunha não será inquirida por mais de quatro horas consecutivas, sendo-lhe facultado o descanso de meia hora, sempre que tiver de prestar declarações além daquele termo e ainda que o depoimento que não fique concluído às dezoito horas será encerrado, para prosseguir no dia seguinte, em hora determinada pelo encarregado do inquérito; **D:** correta, nos termos do art. 20, caput e seu § 1º, do CPPM.

Gabarito "C"

(Oficial – PM/SC – 2015 – IOBV) Sobre competência, conexão e continência, julgue os itens que seguem e assinale a única alternativa correta de acordo com o Código de Processo Penal Militar:

A) A competência será, de regra, determinada pelo lugar da infração; e, no caso de tentativa, pelo lugar em que for praticado o primeiro ato de execução, quando esta se der em mais de um ato.

B) Para o militar em situação de atividade ou assemelhado na mesma situação, ou para o funcionário lotado em repartição militar, o lugar da infração, quando este não puder ser determinado, será o da unidade, navio, força ou órgão onde estiver servindo, não lhe sendo aplicável o critério da prevenção, salvo entre Auditorias da mesma sede e atendida a respectiva especialização.

C) Haverá conexão: quando duas ou mais pessoas forem acusadas da mesma infração ou na hipótese de uma única pessoa praticar várias infrações em concurso.

D) A competência por prerrogativa do posto ou da função decorre da natureza infração, e regula-se estritamente pelas normas expressas no Código de Processo Penal Militar.

A: incorreta, já que o art. 88 do CPPM dispõe que a competência será, de regra, determinada pelo lugar da infração; e, no caso de tentativa, pelo lugar em que for praticado o último ato de execução; **B:** correta, nos termos do art. 96 do CPPM; **C:** incorreta, pois pelo art. 100 do CPPM essas são hipóteses de continência e não de conexão, esta prevista no art. 99 do CPPM; **D:** incorreta, pois pelo art. 108 do CPPM a competência por prerrogativa do posto ou da função decorre da sua própria natureza e não da natureza da infração.

Gabarito "B"

(Oficial – PM/SC – 2015 – IOBV) A prisão preventiva pode ser decretada pelo auditor ou pelo Conselho de Justiça, de ofício, a requerimento do Ministério Público ou mediante representação da autoridade encarregada do inquérito policial-militar, em qualquer fase deste ou do processo, concorrendo os requisitos de prova do fato delituoso; indícios suficientes de autoria. Além destes requisitos, a prisão preventiva, de acordo com o artigo 255 do Código de Processo Penal Militar, deverá fundar-se, dentre outros, em um dos seguintes casos, exceto:

A) Garantia da ordem pública.

B) Segurança da aplicação da lei penal militar.

C) Exigência da manutenção das normas ou princípios de hierarquia e disciplina militares, quando ficarem ameaçados ou atingidos com a liberdade do indiciado ou acusado.

D) Quando necessária e imprescindível para apaziguar o clamor público.

A: correta, pela alínea "a" do art. 255 do CPPM; **B:** correta, pela alínea "d" do art. 255 do CPPM; **C:** correta, pela alínea "e" do art. 255 do CPPM; **D:** incorreta, pois esta hipótese não é versada nas alíneas do art. 255 do CPPM.

Gabarito "D"

(Oficial – PM/SC – 2015 – IOBV) Sobre os processos de deserção de oficial, de praça e de crime de insubmissão, assinale a alternativa correta.

A) Quarenta e oito quatro horas depois de iniciada a contagem dos dias de ausência de um oficial, o comandante da respectiva subunidade, ou autoridade competente, encaminhará parte de ausência ao Ministério Público que mandará inventariar o material permanente da Fazenda Nacional, deixado ou extraviado pelo ausente, com a assistência de duas testemunhas idôneas.

B) Recebido o termo de deserção de oficial e demais peças, o Juiz-Auditor mandará autuá-los e dar vista do processo por cinco dias, ao Procurador, podendo este arquivar o processo, oferecer denúncia ou requerer outras diligências.

C) Consumada a deserção de praça especial ou praça sem estabilidade, será ela imediatamente excluída do serviço ativo. Se praça estável, será agregada, fazendo-se, em ambos os casos, publicação, em boletim ou documento equivalente, do termo de deserção e remetendo-se, em seguida, os autos à auditoria competente.

D) O insubmisso que não for julgado no prazo de quarenta e cinco dias, a contar do dia de sua apresentação voluntária ou captura, sem que para isso tenha dado causa, será posto em liberdade.

A: incorreta, pois pelo art. 456 do CPPM, este é o procedimento para a Deserção de praça, com ou sem graduação, e de praça especial, em que vinte e quatro horas depois de iniciada a contagem dos dias de ausência de uma praça, o comandante da respectiva subunidade, ou autoridade competente, encaminhará parte de ausência ao comandante ou chefe da respectiva organização, que mandará inventariar o material permanente da Fazenda Nacional, deixado ou extraviado pelo ausente, com a assistência de duas testemunhas idôneas; não se refere à deserção de oficial; **B:** incorreta, porquanto, pelo § 3º do art. 454 do CPPM o Procurador (entenda-se o Membro do Ministério Público) terá como uma das possibilidades requerer o arquivamento e não arquivar a instrução provisória; **C:** correta, de acordo com o § 4º do art. 456 do CPPM; **D:** incorreta, pois pelo § 3º do art. 464 do CPPM, o insubmisso que não for julgado no prazo de sessenta dias, a contar do dia de sua apresentação voluntária ou captura, sem que para isso tenha dado causa, será posto em liberdade.

Gabarito "C"

(Oficial – PM/SC – 2015 – IOBV) Considerando as disposições do Código Processual Penal Militar - Da Justiça Militar em tempo de guerra, assinale a única alternativa incorreta:

A) O prazo para conclusão do inquérito é de cinco dias, podendo, por motivo excepcional, ser prorrogado por mais três dias.

B) O acusado não poderá dispensar a assistência de advogado. Se não houver advogado constituído nos autos para a defesa, o juiz dará defensor ao réu, que poderá em qualquer tempo constituir advogado para substituir o defensor nomeado.

C) Os órgãos da Justiça Militar, tanto em primeira como em segunda instância, poderão alterar a classificação do crime, sem todavia inovar a acusação. Havendo impossibilidade de alterar a classificação do crime, o processo será anulado, devendo ser oferecida nova denúncia.

D) Das decisões proferidas pelo Conselho Superior de Justiça, nos processos de sua competência originária, somente caberá o recurso de embargos.

A: correta, nos termos do § 1º do art. 675 do CPPM; **B:** incorreta, porquanto, pelo parágrafo único do art. 677, o acusado poderá dispensar a assistência de advogado, se estiver em condições de fazer sua defesa; **C:** correta, nos termos do art. 687, *caput* e parágrafo único, do CPPM; **D:** correta, nos termos do art. 691 do CPPM.

Gabarito "B".

15. DIREITO PENAL MILITAR

Fernando Hugo Miranda Teles e Eduardo Dompieri

1. FORÇAS ARMADAS – REGRAMENTO CONSTITUCIONAL

(Cadete – CBM/GO – 2016 – Funrio) Com base no regime constitucional das Forças Armadas, pode-se afirmar que

(A) o oficial condenado na justiça comum ou militar à pena privativa de liberdade superior a um ano, por sentença transitada em julgado, poderá perder o posto e a patente.

(B) não caberá habeas corpus para discutir o mérito das punições disciplinares militares.

(C) os eclesiásticos ficam isentos do serviço militar obrigatório em tempo de guerra ou paz, sujeitos, porém, a outros encargos que a lei lhes atribuir.

(D) o militar em atividade, que tomar posse em cargo ou emprego público civil permanente, não pode ser transferido compulsoriamente para a reserva.

(E) ao militar é garantido o direito amplo de sindicalização, na forma da lei ordinária.

A: incorreta, uma vez que a pena privativa de liberdade, neste caso, deve ser superior a *dois* anos (e não a *um*), tal como consta da assertiva. É o que estabelece o art. 142, § 3º, VII, da CF; **B:** correta, na medida em que reflete o disposto no art. 142, § 2º, da CF; **C:** incorreta, pois contraria o disposto no art. 143, § 2º, da CF, que estabelece que *as mulheres e os eclesiásticos ficam isentos do serviço militar obrigatório em tempo de paz, sujeitos, porém, a outros encargos que a lei lhes atribuir*; **D:** incorreta, uma vez que o militar, nesta hipótese, será transferido para a reserva, nos termos da lei (art. 142, § 3º, II, da CF); **E:** incorreta. São vedadas ao militar, nos termos do art. 142, § 3º, IV, da CF, tanto a sindicalização quanto a greve. ED

Gabarito "B"

2. APLICAÇÃO DA LEI PENAL MILITAR

(Soldado – PM/MG – PMMG – 2018) Para os efeitos da aplicação da lei penal militar**, é CORRETO** afirmar:

(A) O militar da reserva conserva as responsabilidades e prerrogativas do posto ou graduação, somente quando contra ele é praticado crime militar.

(B) O oficial da reserva, ou reformado, conserva as responsabilidades e prerrogativas do posto, quando pratica ou contra ele é praticado crime militar, o que não ocorre com a praça, por não haverem tais prerrogativas em relação à sua graduação.

(C) O militar da reserva, ou reformado, empregado na administração militar, equipara-se ao militar em situação de atividade, para o efeito da aplicação da lei penal militar.

(D) O militar da reserva ou reformado não goza de prerrogativas do posto ou graduação relativas à aplicação da lei penal militar.

A: incorreta. O militar da reserva conserva as responsabilidades e prerrogativas do posto ou graduação, para o efeito da aplicação da lei penal militar, não somente quando contra ele é praticado crime militar, mas também quando ele próprio incorre em delito militar (art. 13, CPM); **B:** incorreta, uma vez que o art. 13 do CPM aplica-se tanto a praça quanto a oficial; **C:** correta, pois reflete o disposto no art. 12 do CPM; **D:** incorreta. Vide comentário à alternativa "A". ED

Gabarito "C"

(Soldado – PM/MG – PMMG – 2018) Em relação aos crimes militares em tempo de paz, previstos no CPM, analise as assertivas e marque a alternativa **CORRETA:**

I. Militar em serviço ou atuando em razão da função, em comissão de natureza militar, ou em formatura, ainda que fora do lugar sujeito à administração militar comete crime militar contra militar da reserva, ou reformado, ou civil.

II. Militar em situação de atividade ou assemelhado comete crime militar em lugar sujeito à administração militar, contra militar da reserva, ou reformado, ou assemelhado, ou civil.

III. Militar em situação de atividade ou assemelhado comete crime militar contra militar da reserva em qualquer circunstância.

IV. Militar durante o período de manobras ou exercício comete crime militar somente contra militar da reserva ou civil.

V. Militar em situação de atividade, ou assemelhado, comete crime militar contra o patrimônio sob a administração militar, ou a ordem administrativa militar.

A alternativa **CORRETA** é:

(A) Somente as assertivas I, III e IV estão corretas.

(B) Somente a assertiva II está correta.

(C) Todas as assertivas estão corretas.

(D) Somente as assertivas I, II e V estão corretas.

I: correta, pois corresponde ao crime definido no art. 9º, II, *c*, do CPM; **II:** correta, pois corresponde ao crime definido no art. 9º, II, *b*, do CPM; **III:** incorreta, já que o militar em situação de atividade ou assemelhado somente incorrerá em crime militar contra militar da reserva nas situações previstas no art. 9º do CPM; **IV:** incorreta, na medida em que não corresponde ao teor do art. 9º, II, *d*, do CPM, segundo o qual militar durante o período de manobras ou exercício comete crime militar contra militar da reserva, ou reformado, ou assemelhado, ou civil; **V:** correta, pois corresponde ao crime definido no art. 9º, II, *e*, do CPM. ED

Gabarito "D"

(Oficial – PM/DF – 2017 – Iades) A respeito do direito penal militar, assinale a alternativa correta.

(A) Lei ordinária que estabeleça crimes militares e o Código Penal Militar devem prevalecer sobre a legislação comum, conforme essência lógico-interpretativa do princípio da especialidade.

(B) Quanto ao local e ao tempo do crime, o Código Penal Militar adotou a teoria da ubiquidade; portanto, consideram-se o local e o tempo do crime tanto onde e quando foi praticada a ação ou a omissão quanto onde e quando se produziu o resultado.

(C) Lei posterior que descriminalize um tipo penal previsto no Código Penal Militar não impedirá a punição de uma pessoa por fato que não mais for crime.

(D) Segundo o Código Penal Militar, é também aplicável a lei penal militar ao crime praticado a bordo de aeronaves ou navios estrangeiros, desde que em lugar sujeito à administração militar ou civil e que o crime atente contra as instituições militares ou civis.

(E) Segundo o Código Penal Militar, a lei excepcional ou temporária, decorrido o período de sua duração ou cessadas as circunstâncias que a determinaram, não se aplica ao fato praticado durante sua vigência.

A: correta. Mesmo após a redação do art. 9º do CPM, determinada pela Lei 13.491/2017, se a conduta estiver igualmente tipificada no CPM e na legislação penal comum, a primeira prevalecerá; **B:** incorreta. O CPM adotou a teoria da atividade para o tempo do crime (art. 5º do CPM) e a teoria da ubiquidade para o lugar do crime, exceto para os omissivos, em relação aos quais adotou-se a teoria da atividade (art. 6º do CPM); **C:** incorreta. Vide art. 2º, *caput*, do CPM; **D:** incorreta. A redação acrescenta as palavras "civil" e "civis", que não constam do art. 7º, § 2º, do CPM; **E:** incorreta. A lei temporária ou excepcional aplica-se ao fato praticado durante sua vigência, cessadas as circunstâncias que a determinaram. Vide art. 4º do CPM.

Gabarito "A"

(Soldado – PM/MG – 2017 – PMMG) Marque a alternativa CORRETA. Consideram-se crimes militares, em tempo de paz, os crimes previstos no Código Penal Militar, embora também o sejam com igual definição na lei penal comum, quando praticados:

(A) Por militar da ativa contra militar da reserva ou reformado, em lugar não sujeito à administração militar.

(B) Por militar da reserva contra militar da reserva, em lugar sujeito à administração militar.

(C) Por militar de serviço, apenas em lugar sujeito à administração militar.

(D) Por militar da ativa contra outro militar da ativa, mesmo que em lugar não sujeito à administração militar.

A questão hoje, após a Lei 13.491/2017, não teria esse enunciado, pois a redação do art. 9º, II, do CPM foi alterada. Considerando a redação antiga, a opção "D" é correta, pois militar da ativa X militar da ativa, mesmo em local não sujeito à administração militar, configura crime militar. Vide art. 9º, II, "a", do CPM.

Gabarito "D"

(Oficial – PM/DF – 2017 – Iades) De acordo com Código Penal Militar (CPM), consideram-se crimes militares em tempo de paz os crimes previstos no próprio CPM, embora também o sejam com igual definição na lei penal comum ou nela não previstos, qualquer que seja o agente, salvo disposição especial. Em relação a esse assunto, é correto afirmar que o crime de homicídio

(A) doloso contra militar estadual e praticado por militar estadual em serviço será considerado crime comum.

(B) culposo contra militar estadual e praticado por militar estadual em período de folga, descanso ou repouso será considerado crime comum.

(C) culposo contra civil e praticado por militar estadual em serviço será competência da justiça comum.

(D) doloso contra militar estadual e praticado por civil será da competência da justiça militar.

(E) doloso contra civil e praticado por militar estadual em serviço será da competência da justiça comum.

A: incorreta. Vide art. 9º, II, "a", do CPM; **B:** incorreta. Vide art. 9º, II, "a", do CPM; **C:** incorreta. Vide art. 9º, II, "c", do CPM; **D:** incorreta. Civil não pode ser processado perante a Justiça Militar Estadual (art. 125, § 4º, da CF); **E:** correta. Atualmente está previsto na redação do art. 9º, § 1º, do CPM.

Gabarito "E"

(Oficial – PM/SC – 2015 – IOBV) A lei penal militar, disposta no Código Penal Militar, Decreto-Lei nº 1.001/69, utiliza-se de alguns princípios como o da legalidade e da retroatividade da lei mais benigna. Dentre os conceitos da aplicação desta Lei, é incorreto afirmar:

(A) Considera-se praticado o fato, no lugar em que se desenvolveu a atividade criminosa, no todo ou em parte, e ainda que sob forma de participação, bem como onde se produziu ou deveria produzir-se o resultado. Nos crimes omissivos, o fato considera-se praticado no lugar em que deveria realizar-se a ação omitida.

(B) Para os efeitos da lei penal militar consideram-se como extensão do território nacional as aeronaves e os navios brasileiros, onde quer que se encontrem, sob comando militar ou militarmente utilizados ou ocupados por ordem legal de autoridade competente, ainda que de propriedade privada. É também aplicável a lei penal militar ao crime praticado a bordo de aeronaves ou navios estrangeiros, desde que em lugar sujeito à administração militar, e o crime atente contra as instituições militares.

(C) É considerada militar, para efeito da aplicação deste Código, qualquer pessoa que, em tempo de paz ou de guerra, seja incorporada às forças armadas, para nelas servir em pôsto, graduação, ou sujeição à disciplina militar. Equipara-se ao subcomandante, para o efeito da aplicação da lei penal militar, toda autoridade com função de direção. O militar que, em virtude da função, exerce autoridade sobre outro de igual pôsto ou graduação, considera- se em função de direção e equipara-se ao subcomandante, para efeito da aplicação da lei penal militar.

(D) Quando a lei penal militar se refere a "brasileiro" ou "nacional", compreende as pessoas enumeradas como brasileiros na Constituição do Brasil. Para os efeitos da lei penal militar, são considerados estrangeiros os apátridas e os brasileiros que perderam a nacionalidade. Quando este Código se refere a funcionários, compreende, para efeito da sua aplicação, os juízes, os representantes do Ministério Público, os funcionários e auxiliares da Justiça Militar.

A: correta, pois em conformidade com o que estabelece o art. 6º do CPM; **B:** correta, uma vez que reflete o disposto no art. 7º, § 1º, do CPM; **C:** incorreta. Equipara-se ao comandante (art. 23 do CPM); **D:** correta (arts. 26 e 27 do CPM).

Gabarito "C"

(Soldado – PM/PB – 2015 – IBFC) Consideram-se crimes militares, em tempo de paz os Crimes Previstos no Código Militar, embora também o sejam com igual definição na lei penal comum, quando praticados ,.---------,-· Assinale a alternativa que completa corretamente a lacuna.

(A) Por militar em situação de atividade ou assemelhado, contra militar na mesma situação ou assemelhado.

(B) Por militar em situação de inatividade ou assemelhado, em lugar sujeito à administração militar, contra militar da reserva, ou reformado, ou assemelhado, ou civil.

(C) Por militar em folga ou atuando em razão da função, em comissão de natureza militar, ou em formatura, ainda que fora do lugar sujeito à administração militar contra militar da reserva, ou reformado, ou civil.

(D) Por civil durante o período de manobras ou exercício, contra militar da reserva, ou reformado, ou assemelhado, ou civil.

O enunciado está de acordo com a redação antiga da Lei 13.491/2017. Caso se considere a redação antiga, a opção A é correta. Vide art. 9º, II, "a", do CPM.

Gabarito "A"

3. TEORIA DO CRIME

(Soldado – PM/MG – PMMG – 2018) Em relação ao crime militar, é **CORRETO** afirmar:

(A) Nos casos previstos no Código Penal Militar, não há punição em relação ao crime tentado.

(B) Pune-se a tentativa com a pena correspondente ao crime consumado, diminuída de um a dois terços, podendo o juiz, no caso de excepcional gravidade, aplicar a pena do crime consumado.

(C) Pune-se a tentativa com a pena correspondente ao crime consumado, sempre diminuída de um terço.

(D) Nos casos previstos no Código Penal Militar, em relação à tentativa, é vedada a aplicação da pena correspondente ao crime consumado.

A: incorreta. Isso porque, em conformidade com o que estabelece o art. 30, II, do CPM, a modalidade tentada, a ser reconhecida ante a ausência de consumação do crime cuja execução já teve início, é punida com a pena do crime consumado, diminuída de 1/3 a 2/3, que corresponde, é importante que se diga, à mesma fração contida no art. 14, parágrafo único, do Código Penal (teoria objetiva temperada). Atenção: o parágrafo único do artigo 30 do CPM dispõe que é dado ao juiz, nos casos de excepcional gravidade, aplicar ao delito tentado a pena do crime consumado, incidindo, neste caso, a teoria subjetiva; **B:** correta. Vide comentário anterior; **C:** incorreta, na medida em que, em face de crime tentado, aplicar-se-á a pena do delito consumado diminuída de 1/3 a 2/3 (art. 30, parágrafo único, CPM); **D:** incorreta, dado que, em caráter excepcional, a depender da gravidade do crime, é possível que o juiz aplique à modalidade tentada a pena do delito consumado (art. 30, parágrafo único, CPM). ED

Gabarito "B"

(Soldado – PM/MG – 2017 – PMMG) Nos termos do Código Penal Militar (CPM), considera-se tentado o crime quando:

(A) Iniciada a execução, o crime somente se consuma por vontade direta do agente.

(B) Iniciada a execução, o crime não se consuma por circunstâncias alheias à vontade do agente.

(C) Iniciada a execução, o agente desiste de prosseguir na execução do crime.

(D) Consumada a execução, o agente repara o dano causado.

A: incorreta. A configuração da tentativa pressupõe, além de início de execução, também ausência de consumação (art. 30, II, do CPM); **B:** correta. De fato, nos termos do art. 30, II, do CPM, considera-se o delito tentado quando, iniciada a execução, a consumação não é alcançada por circunstâncias alheias à vontade do agente. Isso porque se o agente, no curso da execução de crime, por vontade própria, desistir da empreitada ou impedir a produção do resultado, não há que se falar em crime tentado, mas, sim, em desistência voluntária ou arrependimento eficaz, a depender do caso (art. 31 do CPM); **C:** incorreta. Se o agente, no curso da execução do delito, desiste de dar sequência à empreitada criminosa, somente responderá pelos atos até então praticados (art. 31, CPM). Conforme já ponderado acima, a tentativa pressupõe que o resultado não seja alcançado por circunstâncias alheias à vontade do agente; **D:** incorreta. Se se consumou a execução, não há mais que se falar em crime tentado. Se o agente, depois de consumado o crime, reparar o dano antes do julgamento, fará jus à circunstância atenuante do art. 72, III, "b", do CPM. ED

Gabarito "B"

(Oficial – PM/MG – 2016 – PMMG) Considerando o estabelecido no Código Penal Militar (CPM), Decreto-Lei n. 1.001, de 21/10/1969, acerca do *iter criminis* (caminho do crime), analise as assertivas abaixo e, ao final, responda o que se pede.

I. Cogitação é a fase que se passa na mente do agente, de modo a definir qual será a infração penal a ser praticada; idealizando, imaginando, prevendo, planejando e antecipando mentalmente o resultado o qual se busca a alcançar.

II. Preparação é a fase em que o agente, uma vez já selecionada a infração penal a ser cometida, começa a se preparar, praticar atos imprescindíveis à execução, cria condições adequadas para a consecução com êxito da empreitada criminosa.

III. Execução é fase na qual o agente consegue efetivamente praticar a infração penal pretendida, violando o bem jurídico protegido, após reunir todos os elementos de sua definição legal, atingindo desta forma o seu intento inicial.

IV. Consumação é a fase na qual o agente evidencia o início do ataque, a agressão, ao bem jurídico protegido, utilizando os meios traçados no plano criminoso.

Marque a alternativa CORRETA

(A) As assertivas II e IV estão corretas.

(B) As assertivas I, e III estão corretas.

(C) As assertivas II e III estão corretas.

(D) As assertivas I e II estão corretas.

I: correta. Cogitação constitui a chamada fase interna do *iter criminis*. Nela, o agente idealiza, mentalmente, sem nenhuma repercussão no mundo exterior, o que pretende fazer para alcançar o resultado almejado. Nesta fase, não há qualquer possibilidade de ofensa ao bem jurídico, razão pela qual não pode ser alcançada pelo Direito Penal. Em outras palavras, o pensamento, por mais perverso e censurável que seja, não pode ser punido; **II:** correta. Preparatórios são os atos indispensáveis voltados para a prática do crime. É a aquisição do revólver para a prática do homicídio, por exemplo. Ou ainda o aluguel de imóvel que servirá de cativeiro para o delito de extorsão mediante sequestro que o agente pretende praticar. Esta fase do *iter criminis*, em regra, não é punível, nem na forma tentada, já que o crime ainda não começou a ser executado, salvo se o legislador, por questões de política criminal, optar por puni-lo de forma autônoma; **III:** incorreta, já que esta assertiva corresponde à fase de consumação do crime (art. 30, I, CPM); **IV:** incorreta, já que esta alternativa corresponde à fase de execução do delito, que tem início com a efetiva agressão ao bem jurídico tutelado. ED

Gabarito "D"

4. CONCURSO DE AGENTES

(Oficial – PM/DF – 2017 – Iades) Segundo o Código Penal Militar, é correto afirmar que a (o)

(A) pena é agravada com relação ao agente cuja participação no crime for de somenos importância.

(B) punibilidade de qualquer dos concorrentes é independente da dos outros e será determinada segundo a própria culpabilidade do agente em questão. Não se comunicam, outrossim, as condições ou as circunstâncias de caráter pessoal, salvo quando elementares ao crime.

(C) pena é atenuada em relação ao agente que executa o crime, ou dele participa mediante paga ou promessa de recompensa.

(D) ajuste, a determinação ou a instigação e o auxílio, salvo disposição em contrário, são puníveis mesmo se o crime não chegou, a ser tentado.

(E) pena é atenuada em relação ao agente que promove ou organize a cooperação no crime ou dirija a atividade dos demais agentes.

A: incorreta, já que, nos termos do art. 53, § 3º, do CPM, cuida-se de causa de *atenuação* da pena, e não de *agravante*; **B:** correta, na medida em que reflete o que estabelece o art. 53, § 1º, do CPM; **C:** incorreta. Ao contrário, a pena, neste caso, é agravada, tal como prevê o art. 53, § 2º, IV, do CPM; **D:** incorreta. Isso porque o ajuste, a determinação e o auxílio, salvo disposição em contrário, não são puníveis se o crime não chega, pelo menos, a ser tentado. É o que estabelece o art. 54 do CPM; **E:** incorreta. Trata-se de hipótese de agravação da pena, conforme dispõe o art. 53, § 2º, I, do CPM. ED

Gabarito "B"

5. PENA E MEDIDA DE SEGURANÇA

(Soldado – PM/MG – PMMG – 2018) São penas principais previstas no Código Penal Militar – CPM, **EXCETO**.

(A) Exclusão das forças armadas.

(B) Prisão.

(C) Morte.

(D) Detenção.

No âmbito do Código Penal Militar, são consideradas penas principais, nos termos do art. 55: pena de morte; pena de reclusão; de detenção; pena de prisão; de impedimento; de suspensão; e de reforma. Atenção: não há previsão de pena de multa. A pena de morte somente será aplicada, por meio de fuzilamento, em caso de guerra declarada (art. 56 do CPM); a pena de reclusão vai de 1 ano a 30 anos; a de detenção, de 30 dias a 10 anos. A pena (de detenção ou de reclusão), caso não ultrapasse 2 anos e seja aplicada a um militar, será, obrigatoriamente, convertida em pena de prisão (art. 59 do CPM). A exclusão das Forças Armadas constitui, a teor do art. 98, IV, do CPM, *pena acessória*, que pressupõe condenação a pena privativa de liberdade por prazo superior a dois anos. Deve ser declarada na sentença, pois não decorre automaticamente da aplicação da pena principal. ED

Gabarito "A"

(Oficial – PM/MG – 2016 – PMMG) Em relação às penas principais e acessórias, considerando o estabelecido pelo Código Penal Militar (CPM), Decreto-Lei n. 1.001, de 21/10/1969, marque a alternativa CORRET(A)

(A) A pena de incompatibilidade com o oficialato e a pena de exclusão das forças armadas são consideradas, respectivamente, pena principal e acessória.

(B) A pena de impedimento e a pena de perda do posto e da patente são consideradas, respectivamente, pena principal e acessória.

(C) A pena de suspensão do exercício do posto, graduação, cargo ou função e pena de reforma são consideradas, respectivamente, pena principal e acessória.

(D) A pena de perda de posto e patente e a pena de indignidade para o oficialato são consideradas, respectivamente, pena principal e acessória.

A: incorreta. A pena de incompatibilidade com o oficialato é pena acessória. Vide art. 98, III, do CPM; **B:** correta. Vide arts. 55, "e", e 98, I, ambos do CPM; **C:** incorreta. A pena de reforma é principal, conforme art. 55, "g", do CPM; **D:** incorreta. A pena de perda de posto e patente é acessória, conforme art. 98, I, do CPM.

Gabarito "B"

(Oficial – PM/SC – 2015 – IOBV) De acordo com o Código Penal Militar, Decreto-Lei nº 1.001/69, sobre os conceitos das principais penas aplicáveis, é correto afirmar:

(A) As penas principais são: morte; reclusão; detenção; prisão; impedimento; restritivas de direito; suspensão do exercício do pôsto, graduação, cargo ou função; reforma e multa.

(B) A pena de morte é executada por fuzilamento. As penas de reforma, banimento ou pecuniárias serão cumpridas preferencialmente no domicílio militar do apenado.

(C) A pena privativa de liberdade por menos de 2 (dois) anos, aplicada a militar, é cumprida em penitenciária militar e, na falta dessa, em estabelecimento prisional civil, ficando o recluso ou detento sujeito ao regime conforme a legislação penal comum, de cujos benefícios e concessões, também, poderá gozar.

(D) A pena de suspensão do exercício do pôsto, graduação, cargo ou função consiste na agregação, no afastamento, no licenciamento ou na disponibilidade do condenado, pelo tempo fixado na sentença, sem prejuízo do seu comparecimento regular à sede do serviço. Não será contado como tempo de serviço, para qualquer efeito, o do cumprimento da pena.

A: incorreta. As penas restritivas de direito e de multa não integram o rol de penas principais do art. 55 do CPM; **B:** incorreta. Não há pena de banimento (art. 5º, XLVII, "d", da CF); **C:** incorreta (art. 59, *caput*, I e II, do CPM; **D:** correta (art. 64 do CPM).

Gabarito "D"

6. CRIMES CONTRA O SERVIÇO MILITAR E O DEVER MILITAR

(Soldado – PM/MG – PMMG – 2018) Sobre a deserção, nos termos do Código Penal Militar, analise as assertivas abaixo, e marque a alternativa **CORRETA**.

I. O crime de deserção se consuma quando o militar se ausenta da unidade em que serve por oito dias.

II. Tanto o oficial como a praça têm a mesma pena cominada quando cometerem a referida infração penal.

III. Se uma praça deixar de proceder contra desertor, sabendo onde este se encontra, cometerá o crime de omissão de militar.

IV. Um tio que der asilo a seu sobrinho, que é militar desertor, cometerá o crime de favorecimento a desertor.

(A) Somente 01 (uma) alternativa é falsa.

(B) Somente 02 (duas) alternativas são verdadeiras.

(C) Todas são verdadeiras.

(D) Somente 01 (uma) alternativa é verdadeira.

I: incorreta, já que o crime de deserção, capitulado no art. 187 do CPM, somente restará configurado na hipótese de o militar ausentar-se, sem licença, da unidade em que serve, ou do lugar em que deve permanecer, por *mais* de oito dias (e não por oito dias, como consta da assertiva); **II:** incorreta, já que, segundo dispõe, em seu preceito secundário, o art. 187 do CPM, se se tratar de oficial, a pena cominada, que corresponde a detenção de seis meses a dois anos, será agravada; **III:** incorreta, uma vez que a conduta em questão somente pode ser atribuída a oficial (art. 194, CPM – crime de omissão de oficial); **IV:** correta: crime previsto no art. 193 do CPM. ED

Gabarito "D"

(Oficial – PM/SP – 2016 – VUNESP) Em relação ao crime denominado "Exercício de comércio por oficial", é correto afirmar que

(A) praticará o delito o oficial da ativa que participar de sociedade anônima, na qualidade de acionista.

(B) praticará o delito o oficial da reserva remunerada que tomar parte na administração de sociedade comercial.

(C) a pena é de suspensão do exercício do posto ou reforma.

(D) a lei penal militar vigente pune também a conduta culposa.

(E) responderá pelo delito o oficial da ativa que participar de sociedade por cotas de responsabilidade limitada, na qualidade de sócio cotista.

A: incorreta, pois o oficial pode ser cotista de S.A, desde que não a administre. Vide art. 29, *caput*, da Lei 6.880/1980 (Estatuto dos Militares); **B:** incorreta, pois o tipo penal fala em "oficial da ativa". Vide art. 204 do CPM; **C:** correta. Vide art. 204 do CPM; **D:** incorreta, pois o tipo é somente doloso (não há menção a imprudência, negligência, imperícia ou ainda "por culpa"); **E:** incorreta pois há permissão no art. 29, *caput*, da Lei 6.880/1980.

Gabarito "C"

(Soldado – CBM/GO – 2016 – Funrio) Incorre, na pena prevista para o crime de deserção, o militar que

(A) sem licença, ausentar-se da unidade em que serve, ou do lugar em que deve permanecer, por mais de sete dias.

(B) não se apresentar no lugar designado, dentro de cinco dias, findo o prazo de trânsito ou férias.

(C) deixa de se apresentar, dentro do prazo de oito dias, tendo cumprido a pena.

(D) conseguir exclusão do serviço ativo ou situação de inatividade, se restar evidenciado que simulou uma incapacidade por prazo superior a oito dias.

(E) deixar de se apresentar à autoridade competente, imediatamente após a declaração do estado de sítio ou de guerra.

A: incorreta. O art. 187 do CPM estabelece o prazo de graça de oito dias, não sete; **B:** incorreta. O prazo é de oito dias. Vide art. 188, I, do CPM; **C:** incorreta. O prazo é de oito dias. Vide art. 188, III, do CPM; **D:** incorreta. O art. 187, IV, do CPM não exige qualquer prazo de graça. Basta conseguir exclusão do serviço ativo ou situação de inatividade, tendo criado ou simulado incapacidade, para que o crime se consume; **E:** incorreta. Há prazo de oito dias para a apresentação após a declaração de estado de sítio ou guerra. Art. 188, II, do CPM.

Gabarito Anulada

(Soldado – CBM/GO – 2016 – Funrio) Pode incorrer em pena de reclusão, o

(A) comandante que deixar de manter a força que esteja sob seu comando em estado de eficiência.

(B) comandante que deixar de socorrer, sem justa causa, navio de guerra ou mercante, nacional ou estrangeiro, ou aeronave, em perigo, ou náufragos que hajam pedido socorro.

(C) militar que dormir, quando em serviço, como oficial de quarto ou de ronda, ou em situação equivalente, ou, não sendo oficial, em serviço de sentinela, vigia, plantão às máquinas, ao leme, de ronda ou em qualquer serviço de natureza semelhante.

(D) militar que abandonar, sem ordem superior, o posto ou lugar de serviço que lhe tenha sido designado, ou o serviço que lhe cumpria, antes de terminá-lo.

(E) comandante que deixar de empregar todos os meios ao seu alcance para evitar perda, destruição ou inutilização de instalações militares, navio, aeronave ou engenho de guerra motomecanizado em perigo.

A: incorreta. A pena é de suspensão do exercício do posto. Art. 198 do CPM; **B:** incorreta. A pena é de suspensão do exercício do posto ou reforma. Art. 201 do CPM; **C:** incorreta. A pena é de detenção. Vide art. 203 do CPM; **D:** incorreta. A pena é de detenção. Vide art. 195 do CPM; **E:** correta. A pena é de reclusão de dois a oito anos. Vide art. 199 do CPM.

Gabarito "E"

(Cadete – CBM/GO – 2016 – Funrio) De acordo com o Código Penal Militar, configura crime de deserção especial, o militar

(A) ausentar-se, sem licença, da unidade em que serve, ou do lugar em que deve permanecer, por mais de oito dias.

(B) não se apresentar no lugar designado, dentro de oito dias, findo o prazo de trânsito ou férias.

(C) deixar de se apresentar no momento da partida do navio ou aeronave, de que é tripulante, ou do deslocamento da unidade ou força em que serve.

(D) deixar de se apresentar à autoridade competente, dentro do prazo de oito dias, contados daquele em que termina ou é cassada a licença ou agregação.

(E) deixar de se apresentar à autoridade competente, dentro do prazo de oito dias, contados daquele em que é declarado o estado de sítio ou de guerra.

A: incorreta. Trata-se de deserção do art. 187 do CPM; **B:** incorreta. Também constitui crime de deserção, previsto no art. 188, I do CPM; **C:** correta. Art. 190, *caput*, do CPM; **D:** incorreta. É deserção prevista no art. 188, II, do CPM; **E:** incorreta. É deserção prevista no art. 188, II, do CPM.

Gabarito "C"

(Oficial – PM/SC – 2015 – IOBV) De acordo com o Código Penal Militar, não se admite expressamente a prática desse ilícito na forma culposa:

(A) Descumprimento de missão.

(B) Omissão de providências para evitar danos.

(C) Omissão de providências para salvar comandados.

(D) Omissão de socorro.

D: correta. Vide art. 201 do CPM. Só há tipo doloso.

Gabarito "D"

7. CRIMES CONTRA A AUTORIDADE OU DISCIPLINA MILITAR

(Soldado – PM/MG – PMMG – 2018) O art. 162 do Código Penal Militar (CPM) trata do crime de "Despojar-se de uniforme, condecoração militar, insígnia ou distintivo, por menosprezo ou vilipêndio". Em relação à pena e seu aumento, é **CORRETO** afirmar:

(A) A pena é de reclusão, de um a dois anos. Se o fato é praticado durante solenidade militar, a pena é aumentada de um terço.

(B) A pena é de até seis meses de detenção. Se o fato é praticado diante da tropa, a pena é aumentada da metade.

(C) A pena é de detenção, de seis meses a um ano. Se o fato é praticado diante da tropa, ou em público, a pena é aumentada da metade.

(D) A pena é de seis meses de detenção. Se o fato é praticado diante da tropa, a pena é aumentada de um terço.

A assertiva a ser assinalada é a "C", já que corresponde ao preceito secundário do crime definido no art. 162 do CPM (despojamento desprezível) e também à causa de aumento de pena prevista no parágrafo único do mesmo dispositivo. ED

Gabarito "C"

(Oficial – PM/SP – 2016 – VUNESP) Em relação ao crime de violência contra superior em tempo de paz, é correto afirmar que

(A) a pena cominada ao crime é de reclusão de três meses a dois anos.

(B) se a violência é praticada com arma, a pena é aumentada de um terço.

(C) se da violência resulta lesão corporal, a pena mínima passa a ser de dois anos.

(D) se da violência resulta morte, haverá pena de morte por fuzilamento.

(E) quando há lesão praticada com o uso de arma, esse delito é absorvido pela violência, tendo em vista o princípio da consunção.

A: incorreta. Vide art. 157 do CPM (detenção e não reclusão); **B:** correta. Vide art. 157, § 2º, do CPM; **C:** incorreta. A pena mínima dependerá da gravidade da lesão, pois o art. 157, § 3º, do CPM diz que aplica-se, além da pena da violência, a do crime contra a pessoa; **D:** incorreta. Em tempo de paz não há pena de morte. Vide art. 5º, XLVII, da Constituição Federal; **E:** incorreta. Vide art. 157, § 2º, do CPM.

Gabarito "B"

(Soldado – PM/MG – 2017 – PMMG) Nos termos do Código Penal Militar (CPM), marque a alternativa CORRETA que apresenta o momento em que o crime de "Omissão de lealdade militar", previsto no art. 151 do CPM, se consuma:

(A) Quando concentrarem-se militares para a prática do crime previsto no artigo 149 (Motim).

(B) Quando reunirem-se dois ou mais militares, com armamento ou material bélico, de propriedade militar, praticando violência à pessoa ou à coisa pública ou particular em lugar sujeito ou não à administração militar.

(C) Quando o militar fizer apologia de fato que a lei militar considera crime, ou do autor do mesmo, em lugar sujeito à administração militar.

(D) Quando deixar o militar de levar ao conhecimento do superior o motim ou revolta de cuja preparação teve notícia, ou, estando presente ao ato criminoso, não usar de todos os meios ao seu alcance para impedi-lo.

A: incorreta. A consumação ocorre quando se deixa de levar ao conhecimento superior o motim que foi preparado; **B:** incorreta. É Organização de Grupo para a Prática de Violência, prevista no art. 150 do CPM; **C:** incorreta. É apologia de fato criminoso. Vide art. 156 do CPM; **D:** correta. Vide art. 151 do CPM.

Gabarito "D"

(Soldado – PM/MG – 2017 – PMMG) O militar que se opuser à execução de ato legal, mediante ameaça ou violência ao executor, ou a quem esteja prestando auxílio, comete crime militar. Marque a alternativa CORRETA com relação à tipificação do crime cometido e previsto no Código Penal Militar:

(A) Desacato a militar (artigo 299 do CPM).

(B) Resistência mediante ameaça ou violência (artigo 177 do CPM).

(C) Abuso de requisição militar (artigo 173 do CPM).

(D) Oposição a ordem de sentinela (artigo 164 do CPM).

A: incorreta. Desacatar é ofender a dignidade ou decoro, ou ainda deprimir a autoridade; **B:** correta. Vide art. 177 do CPM; **C:** incorreta. O art. 173 do CPM tem redação diferente da do enunciado; **D:** incorreta. A oposição ocorre em relação somente a ordens da sentinela. Vide art. 164 do CPM.

Gabarito "B"

(Soldado – CBM/GO – 2016 – Funrio) De acordo com o Código Penal Militar, constitui-se crime de motim, quando

(A) militares ou assemelhados se reunirem, agindo contra ordem de superior, mas não se negando a cumpri-la.

(B) militares ou assemelhados se reunirem, recusando obediência a superior, quando estejam praticando violência.

(C) militares, mas não seus assemelhados, se reunirem, recusando obediência a superior, quando estejam agindo sem ordem.

(D) militares ou assemelhados assentirem em recusa individual de obediência, ou em resistência ou violência contra superior.

(E) militares ou assemelhados ocuparem quartel, fortaleza, arsenal, fábrica ou estabelecimento militar, ou dependência de qualquer deles, hangar, aeródromo ou aeronave, navio ou viatura militar, para qualquer finalidade.

A: incorreta. A redação do art. 149, I, do CPM estabelece que os militares se neguem a cumprir a ordem recebida de superior; **B:** correta. Vide art. 149, II, do CPM; **C:** incorreta. Devem estar agindo contra a ordem superior. Vide art. 149, I, do CPM; **D:** incorreta. A recusa de obediência deve ser conjunta. Vide art. 149, III, do CPM; **E:** incorreta. A redação do art. 149, IV, do CPM impõe que a finalidade seja "ação militar".

Gabarito "B"

(Soldado – PM/PB – 2015 – IBFC) Assinale a alternativa correta. Segundo o artigo 157 do Código Penal Militar, quem praticar violência contra superior terá imposta a pena de:

(A) Reclusão, de três meses a dois anos.
(B) Detenção, de três meses a dois anos.
(C) Reclusão, de três meses a um ano.
(D) Detenção, de três meses a um ano.

B: correta. Detenção de três meses a dois anos. Vide art. 157, *caput*, do CPM.

Gabarito "B"

(Cadete – CBM/GO – 2016 – Funrio) A respeito da pena prevista para o crime de revolta pelo Código Penal Militar, é CORRETO afirmar que

(A) a pena cominada por lei nessa hipótese é a de suspensão do exercício do posto.
(B) os cabeças podem ser apenados com aumento de dois terços da pena cominada por lei.
(C) os cabeças receberão a mesma pena fixada para todos os agentes.
(D) a pena cominada por lei para esse tipo de crime é a de detenção.
(E) os cabeças podem ser apenados com aumento de um terço da pena cominada por lei.

A: incorreta. A pena é de reclusão. Vide art. 149, parágrafo único, do CPM; **B:** incorreta. A pena é aumentada de um terço para os cabeças. Vide art. 149, parágrafo único, do CPM; **C:** incorreta. A pena é aumentada de um terço para os cabeças. Vide art. 149, parágrafo único, do CPM; **D:** incorreta. A pena é de reclusão. Art. 149, parágrafo único, do CPM; **E:** correta. A pena é aumentada de um terço para os cabeças. Vide art. 149, parágrafo único, do CPM.

Gabarito "E"

(Oficial – PM/SC – 2015 – IOBV) Motim, no Código Penal Militar, é considerado um crime contra a autoridade ou disciplina militar. Consiste em reunirem- se militares ou assemelhados: agindo contra a ordem recebida de superior, ou negando-se a cumpri-la; recusando obediência a superior, quando estejam agindo sem ordem ou praticando violência; assentindo em recusa conjunta de obediência, ou em resistência ou violência, em comum, contra superior; ocupando quartel, fortaleza, arsenal, fábrica ou estabelecimento militar, ou dependência de qualquer deles, hangar, aeródromo ou aeronave, navio ou viatura militar, ou utilizando-se de qualquer daqueles locais ou meios de transporte, para ação militar, ou prática de violência, em desobediência a ordem superior ou em detrimento da ordem ou da disciplina militar. Nas mesmas circunstâncias, se os agentes estavam armados, o crime é de:

(A) Organização de grupo para a prática de violência.
(B) Revolta.
(C) Omissão de lealdade militar.
(D) Conspiração.

B: correta. Vide art. 149, parágrafo único, do CPM.

Gabarito "B"

(Oficial – PM/SC – 2015 – IOBV) Conforme o Código Penal Militar é crime punível com detenção, de um a dois anos:

(A) Praticar violência contra oficial de dia, de serviço, ou de quarto, ou contra sentinela, vigia ou plantão.
(B) Incitar à desobediência, à indisciplina ou à prática de crime militar.
(C) Praticar o militar diante da tropa, ou em lugar sujeito à administração militar, ato que se traduza em ultraje a símbolo nacional.
(D) Assumir o militar, sem ordem ou autorização, salvo se em grave emergência, qualquer comando, ou a direção de estabelecimento militar.

C: correta. Art. 161 do CPM.

Gabarito "C"

8. CRIMES CONTRA O PATRIMÔNIO

(Oficial – PM/DF – 2017 – Iades) Assinale a alternativa que apresenta crime militar impróprio.

(A) Deserção
(B) Prática de violência contra inferior
(C) Roubo
(D) Recusa de obediência
(E) Abandono de posto

A opção "C" é a única correta, pois exibe um crime que possui a mesma redação no CPM e na lei penal comum.

Gabarito "C"

9. CRIMES CONTRA A ADMINISTRAÇÃO MILITAR

(Soldado – PM/MG – 2017 – PMMG) Nos termos do Código Penal Militar (CPM), marque a alternativa CORRETA que define o crime de Falsidade Ideológica, previsto no art. 312 da mencionada legislação:

(A) Omitir, em documento público ou particular, declaração que dele devia constar, ou nele inserir ou fazer inserir declaração falsa ou diversa da que devia ser escrita, com o fim de prejudicar direito, criar obrigação ou alterar a verdade sobre fato juridicamente relevante, desde que o fato atente contra a administração ou o serviço militar.
(B) Falsificar, no todo ou em parte, documento público ou particular, ou alterar documento verdadeiro, desde que o fato atente contra a administração ou o serviço militar.

(C) Atestar ou certificar falsamente, em razão da função, ou profissão, fato ou circunstância que habilite alguém a obter cargo, posto ou função, ou isenção de ônus ou de serviço, ou qualquer outra vantagem, desde que o fato atente contra a administração ou serviço militar.

(D) Omitir ou obstruir, em documento público, declaração que dele devia constar, ou colar declaração verdadeira que devia ser escrita, com o fim de prejudicar direito, criar obrigação ou alterar a verdade sobre fato juridicamente relevante, desde que o fato atente contra a administração ou o serviço militar.

A: correta. Vide redação do art. 312 do CPM; **B:** incorreta. É falsificação de documento. Vide art. 311 do CPM; **C:** incorreta. É certidão ou atestado ideologicamente falso. Vide art. 314 do CPM; **D:** incorreta. O verbo "obstruir" não consta do art. 312 do CPM.

Gabarito "A".

10. ESTATUTO DOS MILITARES

(Soldado – PM/PB – 2015 – IBFC) Com relação ao comando e à subordinação, assinale a alternativa INCORRETA.

(A) O comando está vinculado ao grau hierárquico e constitui uma prerrogativa impessoal, em cujo exercício o policial militar se define e se caracteriza como chefe.

(B) A subordinação não afeta, de modo algum, a dignidade pessoal do policial militar e decorre, exclusivamente da estrutura hierárquica da Polícia Militar.

(C) O Sargento é preparado, ao longo da carreira para o exercício do Comando, da Chefia e da Direção das Organizações Policiais Militares.

(D) Os Cabos e Soldados são, essencialmente, os elementos de execução.

C: incorreta. Vide art. 37, *caput* e parágrafo único, da Lei 6880/80 (Estatuto dos Militares).

Gabarito "C".

16. Direito Civil

Thiago Siqueira

(Oficial – PM/DF – 2017 – Iades) À luz do regime jurídico das fundações regidas pelo Código Civil e das recentes alterações levadas a efeito pela Lei no 13.151/2015, as fundações poderão ser constituídas para fins de

(A) assistência social, cultura e habitação de interesse social.

(B) cultura, habitação de interesse social e promoção da ética, da cidadania, da democracia e dos direitos humanos.

(C) defesa, preservação e conservação do meio ambiente e promoção do desenvolvimento sustentável, bem como habitação de interesse social e atividades religiosas.

(D) pesquisa científica, desenvolvimento de tecnologias alternativas, modernização de sistemas de gestão, produção e divulgação de informações e conhecimentos técnicos e científicos.

(E) habitação de interesse social, cultura, defesa e conservação do patrimônio histórico e artístico e saúde.

A alternativa "D" está correta pois é a única que traz o rol, ainda que exemplificativo de hipóteses que legitimam a constituição de uma fundação privada, conforme estabelece o art. 62, parágrafo único, do CC. O rol de pessoas jurídicas de direito privado está previsto de maneira exemplificativa (Enunciado 144 da Jornada de Direito Civil) no art. 44 do CC e, dentre elas, as Fundações Privadas. Quanto ao escopo das Fundações Privadas, o art. 62, parágrafo único, do CC foi alterado pela Lei 13.151/2015 para se admitir uma maior variedade de finalidades para constituição de uma fundação, ampliando-se o rol original que se limitava a fins religiosos, morais, culturais e de assistência. A lei seguiu a doutrina que, nos Enunciados 08 e 09 do CJF, defendia estarem excluídas apenas as fundações com atividade econômica, destacando que o rol do art. 62, parágrafo único, do CC era meramente exemplificativo. A questão explora o conhecimento do candidato acerca de uma hipótese que estava prevista no texto inicial da proposta de lei, mas que foi vetada pela Presidente da República à época, qual seja a instituição de fundação para fins de "habitação de interesse social". Percebe-se que essa hipótese vetada consta de todas as demais alternativas, o que as tornam incorretas. O motivo do veto foi evitar que a participação ampla de fundações no setor da habitação, o que violaria o Princípio da Isonomia Tributária e distorceria a concorrência nesse segmento, vez que estariam sujeitas a um regime jurídico diverso.

Gabarito "D"

(Oficial – PM/DF – 2017 – Iades) É (são) bem(ns) imóvel(is) para efeitos legais

(A) as energias que tenham valor econômico.

(B) os direitos pessoais de caráter patrimonial.

(C) as ações sobre direitos pessoais de caráter patrimonial.

(D) os direitos reais sobre objetos móveis.

(E) o direito à sucessão aberta.

Os bens imóveis são aqueles que não podem ser transportados de um local para outro e compreendem o solo e tudo quanto se lhe incorporar natural ou artificialmente. Além dessa definição clássica de bem imóvel, também são considerados bens imóveis para efeitos legais os "direitos reais sobre imóveis e as ações que os asseguram", bem como o "direito à sucessão aberta", conforme preconizam os incisos I e II do art. 80 do CC, portanto a alternativa correta é a "E". As demais alternativas tratam dos bens móveis para efeitos legais, conforme estabelecem os incisos I, II e III do art. 83 do CC, portanto tornando-as incorretas.

Gabarito "E"

(Oficial – PM/DF – 2017 – Iades) Acerca do regime jurídico do direito essencial ao nome, assinale a alternativa correta.

(A) O Código Civil determina que, salvo por exigência médica, é defeso o ato de disposição do próprio corpo, quando importar diminuição permanente da integridade física ou contrariar os bons costumes, de sorte que esse ato será permitido para fins de transplante, na forma estabelecida em lei especial. Assim, tanto o STJ quanto a doutrina dominante entendem que esse preceito normativo autoriza as cirurgias de transgenitalização, em conformidade com os procedimentos estabelecidos pelo Conselho Federal de Medicina, e a consequente alteração do prenome e do sexo no Registro Civil.

(B) O nome da pessoa não pode ser empregado por outrem em publicações ou representações que a exponham ao desprezo público, excetuados os casos em que não haja intenção difamatória.

(C) Sem autorização, não se pode usar o nome alheio em propaganda comercial. Por isso, a publicidade que divulgar, sem autorização, qualidades inerentes a determinada pessoa, sem mencionar o respectivo nome, mas sendo capaz de identificá-la, não incorre em violação a direito da personalidade.

(D) O pseudônimo adotado para atividades lícitas não goza da proteção que se dá ao nome, já que o pseudônimo corresponde à designação inexata da pessoa.

(E) O titular de blog não é responsável pela reparação dos danos morais decorrentes da inserção, no respectivo site, por própria conta e risco, de artigo escrito por terceiro. Tal fato afigura verdadeira exceção ao entendimento jurisprudencial do STJ, de acordo com o qual são civilmente responsáveis pelo ressarcimento de dano, decorrente de publicação pela imprensa, tanto o autor do escrito quanto o proprietário do veículo de divulgação.

A alternativa correta é a "A", que trata da disposição de partes do corpo de pessoa viva e, conforme preconiza o art. 13 do CC, é proibido qualquer ato de disposição do próprio corpo, quando importar diminuição permanente da integridade física ou contrariar os bons costumes. A exceção a essa regra é a exigência médica, como, por exemplo, o transexualismo (patologia que faz com que a pessoa queira ser reconhecida como sendo do sexo oposto e tem necessidade de modificar a anatomia de seu corpo), que é considerado uma doença pelo Conselho Federal de Medicina e legitima a cirurgia de redesignação sexual (transgenitalização).

Nessa linha o Enunciado 6 da I Jornada de Direito Civil estende a hipótese tanto para o bem estar físico quanto psíquico do dispoente, bem como o Enunciado 276 da IV Jornada de Direito Civil prevê a alteração do prenome e do sexo no Registro Civil daquele que se submete a cirurgia de transgenitalização. O contido nesse enunciado foi corroborado em recorrentes decisões dos Tribunais Superiores (Informativos 411 e 415 do STJ).

Importante destacar, por oportuno, que a interpretação mais recente dos Tribunais Superiores atualmente foi estendida, permitindo ao transgênero (indivíduo que possui características sexuais distintas das características físicas, mas não tem necessidade de modificar sua anatomia) alterar seu prenome e gênero no registro civil, mesmo sem fazer cirurgia de transgenitalização e mesmo sem alvará judicial (STJ RESP 1.626.739-RS de 09/05/17 e STF ADI 4275/DF de 01/03/18 – Informativo 892).

Gabarito "A"

(Oficial – PM/SC – 2015 – IOBV) Sobre as pessoas naturais, conforme o Código Civil, é correto afirmar:

(A) São absolutamente incapazes de exercer pessoalmente os atos da vida civil: os menores de dezoito anos; os que, por enfermidade ou deficiência mental, não tiverem o necessário discernimento para a prática desses atos; os que, mesmo por causa transitória, não puderem exprimir sua vontade.

(B) A existência da pessoa natural termina com a morte; presume-se esta, quanto aos ausentes, nos casos em que a lei autoriza a abertura de sucessão provisória.

(C) Salvo por exigência médica, é defeso o ato de disposição do próprio corpo, quando importar diminuição permanente da integridade física, ou contrariar os bons costumes. O ato previsto neste artigo será admitido para fins de transplante, na forma estabelecida em lei especial.

(D) Os ascendentes, os descendentes e o cônjuge, uma vez provada a sua qualidade de herdeiros, poderão entrar na posse dos bens do ausente antes de iniciada a sucessão, contanto que garantam em juízo o valor da herança.

A: incorreta. A alternativa "A" trata dos absolutamente incapazes e está incorreta, pois traz um rol que vai de encontro com o previsto no art. 3º do CC, o qual estabelece, após a alteração promovida pela Lei 13.146/2015 (Estatuto da Pessoa com Deficiência), que somente os menores de 16 anos (menores impúberes) são considerados absolutamente incapazes; **B:** incorreta. A alternativa "B" trata da morte presumida com declaração de ausência e está incorreta, pois estabelece que a presunção da morte do ausente se dá com a abertura da sucessão provisória, quando na verdade ocorre com a abertura da sucessão definitiva, ou seja, após 10 anos do transito em julgado da sentença que concede a abertura da sucessão provisória (artigo 37 do CC); **C:** correta. A alternativa correta ("C") trata da disposição de partes do corpo da pessoa viva e, conforme preconiza o art. 13 do CC, é proibido qualquer ato de disposição do próprio corpo, quando importar diminuição permanente da integridade física ou contrariar os bons costumes. A exceção é a exigência médica, bem como para fins de transplante, conforme estabelece o parágrafo único do art. 13 do CC; **D:** incorreta. A alternativa "D" está incorreta, pois para os ascendentes, descendentes e o cônjuge, uma vez provada a sua qualidade de herdeiros, poderão, independentemente de garantia, entrar na posse dos bens do ausente, conforme estabelece o § 2º do art. 30 do CC.

Gabarito "C"

(Oficial – PM/SC – 2015 – IOBV) Assinale a alternativa incorreta, quanto aos bens descritos no Código Civil:

(A) Consideram-se imóveis para os efeitos legais: os direitos reais sobre imóveis e as ações que os asseguram; o direito à sucessão aberta. Não perdem o caráter de imóveis: as edificações que, separadas do solo, mas conservando a sua unidade, forem removidas para outro local; os materiais provisoriamente separados de um prédio, para nele se reempregarem.

(B) Consideram-se móveis para os efeitos legais: as energias de qualquer natureza; os direitos reais sobre objetos imóveis e as ações correspondentes; os direitos pessoais de caráter patrimonial e respectivas ações. Os materiais destinados a alguma construção, enquanto não forem empregados, conservam sua qualidade de móveis e perdem essa qualidade os provenientes da demolição de algum prédio.

(C) São singulares os bens que, embora reunidos, se consideram de per si, independentemente dos demais. Constitui universalidade de fato a pluralidade de bens singulares que, pertinentes à mesma pessoa, tenham destinação unitária. Os bens que formam essa universalidade podem ser objeto de relações jurídicas próprias. Constitui universalidade de direito o complexo de relações jurídicas, de uma pessoa, dotadas de valor econômico.

(D) São bens públicos: os de uso comum do povo, tais como rios, mares, estradas, ruas e praças; os de uso especial, tais como edifícios ou terrenos destinados a serviço ou estabelecimento da administração federal, estadual, territorial ou municipal, inclusive os de suas autarquias; os dominicais, que constituem o patrimônio das pessoas jurídicas de direito público, como objeto de direito pessoal, ou real, de cada uma dessas entidades. Não dispondo a lei em contrário, consideram-se dominicais os bens pertencentes às pessoas jurídicas de direito público a que se tenha dado estrutura de direito privado.

A alternativa correta é a "B" que trata dos bens móveis, que são aqueles que podem ser transportados de um local para outro sem alteração de sua substância ou da destinação econômico-social, bem como aqueles que são suscetíveis de movimento próprio (semoventes), como estabelece o art. 82 do CC. Além deles são considerados bens móveis, para efeitos legais, as energias que tenham valor econômico, os direitos reais sobre objetos móveis e as ações correspondentes, bem como os direitos pessoais de caráter patrimonial e as respectivas ações, tal como preconiza o art. 83 do CC. Entretanto, a alternativa está incorreta, pois os materiais destinados a alguma construção readquirem a qualidade de bens móveis quando provenientes da demolição de algum prédio (art. 84, CC). Somente são considerados imóveis os materiais provisoriamente separados de um prédio para nele se reempregar posteriormente (art. 81, II, do CC). As demais alternativas estão corretas.

Gabarito "B"

(Oficial – PM/SC – 2015 – IOBV) Sobre os defeitos e invalidade dos negócios jurídicos, conforme o Código Civil, é incorreto afirmar:

(A) São anuláveis os negócios jurídicos, quando as declarações de vontade emanarem de erro substancial que poderia ser percebido por pessoa de diligência normal, em face das circunstâncias do negócio.

(B) A transmissão errônea da vontade por meios interpostos é anulável nos mesmos casos em que o é a declaração direta.

(C) A coação, para viciar a declaração da vontade, há de ser tal que incuta ao paciente fundado temor de dano iminente e considerável à sua pessoa, à sua família, ou aos seus bens. Se disser respeito a pessoa não pertencente à família do paciente, o juiz, com base nas circunstâncias, decidirá se houve coação.

(D) O dolo eventual, a culpa propriamente dita e a culpa consciente tornam nulos os negócios jurídicos e só obrigam à satisfação das perdas e danos. O dolo é eventual quando, a seu despeito, o negócio seria realizado, embora por outro modo.

A alternativa "D" está incorreta, pois o dolo como defeito do negócio jurídico é causa de anulabilidade e não de nulidade, assim como o erro ou ignorância também são causas de anulabilidade (arts. 138 e 145 do CC). Além disso, quando o negócio jurídico seria realizado, embora de outro modo, e não o é por conta do dolo, trata-se de dolo "acidental" e não dolo "eventual" e, neste caso, só se obriga a satisfação das perdas e danos (art. 146 do CC). As demais alternativas estão corretas.

Gabarito "D"

(Oficial – PM/SC – 2015 – IOBV) Considerando os conceitos e prazos de prescrição e decadência, é correto afirmar:

(A) Prescreve em três anos a pretensão de ressarcimento de enriquecimento sem causa.

(B) Salvo disposição legal em contrário, se aplicam à decadência as normas que suspendem ou interrompem a prescrição e não se aplicam as que impedem a prescrição.

(C) A prescrição e a decadência ocorrem em cinco anos, quando a lei não lhe haja fixado prazo menor.

(D) Não corre a prescrição ou a decadência contra os que se acharem servindo nas Forças Armadas, em tempo de guerra e nos dois anos que se seguirem após o término da mesma.

A: correta, pois o prazo prescricional para a pretensão do ressarcimento de enriquecimento sem causa é de 3 anos, conforme estabelece o § 3º do art. 206 do CC; **B:** incorreta, pois os casos de impedimento, suspensão e interrupção da prescrição, em regra, não se aplicam à decadência, salvo se houver disposição legal em contrário (art. 207, CC); **C:** incorreta, pois o prazo prescricional nos casos em que a lei não estabeleça prazo menor será de 10 anos, conforme estabelece o art. 205 do CC; **D:** incorreta porque a causa de impedimento ou suspensão vale somente para a prescrição e somente para os que estiverem servindo as Forças Armadas em tempo de guerra (art. 198, III do CC).

Gabarito "A"

(Oficial – PM/SC – 2015 – IOBV) Assinale a alternativa incorreta quanto às modalidades das obrigações descritas no Código Civil:

(A) Nas obrigações de dar coisa certa, até a tradição pertence ao devedor a coisa, com os seus melhoramentos e acrescidos, pelos quais poderá exigir aumento no preço; se o credor não anuir, poderá o devedor resolver a obrigação. Os frutos percebidos são do devedor, cabendo ao credor os pendentes.

(B) Nas obrigações alternativas, a escolha cabe ao devedor, se outra coisa não se estipulou. Não pode o devedor obrigar o credor a receber parte em uma prestação e parte em outra.

(C) Nas obrigações divisíveis, se um dos credores remitir a dívida, a obrigação ficará extinta para com os outros; que a poderão exigir integralmente, descontada a quota do credor remitente. O mesmo critério se observará no caso de transação, novação, compensação ou confusão.

(D) Há solidariedade, quando na mesma obrigação concorre mais de um credor, ou mais de um devedor, cada um com direito, ou obrigado, à dívida toda. A solidariedade não se presume; resulta da lei ou da vontade das partes.

A alternativa "C" está incorreta, pois trata de obrigação divisível, quando, na verdade, o art. 262 do CC trata da remissão para as obrigações indivisíveis, as quais não se extinguem para os demais credores, diferentemente do enunciado da alternativa. Vale lembrar que os demais credores poderão exigir o cumprimento da obrigação, pois é indivisível, mas devem descontar a quota do credor remitente. Se um dos credores perdoa a sua parte na dívida, o devedor cumpre a prestação em favor dos demais credores e recebe em dinheiro a quota perdoada, entretanto, não é ocioso lembrar que o devedor não pode entregar coisa diversa da contratada, pois se trata de obrigação de natureza indivisível. As demais alternativas estão corretas.

Gabarito "C"

17. Direito Constitucional

Frederico Afonso Izidoro

1. PODER CONSTITUINTE

(Oficial – PM/MG – 2016 – PMMG) Marque a alternativa CORRETA. A Constituição da República Federativa do Brasil de 1988 poderá ser emendada mediante proposta:

(A) Porunanimidade das Assembleias Legislativas das unidades da Federação.

(B) De um terço, no mínimo, dos membros da Câmara dos Deputados ou do Senado Federal.

(C) Do Governador do Distrito Federal.

(D) De metade das câmaras de vereadores de uma unidade da Federação.

Comentários: Questão abordando o poder constituinte derivado reformador. Mera memorização do art. 60 da Constituição Federal.

A alínea "A" está incorreta, pois o inciso III do art. 60 da Constituição Federal (CF) afirma que a Constituição poderá ser emendada mediante proposta de mais da metade das Assembleias Legislativas das unidades da Federação, manifestando-se, cada uma delas, pela maioria relativa de seus membros e não pela unanimidade conforme afirmado pela ementa.

A alínea "B" está correta conforme literalidade do inciso I do art. 60/CF.

A alínea "C" está incorreta, pois nos termos do art. 60/CF, não consta no rol dos competentes a apresentar proposta qualquer governador, seja de Estado ou do Distrito Federal.

A alínea "D" está incorreta, pois nos termos do art. 60/CF, não consta no rol dos competentes a apresentar proposta Câmara de Vereador.

<u>Fundamento</u>:

CF: *Art. 60. A Constituição poderá ser emendada mediante proposta: III – de mais da metade das Assembleias Legislativas das unidades da Federação, manifestando-se, cada uma delas, pela maioria relativa de seus membros.*

CF: *Art. 60, I – de um terço, no mínimo, dos membros da Câmara dos Deputados ou do Senado Federal;*

CF: *Art. 60. A Constituição poderá ser emendada mediante proposta: I – de um terço, no mínimo, dos membros da Câmara dos Deputados ou do Senado Federal; II – do Presidente da República; III – de mais da metade das Assembleias Legislativas das unidades da Federação, manifestando-se, cada uma delas, pela maioria relativa de seus membros.*

Gabarito "B"

2. TEORIA DA CONSTITUIÇÃO E PRINCÍPIOS FUNDAMENTAIS

(Oficial – PM/SP – 2016 – VUNESP) De acordo com o artigo 1º da Constituição Federal, a República Federativa do Brasil tem como fundamentos, entre outros:

(A) a soberania; a cidadania e o pluralismo partidário.

(B) a soberania; a autodeterminação dos povos e a dignidade da pessoa humana.

(C) os valores sociais do trabalho e da livre iniciativa; a prevalência dos direitos sociais, políticos e individuais e a cidadania.

(D) a soberania; a erradicação da pobreza e a construção de uma sociedade livre, justa e solidária.

(E) a dignidade da pessoa humana; o pluralismo político e os valores sociais do trabalho e da livre iniciativa.

<u>Comentários</u>: Questão tranquila, de memorização ao art. 1º da Constituição Federal (CF). Em que pese ser "decoreba", trata-se de artigo importante e conhecido dos candidatos, portanto, sem qualquer surpresa.

A alínea "A" está incorreta, pois o art. 1º, inciso V/CF afirma ser fundamento da República Federativa do Brasil o "pluralismo político" e não partidário.

A alínea "B" está incorreta, pois a autodeterminação dos povos não pertence aos fundamentos da República Federativa do Brasil, nos termos do art. 1º/CF.

A alínea "C" está incorreta, pois a prevalência dos direitos sociais, políticos e individuais não faz parte do rol dos fundamentos descritos no art. 1º/CF.

A alínea "D" está incorreta. Merece destaque que é usual ao examinar "misturar fundamentos (art. 1º/CF) com os objetivos fundamentais (art. 3º/CF). A erradicação da pobreza e a construção de uma sociedade livre, justa e solidária são objetivos fundamentais e não fundamentos da República Federativa do Brasil.

A alínea "E" está correta, nos termos da literalidade do art. 1º/CF.

<u>Fundamento</u>:

CF: *Art. 1º A República Federativa do Brasil, formada pela união indissolúvel dos Estados e Municípios e do Distrito Federal, constitui-se em Estado Democrático de Direito e tem como fundamentos: I – a soberania; II – a cidadania; III – a dignidade da pessoa humana; IV – os valores sociais do trabalho e da livre iniciativa; V – o pluralismo político.*

Gabarito "E"

(Soldado – PM/MG – 2017 – PMMG) De acordo com os princípios fundamentais previstos na Constituição da República Federativa do Brasil de 1988, assinale a alternativa CORRETA:

(A) São Poderes da União, independentes e harmônicos entre si, o Judiciário, o Ministério Público, a Advocacia-Geral da União e a Defensoria Pública.

(B) A República Federativa do Brasil, formada pela união indissolúvel dos Estados e Municípios e do Distrito Federal, constitui-se em Estado Democrático de Direito e tem como um de seus fundamentos a cidadania.

(C) Constitui um dos objetivos fundamentais da República Federativa do Brasil a solução pacífica dos conflitos.

(D) Constitui um princípio da República Federativa do Brasil que rege as suas relações internacionais promover o bem de todos, sem preconceitos de origem, raça, sexo, cor, idade e quaisquer outras formas de discriminação.

<u>Comentários</u>: Questão tranquila, muito comum o examinar "misturar" os fundamentos, com os objetivos fundamentais, coligados aos princípios de aplicação internacional.

A alínea "A" está incorreta, pois o art. 2º da Constituição Federal (CF) é claro ao afirmar são Poderes da União, independentes e harmônicos entre si, o Legislativo, o Executivo e o Judiciário, não fazendo parte de tal estrutura a Advocacia-Geral da União e a Defensoria Pública.

A alínea "B" está correta conforme a literalidade do inciso II do art. 1º/CF.

A alínea "C" está incorreta, pois a solução pacífica dos conflitos não consta no rol do art. 3º/CF, o qual elenca os objetivos fundamentais. A solução pacífica consta do texto preambular.

A alínea "D" está incorreta, pois a promoção do bem coletivo não consta do rol do art. 4º/CF, o qual elenca quais os princípios que a República Federativa do Brasil deve aplicar em suas relações internacionais. A promoção do bem de todos consta como um dos objetivos fundamentais, previsto no inciso IV do art. 3º/CF.

Fundamento:

CF: *Art. 2º São Poderes da União, independentes e harmônicos entre si, o Legislativo, o Executivo e o Judiciário.*

CF: *Art. 1º A República Federativa do Brasil, formada pela união indissolúvel dos Estados e Municípios e do Distrito Federal, constitui-se em Estado Democrático de Direito e tem como fundamentos: I – a soberania; II – a cidadania; III – a dignidade da pessoa humana; IV – os valores sociais do trabalho e da livre iniciativa; V – o pluralismo político.*

CF: *Art. 3º Constituem objetivos fundamentais da República Federativa do Brasil: I – construir uma sociedade livre, justa e solidária; II – garantir o desenvolvimento nacional;*

III – erradicar a pobreza e a marginalização e reduzir as desigualdades sociais e regionais; IV – promover o bem de todos, sem preconceitos de origem, raça, sexo, cor, idade e quaisquer outras formas de discriminação.

CF: *Art. 4º A República Federativa do Brasil rege-se nas suas relações internacionais pelos seguintes princípios: I – independência nacional; II – prevalência dos direitos humanos; III – autodeterminação dos povos; IV – não-intervenção; V – igualdade entre os Estados; VI – defesa da paz; VII – solução pacífica dos conflitos; VIII – repúdio ao terrorismo e ao racismo; IX – cooperação entre os povos para o progresso da humanidade; X – concessão de asilo político.*

Gabarito "B"

3. CONTROLE DE CONSTITUCIONALIDADE

(Oficial – PM/SC – 2015 – IOBV) Sobre a inconstitucionalidade de leis, é correto afirmar:

(A) Compete ao Superior Tribunal de Justiça processar e julgar, originariamente, o pedido de medida cautelar das ações diretas de inconstitucionalidade.

(B) Somente pelo voto da maioria simples dos membros do respectivo órgão especial poderão os tribunais declarar a inconstitucionalidade de lei ou ato normativo do Poder Público.

(C) Declarada a inconstitucionalidade por omissão de medida para tornar efetiva norma constitucional, será dada ciência ao Poder competente para a adoção das providências necessárias e, em se tratando de órgão administrativo, para fazê-lo em quarenta e cinco dias.

(D) Cabe aos Estados a instituição de representação de inconstitucionalidade de leis ou atos normativos estaduais ou municipais em face da Constituição Estadual, vedada a atribuição da legitimação para agir a um único órgão.

Comentários: Questão sobre competência é sempre complexa. Vários artigos na mesma questão.

A alínea "A" está incorreta, pois compete ao Supremo Tribunal Federal (STF) tal questão, nos termos da alínea "p" do inciso I do art. 102 da Constituição Federal (CF).

A alínea "B" está incorreta, pois na forma do art. 97/CF, somente pelo voto da maioria absoluta e não simples como afirmado na ementa.

A alínea "C" está incorreta, pois o § 2º do art. 103/CF afirma que o prazo é de 30 dias e não 45, conforme afirmado na ementa.

A alínea "D" está correta conforme literalidade do § 2º do art. 125/CF.

Fundamento:

CF: *Art. 102. Compete ao Supremo Tribunal Federal, precipuamente, a guarda da Constituição, cabendo-lhe: I – processar e julgar, originariamente: p) o pedido de medida cautelar das ações diretas de inconstitucionalidade;*

CF: *Art. 97. Somente pelo voto da maioria absoluta de seus membros ou dos membros do respectivo órgão especial poderão os tribunais declarar a inconstitucionalidade de lei ou ato normativo do Poder Público.*

CF: *Art. 103, § 2º Declarada a inconstitucionalidade por omissão de medida para tornar efetiva norma constitucional, será dada ciência ao Poder competente para a adoção das providências necessárias e, em se tratando de órgão administrativo, para fazê-lo em trinta dias.*

CF: *Art. 125, § 2º Cabe aos Estados a instituição de representação de inconstitucionalidade de leis ou atos normativos estaduais ou municipais em face da Constituição Estadual, vedada a atribuição da legitimação para agir a um único órgão.*

Gabarito "D"

4. DIREITOS E DEVERES INDIVIDUAIS E COLETIVOS

(Oficial – PM/SP – 2016 – VUNESP) Quanto à proteção do direito à liberdade, a Constituição Federal assegura que

(A) é livre a manifestação do pensamento, garantindo-se o anonimato quando necessário à preservação do sigilo dos atos praticados pelos agentes públicos no exercício profissional.

(B) é livre a expressão da atividade intelectual, artística, científica e de comunicação, mediante prévia licença.

(C) é livre o exercício de qualquer trabalho, ofício ou profissão, podendo a lei estabelecer as qualificações necessárias ao exercício profissional.

(D) a criação de associações e cooperativas depende de lei específica autorizadora, sendo vedada a interferência estatal em seu funcionamento.

(E) a prisão de qualquer pessoa e o local onde se encontre serão comunicados até 24 horas ao juiz competente ou à família do preso e à pessoa por ele indicada.

Comentários: Questão tranquila, mera memorização dos incisos do art. 5º/CF. Candidato tem que ter ciência da importância do art. 5º nas provas.

A alínea "A" está incorreta, pois o anonimato é vedado, na forma do art. 5º, inciso IV/CF.

A alínea "B" está incorreta nos termos do art. 5º, inciso IX/CF, pois tais liberdades independem de licença.

A alínea "C" está correta conforme literalidade do inciso XIII do art. 5º/CF.

A alínea "D" está incorreta, pois na forma do inciso XVIII do art. 5º/CF, a criação independe de autorização.

A alínea "E" está incorreta, pois o inciso LXII do art. 5º/CF não mensura prazo, afirma que a comunicação será "imediata" e não em "até 24 horas" conforme ementa.

Fundamento:

CF: *Art. 5º, IV – é livre a manifestação do pensamento, sendo vedado o anonimato;*

CF: *Art. 5º, IX – é livre a expressão da atividade intelectual, artística, científica e de comunicação, independentemente de censura ou licença;*

CF: Art. 5º, *XIII – é livre o exercício de qualquer trabalho, ofício ou profissão, atendidas as qualificações profissionais que a lei estabelecer;*

CF: Art. 5º, *XVIII – a criação de associações e, na forma da lei, a de cooperativas independem de autorização, sendo vedada a interferência estatal em seu funcionamento;*

CF: Art. 5º, *LXII – a prisão de qualquer pessoa e o local onde se encontre serão comunicados imediatamente ao juiz competente e à família do preso ou à pessoa por ele indicada;*

Gabarito "C"

(Soldado – PM/SE – IBFC – 2018) No que diz respeito ao mandado de segurança, assinale a alternativa incorreta:

(A) o mandado de segurança coletivo pode ser impetrado por partido político com representação no Congresso Nacional.

(B) o mandado de segurança deverá ser concedido sempre que a falta de norma regulamentadora torne inviável o exercício dos direitos e liberdades constitucionais e das prerrogativas inerentes à nacionalidade, à soberania e à cidadania.

(C) o mandado de segurança coletivo pode ser impetrado por organização sindical, entidade de classe ou associação legalmente constituída e em funcionamento há pelo menos um ano, em defesa dos interesses de seus membros ou associados.

(D) o mandado de segurança deverá ser concedido para proteger direito líquido e certo, não amparado por *habeas corpus* ou *habeas data*, quando o responsável pela ilegalidade ou abuso de poder for autoridade pública ou agente de pessoa jurídica no exercício de atribuições do Poder Público.

A assertiva "a" está de acordo com a letra "a" do inciso LXX do art. 5º da Constituição Federal (CF), inciso este que trata do mandado de segurança coletivo (MSC). Cabe lembrar que a questão pede a INCORRETA, logo, a resposta então está errada.

A assertiva "b" não está de acordo com o inciso LXX do art. 5º da CF, o qual trata do MSC, ou seja, é a resposta correta.

A assertiva "c" está de acordo com a letra "b" do inciso LXX do art. 5º da CF, inciso este, conforme já descrito acima, que trata do MSC. Lembrando que a questão pede a INCORRETA, logo, a resposta então está errada.

A assertiva "d" está de acordo com o inciso LXIX do art. 5º da CF, inciso este que aborda o tema do mandado de segurança, portanto, incorreta a assertiva.

Fundamento:

CF: *Art. 5º Todos são iguais perante a lei, sem distinção de qualquer natureza, garantindo-se aos brasileiros e aos estrangeiros residentes no País a inviolabilidade do direito à vida, à liberdade, à igualdade, à segurança e à propriedade, nos termos seguintes: LXIX – conceder-se-á mandado de segurança para proteger direito líquido e certo, não amparado por habeas corpus ou habeas data, quando o responsável pela ilegalidade ou abuso de poder for autoridade pública ou agente de pessoa jurídica no exercício de atribuições do Poder Público; LXX – o mandado de segurança coletivo pode ser impetrado por: a) partido político com representação no Congresso Nacional; b) organização sindical, entidade de classe ou associação legalmente constituída e em funcionamento há pelo menos um ano, em defesa dos interesses de seus membros ou associados;*

Gabarito "B"

(Soldado – PM/SE – IBFC – 2018) O "Habeas Data" não se presta a:

(A) anular ato lesivo ao patrimônio público ou de entidade de que o Estado participe

(B) assegurar o conhecimento de informações relativas à pessoa do impetrante, constantes de registros de entidades governamentais

(C) retificar dados, quando não se prefira fazê-lo por processo sigiloso, judicial ou administrativo

(D) assegurar o conhecimento de informações relativas à pessoa do impetrante, constantes de bancos de dados de entidades de caráter público

A assertiva "a" não está de acordo com os objetivos do *habeas data* (HD) e sim com a chamada ação popular prevista no inciso LXXIII do art. 5º da Constituição Federal (CF). As questões sobre o HD estão previstas no inciso LXXII do art. 5º da CF. Esta é a nossa resposta.

A assertiva "b" está de acordo com a letra "a" do inciso LXXII do art. 5º da CF, portanto, questão errada.

A assertiva "c" está de acordo com a letra "b" do inciso LXXII do art. 5º da CF, portanto, questão errada.

A assertiva "d" está de acordo com a letra "a" do inciso LXXII do art. 5º da CF, portanto, questão errada.

Fundamento:

CF: *Art. 5º Todos são iguais perante a lei, sem distinção de qualquer natureza, garantindo-se aos brasileiros e aos estrangeiros residentes no País a inviolabilidade do direito à vida, à liberdade, à igualdade, à segurança e à propriedade, nos termos seguintes: LXXII – conceder-se-á* habeas data*: a) para assegurar o conhecimento de informações relativas à pessoa do impetrante, constantes de registros ou bancos de dados de entidades governamentais ou de caráter público; b) para a retificação de dados, quando não se prefira fazê-lo por processo sigiloso, judicial ou administrativo; LXXIII – qualquer cidadão é parte legítima para propor ação popular que vise a anular ato lesivo ao patrimônio público ou de entidade de que o Estado participe, à moralidade administrativa, ao meio ambiente e ao patrimônio histórico e cultural, ficando o autor, salvo comprovada má-fé, isento de custas judiciais e do ônus da sucumbência;*

Gabarito "A"

(Soldado – PM/SE – IBFC – 2018) A Constituição Federal da República não proíbe a aplicação de penas:

(A) de banimento.

(B) perpétuas.

(C) de trabalhos forçados.

(D) de perda de bens.

A assertiva "a" está em desacordo com a letra "d" do inciso XLVII do art. 5º da Constituição Federal (CF), portanto, errada.

A assertiva "b" está em desacordo com a letra "b" do inciso XLVII do art. 5º da CF, portanto, errada.

A assertiva "c" está em desacordo com a letra "c" do inciso XLVII do art. 5º da CF, portanto, errada.

A assertiva "d" está em de acordo com a letra "b" do inciso XLVI do art. 5º da CF, portanto, é a nossa resposta correta.

Fundamento:

CF: *Art. 5º Todos são iguais perante a lei, sem distinção de qualquer natureza, garantindo-se aos brasileiros e aos estrangeiros residentes no País a inviolabilidade do direito à vida, à liberdade, à igualdade, à segurança e à propriedade, nos termos seguintes: XLVI – a lei regulará a individualização da pena e adotará, entre outras, as seguintes: b) perda de bens; XLVII – não haverá penas: a) de morte, salvo em caso de guerra declarada, nos termos do art. 84, XIX; b) de caráter perpétuo; c) de trabalhos forçados; d) de banimento; e) cruéis.*

Gabarito "D"

(Soldado – PM/SE – IBFC – 2018) A Constituição Federal da República não assegura, independentemente do pagamento de taxas:

(A) o direito de petição aos Poderes Públicos contra o abuso de poder ou à ilegalidade

(B) a obtenção de certidões em repartições públicas, para defesa de direitos e esclarecimento de situações de interesse pessoal

(C) o direito de petição para mitigação do direito adquirido ou do ato jurídico perfeito

(D) o direito de petição aos Poderes Públicos em defesa de direitos

A assertiva "a" está de acordo com a letra "a" do inciso XXXIV do art. 5º da Constituição Federal (CF), portanto, questão errada, considerando que a ementa pede aquela que NÃO SEJA assegurada pela CF.

A assertiva "b" está de acordo com a letra "b", inciso XXXIV do art. 5º da CF, portanto, questão errada.

A assertiva "c" está em desacordo com o previsto no inciso XXXVI do art. 5º da CF, o qual deixa claro que a lei não prejudicará o direito adquirido, o ato jurídico perfeito e a coisa julgada, portanto, esta é a nossa resposta.

A assertiva "d" está em acordo com a letra "a" do inciso XXXIV do art. 5º da CF, portanto, questão errada.

Fundamento:

CF: *Art. 5º Todos são iguais perante a lei, sem distinção de qualquer natureza, garantindo-se aos brasileiros e aos estrangeiros residentes no País a inviolabilidade do direito à vida, à liberdade, à igualdade, à segurança e à propriedade, nos termos seguintes: XXXIV – são a todos assegurados, independentemente do pagamento de taxas: a) o direito de petição aos Poderes Públicos em defesa de direitos ou contra ilegalidade ou abuso de poder; b) a obtenção de certidões em repartições públicas, para defesa de direitos e esclarecimento de situações de interesse pessoal; XXXVI – a lei não prejudicará o direito adquirido, o ato jurídico perfeito e a coisa julgada;*

Gabarito "C".

(Soldado – PM/SE – IBFC – 2018) A Constituição Federal da República não assegura, nos termos legais:

(A) o direito de fiscalização do aproveitamento econômico das obras que criarem ou de que participarem aos criadores, aos intérpretes e às respectivas representações sindicais e associativas

(B) o direito do cidadão de fiscalizar a administração pública e de aplicar sanções no exercício do poder de polícia

(C) a proteção às participações individuais em obras coletivas

(D) a proteção à reprodução da imagem e voz humanas, inclusive nas atividades desportivas

A assertiva "a" está de acordo com a letra "b" do inciso XXVIII do art. 5º da Constituição Federal (CF), portanto, considerando que a questão pede a que está em DESACORDO, assertiva errada.

A assertiva "b" está errada, pois, sim, é direito do cidadão de fiscalizar a administração pública, diria até que é um dever, a ação popular, prevista no inciso LXXIII do art. 5º da CF, dá a possibilidade até mesmo de ajuizar ação visando anular ato lesivo ao patrimônio público, mas de forma alguma dá a possibilidade de aplicar sanções ou do exercício do poder de polícia sem delegação para isso. Esta é a nossa resposta.

A assertiva "c" está de acordo com o *caput* da letra "a", inciso XXVIII do art. 5º da CF, portanto, assertiva errada.

A assertiva "d" está de acordo com a parte final da letra "a", inciso XXVIII do art. 5º da CF, portanto, assertiva errada.

Fundamento:

CF: *Art. 5º Todos são iguais perante a lei, sem distinção de qualquer natureza, garantindo-se aos brasileiros e aos estrangeiros residentes no País a inviolabilidade do direito à vida, à liberdade, à igualdade, à segurança e à propriedade, nos termos seguintes: XXVIII – são assegurados, nos termos da lei: a) a proteção às participações individuais em obras coletivas e à reprodução da imagem e voz humanas, inclusive nas atividades desportivas; b) o direito de fiscalização do aproveitamento econômico das obras que criarem ou de que participarem aos criadores, aos intérpretes e às respectivas representações sindicais e associativas; LXXIII – qualquer cidadão é parte legítima para propor ação popular que vise a anular ato lesivo ao patrimônio público ou de entidade de que o Estado participe, à moralidade administrativa, ao meio ambiente e ao patrimônio histórico e cultural, ficando o autor, salvo comprovada má-fé, isento de custas judiciais e do ônus da sucumbência.*

Gabarito "B".

(Soldado – PM/SE – IBFC – 2018) Assinale a alternativa correta. No que se refere aos direitos fundamentais, assim dispõe a Constituição Federal da República:

(A) Todos podem reunir-se pacificamente, sem armas, em locais abertos ao público, independentemente de autorização, desde que não frustrem outra reunião anteriormente convocada para o mesmo local, sendo apenas exigido prévio aviso à autoridade competente.

(B) Assegura-se com exclusividade aos agentes políticos o acesso à informação, resguardando-se o sigilo da fonte, quando necessário à segurança do Estado.

(C) É livre a locomoção no território nacional em tempo de paz ou de guerra, podendo qualquer pessoa, nos termos da lei, nele entrar, permanecer ou dele sair com seus bens.

(D) É permitido ao cidadão exercer qualquer profissão, ofício ou trabalho, sem qualquer tipo de ressalva.

A assertiva "a" está correta, conforme literalidade do inciso XVI do art. 5º da Constituição Federal (CF).

A assertiva "b" está errada, pois nos termos do inciso XIV do art. 5º da CF, o acesso à informação não é destinado apenas aos agentes políticos e sim a todas as pessoas.

A assertiva "c" está errada, pois nos termos do inciso XV do art. 5º da CF, tal liberdade de locomoção encontra exceções em tempo de guerra.

A assertiva "d" está errada, pois nos termos da parte final do inciso XIII do art. 5º da CF, há a ressalva das "qualificações profissionais que a lei estabelecer".

Fundamento:

CF: *Art. 5º Todos são iguais perante a lei, sem distinção de qualquer natureza, garantindo-se aos brasileiros e aos estrangeiros residentes no País a inviolabilidade do direito à vida, à liberdade, à igualdade, à segurança e à propriedade, nos termos seguintes: XIII – é livre o exercício de qualquer trabalho, ofício ou profissão, atendidas as qualificações profissionais que a lei estabelecer; XIV – é assegurado a todos o acesso à informação e resguardado o sigilo da fonte, quando necessário ao exercício profissional; XV – é livre a locomoção no território nacional em tempo de paz, podendo qualquer pessoa, nos termos da lei, nele entrar, permanecer ou dele sair com seus bens; XVI – todos podem reunir-se pacificamente, sem armas, em locais abertos ao público, independentemente de autorização, desde que não frustrem outra reunião anteriormente convocada para o mesmo local, sendo apenas exigido prévio aviso à autoridade competente.*

Gabarito "A".

(Soldado – PM/SE – IBFC – 2018) A Constituição Federal da República autoriza o ingresso na casa, sem o consentimento do morador, na seguinte hipótese:

(A) a qualquer hora do dia ou da noite, mediante determinação judicial.

(B) somente durante o dia, no caso de flagrante delito de contravenção.

(C) a qualquer hora do dia ou da noite, em caso de desastre, para prestar socorro.

(D) somente durante a noite, no caso de flagrante delito de crime.

A assertiva "a" está errada, pois o inciso XI do art. 5º da Constituição Federal (CF) afirma apenas durante o dia no caso de ordem judicial.

A assertiva "b" está errada, pois o mesmo inciso XI do art. 5º da CF não faz restrição (de dia ou de noite) no caso de prisão em flagrante delito.

A assertiva "c" está correta, conforme literalidade do inciso XI do art. 5º da CF.

A assertiva "d" está errada, conforme descrito acima, na assertiva "b", no caso de flagrante delito de crime, não há questão temporal (dia ou noite).

Fundamento:
CF: *Art. 5º Todos são iguais perante a lei, sem distinção de qualquer natureza, garantindo-se aos brasileiros e aos estrangeiros residentes no País a inviolabilidade do direito à vida, à liberdade, à igualdade, à segurança e à propriedade, nos termos seguintes: XI – a casa é asilo inviolável do indivíduo, ninguém nela podendo penetrar sem consentimento do morador, salvo em caso de flagrante delito ou desastre, ou para prestar socorro, ou, durante o dia, por determinação judicial.*

Gabarito "C"

(Soldado – PM/MG – PMMG – 2018) A CRFB/88 estabelece que todos são iguais perante a lei, sem distinção de qualquer natureza, garantindo-se aos brasileiros e aos estrangeiros residentes no País a inviolabilidade do direito à vida, à liberdade, à igualdade, à segurança e à propriedade. Nestes termos, assinale a alternativa CORRETA.

(A) Todos podem reunir-se pacificamente, sem armas, em locais abertos ao público, mediante autorização, desde que não frustrem outra reunião anteriormente convocada para o mesmo local, sendo apenas exigido prévio aviso à autoridade competente.

(B) É assegurado a todos o acesso à informação de segurança pública sempre com a indicação da respectiva fonte, visando manter a transparência das ações quando necessário ao exercício profissional.

(C) Não haverá juízo ou tribunal de exceção, ressalvados os casos envolvendo parlamentares.

(D) No caso de iminente perigo público, a autoridade competente poderá usar de propriedade particular, assegurada ao proprietário indenização ulterior, se houver dano.

A assertiva "a" está errada, pois tal reunião independe de autorização, conforme previsto no inciso XVI do art. 5º da Constituição Federal (CF).
A assertiva "b" está errada, pois é assegurado a todos o acesso à informação, mas não de segurança pública, conforme inciso XIV do art. 5º da CF.
A assertiva "c" está errada, pois o inciso XXXVII do art. 5º da CF não traz ressalvas, conforme ementa da questão.
A assertiva "d" está correta, conforme literalidade do inciso XXV do art. 5º da CF.
Fundamento:
CF: *Art. 5º Todos são iguais perante a lei, sem distinção de qualquer natureza, garantindo-se aos brasileiros e aos estrangeiros residentes no País a inviolabilidade do direito à vida, à liberdade, à igualdade, à segurança e à propriedade, nos termos seguintes: XIV – é assegurado a todos o acesso à informação e resguardado o sigilo da fonte, quando necessário ao exercício profissional; XVI – todos podem reunir-se pacificamente, sem armas, em locais abertos ao público, independentemente de autorização, desde que não frustrem outra reunião anteriormente convocada para o mesmo local, sendo apenas exigido prévio aviso à autoridade competente; XXV – no caso de iminente perigo público, a autoridade competente poderá usar de propriedade particular, assegurada ao proprietário indenização ulterior, se houver dano; XXXVII – não haverá juízo ou tribunal de exceção.*

Gabarito "D"

(Soldado – PM/MG – PMMG – 2018) Sobre os direitos e garantias fundamentais previstos na Constituição da República Federativa do Brasil de 1988 – CRFB/88, assinale a alternativa CORRETA.

(A) Ninguém será levado à prisão ou nela mantido, quando tiver condições de contratar um defensor ou caso não tenha condições, será nomeado um defensor público.

(B) A prisão de qualquer pessoa e o local onde se encontre serão comunicados imediatamente ao delegado de Polícia Civil competente e à família do preso ou à pessoa por ele indicada.

(C) O preso tem direito à identificação dos responsáveis por sua prisão ou por seu interrogatório policial.

(D) O Brasil não admite pena de morte em hipótese alguma.

A assertiva "a" está errada, pois o inciso LXVI do art. 5º da Constituição Federal (CF) afirma nesse caso sobre a admissão da liberdade provisória (com ou sem fiança) e não sobre a nomeação de defensor.
A assertiva "b" está errada, pois o inciso LXII determina a comunicação da prisão ao juiz competente e não ao delegado de polícia.
A assertiva "c" está correta, conforme literalidade do inciso LXIV do art. 5º da CF.
A assertiva "d" está errada, pois a CF prevê a pena de morte no caso de guerra declarada, conforme letra "a" do inciso XLVII do art. 5º da CF.
Fundamento:
CF: *Art. 5º Todos são iguais perante a lei, sem distinção de qualquer natureza, garantindo-se aos brasileiros e aos estrangeiros residentes no País a inviolabilidade do direito à vida, à liberdade, à igualdade, à segurança e à propriedade, nos termos seguintes: XLVII – não haverá penas: a) de morte, salvo em caso de guerra declarada, nos termos do art. 84, XIX; LXII – a prisão de qualquer pessoa e o local onde se encontre serão comunicados imediatamente ao juiz competente e à família do preso ou à pessoa por ele indicada; LXIV – o preso tem direito à identificação dos responsáveis por sua prisão ou por seu interrogatório policial; LXVI – ninguém será levado à prisão ou nela mantido, quando a lei admitir a liberdade provisória, com ou sem fiança.*

Gabarito "C"

(Soldado – PM/PB – 2015 – IBFC) A existência de crime, sua apuração e o devido processo legal sofrem influência do texto constitucional. Sendo assim, assinale a alternativa correta.

(A) Ninguém será considerado culpado até o trânsito em julgado da sentença penal condenatória.

(B) A prática de racismo constitui crime inafiançável e imprescritível, sujeito à pena de detenção, nos termos da lei.

(C) As provas ilícitas são admissíveis no processo desde que sirvam para apurar a verdade.

(D) O preso só terá direito à assistência da família depois de responder objetivamente em interrogatório, garantido o acompanhamento por advogado.

Comentários: Mais uma questão esperada (art. 5º da Constituição Federal). Nada além da memorização de incisos esperados.
A alínea "A" está correta nos termos do inciso LVII do art. 5º da Constituição Federal (CF).
A alínea "B" está incorreta, pois o inciso XLII do art. 5º/CF impõe pena de reclusão e não de detenção conforme afirmado na ementa.
A alínea "C" está incorreta, pois o inciso LVI do art. 5º/CF prevê a inadmissibilidade de tais provas.
A alínea "D" está incorreta, pois o inciso LXIII do art. 5º/CF assegura a assistência da família, mesmo que permaneça calado, que aliás é um dos seus direitos.
Fundamento:
CF: *Art. 5º Todos são iguais perante a lei, sem distinção de qualquer natureza, garantindo-se aos brasileiros e aos estrangeiros residentes no País a inviolabilidade do direito à vida, à liberdade, à igualdade, à segurança e à propriedade, nos termos seguintes: LVII – ninguém será considerado culpado até o trânsito em julgado de sentença penal condenatória;*

CF: *Art. 5º, XLII – a prática do racismo constitui crime inafiançável e imprescritível, sujeito à pena de reclusão, nos termos da lei;*
CF: *Art. 5º, LVI – são inadmissíveis, no processo, as provas obtidas por meios ilícitos;*
CF: *Art. 5º, LXIII – o preso será informado de seus direitos, entre os quais o de permanecer calado, sendo-lhe assegurada a assistência da família e de advogado;*

Gabarito "A".

(Soldado – PM/PB – 2015 – IBFC) A Constituição Federal regula a interferência do Estado nas iniciativas de reunião e associação. Sobre essa limitação do poder estatal, assinale a alternativa correta.

(A) O direito de reunião pacífica em locais abertos ao público independe de comunicação prévia a qualquer autoridade.
(B) O Estado pode regular e interferir em todos os aspectos do funcionamento das cooperativas ainda que constituídas na forma da lei.
(C) A suspensão das atividades de uma associação depende de sentença judicial transitada em julgado.
(D) É plena a liberdade de associação para fins lícitos, vedada a de caráter paramilitar.

Comentários: Questão tranquila, memorização do art. 5º da Lei Maior.
A alínea "A" está incorreta, pois o inciso XVI do art. 5º da Constituição Federal (CF) impõe o aviso prévio à autoridade competente.
A alínea "B" está incorreta, pois o inciso XVIII do art. 5º/CF deixa claro que é vedada a interferência estatal em seu funcionamento;
A alínea "C" está incorreta, pois o requisito do trânsito em julgado é apenas para a dissolução da associação, ou seja, para eventual suspensão das atividades, a ordem judicial sem transitar em julgado é o suficiente.
A alínea "D" está correta nos termos do inciso XVII do art. 5º/CF.
Fundamento:
CF: *Art. 5º Todos são iguais perante a lei, sem distinção de qualquer natureza, garantindo-se aos brasileiros e aos estrangeiros residentes no País a inviolabilidade do direito à vida, à liberdade, à igualdade, à segurança e à propriedade, nos termos seguintes: XVI – todos podem reunir-se pacificamente, sem armas, em locais abertos ao público, independentemente de autorização, desde que não frustrem outra reunião anteriormente convocada para o mesmo local, sendo apenas exigido prévio aviso à autoridade competente;*
CF: *Art. 5º, XVIII – a criação de associações e, na forma da lei, a de cooperativas independem de autorização, sendo vedada a interferência estatal em seu funcionamento;*
CF: *Art. 5º, XIX – as associações só poderão ser compulsoriamente dissolvidas ou ter suas atividades suspensas por decisão judicial, exigindo-se, no primeiro caso, o trânsito em julgado;*
CF: *Art. 5º, XVII – é plena a liberdade de associação para fins lícitos, vedada a de caráter paramilitar;*

Gabarito "D".

(Soldado – PM/PB – 2015 – IBFC) O *caput* do artigo 5° da Constituição Federal estabelece que todos são iguais perante a lei, sem distinção de qualquer natureza, garantindo-se aos brasileiros e aos estrangeiros residentes no País a inviolabilidade do direito à vida, à liberdade, à igualdade, à segurança e à propriedade. Nesse contexto, considere a disciplina constitucional sobre os direitos e garantias fundamentais e assinale a alternativa correta.

(A) A proteção constitucional do domicílio não impede que um juiz de Direito, em processo devidamente instruído, determine e se conduza regularmente sua violação em qualquer horário.
(B) O sigilo de correspondência é garantido e não pode ser violado sequer por ordem judicial.
(C) O direito de propriedade é contemplado, mas esta deve atender a sua função social.
(D) A liberdade de locomoção no território nacional é garantida em tempo de paz e de guerra.

Comentários: Questão tranquila, de temas sempre esperados nesse tipo de prova.

A alínea "A" está incorreta, pois o inciso XI do art. 5º da Constituição Federal (CF) afirma que o mandado judicial seja cumprido apenas durante o dia e não em qualquer horário conforme descrito na ementa.
A alínea "B" está incorreta, pois o inciso XII do art. 5º/CF permite a violação por ordem judicial, nas hipóteses e na forma que a lei estabelecer.
A alínea "C" está correta na forma dos incisos XXII e XXIII do art. 5º/CF.
A alínea "D" está incorreta, pois o inciso XV do art. 5º/CF só assegura tal liberdade em tempos de paz.
Fundamento:
CF: *Art. 5º Todos são iguais perante a lei, sem distinção de qualquer natureza, garantindo-se aos brasileiros e aos estrangeiros residentes no País a inviolabilidade do direito à vida, à liberdade, à igualdade, à segurança e à propriedade, nos termos seguintes: XI – a casa é asilo inviolável do indivíduo, ninguém nela podendo penetrar sem consentimento do morador, salvo em caso de flagrante delito ou desastre, ou para prestar socorro, ou, durante o dia, por determinação judicial;*
CF: *Art. 5º, XII – é inviolável o sigilo da correspondência e das comunicações telegráficas, de dados e das comunicações telefônicas, salvo, no último caso, por ordem judicial, nas hipóteses e na forma que a lei estabelecer para fins de investigação criminal ou instrução processual penal;*
CF: *Art. 5º, XXII – é garantido o direito de propriedade; XXIII – a propriedade atenderá a sua função social;*
CF: *Art. 5º, XV – é livre a locomoção no território nacional em tempo de paz, podendo qualquer pessoa, nos termos da lei, nele entrar, permanecer ou dele sair com seus bens;*

Gabarito "C".

(Soldado – PM/PB – 2015 – IBFC) A Constituição federal organiza e rege toda a legislação do Estado brasileiro. Entre seus dispositivos mais importantes, destaca-se o artigo 5° que disciplina os direitos e garantias fundamentais. Considere tal normatização e assinale a alternativa incorreta.

(A) Homens e Mulheres são iguais em direitos e obrigações permanecendo válidas as disposições legais em contrário, desde que criadas em legislação anterior à promulgação da atual carta constitucional.
(B) A ausência de disposição legal proibitiva de conduta de Direito Privado não implica na sua vedação, tampouco penalização.
(C) A ausência de previsão legal sobre uma conduta impede que ela seja punida como crime.
(D) Para a manifestação do pensamento, não é garantido o anonimato.

Comentários: Finalmente uma questão que pede a incorreta e dá o devido destaque (sublinhando) na ementa. Questão sobre o art. 5º da Constituição Federal é sempre esperado, mas confesso que esta questão passou da "mera memorização", buscando também conhecimento doutrinário.
A alínea "A" está incorreta, pois o inciso I do art. 5º da Constituição Federal (CF) não estende a validade de normas anteriores, até porque pelos efeitos da recepção constitucional isso seria impossível. Lembrando que a questão pede a incorreta, portanto, esta é a resposta.
A alínea "B" está correta. Trata-se de questão envolvendo o Princípio da Legalidade Amplo (art. 5º, inciso II/CF) e o Princípio da Legalidade

Restrito (art. 37, *caput*/CF). O primeiro, destinado ao particular, serve como uma barreira contra eventual abuso do Poder Público sobre o particular, ou, como afirmamos no Direito Administrativo, é um amparo legal de conter o abuso da Administração para com o administrado. Neste aspecto afirmamos que "tudo que não é proibido, será permitido ao particular". Já ao segundo, trata-se de princípio destinado ao administrador público, cujo pensamento é justamente o inverso, ou seja, "tudo aquilo que não foi permitido, será proibido ao Poder Público (ao administrador, ao servidor público...). Desta forma, realmente se não há algo proibindo de conduta no direito privado, isso não implica na sua vedação ou penalização.

A alínea "C" está correta, nos termos do inciso XXXIX do art. 5º/CF (Princípio da Reserva Legal).

A alínea "D" está correta conforme inciso IV do art. 5º/CF.

Fundamento:

CF: *Art. 5º Todos são iguais perante a lei, sem distinção de qualquer natureza, garantindo-se aos brasileiros e aos estrangeiros residentes no País a inviolabilidade do direito à vida, à liberdade, à igualdade, à segurança e à propriedade, nos termos seguintes: I – homens e mulheres são iguais em direitos e obrigações, nos termos desta Constituição;*

CF: *Art. 5º, II – ninguém será obrigado a fazer ou deixar de fazer alguma coisa senão em virtude de lei;*

CF: *Art. 37. A administração pública direta e indireta de qualquer dos Poderes da União, dos Estados, do Distrito Federal e dos Municípios obedecerá aos princípios de legalidade, impessoalidade, moralidade, publicidade e eficiência e, também, ao seguinte:*

CF: *Art. 5º, XXXIX – não há crime sem lei anterior que o defina, nem pena sem prévia cominação legal;*

CF: *Art. 5º, IV – é livre a manifestação do pensamento, sendo vedado o anonimato;*

Gabarito "A"

(Soldado – PM/SC – 2015 – IOBV) A Constituição do Estado de Santa Catarina ao tratar do processo administrativo, determina, independentemente do objeto ou procedimento, a observância dos seguintes requisitos de validade:

(A) respeito irrestrito aos princípios da isonomia, publicidade e pessoalidade.

(B) o contraditório, a defesa ampla e o despacho ou decisão motivados.

(C) o devido processo legal e o prazo razoável de sua duração, limitado ao máximo de sessenta dias.

(D) o contraditório, a defesa ampla, o devido processo legal além do respeito irrestrito aos princípios da isonomia, da publicidade, da impessoalidade e da razoável duração do processo, limitado ao máximo de noventa dias.

Comentários: Questão de constituição estadual para mim, sempre será difícil, pois, conforme já afirmei, não temos o costume do manuseio no "dia-a-dia". Ao menos ficou focada em apenas um artigo.

A alínea "A" está incorreta, pois o § 5º do art. 16 da Constituição de Santa Catarina (CESC) não elenca como requisito de validade os princípios da isonomia, publicidade e pessoalidade e sim, como requisitos, o contraditório, a defesa ampla e o despacho ou decisão motivados.

A alínea "B" está correta, conforme literalidade ao texto do § 5º do art. 16/CESC.

A alínea "C" está incorreta, pois não há qualquer menção a prazo razoável envolvendo o devido processo legal.

A alínea "D" está incorreta, pois conforme o § 5º do art. 16/CESC, o devido processo legal não consta como requisito de validade. E no caput do art. 16, do mesmo diploma legal, o qual elenca os princípios, também não constam os princípios da isonomia, nem o da razoável duração do processo.

Fundamento:

CESC: *Art. 16, § 5º No processo administrativo, qualquer que seja o objeto ou o procedimento, observar-se-ão, entre outros requisitos de validade, o contraditório, a defesa ampla e o despacho ou decisão motivados.*

CESC: Art. 16. Os atos da administração pública de qualquer dos Poderes do Estado obedecerão aos princípios de legalidade, impessoalidade, moralidade e publicidade.

Gabarito "B"

(Soldado – PM/SC – 2015 – IOBV) É considerado crime imprescritível pela Constituição Federal:

(A) o terrorismo.

(B) a prática da tortura.

(C) os hediondos.

(D) a prática do racismo.

Comentários: Mais uma questão "esperada", ou seja, muito pedida nos concursos. Por tal situação, nível fácil, abordando dois incisos "conjuntos" do art. 5º da Lei Maior.

A alínea "A" está incorreta, pois o inciso XLIII do art. 5º da Constituição Federal (CF), considera o terrorismo como crime inafiançável e insuscetível de graça ou anistia, porém, prescritível.

A alínea "B" está incorreta, pois o inciso XLIII do art. 5º/CF, considera a prática da tortura como crime inafiançável e insuscetível de graça ou anistia, porém, prescritível.

A alínea "C" está incorreta, pois o inciso XLIII do art. 5º/CF, considera os crimes hediondos como crimes inafiançáveis e insuscetíveis de graça ou anistia, porém, prescritíveis.

A alínea "D" está correta nos termos do inciso XLII do art. 5º/CF.

Fundamento:

CF: *Art. 5º Todos são iguais perante a lei, sem distinção de qualquer natureza, garantindo-se aos brasileiros e aos estrangeiros residentes no País a inviolabilidade do direito à vida, à liberdade, à igualdade, à segurança e à propriedade, nos termos seguintes: XLII – a prática do racismo constitui crime inafiançável e imprescritível, sujeito à pena de reclusão, nos termos da lei;*

CF: *Art. 5º, XLIII – a lei considerará crimes inafiançáveis e insuscetíveis de graça ou anistia a prática da tortura, o tráfico ilícito de entorpecentes e drogas afins, o terrorismo e os definidos como crimes hediondos, por eles respondendo os mandantes, os executores e os que, podendo evitá-los, se omitirem;*

Gabarito "D"

(Soldado – PM/SC – 2015 – IOBV) O direito de reunir-se pacificamente, sem armas, em locais abertos ao público:

(A) depende de autorização da autoridade competente.

(B) requer prévio aviso às autoridades policiais e autorização judicial específica.

(C) independe de autorização, desde que não frustre outra reunião anteriormente convocada para o mesmo local, sendo apenas exigido prévio aviso à autoridade competente.

(D) independe de autorização judicial, desde que não frustre outra reunião anteriormente convocada para o mesmo local, sendo apenas exigido prévia licença da autoridade policial competente.

Comentários: Questão tranquila, de tema esperado, abordando unicamente o inciso XVI do art. 5º da CF – direito de reunião.

A alínea "A" está incorreta, pois na forma do inciso XVI do art. 5º da Constituição Federal (CF), o direito de reunião independe de autorização, desde que não frustre outra reunião anteriormente convocada para o mesmo local, sendo apenas exigido prévio aviso à autoridade competente.

A alínea "B" está incorreta, pois na forma do inciso XVI do art. 5º/CF, o direito de reunião não requer autorização de qualquer esfera.

A alínea "C" está correta conforme literalidade do inciso XVI do art. 5º/CF.

A alínea "D" está incorreta, pois na forma do inciso XVI do art. 5º/CF, o direito de reunião não exige qualquer licença prévia.

Fundamento:

CF: *Art. 5º Todos são iguais perante a lei, sem distinção de qualquer natureza, garantindo-se aos brasileiros e aos estrangeiros residentes no País a inviolabilidade do direito à vida, à liberdade, à igualdade, à segurança e à propriedade, nos termos seguintes: XVI – todos podem reunir-se pacificamente, sem armas, em locais abertos ao público, independentemente de autorização, desde que não frustrem outra reunião anteriormente convocada para o mesmo local, sendo apenas exigido prévio aviso à autoridade competente;*

Gabarito "C"

(Soldado – PM/SC – 2015 – IOBV) A casa é asilo inviolável do indivíduo, ninguém nela podendo penetrar sem consentimento do morador, salvo algumas hipóteses previstas na Constituição Federal. Qual das situações abaixo não é contemplada por nenhuma dessas exceções?

(A) Penetrar na casa a qualquer hora, por determinação judicial.

(B) Penetrar na casa a qualquer hora, em caso de flagrante delito.

(C) Penetrar na casa durante o dia, em caso de desastre.

(D) Penetrar na casa durante à noite, para prestar socorro.

Comentários: Questão tranquilíssima, abordando apenas um inciso do art. 5º da Lei Maior, de tema amplamente divulgado e pedido costumeiramente nas provas. Questão "dada".

A alínea "A" está correta, pois o inciso XI do art. 5º da Constituição Federal (CF) não permite tal situação, ou seja, no caso de determinação judicial, apenas durante o dia.

A alínea "B" está incorreta, pois o inciso XI do art. 5º/CF permite tal situação.

A alínea "C" está incorreta, pois o inciso XI do art. 5º/CF permite tal situação.

A alínea "D" está incorreta, pois o inciso XI do art. 5º/CF permite tal situação.

Fundamento:

CF: *Art. 5º Todos são iguais perante a lei, sem distinção de qualquer natureza, garantindo-se aos brasileiros e aos estrangeiros residentes no País a inviolabilidade do direito à vida, à liberdade, à igualdade, à segurança e à propriedade, nos termos seguintes: XI – a casa é asilo inviolável do indivíduo, ninguém nela podendo penetrar sem consentimento do morador, salvo em caso de flagrante delito ou desastre, ou para prestar socorro, ou, durante o dia, por determinação judicial;*

Gabarito "A"

(Oficial – PM/MG – 2016 – PMMG) Em relação aos direitos e deveres individuais e coletivos previstos na Constituição da República Federativa do Brasil de 1988, marque "V" para a(s) assertiva(s) verdadeira(s) e "F" para a(s) falsa(s) e, ao final, responda o que se pede.

( ) Conceder-se-á *habeas corpus* sempre que alguém sofrer ou se achar ameaçado de sofrer violência ou coação em sua liberdade de locomoção, por ilegalidade ou abuso de poder.

( ) Não haverá prisão civil por dívida, salvo a do responsável pelo inadimplemento voluntário e inescusável de obrigação de impostos e a do depositário fiel.

( ) Conceder-se-á mandado de segurança para proteger direito líquido e certo, não amparado por *habeas corpus* ou *habeas data*, quando o responsável pela ilegalidade ou abuso de poder for autoridade pública ou agente de pessoa jurídica no exercício de atribuições do Poder Público.

( ) Conceder-se-á *habeas data* para fins de trancamento de ação penal abusiva.

( ) Conceder-se-á mandado de injunção sempre que a falta de norma regulamentadora torne inviável o exercício dos direitos e liberdades constitucionais e das prerrogativas inerentes à nacionalidade, à soberania e à cidadania.

Marque a alternativa que contém a sequência CORRETA de respostas, na ordem de cima para baixo.

(A) V, F, V, V, V.

(B) V, F, V, F, V.

(C) F, V, V, V, F.

(D) F, V, F, F, F.

Comentários: Questão tranquila, abordando os remédios constitucionais, tema sempre presente nas provas. Sem qualquer tipo de "pegadinha", apenas e tão somente a letra da Lei Maior.

A primeira assertiva está correta nos termos do inciso LXVIII do art. 5º da Constituição Federal (CF). De início já se eliminam as alternativas "C" e "D".

A segunda assertiva está incorreta nos termos do inciso LXVII do art. 5º/CF o qual afirma como exceção à regra da proibição de prisão civil por dívida, além do depositário infiel (hoje com eficácia suspensa pela Súmula Vinculante nº 25/09), o inadimplemento voluntário e inescusável de obrigação alimentícia e não de impostos como apontado na ementa. Assim, no 'placar provisório' temos: V e F.

A terceira assertiva está correta, sendo cópia literal do inciso LXIX do art. 5º/CF. Assim, no 'placar provisório' temos: V, F e V.

A quarta assertiva está incorreta, pois o inciso LXXII do art. 5º/CF não elenca como objetivo o trancamento de qualquer tipo de ação, se portanto o *habeas data* para assegurar o conhecimento de informações relativas à pessoa do impetrante, constantes de registros ou bancos de dados de entidades governamentais ou de caráter público; e para a retificação de dados, quando não se prefira fazê-lo por processo sigiloso, judicial ou administrativo. Assim, no 'placar provisório' temos: V, F, V e F, o que já permite apontar a alternativa "B" como correta.

Em que pese a questão já estar resolvida, mesmo assim comentaremos a quinta assertiva, a qual está correta nos termos do inciso LXXI do art. 5º/CF.

Fundamento:

CF: *Art. 5º Todos são iguais perante a lei, sem distinção de qualquer natureza, garantindo-se aos brasileiros e aos estrangeiros residentes no País a inviolabilidade do direito à vida, à liberdade, à igualdade, à segurança e à propriedade, nos termos seguintes: LXVIII – conceder-se-á* habeas corpus *sempre que alguém sofrer ou se achar ameaçado de sofrer violência ou coação em sua liberdade de locomoção, por ilegalidade ou abuso de poder;*

CF: *Art. 5º, LXVII – não haverá prisão civil por dívida, salvo a do responsável pelo inadimplemento voluntário e inescusável de obrigação alimentícia e a do depositário infiel;*

CF: *Art. 5º, LXIX – conceder-se-á mandado de segurança para proteger direito líquido e certo, não amparado por* habeas corpus *ou* habeas data*, quando o responsável pela ilegalidade ou abuso de poder for autoridade pública ou agente de pessoa jurídica no exercício de atribuições do Poder Público;*

CF: *Art. 5º, LXXII – conceder-se-á* habeas data*: a) para assegurar o conhecimento de informações relativas à pessoa do impetrante, constantes de registros ou bancos de dados de entidades governamentais ou de caráter público; b) para a retificação de dados, quando não se prefira fazê-lo por processo sigiloso, judicial ou administrativo;*

CF: *Art. 5º, LXXI – conceder-se-á mandado de injunção sempre que a falta de norma regulamentadora torne inviável o exercício dos direitos e liberdades constitucionais e das prerrogativas inerentes à nacionalidade, à soberania e à cidadania;*

Gabarito "B"

(Soldado – PM/PI – 2017 – Nucepe) Considerando a Constituição Federal, assinale a afirmativa correta.

(A) É livre a manifestação do pensamento, sendo permitido o anonimato.

(B) Todos têm direito a receber dos órgãos públicos informações de seu interesse particular, mas não as de interesse coletivo.

(C) Não haverá juízo ou tribunal de exceção.

(D) Nenhuma pena passará da pessoa do condenado, salvo em caso de crime hediondo.

(E) Admite-se a pena de trabalhos forçados com finalidade de reparação de danos.

Comentários: Questão tranquila sobre o sempre perguntado art. 5º da Constituição Federal. Mera memorização.

A alínea "A" está incorreta, pois o inciso IV do art. 5º da Constituição Federal (CF) veda expressamente o anonimato.

A alínea "B" está incorreta pois, o inciso XXXIII do art. 5º/CF permite o recebimento de interesse particular ou de interesse coletivo.

A alínea "C" está correta, conforme literalidade do inciso XXXVII do art. 5º/CF.

A alínea "D" está incorreta pois o inciso XLV do art. 5º/CF não permite exceções ao chamado "Princípio da Individualização da Pena", ou seja, a pena não poderá passar da pessoa do condenado.

A alínea "E" está incorreta pois a alínea "c" do inciso XLVII do art. 5º/CF proíbe expressamente a pena de trabalhos forçados.

Fundamento:

CF: *Art. 5º Todos são iguais perante a lei, sem distinção de qualquer natureza, garantindo-se aos brasileiros e aos estrangeiros residentes no País a inviolabilidade do direito à vida, à liberdade, à igualdade, à segurança e à propriedade, nos termos seguintes: IV – é livre a manifestação do pensamento, sendo vedado o anonimato;*

CF: *Art. 5º, XXXIII – todos têm direito a receber dos órgãos públicos informações de seu interesse particular, ou de interesse coletivo ou geral, que serão prestadas no prazo da lei, sob pena de responsabilidade, ressalvadas aquelas cujo sigilo seja imprescindível à segurança da sociedade e do Estado;*

CF: Art. *5º, XXXVII – não haverá juízo ou tribunal de exceção;*

CF: Art. *5º, XLV – nenhuma pena passará da pessoa do condenado, podendo a obrigação de reparar o dano e a decretação do perdimento de bens ser, nos termos da lei, estendidas aos sucessores e contra eles executadas, até o limite do valor do patrimônio transferido;*

CF: *Art. 5º, XLVII – não haverá penas: c) de trabalhos forçados;*

Gabarito "C"

(Soldado – PM/PI – 2017 – Nucepe) Quanto aos direitos e garantias fundamentais, é correto afirmar que:

(A) ninguém será submetido à tortura, salvo por força de decisão hierárquica superior.

(B) é livre a expressão da atividade intelectual, independentemente de censura ou licença.

(C) é plena a liberdade de associação, inclusive a de caráter paramilitar.

(D) a lei penal não retroagirá, salvo para condenar o réu.

(E) é possível haver crime sem lei anterior que o defina.

Comentários: Questão fácil, do sempre pedido art. 5º/CF, busca a mera memorização.

A alínea "A" está incorreta, pois, no tocante à tortura não existe "salvo". Ela é obrigatória em todos os sentidos, conforme art. 5º, inciso III, da Constituição Federal (CF).

A alínea "B" está correta conforme literalidade do inciso IX do art. 5º/CF.

A alínea "C" está incorreta, pois o inciso XVII do art. 5º/CF veda expressamente a atividade de caráter paramilitar.

A alínea "D" está incorreta, pois o inciso XL do art. 5º/CF é nítido ao afirmar acerca do Princípio da Irretroatividade da Lei Penal, cuja exceção será para beneficiar o réu, jamais para condená-lo.

A alínea "E" está incorreta, pois o inciso XXXIX do art. 5º/CF determina ao chamado Princípio da Reserva Legal, ou seja, que não haverá crime sem lei anterior que o defina.

Fundamento:

CF: *Art. 5º Todos são iguais perante a lei, sem distinção de qualquer natureza, garantindo-se aos brasileiros e aos estrangeiros residentes no País a inviolabilidade do direito à vida, à liberdade, à igualdade, à segurança e à propriedade, nos termos seguintes: III – ninguém será submetido a tortura nem a tratamento desumano ou degradante;*

CF: *Art. 5º, IX – é livre a expressão da atividade intelectual, artística, científica e de comunicação, independentemente de censura ou licença;*

CF: *Art. 5º, XVII – é plena a liberdade de associação para fins lícitos, vedada a de caráter paramilitar;*

CF: *Art. 5º, XL – a lei penal não retroagirá, salvo para beneficiar o réu;*

CF: *Art. 5º, XXXIX – não há crime sem lei anterior que o defina, nem pena sem prévia cominação legal;*

Gabarito "B"

(Soldado – PM/MG – 2017 – PMMG) De acordo com os direitos e garantias fundamentais previstos na Constituição da República Federativa do Brasil de 1988, assinale a alternativa CORRETA:

(A) O Estado indenizará o condenado por erro judiciário, assim como o que ficar preso além do tempo fixado na sentença.

(B) Ninguém será levado à prisão ou nela mantido, quando a lei admitir a prisão preventiva ou a prisão temporária.

(C) O Estado prestará assistência jurídica integral e onerosa aos que comprovarem insuficiência de recursos logísticos.

(D) A todos, no âmbito judicial e administrativo, são defesos a razoável duração do processo e os meios que garantam a celeridade de sua tramitação.

Comentários: Questão tranquila, memorização do já "manjado" art. 5º/CF.

A alínea "A" está correta conforme literalidade do inciso LXXV do art. 5º/CF.

A alínea "B" está incorreta, pois o inciso LXVI do art. 5º/CF afirma justamente o contrário, ou seja, a liberdade será assegurada quando a lei admitir a liberdade provisória e não a prisão.

A alínea "C" está incorreta, pois o inciso LXXIV do art. 5º/CF afirma justamente o contrário, ou seja, a assistência será integral e gratuita (e não onerosa conforme afirma a ementa).

A alínea "D" está incorreta, pois é assegurada a razoável duração do processo, nos termos do art. 5º, inciso LXXVIII/CF. Bastava o candidato saber o significado de defeso = proibido, que ficaria bem mais fácil.

Fundamento:

CF: *Art. 5º, LXXV – o Estado indenizará o condenado por erro judiciário, assim como o que ficar preso além do tempo fixado na sentença;*

CF: *Art. 5º, LXVI – ninguém será levado à prisão ou nela mantido, quando a lei admitir a liberdade provisória, com ou sem fiança;*

CF: *Art. 5º, LXXIV – o Estado prestará assistência jurídica integral e gratuita aos que comprovarem insuficiência de recursos;*

CF: *Art. 5º, LXXVIII – a todos, no âmbito judicial e administrativo, são assegurados a razoável duração do processo e os meios que garantam a celeridade de sua tramitação.*

Gabarito "A".

(Soldado – PM/MG – 2017 – PMMG) De acordo com os direitos e garantias fundamentais previstos na Constituição da República Federativa do Brasil de 1988 é CORRETO afirmar que:

(A) É livre a manifestação do pensamento, sendo consentido apenas o anonimato.

(B) A casa é asilo inviolável do indivíduo e ninguém nela nunca pode penetrar durante a noite.

(C) Ninguém será preso senão em flagrante delito ou por ordem escrita e fundamentada de autoridade judiciária competente, salvo nos casos de transgressão militar ou crime propriamente militar, definidos em lei.

(D) O preso poderá ser informado de seus direitos, entre os quais o de permanecer quieto, sendo-lhe assegurado a assistência de defensor constituído às expensas do Estado.

Comentários: Questão fácil, mera memorização de um artigo "manjado". O candidato tem que ter a ciência que o art. 5º/CF aparecerá com certeza em sua prova.

A alínea "A" está incorreta, pois o inciso IV do art. 5º/CF, deixa claro a vedação do anonimato.

A alínea "B" está incorreta, pois o inciso XI do art. 5º/CF, deixa claro ao afirmar que há exceções à violação, mesmo à noite, sendo nos casos de flagrante delito, ou desastre, ou para prestar socorro.

A alínea "C" está correta nos termos da literalidade do inciso LXI do art. 5º/CF.

A alínea "D" está incorreta, pois o inciso LXIII do art. 5º/CF deixa claro que será assegurada a assistência de advogado, mas em momento algum afirma que o será às expensas do Estado.

Fundamento:

CF: *Art. 5º Todos são iguais perante a lei, sem distinção de qualquer natureza, garantindo-se aos brasileiros e aos estrangeiros residentes no País a inviolabilidade do direito à vida, à liberdade, à igualdade, à segurança e à propriedade, nos termos seguintes: IV – é livre a manifestação do pensamento, sendo vedado o anonimato;*

CF: *Art. 5º, XI – a casa é asilo inviolável do indivíduo, ninguém nela podendo penetrar sem consentimento do morador, salvo em caso de flagrante delito ou desastre, ou para prestar socorro, ou, durante o dia, por determinação judicial;*

CF: *Art. 5º, LXI – ninguém será preso senão em flagrante delito ou por ordem escrita e fundamentada de autoridade judiciária competente, salvo nos casos de transgressão militar ou crime propriamente militar, definidos em lei;*

CF: *Art. 5º, LXIII – o preso será informado de seus direitos, entre os quais o de permanecer calado, sendo-lhe assegurada a assistência da família e de advogado;*

Gabarito "C".

5. DIREITOS SOCIAIS, DOS TRABALHALHORES E SINDICAIS

(Soldado – PM/SE – IBFC – 2018) Assinale a alternativa correta. Apresenta-se como direito dos trabalhadores urbanos e rurais, além de outros que visem à melhoria de sua condição social:

(A) duração do trabalho normal não superior a oito horas diárias e quarenta e quatro semanais, facultada a compensação de horários e a redução da jornada, mediante acordo ou convenção coletiva de trabalho

(B) irredutibilidade do salário, sem qualquer ressalva

(C) remuneração do trabalho diurno superior à do noturno

(D) seguro-desemprego, em caso de desemprego voluntário

A assertiva "a" está de acordo com o inciso XIII do art. 7º da Constituição Federal (CF), o qual trata dos direitos dos trabalhadores urbanos e rurais e desta forma, é a resposta correta.

A assertiva "b" está em desacordo com a parte final do inciso VI do art. 7º da CF, portanto, questão errada.

A assertiva "c" está em desacordo com o inciso IX do art. 7º da CF, aliás é justamente o contrário, ou seja, a remuneração do trabalho noturno superior à do trabalho diurno. Questão errada.

A assertiva "d" está em desacordo com o inciso II do art. 7º da CF, pois o seguro desemprego é devido em caso de desemprego involuntário e não voluntário conforme afirmado na ementa.

Fundamento:

CF: *Art. 7º São direitos dos trabalhadores urbanos e rurais, além de outros que visem à melhoria de sua condição social: II – seguro-desemprego, em caso de desemprego involuntário; VI – irredutibilidade do salário, salvo o disposto em convenção ou acordo coletivo; IX – remuneração do trabalho noturno superior à do diurno; XIII – duração do trabalho normal não superior a oito horas diárias e quarenta e quatro semanais, facultada a compensação de horários e a redução da jornada, mediante acordo ou convenção coletiva de trabalho;*

Gabarito "A".

(Soldado – PM/SE – IBFC – 2018) Com relação ao direito de greve, assinale a alternativa incorreta:

(A) A Constituição Federal assegura o direito de greve, competindo aos trabalhadores decidir sobre a oportunidade de exercê-lo.

(B) Os abusos cometidos no exercício do direito de greve sujeitam os responsáveis às penas da lei.

(C) A Constituição Federal assegura o direito de greve, competindo aos trabalhadores decidir sobre os interesses que devam por meio dele defender.

(D) É vedada a realização de greve em atividades essenciais.

A assertiva "a" está de acordo com o art. 9º da Constituição Federal (CF), mas a questão pede a INCORRETA, portanto, questão errada.

A assertiva "b" está de acordo com o § 2º do art. 9º da CF, portanto questão errada.

A assertiva "c" está de acordo com o art. 9º da CF, portanto questão errada.

A assertiva "d" está incorreta, pois o § 1º do art. 9º da CF afirma que lei específica disporá sobre o atendimento do que venha a ser "serviços ou atividades essenciais".

Fundamento:

CF: *Art. 9º É assegurado o direito de greve, competindo aos trabalhadores decidir sobre a oportunidade de exercê-lo e sobre os interesses que devam por meio dele defender. § 1º A lei definirá os serviços ou atividades essenciais e disporá sobre o atendimento das necessidades inadiáveis da comunidade. § 2º Os abusos cometidos sujeitam os responsáveis às penas da lei.*

Gabarito "D".

(Soldado – PM/SE – IBFC – 2018) Assinale a alternativa correta. Com relação à liberdade de associação profissional ou sindical, assim dispõe a Constituição Federal da República:

(A) não é dado à lei exigir autorização estatal para a fundação de sindicato, ressalvado o registro no órgão competente, sendo que a interferência e a intervenção na organização sindical são vedadas ao Poder Público

(B) ao sindicato cabe a defesa dos direitos e interesses coletivos ou individuais da categoria, exceção feita às questões de ordem administrativa.

(C) faz-se obrigatória a participação dos sindicatos nas negociações coletivas de trabalho.

(D) não se permite a criação de mais de uma organização sindical, em qualquer grau, representativa de categoria econômica ou profissional, na mesma base territorial.

A assertiva "a" está correta, conforme inciso I do art. 8º da Constituição Federal (CF).
A assertiva "b" está errada, pois o inciso III do art. 8º da CF, que trata do assunto, afirma na parte final que estão inclusas as questões de ordem administrativa.
A assertiva "c" está correta, na forma do inciso VI do art. 8º da CF.
A assertiva "d" também está correta, na forma do inciso II do art. 8º da CF.
Comentário: Acredito que a questão deveria ter pedido a incorreta, já que das quatro assertivas, apenas uma é a incorreta, mas ela pediu a correta e desta forma, foi devidamente anulada.
Fundamento:
CF: *Art. 8º É livre a associação profissional ou sindical, observado o seguinte: I – a lei não poderá exigir autorização do Estado para a fundação de sindicato, ressalvado o registro no órgão competente, vedadas ao Poder Público a interferência e a intervenção na organização sindical; II – é vedada a criação de mais de uma organização sindical, em qualquer grau, representativa de categoria profissional ou econômica, na mesma base territorial, que será definida pelos trabalhadores ou empregadores interessados, não podendo ser inferior à área de um Município; III – ao sindicato cabe a defesa dos direitos e interesses coletivos ou individuais da categoria, inclusive em questões judiciais ou administrativas; VI – é obrigatória a participação dos sindicatos nas negociações coletivas de trabalho;*

Gabarito: Anulada

(Soldado – PM/SE – IBFC – 2018) Assinale a alternativa que se encontra em contrariedade com os direitos sociais, como tais previstos expressamente na Constituição Federal da República:

(A) redução dos riscos inerentes ao trabalho, por meio de normas de saúde, higiene e segurança.

(B) gozo de férias anuais remuneradas com, pelo menos, um terço a mais do que o salário normal.

(C) aviso prévio proporcional ao tempo de serviço, sendo no mínimo de trinta dias, nos termos da lei.

(D) licença à gestante, sem prejuízo do emprego e do salário, com a duração de cento e oitenta dias.

A assertiva "a" está de acordo com o inciso XXII do art. 7º da Constituição Federal (CF), portanto, questão errada, já que é pedido aquilo que esteja em CONTRARIEDADE com os direitos sociais.
A assertiva "b" está de acordo com o inciso XVII do art. 7º da CF, portanto, questão errada.
A assertiva "c" está de acordo com o inciso XXI do art. 7º da CF, portanto, questão errada.
A assertiva "d" está em desacordo com o inciso XVIII do art. 7º da CF, o qual afirma ser de 120 dias a licença maternidade e não 180 dias conforme afirmado na ementa. Assim, considerando que a questão pede a CONTRARIEDADE, está é a nossa resposta.
Fundamento:
CF: *Art. 7º São direitos dos trabalhadores urbanos e rurais, além de outros que visem à melhoria de sua condição social: XVII – gozo de férias anuais remuneradas com, pelo menos, um terço a mais do que o salário normal; XVIII – licença à gestante, sem prejuízo do emprego e do salário, com a duração de cento e vinte dias; XXI – aviso prévio proporcional ao tempo de serviço, sendo no mínimo de trinta dias, nos termos da lei; XXII – redução dos riscos inerentes ao trabalho, por meio de normas de saúde, higiene e segurança.*

Gabarito "D"

(Oficial – PM/MG – 2016 – PMMG) Nos termos da Constituição da República Federativa do Brasil/1988, marque "V" para a(s) assertiva(s) verdadeira(s) e "F" para a(s) falsa(s) e, ao final, responda o que se pede.

( ) São direitos dos trabalhadores urbanos garantia de salário, nunca inferior ao mínimo, salvo para os que percebem remuneração variável.

( ) São direitos dos trabalhadores jornada de oito horas para o trabalho realizado em turnos ininterruptosde revezamento, independente de negociação coletiva.

( ) São direitos dos trabalhadores urbanos e rurais, além de outros que visem à melhoria de sua condição social, relação de emprego protegida contra despedida arbitrária ou sem justa causa, nos termos de lei complementar, que preverá indenização compensatória, dentre outros direitos.

( ) É livre a associação profissional ou sindical, observado, dentre outros, o seguinte: a lei não poderá exigir autorização do Estado para a fundação de sindicato, ressalvado o registro no órgão competente, vedadas ao Poder Público a interferência e a intervenção na organização sindical.

( ) É proibida a participação dos sindicatos nas negociações coletivas de trabalho.

Marque a alternativa que contém a sequência CORRETA de respostas, na ordem de cima para baixo.

(A) V, V, F, F, V.

(B) F, F, F, V, F.

(C) V, V, V, F, V.

(D) F, F, V, V, F.

Comentários: Uma "mistura" entre os direitos constitucionais do trabalho no art. 7º com os direitos sindicais do art. 8º. Não é um tema muito estudado pelos concurseiros. Merece atenção redobrada.
A primeira assertiva está errada, pois o inciso VII do art. 7º da Constituição Federal (CF) deixa claro a garantia de salário nunca inferior ao mínimo para os que percebem remuneração variável. De início, eliminamos as alternativas "A" e "C".
A segunda assertiva está errada, pois o inciso XIV do art. 7º/CF afirma que é assegurada a jornada de seis horas e não oito horas conforme ementa.
A terceira assertiva está correta nos termos do inciso I do art. 7º/CF. Assim, temos: F, F e V, portanto, a alternativa correta é a letra "D".
A quarta assertiva está correta conforme literalidade do inciso I do art. 8º/CF.
A quinta e última assertiva está errada, pois o inciso III do art. 8º/CF não só permite como incumbe ao sindicato a defesa dos direitos e interesses coletivos ou individuais da categoria.

Fundamento:
CF: *Art. 7º São direitos dos trabalhadores urbanos e rurais, além de outros que visem à melhoria de sua condição social: VII – garantia de salário, nunca inferior ao mínimo, para os que percebem remuneração variável;*
CF: *Art.7º, XIV – jornada de seis horas para o trabalho realizado em turnos ininterruptos de revezamento, salvo negociação coletiva;*
CF: *Art. 7º, I – relação de emprego protegida contra despedida arbitrária ou sem justa causa, nos termos de lei complementar, que preverá indenização compensatória, dentre outros direitos;*

CF: *Art. 8º É livre a associação profissional ou sindical, observado o seguinte: I – a lei não poderá exigir autorização do Estado para a fundação de sindicato, ressalvado o registro no órgão competente, vedadas ao Poder Público a interferência e a intervenção na organização sindical;*
CF: *Art. 8º, III – ao sindicato cabe a defesa dos direitos e interesses coletivos ou individuais da categoria, inclusive em questões judiciais ou administrativas;*

Gabarito "D".

(Soldado – PM/PI – 2017 – Nucepe) De acordo com a Constituição Federal, quanto aos direitos sociais, é direito do trabalhador:

(A) a irredutibilidade do salário, salvo o disposto em convenção ou acordo coletivo.
(B) a remuneração do trabalho noturno inferior à do diurno.
(C) o repouso semanal remunerado, preferencialmente aos sábados.
(D) o trabalho noturno, perigoso ou insalubre, a partir dos 17 anos de idade.
(E) o ato de votar e ser votado nas organizações sindicais, desde que não seja aposentado.

Comentários: Questão tranquila até a alínea "d", pois todos trataram dos direitos constitucionais trabalhistas elencados no art. 7º (também muito pedido nas provas ao lado do art. 5º), porém a alínea "e" tratou dos chamados direitos constitucionais sindicais, tema não tão comum nesse tipo de prova.
A alínea "A" está correta nos termos do inciso VI do art. 7º da Constituição Federal (CF). Trata-se de um importante direito constitucional trabalhista.
A alínea "B" está incorreta, nos termos do inciso IX do art. 7º/CF, o qual elenca, dentre os direitos constitucionais trabalhistas a superioridade do salário noturno em relação ao diurno.
A alínea "C" está incorreta, pois o inciso XV do art. 7º/CF afirma que a preferência pelo repouso é aos domingos e não aos sábados, conforme ementa da questão.
A alínea "D" está incorreta, pois o inciso XXXIII do art. 7º/CF afirma que é proibido aos menos de dezoito anos o trabalho noturno perigoso ou insalubre e não permitido a partir dos 17 anos de idade, conforme ementa da questão.
A alínea "E" está incorreta conforme inciso VII do art. 8º/CF, pois é assegurado o voto ao aposentado.
Fundamento:
CF: *Art. 7º São direitos dos trabalhadores urbanos e rurais, além de outros que visem à melhoria de sua condição social: VI – irredutibilidade do salário, salvo o disposto em convenção ou acordo coletivo;*
CF: *Art. 7º, IX – remuneração do trabalho noturno superior à do diurno;*
CF: *Art. 7º, XV – repouso semanal remunerado, preferencialmente aos domingos;*
CF: *Art. 7º, XXXIII – proibição de trabalho noturno, perigoso ou insalubre a menores de dezoito e de qualquer trabalho a menores de dezesseis anos, salvo na condição de aprendiz, a partir de quatorze anos;*
CF: *Art. 8º É livre a associação profissional ou sindical, observado o seguinte: VII – o aposentado filiado tem direito a votar e ser votado nas organizações sindicais;*

Gabarito "A".

6. DIREITOS POLÍTICOS

(Soldado – PM/SE – IBFC – 2018) Para que possa ser considerado elegível, o candidato deverá preencher o requisito de idade mínima de:

(A) dezoito anos para Vereador
(B) vinte anos para Deputado Federal, Deputado Estadual ou Distrital, Prefeito, Vice-Prefeito e juiz de paz
(C) vinte e um anos para Governador e Vice-Governador de Estado e do Distrito Federal
(D) trinta anos para Presidente e Vice-Presidente da República e Senador

A assertiva "a" está correta, conforme literalidade da letra "d", inciso VI, § 3º do art. 14 da Constituição Federal (CF).
A assertiva "b" está incorreta, pois a letra "c" do inciso VI do § 3º do art. 14 da CF afirma ser a idade mínima de 21 anos para deputado, prefeito (e seu vice), bem como, o juiz de paz, ao contrário da ementa que afirma ser de 20 anos.
A assertiva "c" está incorreta, pois conforme letra "b" do inciso VI do § 3º do art. 14 da CF, a idade mínima para ser governador (e seu vice) é de 30 anos e não de 21 conforme afirmado na ementa.
A assertiva "d" está incorreta, pois conforme letra "a" do inciso VI do § 3º do art. 14 da CF, a idade mínima para ser presidente (e seu vice) é de 35 anos e não de 30 conforme afirmado na ementa.
Fundamento:
CF: *Art. 14, § 3º São condições de elegibilidade, na forma da lei: V – a filiação partidária; VI – a idade mínima de: a) trinta e cinco anos para Presidente e Vice-Presidente da República e Senador; b) trinta anos para Governador e Vice-Governador de Estado e do Distrito Federal; c) vinte e um anos para Deputado Federal, Deputado Estadual ou Distrital, Prefeito, Vice-Prefeito e juiz de paz; d) dezoito anos para Vereador.*

Gabarito "A".

(Soldado – PM/SE – IBFC – 2018) O voto e o alistamento eleitoral são obrigatórios para:

(A) os cidadãos maiores de setenta anos.
(B) os cidadãos maiores de dezesseis e menores de dezoito anos.
(C) os cidadãos analfabetos.
(D) os cidadãos maiores de dezoito anos.

A assertiva "a" está errada, pois aos maiores de setenta anos é facultativo, na forma da letra "b" do inciso II do art. § 1º do art. 14 da Constituição Federal (CF).
A assertiva "b" está errada, pois aos cidadãos maiores de dezesseis e menores de dezoito anos é facultativo, na forma da letra "c" do inciso II do art. § 1º do art. 14 da CF.
A assertiva "c" está errada, pois aos cidadãos analfabetos é facultativo, na forma da letra "a" do inciso II do art. § 1º do art. 14 da CF.
A assertiva "d" está correta, conforme literalidade do inciso I do § 1º do art. 14 da CF.
Fundamento:
CF: *Art. 14, § 1º O alistamento eleitoral e o voto são: I – obrigatórios para os maiores de dezoito anos; II – facultativos para: a) os analfabetos; b) os maiores de setenta anos; c) os maiores de dezesseis e menores de dezoito anos.*

Gabarito "D".

(Soldado – PM/SC – 2015 – IOBV) Quanto à atividade política do militar é incorreto:

(A) Não poderão se alistar como eleitor, durante o período do serviço militar obrigatório, os conscritos.
(B) O militar alistável é elegível, e se contar menos de dez anos de serviço, deverá afastar-se da atividade.
(C) O militar alistável é elegível, e se contar mais de dez anos de serviço, será agregado pela autoridade superior e, se eleito, passará automaticamente, no ato da diplomação, para a inatividade.

(D) O militar alistável é elegível, e, se eleito, poderá acumular suas funções com o mandato, desde que verifique-se compatibilidade de horários.

Comentários: A questão pede a incorreta, e na ementa, como "manda a praxe", não está em "caixa alta". É o tipo da questão, que se está no final da prova, o candidato lê, mas não enxerga, daí o nível da dificuldade em si.

A afirmação constante da alínea "A" está correta na forma do § 2º do art. 5º da Constituição Federal (CF), portanto, questão incorreta.

A afirmação constante da alínea "B" está correta na forma do inciso I do § 8º do art. 14/CF, portanto, questão incorreta.

A afirmação constante da alínea "C" está correta na forma do inciso II do § 8º do art. 14/CF, portanto, questão incorreta.

A afirmação constante da alínea "D" está incorreta, pois na forma do inciso II do § 8º do art. 14/CF, o militar com mais de dez anos, se eleito, passará automaticamente, no ato da diplomação, para a inatividade.

Fundamento:

CF: *Art. 14, § 2º Não podem alistar-se como eleitores os estrangeiros e, durante o período do serviço militar obrigatório, os conscritos.*

CF: *Art. 14, § 8º O militar alistável é elegível, atendidas as seguintes condições: I – se contar menos de dez anos de serviço, deverá afastar-se da atividade; II – se contar mais de dez anos de serviço, será agregado pela autoridade superior e, se eleito, passará automaticamente, no ato da diplomação, para a inatividade.*

Gabarito "D"

(Soldado – PM/SE – IBFC – 2018) A Constituição Federal da República afirma que a soberania popular será exercida pelo sufrágio universal e pelo voto direto e secreto, com valor igual para todos, e, nos termos da lei, mediante determinados instrumentos, dentre os quais não se encontra:

(A) o plebiscito.

(B) a ação popular.

(C) o referendo.

(D) a iniciativa popular.

Comentários:

A assertiva "a" está errada, pois SE encontra de acordo com o inciso I do art. 14 da Constituição Federal (CF).

A assertiva "b" NÃO se encontra nas hipóteses da soberania popular elencada no art. 14/CF e sim, está prevista no inciso LXXIII do art. 5º/CF, portanto, é nossa resposta.

A assertiva "c" está errada, pois SE encontra de acordo com o inciso II do art. 14/CF.

A assertiva "d" está errada, pois SE encontra de acordo com o inciso III do art. 14/CF.

Fundamento:

CF: *Art. 14. A soberania popular será exercida pelo sufrágio universal e pelo voto direto e secreto, com valor igual para todos, e, nos termos da lei, mediante: I – plebiscito; II – referendo; III – iniciativa popular.*

CF: *Art. 5º Todos são iguais perante a lei, sem distinção de qualquer natureza, garantindo-se aos brasileiros e aos estrangeiros residentes no País a inviolabilidade do direito à vida, à liberdade, à igualdade, à segurança e à propriedade, nos termos seguintes: LXXIII – qualquer cidadão é parte legítima para propor ação popular que vise a anular ato lesivo ao patrimônio público ou de entidade de que o Estado participe, à moralidade administrativa, ao meio ambiente e ao patrimônio histórico e cultural, ficando o autor, salvo comprovada má-fé, isento de custas judiciais e do ônus da sucumbência;*

Gabarito "B"

7. ORGANIZAÇÃO DO ESTADO

(Soldado – PM/MG – PMMG – 2018) Sobre a organização político-administrativa prevista na CRFB/88, assinale a alternativa CORRETA.

(A) Os Estados em hipótese alguma podem incorporar-se entre si, subdividir-se ou desmembrar-se para se anexarem a outros, ou formarem novos Estados ou Territórios Federais.

(B) Os Territórios Municipais integram a União, e sua criação, transformação em Estado ou reintegração ao Estado de origem serão reguladas em lei ordinária.

(C) A criação, a incorporação, a fusão e o desmembramento de Municípios, far-se-ão por lei estadual, dentro do período determinado por Lei Complementar Federal, e dependerão de consulta prévia, mediante plebiscito, às populações dos Municípios envolvidos, após divulgação dos Estudos de Viabilidade Municipal, apresentados e publicados na forma da lei.

(D) A União, os Estados, o Distrito Federal e os Municípios devem estabelecer cultos religiosos ou igrejas, subvenciona-los, embaraçar-lhes o funcionamento ou manter com eles, ou seus representantes, relações de dependência ou aliança, ressalvada, na forma da lei, a colaboração de interesse público.

A assertiva "a" está errada, pois o § 3º do art. 18 da Constituição Federal (CF) prevê tal possibilidade.

A assertiva "b" está errada, pois o § 2º do art. 18 da CF afirma que a regulamentação será por lei complementar e não por lei ordinária, conforme afirmado na ementa.

A assertiva "c" está correta, conforme literalidade do § 4º do art. 18 da CF.

A assertiva "d" está errada, pois o inciso I do art. 19 da CF veda tal situação.

Fundamento:

CF: *Art. 18, § 2º Os Territórios Federais integram a União, e sua criação, transformação em Estado ou reintegração ao Estado de origem serão reguladas em lei complementar. § 3º Os Estados podem incorporar-se entre si, subdividir-se ou desmembrar-se para se anexarem a outros, ou formarem novos Estados ou Territórios Federais, mediante aprovação da população diretamente interessada, através de plebiscito, e do Congresso Nacional, por lei complementar. § 4º A criação, a incorporação, a fusão e o desmembramento de Municípios, far-se-ão por lei estadual, dentro do período determinado por Lei Complementar Federal, e dependerão de consulta prévia, mediante plebiscito, às populações dos Municípios envolvidos, após divulgação dos Estudos de Viabilidade Municipal, apresentados e publicados na forma da lei.*

CF: *Art. 19. É vedado à União, aos Estados, ao Distrito Federal e aos Municípios: I – estabelecer cultos religiosos ou igrejas, subvencioná-los, embaraçar-lhes o funcionamento ou manter com eles ou seus representantes relações de dependência ou aliança, ressalvada, na forma da lei, a colaboração de interesse público.*

Gabarito "C"

(Oficial – PM/DF – 2017 – Lades) Com relação ao Estado Federal Brasileiro, especialmente no que se refere à União, aos estados, ao Distrito Federal, aos municípios e aos territórios, é correto afirmar que

(A) Brasília é a região administrativa autônoma, mas o Distrito Federal é a capital federal.

(B) os territórios federais integram o Distrito Federal, e que a criação destes, bem como a transformação em estado ou a reintegração ao estado de origem serão reguladas em lei complementar.

(C) é vedado à União, aos estados, ao Distrito Federal e aos municípios estabelecer cultos religiosos ou igrejas, subvencioná-los, embaraçar-lhes o funcionamento ou manter com eles, ou seus representantes, relações de dependência ou aliança, ressalvada, na forma da lei, a colaboração de interesse público.

(D) os estados podem incorporar-se entre si, subdividir-se ou desmembrar-se para se anexar a outros ou formar novos estados ou territórios federais, mediante aprovação da população diretamente interessada, por meio de plebiscito, e do Congresso Nacional, por meio de lei ordinária federal.

(E) a organização político-administrativa da República Federativa do Brasil compreende a União, os estados, o Distrito Federal e os municípios, todos independentes, nos termos da Constituição.

Comentários: Abordagem aos artigos 18 e 19 da Constituição Federal, nem sempre muito pedidos. Buscou-se a memorização do texto.

A alínea "A" está incorreta, pois o § 1º do art. 18 da Constituição Federal (CF) afirma textualmente que Brasília é a Capital Federal.

A alínea "B" está incorreta pois nos termos do § 2º do art. 18/CF, os territórios federais integram a União e não o Distrito Federal conforme proposto na ementa.

A alínea "C" está correta conforme literalidade do inciso I do art. 19/CF.

A alínea "D" está incorreta pois, nos termos o § 3º do art. 18/CF, a aprovação pelo Congresso Nacional dar-se-á por meio lei complementar e não por meio de lei ordinária federal conforme descrito na ementa.

A alínea "E" está incorreta, pois os entes federativos (União, Estados, Municípios e o Distrito Federal, são autônomos, conforme art. 18/CF, jamais independentes.

Fundamento:

CF: *Art. 18, § 1º Brasília é a Capital Federal.*

CF: *Art. 18, § 2º Os Territórios Federais integram a União, e sua criação, transformação em Estado ou reintegração ao Estado de origem serão reguladas em lei complementar.*

CF: *Art. 19. É vedado à União, aos Estados, ao Distrito Federal e aos Municípios: I – estabelecer cultos religiosos ou igrejas, subvencioná-los, embaraçar-lhes o funcionamento ou manter com eles ou seus representantes relações de dependência ou aliança, ressalvada, na forma da lei, a colaboração de interesse público;*

CF: *Art. 18, § 3º Os Estados podem incorporar-se entre si, subdividir-se ou desmembrar-se para se anexarem a outros, ou formarem novos Estados ou Territórios Federais, mediante aprovação da população diretamente interessada, através de plebiscito, e do Congresso Nacional, por lei complementar.*

CF: *Art. 18. A organização político-administrativa da República Federativa do Brasil compreende a União, os Estados, o Distrito Federal e os Municípios, todos autônomos, nos termos desta Constituição.*

Gabarito "C"

8. DA ADMINISTRAÇÃO PÚBLICA

(Oficial – PM/SP – 2016 – VUNESP) A Constituição do Estado de São Paulo, ao tratar dos fundamentos do Estado, assevera que

(A) a lei estabelecerá procedimentos judiciários abreviados e gratuitos nas ações cujo objeto principal seja a salvaguarda dos direitos e liberdades fundamentais.

(B) são requisitos a serem observados, entre outros, nos procedimentos administrativos: validade, igualdade entre os administrados, publicidade e despacho ou decisão motivados.

(C) o Estado de São Paulo é soberano para exercer as competências, sem sujeição de qualquer tipo de limitação.

(D) o Estado poderá assegurar assistência jurídica integral e gratuita aos que declararem insuficiência de recursos.

(E) nos procedimentos administrativos, qualquer que seja o objeto, observar-se-ão, exclusivamente, os requisitos de validade, a igualdade entre os administrados e o devido processo legal, especialmente quanto à exigência da publicidade, do contraditório, da ampla defesa e do despacho ou decisão motivados.

Comentários: Tudo que envolve constituição estadual ou lei orgânica tende a ser mais difícil, não pelo conteúdo em sim, mas porque não estudamos. Não tivemos isso na graduação. Nossa Constituição Federal por ser escrita e analítica, deveria ter estimulado que os Estados da Federação fizessem suas próprias constituições de forma sintética, mas, infelizmente, não foi o que ocorreu.

A alínea "A" está incorreta, pois o procedimento judiciário não será gratuito, conforme descrito, e sim, de "custos reduzidos", nos termos do art. 2º da Constituição do Estado de São Paulo (CESP).

A alínea "B" está correta conforme literalidade do art. 4º/CESP.

A alínea "C" está incorreta, pois soberana é a República Federativa do Brasil. Os entes políticos são autônomos, jamais soberanos. As limitações são impostas pela Constituição Federal, e no mesmo sentido (não poderia ser diferente), o art. 1º/CESP assim determina.

A alínea "D" está incorreta no critério facultativo "poderá", quando o art. 3º/CESP afirma que o "Estado prestará", ou seja, com caráter vinculante.

A alínea "E" está incorreta ao limitar de forma "exclusiva" os requisitos, quando o art. 4º/CESP afirma "entre outros requisitos", ou seja, o rol é meramente exemplificativo.

Fundamento:

CESP: *Art. 2º A lei estabelecerá procedimentos judiciários abreviados e de custos reduzidos para as ações cujo objeto principal seja a salvaguarda dos direitos e liberdades fundamentais.*

CESP: *Art. 4º Nos procedimentos administrativos, qualquer que seja o objeto, observar-se-ão, entre outros requisitos de validade, a igualdade entre os administrados e o devido processo legal, especialmente quanto à exigência da publicidade, do contraditório, da ampla defesa e do despacho ou decisão motivados.*

CESP: *Art. 1º O Estado de São Paulo, integrante da República Federativa do Brasil, exerce as competências que não lhe são vedadas pela Constituição Federal.*

CESP: *Art. 3º O Estado prestará assistência jurídica integral e gratuita aos que declara insuficiência de recursos.*

Gabarito "B"

(Oficial – PM/SP – 2015 – VUNESP) Nos termos da Constituição do Estado de São Paulo, os servidores públicos estaduais poderão ser responsabilizados e submetidos, nos termos da lei, a sequestro e perdimento de bens, em virtude de

(A) danos causados ao usuário do serviço público.

(B) diminuição da arrecadação tributária.

(C) danos causados à coletividade.

(D) greve julgada ilegal pelo Poder Judiciário.

(E) pagamentos efetuados em desacordo com as normas legais.

Comentários: Questão tranquila, mas em se tratando de Constituição estadual, tem um fator inerente de dificuldade: a falta de contato com tal diploma legal.
A alínea "A" está incorreta, pois na forma do art. 131 da Constituição do Estado de São Paulo (CESP), o sequestro de bens e o perdimento de bens dar-se-á apenas para os casos alcance e outros danos causados à Administração, ou por pagamentos efetuados em desacordo com as normas legais.
A alínea "B" está incorreta, pois na forma do art. 131/CESP, o sequestro de bens e o perdimento de bens dar-se-á apenas para os casos alcance e outros danos causados à Administração, ou por pagamentos efetuados em desacordo com as normas legais.
A alínea "C" está incorreta, pois na forma do art. 131/CESP, o sequestro de bens e o perdimento de bens dar-se-á apenas para os casos alcance e outros danos causados à Administração, ou por pagamentos efetuados em desacordo com as normas legais.
A alínea "D" está incorreta, pois na forma do art. 131/CESP, o sequestro de bens e o perdimento de bens dar-se-á apenas para os casos alcance e outros danos causados à Administração, ou por pagamentos efetuados em desacordo com as normas legais.
A alínea "E" está correta conforme literalidade do art. 131/CESP.
Fundamento:
CESP: *Art. 131. O Estado responsabilizará os seus servidores por alcance e outros danos causados à Administração, ou por pagamentos efetuados em desacordo com as normas legais, sujeitando-os ao sequestro e perdimento dos bens, nos termos da lei.*

Gabarito "E"

(Oficial – PM/SP – 2015 – VUNESP) A Constituição da República Federativa do Brasil prevê, acerca dos servidores públicos, que

(A) os Poderes Executivo, Legislativo e Judiciário publicarão semestralmente os valores do subsídio e da remuneração dos cargos e empregos públicos.

(B) a remuneração dos servidores públicos, organizados em carreira, não poderá ser efetuada exclusivamente por subsídio fixado em parcela única.

(C) em caso de invalidez permanente, decorrente de acidente em serviço, os proventos serão proporcionais ao tempo de contribuição.

(D) se aplicam aos servidores ocupantes de cargo público, dentre outros, o direito ao décimo terceiro salário e à remuneração do trabalho noturno superior à do diurno.

(E) o procedimento de avaliação periódica de desempenho influenciará o cálculo de vantagens pecuniárias, mas não determinará a perda do cargo de servidor efetivo.

Comentários: Questão de nível médio de complexidade, vários dispositivos dos direitos dos servidores públicos civis. Entendo também que é matéria muito pedida nos concursos e deve ter o devido destaque nos estudos do candidato.
A alínea "A" está incorreta, pois nos termos do § 6º do art. 39 da Constituição Federal (CF), a publicação tem uma periodicidade anual e não semestral, conforme descrito na ementa.
A alínea "B" está incorreta, pois o § 4º do art. 39/CF afirma justamente o contrário, ou seja, exclusivamente por subsídio fixado em parcela única.
A alínea "C" está incorreta, pois o § 1º do art. 40/CF afirma que os proventos serão integrais nesse caso, e não proporcionais conforme afirmado na ementa.
A alínea "D" está correta nos termos dos incisos VIII e IX do art. 7º c/c § 3º do art. 39, todos da Constituição Federal.
A alínea "E" está incorreta, pois na forma do § 1º do art. 41/CF, o procedimento de avaliação periódica de desempenho poderá sim ensejar na perda do cargo público.

Fundamento:
CF: *Art. 39, § 6º Os Poderes Executivo, Legislativo e Judiciário publicarão anualmente os valores do subsídio e da remuneração dos cargos e empregos públicos.*
CF: *Art. 39, § 4º O membro de Poder, o detentor de mandato eletivo, os Ministros de Estado e os Secretários Estaduais e Municipais serão remunerados exclusivamente por subsídio fixado em parcela única, vedado o acréscimo de qualquer gratificação, adicional, abono, prêmio, verba de representação ou outra espécie remuneratória, obedecido, em qualquer caso, o disposto no art. 37, X e XI.*
CF: *Art. 40, § 1º Os servidores abrangidos pelo regime de previdência de que trata este artigo serão aposentados, calculados os seus proventos a partir dos valores fixados na forma dos §§ 3º e 17: I – por invalidez permanente, sendo os proventos proporcionais ao tempo de contribuição, exceto se decorrente de acidente em serviço, moléstia profissional ou doença grave, contagiosa ou incurável, na forma da lei;*
CF: *Art. 7º São direitos dos trabalhadores urbanos e rurais, além de outros que visem à melhoria de sua condição social: VIII – décimo terceiro salário com base na remuneração integral ou no valor da aposentadoria; IX – remuneração do trabalho noturno superior à do diurno;*
CF: *Art. 39, § 3º Aplica-se aos servidores ocupantes de cargo público o disposto no art. 7º, IV, VII, VIII, IX, XII, XIII, XV, XVI, XVII, XVIII, XIX, XX, XXII e XXX, podendo a lei estabelecer requisitos diferenciados de admissão quando a natureza do cargo o exigir.*
CF: *Art. 41, § 1º O servidor público estável só perderá o cargo: III – mediante procedimento de avaliação periódica de desempenho, na forma de lei complementar, assegurada ampla defesa.*

Gabarito "D"

(Soldado – PM/SP – 2015 – VUNESP) Prevê a Constituição Federal que aos servidores titulares de cargos efetivos da União, dos Estados, do Distrito Federal e dos Municípios, incluídas suas autarquias e fundações, é assegurado regime de previdência de caráter contributivo e solidário, mediante contribuição

(A) da União e dos servidores públicos ativos e inativos.

(B) do respectivo ente público, dos servidores ativos e inativos e dos pensionistas.

(C) do respectivo ente público, dos servidores ativos e inativos e dos pensionistas e 1% (um por cento) das receitas de concursos de prognósticos do ente federativo.

(D) do respectivo ente público e dos servidores ativos, exclusivamente.

(E) dos servidores ativos e inativos civis e dos pensionistas civis.

Comentários: Questão tranquila, abordando apenas um artigo da Lei Maior.
A alínea "A" está incorreta, pois na forma do art. 40 da Constituição Federal (CF), a contribuição se dá mediante contribuição do respectivo ente público, ou seja, cada qual na sua esfera, da União, dos Estados,

dos Municípios e do Distrito Federal e não apenas da União conforme ementa.

A alínea "B" está correta conforme literalidade do art. 40/CF.

A alínea "C" está incorreta nos termos do art. 40/CF, o qual afirma que a contribuição ocorrerá mediante contribuição do respectivo ente público, dos servidores ativos e inativos e dos pensionistas, não havendo qualquer menção às receitas dos concursos de prognósticos do ente federativo.

A alínea "D" está incorreta nos termos do art. 40/CF, pois além dos servidores ativos, há também os inativos.

A alínea "E" está incorreta, pois o art. 40/CF não qualifica os pensionistas, conforme fez a ementa "pensionistas civis".

Fundamento:

CF: *Art. 40. Aos servidores titulares de cargos efetivos da União, dos Estados, do Distrito Federal e dos Municípios, incluídas suas autarquias e fundações, é assegurado regime de previdência de caráter contributivo e solidário, mediante contribuição do respectivo ente público, dos servidores ativos e inativos e dos pensionistas, observados critérios que preservem o equilíbrio financeiro e atuarial e o disposto neste artigo.*

Gabarito "B".

(Soldado – CBM/GO – 2016 – Funrio) À luz da ordem constitucional brasileira, são formas de provimento de cargo público, EXCETO a/o

(A) promoção.

(B) reversão.

(C) reintegração.

(D) ascensão.

(E) aproveitamento.

Comentários: Questão que deveria ser anulada, pois não há menção desse assunto (típico de Direito Administrativo) no texto da Lei Maior. E o pior, a fundamentação de resposta está numa lei ordinária de aplicabilidade aos servidores públicos federais, enquanto que o cargo pretendido no concurso é de nível estadual.

A alínea "A" está correta nos termos do inciso II do art. 8º da Lei nº 8.112/90.

A alínea "B" está correta nos termos do inciso VI do art. 8º da Lei nº 8.112/90.

A alínea "C" está correta nos termos do inciso VIII do art. 8º da Lei nº 8.112/90.

A alínea "D" está incorreta nos termos do art. 8º da Lei nº 8.112/90, pois a ascensão realmente constava como forma de provimento (art. 8º, inciso III da Lei nº 8.112/90), porém foi revogada pela Lei nº 9.527/97, sendo assim a resposta da questão.

A alínea "E" está correta nos termos do inciso VII do art. 8º da Lei nº 8.112/90.

Fundamento:

Lei nº 8.112/90: *Art. 8º São formas de provimento de cargo público: I – nomeação; II – promoção; III – ascensão; (Revogado pela Lei nº 9.527, de 10.12.97) IV – transferência; (Execução suspensa pela RSF nº 46, de 1997) (Revogado pela Lei nº 9.527, de 10.12.97) V – readaptação; VI – reversão; VII – aproveitamento; VIII – reintegração; IX – recondução.*

Gabarito "D".

(Soldado – PM/PI – 2017 – Nucepe) De acordo com a Constituição Federal, em relação à administração pública, é correto afirmar:

(A) os cargos, empregos e funções públicas são acessíveis aos brasileiros que preencham os requisitos estabelecidos em lei, mas são vedados aos estrangeiros.

(B) o prazo de validade do concurso público será de até um ano, prorrogável uma vez, por igual período.

(C) o direito de greve será exercido nos termos e nos limites definidos em lei específica.

(D) os vencimentos dos cargos do Poder Executivo e do Poder Judiciário não poderão ser superiores aos pagos pelo Poder Legislativo.

(E) é permitida a vinculação ou equiparação de quaisquer espécies remuneratórias para o efeito de remuneração de pessoal do serviço público.

Comentários: Questão tranquila, o art. 37 da Constituição Federal é um daqueles "obrigatório saber de ponta a ponta". Mera memorização.

A alínea "A" está incorreta, pois o inciso I do art. 37 da Constituição Federal (CF) permite o acesso as estrangeiros na forma da lei.

A alínea "B" está incorreta, pois o inciso III do art. 37/CF afirma que o prazo será de até dois anos, e não um ano, como consta na ementa da questão.

A alínea "C" está correta, conforme literalidade do inciso VII do art. 37/CF.

A alínea "D" está incorreta, pois o inciso XII do art. 37/CF afirma que os vencimentos dos cargos do Poder Legislativo e do Poder Judiciário não poderão ser superiores aos pagos pelo Poder Executivo, portanto, diverso do que afirma a ementa da questão.

A alínea "E" está incorreta, pois o inciso XIII do art. 37/CF afirma que é vedada a vinculação ou equiparação, enquanto a ementa da questão afirma ser permitida.

Fundamento:

CF: *Art. 37. A administração pública direta e indireta de qualquer dos Poderes da União, dos Estados, do Distrito Federal e dos Municípios obedecerá aos princípios de legalidade, impessoalidade, moralidade, publicidade e eficiência e, também, ao seguinte: I – os cargos, empregos e funções públicas são acessíveis aos brasileiros que preencham os requisitos estabelecidos em lei, assim como aos estrangeiros, na forma da lei;*

CF: *Art. 37, III – o prazo de validade do concurso público será de até dois anos, prorrogável uma vez, por igual período;*

CF: *Art. 37, VII – o direito de greve será exercido nos termos e nos limites definidos em lei específica;*

CF: *Art. 37, XII – os vencimentos dos cargos do Poder Legislativo e do Poder Judiciário não poderão ser superiores aos pagos pelo Poder Executivo;*

CF: *Art. 37, XIII – é vedada a vinculação ou equiparação de quaisquer espécies remuneratórias para o efeito de remuneração de pessoal do serviço público;*

Gabarito "C".

(Oficial – PM/SP – 2016 – VUNESP) Na organização do Estado, no capítulo referente a Administração Pública, a Constituição do Estado de São Paulo dispõe que

(A) a lei estabelecerá os casos de contratação por tempo determinado, para atender a necessidade temporária de excepcional interesse público.

(B) são previstos, exclusivamente, sete princípios a serem observados pela Administração Pública direta, indireta ou fundacional de qualquer dos Poderes do Estado: legalidade, impessoalidade, moralidade, publicidade, razoabilidade, finalidade e eficiência.

(C) o prazo para fornecimento de certidão de atos, contratos, decisões ou pareceres ao cidadão que a solicitar para defesa de seus direitos e esclarecimentos de situações de seu interesse pessoal será de quinze dias úteis.

(D) o direito de regresso assegurado à Administração somente poderá ser exercido contra o servidor que agiu com dolo e não culpa, ao ocasionar dano indenizável a terceiro.

(E) é garantido ao servidor civil e ao militar estadual o direito à livre associação sindical.

Comentários: Tudo que envolve constituição estadual ou lei orgânica tende a ser mais difícil, não pelo conteúdo em sim, mas porque não estudamos. Não tivemos isso na graduação. Nossa Constituição Federal por ser escrita e analítica, deveria ter estimulado que os Estados da Federação fizessem suas próprias constituições de forma sintética, mas, infelizmente, não foi o que ocorreu.
A alínea "A" está correta conforme literalidade do inciso X do art. 115 da Constituição do Estado de São Paulo (CESP).
A alínea "B" está incorreta ao traçar um rol taxativo ("exclusivamente"). O art. 111/CESP elenca além dos citados: motivação e interesse público, não mencionados pela ementa da questão.
A alínea "C" está incorreta, pois a questão afirma ser o prazo de 15 dias, enquanto que a norma constitucional paulista (art. 114) afirma ser de "no máximo 10 dias uteis".
A alínea "D" está incorreta, pois o § 4º do art. 115/CESP afirma que será assegurado o direito de regresso nos casos de dolo ou culpa (a questão afirma que apenas no caso de dolo).
A alínea "E" está incorreta, pois tal garantia é apenas ao servidor público civil nos termos do inciso VI do art. 115/CESP. Quanto ao militar, há vedação expressa nesse sentido.

Fundamento:
CESP: *Art. 115. Para a organização da administração pública direta e indireta, inclusive as fundações instituídas ou mantidas por qualquer dos Poderes do Estado, é obrigatório o cumprimento das seguintes normas: X – a lei estabelecerá os casos de contratação por tempo determinado, para atender a necessidade temporária de excepcional interesse público;*
CESP: *Art. 111. A administração pública direta, indireta ou fundacional, de qualquer dos Poderes do Estado, obedecerá aos princípios de legalidade, impessoalidade, moralidade, publicidade, razoabilidade, finalidade, motivação, interesse público e eficiência.*
CESP: *Art. 114. A administração é obrigada a fornecer a qualquer cidadão, para a defesa de seus direitos e esclarecimentos de situações de seu interesse pessoal, no prazo máximo de dez dias úteis, certidão de atos, contratos, decisões ou pareceres, sob pena de responsabilidade da autoridade ou servidor que negar ou retardar a sua expedição. No mesmo prazo deverá atender às requisições judiciais, se outro não for fixado pela autoridade judiciária.*
CESP: *Art. 115, § 4º As pessoas jurídicas de direito público e as de direito privado, prestadoras de serviços públicos, responderão pelos danos que seus agentes, nessa qualidade, causarem a terceiros, assegurado o direito de regresso contra o responsável nos casos de dolo ou culpa.*
CESP: *Art. 115. Para a organização da administração pública direta e indireta, inclusive as fundações instituídas ou mantidas por qualquer dos Poderes do Estado, é obrigatório o cumprimento das seguintes normas: VI – é garantido ao servidor público civil o direito à livre associação sindical, obedecido o disposto no art. 8º da Constituição Federal;*
Gabarito "A"

9. PODER LEGISLATIVO

(Soldado – PM/MG – 2017 – PMMG) Em relação ao Poder Legislativo previsto no Título IV (Organização dos Poderes) na Constituição da República Federativa do Brasil de 1988, marque a alternativa CORRETA:

(A) O Senado Federal compõe-se de representantes do povo, eleitos, pelo sistema proporcional, em cada Estado, em cada Território e no Distrito Federal.
(B) Os Deputados e Senadores, desde a expedição do diploma, serão submetidos a julgamento perante a Vara da Justiça Federal do Distrito Federal.
(C) A Câmara dos Deputados compõe-se de representantes dos Estados e do Distrito Federal, eleitos segundo o princípio majoritário.
(D) Desde a expedição do diploma, os membros do Congresso Nacional não poderão ser presos, salvo em flagrante de crime inafiançável. Nesse caso, os autos serão remetidos dentro de vinte e quatro horas à Casa respectiva, para que, pelo voto da maioria de seus membros, resolva sobre a prisão.

Comentários: Questão tranquila também, de tema esperado nesse tipo de prova. Mera memorização dos artigos.
A alínea "A" está incorreta, pois o art. 46 da Constituição Federal (CF) afirma que o princípio é o majoritário e não proporcional, conforme descrito na ementa.
A alínea "B" está incorreta, pois o § 1º do art. 53/CF afirma que a competência é do Supremo Tribunal Federal (STF) e não da Vara da Justiça Federal.
A alínea "C" está incorreta, pois o art. 45/CF deixa claro que o sistema é o proporcional e não majoritário conforme afirmado na ementa.
A alínea "D" está correta conforme literalidade do § 2º do art. 53/CF.

Fundamento:
CF: *Art. 46. O Senado Federal compõe-se de representantes dos Estados e do Distrito Federal, eleitos segundo o princípio majoritário.*
CF: *Art. 53, § 1º Os Deputados e Senadores, desde a expedição do diploma, serão submetidos a julgamento perante o Supremo Tribunal Federal.*
CF: *Art. 45. A Câmara dos Deputados compõe-se de representantes do povo, eleitos, pelo sistema proporcional, em cada Estado, em cada Território e no Distrito Federal.*
CF: *Art. 53, § 2º Desde a expedição do diploma, os membros do Congresso Nacional não poderão ser presos, salvo em flagrante de crime inafiançável. Nesse caso, os autos serão remetidos dentro de vinte e quatro horas à Casa respectiva, para que, pelo voto da maioria de seus membros, resolva sobre a prisão.*
Gabarito "D"

10. PODER JUDICIÁRIO

(Oficial – PM/SC – 2015 – IOBV) São competências do Superior Tribunal de Justiça, exceto:

(A) Processar e julgar, originariamente, os mandados de segurança e os *habeas data* contra ato de Ministro de Estado, dos Comandantes da Marinha, do Exército e da Aeronáutica ou do próprio Tribunal; os *habeas corpus*, quando o coator ou paciente for qualquer das pessoas mencionadas na alínea "a", ou quando o coator for tribunal sujeito à sua jurisdição, Ministro de Estado ou Comandante da Marinha, do Exército ou da Aeronáutica, ressalvada a competência da Justiça Eleitoral.
(B) Processar e julgar, originariamente os juízes da Justiça Militar e da Justiça do Trabalho, nos crimes comuns e de responsabilidade, e os membros do Ministério Público da União, ressalvada a competência da Justiça Eleitoral e as causas fundadas em tratado ou contrato da União com Estado estrangeiro ou organismo internacional.
(C) Julgar, em recurso ordinário, os *habeas corpus* decididos em única ou última instância pelos Tribunais Regionais Federais ou pelos tribunais dos Estados, do Distrito Federal e Territórios, quando a decisão for denegatória; os mandados de segurança decididos em única instância pelos Tribunais Regionais Federais

ou pelos tribunais dos Estados, do Distrito Federal e Territórios, quando denegatória a decisão.

(D) Julgar, em recurso especial, as causas decididas, em única ou última instância, pelos Tribunais Regionais Federais ou pelos tribunais dos Estados, do Distrito Federal e Territórios, quando a decisão recorrida der a lei federal interpretação divergente da que lhe haja atribuído outro tribunal.

Comentários: Mais uma questão que pede a incorreta. Sempre farei a observação quanto a ausência de "caixa alta" na ementa sobre. Questão esperada sobre competência, ao menos ficou centralizada no Superior Tribunal de Justiça (STJ).

A alínea "A" está correta conforme alínea "b" do inciso I do art. 105 da Constituição Federal (CF), entretanto, a questão pede a incorreta.

A alínea "B" está incorreta, pois os juízes de 1º grau não têm tal prerrogativa de foro. A alínea "a" do inciso I do art. 105/CF deixa claro que a competência do Superior Tribunal de Justiça (STJ), nesse caso de crimes comuns e de responsabilidade, alcançaria, dentre outros, os desembargadores dos Tribunais de Justiça dos Estados e do Distrito Federal, os membros dos Tribunais de Contas dos Estados e do Distrito Federal, os dos Tribunais Regionais Federais, dos Tribunais Regionais Eleitorais e do Trabalho, os membros dos Conselhos ou Tribunais de Contas dos Municípios e os do Ministério Público da União que oficiem perante tribunais. Ninguém mais. Como a questão pede a incorreta, esta é a resposta.

A alínea "C" está correta na forma da alínea "a" do inciso II do art. 105/CF, porém, a questão pede a incorreta.

A alínea "D" está correta nos termos da alínea "c" do inciso III do art. 105/CF.

Fundamento:

CF: *Art. 105. Compete ao Superior Tribunal de Justiça: I – processar e julgar, originariamente: b) os mandados de segurança e os* habeas data *contra ato de Ministro de Estado, dos Comandantes da Marinha, do Exército e da Aeronáutica ou do próprio Tribunal;*

CF: *Art. 105. Compete ao Superior Tribunal de Justiça: I – processar e julgar, originariamente: a) nos crimes comuns, os Governadores dos Estados e do Distrito Federal, e, nestes e nos de responsabilidade, os desembargadores dos Tribunais de Justiça dos Estados e do Distrito Federal, os membros dos Tribunais de Contas dos Estados e do Distrito Federal, os dos Tribunais Regionais Federais, dos Tribunais Regionais Eleitorais e do Trabalho, os membros dos Conselhos ou Tribunais de Contas dos Municípios e os do Ministério Público da União que oficiem perante tribunais;*

CF: *Art. 105. Compete ao Superior Tribunal de Justiça: II – julgar, em recurso ordinário: a) os* habeas corpus *decididos em única ou última instância pelos Tribunais Regionais Federais ou pelos tribunais dos Estados, do Distrito Federal e Territórios, quando a decisão for denegatória;*

CF: *Art. 105. Compete ao Superior Tribunal de Justiça: III – julgar, em recurso especial, as causas decididas, em única ou última instância, pelos Tribunais Regionais Federais ou pelos tribunais dos Estados, do Distrito Federal e Territórios, quando a decisão recorrida: c) der a lei federal interpretação divergente da que lhe haja atribuído outro tribunal.*

Gabarito "B"

(Soldado – PM/SC – 2015 – IOBV) Quanto ao Poder Judiciário é incorreto afirmar:

(A) São órgãos da Justiça Militar o Superior Tribunal Militar os Tribunais e Juízes Militares instituídos por lei.

(B) Os quinze Ministros do Superior Tribunal Militar serão escolhidos, todos, dentre integrantes das carreiras militares.

(C) Aos juízes é vedado dedicar-se à atividade político-partidária.

(D) À Justiça Militar compete processar e julgar os crimes militares definidos em lei.

Comentários: Questão que pede a incorreta e não traz tal informação em "caixa alta" na ementa já se mostra "desonesta". Excetuando a informação descrita, questão tranquila. Em concurso para polícia militar o candidato tem obrigação de saber sobre a estrutura, competência e composição da justiça militar.

A alínea "A" está correta na formado art. 122 da Constituição Federal (CF), mas a ementa pede a incorreta.

A alínea "B" está incorreta (portanto esta é a resposta), pois o parágrafo único do art. 123/CF afirma que cinco ministros serão civis, sendo três dentre advogados de notório saber jurídico e conduta ilibada, com mais de dez anos de efetiva atividade profissional; e dois, por escolha paritária, dentre juízes auditores e membros do Ministério Público da Justiça Militar.

A alínea "C" está correta (a questão pede a incorreta) na forma do inciso III do parágrafo único do art. 95/CF.

A alínea "D" está correta (a questão pede a incorreta) conforme art. 124/CF.

Fundamento:

CF: *Art. 122. São órgãos da Justiça Militar: I – o Superior Tribunal Militar; II – os Tribunais e Juízes Militares instituídos por lei.*

CF: *Art. 123. O Superior Tribunal Militar compor-se-á de quinze Ministros vitalícios, nomeados pelo Presidente da República, depois de aprovada a indicação pelo Senado Federal, sendo três dentre oficiais-generais da Marinha, quatro dentre oficiais-generais do Exército, três dentre oficiais-generais da Aeronáutica, todos da ativa e do posto mais elevado da carreira, e cinco dentre civis.*

Parágrafo único. Os Ministros civis serão escolhidos pelo Presidente da República dentre brasileiros maiores de trinta e cinco anos, sendo: I – três dentre advogados de notório saber jurídico e conduta ilibada, com mais de dez anos de efetiva atividade profissional; II – dois, por escolha paritária, dentre juízes auditores e membros do Ministério Público da Justiça Militar.

CF: *Art. 95, Parágrafo único. Aos juízes é vedado: III – dedicar-se à atividade político-partidária.*

CF: *Art. 124. À Justiça Militar compete processar e julgar os crimes militares definidos em lei.*

Gabarito "B"

(Oficial – PM/MG – 2016 – PMMG) Marque a alternativa INCORRETA. Compete ao Supremo Tribunal Federal, precipuamente, a guarda da Constituição, cabendo-lhe processar e julgar, originariamente:

(A) A extradição solicitada por Estado estrangeiro.

(B) Nas infrações penais comuns, o Presidente da República, o Vice-Presidente, os membros do Congresso Nacional, seus próprios Ministros e o Procurador-Geral da República.

(C) A ação direta de inconstitucionalidade de lei ou ato normativo federal ou estadual e a ação declaratória de constitucionalidade de lei ou ato normativo federal.

(D) Os *habeas corpus*, quando a autoridade coatora for juiz federal.

Comentários: De início, questão que pede a incorreta, mesmo em letras com "caixa alta", atrapalham demais o candidato cansado e em "fim de prova" – já está naquela fase de não enxergar mais nada... Particularmente acho as questões envolvendo competências, sejam estas legislativas, executivas ou judiciárias, sempre mais difíceis pela memorização. Aqui questão sobre as competências do STF.

A alínea "A" está correta nos termos da alínea "g" do inciso I do art. 102 da Constituição Federal (CF).

A alínea "B" está correta nos termos da alínea "b" do inciso I do art. 102/CF.

A alínea "C" está correta nos termos da alínea "a" do inciso I do art. 102/CF.

A alínea "D" está incorreta, pois a alínea "i" do inciso I do art. 102/CF aponta a autoridade coatora um Tribunal Superior, cabendo ao Tribunal Regional Federal (e não ao Supremo) processar e julgar, originariamente quando a autoridade coatora for juiz federal, nos termos da alínea "d" do inciso I do art. 108 da Constituição Federal fazê-lo.

Fundamento:

CF: *Art. 102. Compete ao Supremo Tribunal Federal, precipuamente, a guarda da Constituição, cabendo-lhe: I – processar e julgar, originariamente: g) a extradição solicitada por Estado estrangeiro;*

CF: *Art. 102, I – processar e julgar, originariamente: b) nas infrações penais comuns, o Presidente da República, o Vice-Presidente, os membros do Congresso Nacional, seus próprios Ministros e o Procurador--Geral da República;*

CF: *Art. 102, I – processar e julgar, originariamente: a) a ação direta de inconstitucionalidade de lei ou ato normativo federal ou estadual e a ação declaratória de constitucionalidade de lei ou ato normativo federal;*

CF: *Art. 102, I – processar e julgar, originariamente: i) o* habeas corpus, *quando o coator for Tribunal Superior ou quando o coator ou o paciente for autoridade ou funcionário cujos atos estejam sujeitos diretamente à jurisdição do Supremo Tribunal Federal, ou se trate de crime sujeito à mesma jurisdição em uma única instância;*

CF: *Art. 108. Compete aos Tribunais Regionais Federais: I – processar e julgar, originariamente: d) os* habeas corpus, *quando a autoridade coatora for juiz federal;*

Gabarito "D"

(Soldado – PM/MG – 2017 – PMMG) O Poder Judiciário está previsto no Capítulo III do Título IV (Organização dos Poderes) na Constituição da República Federativa do Brasil de 1988. Com base no texto constitucional, marque a alternativa CORRETA:

(A) Compete ao Superior Tribunal Militar processar e julgar os militares das Forças Armadas, dos Estados e do Distrito Federal, nos crimes militares definidos em lei e as ações judiciais contra atos disciplinares militares, ressalvada a competência do júri quando a vítima for civil, cabendo ao tribunal competente decidir sobre a perda do posto e da patente dos oficiais e da graduação das praças.

(B) Compete ao Superior Tribunal de Justiça processar e julgar, originariamente, nos crimes comuns, os Governadores dos Estados e do Distrito Federal.

(C) O Superior Tribunal de Justiça poderá, de ofício ou por provocação, mediante decisão de dois terços dos seus membros, após reiteradas decisões sobre matéria constitucional, aprovar súmula que, a partir de sua publicação na imprensa oficial, terá efeito vinculante somente em relação à administração pública federal e municipal.

(D) O Conselho Nacional do Ministério Público é órgão integrante do Poder Judiciário.

COMENTÁRIOS: QUESTÃO SEM MAIORES DIFICULDADES, BUSCANDO A MEMORIZAÇÃO DO TEXTO.

A alínea "A" está incorreta. A ementa deixa claro que é "com base no texto constitucional", e este afirma em seu art. 124 da Constituição Federal (CF) que "À Justiça Militar compete processar e julgar os crimes militares definidos em lei", por sua vez, o parágrafo único do citado artigo afirma que "A lei disporá sobre a organização, o funcionamento e a competência da Justiça Militar.".

A alínea "B" está correta nos termos da 1ª parte da alínea "a" do inciso I do art. 105/CF.

A alínea "C" está incorreta, pois apenas o Supremo Tribunal Federal (STF), por enquanto, detém tal competência (elaborar súmula vinculante) na forma do art. 103-A/CF.

A alínea "D" está incorreta, pois o art. 92/CF elenca quais são os órgãos do Poder Judiciário e lá não consta o Conselho Nacional do Ministério Público (CNMP).

Fundamento:

CF: *Art. 124. À Justiça Militar compete processar e julgar os crimes militares definidos em lei. Parágrafo único. A lei disporá sobre a organização, o funcionamento e a competência da Justiça Militar.*

CF: *Art. 105. Compete ao Superior Tribunal de Justiça: I – processar e julgar, originariamente: a) nos crimes comuns, os Governadores dos Estados e do Distrito Federal, e, nestes e nos de responsabilidade, os desembargadores dos Tribunais de Justiça dos Estados e do Distrito Federal, os membros dos Tribunais de Contas dos Estados e do Distrito Federal, os dos Tribunais Regionais Federais, dos Tribunais Regionais Eleitorais e do Trabalho, os membros dos Conselhos ou Tribunais de Contas dos Municípios e os do Ministério Público da União que oficiem perante tribunais;*

CF: *Art. 103-A. O Supremo Tribunal Federal poderá, de ofício ou por provocação, mediante decisão de dois terços dos seus membros, após reiteradas decisões sobre matéria constitucional, aprovar súmula que, a partir de sua publicação na imprensa oficial, terá efeito vinculante em relação aos demais órgãos do Poder Judiciário e à administração pública direta e indireta, nas esferas federal, estadual e municipal, bem como proceder à sua revisão ou cancelamento, na forma estabelecida em lei.*

CF: *Art. 92. São órgãos do Poder Judiciário: I – o Supremo Tribunal Federal; I-A o Conselho Nacional de Justiça; II – o Superior Tribunal de Justiça; II-A – o Tribunal Superior do Trabalho; III – os Tribunais Regionais Federais e Juízes Federais; IV – os Tribunais e Juízes do Trabalho; V – os Tribunais e Juízes Eleitorais; VI – os Tribunais e Juízes Militares; VII – os Tribunais e Juízes dos Estados e do Distrito Federal e Territórios.*

Gabarito "B"

(Oficial – PM/SP – 2016 – VUNESP) De acordo com a Constituição do Estado de São Paulo, é correto afirmar que

(A) a Segurança Pública do Estado será exercida por meio das Polícias Militar e Civil, instituições permanentes e com autonomia organizacional, administrativa e financeira.

(B) é assegurado o direito do militar ser transferido para a reserva ou reformado, quando preencher os requisitos previstos na lei de inatividade, exceto se estiver respondendo a inquérito ou a processo em qualquer jurisdição.

(C) o Comandante-Geral da Polícia Militar será nomeado pelo Secretário da Segurança Pública, dentre oficiais da ativa ocupantes do último posto do Quadro de Oficiais Policiais Militares.

(D) os serviços de correição permanente sobre as atividades de Polícia Judiciária Militar e do Presídio Militar serão realizados pelos Conselhos de Justiça, sob a presidência do juiz de Direito do juízo militar.

(E) compete ao Tribunal de Justiça Militar processar e julgar os mandados de segurança e os *habeas corpus*, nos processos cujos recursos forem de sua competência ou quando o coator ou coagido estiverem diretamente sujeitos a sua jurisdição e às revisões criminais de seus julgados e das Auditorias Militares.

Comentários: Questão relativamente tranquila. A dificuldade está em saber algo de qualquer constituição estadual. Mera memorização do texto frio.

A alínea "A" está incorreta, pois nos termos do art. 139 da Constituição do Estado de São Paulo (CESP), a segurança pública será exercida pela § pela Polícia Civil, Polícia Militar e Corpo de Bombeiros (§ 2º). E com relação à autonomia, novamente equivocada a ementa, pois o Estado manterá a Segurança Pública por meio de sua polícia, subordinada ao governador do Estado (§ 1º).

A alínea "B" está incorreta nos termos do § 6º do art. 138/CESP, pois ainda que respondendo a inquérito ou processo em qualquer jurisdição, é assegurado o direito do servidor militar de ser transferido para a reserva ou ser reformado.

A alínea "C" está incorreta, pois o § 1º do art. 141/CESP afirma que a nomeação do Comandante Geral dar-se-á pelo governador de Estado, enquanto que a ementa atribui tal competência ao secretário da segurança pública.

A alínea "D" está incorreta, pois na forma do § 3º do art. 81/CESP, os serviços serão realizados pelo juiz de Direito do juízo militar e não pelos Conselhos de Justiça.

A alínea "E" está correta na forma do inciso I do art. 81/CESP, pois realmente Compete ao Tribunal de Justiça Militar processar e julgar: originariamente, os mandados de segurança e os *habeas corpus*, nos processos cujos recursos forem de sua competência ou quando o coator ou coagido estiverem diretamente sujeitos a sua jurisdição e às revisões criminais de seus julgados e das Auditorias Militares.

Fundamento:

CESP: *Art. 139. A Segurança Pública, dever do Estado, direito e responsabilidade de todos, é exercida para a preservação da ordem pública e incolumidade das pessoas e do patrimônio.*

§ 1º O Estado manterá a Segurança Pública por meio de sua polícia, subordinada ao Governador do Estado.

§ 2º A polícia do Estado será integrada pela Polícia Civil, Polícia Militar e Corpo de Bombeiros.

§ 3º A Polícia Militar, integrada pelo Corpo de Bombeiros, é força auxiliar, reserva do Exército.

CESP: *Art. 138, § 6º O direito do servidor militar de ser transferido para a reserva ou ser reformado será assegurado, ainda que respondendo a inquérito ou processo em qualquer jurisdição, nos casos previstos em lei específica.*

CEPS: *Art. 141. À Polícia Militar, órgão permanente, incumbem, além das atribuições definidas em lei, a polícia ostensiva e a preservação da ordem pública.*

§ 1º O Comandante Geral da Polícia Militar será nomeado pelo Governador do Estado dentre oficiais da ativa, ocupantes do último posto do Quadro de Oficiais Policiais Militares, conforme dispuser a lei, devendo fazer declaração pública de bens no ato da posse e de sua exoneração.

CESP: *Art. 81, § 3º Os serviços de correição permanente sobre as atividades de Polícia Judiciária Militar e do Presídio Militar serão realizados pelo juiz de Direito do juízo militar designado pelo Tribunal.*

CESP: *Art. 81. Compete ao Tribunal de Justiça Militar processar e julgar: I – originariamente, o Chefe da Casa Militar, o Comandante-Geral da Polícia Militar, nos crimes militares definidos em lei, os mandados de segurança e os "habeas-corpus", nos processos cujos recursos forem de sua competência ou quando o coator ou coagido estiverem diretamente sujeitos a sua jurisdição e às revisões criminais de seus julgados e das Auditorias Militares;*

Gabarito "E".

11. DEFESA DO ESTADO

(Soldado – PM/SE – IBFC – 2018) De acordo com os ditames constitucionais, compete às Polícias Militares:

(A) exercer as funções de polícia aeroportuária, de fronteiras e marítima.

(B) as funções de polícia judiciária e a apuração de infrações penais comuns.

(C) na forma da lei, ao patrulhamento ostensivo das ferrovias federais.

(D) a polícia ostensiva e a preservação da ordem pública.

A assertiva "a" está errada, pois o § 5º do art. 144 da Constituição Federal (CF) não dá tais competências às polícias militares e sim as atividades de polícia ostensiva e a preservação da ordem pública. As funções aeroportuária e marítima cabem à polícia federal nos termos do inciso III do § 1º do art. 144 da CF.

A assertiva "b" está errada, pois, conforme já descrito acima, nos termos do § 5º do art. 144 da CF, compete às polícias militares o policiamento ostensivo e a preservação da ordem pública. As funções de polícia judiciária, bem como, as apurações das infrações penais comuns, cabem às polícias civis, conforme § 4º do mesmo artigo.

A assertiva "c" está errada, pois o patrulhamento ostensivo das ferrovias federais cabe à "quase extinta" polícia ferroviária federal, conforme § 3º do art. 144 da CF.

A assertiva "d" está correta, conforme literalidade do já exposto acima, § 5º do art. 144 da CF.

Fundamento:

CF: *Art. 144, § 1º A polícia federal, instituída por lei como órgão permanente, organizado e mantido pela União e estruturado em carreira, destina-se a: III – exercer as funções de polícia marítima, aeroportuária e de fronteiras; § 3º A polícia ferroviária federal, órgão permanente, organizado e mantido pela União e estruturado em carreira, destina-se, na forma da lei, ao patrulhamento ostensivo das ferrovias federais. § 4º Às polícias civis, dirigidas por delegados de polícia de carreira, incumbem, ressalvada a competência da União, as funções de polícia judiciária e a apuração de infrações penais, exceto as militares. § 5º Às polícias militares cabem a polícia ostensiva e a preservação da ordem pública; aos corpos de bombeiros militares, além das atribuições definidas em lei, incumbe a execução de atividades de defesa civil.*

Gabarito "D".

(Soldado – PM/MG – PMMG – 2018) Sobre os aspectos da segurança pública, de acordo com a CRFB/88 marque a opção CORRETA.

(A) Às polícias militares cabe, exclusivamente, a polícia repressiva criminal; aos corpos de bombeiros militares incumbe a execução de atividades de defesa civil.

(B) Os Municípios poderão constituir guardas municipais destinadas à proteção de seus bens, serviços e instalações, conforme dispuser a lei.

(C) As polícias militares e corpos de bombeiros militares, forças complementares do Exército, subordinam-se, juntamente com as polícias civis, aos Governadores dos Estados, do Distrito Federal e dos Territórios.

(D) Às polícias civis, dirigidas por delegados de polícia de carreira, incumbem, ressalvada a competência da União, as funções de polícia judiciária e a apuração de infrações penais, inclusive as militares.

A assertiva "a" está errada, pois nos termos dos §§ 1º e 4º, ambos do art. 144 da Constituição Federal (CF), a "polícia repressiva criminal" cabe à polícia federal e às polícias civis.

A assertiva "b" está correta, conforme literalidade do § 8º do art. 144 da CF.

A assertiva "c" está errada, pois o § 6º do art. 144 da CF afirma serem as polícias militares "forças auxiliares e reservas" do Exército e não complementares.

A assertiva "d" está errada, pois nos termos do § 4º do art. 144 da CF, às polícias civis não cabem a apuração de infrações penais militares.

Fundamento:

CF: *Art. 144, § 1º A polícia federal, instituída por lei como órgão permanente, organizado e mantido pela União e estruturado em carreira, destina-se a: I – apurar infrações penais contra a ordem política e social ou em detrimento de bens, serviços e interesses da União ou de suas entidades autárquicas e empresas públicas, assim como outras infrações cuja prática tenha repercussão interestadual ou internacional e exija repressão uniforme, segundo se dispuser em lei; § 4º Às polícias civis, dirigidas por delegados de polícia de carreira, incumbem, ressalvada a competência da União, as funções de polícia judiciária e a apuração de infrações penais, exceto as militares. § 5º Às polícias militares cabem a polícia ostensiva e a preservação da ordem pública; aos corpos de bombeiros militares, além das atribuições definidas em lei, incumbe a execução de atividades de defesa civil. § 6º As polícias militares e os corpos de bombeiros militares, forças auxiliares e reserva do Exército subordinam-se, juntamente com as polícias civis e as polícias penais estaduais e distrital, aos Governadores dos Estados, do Distrito Federal e dos Territórios. § 8º Os Municípios poderão constituir guardas municipais destinadas à proteção de seus bens, serviços e instalações, conforme dispuser a lei.*

Gabarito "B"

(Soldado – PM/MG – PMMG – 2018) As Forças Armadas, constituídas pela Marinha, pelo Exército e pela Aeronáutica, são instituições nacionais permanentes e regulares, organizadas com base na hierarquia e na disciplina, sob a autoridade suprema do Presidente da República. Conforme CRFB/88 marque a alternativa CORRETA.

(A) As mulheres e os eclesiásticos ficam isentos do serviço militar obrigatório em tempo de paz, sujeitos, porém, a outros encargos que a lei lhes atribuir.

(B) Ao militar são permitidas a sindicalização e a greve.

(C) O serviço militar é voluntário nos termos da lei.

(D) Os membros das Forças Armadas são denominados policiais.

A assertiva "a" está correta, conforme literalidade do § 2º do art. 143 da Constituição Federal (CF).

A assertiva "b" está errada, pois o § 3º do art. 142 da CF veda expressamente a sindicalização e a greve.

A assertiva "c" está errada, pois o § 2º do art. 143 da CF deixa claro que o serviço militar é obrigatório em tempo de paz.

A assertiva "d" está errada, pois o *caput* do § 3º do art. 142 denomina os membros das Força Armadas como militares e não policiais.

Fundamento:

CF: *Art. 143, § 2º As mulheres e os eclesiásticos ficam isentos do serviço militar obrigatório em tempo de paz, sujeitos, porém, a outros encargos que a lei lhes atribuir.*

CF: *Art. 142, § 3º Os membros das Forças Armadas são denominados militares, aplicando-se-lhes, além das que vierem a ser fixadas em lei, as seguintes disposições: IV – ao militar são proibidas a sindicalização e a greve.*

Gabarito "A"

(Soldado – PM/MG – PMMG – 2018) O Presidente da República pode, ouvidos o Conselho da República e o Conselho de Defesa Nacional, decretar estado de defesa para preservar ou prontamente restabelecer, em locais restritos e determinados, a ordem pública ou a paz social ameaçadas por grave e iminente instabilidade institucional ou atingidas por calamidades de grandes proporções na natureza. Assim, na vigência do estado de defesa previsto na CRFB/88, é CORRETO afirmar que:

(A) Não há necessidade de comunicar o estado físico e mental do detido por crime contra o Estado, no momento de sua autuação.

(B) A prisão por crime contra o Estado, determinada pelo executor da medida, será por este comunicada imediatamente ao juiz competente, que a relaxará, se não for legal, facultado ao preso requerer exame de corpo de delito à autoridade policial.

(C) A prisão ou detenção de qualquer pessoa poderá ser superior a dez dias, independente de autorização do Poder Judiciário.

(D) É autorizada a incomunicabilidade do preso.

A assertiva "a" está errada, pois conforme o inciso II do § 3º do art. 136 da Constituição Federal (CF), tal prisão deverá ser comunicada imediatamente ao juiz competente.

A assertiva "b" está correta, nos termos do inciso I do § 3º do art. 136 da CF.

A assertiva "c" está errada, pois o inciso III do § 3º do art. 136 da CF afirma que a regra é o limite de dez dias e eventual exceção deverá ser autorizada pelo Poder Judiciário.

A assertiva "d" está errada, pois o inciso IV do § 3º do art. 136 da CF afirma justamente o contrário.

Fundamento:

CF: *Art. 136, § 3º Na vigência do estado de defesa: I – a prisão por crime contra o Estado, determinada pelo executor da medida, será por este comunicada imediatamente ao juiz competente, que a relaxará, se não for legal, facultado ao preso requerer exame de corpo de delito à autoridade policial; II – a comunicação será acompanhada de declaração, pela autoridade, do estado físico e mental do detido no momento de sua autuação; III – a prisão ou detenção de qualquer pessoa não poderá ser superior a dez dias, salvo quando autorizada pelo Poder Judiciário; IV – é vedada a incomunicabilidade do preso.*

Gabarito "B"

(Soldado – PM/SP – VUNESP – 2019) Sobre o tratamento da segurança pública na Constituição, é correto afirmar que

(A) aos corpos de bombeiros militares, além das atribuições definidas em lei, incumbe a execução de atividades de defesa civil.

(B) às polícias militares cabem a apuração de infrações penais em geral.

(C) às polícias civis, dirigidas por delegados de polícia de carreira, incumbem a apuração de infrações penais, inclusive as militares.

(D) as polícias civis são forças auxiliares e reserva do Exército.

(E) a segurança pública é dever da família, direito e responsabilidade de todos os servidores públicos.

A assertiva "a" está correta nos termos da parte final do § 5º do art. 144 da Constituição Federal (CF).

A assertiva "b" está errada nos termos do *caput* do § 5º do art. 144 da CF. Às polícias militares cabem a polícia ostensiva e a preservação da ordem pública. Quem faz apuração de infração penal geral são as polícias judiciárias (polícia federal e polícia civil).

A assertiva "c" está errada nos termos da parte final do § 4º do art. 144 da CF. A polícia civil não tem competência para apuração das infrações penais militares.

A assertiva "d" está errada nos termos dos §§ 4º e 6º do art. 144 da CF. São as polícias militares e os corpos de bombeiros militares forças auxiliares e reservas do Exército (e não as polícias civis).

A assertiva "e" está errada nos termos do art. 144 da CF. O dever é do Estado (e não da família, conforme afirmado) e ainda, a responsabilidade é de todos e não apenas dos servidores públicos.

Fundamento:

CF: *Art. 144. A segurança pública, dever do Estado, direito e responsabilidade de todos, é exercida para a preservação da ordem pública e da incolumidade das pessoas e do patrimônio, através dos seguintes órgãos: § 4º Às polícias civis, dirigidas por delegados de polícia de carreira, incumbem, ressalvada a competência da União, as funções de polícia judiciária e a apuração de infrações penais, exceto as militares. § 5º Às polícias militares cabem a polícia ostensiva e a preservação da ordem pública; aos corpos de bombeiros militares, além das atribuições definidas em lei, incumbe a execução de atividades de defesa civil. § 6º As polícias militares e os corpos de bombeiros militares, forças auxiliares e reserva do Exército subordinam-se, juntamente com as polícias civis e as polícias penais estaduais e distrital, aos Governadores dos Estados, do Distrito Federal e dos Territórios.*

Gabarito "A".

(Soldado – PM/PB – 2015 – IBFC) Assinale a alternativa incorreta sobre as normas previstas na Constituição Federal no tocante à disciplina sobre as Polícias Militares, rodoviária e judiciária.

(A) As patentes dos oficiais das Polícias Militares são conferidas pelos Governadores.

(B) Ainda que venham a ser criados, é vedada a organização de polícias militares nos Territórios.

(C) A Polícia Rodoviária Federal faz parte do conjunto de órgãos de preservação da ordem pública.

(D) A função de polícia judiciária da União é exclusiva da Polícia Federal.

Comentários: Questão que pede a incorreta, com destaque para tal solicitação em sublinhado. Tema obrigatório aos candidatos às carreiras policiais. Questão mais do que esperada.

A alínea "A" está correta na forma do § 1º do art. 42 da Constituição Federal (CF). Lembrando que a questão pede a incorreta.

A alínea "B" está incorreta, pois o art. 42/CF prevê a polícia militar e o corpo de bombeiros militar para os territórios. Assim, esta é a resposta.

A alínea "C" está correta na forma do inciso II do art. 144/CF.

A alínea "D" está correta na forma do inciso IV do § 1º do art. 144/CF.

Fundamento:

CF: *Art. 42, § 1º Aplicam-se aos militares dos Estados, do Distrito Federal e dos Territórios, além do que vier a ser fixado em lei, as disposições do art. 14, § 8º; do art. 40, § 9º; e do art. 142, §§ 2º e 3º, cabendo a lei estadual específica dispor sobre as matérias do art. 142, § 3º, inciso X, sendo as patentes dos oficiais conferidas pelos respectivos governadores.*

CF: *Art. 42 Os membros das Polícias Militares e Corpos de Bombeiros Militares, instituições organizadas com base na hierarquia e disciplina, são militares dos Estados, do Distrito Federal e dos Territórios.*

CF: *Art. 144. A segurança pública, dever do Estado, direito e responsabilidade de todos, é exercida para a preservação da ordem pública e da incolumidade das pessoas e do patrimônio, através dos seguintes órgãos: II – polícia rodoviária federal;*

CF: *Art. 144, § 1º A polícia federal, instituída por lei como órgão permanente, organizado e mantido pela União e estruturado em carreira, destina-se a: IV – exercer, com exclusividade, as funções de polícia judiciária da União.*

Gabarito "B".

(Oficial – PM/SC – 2015 – IOBV) Dadas as assertivas abaixo, sobre as forças armadas, assinalar a alternativa correta:

(A) Lei complementar estabelecerá as normas gerais a serem adotadas na organização, no preparo e no emprego das Forças Armadas. Caberá *habeas corpus* em relação a punições disciplinares militares.

(B) Ao militar são proibidas a sindicalização e a greve; ao militar, enquanto em serviço ativo ou na reserva é permitida a filiação a partidos políticos;

(C) O militar da ativa que, de acordo com a lei, tomar posse em cargo, emprego ou função pública civil permanente ou eletiva, ainda que da administração indireta, ficará agregado ao respectivo quadro e somente poderá, enquanto permanecer nessa situação, ser promovido por antiguidade, contando-se-lhe o tempo de serviço apenas para aquela promoção e transferência para a reserva, sendo depois de um ano de afastamento, transferido para a reserva, nos termos da lei;

(D) Às Forças Armadas compete, na forma da lei, atribuir serviço alternativo aos que, em tempo de paz, após alistados, alegarem imperativo de consciência, entendendo-se como tal o decorrente de crença religiosa e de convicção filosófica ou política, para se eximirem de atividades de caráter essencialmente militar. As mulheres e os eclesiásticos ficam isentos do serviço militar obrigatório em tempo de paz, sujeitos, porém, a outros encargos que a lei lhes atribuir.

Comentários: Não sei o motivo da anulação da questão! Questão tranquila, questões básicas sobre as Forças Armadas, de cunho obrigatório para esse tipo de concurso.

A alínea "A" está incorreta. A primeira parte está correta na forma do § 1º do art. 142 da Constituição Federal (CF), entretanto, a continuação na mesma alínea acerca da aplicação do *habeas corpus* está incorreta, na forma do § 2º do art. 142/CF.

A alínea "B" está incorreta. A primeira parte correta quanto à questão da sindicalização ou greve, proibido na forma do inciso IV do § 3º do art. 142/CF, entretanto, é permitida a filiação partidária aos militares da reserva, na forma do inciso V do mesmo parágrafo e artigo.

A alínea "C" está incorreta, pois segundo o inciso III do § 3º do art. 142/CF, há a ressalva prevista no art. 37, inciso XVI, alínea "c"/CF, bem como, o período de afastamento, cuja ementa afirma ser "depois de um ano de afastamento, transferido para a reserva", enquanto o correto é "sendo depois de dois anos de afastamento, contínuos ou não, transferido para a reserva".

A alínea "D" está correta nos termos dos §§ 1º e 2º do art. 143/CF.

Fundamento:

CF: *Art. 142, § 1º Lei complementar estabelecerá as normas gerais a serem adotadas na organização, no preparo e no emprego das Forças Armadas.*

CF: *Art. 142, § 2º Não caberá* habeas corpus *em relação a punições disciplinares militares.*

CF: *Art. 142, § 3º Os membros das Forças Armadas são denominados militares, aplicando-se-lhes, além das que vierem a ser fixadas em lei, as seguintes disposições: IV – ao militar são proibidas a sindicalização e a greve; V – o militar, enquanto em serviço ativo, não pode estar filiado a partidos políticos;*

CF: *Art. 142, § 3º Os membros das Forças Armadas são denominados militares, aplicando-se-lhes, além das que vierem a ser fixadas em lei, as seguintes disposições: III – o militar da ativa que, de acordo com a lei, tomar posse em cargo, emprego ou função pública civil temporária, não eletiva, ainda que da administração indireta, ressalvada a hipótese prevista no art. 37, inciso XVI, alínea "c", ficará agregado ao respectivo quadro e somente poderá, enquanto permanecer nessa situação, ser promovido por antiguidade, contando-se-lhe o tempo de serviço apenas para aquela promoção e transferência para a reserva, sendo depois de dois anos de afastamento, contínuos ou não, transferido para a reserva, nos termos da lei;*

CF: *Art. 37. A administração pública direta e indireta de qualquer dos Poderes da União, dos Estados, do Distrito Federal e dos Municípios obedecerá aos princípios de legalidade, impessoalidade, moralidade, publicidade e eficiência e, também, ao seguinte: XVI – é vedada a acumulação remunerada de cargos públicos, exceto, quando houver compatibilidade de horários, observado em qualquer caso o disposto no inciso XI: c) a de dois cargos ou empregos privativos de profissionais de saúde, com profissões regulamentadas;*

CF: *Art. 143, § 1º Às Forças Armadas compete, na forma da lei, atribuir serviço alternativo aos que, em tempo de paz, após alistados, alegarem imperativo de consciência, entendendo-se como tal o decorrente de crença religiosa e de convicção filosófica ou política, para se eximirem de atividades de caráter essencialmente militar. § 2º As mulheres e os eclesiásticos ficam isentos do serviço militar obrigatório em tempo de paz, sujeitos, porém, a outros encargos que a lei lhes atribuir.*

Gabarito: Anulada

(Oficial – PM/SC – 2015 – IOBV) Assinale a alternativa correta em relação ao estado de defesa e o estado de sítio dispostos na Constituição Federal:

(A) O decreto que instituir o estado de sítio determinará o tempo de sua duração, especificará as áreas a serem abrangidas e indicará, nos termos e limites da lei, as medidas coercitivas a vigorarem restrições aos direitos de sigilo de correspondência; sigilo de comunicação telegráfica e telefônica e requisição de bens.

(B) O Presidente da República pode, ouvidos o Conselho da República e o Conselho de Defesa Nacional, solicitar ao Congresso Nacional autorização para decretar o estado de defesa nos casos de declaração de estado de guerra ou resposta a agressão armada estrangeira.

(C) Na vigência do estado de defesa a prisão ou detenção de qualquer pessoa não poderá ser superior a dez dias, salvo quando autorizada pelo Poder Judiciário, sendo vedada a incomunicabilidade do preso.

(D) Na vigência do estado de defesa decretado poderão ser tomadas contra as pessoas as seguintes medidas: obrigação de permanência em localidade determinada; suspensão da liberdade de reunião e busca e apreensão em domicílio.

Comentários:
A alínea "A" está incorreta, pois, na forma do art. 138 da Constituição Federal (CF), as áreas abrangidas serão designadas pelo presidente da República após a publicação do decreto e não por ele. Outra questão, o sigilo de comunicação telegráfica e telefônica são institutos do estado de defesa e não do estado de sítio.
A alínea "B" está incorreta, pois o art. 136/CF dá a competência ao presidente da República de decretar e não de solicitar ao Congresso (a solicitação ocorre no estado de sítio na forma do art. 137/CF).
A alínea "C" está correta, conforme o previsto no § 3º do art. 136/CF.
A alínea "D" está incorreta, pois o inciso I do art. 139 traz tal possibilidade apenas ao estado de sítio e não ao estado de defesa.
Fundamento:
CF: *Art. 138. O decreto do estado de sítio indicará sua duração, as normas necessárias a sua execução e as garantias constitucionais que ficarão suspensas, e, depois de publicado, o Presidente da República designará o executor das medidas específicas e as áreas abrangidas.*
CF: *Art. 136. O Presidente da República pode, ouvidos o Conselho da República e o Conselho de Defesa Nacional, decretar estado de defesa para preservar ou prontamente restabelecer, em locais restritos e determinados, a ordem pública ou a paz social ameaçadas por grave e iminente instabilidade institucional ou atingidas por calamidades de grandes proporções na natureza.*
CF: *Art. 137. O Presidente da República pode, ouvidos o Conselho da República e o Conselho de Defesa Nacional, solicitar ao Congresso Nacional autorização para decretar o estado de sítio nos casos de:*
CF: *Art. 136, § 3º Na vigência do estado de defesa: III – a prisão ou detenção de qualquer pessoa não poderá ser superior a dez dias, salvo quando autorizada pelo Poder Judiciário;*
CF: *Art. 139. Na vigência do estado de sítio decretado com fundamento no art. 137, I, só poderão ser tomadas contra as pessoas as seguintes medidas: I – obrigação de permanência em localidade determinada;*

Gabarito "C"

(Soldado – PM/SC – 2015 – IOBV) Em relação as atribuições dos órgãos de segurança pública, constitucionalmente previstas, é incorreto afirmar.

(A) A polícia federal exerce as funções de polícia marítima, aeroportuária e de fronteiras.

(B) Às polícias militares cabem a polícia ostensiva e a preservação da ordem pública.

(C) Às guardas municipais compete o policiamento ostensivo e a preservação da ordem pública nas vias públicas urbanas.

(D) Aos corpos de bombeiros militares, além das atribuições definidas em lei, incumbe a execução de atividades de defesa civil.

Comentários: Excetuando a questão pedir a incorreta e não assinalar isso em "caixa alta", por todos os comentários já feitos sobre esse tipo de questão, a abordagem ao art. 144/CF em um concurso para polícia é "questão dada". Não tem como o candidato sério vir para um concurso desse viés e não saber "de ponta a ponta" tal artigo.
A alínea "A" está correta, pois conforme inciso III do § 1º do art. 144 da Constituição Federal (CF), portanto não é a resposta – a questão pede a incorreta.
A alínea "B" está correta conforme § 5º do art. 144/CF, portanto não é a resposta – a questão pede a incorreta.
A alínea "C" está incorreta, pois na forma do § 8º do art. 144/CF às guardas municipais compete a proteção dos bens, serviços e instalações dos municípios, na forma da lei. Resposta correta.
A alínea "D" está correta na forma do § 5º do art. 144/CF, portanto não é a resposta – a questão pede a incorreta.
Fundamento:
CF: *Art. 144, § 1º A polícia federal, instituída por lei como órgão permanente, organizado e mantido pela União e estruturado em carreira, destina-se a: III – exercer as funções de polícia marítima, aeroportuária e de fronteiras;*
CF: *Art. 144, § 5º Às polícias militares cabem a polícia ostensiva e a preservação da ordem pública; aos corpos de bombeiros militares, além das atribuições definidas em lei, incumbe a execução de atividades de defesa civil.*
CF: *Art. 144, § 8º Os Municípios poderão constituir guardas municipais destinadas à proteção de seus bens, serviços e instalações, conforme dispuser a lei.*

Gabarito "C"

(Soldado – PM/SC – 2015 – IOBV) De acordo com o disposto na Constituição do Estado de Santa Catarina, será transferido diretamente para a reserva o militar:

(A) em atividade que aceitar cargo público civil permanente.

(B) que participar de greve.

(C) que, enquanto em efetivo serviço, se filiar a partido político.

(D) da ativa que aceitar cargo, emprego ou função pública temporária.

Comentários: É o tipo de questão esperada nesse concurso. O candidato tem obrigação de saber o tema. Questão fácil, pela previsão do tema.
A alínea "A" está correta conforme literalidade do § 5º do art. 31 da Constituição de Santa Catarina (CESC).
A alínea "B" está incorreta, pois o § 7º do art. 31/CESC deixa clara a proibição, mas não a transferência para a reserva.
A alínea "C" está incorreta, pois o § 8º do art. 31/CESC proíbe a filiação partidária, mas não impõe à reserva ao militar.
A alínea "D" está incorreta, pois o § 6º do art. 31/CESC afirma que nesse caso o militar ficará agregado ao respectivo quadro e não passar para a reserva.

Fundamento:

CESC: *Art. 31, § 5º O militar em atividade que aceitar cargo público civil permanente será transferido para a reserva.*

CESC: *Art. 31, § 7º Ao militar são proibidas a sindicalização e a greve.*

CESC: *Art. 31, § 8º O militar, enquanto em efetivo serviço, não pode estar filiado a partidos políticos.*

CESC: *Art. 31, § 6º O militar da ativa que aceitar cargo, emprego ou função pública temporária, não eletiva, ainda que da administração indireta, ficará agregado ao respectivo quadro e somente poderá, enquanto permanecer nessa situação, ser promovido por antiguidade, contando-se-lhe o tempo de serviço apenas para aquela promoção e transferência para a reserva, sendo depois de dois anos de afastamento, contínuos ou não, transferido para a inatividade.*

Gabarito "A".

(Soldado – CBM/GO – 2016 – Funrio) Com base no regime constitucional das Forças Armadas, pode-se afirmar que

(A) as Forças Armadas se encontram sob a autoridade suprema do Conselho de Defesa Nacional.

(B) é garantida a possibilidade de *habeas corpus* para discutir o mérito das punições disciplinares militares.

(C) as patentes, com prerrogativas, direitos e deveres a elas inerentes, são asseguradas em plenitude aos oficiais da ativa e da reserva, mas não aos reformados.

(D) o militar em serviço ativo, em reserva ou reformado não pode estar filiado a partidos políticos.

(E) o oficial só perderá o posto e a patente se for julgado indigno do oficialato ou com ele incompatível, por decisão de tribunal militar de caráter permanente, em tempo de paz, ou de tribunal especial, em tempo de guerra.

Comentários: Questão tranquila e esperada nesse tipo de concurso (polícia militar). É obrigação do candidato saber os artigos 142 e 144 da Constituição Federal. A questão abordou apenas a memorização, ou como falamos, a "letra fria da lei".

A alínea "A" está incorreta conforme art. 142 da Constituição Federal (CF), pois, as Forças Armadas são instituições nacionais permanentes e regulares, organizadas com base na hierarquia e na disciplina, sob a autoridade suprema do Presidente da República, e não ao Conselho de Defesa Nacional, nos termos da ementa.

A alínea "B" está incorreta na forma do § 2º do art. 142/CF. Atualmente (jurisprudência) há a possibilidade de discutir a legalidade da prisão administrativa disciplinar militar por meio de *habeas corpus*, mas não o mérito.

A alínea "C" está incorreta, pois, o inciso I do § 3º do art. 142/CF assegura tais garantias (prerrogativas, direitos e deveres) aos oficiais da ativa, da reserva ou reformados.

A alínea "D" está incorreta, pois o inciso V do § 3º do art. 142/CF veda expressamente a filiação do militar em atividade a partidos políticos. Não que ele esteja impedido de ser candidato a cargo eletivo (não existe candidato sem filiação partidária neste caso), mas há regras específicas para tal, ficando o militar afastado de suas funções em tal período. Chamamos no direitos administrativo de agregação – militar ficará agregado no período eleitoral enquanto candidato.

A alínea "E" está correta conforme literalidade do inciso VI do § 3º do art. 142/CF.

Fundamento:

CF: *Art. 142. As Forças Armadas, constituídas pela Marinha, pelo Exército e pela Aeronáutica, são instituições nacionais permanentes e regulares, organizadas com base na hierarquia e na disciplina, sob a autoridade suprema do Presidente da República, e destinam-se à defesa da Pátria, à garantia dos poderes constitucionais e, por iniciativa de qualquer destes, da lei e da ordem.*

CF: *Art. 142, § 2º Não caberá* habeas corpus *em relação a punições disciplinares militares.*

CF: *Art. 142, § 3º Os membros das Forças Armadas são denominados militares, aplicando-se-lhes, além das que vierem a ser fixadas em lei, as seguintes disposições: I – as patentes, com prerrogativas, direitos e deveres a elas inerentes, são conferidas pelo Presidente da República e asseguradas em plenitude aos oficiais da ativa, da reserva ou reformados, sendo-lhes privativos os títulos e postos militares e, juntamente com os demais membros, o uso dos uniformes das Forças Armadas;*

CF: *Art. 142, § 3º, V – o militar, enquanto em serviço ativo, não pode estar filiado a partidos políticos;*

CF: *Art. 142, § 3º, VI – o oficial só perderá o posto e a patente se for julgado indigno do oficialato ou com ele incompatível, por decisão de tribunal militar de caráter permanente, em tempo de paz, ou de tribunal especial, em tempo de guerra;*

Gabarito "E".

(Soldado – CBM/GO – 2016 – Funrio) A respeito do regime constitucional previsto para a segurança pública, está CORRETA a afirmação a seguir.

(A) Ela é exercida pelas polícias federal e militar, mas não pela polícia civil, nem pelos corpos de bombeiros militares.

(B) Os corpos de bombeiros militares subordinam-se, juntamente com as polícias civis, aos Governadores dos Estados, do Distrito Federal e dos Territórios.

(C) Aos corpos de bombeiros militares, além das atribuições definidas em lei, incumbe a execução de atividades de defesa civil e a preservação da ordem pública.

(D) Às polícias civis incumbem, ressalvada a competência da União, as funções de polícia judiciária e a apuração de infrações penais de qualquer natureza.

(E) Compete à União, organizar e manter as polícias civis, as polícias militares e os corpos de bombeiros militares dos Estados.

Comentários: Questão tranquila até a alínea "E". Digo tranquila, pois, conforme já escrevi em outrora, em concurso para carreira policial, o candidato tem que saber o art. 144/CF (segurança pública) de cor, de "ponta a ponta". Porém, a questão trouxe as competências da União previstas no art. 21/CF, nem sempre fácil de estudar.

A alínea "A" está incorreta, pois o art. 144 em seus incisos IV e V da Constituição Federal (CF) coloca a polícia civil, bem como, o corpo de bombeiros militar no rol dos órgãos responsáveis pela segurança pública.

A alínea "B" está correta conforme literalidade ao § 6º do art. 144/CF.

A alínea "C" está incorreta, pois, conforme § 5º do art. 144/CF, a preservação da ordem pública cabe às polícias militares.

A alínea "D" está incorreta, pois, o § 4º do art. 144/CF descreve que a polícia civil não detém competência para apurar as infrações penais militares.

A alínea "E" está incorreta nos termos do inciso XIV do art. 21/CF, o qual dá competência à União de organizar e manter a polícia civil, a polícia militar e o corpo de bombeiros militar do Distrito Federal, e não de todos os Estados conforme afirmou a ementa.

Fundamento:

CF: *Art. 144. A segurança pública, dever do Estado, direito e responsabilidade de todos, é exercida para a preservação da ordem pública e da incolumidade das pessoas e do patrimônio, através dos seguintes órgãos: I – polícia federal; II – polícia rodoviária federal; III – polícia ferroviária federal; IV – polícias civis; V – polícias militares e corpos de bombeiros militares.*

CF: *Art. 144, § 6º As polícias militares e corpos de bombeiros militares, forças auxiliares e reserva do Exército, subordinam-se, juntamente com as polícias civis, aos Governadores dos Estados, do Distrito Federal e dos Territórios.*

CF: *Art. 144, § 5º Às polícias militares cabem a polícia ostensiva e a preservação da ordem pública; aos corpos de bombeiros militares, além das atribuições definidas em lei, incumbe a execução de atividades de defesa civil.*
CF: *Art. 144, § 4º Às polícias civis, dirigidas por delegados de polícia de carreira, incumbem, ressalvada a competência da União, as funções de polícia judiciária e a apuração de infrações penais, exceto as militares.*
CF: *Art. 21. Compete à União: XIV – organizar e manter a polícia civil, a polícia militar e o corpo de bombeiros militar do Distrito Federal, bem como prestar assistência financeira ao Distrito Federal para a execução de serviços públicos, por meio de fundo próprio;*

Gabarito "B"

(Soldado – CBM/GO – 2016 – Funrio) De acordo com a Constituição do Estado de Goiás, é CORRETO afirmar que

(A) a Segurança Pública é exercida para assegurar a preservação da ordem pública, a incolumidade das pessoas e do patrimônio, mas não para a proteção do meio ambiente, à qual são reservados outros instrumentos.
(B) o exercício da função policial é privativo de membro da respectiva carreira, recrutado necessariamente por concurso público de provas e títulos, e submetido a curso de formação policial ou de bombeiro.
(C) não é atribuição direta do Corpo de Bombeiros Militar, o desenvolvimento de atividades educativas relacionadas com a defesa civil e a prevenção de incêndio e pânico.
(D) incumbe ao Corpo de Bombeiros Militar, a análise de projetos e inspeção de instalações preventivas de proteção contra incêndio e pânico nas edificações, para fins de funcionamento.
(E) se incluem, dentre as atribuições do Corpo de Bombeiros Militar, ações de busca e salvamento de pessoas, mas não as de bens.

Comentários: Questão complicada, não temos o costume de lidar com constituição estadual no dia-a-dia, e isso se reflete ao candidato. Temos ainda a explicação na alternativa "B", apontada como errada pelo gabarito, mas correta em nossa visão. A questão deveria ser anulada.
A alínea "A" está incorreta, pois nos termos do art. 121 da Constituição de Goiás (CEGO), a segurança pública deve assegurar também a preservação do meio ambiente.
A alínea "B" é dada como incorreta no gabarito (aponta-se corretamente a alínea "D"), entretanto, a diferença entre a ementa da questão e o inciso I do art. 122/CEGO, que trata do tema, é a presença da palavra "necessariamente" na questão. Entendo que isso não invalide a alternativa, até porque não há como exercer a função policial sem concurso público. Assim, a questão teria então duas alternativas corretas, sendo passível de anulação.
A alínea "C" está incorreta, pois é atribuição direta do Corpo de Bombeiros Militar o desenvolvimento de atividades educativas relacionadas com a defesa civil e a prevenção de incêndio e pânico, conforme inciso III do art. 125/CEGO.
A alínea "D" está correta nos termos do inciso IV do art. 125/CEGO.
A alínea "E" está incorreta, pois a busca de bens se inclui no rol das atividades típicas do Corpo de Bombeiros Militar, nos termos do inciso II (*in fine*) do art. 125/CEGO.
Fundamento:
CEGO: *Art. 121. A Segurança Pública, dever do Estado, direito e responsabilidade de todos, é exercida para assegurar a preservação da ordem pública, a incolumidade das pessoas, do patrimônio e do meio ambiente e o pleno e livre exercício dos direitos e garantias fundamentais, individuais, coletivos, sociais e políticos, estabelecidos nesta e na Constituição da República, por meio dos seguintes órgãos:*
CEGO: *Art. 122. As Polícias Civil e Militar e o Corpo de Bombeiros Militar subordinam-se ao Governador do Estado, sendo os direitos, garantias, deveres e prerrogativas de seus integrantes definidos em leis complementares, observados os seguintes princípios: I – o exercício da função policial é privativo de membro da respectiva carreira, recrutado por concurso público de provas, ou de provas e títulos, e submetido a curso de formação policial ou de bombeiro.*
CEGO: *Art. 125. O Corpo de Bombeiros Militar é instituição permanente, organizada com base na hierarquia e na disciplina, cabendo-lhe, entre outras, as seguintes atribuições: III – o desenvolvimento de atividades educativas relacionadas com a defesa civil e a prevenção de incêndio e pânico;*
CEGO: *Art. 125, IV – a análise de projetos e inspeção de instalações preventivas de proteção contra incêndio e pânico nas edificações, para fins de funcionamento, observadas as normas técnicas pertinentes e ressalvada a competência municipal definida no Art. 64, incisos V e VI, e no art. 69, inciso VIII, desta Constituição.*
CEGO: *Art. 125, II – a prevenção e o combate a incêndios e a situações de pânico, assim como ações de busca e salvamento de pessoas e bens;*

Gabarito "D"

(Oficial – PM/MG – 2016 – PMMG) Marque a alternativa CORRETA. Quanto à segurança pública que é dever do Estado, direito e responsabilidade de todos e é exercida para a preservação da ordem pública e da incolumidade das pessoas e do patrimônio, podemos afirmar que:

(A) Às polícias militares cabem a polícia ostensiva e a preservação da ordem pública; aos corpos de bombeiros militares, além das atribuições definidas em lei, incumbe a execução de atividades de defesa civil.
(B) Às polícias militares, dirigidas por oficiais de carreira, incumbem, ressalvada a competência da União, as funções de polícia judiciária e a apuração de infrações penais, exceto as militares.
(C) A polícia militar, órgão permanente, organizado e mantido pela União e estruturado em carreira, destina-se, na forma da lei, ao patrulhamento ostensivo das ferrovias federais.
(D) A polícia militar, órgão permanente, organizado e mantido pela União e estruturado em carreira, destina-se, na forma da lei, ao patrulhamento ostensivo das rodovias federais.

Comentários: Precisa verificar se não houve erro quando da transcrição, pois as alíneas "C" e "D" são idênticas. Mais uma questão abordando o esperado art. 144/CF. Ao candidato à carreira policial, se faz necessário sabê-lo decorado. Questão tranquila, mera memorização das funções de cada órgão policial.
A alínea "A" está correta conforme literalidade do § 5º do art. 144 da Constituição Federal (CF).
A alínea "B" está incorreta, pois, nos termos do § 5º do art. 144/CF, não cabem às polícias militares as funções de polícia judiciária, exceto as militares.
A alínea "C" está incorreta pois, nos termos dos §§ 5º e 6º do art. 144/CF, a polícia militar é órgão permanente, organizado e mantido pelos Estados e pelo Distrito Federal, destinando-se à polícia ostensiva e a preservação da ordem pública.
A alínea "D" está incorreta pois, nos termos dos §§ 5º e 6º do art. 144/CF, a polícia militar é órgão permanente, organizado e mantido pelos Estados e pelo Distrito Federal, destinando-se à polícia ostensiva e a preservação da ordem pública.
Fundamento:
CF: *Art. 144, § 5º Às polícias militares cabem a polícia ostensiva e a preservação da ordem pública; aos corpos de bombeiros militares,*

além das atribuições definidas em lei, incumbe a execução de atividades de defesa civil.

CF: *Art. 144, § 6º As polícias militares e corpos de bombeiros militares, forças auxiliares e reserva do Exército, subordinam-se, juntamente com as polícias civis, aos Governadores dos Estados, do Distrito Federal e dos Territórios.*

Gabarito "A".

(Oficial – PM/DF – 2017 – Lades) A polícia é uma instituição de direito público destinada a manter e a recobrar a paz pública e a segurança individual, cujas funções são específicas na atuação das polícias administrativa e judiciária. Segundo o texto constitucional, a função repressiva é atribuição da(o)

(A) Polícia Rodoviária Federal.

(B) Polícia Militar.

(C) Polícia Civil.

(D) Polícia Ferroviária Federal.

(E) Corpo de Bombeiros Militar.

Comentários: Questão tranquila e sempre esperada (abordagem ao art. 144/CF) nesse tipo de concurso (para carreira policial).

A alínea "A" está incorreta, nos termos do § 4º do art. 144 da Constituição Federal (CF), a atividade de polícia judiciária (repressiva) cabe, à Polícia Federal no âmbito da União, e à Polícia Civil no âmbito dos Estados e do Distrito Federal. À Polícia Rodoviária Federal, cabe, na forma da lei, o patrulhamento ostensivo das rodovias federais.

A alínea "B" está incorreta, nos termos do § 4º do art. 144/CF, a atividade de polícia judiciária (repressiva) cabe à Polícia Federal no âmbito da União, e à Polícia Civil no âmbito dos Estados e do Distrito Federal. À Polícia Militar cabe a polícia ostensiva e a preservação da ordem pública.

A alínea "C" está correta nos termos do § 4º do art. 144/CF. A atividade de polícia judiciária (repressiva) cabe à Polícia Federal no âmbito da União e à Polícia Civil no âmbito dos Estados e do Distrito Federal.

A alínea "D" está incorreta, nos termos do § 4º do art. 144/CF, a atividade de polícia judiciária (repressiva) cabe à Polícia Federal no âmbito da União, e à Polícia Civil no âmbito dos Estados e do Distrito Federal. À Polícia Ferroviária Federal, cabe, na forma da lei, ao patrulhamento ostensivo das ferrovias federais.

A alínea "E" está incorreta, nos termos do § 4º do art. 144/CF, a atividade de polícia judiciária (repressiva) cabe à Polícia Federal no âmbito da União, e à Polícia Civil no âmbito dos Estados e do Distrito Federal. Ao Corpo de Bombeiros Militar cabe, além das atribuições definidas em lei, a execução de atividades de defesa civil.

Fundamento:

CF: *Art. 144, § 2º A polícia rodoviária federal, órgão permanente, organizado e mantido pela União e estruturado em carreira, destina-se, na forma da lei, ao patrulhamento ostensivo das rodovias federais.*

CF: *Art. 144, § 5º Às polícias militares cabem a polícia ostensiva e a preservação da ordem pública; aos corpos de bombeiros militares, além das atribuições definidas em lei, incumbe a execução de atividades de defesa civil.*

CF: *Art. 144, § 4º Às polícias civis, dirigidas por delegados de polícia de carreira, incumbem, ressalvada a competência da União, as funções de polícia judiciária e a apuração de infrações penais, exceto as militares.*

CF: *Art. 144, § 3º A polícia ferroviária federal, órgão permanente, organizado e mantido pela União e estruturado em carreira, destina-se, na forma da lei, ao patrulhamento ostensivo das ferrovias federais.*

Gabarito "C".

(Soldado – PM/PI – 2017 – Nucepe) De acordo com a Constituição Federal, em relação à segurança pública, é correto afirmar:

(A) a polícia federal destina-se a exercer com exclusividade as funções de polícia judiciária da União e dos Estados.

(B) a polícia federal destina-se a apurar infrações penais em detrimento de bens, serviços e interesses da União e dos Municípios.

(C) às polícias civis incumbem, ressalvada a competência da União, as funções de polícia judiciária e a apuração de infrações penais, exceto as militares.

(D) as polícias militares, forças auxiliares e reserva do Exército subordinam-se ao Presidente da República.

(E) os municípios poderão constituir polícias municipais destinadas a apurar crimes de menor potencial ofensivo.

Comentários: Questão tranquila, em concurso para qualquer esfera da polícia, o art. 144 da Constituição Federal é obrigatório "de ponta a ponta" ao candidato.

A alínea "A" está incorreta, pois o inciso IV do § 1º do art. 144 da Constituição Federal (CF) afirma que o exercício de polícia judiciária é exclusivo da União, não alcançando, portanto os Estados, conforme descrito na ementa.

A alínea "B" está incorreta, pois o inciso I do § 1º do art. 144/CF afirma que são dos interesses da União ou de suas entidades autárquicas e empresas públicas, não alcançando, portanto, os municípios mencionados na ementa.

A alínea "C" está correta nos termos da literalidade do § 4º do art. 144/CF.

A alínea "D" está incorreta, pois conforme § 6º do art. 144/CF, as polícias militares se subordinam aos governadores dos Estados e não ao presidente da República como descrito na ementa.

A alínea "E" está incorreta pois, nos termos do § 8º do art. 144/CF, os municípios poderão constituir guardas municipais destinadas à proteção de seus bens, serviços e instalações, conforme dispuser a lei, jamais para apurar crimes, sejam de qualquer natureza. O temo "polícia municipal" vem sendo utilizado por alguns municípios e ainda não foi enfrentando sobre a constitucionalidade ou não do termo.

Fundamento:

CF: *Art. 144, § 1º A polícia federal, instituída por lei como órgão permanente, organizado e mantido pela União e estruturado em carreira, destina-se a: IV – exercer, com exclusividade, as funções de polícia judiciária da União.*

CF: *Art. 144, § 1º, I – apurar infrações penais contra a ordem política e social ou em detrimento de bens, serviços e interesses da União ou de suas entidades autárquicas e empresas públicas, assim como outras infrações cuja prática tenha repercussão interestadual ou internacional e exija repressão uniforme, segundo se dispuser em lei;*

CF: *Art. 144, § 4º Às polícias civis, dirigidas por delegados de polícia de carreira, incumbem, ressalvada a competência da União, as funções de polícia judiciária e a apuração de infrações penais, exceto as militares.*

CF: *Art. 144, § 6º As polícias militares e corpos de bombeiros militares, forças auxiliares e reserva do Exército, subordinam-se, juntamente com as polícias civis, aos Governadores dos Estados, do Distrito Federal e dos Territórios.*

CF: *Art. 144, § 8º Os Municípios poderão constituir guardas municipais destinadas à proteção de seus bens, serviços e instalações, conforme dispuser a lei.*

Gabarito "C".

(Soldado – PM/MG – 2017 – PMMG) De acordo com o disposto na Constituição da República Federativa do Brasil de 1988, marque a alternativa CORRETA:

(A) As Forças Armadas, constituídas pela Marinha, pelo Exército, pela Aeronáutica, pelas Polícias Militares e Corpos de Bombeiros Militares e pelas Guardas Municipais são instituições nacionais permanentes e regulares, organizadas com base na hierarquia e na disciplina, sob a autoridade suprema do Presidente da República, e destinam-se à defesa da Pátria, à garantia dos poderes constitucionais e, por iniciativa de qualquer destes, da lei e da ordem.

(B) O oficial somente perderá o posto e a patente e a praça a graduação, se forem julgados indignos com a carreira militar ou com ela incompatível, por decisão de tribunal militar de caráter excepcional, em tempo de paz, ou de tribunal especial, em tempo de guerra.

(C) Às polícias militares cabem a polícia ostensiva e a preservação da ordem pública; aos corpos de bombeiros militares, além das atribuições definidas em lei, incumbe a execução de atividades de defesa civil.

(D) A polícia rodoviária federal, órgão permanente, organizado e mantido pela União e estruturado em carreira, destina-se, na forma da lei, ao patrulhamento ostensivo das rodovias e ferrovias federais.

Comentários: Acredito que uma das questões mais esperada nesse tipo de prova é a abordagem ao art. 144 da Constituição Federal (CF). O candidato tem que sabê-lo decorado!

A alínea "A" está incorreta, pois, conforme art. 142/CF, polícia militar, corpo de bombeiro militar e guarda municipal, não fazem parte das Forças Armadas.

A alínea "B" está incorreta, pois o tribunal que julgará o oficial tem caráter permanente, nos termos do inciso VI, do § 3º do art. 142/CF.

A alínea "C" está correta conforme literalidade do art. 144, § 5º/CF.

A alínea "D" está incorreta, pois não é competência da Polícia Rodoviária Federal (PRF) o patrulhamento das ferrovias, nos termos do § 2º do art. 144/CF.

Fundamento:

CF: *Art. 142. As Forças Armadas, constituídas pela Marinha, pelo Exército e pela Aeronáutica, são instituições nacionais permanentes e regulares, organizadas com base na hierarquia e na disciplina, sob a autoridade suprema do Presidente da República, e destinam-se à defesa da Pátria, à garantia dos poderes constitucionais e, por iniciativa de qualquer destes, da lei e da ordem.*

CF: *Art. 142, § 3º Os membros das Forças Armadas são denominados militares, aplicando-se-lhes, além das que vierem a ser fixadas em lei, as seguintes disposições: VI – o oficial só perderá o posto e a patente se for julgado indigno do oficialato ou com ele incompatível, por decisão de tribunal militar de caráter permanente, em tempo de paz, ou de tribunal especial, em tempo de guerra;*

CF: *Art. 144, § 5º Às polícias militares cabem a polícia ostensiva e a preservação da ordem pública; aos corpos de bombeiros militares, além das atribuições definidas em lei, incumbe a execução de atividades de defesa civil.*

CF: *Art. 144, § 2º A polícia rodoviária federal, órgão permanente, organizado e mantido pela União e estruturado em carreira, destina-se, na forma da lei, ao patrulhamento ostensivo das rodovias federais.*

Gabarito "C".

12. DA ORDEM SOCIAL

(Oficial – PM/SC – 2015 – IOBV) Sobre a disciplina constitucional da ordem social, assinale a opção incorreta:

(A) A família, a sociedade e o Estado têm o dever de amparar as pessoas idosas, assegurando sua participação na comunidade, defendendo sua dignidade e bem-estar e garantindo-lhes o direito à vida. Os programas de amparo aos idosos serão executados preferencialmente em estabelecimentos de amparo assistencial.

(B) Ao sistema único de saúde compete, além de outras atribuições, nos termos da lei: participar do controle e fiscalização da produção, transporte, guarda e utilização de substâncias e produtos psicoativos, tóxicos e radioativos e colaborar na proteção do meio ambiente, nele compreendido o do trabalho.

(C) O ensino é livre à iniciativa privada, atendidas as seguintes condições: cumprimento das normas gerais da educação nacional; autorização e avaliação de qualidade pelo Poder Público.

(D) O Poder Público, com a colaboração da comunidade, promoverá e protegerá o patrimônio cultural brasileiro, por meio de inventários, registros, vigilância, tombamento e desapropriação, e de outras formas de acautelamento e preservação. Cabem à administração pública, na forma da lei, a gestão da documentação governamental e as providências para franquear sua consulta a quantos dela necessitem.

Comentários: Questão que pede a incorreta e não deixa isso em "caixa alta". Memorização de artigos, como de praxe.

A alínea "A" está incorreta, pois o § 1º do art. 230 da Constituição Federal (CF) afirma que os programas de amparo aos idosos deve ter como preferência os próprios lares e não estabelecimentos de amparo assistencial conforme afirmado na ementa. Ressaltando que a questão pede a incorreta, esta é a resposta.

A alínea "B" está correta nos termos dos incisos VII e VIII do art. 200/CF.

A alínea "C" está correta conforme incisos I e II do art. 209/CF.

A alínea "D" está correta na forma do § 1º do art. 216/CF.

Fundamento:

CF: *Art. 230. A família, a sociedade e o Estado têm o dever de amparar as pessoas idosas, assegurando sua participação na comunidade, defendendo sua dignidade e bem-estar e garantindo-lhes o direito à vida. § 1º Os programas de amparo aos idosos serão executados preferencialmente em seus lares.*

CF: *Art. 200. Ao sistema único de saúde compete, além de outras atribuições, nos termos da lei: VII – participar do controle e fiscalização da produção, transporte, guarda e utilização de substâncias e produtos psicoativos, tóxicos e radioativos; VIII – colaborar na proteção do meio ambiente, nele compreendido o do trabalho.*

CF: *Art. 209. O ensino é livre à iniciativa privada, atendidas as seguintes condições: I – cumprimento das normas gerais da educação nacional; II – autorização e avaliação de qualidade pelo Poder Público.*

CF: *Art. 216, § 1º O Poder Público, com a colaboração da comunidade, promoverá e protegerá o patrimônio cultural brasileiro, por meio de inventários, registros, vigilância, tombamento e desapropriação, e de outras formas de acautelamento e preservação.*

Gabarito "A".

(Soldado – PM/SP – 2015 – VUNESP) Casal tem uma filha de nome Ana, que completou 5 (cinco) anos de idade e possui deficiência intelectual. Considerando o que dispõe a Constituição do Estado de São Paulo a respeito, é correto afirmar que o casal pode exigir do Poder Público Estadual que

(A) ofereça atendimento especializado a Ana, preferencialmente na rede regular de ensino.

(B) pague todos os tratamentos necessários à saúde de Ana na rede particular de atendimento à saúde.

(C) matricule Ana diretamente em escola especializada, que poderá integrar a rede pública ou privada de ensino.

(D) preste ensino religioso, de matrícula obrigatória, como disciplina dos horários normais das escolas públicas de ensino fundamental.

(E) realize a educação de Ana em caráter domiciliar, junto à família, evitando-se a exposição social da criança.

Comentários: Questão chata, diria até difícil, conforme já havia descrito, matérias afetas à Constituição estadual não fazem parte da "rotina de manuseio" do candidato.

A alínea "A" está correta nos termos do § 2º do art. 239 da Constituição do Estado de São Paulo (CESP).

A alínea "B" está incorreta, pois não há tal disposição na Constituição Paulista. No inciso IX do art. 223 há a abordagem que compete ao Sistema Único de Saúde a implantação de atendimento integral aos portadores de deficiências, de caráter regionalizado, descentralizado e hierarquizado em níveis de complexidade crescente, abrangendo desde a atenção primária, secundária e terciária de saúde, até o fornecimento de todos os equipamentos necessários à sua integração social, portanto, em momento alguém dá margem que o particular poder "exigir" do Poder Público os pagamentos na rede privada de saúde.

A alínea "C" está incorreta, pois o § 2º do art. 239/CESP deixa claro a prevalência à rede regular de ensino.

A alínea "D" está incorreta, pois o art. 244/CESP afirma que o ensino religioso terá matrícula facultativa e não obrigatória conforme consta na ementa.

A alínea "E" está incorreta nos mesmos termos do § 2º do art. 239/CESP, o qual dá a prevalência à rede regular de ensino.

Fundamento:

CESP: Art. 239, § 2º O Poder Público oferecerá atendimento especializado aos portadores de deficiências, preferencialmente na rede regular de ensino.

CESP: *Art. 223. Compete ao Sistema Único de Saúde, nos termos da lei, além de outras atribuições: IX – a implantação de atendimento integral aos portadores de deficiências, de caráter regionalizado, descentralizado e hierarquizado em níveis de complexidade crescente, abrangendo desde a atenção primária, secundária e terciária de saúde, até o fornecimento de todos os equipamentos necessários à sua integração social;*

CESP: *Art. 244. O ensino religioso, de matrícula facultativa, constituirá disciplina dos horários normais das escolas públicas de ensino fundamental.*

Gabarito "A".

13. TEMAS COMBINADOS

(Oficial – PM/SP – 2015 – VUNESP) Dispõe o Decreto Estadual nº 58.052/12, que regulamenta, no âmbito do Estado de São Paulo, a Lei de Acesso à Informação, que

(A) a negativa de acesso aos documentos, dados e informações objeto de pedido formulado aos órgãos e às entidades da Administração Pública, quando não fundamentada, sujeitará o responsável às penas de crime contra a Administração Pública.

(B) é dever dos órgãos e entidades da Administração Pública Estadual promover, independentemente de requerimentos, a divulgação em local de fácil acesso, no âmbito de suas competências, de documentos, dados e informações de interesse coletivo ou geral por eles produzidas ou custodiadas.

(C) o serviço de busca e fornecimento da informação e a reprodução de documentos pelo órgão ou entidade pública consultada serão efetuados mediante pagamento que será correspondente ao valor necessário ao ressarcimento do custo dos serviços.

(D) os documentos que versem sobre condutas, que impliquem violação dos direitos humanos praticada por agentes públicos, poderão ser objeto de restrição de acesso em relação a terceiros não envolvidos nos fatos.

(E) é dever dos órgãos e entidades da Administração Pública Estadual proteger os documentos, dados e informações sigilosas e pessoais, por meio de critérios técnicos e objetivos, de forma mais restritiva possível.

Comentários: Questão oriunda de legislação específica, portanto, ao candidato deve-se a cautela necessária ao estudo. Mera memorização. Dificuldade mediana, pois não é "matéria do dia-a-dia".

A alínea "A" está incorreta, pois na forma do § 4º do art. 10 do decreto citado, temos que o responsável suportará medidas disciplinares e não criminais conforme descrito na ementa.

A alínea "B" está correta conforme literalidade do art. 23 do decreto citado na ementa.

A alínea "C" está incorreta, pois não há qualquer menção no inciso IV do art. 7º que trata do assunto a respeito de qualquer pagamento ou ressarcimento.

A alínea "D" está incorreta, pois o parágrafo único do art. 28 do decreto citado deixa claro que em caso de violação dos direitos humanos, não poderá ser objeto de restrição de acesso.

A alínea "E" está incorreta, pois o inciso III do art. 4º do decreto citado, deixa claro que a proteção deverá ser da forma menos restritiva possível, justamente o contrário do afirmado na ementa.

Fundamento:

Decreto Estadual nº 58.052/12: *Art. 10, § 4º A negativa de acesso aos documentos, dados e informações objeto de pedido formulado aos órgãos e entidades referidas no artigo 1º deste decreto, quando não fundamentada, sujeitará o responsável a medidas disciplinares, nos termos do artigo 32 da Lei federal nº 12.527, de 18 de novembro de 2011.*

Decreto Estadual nº 58.052/12: *Art. 23. É dever dos órgãos e entidades da Administração Pública Estadual promover, independentemente de requerimentos, a divulgação em local de fácil acesso, no âmbito de suas competências, de documentos, dados e informações de interesse coletivo ou geral por eles produzidas ou custodiadas.*

Decreto Estadual nº 58.052/12: *Art. 7º Ficam criados, em todos os órgãos e entidades da Administração Pública Estadual, os Serviços de Informações ao Cidadão – SIC, a que se refere o artigo 5º, inciso IV, deste decreto, diretamente subordinados aos seus titulares, em local com condições apropriadas, infraestrutura tecnológica e equipe capacitada para: IV – realizar o serviço de busca e fornecimento de documentos, dados e informações sob custódia do respectivo órgão ou entidade, ou fornecer ao requerente orientação sobre o local onde encontrá-los.*

Decreto Estadual nº 58.052/12: *Art. 28, Parágrafo único. Os documentos, dados e informações que versem sobre condutas que impliquem violação dos direitos humanos praticada por agentes públicos ou a mando de autoridades públicas não poderão ser objeto de restrição de acesso.*

Decreto Estadual nº 58.052/12: *Art. 4º É dever dos órgãos e entidades da Administração Pública Estadual: III – proteger os documentos, dados e informações sigilosas e pessoais, por meio de critérios técnicos e objetivos, o menos restritivo possível.*

Gabarito "B".

(Soldado – PM/SP – 2015 – VUNESP) Soldado da Polícia Militar do Estado de São Paulo, integrante do Serviço de Informações ao Cidadão da Polícia Militar, previsto e instalado nos termos da Lei Federal nº 12.527/11 e do Decreto Estadual nº 58.052/12, recebe pedido de informação de cidadão que solicita acesso a determinado documento que possui informações de caráter público e algumas informações com caráter sigiloso. Nesse caso, deverá o Soldado

(A) permitir o acesso à totalidade do documento, pois prevê a Lei Federal nº 12.527/11 que o princípio é da publicidade como regra e o sigilo como exceção.

(B) assegurar ao cidadão o acesso à parte não sigilosa mediante consulta pessoal do documento, sob sua supervisão.

(C) negar acesso imediato, mas esclarecer que no prazo de 5 (cinco) anos a informação poderá ser consultada pelo cidadão interessado.

(D) negar acesso ao documento, pois deve prevalecer a proteção à parte sigilosa.

(E) assegurar ao cidadão o acesso à parte não sigilosa por meio de certidão, extrato ou cópia com ocultação da parte sob sigilo.

Comentários: Questão chata, duas normatizações (federal e estadual) acerca do mesmo tema. Classifico a questão como difícil, em que pese a literalidade da lei (mera memorização).

A alínea "A" está incorreta, pois o § 2º do art. 10 do Decreto Estadual nº 58.052/12 assegura o acesso à parte não sigilosa por meio de certidão, extrato ou cópia com ocultação da parte sob sigilo.

A alínea "C" está incorreta, pois o § 2º do art. 10 do Decreto Estadual nº 58.052/12 assegura o acesso à parte não sigilosa por meio de certidão, extrato ou cópia com ocultação da parte sob sigilo.

A alínea "D" está incorreta, pois o § 2º do art. 10 do Decreto Estadual nº 58.052/12 assegura o acesso à parte não sigilosa por meio de certidão, extrato ou cópia com ocultação da parte sob sigilo.

A alínea "E" está correta conforme literalidade do § 2º do art. 10 do decreto citado na ementa da questão.

Fundamento:

Dec. Estadual nº 58.052/12: *Art. 10, § 2º Quando não for autorizado acesso integral ao documento, dado ou informação por ser ela parcialmente sigilosa, é assegurado o acesso à parte não sigilosa por meio de certidão, extrato ou cópia com ocultação da parte sob sigilo.*

Gabarito "E"

18. Direitos Humanos

Frederico Afonso

(Soldado – PM/MG – PMMG – 2018) O idoso goza de todos os direitos fundamentais inerentes à pessoa humana, sendo que é obrigação da família, da comunidade, da sociedade e do Poder Público assegurar ao idoso, com absoluta prioridade, a efetivação dos seus direitos. De acordo com o Estatuto do Idoso, Lei n. 10.741/03, marque a alternativa INCORRETA quanto à garantia de prioridade dos idosos.

(A) É assegurada prioridade especial às mulheres maiores de setenta anos, atendendo-se suas necessidades sempre preferencialmente em relação aos demais idosos.

(B) É assegurada prioridade no recebimento da restituição do Imposto de Renda.

(C) É assegurada prioridade no atendimento preferencial imediato e individualizado junto aos órgãos públicos e privados prestadores de serviços à população.

(D) É assegurada prioridade na destinação privilegiada de recursos públicos nas áreas relacionadas com a proteção ao idoso.

A assertiva "a" está incorreta, sendo assim a resposta correta, pois cabe sempre lembrar que a questão solicita a INCORRETA, e portanto, nos termos do art. 3º, § 2º do citado estatuto, a prioridade especial não é apenas às mulheres e sim aos idosos maiores de oitenta anos e não setenta conforme descrito.

A assertiva "b" está correta nos termos do art. 3º, § 1º, inciso IX do estatuto, portanto, não é a nossa resposta.

A assertiva "c" está correta nos termos do art. 3º, § 1º, inciso I do estatuto, portanto, não é a nossa resposta.

A assertiva "d" está correta nos termos do art. 3º, § 1º, inciso III do estatuto, portanto, não é a nossa resposta.

Fundamento:

Estatuto do Idoso: Art. 3º, § 1º A garantia de prioridade compreende:

I – atendimento preferencial imediato e individualizado junto aos órgãos públicos e privados prestadores de serviços à população;

III – destinação privilegiada de recursos públicos nas áreas relacionadas com a proteção ao idoso;

IX – prioridade no recebimento da restituição do Imposto de Renda.

Art. 3º, § 2º Dentre os idosos, é assegurada prioridade especial aos maiores de oitenta anos, atendendo-se suas necessidades sempre preferencialmente em relação aos demais idosos.

Gabarito "A".

(Soldado – PM/MG – PMMG – 2018) Quanto às normas para a organização e a manutenção de programas especiais de proteção a vítimas e a testemunhas ameaçadas, estabelecidas na Lei n. 9.807/99, marque "V" para a (s) assertiva (s) verdadeira (s) e "F" para a (s) assertiva (s) falsa (s).

( ) A União, os Estados e o Distrito Federal poderão celebrar convênios, acordos, ajustes ou termos de parceria exclusivamente com entidades não governamentais objetivando a realização dos programas.

( ) A proteção poderá ser dirigida ou estendida ao cônjuge ou companheiro, ascendentes, descendentes e dependentes que tenham convivência habitual com a vítima ou testemunha.

( ) O ingresso no programa, as restrições de segurança e demais medidas por ele adotadas, por questões de segurança, não terão a anuência da pessoa protegida, ou de seu representante legal.

( ) A solicitação objetivando ingresso no programa deverá ser encaminhada ao órgão executor apenas pelo representante do Ministério Público e pela autoridade policial que conduz a investigação criminal.

Marque a alternativa que contém a sequência de respostas CORRETA, na ordem de cima para baixo.

(A) V, F, V, F.

(B) F, F, V, V.

(C) F, V, F, F.

(D) V, V, F, V.

A primeira assertiva é falsa conforme o § 1º do art. 1º da referida lei, pois, a celebração pode ocorrer entre os entes e não apenas "exclusivamente com entidades não governamentais" conforme descrito.

A segunda assertiva é verdadeira conforme literalidade do § 1º do art. 2º da referida lei.

A terceira assertiva é falsa, pois nos termos do § 3º do art. 2º da referida lei, as questões que envolvem o ingresso no programa, as restrições de segurança e demais medidas terão sempre a anuência da pessoa protegida, ao revés do que afirma a ementa – "não terão a anuência da pessoa protegida".

A quarta assertiva é falsa, pois nos termos do art. 5º da referida lei, a solicitação objetivando ingresso no programa poderá (e não deverá, conforme descrito) ser encaminhada ao órgão executor por uma série de pessoas/órgãos e não apenas pelo Ministério Público e autoridade policial. Vejamos quem poderá encaminhar: o interessado; o representante do Ministério Público; a autoridade policial que conduz a investigação criminal; o juiz competente para a instrução do processo criminal; ou órgãos públicos e entidades com atribuições de defesa dos direitos humanos.

Fundamento:

Lei nº 9.807/99: Art. 1º, § 1º A União, os Estados e o Distrito Federal poderão celebrar convênios, acordos, ajustes ou termos de parceria entre si ou com entidades não governamentais objetivando a realização dos programas.

Lei nº 9.807/99: Art. 2º, § 1º A proteção poderá ser dirigida ou estendida ao cônjuge ou companheiro, ascendentes, descendentes e dependentes que tenham convivência habitual com a vítima ou testemunha, conforme o especificamente necessário em cada caso. § 3º O ingresso no programa, as restrições de segurança e demais medidas por ele adotadas terão sempre a anuência da pessoa protegida, ou de seu representante legal.

Lei nº 9.807/99: Art. 5º A solicitação objetivando ingresso no programa poderá ser encaminhada ao órgão executor: I – pelo interessado; II – por representante do Ministério Público; III – pela autoridade policial que conduz a investigação criminal; IV – pelo juiz competente para a instrução do processo criminal; V – por órgãos públicos e entidades com atribuições de defesa dos direitos humanos.

Gabarito "C".

(Soldado – PM/MG – PMMG – 2018) De acordo com a Declaração Universal dos Direitos Humanos assinale "V" para a (s) assertiva (s) verdadeira (s) e "F" para a (s) assertiva (s) falsa (s).

() Todo ser humano tem direito, em plena igualdade, a uma justa audiência por parte do Tribunal Internacional da ONU, para decidir sobre seus direitos e deveres na esfera do Direito Internacional.

() Ninguém será sujeito à interferência em sua vida privada, em sua família, em seu lar ou em sua correspondência, sem prévia autorização da autoridade policial.

() Todo ser humano tem direito à liberdade de opinião e expressão; este direito inclui a liberdade de, sem interferência, ter opiniões e de procurar, receber e transmitir informações e ideias por quaisquer meios e independentemente de fronteiras.

() Todo ser humano tem direito a repouso semanal, diversão e lazer oferecido pelo Estado, inclusive a limitação máxima de 44 horas semanais de trabalho e férias anuais remuneradas com adicional de 1/3.

() Todo ser humano tem direito a uma ordem social e internacional em que os direitos e liberdades estabelecidos na Declaração Universal dos Direitos Humanos possam ser plenamente realizados.

Marque a alternativa que contém a sequência de respostas CORRETA, na ordem de cima para baixo.

(A) V, F, F, V, F.

(B) F, F, V, F, V.

(C) F, V, F, V, F.

(D) V, F, V, F, V.

A primeira assertiva é falsa, pois a Declaração Universal dos Direitos Humanos (DUDH) em momento algum menciona as Nações Unidas (ONU) ou um tribunal internacional. A menção "mais perto" está no art. 10 quando assegura o acesso a um "tribunal independente e imparcial".

A segunda assertiva é falsa ao permitir que os direitos mencionados sejam relativizados por "autorização da autoridade policial". A DUDH no art. 12 assegura uma proteção da lei contra tais interferências ou ataques.

A terceira assertiva é verdadeira conforme literalidade do art. 19 da DUDH.

A quarta assertiva é falsa, pois a DUDH em seu art. 24 não faz qualquer menção a carga horária ou valor de adicional.

A quinta assertiva é verdadeira, conforme art. 28 da DUDH.

Fundamento:

DUDH: Art. 10. Toda a pessoa tem direito, em plena igualdade, a que a sua causa seja equitativa e publicamente julgada por um tribunal independente e imparcial que decida dos seus direitos e obrigações ou das razões de qualquer acusação em matéria penal que contra ela seja deduzida.

DUDH: Art. 12. Ninguém será sujeito à interferência na sua vida privada, na sua família, no seu lar ou na sua correspondência, nem a ataque à sua honra e reputação. Todo ser humano tem direito à proteção da lei contra tais interferências ou ataques.

DUDH: Art. 19. Todo ser humano tem direito à liberdade de opinião e expressão; esse direito inclui a liberdade de, sem interferência, ter opiniões e de procurar, receber e transmitir informações e ideias por quaisquer meios e independentemente de fronteiras.

DUDH: Art. 24. Todo ser humano tem direito a repouso e lazer, inclusive a limitação razoável das horas de trabalho e a férias remuneradas periódicas.

DUDH: Art. 28. Todo ser humano tem direito a uma ordem social e internacional em que os direitos e liberdades estabelecidos na presente Declaração possam ser plenamente realizados.

Gabarito "B".

(Soldado – PM/MG – PMMG – 2018) Analise as assertivas e marque a alternativa CORRETA, com base na Lei n. 9.455/97 que define os crimes de tortura.

(A) Constitui, também, crime de tortura, constranger alguém com emprego de violência ou grave ameaça, causando-lhe sofrimento físico ou mental em razão de discriminação racial ou religiosa.

(B) O crime de tortura é inafiançável, hediondo, imprescritível e insuscetível de graça ou anistia.

(C) A condenação pelo crime de tortura acarretará a suspensão não remunerada, até o cumprimento total da pena, do cargo, função ou emprego público.

(D) O condenado por crime de tortura, na conduta comissiva, iniciará o cumprimento da pena em regime semiaberto sem direito a progressão inicial de regime.

A assertiva "a" está correta, nos termos da literalidade do art. 1º, inciso I, alínea "c" da citada lei.

A assertiva "b" está errada, pois o § 6º do art. 1º da citada lei não prevê a imprescritibilidade. Vale lembrar também do inciso XLIII do art. 5º da Constituição Federal, no qual há também a referida menção.

A assertiva "c" está errada, pois o § 5º do art. 1º da citada lei é preciso ao falar em perda do cargo, função ou emprego público e não em suspensão, conforme descrito na ementa.

A assertiva "d" está errada, pois o § 7º do art. 1º da citada lei não traz tal menção, aliás, deixa claro que o condenado pelas condutas comissivas <u>iniciará</u> no regime fechado, ou seja, no caso mais grave (conduta comissiva) há progressão de regime, portanto, há progressão de regime também na conduta omissiva (§ 2º do art. 1º da citada lei).

Fundamento:

Lei nº 9.455/97: Art. 1º Constitui crime de tortura: I – constranger alguém com emprego de violência ou grave ameaça, causando-lhe sofrimento físico ou mental: c) em razão de discriminação racial ou religiosa;

Lei nº 9.455/97: Art. 1º, § 2º Aquele que se omite em face dessas condutas, quando tinha o dever de evitá-las ou apurá-las, incorre na pena de detenção de um a quatro anos. § 5º A condenação acarretará a perda do cargo, função ou emprego público e a interdição para seu exercício pelo dobro do prazo da pena aplicada. § 6º O crime de tortura é inafiançável e insuscetível de graça ou anistia. § 7º O condenado por crime previsto nesta Lei, salvo a hipótese do § 2º, iniciará o cumprimento da pena em regime fechado.

Constituição Federal: Art. 5º, XLIII – a lei considerará crimes inafiançáveis e insuscetíveis de graça ou anistia a prática da tortura, o tráfico ilícito de entorpecentes e drogas afins, o terrorismo e os definidos como crimes hediondos, por eles respondendo os mandantes, os executores e os que, podendo evitá-los, se omitirem;

Gabarito "A".

(Soldado – PM/SE – IBFC – 2018) Assinale a alternativa correta. No que se refere ao tema da "liberdade individual", assim preceitua expressamente a Convenção Interamericana de Direitos Humanos:

(A) A confissão do acusado só é válida se feita sem coação de nenhuma natureza.

(B) O processo penal deve ser público, salvo no que for necessário para preservar os interesses da justiça.

(C) Toda pessoa detida ou retida deve ser informada das razões da sua detenção e notificada, sem demora, da acusação ou acusações formuladas contra ela.

(D) O acusado absolvido por sentença passada em julgado não poderá ser submetido a novo processo pelos mesmos fatos.

A assertiva "a" está de acordo com o nº 03 do art. 8º da Convenção Americana sobre Direitos Humanos (CADH), entretanto, o art. 8º trata das "garantias judiciais" e a questão pede a relação com a "liberdade individual", a qual é tratada no art. 7º sob o mote de "direito à liberdade pessoal". Uma outra observação necessária é o nome dado na ementa "Convenção Interamericana de Direitos Humanos". Não é o nome correto (o correto é Convenção Americana sobre Direitos Humanos). O nome transcrito na ementa pode dar a liberdade de interpretá-lo para qualquer tratado oriundo do Sistema Interamericano de Direitos Humanos, ou seja, oriundo da Organização dos Estados Americanos (OEA). Assim, em se tratando de questão objetiva, que usualmente busca a literalidade das normas, aponto a assertiva como errada.

A assertiva "b" também está de acordo com o nº 05 do art. 8º da CADH, mas pelas mesmas razões acima transcritas, aponto como errada.

A assertiva "c" está de acordo com o nº 04 do art. 7º da CADH e este artigo sim, aborda o "Direito à liberdade pessoal" e também de acordo com a ementa, logo, é a assertiva correta.

A assertiva "d" está de acordo com o nº 04 do art. 8º, porém, pelas mesmas razões das alíneas "a" e "b", estão capitulados como "garantias judiciais".

A questão foi anulada, o que é uma decisão soberana da banca examinadora. Confesso que ela trouxe o "detalhe do detalhe" e isso a deixou muito mais difícil, mas, s.m.j., eu não a anularia.

Fundamento:

PSJCR: Art. 7º Direito à Liberdade Pessoal. 4. Toda pessoa detida ou retida deve ser informada das razões da sua detenção e notificada, sem demora, da acusação ou acusações formuladas contra ela.

PSJCR: Art. 8º Garantias Judiciais. 3. A confissão do acusado só é válida se feita sem coação de nenhuma natureza. 4. O acusado absolvido por sentença passada em julgado não poderá se submetido a novo processo pelos mesmos fatos. 5. O processo penal deve ser público, salvo no que for necessário para preservar os interesses da justiça.

Gabarito: Anulada

(Soldado – PM/SE – IBFC – 2018) Assinale a alternativa correta. No que diz respeito ao tema da "proteção da honra e da dignidade", assim discorre de forma expressa a Convenção Interamericana de Direitos Humanos:

(A) A lei deve proibir toda propaganda a favor da guerra, bem como toda apologia ao ódio nacional, racial ou religioso que constitua incitação à discriminação, à hostilidade, ao crime ou à violência.

(B) Ninguém pode ser objeto de ingerências arbitrárias ou abusivas em sua vida privada, na de sua família, em seu domicílio ou em sua correspondência, nem de ofensas ilegais à sua honra ou reputação.

(C) A lei pode submeter os espetáculos públicos a censura prévia, com o objetivo exclusivo de regular o acesso a eles, para proteção moral da infância e da adolescência.

(D) Os pais, e quando for o caso os tutores, têm direito a que seus filhos ou pupilos recebam a educação religiosa e moral que esteja de acordo com suas próprias convicções.

A assertiva "a" está de acordo com o nº 05 do art. 13 da Convenção Americana sobre Direitos Humanos (CADH), entretanto, o art. 13 trata da "liberdade de pensamento e de expressão" e a questão pede a relação com a "proteção da honra e da dignidade", a qual é tratada no art. 11 sob o mote de "proteção da honra e da dignidade". Outra observação necessária é o nome dado na ementa, já comentado acima. Assim, em se tratando de questão objetiva, que usualmente busca a literalidade das normas, aponto a assertiva como errada.

A assertiva "b" é a correta, pois, além de estar de acordo com o nº 2 do art. 11 da CADH, tal artigo justamente aborda o tema "proteção da honra e da dignidade".

A assertiva "c" está de acordo com o nº 04 do art. 13 da CADH, porém este artigo aborda o tema "Liberdade de pensamento e de expressão" e a questão pede a relação com a "proteção da honra e da dignidade", portanto, a questão está errada.

A assertiva "d" está de acordo com o nº 04 do art. 12, porém, o artigo aborda a questão da "liberdade de consciência e de religião", enquanto que a questão pede a relação com a "proteção da honra e da dignidade", portanto, questão errada.

Novamente uma questão mal anulada. Já havia comentado que a decisão é soberana da banca examinadora, mas... Repito aqui meus comentários em outra questão: a questão trouxe o "detalhe do detalhe" e isso a deixou muito mais difícil, mas, s.m.j., eu não a anularia.

Fundamento:

CADH: Art. 13. Liberdade de Pensamento e de Expressão. 4. A lei pode submeter os espetáculos públicos à censura prévia, com o objetivo exclusivo de regular o acesso a eles, para proteção moral da infância e da adolescência, sem prejuízo do disposto no inciso 2º. 5. A lei deve proibir toda propaganda a favor da guerra, bem como toda apologia ao ódio nacional, racial ou religioso que constitua incitação à discriminação, à hostilidade, ao crime ou à violência.

CADH: Art. 11. Proteção da Honra e da Dignidade. 2. Ninguém pode ser objeto de ingerências arbitrárias ou abusivas em sua vida privada, na de sua família, em seu domicílio ou em sua correspondência, nem de ofensas ilegais à sua honra ou reputação.

CADH: Art. 12. Liberdade de Consciência e de Religião. 4. Os pais, e quando for o caso os tutores, têm direito a que seus filhos ou pupilos recebam a educação religiosa e moral que esteja acorde com suas próprias convicções.

Gabarito: Anulada

(Soldado – PM/SE – IBFC – 2018) No que se refere ao Histórico dos Direitos Humanos, assinale a alternativa incorreta:

(A) A Declaração Universal dos Direitos Humanos de 1948 representa uma resposta civilizatória em face das atrocidades que ocorreram durante a segunda guerra mundial.

(B) Os direitos humanos representam reivindicações universalmente válidas, independentemente do fato de serem reconhecidas ou não pelas leis.

(C) O movimento contemporâneo pelos direitos humanos teve origem na reconstrução da sociedade ocidental ao final da segunda guerra mundial.

(D) Os direitos humanos surgiram com a declaração universal dos direitos humanos.

As assertivas "a", "b" e "c" estão corretas.

A questão pede a incorreta, portanto, a assertiva "d". A Declaração Universal dos Direitos Humanos (DUDH) é o primeiro documento de caráter universal, em um pós-guerra, a lidar com, nos dizeres de Dalmo Dallari: "a certeza dos direitos, exigindo que haja uma fixação prévia e clara dos direitos e deveres, para que os indivíduos possam gozar dos direitos ou sofrer imposições; a segurança dos direitos, impondo uma série de normas tendentes a garantir que, em qualquer circunstância, os direitos fundamentais serão respeitados; a possibilidade dos direitos, exigindo que se procure assegurar a todos os indivíduos os meios necessários à fruição dos direitos, não se permanecendo no formalismo cínico e mentiroso da afirmação de igualdade de direitos onde grande parte do povo vive em condições subumanas". Entretanto, apontá-la como a matriz de surgimento é ignorar dezenas de documentos, do longínquo "Código de Hamurabi" à própria Carta das Nações Unidas (1945). Fábio Konder Comparato aponta a Declaração de Virgínia (1776) como o "surgimento dos direitos humanos", por sua vez, Dallari já citado acima, aponta o Tratado de Paz de Westfalia (1648). Muitos doutrinários apontam para a Magna Carta (1215), outros para a Revolução Francesa (1789), enfim, documentos relevantes, diria até vitais, e todos muito antes da DUDH (1948).

Gabarito "D"

(Soldado – PM/SE – IBFC – 2018) Com relação ao Histórico dos Direitos Humanos, em particular, em atenção ao preceituado na Declaração Universal dos Direitos Humanos de 1948, assinale a alternativa que não corresponde ao texto da citada Declaração:

(A) Toda a pessoa acusada de um ato delituoso presume-se inocente até que a sua culpabilidade fique legalmente provada no decurso de um processo público em que todas as garantias necessárias de defesa lhe sejam asseguradas.

(B) Toda a pessoa tem o direito de abandonar o país em que se encontra, incluindo o seu, e o direito de regressar ao seu país.

(C) Diante da necessidade de se reprimir os crimes, será admitida a possibilidade de imposição de pena mais grave do que a que era aplicável no momento em que o ato delituoso foi cometido.

(D) Ninguém pode ser arbitrariamente privado da sua nacionalidade nem do direito de mudar de nacionalidade.

A assertiva "a" corresponde ao art. 11 da Declaração Universal dos Direitos Humanos (DUDH), portanto, como a questão pede a que NÃO corresponde, está errada.

A assertiva "b" corresponde ao nº 2 do art. 13 da DUDH, portanto, questão errada.

A assertiva "c" está em desacordo com o nº 02 do art. 11 da DUDH, portanto, resposta correta.

A assertiva "d" está em acordo com o nº 02 do art. 15 da DUDH, portanto, questão errada.

<u>Fundamento</u>:

DUDH: Artigo XI. 1. Todo ser humano acusado de um ato delituoso tem o direito de ser presumido inocente até que a sua culpabilidade tenha sido provada de acordo com a lei, em julgamento público no qual lhe tenham sido asseguradas todas as garantias necessárias à sua defesa. 2. Ninguém poderá ser culpado por qualquer ação ou omissão que, no momento, não constituíam delito perante o direito nacional ou internacional. Também não será imposta pena mais forte do que aquela que, no momento da prática, era aplicável ao ato delituoso.

DUDH: Artigo XIII. 2. Todo ser humano tem o direito de deixar qualquer país, inclusive o próprio, e a este regressar.

DUDH: Artigo XV. 2. Ninguém será arbitrariamente privado de sua nacionalidade, nem do direito de mudar de nacionalidade.

Gabarito "C".

(Soldado – PM/SE – IBFC – 2018) Assinale a alternativa que não se apresenta em consonância com as justificativas delineadas na Declaração Universal dos Direitos Humanos de 1948:

(A) Os Estados-Membros se comprometeram a promover, em cooperação com as Nações Unidas, o respeito universal aos direitos e liberdades fundamentais do homem e a observância desses direitos e liberdades.

(B) É essencial que os direitos do homem sejam protegidos pelo império da lei, para que o homem possa ser compelido, como último recurso, à rebelião contra a tirania e a opressão.

(C) O reconhecimento da dignidade inerente a todos os membros da família humana e seus direitos iguais e inalienáveis é o fundamento da liberdade, da justiça e da paz no mundo.

(D) O desprezo e o desrespeito pelos direitos do homem resultaram em atos bárbaros que ultrajaram a consciência da Humanidade.

A assertiva "a" está de acordo com um dos "Considerandos" da Declaração Universal dos Direitos Humanos (DUDH).

A assertiva "b" está em DESACORDO ("para que o homem <u>não</u> possa ser compelido") com um dos "Considerandos" da DUDH, portanto é a nossa resposta.

A assertiva "c" está em acordo com um dos "Considerandos" da DUDH, portanto, questão errada.

A assertiva "d" está em acordo com um dos "Considerandos" da DUDH, portanto, questão errada.

<u>Fundamento</u>:

DUDH: Considerando que os Estados-Membros se comprometeram a promover, em cooperação com as Nações Unidas, o respeito universal aos direitos e liberdades humanas fundamentais e a observância desses direitos e liberdades,

DUDH: Considerando ser essencial que os direitos humanos sejam protegidos pelo império da lei, para que o ser humano não seja compelido, como último recurso, à rebelião contra a tirania e a opressão,

DUDH: Considerando que o reconhecimento da dignidade inerente a todos os membros da família humana e de seus direitos iguais e inalienáveis é o fundamento da liberdade, da justiça e da paz no mundo,

DUDH: Considerando que o desprezo e o desrespeito pelos direitos humanos resultaram em atos bárbaros que ultrajaram a consciência da Humanidade e que o advento de um mundo em que os todos gozem de liberdade de palavra, de crença e da liberdade de viverem a salvo do temor e da necessidade foi proclamado como a mais alta aspiração do ser humano comum.

Gabarito "B".

(Soldado – PM/MG – 2017 – PMMG) Com base na Declaração Universal dos Direitos Humanos proclamada pela Assembleia Geral das Nações Unidas, marque a alternativa CORRETA:

(A) Todos os seres humanos nascem livres e iguais. São dotados de razão e emoção e devem pensar em relação uns aos outros com espírito de consciência.

(B) Todo ser humano tem deveres para com a comunidade, em que o livre e pleno desenvolvimento de sua personalidade é possível.

(C) Homens e mulheres, sem qualquer restrição de idade, raça, nacionalidade ou religião, têm o direito de contrair matrimônio e fundar uma família.

(D) Todo ser humano tem direito ao lazer e ao repouso semanal aos domingos e feriados, inclusive à limitação semanal de 44 horas de trabalho e férias anuais remuneradas.

Questão péssima, de pura memorização literal, sem avaliar em nada o conhecimento do candidato.

A: incorreta, tendo em vista as expressões "dotados de razão e emoção", quando o correto nos termos do art. 1º é "dotados de razão e consciência", e ainda, pela expressão equivocada "devem pensar em relação uns aos outros com espírito de consciência", quando o correto, também nos termos do art. 1º, "devem agir em relação uns aos outros com espírito de fraternidade". Fundamento: *Art. 1º Todos os homens nascem livres e iguais em dignidade e direitos. São dotados de razão e consciência e devem agir em relação uns aos outros com espírito de fraternidade;* **B:** correta, nos termos do art. 29, inciso I. Fundamento: *Art. 29. I) Todo ser humano tem deveres para com a comunidade, na qual o livre e pleno desenvolvimento de sua personalidade é possível;* **C:** incorreta, pela expressão "sem qualquer restrição de idade", pois o art. 16, inciso I, determina que seja "de maior idade". Fundamento: *Art. 16. I) Os homens e mulheres de maior idade, sem qualquer restrição de raça, nacionalidade ou religião, tem o direito de contrair matrimônio e fundar uma família. Gozam de iguais direitos em relação ao casamento, sua duração e sua dissolução;* **D:** incorreta, pois a Declaração silencia sobre limitação semanal e quais dias da semana deveriam ocorrer o repouso e o lazer, nos termos do art. 24. Fundamento: *Art. 24. Todo o homem tem direito a repouso e lazer, inclusive a limitação razoável das horas de trabalho e a férias remuneradas periódicas.*

Gabarito "B"

(Soldado – PM/MG – 2017 – PMMG) "A", Policial Militar da ativa, candidatou ao cargo eletivo de vereador nas eleições municipais de sua cidade. Para ser considerado alistável e elegível deverá atender determinadas condições. Com base na Constituição da República Federativa do Brasil de 1988, marque a alternativa CORRETA:

(A) se "A" contar mais de dez anos de serviço, será agregado pela autoridade subordinada pelo prazo de 30 dias.

(B) se "A" for eleito, passará automaticamente, no ato da diplomação, para a atividade remunerada.

(C) "A" não pode candidatar, pois durante o período do serviço na Polícia Militar é considerado conscrito.

(D) se "A" contar menos de dez anos de serviço, deverá afastar-se da atividade.

Questão de Direito Constitucional, a bem da verdade, do chamado Direito Constitucional Eleitoral, portanto, matéria indevida no "ramo dos Direitos Humanos".
A: incorreta, pois a norma constitucional (art. 14, § 8º, inciso II) não determina o período de agregação; **B:** incorreta, pois o militar passará para a inatividade e não "atividade remunerada", conforme art. 14, § 8º, inciso II da Constituição Federal de 88; **C:** incorreta, pois há a permissão nos termos do § 8º do art. 14 da Constituição Federal; **D:** correta, nos termos do art. 14, § 8º, inciso I da Constituição Federal de 88. Fundamento: *Art. 14, § 8º O militar alistável é elegível, atendidas as seguintes condições: I - se contar menos de dez anos de serviço, deverá afastar-se da atividade; II - se contar mais de dez anos de serviço, será agregado pela autoridade superior e, se eleito, passará automaticamente, no ato da diplomação, para a inatividade.*

Gabarito "D"

(Soldado – PM/MG – 2017 – PMMG) "A", servidor público do Estado de Minas Gerais, testemunhou uma chacina, homicídio de 4 indivíduos, quando passava na praça central da cidade. No momento dos crimes, um dos agentes visualizou "A" e tentou alcançá-lo. Ao perceber que foi identificado pelos autores, "A" saiu correndo para a sua residência e se escondeu dentro dela. No dia seguinte, "A" encontrou um bilhete embaixo da porta de sua casa com os dizeres: "Eu sei quem você é. Se você falar alguma coisa para a polícia, você morrerá." Diante do ocorrido, "A" temeroso com a ameaça contou o que viu para o seu amigo "B", que é dono de uma padaria no bairro, falando também que estaria disposto a contar tudo para a polícia, contudo estava com muito medo da ameaça se concretizar. Ao tomar conhecimento do acontecido, "B" compareceu ao fórum da Justiça da cidade e requereu ao Juiz de Direito as medidas de proteção para "A".

Com base nas previsões da Lei n. 9.807/99, que estabelece normas para a organização e a manutenção de programas especiais de proteção a vítimas e a testemunhas ameaçadas, marque a alternativa CORRETA:

(A) Em caso de urgência e levando em consideração a procedência, gravidade e a iminência da ameaça sofrida, "A" poderá ser colocada provisoriamente sob a custódia da Justiça e do Ministério Público.

(B) A exclusão de "A" do programa de proteção a testemunha somente poderá ocorrer após a cessação dos motivos que ensejaram a proteção.

(C) A solicitação objetivando ingresso no programa não poderá ser encaminhada ao órgão executor por "B", mas sim por órgãos públicos e entidades com atribuições de defesa dos direitos humanos.

(D) A duração da proteção oferecida pelo programa será no máximo de 1 (um) ano.

Questão "complicada", não pelo conteúdo em si, mas por não ser matéria típica de Direitos Humanos e sim de Direito Processual Penal, em que pese todas as referências "à proteção dos direitos humanos" na lei.
A: incorreta, pois preenchidos os requisitos, nos termos do § 3º do art. 5º da Lei 9.807/1999, a vítima ou testemunha poderá ser colocada provisoriamente sob a custódia de órgão policial e não sob a custódia da Justiça e do Ministério Público, conforme descrito. Fundamento: *Art. 5º, § 3º: Em caso de urgência e levando em consideração a procedência, gravidade e a iminência da coação ou ameaça, a vítima ou testemunha poderá ser colocada provisoriamente sob a custódia de órgão policial, pelo órgão executor, no aguardo de decisão do conselho deliberativo, com comunicação imediata a seus membros e ao Ministério Público*; **B:** incorreta pela colocação do advérbio "somente", pois, nos termos do art. 10, inciso II, além da letra "a" mencionada (cessação dos motivos), há também a letra "b" – "conduta incompatível do protegido". Fundamento: *Art. 10. A exclusão da pessoa protegida de programa de proteção a vítimas e a testemunhas poderá ocorrer a qualquer tempo: I - por solicitação do próprio interessado; II - por decisão do conselho deliberativo, em consequência de: a) cessação dos motivos que ensejaram a proteção; b) conduta incompatível do protegido;* **C:** correta, nos termos do art. 5º, inciso V da lei citada. Fundamento: *Art. 5º A solicitação objetivando ingresso no programa poderá ser encaminhada ao órgão executor: I - pelo interessado; II - por representante do Ministério Público; III - pela autoridade policial que conduz a investigação criminal; IV - pelo juiz competente para a instrução do processo criminal; V - por órgãos públicos e entidades com atribuições de defesa dos direitos humanos;* **D:** incorreta, pois nos termos do art. 11 da citada lei, o programa terá, em regra, o prazo máximo de 2 (dois) anos, podendo inclusive ser prorrogado em determinadas circunstâncias excepcionais. Fundamento: *Art. 11. A proteção oferecida pelo programa terá a duração máxima de dois anos.*
Parágrafo único. Em circunstâncias excepcionais, perdurando os motivos que autorizam a admissão, a permanência poderá ser prorrogada.

Gabarito "C"

(Soldado – PM/PI – 2017 - Nucepe) Considerando a Declaração Universal dos Direitos Humanos, analise as proposições abaixo.

1) Toda pessoa tem direito à vida, sendo vedado o aborto.

2) Ninguém será submetido a tratamento degradante, salvo motivo justificado.

3) Ninguém será arbitrariamente preso, detido ou exilado. Art. 9º Ninguém será arbitrariamente preso, detido ou exilado.

4) Toda pessoa tem o direito de ser, em todos os lugares, reconhecida como pessoa perante a lei.

Estão corretos, apenas:

(A) 1 e 3.

(B) 1 e 4.

(C) 1, 2 e 3.

(D) 2 e 4.

(E) 3 e 4.

As questões de "combinações" às vezes facilitam a vida do candidato. Neste caso, ao eliminar a assertiva "1", dos 20% de chances "no escuro", já passou para 50%! Ao constatar que a assertiva "2" também estava errada, a resposta "caiu no colo"! Questão que busca memorização da letra fria da norma.

1: incorreta, pois a Declaração Universal dos Direitos Humanos (DUDH) não menciona nada sobre o aborto, conforme art. 3º. Fundamento: *Art. 3º Todo o homem tem direito à vida, à liberdade e à segurança pessoal;* **2:** incorreta, pois não há motivo que justifique a tortura no âmbito do Direito Internacional dos Direitos Humanos, aliás, trata-se do chamado núcleo duro dos direitos humanos (núcleo inderrogável). Em desacordo com o art. 5º da DUDH. Fundamento: *Art. 5º Ninguém será submetido a tortura, nem a tratamento ou castigo cruel, desumano ou degradante;* **3.** correta, nos termos do art. 9º da DUDH. Fundamento: *Art. 9º Ninguém será arbitrariamente preso, detido ou exilado;* **4.** correta, nos termos do art. 6º da DUDH. Fundamento: *Art. 6º Todo pessoa tem o direito de ser, em todos os lugares, reconhecido como pessoa perante a lei.*

Gabarito "E"

(Soldado – PM/PI – 2017 - Nucepe) De acordo com o Pacto Internacional dos Direitos Civis e Políticos, é correto afirmar que:

(A) para a consecução de seus objetivos, todos os povos podem dispor livremente de suas riquezas e de seus recursos naturais, mesmo que em prejuízo das obrigações decorrentes da cooperação econômica internacional.

(B) nos países em que a pena de morte não tenha sido abolida, esta poderá ser imposta livremente, em conformidade com a legislação vigente na época em que o crime foi cometido.

(C) admite-se restrição ou suspensão dos direitos humanos fundamentais, reconhecidos ou vigentes em qualquer Estado Parte do Pacto Internacional dos Direitos Civis e Políticos, em virtude de leis, convenções, regulamentos ou costumes, sob o argumento de que o Pacto não os reconheça ou os reconheça em menor grau.

(D) toda pessoa privada de sua liberdade deverá ser tratada com humanidade e respeito à dignidade inerente à pessoa humana.

(E) o regime penitenciário consistirá num tratamento cujo objetivo principal é a reforma e a reabilitação normal dos prisioneiros, devendo os infratores juvenis serem encarcerados juntos com os adultos para fins de recuperação.

A: incorreta na expressão "mesmo que em prejuízo", pois o correto, nos termos do art. 1º, nº 2 do Pacto Internacional dos Direito Civis e Políticos (PIDCP), é "sem prejuízo das obrigações decorrentes". Fundamento: *1º, 2. Para a consecução de seus objetivos, todos os povos podem dispor livremente se suas riquezas e de seus recursos naturais, sem prejuízo das obrigações decorrentes da cooperação econômica internacional, baseada no princípio do proveito mútuo, e do Direito Internacional. Em caso algum, poderá um povo ser privado de seus meios de subsistência;* **B:** incorreta, pois "a pena de morte não poderá ser imposta livremente" e sim, nos termos do art. 6º, nº 2 do PIDCP, "apenas nos casos de crimes mais graves". Fundamento: *Art. 6º, 2. Nos países em que a pena de morte não tenha sido abolida, esta poderá ser imposta apenas nos casos de crimes mais graves, em conformidade com legislação vigente na época em que o crime foi cometido e que não esteja em conflito com as disposições do presente Pacto, nem com a Convenção sobra a Prevenção e a Punição do Crime de Genocídio. Poder-se-á aplicar essa pena apenas em decorrência de uma sentença transitada em julgado e proferida por tribunal competente;* **C:** incorreta, pois "não se admite restrição", nos termos do art. 5º, nº 2 do PIDC. Fundamento: *Art. 5º, 2. Não se admitirá qualquer restrição ou suspensão dos direitos humanos fundamentais reconhecidos ou vigentes em qualquer Estado Parte do presente Pacto em virtude de leis, convenções, regulamentos ou costumes, sob pretexto de que o presente Pacto não os reconheça ou os reconheça em menor grau;* **D:** correta, nos termos do art. 10, nº 1 do PIDC. Fundamento: *Art. 10, 1. Toda pessoa privada de sua liberdade deverá ser tratada com humanidade e respeito à dignidade inerente à pessoa humana;* **E:** incorreta, pois os infratores juvenis devem ficar separados dos adultos, nos termos do art. 10, nº 3 do PIDCP. Fundamento: *Art. 10, 3. O regime penitenciário consistirá num tratamento cujo objetivo principal seja a reforma e a reabilitação normal dos prisioneiros. Os delinquentes juvenis deverão ser separados dos adultos e receber tratamento condizente com sua idade e condição jurídica.*

Gabarito "D"

(Soldado – PM/PI – 2017 - Nucepe) De acordo com a Convenção Contra a Tortura e Outros Tratamentos ou Penas Cruéis, Desumanos ou Degradantes, é correto afirmar que:

(A) em circunstâncias excepcionais, tais como ameaça ou estado de guerra, instabilidade política interna ou qualquer outra emergência pública, justifica-se a tortura.

(B) nenhum Estado Parte procederá à expulsão, devolução ou extradição de uma pessoa para outro Estado, quando houver razões substanciais para crer que a mesma corre perigo de ali ser submetida a tortura.

(C) a ordem de um funcionário superior ou de uma autoridade pública poderá ser invocada como justificação para a tortura.

(D) não cabe à vítima de ato de tortura o direito à reparação e a uma indenização justa e adequada, sendo suficiente o pedido de desculpas pelo agente do Estado.

(E) serão consideradas tortura as dores ou sofrimentos que sejam consequência unicamente de sanções legítimas, ou que sejam inerentes a tais sanções ou delas decorram.

Mantendo um padrão nas questões, ou seja, a busca pela literalidade da norma (conhecimento da "lei seca").

A: incorreta, pois o art. 2º, nº 02 da Convenção Contra a Tortura e Outros Tratamentos ou Penas Cruéis, Desumanos ou Degradantes é claro ao afirmar que "em nenhum caso", portanto, trata-se de núcleo duro dos direitos humanos, direito absoluto, não há exceção. Fundamento: *Art. 2º, 2. Em nenhum caso poderão invocar-se circunstâncias excepcionais tais como ameaça ou estado de guerra, instabilidade política interna ou qualquer outra emergência pública como justificação para tortura;* **B:** correta, nos termos da literalidade do art. 3º, nº 01 da Convenção citada. Fundamento: *Art. 3º, 1. Nenhum Estado Parte procederá à expulsão, devolução ou extradição de uma pessoa para outro Estado quando houver razões substanciais para crer que a mesma corre perigo de ali ser submetida a tortura;* **C:** incorreta, pois é justamente o contrário do afirmado, nos termos do art. 2º, nº 03 da Convenção citada, não há possibilidade legal alguma de justificar a prática da tortura. Fundamento: *Art. 2º, 3. A ordem de um funcionário superior ou de uma autoridade pública não poderá ser invocada como justificação para a tortura;* **D:** incorreta pois o art. 14, nº 01 da citada Convenção assegura tal direito. Fundamento: *Art. 14, 1. Cada Estado Parte assegurará, em seu sistema jurídico, à vítima de um ato de tortura, o direito à reparação e a uma indenização justa e adequada, incluídos os meios necessários para a mais completa reabilitação possível. Em caso de morte da vítima como resultado de um ato de tortura, seus dependentes terão direito à indenização;* **E:** incorreta pois nos termos do art. 1º, nº 01, "in fine" da citada Convenção. Fundamento: *Art. 1º, 1. Para os fins da presente Convenção, o termo "tortura" designa qualquer ato pelo qual dores ou* *sofrimentos agudos, físicos ou mentais, são infligidos intencionalmente a uma pessoa a fim de obter, dela ou de uma terceira pessoa, informações ou confissões; de castigá-la por ato que ela ou uma terceira pessoa tenha cometido ou seja suspeita de ter cometido; de intimidar ou coagir esta pessoa ou outras pessoas; ou por qualquer motivo baseado em discriminação de qualquer natureza; quando tais dores ou sofrimentos são infligidos por um funcionário público ou outra pessoa no exercício de funções públicas, ou por sua instigação, ou com o seu consentimento ou aquiescência. Não se considerará como tortura as dores ou sofrimentos que sejam consequência unicamente de sanções legítimas, ou que sejam inerentes a tais sanções ou delas decorram.*

Gabarito "B"

(Oficial – PM/DF – 2017 – Iades) No que se refere à aplicação da lei, no que tange aos direitos humanos e à respectiva relação interna e externa de normatividade, é correto afirmar que, quando os tratados internacionais de direitos humanos conflitam com a Constituição brasileira, a solução deve ser buscada no princípio

(A) da hierarquia.

(B) da anterioridade.

(C) da supremacia do interesse público primário.

(D) *pro homine*.

(E) da negociação internacional.

Apesar da questão ter sido anulada, acredito, s.m.j., da importância de sabermos os motivos.

A: incorreta. Inicialmente é necessário saber qual foi o rito adotado de incorporação, ou seja, como norma supralegal ou com equivalência constitucional. Se for supralegal, prevalece a Constituição e assim, teoricamente, o tratado sequer deveria ter sido incorporado. Se for com equivalência às emendas constitucionais, estaremos alterando a norma constitucional na prática (naquilo que for cabível), e, portanto, prevaleceria o tratado. Há hierarquia no primeiro caso (supralegal), mas não há no segundo caso (equivalência à emenda constitucional); **B:** incorreta, pois não falamos aqui em anterioridade da norma; **C:** incorreta, pois a supremacia do interesse público primário será utilizada no Direito Administrativo. Na ciência humanista, em regra, deve prevalecer a norma mais favorável ao vulnerável, ou seja, aquele que esteja, mesmo que momentaneamente, em situação de vitimização; **D:** esta seria a questão "mais correta", mas isso não existe em questões objetivas. Está, portanto, errada, pois em caso de "conflito aparente entre as normas", será resolvido como já explicado na alínea "a", nos mesmos moldes do que já foi decidido pela Suprema Corte; **E:** incorreta, pois a questão é de direito interno e não internacional.

Gabarito: Anulada

(Oficial – PM/DF – 2017 – Iades) A Declaração Universal dos Direitos Humanos (artigo IX), o Pacto Internacional de Direitos Civis e Políticos (artigo 9º, 1), a Convenção Americana de Direitos Humanos (artigo 7º, 2) e a Constituição Federal (artigo 5º, LXI) estabelecem, em suma, que ninguém poderá ser submetido à detenção ou ao encarceramento arbitrários. Acerca desse tema, é correto afirmar que

(A) a recaptura de pessoa evadida não é uma exceção à necessidade de ordem escrita da autoridade competente para a prisão.

(B) a prisão em flagrante não é uma exceção à necessidade de ordem escrita da autoridade competente para a prisão.

(C) a recaptura de pessoa evadida é admitida sem a necessidade de ordem escrita da autoridade competente para a prisão.

(D) é permitida prisão administrativa para averiguação, desde que a autoridade policial tenha elementos suficientes para a prática do ato.

(E) a impossibilidade jurídica de detenção ou de encarceramento arbitrários significam que existe um grau mínimo de discricionariedade para a prisão para averiguação.

Questão tranquila se o enunciado mencionasse também a figura legal do Código de Processo Penal, pois é nele que há a resposta literal.

A: incorreta, pois a recaptura é uma exceção à necessidade de ordem escrita, a qual se mantém até a captura de fato; **B:** incorreta, pois a prisão em flagrante é uma exceção à ordem judicial escrita, nos termos do art. 5º, inciso LXI da Constituição Federal; **C:** correta, pois a ordem expedida se mantém, é específica e não haveria mudança de *status* nela, por exemplo, em virtude de uma fuga; **D:** incorreta. Sobre a prisão administrativa, nossa Constituição Federal (CF) só a permitiu, nos termos do art. 5º, inciso LXI, *in fine*, nos casos de transgressão militar, ou seja, a chamada prisão administrativa disciplinar militar. No âmbito do Código de Processo Penal havia tal previsão no art. 319 e ss., artigos esses revogados pela Lei 12.403/11 (já não haviam sido recepcionados pela nova ordem constitucional de 1988). Sobre a prisão em sentido lato, na forma do art. 5º, inciso LXI/CF, "ninguém será preso senão em flagrante delito ou por ordem escrita e fundamentada de autoridade judiciária competente"; **E:** incorreta, pois conforme descrito acima, não existe mais em nosso ordenamento jurídico brasileiro o instituto da "prisão para averiguação"; Fundamento: DUDH – *Art. 9º Ninguém será arbitrariamente preso, detido ou exilado.* PIDCP – *Art. 9º, § 1º Toda pessoa tem direito à liberdade e à segurança pessoais. Ninguém poderá ser preso ou encarcerado arbitrariamente. Ninguém poderá ser privado de sua liberdade, salvo pelos motivos previstos em lei e em conformidade com os procedimentos nela estabelecidos.* CF – Art. 5º, LXI - *ninguém será preso senão em flagrante delito ou por ordem escrita e fundamentada de autoridade judiciária competente, salvo nos casos de transgressão militar ou crime propriamente militar, definidos em lei;* CPP – *Art. 684. A recaptura do réu evadido não depende de prévia ordem judicial e poderá ser efetuada por qualquer pessoa.*

Gabarito "C"

(Oficial – PM/DF – 2017 – Iades) No que se refere ao Sistema Interamericano de Direitos Humanos, é possível classificar a atuação da Corte Interamericana de Direitos Humanos em ao menos seis tipologias de atuações acerca de violações aos direitos humanos: 1 – violações que tratem do legado do regime autoritário ditatorial; 2 – violações que tratem do regime de transição (transitional justice); 3 – violações que tratem dos desafios do fortalecimento das instituições e da consolidação do Estado de Direito (rule of law); 4 – violações que tratem do direito de grupos vulneráveis; 5 – violações aos direitos sociais; e 6 – violações que tratem dos novos direitos da agenda contemporânea. Em relação a esse tema, é correto afirmar que o Sistema Interamericano de Direitos Humanos

(A) está se consolidando como importante e eficaz estratégia de proteção dos direitos humanos, ainda que as instituições estatais não se mostrem falhas ou omissas.

(B) contribui para a apuração de denúncias dos mais sérios abusos e violações dos direitos humanos, com vistas ao fortalecimento da *accountability* dos Estados.

(C) é trifásico, contando com três órgãos distintos: a Comissão Interamericana de Direitos Humanos, a Corte Interamericana de Direitos Humanos e o Alto Comissariado dos Direitos Humanos.

(D) é bifásico, contando com dois órgãos distintos: a Comissão Interamericana de Direitos Humanos e o Alto Comissariado dos Direitos Humanos.

(E) é unitário, representado pela Comissão Interamericana de Direitos Humanos.

A: incorreta, pois será com as falhas das instituições públicas e prestadoras de serviço público para termos violações aos direitos humanos; **B:** correta. Dentre as competências de cada órgão fiscalizador (Comissão a partir do art. 41 e a Corte a partir do art. 61, ambos da CADH), verifica-se que os órgãos visam a fortalecer e proteger o Sistema Interamericano de Direitos Humanos; **C:** incorreta, pois, nos termos do art. 33 da CADH, o Sistema possui a Comissão e a Corte Interamericana de Direitos Humanos, não se falando em "Sistema Trifásico"; **D:** incorreta, nos mesmos termos da explicação anterior: art. 33 da CADH; **E:** incorreta. Conforme artigo 33 da CADH, há dois órgãos de proteção, monitoramento e controle: Comissão e Corte Interamericanas.

Fundamento: CADH – *Art. 33. São competentes para conhecer dos assuntos relacionados com o cumprimento dos compromissos assumidos pelos Estados Partes nesta Convenção: a) a Comissão Interamericana de Direitos Humanos, doravante denominada a Comissão; e b) a Corte Interamericana de Direitos Humanos, doravante denominada a Corte.* CADH – *Art. 45, 1. Todo Estado Parte pode, no momento do depósito do seu instrumento de ratificação desta Convenção ou de adesão a ela, ou em qualquer momento posterior, declarar que reconhece a competência da Comissão para receber e examinar as comunicações em que um Estado Parte alegue haver outro Estado Parte incorrido em violações dos direitos humanos estabelecidos nesta Convenção.* CADH – *Art. 62, A Corte tem competência para conhecer de qualquer caso relativo à interpretação e aplicação das disposições desta Convenção que lhe seja submetido, desde que os Estados Partes no caso tenham reconhecido ou reconheçam a referida competência, seja por declaração especial, como prevêem os incisos anteriores, seja por convenção especial.*

Gabarito "B"

19. Atualidades e Conhecimentos Gerais

André Nascimento

(Soldado – PM/SP – VUNESP – 2019) O saldo da balança comercial em 2018 foi de US$ 58,3 bilhões. Em 02 de janeiro de 2019, de acordo com o Ministério da Economia, esse é o "segundo melhor desempenho do comércio externo registrado desde 1989". O saldo contabiliza a diferença entre as exportações e as importações.

(Agência Brasil. https://bit.ly/30wCP53. Acesso em 17.06.2019. Adaptado)

A respeito do comércio externo brasileiro, pode-se afirmar que

(A) as exportações de ferro apresentaram forte redução na quantidade e no preço.

(B) o Brasil abandonou as trocas comerciais com os países vizinhos sul-americanos.

(C) mais da metade dos produtos exportados durante o ano são bens manufaturados.

(D) a China, a União Europeia e os Estados Unidos são os principais compradores.

(E) o Brasil figurou entre os três maiores exportadores do mundo, superando a Alemanha.

De acordo com o Ministério da Economia, em 2018 houve aumento das exportações para os principais mercados de produtos brasileiros: China, União Europeia e Estados Unidos. Na América Latina, a Argentina continuou sendo o principal parceiro comercial do Brasil. AN

Gabarito "D"

(Soldado – PM/SP – VUNESP – 2019) "Deixei claro [para Mike Pompeo, Secretário de Estado norte-americano] mais uma vez que nos preocupam os eventos recentes e as tensões na região, que não queremos uma escalada militar", disse o ministro de Relações Exteriores alemão após o encontro com o representante americano.

Em 14 de maio, os representantes europeus expressaram preocupação sobre uma escalada da tensão entre os dois países e advertiram o secretário de Estado americano sobre o risco de um conflito "por acidente" no Golfo.

(G1-Globo. https://glo.bo/2Vp5fKi. Acesso em 17.06.2019. Adaptado)

A notícia envolve a tensão entre

(A) a Arábia Saudita e o Iraque.

(B) a Colômbia e a Venezuela.

(C) o Estado de Israel e a Palestina.

(D) a Rússia e a Síria.

(E) os Estados Unidos e o Irã.

A notícia envolve a tensão entre os Estados Unidos e o Irã, causada por ações deste contra locais de interesse americano no Golfo Persa. AN

Gabarito "E"

(Soldado – PM/SE – IBFC – 2018) O Brasil é o oitavo país do mundo em produção de energia eólica. Em 2016, o Brasil ultrapassou a Itália no *ranking* e passou ocupar a nona posição. Atualmente (2018), o Brasil conta com 12,76 GW (*gigawatts*) de capacidade de energia instalada, contra os 12,39 GW (*gigawatts*) do Canadá. A China, ocupa a primeira posição, seguida pelos Estados Unidos, Alemanha, Índia, Espanha, Reino Unido e França. A energia eólica é obtida através. Assinale a alternativa que completa corretamente a lacuna.

(A) De reaproveitamento de vapores de gás estufa

(B) Da força do vento

(C) Da queima da mistura de óleo mineral sintético e semissintético

(D) Da força da água (marés)

A energia eólica é obtida através da força do vento. AN

Gabarito "B"

(Soldado – PM/SE – IBFC – 2018) Desenvolvimento Sustentável é um assunto em pauta. Resumidamente, pode-se dizer que desenvolvimento sustentável é a capacidade de utilizar os recursos e os bens da natureza sem comprometer a disponibilidade desses elementos para as gerações futuras. Com base neste conceito, sobre exemplos de medidas sustentáveis, analise as afirmativas abaixo e assinale a alternativa correta.

I. Reaproveitamento do lixo reciclável.

II. Reuso da água por indústrias.

III. Utilização da energia solar e eólica.

IV. Agricultura orgânica.

Estão corretas as afirmativas:

(A) II e IV, apenas

(B) I, II e IV, apenas

(C) I, II, III e IV

(D) I, II e III, apenas

Todas as afirmativas são exemplos de medidas sustentáveis, pois propiciam o uso de recursos naturais sem comprometer sua disponibilidade para as gerações futuras e mitigam os impactos ambientais. AN

Gabarito "C"

(Soldado – PM/SE – IBFC – 2018) Em 1964, Martin Luther King ganhou o prêmio Nobel da Paz, aos 35 anos, tornando-se a pessoa mais jovem a receber o prêmio na época. Em 2018 completam-se 50 anos de sua morte. Em 4 de abril de 1968, o norte-americano era assassinado com um tiro, na sacada do quarto de um hotel, aos 39 anos de idade. Martin Luther King entrou para a história como um símbolo da luta

Assinale a alternativa que completa corretamente a lacuna.

(A) Contra o racismo

(B) Contra a pena de morte

(C) Contra a participação dos Estados Unidos na Guerra do Golfo

(D) Contra a matança dos índios no oeste dos Estados Unidos

O pastor protestante e ativista político Martin Luther King tornou-se líder do movimento dos direitos civis nos Estados Unidos e entrou para a história como um símbolo da luta contra o racismo.

Gabarito "A".

(Soldado – PM/SE – IBFC – 2018) O príncipe Harry e a atriz norte-americana Meghan Markle casaram-se em 19/05/2018 na Capela de São Jorge, no castelo de Windsor. Com isso, Meghan é mais uma plebeia a se tornar membro da realeza, concretizando o enlace que, nas semanas que antecederam a cerimônia, tomou conta dos noticiários em todo o mundo. Assinale a alternativa que completa corretamente a lacuna.

(A) De Mônaco

(B) Da Suécia

(C) Da Inglaterra

(D) Da Bélgica

Meghan Markle tornou-se membro da realeza da Inglaterra pelo casamento com o príncipe Harry, Duque de Sussex.

Gabarito "C".

(Soldado – PM/SE – IBFC – 2018) Na grande luta contra a corrupção no Brasil nos últimos anos, o Supremo Tribunal Federal (STF) é mencionado atualmente (2018) com grande intensidade em todas as mídias do país. A guarda da Constituição é de competência do STF, que é composto por um conjunto de ministros, sendo todos brasileiros natos.

Assinale a alternativa que apresenta a quantidade de ministros que compõe o STF.

(A) Seis

(B) Doze

(C) Cinco

(D) Onze

O Supremo Tribunal Federal é composto por onze Ministros.

Gabarito "D".

(Soldado – PM/SE – IBFC – 2018) Ao Supremo Tribunal Federal (STF) cabe, entre outros, a guarda da Constituição Brasileira. As decisões tomadas pelos ministros do STF têm por base a Constituição, sobre a qual ouvimos falar regularmente nas mídias do país, principalmente após deflagrada a Operação Lava Jato (2014). Assinale a alternativa que apresenta o ano em que a Constituição da República Federativa do Brasil vigente (2018) foi promulgada.

(A) 1888

(B) 1988

(C) 1998

(D) 2008

A Constituição da República Federativa do Brasil foi promulgada em 1988.

Gabarito "B".

(Soldado – PM/SE – IBFC – 2018) O Brasil assiste ao aumento crescente e significativo da violência. A cada ano que passa, o número de mortes violentas aumenta. A taxa de feminicídios no Brasil é a quinta maior do mundo, segundo a Agência Brasil. São 4.473 homicídios dolosos em 2017, um aumento de 6,5% em relação a 2016. Com relação a definição de feminicídio, analise as afirmativas abaixo e dê valores Verdadeiro (V) ou Falso (F).

( ) Todo roubo seguido de morte de mulheres. ( ) Todo e qualquer assassinato de mulheres.

( ) Homicídio praticado contra a mulher pelo simples fato dela ser mulher.

( ) Todo homicídio com morte violenta.

Assinale a alternativa que apresenta a sequência correta, de cima para baixo.

(A) V, V, V, F

(B) F, F, F, V

(C) F, V, V, F

(D) F, F, V, F

O Código Penal define feminicídio como o homicídio doloso praticado contra a mulher por "razões da condição de sexo feminino", conceito este que envolve tanto violência doméstica e familiar quanto menosprezo ou discriminação à condição de mulher. Em outras palavras, feminicídio é o homicídio praticado contra a mulher pelo simples fato dela ser mulher.

Gabarito "D".

(Soldado – PM/SE – IBFC – 2018) Donald Trump anunciou que está tirando os Estados Unidos do Acordo de Paris. Trump disse que o acordo prejudica os interesses nacionais americanos. O presidente americano diz não ter nada contra o acordo que deixou, mas que o considera injusto com os americanos, por prejudicar sua competitividade. Assinale a alternativa correta que contém os objetivos do Acordo de Paris.

(A) Metas para reduzir poluição emitida por fábricas, veículos e desmatamento e, desta forma, limitar o aumento da temperatura do planeta

(B) Medidas que protegem as leis e direitos autorais, coibindo e eliminando a pirataria, fortalecendo a economia global

(C) Controle e legislação sobre o desenvolvimento e venda de armas

(D) Controle sobre o enriquecimento de urânio para fins armamentistas

O Acordo de Paris tem como objetivo fortalecer a resposta global à ameaça das mudanças climáticas. Ele foi aprovado por 195 países que se comprometeram a reduzir as emissões de gases de efeito estufa (GEE) com o fim de limitar o aumento da temperatura média global.

Gabarito "A".

(Soldado – PM/SE – IBFC – 2018) Documentos que vieram a público em maio de 2018, mostram novos fatos sobre a participação do Estado em determinadas ações tomadas contra opositores da ditadura militar no Brasil. De acordo com registros da Agência Central de Inteligência (CIA) dos Estados Unidos, os generais Ernesto Geisel, presidente do Brasil à época (1974 a 1979), e João Figueiredo, então diretor do Serviço Nacional de Informações (SNI), e que assumiu a Presidência da República depois de Geisel, sabiam e concordaram com a destes opositores.

Assinale a alternativa que completa corretamente a lacuna.

(A) Proibição de trabalho em serviços públicos
(B) Execução sumária
(C) Prisão perpétua
(D) Proibição de voto nas eleições

De acordo com registros da CIA, os generais Ernesto Geisel e João Figueiredo sabiam e concordaram com a execução sumária de opositores da ditadura militar no Brasil. AN

Gabarito "B"

20. Idoso

Frederico Afonso

(Soldado – PM/MG – 2017 – PMMG) Com base no Estatuto do Idoso – Lei n. 10.741/2003 marque a alternativa CORRETA:

(A) Nos currículos dos diversos níveis de ensino formal serão inseridos conteúdos voltados ao processo de envelhecimento, ao respeito e à valorização do idoso, de forma a eliminar o preconceito e a produzir conhecimentos sobre a matéria.

(B) Os casos de suspeita ou confirmação de violência praticada contra idosos serão objeto de notificação compulsória pelos serviços de saúde à autoridade Judiciária.

(C) Os crimes definidos no Estatuto do Idoso são de ação penal pública condicionada à representação do idoso ou de algum familiar.

(D) O Estado deve garantir à pessoa idosa os direitos civis e políticos ressalvadas as restrições legais da participação na vida pública.

A: correta, conforme literalidade do art. 22 do Estatuto do Idoso; **B:** incorreta, nos termos do art. 19 do Estatuto, pois a notificação deve ser feita à autoridade sanitária e não judiciária conforme descrito; **C:** incorreta, nos termos do art. 95 do Estatuto, o qual determina que a ação será pública incondicionada e não condicionada à representação conforme descrito; **D:** incorreta, pois o Estatuto, conforme art. 10 menciona a participação na vida política, cujas restrições são as previstas no Direito Constitucional Eleitoral e legislação pertinente. Para a participação na vida pública, como está descrito, genericamente, não pode ter restrição. Fundamento: Estatuto do Idoso (Lei 10.741/2003) *Art. 22. Nos currículos mínimos dos diversos níveis de ensino formal serão inseridos conteúdos voltados ao processo de envelhecimento, ao respeito e à valorização do idoso, de forma a eliminar o preconceito e a produzir conhecimentos sobre a matéria.*

Estatuto do Idoso: *Art. 19. Os casos de suspeita ou confirmação de violência praticada contra idosos serão objeto de notificação compulsória pelos serviços de saúde públicos e privados à autoridade sanitária, bem como serão obrigatoriamente comunicados por eles a quaisquer dos seguintes órgãos:* Estatuto do Idoso: *Art. 95. Os crimes definidos nesta Lei são de ação penal pública incondicionada, não se lhes aplicando os arts. 181 e 182 do Código Penal.* Estatuto do Idoso: *Art. 10, § 1º O direito à liberdade compreende, entre outros, os seguintes aspectos: V – participação na vida familiar e comunitária; VI – participação na vida política, na forma da lei;*

Gabarito "A"

21. ADMINISTRAÇÃO PÚBLICA

Robinson Barreirinhas

(Soldado – PM/SP – VUNESP – 2019) É direito fundamental do cidadão brasileiro e dos estrangeiros residentes no Brasil:

(A) o acesso à informação e assegurada a transparência quanto à fonte, quando necessário ao desagravo do ofendido.

(B) a expressão da atividade intelectual, artística, científica e de comunicação, mediante obtenção de licença específica.

(C) nos termos da lei, a prestação de assistência religiosa nas entidades civis e militares de internação coletiva.

(D) a livre manifestação do pensamento, sendo assegurado o anonimato.

(E) reunir-se pacificamente, com armas, em locais abertos ao público, independentemente de autorização.

A: incorreta, pois o acesso à informação não afasta a garantia de sigilo da fonte, quando essa garantia for necessária para o exercício profissional (por exemplo, caso de advogados e médicos em relação a informações que tenha recebido de seus clientes e pacientes por conta da atividade profissional). Ademais, esse acesso à informação não é apenas para o caso de desagravo do ofendido – art. 5º, XIV, da CF; **B:** incorreta, pois a expressão da atividade intelectual, artística, científica e de comunicação é livre, independentemente de censura ou licença; **C:** correta, conforme o art. 5º, VII, da CF; **D:** incorreta, pois o anonimato é vedado, no que se refere à livre manifestação do pensamento – art. 5º, IV, da CF; E: incorreta, pois o direito à reunião não pode ser exercido com armas – art. 5º, XVI, da CF.

Gabarito "C"

(Soldado – PM/SP – VUNESP – 2019) A respeito dos direitos políticos do militar, assinale a alternativa correta.

(A) O militar alistável é inelegível, quando afastar-se da atividade antes da eleição.

(B) O militar é inalistável e inelegível.

(C) O militar, se eleito, passará automaticamente para o trabalho interno.

(D) O militar alistável é elegível, devendo afastar-se da atividade se contar com menos de dez anos de serviço.

(E) O militar é alistável mas é inelegível, salvo se tiver mais de vinte anos de serviço.

A: incorreta, pois nem todo militar é alistável, apenas oficiais, aspirantes a oficiais, guardas-marinha, subtenentes ou suboficiais, sargentos ou alunos das escolas militares de ensino superior para formação de oficiais – art. 5º, parágrafo único, do Código Eleitoral. Ademais, os militares alistáveis são elegíveis, observadas as condições do art. 14, § 8º, da CF; **B:** incorreta, pois há militares alistáveis (vide comentário anterior), que são elegíveis, nas condições do art. 14, § 8º, da CF; **C:** incorreta, pois o militar eleito passará automaticamente, no ato da diplomação, para a inatividade – art. 14, § 8º, II, da CF; **D:** correta, conforme art. 14, § 8º, da CF; **E:** incorreta, pois nem todos são alistáveis e, os que são alistáveis são elegíveis, conforme comentários anteriores.

Gabarito "D"

(Soldado – PM/SP – VUNESP – 2019) A Administração Pública no Brasil orienta-se segundo a seguinte regra:

(A) é vedada a contratação por tempo determinado para atender à necessidade temporária de serviço.

(B) é garantido ao servidor público civil o direito à livre associação sindical.

(C) obediência aos princípios de legalidade, pessoalidade, moralidade, publicidade e eficiência.

(D) é vedada a greve de servidores públicos civis e militares.

(E) os vencimentos dos cargos do Poder Judiciário poderão ser superiores aos pagos pelo Poder Executivo.

A: incorreta, pois é permitida, nos casos estabelecidos por lei, a contratação por tempo determinado para atender a necessidade temporária de excepcional interesse público; **B:** correta, conforme o art. 37, VI, da CF; **C:** incorreta, pois o princípio é da impessoalidade, não da pessoalidade – art. 37, *caput*, da CF; **D:** incorreta, pois o direito de greve pode ser exercido nos termos e nos limites a serem fixados em lei específica – art. 37, VII, da CF. Ademais, é importante salientar que o STF decidiu que é vedado o direito de greve aos policiais civis e a todos os servidores públicos que atuem diretamente na área de segurança pública – ARE 654.432/GO – repercussão geral; **E:** incorreta, pois isso é expressamente vedado pelo art. 37, XII, da CF.

Gabarito "B"

(Oficial – PM/DF – 2017 – Iades) A análise FOFA, famosa ferramenta de planejamento estratégico, envolve necessariamente o estudo de variáveis pertinentes à organização. De acordo com essa matriz, é correto afirmar que representa uma ameaça à instituição o (a)

(A) processo de gestão organizacional fraco.

(B) regimento interno muito rígido.

(C) escassez de recursos financeiros.

(D) mudança na legislação governamental.

(E) infraestrutura operacional insuficiente.

"FOFA" (forças, oportunidades, fraquezas e ameaças) é a sigla em português para a matriz SWOT. Trata-se de ferramenta de análise do ambiente interno, no que se refere às forças (Strenghts) e às fraquezas (Weaknesses) da organização, e do ambiente externo, quanto às oportunidades (Opportunities) e às ameaças (Threats).
A: incorreta, pois este é aspecto interno (fraqueza); **B:** incorreta, pois também é aspecto interno (fraqueza); **C:** incorreta. Embora possa causar alguma dúvida, a escassez de recursos financeiros é classificada como fraqueza, aspecto interno da organização; **D:** correta, pois a mudança da legislação é uma ameaça externa; **E:** incorreta, pois se trata de aspecto interno (fraqueza).

Gabarito "D"

(Oficial – PM/DF – 2017 – Iades) Henry Ford é um dos nomes mais famosos na administração de empresas. Seus respectivos ensinamentos e ideais ainda hoje encontram espaço no mercado. Inclusive, como responsável por elevar ao mais alto grau as definições da produção em massa, ele definiu princípios para peças padronizadas e trabalho especializado. Qual dos princípios apresentados refere-se especificamente ao trabalho especializado?

(A) Sistema universal de calibragem.

(B) Controle de qualidade.

(C) Simplificação do processo produtivo.

(D) Sistema universal de fabricação.

(E) Permanência de peças e máquinas no posto de trabalho.

Henry Ford é considerado referência na produção industrial em massa, baseada em peças padronizadas e trabalhadores especializados, essenciais para o funcionamento da linha de montagem (em que cada posto de trabalho é ocupado por um trabalhador especializado em determinada peça ou serviço específico dentro dessa linha).
Por essa razão, fica evidente que a alternativa E é a correta, pois é a única que se relaciona a essa linha de montagem.

Gabarito "E".

(Oficial – PM/DF – 2017 – Iades) O Modelo de Excelência Gerencial, proposto pela Fundação Nacional da Qualidade, possui oito fundamentos que constituem temas específicos a serem trabalhados. Qual dos fundamentos apresentados desdobra-se em resultados sustentáveis?

(A) Desenvolvimento sustentável.

(B) Liderança transformadora.

(C) Pensamento sistêmico.

(D) Geração de valor.

(E) Adaptabilidade.

O modelo de excelência da gestão – MEG, da FNQ – ver na página www.fnq.org.br – é baseado em 9 fundamentos: (i) *Pensamento sistêmico*: compreensão e tratamento das relações de interdependência e seus efeitos entre os diversos componentes que formam a organização, bem como entre estes e o ambiente com o qual interagem; (ii) *Aprendizado organizacional e inovação*: busca e alcance de novos patamares de competência para a organização e sua força de trabalho, por meio da percepção, reflexão, avaliação e compartilhamento de conhecimentos, promovendo um ambiente favorável à criatividade, experimentação e implementação de novas ideias capazes de gerar ganhos sustentáveis para as partes interessadas; (iii) *Liderança transformadora*: atuação dos líderes de forma ética, inspiradora, exemplar e comprometida com a excelência, compreendendo os cenários e tendências prováveis do ambiente e dos possíveis efeitos sobre a organização e suas partes interessadas, no curto e longo prazos – mobilizando as pessoas em torno de valores, princípios e objetivos da organização; explorando as potencialidades das culturas presentes; preparando líderes e pessoas; e interagindo com as partes interessadas; (iv) *Compromisso com as partes interessadas*: estabelecimento de pactos com as partes interessadas e suas inter-relações com as estratégias e processos, em uma perspectiva de curto e longo prazos; (v) *Adaptabilidade*: flexibilidade e capacidade de mudança em tempo hábil, frente a novas demandas das partes interessadas e alterações no contexto; (vi) *Desenvolvimento sustentável*: compromisso da organização em responder pelos impactos de suas decisões e atividades, na sociedade e no meio ambiente, e de contribuir para a melhoria das condições de vida, tanto atuais quanto para as gerações futuras, por meio de um comportamento ético e transparente; (vii) *Orientação por processos*: reconhecimento de que a organização é um conjunto de processos, que precisam ser entendidos de ponta a ponta e considerados na definição das estruturas organizacional, de trabalho e de gestão. Os processos devem ser gerenciados visando à busca da eficiência e da eficácia nas atividades, de forma a agregar valor para a organização e as partes interessadas; e (viii) *Geração de valor*: alcance de resultados econômicos, sociais e ambientais, bem como de resultados dos processos que os potencializam, em níveis de excelência e que atendam às necessidades e expectativas as partes interessadas.
Note que o alcance de resultados em níveis de excelência e que atendam às necessidade e expectativas define a *geração de valor*, de modo que a alterativa "D" é a correta.

Gabarito "D".

(Oficial – PM/DF – 2017 – Iades) Considerando a Lei 12.527/2011, assinale a alternativa que apresenta a definição de integridade.

(A) Conjunto de ações referentes às etapas de produção, recepção, classificação, utilização, acesso, reprodução, transporte, transmissão, distribuição, arquivamento, armazenamento, eliminação, avaliação, destinação ou controle da informação.

(B) Característica da informação que pode ser conhecida e utilizada por indivíduos, equipamentos ou sistemas autorizados.

(C) Qualidade da informação que tenha sido produzida, expedida, recebida ou modificada por determinado indivíduo, equipamento ou sistema.

(D) Atributo da informação coletada na fonte, com o máximo detalhamento possível, sem modificações.

(E) Qualidade da informação não modificada, inclusive quanto à origem, ao trânsito e ao destino.

A: incorreta, pois se refere a tratamento da informação (art. 4º, V, da Lei de Acesso à Informação – LIA – Lei 12.527/2011); **B:** incorreta, pois se trata da disponibilidade (art. 4º, VI, da LIA); **C:** incorreta, pois se trata da autenticidade (art. 4º, VII, da LIA); **D:** incorreta, pois se trata da primariedade (art. 4º, IX, da LIA); **E:** correta. Nos termos do art. 4º, VIII, da LIA, integridade é a qualidade da informação não modificada, inclusive quanto à origem, trânsito e destino.

Gabarito "E".

(Oficial – PM/DF – 2017 – Iades) Os traços de personalidade ajudam na seleção de funcionários e na adequação das pessoas ao trabalho e, por isso, estabelecem forte relação com a competência interpessoal. Nos últimos anos, um número considerável de pesquisas indica a existência de cinco dimensões básicas da personalidade que direcionam todas as outras e que englobam as variações mais significativas da personalidade humana. No que se refere a esse assunto, assinale a alternativa que apresenta uma medida de confiabilidade.

(A) Amabilidade

(B) Consciência

(C) Extroversão

(D) Estabilidade emocional

(E) Abertura para experiências

As cinco dimensões básicas ou fatores da personalidade (*big five*) são as indicadas nas alternativas (normalmente se refere à instabilidade emocional ou neuroticismo). A consienciosidade se refere à autodisciplina, foco, planejamento, relacionando-se com a ideia de confiabilidade, de maneira que a alternativa **B** é a correta.

Gabarito "B".

(Oficial – PM/DF – 2017 – Iades) Qual método de avaliação de desempenho foca a atenção do avaliador naqueles comportamentos considerados divisores de águas entre a realização eficaz ou ineficaz de um trabalho?

(A) Relatórios escritos.

(B) Escalas gráficas de mensuração.
(C) Incidentes críticos.
(D) Âncora comportamental.
(E) Comparações multipessoais.

A: incorreta, pois o método de relatório escrito se refere à descrição dos pontos fortes e fracos do avaliado, seu potencial e sugestões de aprimoramento, sem foco em comportamentos paradigmáticos, como descrito na questão; **B:** incorreta. No método das escalas gráficas, o examinador anota, em linhas horizontais, a posição do avaliado em relação ao aspecto avaliado (por exemplo, escala de 1 a 10 em produtividade), sem enfoque em comportamentos paradigmáticos; **C:** correta, pois o método dos incidentes críticos avalia os funcionários com base nos fatos excepcionalmente positivos e negativos em seu desempenho, ou seja, foca em comportamentos específicos e paradigmáticos; **D:** incorreta, pois, embora tenha aspectos de incidentes críticos, adota as escalas gráficas de mensuração; **E:** incorreta, pois é método com aspecto de relativização, comparativo entre indivíduos.

Gabarito "C"

(Oficial – PM/DF – 2017 – Iades) Princípios orçamentários podem ser entendidos como premissas norteadoras de ação e devem ser observados na elaboração da proposta orçamentária. Nesse sentido, o princípio segundo o qual a lei orçamentária conterá apenas matéria financeira, devendo ser excluídos dela dispositivos estranhos à estimativa da receita e à fixação da despesa, é o princípio do(a)

(A) orçamento bruto.
(B) unidade.
(C) não afetação das receitas.
(D) especialização.
(E) exclusividade.

A: incorreta, pois o princípio do orçamento bruto está relacionado ao princípio da universalidade e determina a indicação de receitas e despesas sem qualquer dedução (ou seja, pelos valores brutos, jamais líquidos). Por exemplo, um salário de R$ 1 mil reais corresponde a uma despesa exatamente desse valor, ainda que o IR retido na fonte seja receita do ente público (o valor do imposto não é abatido do montante da despesa com salário). Esse princípio se aplica a todas as receitas e despesas, sejam aquelas previstas originariamente na Lei Orçamentária Anual – LOA, sejam aquelas atinentes a créditos adicionais; **B:** incorreta, pois o princípio da unidade indica que e a LOA refere-se a um único ato normativo, compreendendo os orçamentos fiscal, de investimento e da seguridade social – art. 165, § 5º, da CF e art. 1º da Lei 4.320/1964. Ademais, cada esfera de governo (União, Estados, DF e Municípios) terá uma única LOA para cada exercício, o que também é indicado como princípio da unidade; **C:** incorreta, pois a não afetação proíbe a vinculação de receita de impostos a órgão, fundo ou despesa, com as exceções previstas no art. 167, IV, da CF; **D:** incorreta, pois a especialização, especificação ou discriminação indica que deve haver previsão pormenorizada de receitas e despesas, não cabendo dotações globais ou ilimitadas – art. 167, VII, da CF e art. 5º da Lei 4.320/1964; **E:** correta. Conforme o princípio da exclusividade, a LOA não conterá dispositivo estranho à previsão da receita e à fixação da despesa, admitindo-se a autorização para abertura de créditos suplementares e para contratação de operações de crédito – art. 165, § 8º, da CF

Gabarito "E"

(Oficial – PM/DF – 2017 – Iades) A respeito da despesa pública, o empenho é definido como ato emanado de autoridade competente que cria para o Estado a obrigação de pagamento pendente ou não de implemento de condição. Em relação a esse assunto, a modalidade utilizada quando o valor exato da despesa é conhecido e cujo pagamento ocorre de uma só vez é o (a)

(A) empenho estimativo.
(B) empenho ordinário.
(C) nota de empenho.
(D) ordem de pagamento.
(E) empenho global.

A: incorreta, pois o empenho por estimativa é feito para despesa cujo montante não se possa determinar – art. 60, § 2º, da Lei 4.320/1964; **B:** correta, sendo essa a situação mais usual, de empenho ordinário – art. 60 da Lei 4.320/1964; **C:** incorreta, pois "nota de empenho" é simplesmente o documento que faz prova do empenho realizado, nos termos do art. 61 da Lei 4.320/1964; **D:** incorreta, pois "ordem de pagamento" é o despacho exarado por autoridade competente, determinando que a despesa seja paga, nos termos do art. 64 da Lei 4.320/1964; **E:** incorreta, pois empenho global é permitido para o caso de despesas contratuais e outras, sujeitas a parcelamento – art. 60, § 3º, da Lei 4.320/1964.

Gabarito "B"

(Oficial – PM/DF – 2017 – Iades) Quanto à Administração Pública, é correto afirmar que

(A) lei complementar estabelecerá os casos de contratação por tempo determinado para atender a necessidade temporária de excepcional interesse público.
(B) a remuneração dos servidores públicos e o subsídio de que trata o parágrafo 4o do artigo 39 da Constituição Federal somente poderão ser fixados ou alterados por lei específica, observada a iniciativa privativa em cada caso e assegurada revisão geral bienal e sem distinção de índices.
(C) lei complementar reservará percentual dos cargos e dos empregos públicos para negros, índios e pessoas portadoras de deficiência e definirá os critérios de admissão.
(D) os vencimentos dos cargos do Poder Legislativo e do Poder Judiciário não poderão ser superiores aos pagos pelo Poder Executivo.
(E) é permitida, por lei complementar federal, a vinculação ou a equiparação de espécies remuneratórias para o efeito de remuneração de pessoal do serviço público.

A: incorreta, pois basta lei ordinária para isso – art. 37, IX, da CF; **B:** incorreta, pois a revisão é anual, não bienal – art. 37, X, da CF; **C:** incorreta, pois o art. 37, VIII, da CF refere-se apenas a pessoas com deficiência; **D:** correta, conforme o art. 37, XII, da CF; **E:** incorreta, pois isso é vedado pelo art. 37, XIII, da CF.

Gabarito "D"

Acerca das atribuições do Presidente da República, é correto afirmar que

(A) compete privativamente ao Presidente da República exercer, com o auxílio dos Ministros de Estado, a direção superior da polícia federal.
(B) compete privativamente ao Presidente da República nomear, após aprovação pelo Senado Federal, os governadores de territórios.
(C) é competência comum ao Presidente da República e ao Senado Federal conceder indulto e comutar penas, com audiência, se necessário, dos órgãos instituídos em lei.
(D) compete privativamente ao Presidente da República exercer o comando supremo das Forças Armadas,

nomear os Comandantes da Marinha, do Exército, da Aeronáutica e da Polícia Federal, promover seus oficiais-generais e diretores, bem como nomeá-los para os cargos que lhes são privativos.

(E) compete privativamente ao Presidente da República celebrar a paz, com autorização ou referendo da Câmara dos Deputados.

A: discutível. A rigor, o art. 84, II, da CF dispõe que compete privativamente ao Presidente exercer, com o auxílio dos Ministros de Estado, a direção superior da administração federal. Como a polícia federal compõe a administração pública federal em sentido amplo, é possível defender a correção dessa assertiva. De qualquer forma, a alternativa "B" é a melhor, pois reflete exatamente o dispositivo constitucional; **B:** correta, conforme o art. 84, XIV, da CF; **C:** incorreta, pois essa é competência privativa do Presidente – art. 84, XII, da CF; **D:** incorreta, pois a competência privativa do art. 84, XIII, da CF não abrange a Polícia Federal e diretores; **E:** incorreta, pois a autorização ou referendo é do Congresso Nacional, não apenas da Câmara – art. 84, XX, da CF.

Gabarito "B".

22. Legislação Local, Estatutos e Processo Disciplinar

Leni Mouzinho Soares

(Soldado – PM/SP – VUNESP – 2019) Conforme a Constituição do Estado de São Paulo, a Polícia Militar

(A) terá o seu Comandante Geral nomeado pelo Comandante Geral do Exército Brasileiro dentre oficiais da ativa.

(B) terá a sua organização, o seu funcionamento, os direitos, os deveres, as vantagens e o regime de trabalho de seus integrantes definidos por lei federal complementar.

(C) é integrante permanente das forças armadas nacionais, devendo submissão ao Comandante Geral das forças armadas, ou seja, ao Presidente da República.

(D) é integrada pelo Instituto de Criminalística e pelo Instituto Médico Legal.

(E) é órgão permanente ao qual incumbem, além das atribuições definidas em lei, a polícia ostensiva e a preservação da ordem pública.

A: Incorreta. O Comandante-Geral da Polícia Militar será nomeado pelo Governador do Estado dentre oficiais da ativa, ocupantes do último posto do Quadro de Oficiais Policiais Militares, conforme dispuser a lei, devendo fazer declaração pública de bens no ato da posse e de sua exoneração (art. 141, § 1º); **B:** Incorreta. Todas as atribuições serão regulamentadas por Lei Orgânica e Estatuto (art. 141, § 2º); **C:** Incorreta. A Polícia Militar, integrada pelo Corpo de Bombeiros é força auxiliar, reserva do Exército (art. 139, § 3º); **D:** Incorreta – Os dois Institutos integram a Polícia Civil (art. 140, § 8º, I e II); **E:** Correta. À Polícia Militar, órgão permanente, incumbe, além das atribuições definidas em lei, a polícia ostensiva e a preservação da ordem pública (art. 141, *caput*). LM

Gabarito "E"

(Soldado – PM/SP – VUNESP – 2019) É correto afirmar sobre a Justiça Militar, no Estado de São Paulo, que

(A) compete a ela processar e julgar os militares do Estado nos crimes sujeitos ao Tribunal do Júri quando a vítima for civil.

(B) compete aos juízes de direito do juízo militar processar e julgar, colegiadamente, os crimes militares cometidos contra civis.

(C) será constituída, em primeiro grau, pelos juízes de Direito e pelos Conselhos de Justiça e, em segundo grau, pelo Tribunal de Justiça Militar.

(D) o Tribunal de Justiça Militar do Estado compor-se-á de onze juízes.

(E) os serviços de correição permanente sobre as atividades do presídio militar serão realizados diretamente pelo Tribunal Militar.

A e **B:** Incorretas. Compete à Justiça Militar estadual processar e julgar os militares do Estado, nos crimes militares definidos em lei e as ações judiciais contra atos disciplinares militares, ressalvada a competência do júri quando a vítima for civil (grifo nosso), cabendo ainda decidir sobre a perda do posto e da patente dos oficiais e da graduação das praças (art. 79-B da Constituição do Estado de São Paulo); **C:** Correta. Art. 79-A da Constituição do Estado de São Paulo; **D:** Incorreta. O Tribunal de Justiça Militar do Estado, com jurisdição em todo o território estadual e com sede na Capital, compor-se-á de sete juízes, divididos em duas câmaras, nomeados em conformidade com as normas da Seção I deste Capítulo, exceto o disposto no artigo 60, e respeitado o artigo 94 da Constituição Federal, sendo quatro militares Coronéis da ativa da Polícia Militar do Estado e três civis (art. 80); **E:** Incorreta. Os serviços de correição permanente sobre as atividades de Polícia Judiciária Militar e do Presídio Militar serão realizados pelo juiz de Direito do juízo militar designado pelo Tribunal (art. 81, § 3º). LM

Gabarito "C"

(Soldado – PM/MG – PMMG – 2018) Com base no Código de Ética e Disciplina dos Militares do Estado de Minas Gerais – CEDM – Lei n. 14.310/02, marque a alternativa **CORRETA**.

(A) A sanção disciplinar objetiva preservar a disciplina e tem caráter repressivo e educativo.

(B) A repreensão consiste em uma admoestação verbal ao transgressor.

(C) A advertência consiste em uma censura formal ao transgressor.

(D) A demissão é uma das sanções disciplinares previstas no CEDM.

A: Incorreta. A sanção disciplinar objetiva preservar a disciplina e tem caráter preventivo e educativo (art. 23); **B** e **C:** Incorretas. A repreensão consiste em uma censura formal ao transgressor (art. 29), sendo a advertência a admoestação verbal ao transgressor (art. 28); **D:** Correta. A demissão consiste no desligamento de militar da ativa dos quadros da IME, estando prevista no art. 33 do Código de Ética e Disciplina dos Militares. LM

Gabarito "D"

(Soldado – PM/MG – PMMG – 2018) Marque a alternativa **CORRETA**. Com base na Lei n. 7.716/89, que versa sobre os crimes resultantes de preconceito de raça ou de cor, comete crime quem:

(A) Conceder os equipamentos necessários ao empregado em igualdade de condições com os demais trabalhadores.

(B) Proporcionar ao empregado tratamento igualitário no ambiente de trabalho, especialmente quanto ao salário.

(C) Negar ou obstar emprego em empresa privada.

(D) Autorizar o acesso a hospedagem em hotel, pensão, estalagem, ou qualquer estabelecimento similar.

A: Incorreta. Comete o crime quem deixar de conceder os equipamentos necessários ao empregado em igualdade de condições com os demais trabalhadores (art. 4º, § 1º, I); **B:** Incorreta. Cometerá crime aquele que proporcionar ao empregado tratamento diferenciado no ambiente de trabalho, especialmente quanto ao salário (art. 4º, § 1º, III); **C:** Correta. Art. 4º, *caput*. Ao autor deste delito será cominada pena de dois a cinco anos de reclusão; **D:** Incorreta. Consiste crime recusar ou impedir acesso a estabelecimento comercial, negando-se a servir, atender ou receber cliente ou comprador, senod cominada pena de um a três anos ao condenado por este delito (art. 5º). LM

Gabarito "C"

(Soldado – PM/MG – PMMG – 2018) Com base na Lei n. 8.072/90, que dispõe sobre os crimes hediondos, marque a alternativa **CORRETA**.

(A) Os crimes hediondos, a prática da tortura, o tráfico ilícito de entorpecentes e drogas afins e o terrorismo são insuscetíveis de fiança.

(B) Os crimes hediondos, a prática da tortura, o tráfico ilícito de entorpecentes e drogas afins e o terrorismo são suscetíveis de anistia, graça e indulto.

(C) A extorsão mediante sequestro e na forma qualificada (art. 159, *caput*, e §§ 1º, 2º e 3º do Código Penal Brasileiro), é considerada crime hediondo somente na forma consumada.

(D) O homicídio qualificado (art. 121, § 2º, incisos I, II, III, IV, V, VI e VII do Código Penal Brasileiro), é considerado crime hediondo somente na forma consumada.

A: Correta. Conforme prevê o art. 5º, XLIII, da CF, "a lei considerará crimes inafiançáveis e insuscetíveis de graça ou anistia a prática da tortura, o tráfico ilícito de entorpecentes e drogas afins, o terrorismo e os definidos como crimes hediondos, por eles respondendo os mandantes, os executores e os que, podendo evitá-los, se omitirem". Desse modo, a Lei de Crimes Hediondos dispôs em seu art. 2º, II ; **B:** Incorreta – vide comentário à alternativa **A**; **C** e **D:** Incorretas. Art. 1º São considerados hediondos os seguintes crimes, todos tipificados no Decreto-Lei 2.848, de 7 de dezembro de 1940 – Código Penal, consumados ou tentados: **III** – extorsão qualificada pela restrição da liberdade da vítima, ocorrência de lesão corporal ou morte (art. 158, § 3º) e IV – extorsão mediante sequestro e na forma qualificada (art. 159, *caput*, e §§ 1º, 2º e 3º) e I – homicídio (art. 121), quando praticado em atividade típica de grupo de extermínio, ainda que cometido por um só agente, e homicídio qualificado (art. 121, § 2º, incisos I, II, III, IV, V, VI, VII e VIII). LM

Gabarito "A"

(Oficial – PM/MG – 2016 – PMMG) Com fulcro na Lei Estadual n. 5.301, de 10/10/1969, que contém o Estatuto dos Militares do Estado de Minas Gerais (EMEMG), especialmente no que concerne às disposições do seu "CAPÍTULO II - Da Hierarquia e da Precedência Militar", analise as assertivas abaixo e, ao final, responda o que se pede.

I. A relação nominal dos oficiais da ativa constará dos "almanaques" da Polícia Militar, que serão organizados anualmente e cuja distribuição dar-se-á nos respectivos cinco quadros de oficiais previstos no EMEMG, de acordo com a antiguidade dos postos.

II. O ingresso em todos os quadros de oficiais da PMMG dar-se-á no posto inicial da carreira, ou seja, de 2º Tenente, desde que cumpridos os requisitos previstos no EMEMG, sendo que, apenas para o ingresso no Quadro de Oficiais da Polícia Militar (QOPM) é exigido o cumprimento do período de estágio na graduação de Aspirante-a-Oficial.

III. Um dos requisitos comuns ao ingresso em qualquer um dos quadros de oficiais da PMMG é a necessidade de prévia aprovação em Curso de Formação ou de Habilitação na Instituição.

IV. Uma das formas de regulação da precedência hierárquica entre os oficiais da ativa da PMMG do mesmo posto é fixada pela precedência funcional, que, dentre outras situações, é conferida aos oficiais do Quadro de Oficiais da Polícia Militar (QOPM) em relação aos oficias dos demais quadros.

Marque a alternativa CORRET(A)

(A) Apenas a assertiva III esta correta.

(B) Apenas as assertivas III e IV estão corretas.

(C) Apenas as assertivas I e II estão corretas.

(D) Todas as assertivas estão corretas.

I – Correta: Prevê o art. 13 que "Serão organizados anualmente "almanaques" da Polícia Militar, contendo a relação nominal de oficiais, aspirantes a oficial e graduados da ativa, distribuídos pelos respectivos quadros, de acordo com a antiguidade dos postos e graduações"; **II** – Correta: O ingresso no Quadro previsto no inciso I do § 1º dar-se-á no posto inicial da carreira, após a aprovação em curso de formação de oficiais específico, definido pela instituição militar, e o cumprimento do período de estágio na graduação de Aspirante-a-Oficial (art. 13, § 2º); **III** – Incorreta: vide comentário da assertiva II (art. 13, § 2º); **IV** – Incorreta: A precedência hierárquica é regulada pelo posto ou graduação e pela antiguidade no posto ou graduação salvo quando ocorrer precedência funcional, estabelecida em lei ou decreto (art. 11). Desse modo, verifica-se que estão corretas apenas as assertivas I e II, devendo ser assinalada a alternativa C.

Gabarito "C"

(Oficial – PM/MG – 2016 – PMMG) Dentre o rol dos princípios de ética militar listados na Lei Estadual n. 14.310, de 19/06/2002, que contém o Código de Ética e Disciplina dos Militares do Estado de Minas Gerais (CEDM), tem-se que o militar deverá abster-se, mesmo na reserva remunerada, do uso das designações hierárquicas em determinadas situações elencadas no referido Código. Assim, marque a alternativa CORRETA que contenha uma dessas situações a que se refere o CEDM.

(A) Em atividades religiosas.

(B) No exercício de cargo de natureza pública, na administração pública direta ou indireta.

(C) Em circunstâncias prejudiciais à sua saúde.

(D) Para discutir ou provocar discussão de cunho político-partidário.

A: Correta – Art. 9º, XVI, *d*, do CEDM; **B:** Incorreta – a abstenção deve ocorrer no exercício de cargo de natureza civil, na iniciativa privada (art. 9º, XVI, *c*); **C** e **D:** Incorretas – O CEDM prevê que o militar deve abster-se do uso das designações hierárquicas em circunstâncias prejudiciais à imagem das IMEs (art. 9º, XVI, *e*), *assim como* para discutir ou provocar discussão pela imprensa a respeito de assuntos institucionais (art. 9º, XVI, *b*).

Gabarito "A"

(Oficial – PM/MG – 2016 – PMMG) Com fulcro na Lei Estadual n. 14.310, de 19/06/2002, que contém o Código de Ética e Disciplina dos Militares do Estado de Minas Gerais (CEDM), marque a alternativa CORRET(A)

(A) A sanção de reforma disciplinar compulsória consiste no desligamento de militar da ativa dos quadros da Instituição Militar Estadual.

(B) A sanção de reforma disciplinar compulsória poderá ser aplicada tanto ao militar que, estando no conceito "C", foi submetido a Processo Administrativo-Disciplinar Sumário (PADS) por reincidência em falta disciplinar de natureza grave, quanto àquele que, estando no mesmo conceito, foi submetido a Processo Administrativo-Disciplinar (PAD) por haver cometido nova falta disciplinar grave.

(C) O aconselhamento ou advertência verbal pessoal consistem em uma admoestação verbal ao transgressor e requerem, para a sua aplicação, a concordância com o parecer do CEDMU.

(D) No julgamento da transgressão, a depender do somatório de pontos obtidos numa escala de 1 a 30 pontos negativos, serão aplicadas as seguintes sanções disciplinares: advertência, repreensão, prestação de serviço ou suspensão. Independentemente das referidas sanções ou cumulativamente com elas, poderão ser aplicadas as seguintes medidas: cancelamento de matrícula, com desligamento de curso, estágio ou exame; destituição de cargo, função ou comissão e movimentação de unidade ou fração.

A: Incorreta – A reforma disciplinar compulsória consiste em uma medida excepcional, de conveniência da administração, que culmina no afastamento do militar, de ofício, do serviço ativo da Corporação, pelo reiterado cometimento de faltas ou pela sua gravidade, quando contar pelo menos quinze anos de efetivo serviço (art. 32 do CEDM), enquanto que a demissão consiste no desligamento de militar da ativa dos quadros da IME, nos termos do EMEMG e do CEDM (art. 33); **B:** Incorreta – O art. 34 do CEDM prevê que a demissão, não a reforma disciplinar compulsória, de militar da ativa com menos de três anos de efetivo serviço, assegurado o direito à ampla defesa e ao contraditório, será precedida de Processo Administrativo-Disciplinar Sumário – PADS –, instaurado quando da ocorrência das situações a seguir relacionadas: I – reincidência em falta disciplinar de natureza grave, para o militar classificado no conceito "C"; II – prática de ato que afete a honra pessoal ou o decoro da classe, independentemente do conceito do militar; **C:** Incorreta – A advertência consiste em uma admoestação verbal ao transgressor (art. 28), sendo que "Sempre que possível, a autoridade competente para aplicar a sanção disciplinar verificará a conveniência e a oportunidade de substituí-la por aconselhamento ou advertência verbal pessoal, ouvido o CEDMU" (art. 10);**D:** Correta – Artigos 22, 24 e 25 do CEDM. LM

Gabarito "D".

(Soldado – PM/MG – 2017 – PMMG) Considerando a Lei n. 14.310/02, que dispõe sobre o Código de Ética e Disciplina dos Militares do Estado de Minas Gerais, marque a alternativa CORRETA:

(A) Não estão sujeitos ao disposto neste código os Coronéis Juízes do Tribunal de Justiça Militar Estadual e os militares da reserva e da ativa.

(B) A transgressão disciplinar será leve, média, grave ou gravíssima, podendo ser atenuada ou agravada.

(C) Transgressão disciplinar é toda ofensa concreta aos princípios da ética e aos deveres inerentes às atividades das IMEs em sua manifestação elementar e simples, objetivamente especificada na Lei n. 14.310/02, distinguindo-se da infração penal, considerada violação dos bens juridicamente tutelados pelo Código Penal Militar ou comum.

(D) São causas de justificação estar o militar classificado no conceito "A" e ter prestado serviços relevantes.

A: Incorreta – Realmente o Código de Ética e Disciplina dos Militares de Minas Gerais – CEDM não se aplica aos Coronéis Juízes da Justiça Militar do Estado de Minas Gerais, por serem regidos por legislação específica, conforme dispõe o art. 2º, parágrafo único, I, do CEDM. No entanto, ele é aplicável tanto aos militares da ativa como aos militares da reserva remunerada, nos casos expressamente mencionados no CEDM (art. 2º, incisos I e II); **B:** Incorreta – As transgressões disciplinares são classificadas em leve, média ou grave, não havendo previsão de transgressão gravíssima (art. 12 do CEDM); **C:** Correta – Nos termos do art. 11 do CEDM, "Transgressão disciplinar é toda ofensa concreta aos princípios da ética e aos deveres inerentes às atividades das IMEs em sua manifestação elementar e simples, objetivamente especificada neste Código, distinguindo-se da infração penal, considerada violação dos bens juridicamente tutelados pelo Código Penal Militar ou comum"; **D:** Incorreta – As causas de justificação estão elencadas no art. 19 do CEDM. São elas: I – motivo de força maior ou caso fortuito, plenamente comprovado; II – evitar mal maior, dano ao serviço ou à ordem pública; III – ter sido cometida a transgressão: a) na prática de ação meritória; b) em estado de necessidade; c) em legítima defesa própria ou de outrem; d) em obediência a ordem superior, desde que manifestamente legal; e) no estrito cumprimento do dever legal; f) sob coação irresistível". Cabe acrescentar que, em caso de reconhecida uma causa de justificação, o transgressor estará isento de punição, de acordo com o art. 19, parágrafo único, do CEDM.

Gabarito "C".

(Soldado – PM/PI – 2017 - Nucepe) Com base na Lei nº 3.729, de 27/05/1980, (Conselho de Disciplina da Polícia Militar e do Corpo de Bombeiros Militar do Estado do Piauí), qual o prazo que caberá, em princípio, ao Comandante Geral da Polícia Militar do Piauí, contado da data do recebimento do processo, para apreciar os recursos interpostos, oriundos de Conselho de Disciplina?

(A) 10 dias.

(B) 15 dias.

(C) 05 dias.

(D) 08 dias.

(E) 20 dias.

Prevê o art. 15da referida Lei que "Caberá, em princípio, ao Comandante Geral da Polícia Militar do Piauí, no prazo de vinte (20) dias, contados da data do recebimento do processo, apreciar os recursos que forem interpostos nos processos oriundos dos Conselhos de Disciplina. Portanto, a alternativa E está correta.

Gabarito "E".

(Soldado – PM/PI – 2017 - Nucepe) De acordo com o Regulamento Disciplinar da Polícia do Piauí (Decreto n.º 3.584, de 31 de janeiro de 1980, do Estado do Piauí), o comportamento do policial militar da praça deve ser classificado como excepcional, quando:

(A) no período de 06 anos de efetivo serviço, não tenha sofrido qualquer punição disciplinar.

(B) no período de 04 anos de efetivo serviço, não tenha sofrido qualquer punição disciplinar.

(C) no período de 03 anos de efetivo serviço, não tenha sofrido qualquer punição disciplinar.

(D) no período de 08 anos de efetivo serviço, não tenha sofrido qualquer punição disciplinar.

(E) no período de 05 anos de efetivo serviço, não tenha sofrido qualquer punição disciplinar.

Dispõe o art. 52, 1 do Decreto nº 3584/1980 que o comportamento do policial militar da praça será classificado como excepcional quando, no período de 08 anos de efetivo serviço, não tenha sofrido qualquer punição disciplinar. Desse modo, a alternativa D está correta.

Gabarito "D".

(Soldado – PM/PI – 2017 - Nucepe) O Regulamento Disciplinar da Polícia Militar do Piauí (Decreto n.º 3.584, de 31 de janeiro de 1980, do Estado do Piauí) prevê que são recursos disciplinares:

(A) o pedido de reconsideração de ato, a queixa e a revisão disciplinar.

(B) o pedido de reconsideração de ato, a queixa e a representação.

(C) o pedido de reconsideração de ato, a representação e a revisão disciplinar.

(D) a revisão disciplinar, a representação e a queixa.

(E) o pedido de reconsideração de ato, a queixa, a representação e a revisão disciplinar.

São recursos disciplinares: o pedido de reconsideração de ato, a queixa e a representação (art. 56, parágrafo único), devendo ser assinalada a alternativa B.

Gabarito "B"

(Soldado – PM/PI – 2017 - Nucepe) Segundo o Estatuto dos Policiais Militares do Estado do Piauí (Lei nº 3.808, de 16 de julho de 1981, do Estado do Piauí), as dispensas do serviço podem ser concedidas aos policiais militares:

(A) como recompensa, para desconto em férias e em decorrência de prescrição médica, e por ordem judicial.

(B) por ordem judicial, para desconto em férias e em decorrência de prescrição médica.

(C) como recompensa, para desconto em férias e em decorrência de prescrição médica.

(D) como recompensa, por ordem judicial e em decorrência de prescrição médica.

(E) como recompensa, para desconto em férias e por ordem judicial.

As dispensas do serviço para policiais militares podem ser concedidas como recompensa, para desconto em férias ou em decorrência de prescrição médica (artigo 134), estando, portanto, correta a alternativa C.

Gabarito "C"

(Soldado – PM/PI – 2017 - Nucepe) O Estatuto dos Policiais Militares do Estado do Piauí (Lei nº 3.808, de 16 de julho de 1981, do Estado do Piauí) preconiza que fica sujeito à declaração de indignidade ou de incompatibilidade para o oficialato, por julgamento do órgão competente do Poder Judiciário, o oficial que for condenado por tribunal civil ou militar à pena restritiva de liberdade individual, em decorrência de sentença condenatória passada em julgado, com a declaração por expressa dessa medida, e desde que a referida pena seja superior a, pelo menos,

(A) 02 anos.

(B) 04 anos.

(C) 05 anos.

(D) 06 anos.

(E) **08 anos.**

De acordo com previsão constante no art. 110, I, da referida Lei, uma das causas da declaração de indignidade ou incompatibilidade para o oficialato pode ocorrer se o oficial, por julgamento do órgão competente do Poder Judiciário, for condenado por tribunal civil ou militar à pena restritiva de liberdade individual superior a 02 (dois) anos em decorrência de sentença condenatória passado em julgado com a declaração por expressa dessa medida. Portanto, a alternativa A está correta.

Gabarito "A"

(Soldado – PM/PI – 2017 - Nucepe) De acordo com a Lei Estadual nº 3.729, de 27/05/1980, o Conselho de Disciplina da Polícia Militar e do Corpo de Bombeiros Militar do Estado do Piauí será composto por:

(A) quatro (04) oficiais da corporação policial militar e pelo juiz auditor militar estadual.

(B) três (03) oficiais da corporação policial militar.

(C) cinco (05) oficiais da corporação policial militar.

(D) três (03) oficiais da corporação policial militar e pelo juiz auditor militar estadual.

(E) cinco (05) oficiais da corporação policial militar e pelo juiz auditor militar estadual.

Conforme previsão do art. 5º, *caput*, da Lei Estadual nº 3729/1980, o Conselho de Disciplina da Polícia Militar e do Corpo de Bombeiros Militar estadual será composto por três oficiais, devendo ser assinalada a alternativa B.

Gabarito "B"

(Soldado – PM/PI – 2017 - Nucepe) Considerando a Constituição do Estado do Piauí, analise as proposições abaixo.

1) Os membros da Polícia Militar e do Corpo de Bombeiros Militar, instituições organizadas com base na hierarquia e disciplina, são militares do Estado.

2) As patentes dos oficiais da Polícia Militar e do Corpo de Bombeiros Militar do Estado são conferidas em ato conjunto pelo Governador e pelo Presidente da República.

3) O militar do Estado, em atividade, que aceitar cargo ou emprego público civil permanente será transferido para a reserva, nos termos da lei.

4) Ao militar do Estado são permitidas a sindicalização e a greve.

Estão corretos:

(A) 1 e 2, apenas.

(B) 1 e 3, apenas.

(C) 2 e 4, apenas.

(D) 2, 3 e 4, apenas.

(E) 1, 2, 3 e 4.

---

1 – Correta, de acordo com o art. 58 da Constituição do Estado do Piauí; **2** – Incorreta, pois prevê o art. 58, § 2º, que "As patentes dos oficiais da Polícia Militar e do Corpo de Bombeiros Militar do Estado são conferidas pelo Governador"; **3** – Correta: Está previsto no art. 58, § 3º, que "O militar do Estado em atividade que aceitar cargo ou emprego público civil permanente será transferido para a reserva, nos termos da lei. "Os membros da Polícia Militar e do Corpo de Bombeiros Militar, instituições organizadas com base na hierarquia e disciplina, são militares do Estado; **4** – Incorreta: Por seu turno, de acordo com o § 5º do art. 58, são vedadas a sindicalização e a greve ao militar do Estado. Dessa forma, apenas as assertivas 1 e 3 estão corretas, devendo ser assinalada a alternativa B.

Gabarito "B"

(Soldado – PM/PI – 2017 - Nucepe) De acordo com a Constituição do Estado do Piauí, em relação à segurança pública, é correto afirmar que:

(A) os municípios não poderão constituir guardas municipais destinadas à proteção de seus bens, serviços e instalações.

(B) a Polícia Civil tem como atribuições exercer as funções de polícia judiciária e a apuração de infrações penais, inclusive as militares.

(C) à Polícia Militar cabe o policiamento ostensivo e a preservação da ordem pública.

(D) os comandos da Polícia Militar e do Corpo de Bombeiros Militar serão exercidos, em princípio, por oficial da ativa do último posto da própria corporação, nomeado por ato do Presidente da República.

(E) a Polícia Militar e o Corpo de Bombeiros Militar estão vinculados, operacionalmente, ao sistema de segurança pública da União.

A: Incorreta – Os Municípios poderão constituir guardas municipais destinadas à proteção de seus bens, serviços e instalações, conforme dispuser a lei (art. 157); **B:** Incorreta – Nos termos do art. 159, a Polícia Civil tem com atribuições, entre outras fixadas em lei, de exercer as funções de polícia judiciária e a apuração de infrações penais, exceto as militares; **C:** Correta – A assertiva está de acordo com o previsto no art. 161 da Constituição do Estado do Piauí; **D:** Incorreta – Os comandos da Polícia Militar e do Corpo de Bombeiros Militar serão exercidos, em princípio, por oficial da ativa do último posto da própria corporação, nomeado por ato do Governador, observada a formação profissional para o exercício do comando (art. 162); **E:** Incorreta – De acordo com o art. 163 da Constituição Estadual, "a Polícia Militar e o Corpo de Bombeiros Militar estão vinculados, operacionalmente, ao sistema de segurança pública do Estado, devendo seguir as políticas e diretrizes baixadas pela autoridade competente, na execução das atribuições que lhes são próprias".

Gabarito "C"

(Oficial – PM/DF – 2017 – Iades) É princípio expresso da segurança pública, constante na vigente Lei Orgânica do Distrito Federal, a (o)

(A) prevenção das infrações penais por meio de procedimentos investigatórios e de policiamento ostensivo.

(B) ênfase no policiamento comunitário.

(C) apuração das infrações penais por meio de procedimentos investigatórios de polícia judiciária.

(D) gestão integrada dos órgãos de segurança pública e deles com as demais esferas estatais; entre elas, a educacional, a da saúde pública e a da assistência social, com a finalidade de prestar serviço concentrado na integral reparação do dano.

(E) respeito aos direitos humanos e promoção dos direitos e das garantias fundamentais individuais e coletivas, especialmente dos segmentos sociais de menor renda.

Os princípios a serem observados no exercício da segurança pública, conforme previsão constitucional estadual, são os seguintes: I – respeito aos direitos humanos e promoção dos direitos e das garantias fundamentais individuais e coletivas, especialmente dos segmentos sociais de maior vulnerabilidade; II – preservação da ordem pública, assim entendidas as ordens urbanística, fundiária, econômica, tributária, das relações de consumo, ambiental e da saúde pública; III – gestão integrada de seus órgãos e deles com as esferas educacional, da saúde pública e da assistência social, com a finalidade de prestar serviço concentrado na prevenção; IV – ênfase no policiamento comunitário; V – preservação da incolumidade das pessoas e do patrimônio público e privado (art. 117-A). Portanto, a alternativa B está correta.

Gabarito "B"

(Oficial – PM/DF – 2017 – Iades) A organização, o funcionamento, a transformação, a extinção e a definição de competências de órgãos da Polícia Militar do Distrito Federal, de acordo com a organização básica e com os limites de efetivos definidos em lei, a cargo do Poder Executivo Federal, estabelecidos na Lei 6.450/1977, foram regulamentados pelo Decreto 7.165/2010. Acerca desse assunto, assinale a alternativa que caracteriza as Comissões compreendidas no Comando-Geral da Corporação.

(A) São responsáveis pela administração, pelo comando e pelo emprego da Corporação.

(B) Exercem a função de coordenador-geral do sistema administrativo da Polícia Militar do Distrito Federal

(C) São constituídas eventualmente para determinados estudos que escapem às atribuições normais e específicas dos órgãos de direção; destinam-se a dar flexibilidade à estrutura do Comando da Corporação, particularmente em assuntos especializados.

(D) Elaboram estudos prospectivos, planejam, coordenam, fiscalizam e controlam as atividades da Corporação, inclusive dos órgãos de direção setorial.

(E) São órgãos de assessoramento direto ao Comandante-Geral.

As comissões são órgãos de assessoramento direto ao Comandante-Geral, podendo ser constituídas de membros natos e de membros escolhidos, conforme se dispuser em regulamento (art. 56). A alternativa a ser assinalada, portanto, é a E.

Gabarito "E"

(Oficial – PM/DF – 2017 – Iades) Considerando a organização básica da Polícia Militar do Distrito Federal, regulamentada pelo Decreto 7.165/2010, são designados os Comandos de Policiamento Regionais, que se constituem em grandes comandos responsáveis pelo policiamento em áreas a serem definidas no plano de articulação da Corporação, por meio de unidades de execução subordinadas. Com base no exposto, assinale a alternativa que apresenta, respectivamente, essas unidades e o órgão a que são subordinadas.

(A) Metropolitano, Oeste, Leste e Sul, subordinadas ao Departamento Operacional.

(B) Metropolitano, Oeste, Leste, Sul e de Missões Especiais, subordinadas ao Departamento Operacional.

(C) Metropolitano e de Missões Especiais, subordinadas ao Estado-Maior.

(D) Oeste, Leste e Sul, subordinadas ao Comando de Missões Especiais.

(E) Missões Especiais, Oeste, Leste e Sul, subordinadas ao Comando de Policiamento Regional Metropolitano.

Os Comandos de Policiamento Metropolitano, Oeste, Leste e Sul, designados Comandos de Policiamento Regionais, subordinam-se ao Departamento Operacional (art. 49). A alternativa A está correta.

Gabarito "A"

(Oficial – PM/DF – 2017 – Iades) Recente alteração promovida pelo Decreto 8.806/2016 no Decreto 88.777/1983 estabeleceu que passam a ser considerados, no exercício de função de natureza policial-militar ou de interesse policial-militar ou de bombeiro-militar, os militares dos estados, do Distrito Federal ou dos territórios, da ativa, colocados à disposição do Governo Federal para que exerçam cargo ou função

(A) no Ministério do Planejamento, Desenvolvimento e Gestão e no Ministério das Cidades.

(B) no Ministério das Cidades e no Ministério da Ciência, Tecnologia, Inovação e Comunicações.

(C) em Ministério ou órgão equivalente.

(D) no Ministério do Planejamento, Desenvolvimento e Gestão e no Ministério da Ciência, Tecnologia, Inovação e Comunicações.

(E) em órgãos e entidades da Administração Pública direta ou indireta.

São considerados no exercício de função de natureza policial-militar ou de interesse policial-militar ou de bombeiro-militar, os militares dos Estados, do Distrito Federal ou dos Territórios, da ativa, colocados à disposição do Governo Federal para exercerem cargo ou função nos seguintes órgãos: I – da Presidência e da Vice-Presidência da República; II – Ministério ou órgão equivalente; III – Secretaria Nacional de Segurança Pública, Secretaria Nacional de Justiça, Secretaria Nacional de Políticas sobre Drogas, Secretaria Extraordinária de Segurança para Grandes Eventos e Conselho Nacional de Segurança Pública, do Ministério da Justiça; IV – Secretaría Nacional de Proteção e Defesa Civil do Ministério da Integração Nacional; V – Supremo Tribunal Federal, Tribunais Superiores e Conselho Nacional de Justiça; VI – Ministério Público da União e Conselho Nacional do Ministério Público (art. 21 do Decreto 88.777 de 30 de setembro de 1983) ,devendo, dessa forma, ser assinalada a alternativa C.

Gabarito "C".

(Oficial – PM/DF – 2017 – Iades) De acordo com a Lei 12.086/2009, que dispõe sobre os militares da Polícia Militar do Distrito Federal e do Corpo de Bombeiros Militar do Distrito Federal, fica previsto que, nos termos da legislação distrital, poderá o Governo do Distrito Federal manter instituições de ensino da respectiva rede pública de educação básica sob a orientação e a supervisão do Comando da Polícia Militar do Distrito Federal e do Comando do Corpo de Bombeiros Militar do Distrito Federal, com vistas ao atendimento dos dependentes de militares das Corporações, de integrantes do Sistema de Segurança Pública do Distrito Federal e da população em geral. A referida Lei estabelece expressamente que as despesas decorrentes de sua aplicação serão custeadas

(A) exclusivamente com recursos a serem arrecadados pela prestação dos serviços.

(B) à conta das dotações consignadas no Fundo Constitucional do Distrito Federal, constantes do Orçamento-Geral da União, do Orçamento-Geral do Distrito Federal e de recursos a serem arrecadados pela prestação dos serviços.

(C) à conta das dotações consignadas no Fundo Constitucional do Distrito Federal, constantes do Orçamento-Geral da União e do Orçamento-Geral do Distrito Federal.

(D) à conta das dotações consignadas no Fundo Constitucional do Distrito Federal, constantes do Orçamento-Geral da União, e dos recursos a serem arrecadados pela prestação dos serviços.

(E) à conta das dotações consignadas no Fundo Constitucional do Distrito Federal, constantes do Orçamento-Geral da União.

Conforme previsão constante do art. 120 da referida Lei, as despesas decorrentes da aplicação desta Lei serão atendidas à conta das dotações consignadas no Fundo Constitucional do Distrito Federal, constantes do orçamento-geral da União. A alternativa E está correta.

Gabarito "E".

(Oficial – PM/DF – 2017 – Iades) No âmbito do Regulamento para as Polícias Militares e os Corpos de Bombeiros Militares, determinada autoridade competente pode estabelecer contatos pessoais com os Comandos de Polícias Militares, visando a obter, por troca de ideias e de informações, uniformidade de conceitos e de ações que facilitem o perfeito cumprimento, pelas Polícias Militares, da legislação e das normas baixadas pela União.

Esse ato é denominado

(A) planejamento.

(B) visita.

(C) inspeção.

(D) orientação operacional.

(E) coordenação.

O art. 2º, 34, define visita como sendo o "ato por meio do qual a autoridade competente estabelece contatos pessoais com os Comandos de Polícias Militares, visando a obter, por troca de ideias e informações, uniformidade de conceitos e de ações que facilitem o perfeito cumprimento, pelas Polícias Militares, da legislação e das normas baixadas pela União". Deve, portanto, ser assinalada a alternativa B.

Gabarito "B".